AF558779

Friede ist nur durch Freiheit, Freiheit nur durch Wahrheit möglich.

Daher ist die Unwahrheit das eigentliche Böse,
jeden Frieden Vernichtende:
die Unwahrheit von der Verschleierung
bis zur blinden Lässigkeit,
von der Lüge
bis zur inneren Verlogenheit,
von der Gedankenlosigkeit
bis zum doktrinären Wahrheitsfanatismus,
von der Unwahrhaftigkeit des einzelnen
bis zur Unwahrhaftigkeit des öffentlichen
Zustandes.

Karl Jaspers
in seiner Dankesrede zur Verleihung des Friedenspreises des deutschen Buchhandels 1958[1]

Thomas Mayer:
Wahrheitssuche im Ukraine-Krieg

© 2023 Thomas Mayer, c/o JENBACHMEDIA, Grünthal 109, 83064 Raubling
Alle Rechte vorbehalten

ISBN 978-3-89060-863-1

Dieses Buch kann auf Rechnung bestellt werden bei:
Buchbestellung@protonmail.com
Es ist auch überall im Buchhandel erhältlich.

Vertrieb für den Buchhandel: Neue Erde GmbH, Auslieferung Prolit
oder über die Barsortimente.

Preis: 28,00 € (D)/28,80 € (A)

Buchcover: Friedensengel in Hove, England[2]
Rückseite: Friedensengel in Hove, England[3]
Im Buch verteilt an manchen Ecken: Schutzgeister der Kathedrale von Chartres

WAHRHEITSSUCHE IM UKRAINE-KRIEG

Um was es wirklich geht

Thomas Mayer

Inhalt:

Was in diesem Buch ist

In diesem Buch beschreibe ich den Weg einer Wahrheitssuche zum Ukraine-Krieg

Dabei konzentriere ich mich auf folgende Fragen: Wie ist der Konflikt entstanden? Was waren die wichtigsten Eskalationsstufen? Mit welchen Weichenstellungen hätte der Konflikt verhindert werden können? Wie wurde der Krieg verlängert? Es zeigte sich, dass der Konflikt einen langen historischen Vorlauf hatte.

Beim Schreiben war es mein Bestreben, immer von belegten Sachverhalten auszugehen und diese unbefangen anzusehen. Erst danach ging es in einem zweiten Schritt darum, diese einzuordnen und moralisch zu bewerten. Eigentlich ist es selbstverständlich: Man darf nicht urteilen, bevor man etwas weiß.

Es geht also nicht darum, wer „gut" oder „böse" ist oder wer „gewinnt" oder „verliert", sondern es geht darum, die Vorgänge zu verstehen, eine freie innere Mitte auszubilden und so den Raum für einen Dialog zu erweitern.

Deshalb ging ich nicht von vornherein davon aus, dass Russland alleine am Ukraine-Krieg schuld war – unabhängig davon, dass die NATO-Regierungen und die westlichen Mainstream-Medien das behaupten. Mich interessierten die Fragen: Was ist wirklich passiert? Wie haben auch die NATO und die ukrainische Regierung die Eskalations-Spirale angetrieben, bis der Krieg begann?

Dazu habe ich viel gefunden und beschreibe das gründlich. Nicht jede oder jeder wird das gerne hören wollen. Aber das spielt hier keine Rolle. Meine Absicht ist, die Vorgänge möglichst tatsachengetreu zu schildern, unabhängig davon, ob das jemanden stört oder nicht.

Pax-Stein, Lindesnes, Norwegen[4]

Jeder kehre vor seiner eigenen Tür. Nach aller Lebenserfahrung führt nur das zu sozialem Frieden. Kümmern wir uns also um die Balken in unserem eigenen Auge, anstatt uns mit dem Splitter im fremden Auge zu beschäftigen.

Die NATO-Staaten unterstützen die ukrainische Regierung mit sehr viel Geld, Waffen und militärischen Hilfen. Es gilt, genau hinzusehen, was wir fördern. Auch deshalb untersuchte ich die Zustände der Menschenrechte und der Demokratie in der Ukraine.

Bei der Recherche entdeckte ich spannende Geschehnisse und Zusammenhänge, die bislang nicht aufgearbeitet wurden.

Ich war bestrebt, genau zu sein und den Vorgängen auf den Grund zu gehen. Wegsehen und ignorieren ist eine schlimme Sünde. Je tiefer ich forschte, umso drastischer wurde es. Vieles, was ich fand, war jenseits meiner Vorstellungskraft. Aber letztlich war es eine Erleichterung, die nackte Realität wahrzunehmen. Es stimmt schon, dass die Wahrheit frei macht.

Zur Methode

Ich ging immer von Sachverhalten aus, die in Quellen belegt sind. Ich verwendete die mir zu Verfügung stehenden Quellen; ich behaupte natürlich nicht, dass ich alle möglicherweise relevanten Quellen gefunden habe und damit einbeziehen konnte. Aus diesen Sachverhalten erarbeitete ich einen erkennenden Standpunkt.

Ich versuchte, die Vorgänge von Anfang an zu erklären, sodass die Inhalte nicht fragmentiert bleiben, sondern von den Leserinnen und Lesern verstanden und durchdacht werden können. Dabei wird vieles neu sein, denn viele dieser Sachverhalte werden von den westlichen Mainstream-Medien verschwiegen oder nur so verkürzt dargestellt, dass sie unverständlich bleiben müssen.

Damit die Geschehnisse für die Leserinnen und Leser verständlich werden, schildere ich ausführlich. So bleibt es nicht abstrakt, sondern die reale Bedeutung kann erfasst und auch gefühlt werden. Diese Ausführlichkeit der Darstellung ist auch notwendig, damit sich schließlich die Teile zu einem gegliederten Ganzen zusammenfügen können. Die

Inhalte stehen nicht nebeneinander, sondern sie bauen aufeinander auf.

Um einen Boden der Wahrheit zu suchen, darf man nichts blind glauben. Stattdessen muss man immer den Wahrheitsgehalt von Meldungen und von Medien einschätzen und klar trennen zwischen manipulationsanfälligen Informationen und harten und belastbaren Fakten. Ich habe in diesem Buch angestrebt, bei den harten Fakten zu bleiben. Alles, was westliche oder russische Propagandaerfindung hätte sein können oder was mir unklar blieb oder unbelegt erschien, habe ich weggelassen.

Als Quellen verwende ich hauptsächlich: Gesetze und Beschlüsse von Regierungen, Zitate von westlichen und ukrainischen Politikern, allgemein anerkannte historische Tatsachen, Sachverhalte, die von allen Seiten anerkannt werden, Presseartikel von westlichen Medien, die nicht der russischen Propaganda verdächtigt werden können, Recherchen von Wissenschaftlern und Journalisten, die einen verlässlichen Eindruck machen und Augenzeugenberichte vor Ort. Ich benützte hauptsächlich westliche Quellen. Russische Quellen habe ich verwendet, um einen Standpunkt der russischen Regierung darzulegen oder gesellschaftliche Diskussionen in Russland zu beschreiben.

Um Fehler möglichst auszuschließen, prüfte ich die Ursprungsquellen. Das war nicht immer möglich; in diesen Fällen verließ ich mich auf Wissenschaftler oder Journalisten, die mir vertrauenswürdig erscheinen. Dabei spielte es für mich keine Rolle, wie sich die Mainstream-Medien zu dem jeweiligen Journalisten verhalten. Mir war allein wichtig, ob der Journalist ordentlich arbeitet und die von ihm geschilderten Sachverhalte nachvollziehbar belegt sind.

Zur Bestätigung eines Sachverhaltes habe ich immer versucht, mehrere Quellen heranzuziehen. Ich möchte das an einem Beispiel erläutern: Auf einer Webseite von Unabhängigkeitsaktivisten der Krim entdeckte ich, dass es 1995 einen erfolgreichen Militärputsch der ukrainischen Regierung gegen den gewählten Präsidenten der Krim gegeben hat. Da ich davon noch nichts gehört hatte, war ich skeptisch. Doch ich fand entsprechende Berichte in mehreren westlichen Zeitungen, die das bestätigten und nicht der russischen Propaganda verdächtig waren.

Überzeugt hat mich dann ein Interview mit dem damaligen ukrainischen Präsidenten in einer ukrainischen Zeitung, der die Umstände des Putsches schilderte. Also nahm ich diese Geschichte ins Buch auf.

Ich lade dazu ein, die in dem Buch geschilderten Vorgänge und Zusammenhänge unvoreingenommen wahrzunehmen und selbst zu durchdenken. Es ist natürlich möglich, zu anderen Einordnungen oder Wertungen zu kommen. Dies sollte aber auf Basis der geschilderten Sachverhalte erfolgen. Darauf weise ich ausdrücklich hin, da abzusehen ist, in welcher Art viele Kritiker auf das Buch reagieren werden: „Falsche Quellen“, „Voreingenommenheit“, „einseitige Darstellung“ – fertig. Mit solchen Schubladen wird dann vermieden, das Buch zu lesen und sich damit auseinanderzusetzen. Ich möchte stattdessen zur Diskussion auf Basis des Geschriebenen einladen.

*

Ich schloss das Manuskript im Herbst 2023 ab. Zu diesem Zeitpunkt war der Ukraine-Krieg noch nicht zu Ende. Irgendwann wird er geendet haben – dieses Buch bleibt aktuell, der innere Gehalt des Beschriebenen ist historisch zeitlos. Die Aufgabe, den Krieg aufzuarbeiten, bleibt auch nach einem Kriegsende bestehen.

*

Besonders dankbar bin ich den vielen Freundinnen und Freunden, die das Manuskript durchsahen und deren kritische Fragen, Hinweise und Korrekturen diesem Buch bei der Entstehung halfen. Das war ein wichtiger Ausreifungsprozess. Besonderer Dank geht an meine Partnerin Agnes Hardorp, sowie an Adreana Langscheid, Andreas Günther, Barbara und Klemens Vogt und Enno Schmidt.

*

Die geschilderten Vorgänge in diesem Buch sind manchmal eine emotional schwere Kost. Deshalb habe ich als aufbauendes Erholungsnetz Friedensengel, Friedensgötter und Friedenssymbole aus verschiedenen Kulturen und Zeitaltern gesammelt, die das Buch durchziehen. Diese wirken als Care-Team. Sie verstärken die Friedenskraft.

Was mich persönlich dazu brachte, dieses Buch zu schreiben

Das Bedürfnis zu sprechen und nicht zu schweigen. Da wir alle mit drinhängen und mitschuldig sind an diesem Krieg.

Im Februar 2022 gab es eine überraschende Wende: Plötzlich war der zweijährige Krieg gegen das Corona-Virus vorbei und Politiker und Mainstream-Medien steuerten um – zu einem neuen Krieg, zum Ukraine-Krieg.

Wenn es Streit bei befreundeten Ehepaaren gab, habe ich immer versucht, neutral zu bleiben, zu beiden Partnern den Kontakt zu halten und einen möglichst ruhigen Raum zu schaffen. Jeder vernünftige Mensch macht das so in Konflikten – nur unsere Regierungen nicht.

Es gab von den westlichen Regierungen keine ernsthaften diplomatischen Initiativen zur Lösung des Ukraine-Konfliktes. Diplomatische Lösungen brauchen immer Kompromisse, doch die NATO-Regierungen stellten ausschließlich von vorneherein aussichtslose Maximalforderungen an die ostukrainischen Volksrepubliken und Russland. Die diplomatische Kunst der NATO-Politiker bestand darin, für ein 30-minütiges Gespräch nach Moskau zu fliegen, Putin zu sagen, er solle sofort und bedingungslos mit dem Krieg aufhören, um dann vor dem Rückflug noch ein Pressefoto zu machen und den Medien zu sagen, man habe versucht, was man konnte. So etwas ist in Wirklichkeit Kriegspropaganda. Echte Diplomatie besteht darin, langfristiges Vertrauen aufzubauen und nicht, es zu zerstören; die Interessen der anderen zu berücksichtigen, anstatt diese zu missachten, und auf dieser Basis nach einvernehmlichen Lösungen zu suchen.

Doch das Gegenteil geschah: Die ukrainische Regierung wurde laufend dazu ermuntert, weiter zu kämpfen und nicht nachzugeben – bis zum blutigen Ende, und egal wie viele Menschen sterben und Städte zerstört würden. Es ging immer nur um Waffenlieferungen und noch mehr Waffen und um noch mehr Milliarden für die bankrotte Ukraine. Der ukrainische Staatshaushalt wurde seit Kriegsbeginn zur Hälfte vom Wes-

ten finanziert; ohne diesen Geldregen wäre die ukrainische Regierung handlungsunfähig gewesen und hätte sofort einen Friedenskompromiss aushandeln müssen. Ansonsten ging es immer nur um noch mehr Sanktionen gegen Russland – die allerdings nicht die russische Wirtschaft, sondern vor allem die europäische Wirtschaft schädigten – und um noch mehr Hass gegen die Russen und speziell Hass auf den russischen Präsidenten Wladimir Putin. Russland sollte isoliert und ein neuer Eiserner Vorhang errichtet werden. Alle wirtschaftlichen, kulturellen und sogar menschlichen Verbindungen zwischen den Menschen in Europa und Russland sollten gekappt werden. Die jahrzehntelange Versöhnungsarbeit nach dem Zweiten Weltkrieg wurde in die Mülltonne geworfen. Willy Brandt und Egon Bahr würden sich im Grabe umdrehen.

Die EU und die NATO-Regierungen hatten sich für den Krieg entschieden und sind aktiv am Krieg beteiligt durch den Informationskrieg, den Wirtschaftskrieg, die Vorgabe der Kriegsziele, die vollständige Finanzierung der ukrainischen Armee, die Lieferung von Waffen bis zur Erschöpfung der eigenen Depots, die Ausbildung ukrainischer Soldaten und die Lieferung nachrichtendienstlicher Daten. Die EU und Deutschland wurden de facto Kriegspartei gegen Russland.

Dieser Kriegseintritt geschah schleichend. Der Bevölkerung, die keinen Krieg wollte, sagte die Regierung deshalb einfach das Gegenteil: Wir seien am Krieg nicht beteiligt. Manchmal rutschte es aber dann doch heraus, so zum Beispiel der deutschen Außenministerin, die im Europarat erklärte, dass *“wir”* einen *“Krieg gegen Russland kämpfen”*.[5] Und Frankreichs Ex-Präsident Hollande sagte in einem scheinbar vertraulichen Gespräch, das aber veröffentlicht wurde: *„Die EU und somit auch Frankreich sind direkt am Krieg beteiligt. Das kann man allerdings nicht offiziell verkünden, da sonst Vergeltungsschläge drohen könnten.“*[6]

Zum Glück blieb die russische Regierung an dieser Stelle besonnen, eskalierte nicht weiter und bombardierte keine Ziele in Deutschland, wie zum Beispiel Militärbasen, Nachrichtentechnik oder Transportmittel, mit denen das ukrainische Militär unterstützt wurde.

Von der NATO wurde der Konflikt immer weiter angeheizt bis zur Gefahr eines dritten Weltkriegs mit dem Einsatz von Atombomben.

Diese Gefahr tritt ein, wenn eine der Atommächte sich in ihrer Existenz bedroht sieht. Wenn also die NATO die Forderung ausgibt, Russland müsse besiegt und dauerhaft geschwächt werden, und gleichzeitig von einer Aufteilung Russlands in mehrere Staaten gesprochen wird, dann sieht Russland das selbstverständlich als existenzielle Bedrohung an.

Diese Kriegstreiberei war für mich kaum auszuhalten. Jedoch tief ins Herz getroffen hat mich, dass Deutschland Waffen gegen Russland liefert und nationalsozialistische ukrainische Bataillone finanziert. Das erlebte ich als Dolchstoß in die deutsche Identität und damit auch in meine eigene Identität. Wie konnte die deutsche Geschichte so vergessen werden? Wie konnten der Erste und Zweite Weltkrieg und der furchtbare Nationalsozialismus so verdrängt werden? Deutschland ist für den Tod von 27 Millionen Russen im Zweiten Weltkrieg verantwortlich.[7] Reicht das immer noch nicht? Ich fühlte diesen Dolch in meinem Herzen und erlebte diese Schande und schämte mich für Deutschland.

Meine erste emotionale Reaktion war: „Ich gebe meinen deutschen Pass ab! Ich will mit diesen Kriegssüchtigen nichts mehr zu tun haben. Deutschland als das Land der Dichter und Denker ist verloren. Die Psychopathen aller Länder haben gewonnen. Sie setzen sich wieder durch, wie beim Ersten Weltkrieg und beim Zweiten Weltkrieg. Und Deutschland macht mit. Nichts wurde aus der deutschen Geschichte gelernt, diese wiederholt sich."

Aber mir wurde klar: Ich komme nicht heraus. Ich könnte vielleicht irgendwann Schweizer oder Österreicher werden, das sind neutrale Staaten. Sie lieferten wenigstens keine Waffen. Aber auch die Schweiz und Österreich machen den Informations- und den Wirtschaftskrieg mit, genauso wie die NATO-Staaten. Der Unterschied ist klein. Es war trostlos.

So bleibt mir nur, mich für Wahrheitssuche und Frieden einzusetzen. Deshalb schrieb ich dieses Buch. Ich machte mich auf den Weg, den Ukraine-Krieg zu verstehen. Verständnis ist die Voraussetzung um Konflikte zu lösen. Ich meine, unsere Aufgabe als Europäer ist es nicht, eine Seite zu unterstützen, sondern neutral zu bleiben, die Mitte zu stärken und zu beleben und alles zu tun, damit das Töten aufhört.

Beim Schreiben ging es mir darum, den Dolch etwas aus meinem Herzen zu ziehen und meine Ehre und Würde als Mensch wieder zu erlangen. Und ich hoffe, damit auch anderen Menschen zu helfen, die ähnlich empfinden.

Drei Handlungsmöglichkeiten

Als einzelner Mensch haben wir drei Handlungsmöglichkeiten. Zum Ersten stellt der Ukraine-Krieg uns Menschen täglich vor die Entscheidung: Mache ich mit oder bleibe ich neutral? Treibe ich mit meinen Gedanken und Taten den Krieg an oder bleibe ich frei und helfe, einen Raum für Lösungen und Versöhnung zu schaffen?

Eine zweite Entscheidung ist, selbst die Wahrheit zu suchen.

Die dritte Entscheidung ist, zu dem Gefundenen öffentlich zu stehen, auch wenn man diffamiert, ausgegrenzt oder juristisch bedroht wird. Der „Meinungskorridor" in Deutschland und der EU ist sehr eng geworden. Demokratie verdorrt im Krieg. Das bisschen Demokratie, das wir hatten – ich finde und fühle sie nicht mehr. Die intoleranten und antidemokratischen Kriegstreiber bestimmen den öffentlichen Raum und die Medien und haben den Staat zur Beute gemacht. Dies vor Augen geht es darum, die Fahne des Friedens so gut es geht hoch zu halten.

Die Neutralität, Wahrheitssuche und öffentliches Dazu-Stehen sind die drei wichtigsten Handlungsmöglichkeiten, die wir haben, um unsere Souveränität zu bewahren. Dieses Buch möchte dazu ermuntern.

Nach Wahrheit suchen

Dabei ist die Wahrheitssuche die Basis. Es war erschreckend für mich zu erleben, dass viele Menschen beim Thema Ukraine-Krieg völlig dicht machten. Ihre Urteile waren gefällt, obwohl sie offensichtlich die allergrößten Wissenslücken hatten – dicke Vorurteile. Sie wollten aber auch keine Sachverhalte hören, die sie in ihrer vorgefertigten Haltung irritierten. Sie wollten keine Verunsicherung ihrer festen Positionierung und scheuten das Erleben einer kognitiven Dissonanz, die geistigen Schmerz verursachen kann. Da war nur noch Glauben statt Denken.

Wer selber denkt ist diskussionsfähig, wer im bloßen Glauben seine Identität hat, muss jeden Widerspruch gnadenlos ablehnen. Oft kam die NATO-Kriegspropaganda aus den Mündern wie giftgrüne Drachen herausgeflogen. Doch das fiel den Menschen selbst nicht auf. Sie fühlten sich als die „Guten und Gerechten", denn „Waffen sind Nächstenliebe" oder „Frieden schaffen mit noch mehr Waffen".

Frappierende Widersprüche! Ich fragte mich immer wieder: Warum fallen diese frappierenden Widersprüche nicht auf? Was ist hier los? Eine Antwort ist, dass diese Verdrehung und Besetzung des Bewusstseins schleichend und systematisch über viele Jahrzehnte erzeugt worden ist. Mit einer raffinierten Informations-Dauerflut in den Mainstream-Medien wurde ein mentales Spinnennetz aufgebaut und so das Denken eingesponnen. Und durch Bilder, Geschichten, Schocks und sehr viel Moralin wurden Vorverurteilungen emotional in den Menschen verankert. Von solchen Besetzungen der Seele kann man sich nur lösen, wenn man sich entscheidet, selbst die Wahrheit zu suchen.

„Den Teufel spürt das Völkchen nie, selbst wenn er es am Kragen hätte," sagt in Goethes „Faust" der Mephistopheles zu Doktor Faust in Auerbachs Keller in Leipzig. Sodann demonstriert er seine teuflische Macht an den dort feiernden Studenten, die sich für die geistige Elite der Bevölkerung halten. Binnen weniger Minuten bringt er sie durch vorgegaukelte Trugbilder dazu, dass sie vollständig den Bezug zur Realität verlieren und sich gegenseitig die Nasen abschneiden wollen im Glauben, es handele sich um reife Weintrauben.

Diese mephistophelische Magie wird heute durch die Propaganda ausgeübt. Das Buch "Propaganda" von Edward Bernays von 1928 erwies sich nicht nur als die Bibel des nationalsozialistischen Ex-Propagandaministers aus Deutschlands dunkelsten Zeit, sondern diese Vorgehensweise ist und bleibt aktuell und wurde und wird immer weiter verfeinert. Während die Kriegspropaganda im ersten Weltkrieg auf Zeitungen angewiesen war, konnten die deutschen Nationalsozialisten mit dem Radio jede Küche zeitgleich erreichen und durch das gesprochene Wort viel stärkere emotionale Wirkungen erzielen. Durch Fernsehen, Internet und Socialmedia haben sich die Propagandamöglichkeiten nochmals stark erweitert.

Ich meine, dass Propaganda, Lügen und Heuchelei die wesentlichen Faktoren sind, um das Politikgeschehen verstehen zu können. Es geht heute mehr denn je um Manipulation. Wer am besten manipuliert, gewinnt und kann seine Interessen durchsetzen. Um Wahrheit geht es kaum. Und mit Demokratie – wie man sich diese naiv vorstellt – hat das in Wirklichkeit nichts zu tun.

Als Organisator mehrerer Volksbegehrens-Kampagnen in Deutschland und der Schweiz kenne ich die Medienarbeit recht gut. Und ich weiß aus eigener Erfahrung, dass das, was in der Zeitung steht oder im Fernsehen gezeigt wird, mit der Realität oftmals sehr wenig zu tun hat. Als Medienkonsument sollte man immer davon ausgehen, dass es sich um mephistophelische Trugbilder handelt, mit denen man manipuliert werden soll. Es wird uns das gezeigt, was wir sehen sollen.

Keine Einmischung in Angelegenheiten anderer

Ich kenne einige wenige russische und ukrainische Menschen und schätze diese. In Russland war ich 2016 für eine Woche. Diese Reise hat mir ein gewisses Grundgefühl für das Land gegeben. Ansonsten habe ich keine Beziehungen zu Russland. Ich halte Russland nicht für einen idealen Staat oder für einen besonders schlechten Staat, sondern vor allem bin ich der Ansicht, dass sich die russische Bevölkerung selbst um die Entwicklung ihrer Gesellschaft und Demokratie zu kümmern hat, und ich mich hier herauszuhalten habe. Genauso sehe ich es mit der Ukraine. Bei Nachbarn mische ich mich auch nicht ungefragt in das Familienleben ein, sondern suche ein achtungsvolles, freundschaftliches Verhältnis.

In diesem Sinne versuche ich Herrn Putin zu verstehen, genauso wie Herrn Selenskyj. Ich bin zutiefst erschrocken, dass die NATO-Kriegspropagandisten es geschafft haben, die urmenschlichste Fähigkeit des „Verstehens“ zu einem Diffamierungsbegriff in orwellscher Manier zu verdrehen. Das Wort „Putinversteher“ gehört zu den vielen Propaganda-Waffen der Kriegstreiber. Davon distanziere ich mich: Wer aufhört zu versuchen, andere Menschen zu verstehen, verlässt den Boden der Humanität und der Religion. Warum sich die Kriegstreiber das antun, verstehe ich trotz Bemühungen noch nicht.

Unter den Eskalationen der Politiker leidet die ukrainische Bevölkerung am meisten. Selenskyj hatte 2019 im Wahlkampf Frieden versprochen und deshalb auch viele Stimmen von russischen Ostukrainern bekommen. Aber dann tat er das genaue Gegenteil. Und die NATO feuerte die Ukraine ständig an, gegen Russland zu kämpfen. Am Ende dieses Krieges werden hunderttausende Ukrainer und Russen tot oder verstümmelt sein, viele Millionen traumatisiert und weite Teile des Landes in Schutt und Asche liegen. Der Hass zwischen den Völkern wird noch Generationen lang walten. Das ist das Resultat der Kriegstreiberei.

Noch einige Worte zu meinem Ausgangspunkt

Ich bin Bürgerrechtler, Autor mehrerer spiritueller und politischer Bücher, Meditationslehrer und Anthroposoph. Wichtig war für mich die Friedensbewegung in den 80er Jahren, wo ich Demonstrationen gegen Atomwaffen mitorganisierte. In der Gründungsphase der Grünen war ich viele Jahre sehr aktives Mitglied und engagierte mich in der Umweltschutz- und Dritte-Welt-Bewegung. Damals waren die Grünen eine Friedenspartei und noch nicht umgedreht in die heutige olivgrüne Kriegstreiberpartei. 1988 war ich Gründungsmitglied der bundesweiten Bürgerbewegung „Mehr Demokratie e.V." und bis 2001 deren Büroleiter und Geschäftsführer. Ich war Vertrauensmann des Volksbegehrens „Mehr Demokratie in Bayern", mit dem 1995 die bayerische Bevölkerung selbst das Recht auf kommunale Bürgerbegehren und Bürgerentscheide eingeführt hat. Danach beteiligte ich mich in mehreren Bundesländern an Volksbegehren für direkte Demokratie und engagierte mich beim „Omnibus für direkte Demokratie in Deutschland" im Sinne des erweiterten Kunstbegriffs von Joseph Beuys.[8] Ich beschäftigte mich lange mit Komplementärwährungen und war beim Start der Regionalwährung „Chiemgauer" beteiligt. Von 2013 bis 2018 war ich Kampagnenleiter der „Vollgeld-Initiative" in der Schweiz. Eine echte Demokratie liegt mir sehr am Herzen. Ich habe den Großteil meiner Lebenszeit dafür eingesetzt.

Was ich nur sehr schwer ertrage, sind Lügen. So war ich zum Beispiel 1991 verantwortlich für eine Kampagne mit Anzeigen in Zeitungen, die unter dem Titel erschienen: „Das 8. Gebot – Du sollst nicht lügen". Im

Wahlkampf zur Bundestagswahl 1990 hatten die Regierungsparteien eine Steuererhöhung ausgeschlossen, nach der Wahl aber doch durchgeführt. Die Anzeigen hatten den Untertitel „Steuer ja, Wahlbetrug nein. Wir verlangen Neuwahlen!". Die Anzeige erschien ganzseitig in zehn überregionalen Zeitungen und erzeugte viel Aufmerksamkeit. Damals war Lügen noch verpönt. Das ärgerte die Regierung, und so versuchte das Finanzamt Bonn unserem Demokratieverein die Gemeinnützigkeit zu entziehen und eine existenzbedrohende Steuernachzahlung zu verlangen. Wir konnten das durch Gerichtsverfahren bis in die höchste Instanz abwenden.[9] Auch in diesem Sinne sitze ich an diesen Zeilen, um mein Schmerzleiden an der heutigen Lügenflut zu lindern.

Damit bin ich bei Karl Jaspers, der nach dem Zweiten Weltkrieg seine Einsichten so zusammenfasste: „Friede ist nur durch Freiheit, Freiheit nur durch Wahrheit möglich."

So ist die Wahrheitssuche die menschliche Aktivität für Frieden und Freiheit.

Michaeli 2023,

Thomas Mayer

Einheit der Religionen, Eisenskulptur, die die wichtigsten religiösen Strömungen vereint, Einsiedelei von Sant Honorat, Mallorca, Spanien[10]

Teil 1

Die Ausgangslage

Neun Stufen der Konflikteskalation

Um einen Krieg und Möglichkeiten von Konfliktlösungen zu verstehen, ist es wichtig, sich die Logik von Konflikteskalationen klar zu machen. Der österreichische Organisationsberater und Konfliktforscher Friedrich Glasl beschreibt neun Stufen der Konflikteskalation, die er in jahrzehntelanger Praxis beobachtet hat.[11]

Wenn sich Konfliktparteien bewusst sind, auf welcher Stufe sie sich befinden, haben sie die Möglichkeit, ihren Konflikt zu analysieren und entsprechend zu deeskalieren. Sie können aber auch eine Stufe tiefer in die Hölle des Konfliktes hinabsinken. Konflikte, die einen gewissen Punkt auf der neunstufigen Skala der Konflikteskalation erreicht haben, können nicht mehr ohne Hilfe von außen gelöst werden.

Das Konflikteskalationsmodell nach Glasl passt sowohl für Streitigkeiten zwischen Schülern oder Eheleuten, als auch Unstimmigkeiten im Geschäftsleben bis hin zu Konflikten zwischen Staaten. Die Stufen der Konflikteskalation ermöglichen den Vorlauf und die Entwicklung eines Krieges, so auch des Ukraine-Krieges, zu verstehen und den darin wirkenden Wahnsinn einzuordnen.

Die neun Stufen sind in drei Ebenen eingeteilt. Auf der ersten, der obersten Ebene ist es noch möglich, dass beide Parteien ohne Schaden oder sogar mit Gewinn aus der Sache aussteigen (win-win). Auf der zweiten Ebene muss einer von beiden der Verlierer sein (win-lose). Auf der dritten, der untersten Ebene gibt es auf beiden Seiten nur noch Verluste bis zur gegenseitigen Vernichtung (lose-lose).

Je tiefer man sich begibt, desto primitiver und unmenschlicher werden die Methoden, mit denen die Kontrahenten einen Sieg zu erringen versuchen. Deshalb stellt Glasl sein Modell auch nicht als einen Anstieg zu höheren Eskalationsstufen dar, sondern als hinabführende Treppe, die buchstäblich immer weiter in die Tiefen der menschlichen Unmoral führt, wie in eine unterirdische Hölle.

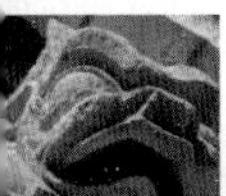

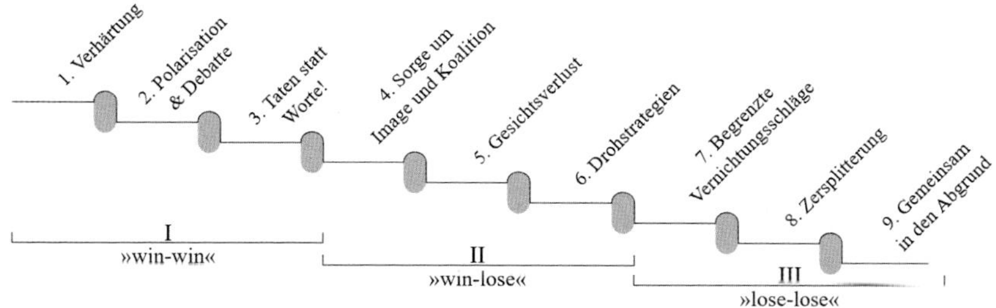

Ebene 1: Win-Win

Stufe 1 – Verhärtung: Erste Spannungen sind spürbar und werden bewusst, verschiedene Meinungen prallen aufeinander, die Fronten können sich verhärten und verkrampfen. Noch ist die Situation harmlos. Meinungsverschiedenheiten sind etwas Alltägliches und können durch Gespräche gelöst werden. Es gibt noch keine Lager- oder Parteienbildung.

Stufe 2 – Polarisation und Debatte: Die Meinungsverschiedenheiten werden fundamentaler, die Kontrahenten versuchen, den anderen durch rationale Argumente zu überzeugen und unter Druck zu setzen. Jeder beharrt auf seinem Standpunkt. Kompromissloses Schwarz-Weiß-Denken und verbale Gewalt setzen ein.

Stufe 3 – Taten statt Worte: Der Druck auf den Konfliktpartner wird erhöht, reden hilft nicht mehr, Taten sind nötig! Die verbale Kommunikation tritt in den Hintergrund, Gespräche werden ergebnislos abgebrochen. Der Kontrahent wird vor vollendete Tatsachen gestellt. Das Einfühlungsvermögen für den jeweils anderen schwindet. Misstrauen und negative Erwartungen dominieren, was den Konflikt noch mehr verschärft.

Ebene 2: Win-Lose

Stufe 4 – Bashing und Lagerbildung: Dies ist die erste Stufe, auf der es nur noch EINEN Gewinner geben kann. Die Kontrahenten suchen nach Anhängern und Verbündeten, Parteien werden gebildet und gegeneinander ausgespielt. Imagekampagnen werden lanciert und böse Gerüchte über die andere Partei verbreitet. Die Konfliktparteien suchen nicht mehr nach Lösungen, sondern beschuldigen und attackieren sich gegenseitig. Es werden dabei oft auch persönliche Angriffe und Drohungen ausgesprochen. Es geht nicht mehr um die ursprüngliche Sache, sondern nur noch darum, den Konflikt zu gewinnen.

Stufe 5 – Gesichtsverlust: Die gegenseitigen Angriffe werden persönlich, unmoralische „Schläge unter die Gürtellinie" beginnen. Auf jede erdenkliche Weise will man den Gegner bloßstellen. Der Verlust der Moral und des gegenseitigen Vertrauens zeigen sich daran, dass es nur noch um den Gesichtsverlust des anderen geht. Allein der Anblick des Kontrahenten erzeugt negative Gefühle bis hin zu Ekel und Hass.

Stufe 6 – Drohstrategien: Der Konflikt wird immer ernster, die Konfliktparteien erkennen, dass sie so nicht weitermachen können. Durch Drohung und Gegendrohung versuchen die Konfliktparteien jeweils Oberwasser zu gewinnen. Eine Forderung wird mit einer möglichen Bestrafung verbunden und mit einem Beweis der Strafmöglichkeit untermauert. Ein Beispiel: Ein Entführer fordert Geld und droht mit der Ermordung der Geisel, als Beweis schickt er eine Videobotschaft, die zeigt, dass er sie tatsächlich in seiner Gewalt hat. Je glaubwürdiger die Strafmöglichkeit, desto wirksamer die Drohung, und desto eher wird der Forderung nachgekommen. Hier geht es darum, wer mehr Macht besitzt und somit die schlimmsten Bestrafungen durchsetzen kann. Die widerlichen Drohungen auf beiden Seiten klaffen wie eine Schere auseinander, der Konflikt wird immer schlimmer.

Ebene 3: Lose-Lose

Stufe 7 – Begrenzte Vernichtungsschläge: Dies ist die erste Stufe, wo eigener Schaden in Kauf genommen wird, wenn nur der Schaden des anderen größer ist. Mit der Menschlichkeit ist es jetzt vorbei, alle Tricks werden angewendet, um dem Kontrahenten zu schaden. Der Gegner wird nicht mehr als Mensch, sondern als Ding ohne Gefühle wahrgenommen. Werte und Tugenden werden unwichtig.

Stufe 8 – Zersplitterung: Oberstes Ziel ist der Zusammenbruch des feindlichen Systems. Es kommt vermehrt zu Machtdemonstrationen, um die andere Seite einzuschüchtern. Die Frontkämpfer werden von ihren Verbündeten und der Versorgung abgeschnürt, lebenswichtige Funktionen werden attackiert bis zur physisch-materiellen, seelisch-sozialen oder geistigen Zerstörung. Die Konfliktparteien sind nicht mehr bereit, miteinander zu diskutieren, sondern arbeiten mit Drohungen und Ultimaten und wollen Zugeständnisse erzwingen.

Stufe 9 – Gemeinsam in den Abgrund: Es führt kein Weg mehr zurück, es kommt zur totalen Konfrontation der beiden Parteien. Wenn man den Gegner mit in den Abgrund reißen kann, dann springt man. Die Selbstvernichtung wird in Kauf genommen. Schäden an der Umgebung oder den Nachkommen halten die Kontrahenten nicht mehr von ihrer gegenseitigen Vernichtung ab.

Das Modell der Deeskalation:

Die Konflikte der Stufen 1-3 sind noch friedlich untereinander zu lösen. Die Konflikte sind noch nicht so weit eskaliert, dass sie außer Kontrolle geraten sind. Die Konfliktparteien haben noch die Chance, den Konflikt miteinander zu besprechen und gemeinsam Lösungen zu finden. Eventuell greift jemand vermittelnd ein (zum Beispiel die Eltern ersuchen ihre Kinder, sich wieder zu versöhnen).

Ab Stufe 4 benötigen die betroffenen Parteien unbedingt Hilfe von außen (zum Beispiel einen Mediator oder Vermittler), um ihren Konflikt lösen zu können. Es geht nicht mehr aus eigenen Kräften.

Ab Stufe 7 kann der Konflikt nur mit Hilfe einer Intervention durch Dritte bzw. einen Machteingriff von außen zu einer Lösung gebracht werden (zum Beispiel eine Friedensmission der UNO). Eine Intervention zu diesem späten Zeitpunkt ist meist sehr schwierig und risikoreich.

Eine militärische Auseinandersetzung befindet sich auf den Konfliktstufen 7 bis 9, die aber ohne die vorhergehenden Stufen 1 bis 6 nicht zu verstehen sind. Das werden wir in Bezug auf den Ukraine-Krieg näher ansehen.

Zehn Prinzipien der Kriegspropaganda

Ein weiteres notwendiges Basiswissen sind die zehn Prinzipien der Kriegspropaganda. Diese beschreiben, wie ein Krieg durch die Medien eskaliert und die Bevölkerung manipuliert wird. Ein Informationskrieg ist immer der Vorlauf und die Grundlage für einen militärischen Krieg.

Der englische Diplomat Baron Arthur Ponsonby beschrieb 1928 nach dem Ersten Weltkrieg die Methoden der Kriegspropaganda in seinem Buch „Falsehood in Wartime". Es enthält den berühmten Satz: „Nach der Kriegserklärung ist die Wahrheit das erste Opfer." Die Brüsseler Geschichtsprofessorin Anne Morelli systematisierte und aktualisierte seine Darstellung in ihrem Buch „Die Prinzipien der Kriegspropaganda".[12]

Diese zehn Prinzipien gelten praktisch für jeden Krieg. Es ist sehr wichtig, diese Prinzipien zu verinnerlichen. Mit diesen erkennt man Kriegspropaganda und kann vermeiden, dass man auf sie hereinfällt und mit hineingezogen wird.

1. Wir wollen keinen Krieg

Die Staatsoberhäupter aller Länder versichern immer wieder feierlich, dass sie keinen Krieg wollen, ja, dagegen seien. Damit reagieren sie auf die Tatsache, dass die Bevölkerung in der Regel gegen Krieg ist. Also stellen sich die Politiker als Pazifisten dar, um die Unterstützung der Bürger für kriegerische Handlungen zu erlangen. Das Aufrüsten, die Waffenlieferungen und die Kriegsbeteiligung geschehen ja nur, weil es in der Situation, zu der es gekommen ist, das einzige Mittel sei, Frieden zu schaffen. Das entspricht dem orwellschen Neuspruch: „Krieg ist Frieden".

2. Der Gegner ist allein für den Krieg verantwortlich

Jede Partei erklärt, dass sie wegen des Verhaltens des Gegners zum Krieg gezwungen sei, weil der Gegner „unsere Werte" bedroht, zerstört und unsere Freiheit nimmt. Dabei wird die Entstehungsgeschichte eines Kriegsbeginns bewusst unterschlagen, denn schuld ist immer die andere Seite. Konkret: In den NATO-Staaten galt seit Februar 2022 folgende offizielle Sprachregelung: „Putins Russland ist für den unprovo-

zierten, ungerechtfertigten und völkerrechtswidrigen Angriffskrieg auf die Ukraine verantwortlich."[13]

3. Der Führer des feindlichen Lagers wird dämonisiert

Da es schwierig ist, Hass auf ein ganzes Volk zu erzeugen, wird der Hass auf die Person des Staatsführers gelenkt. So hat der Feind ein Gesicht. Er wird als wahnsinnig, als Monster dargestellt. Dieses Monster gefährdet alle und muss beseitigt werden. Genauso wird im Westen über Präsident Putin gesprochen.

4. Wir verteidigen ein edles Ziel und keine eigennützigen Interessen

Die wirtschaftlichen und geopolitischen Ziele des Krieges müssen durch ein Ideal maskiert werden, durch moralische Werte, denn nur dadurch kann die Bevölkerung überzeugt werden, dass der Krieg sein muss, gerecht ist und dem Guten zum Sieg verhilft. Die Zustimmung ist am leichtesten zu gewinnen, wenn es angeblich um Freiheit, das Leben der Bevölkerung und um Frieden geht. „Wir führen den Krieg aus ehrenhaften Motiven. Wir sind die Guten!" Konkret: Im Ukraine-Krieg werden die „westlichen Werte" verteidigt. Dieses Prinzip wird dadurch ergänzt, dass der Feind kein Mensch, sondern eine verabscheuungswürdige Abart ist und eine barbarische Gesellschaft repräsentiert.

5.Der Feind begeht gezielt Grausamkeiten; wenn uns das passiert, geschieht dies unbeabsichtigt und nur im Einzelfall

Die Geschichten über Grausamkeiten des Feindes sind ein wesentliches Propagandaelement. Grausamkeiten gehören zu allen Kriegen. Aber es wird immer so dargestellt, dass nur der Feind Grausamkeiten beginge und die eigene Armee humanitär sei und von der Bevölkerung geliebt werde. Dabei begnügt sich die Kriegspropaganda nicht mit den wirklichen Geschehnissen, sondern erfindet frei inhumane Grausamkeiten. Hier gibt es zwischen den verschiedenen Kriegen kaum Unterschiede. Im Ersten und Zweiten Weltkrieg wurden viele erlogene Geschichten von Gruppenvergewaltigungen, Morden, Misshandlungen und über Verstümmelungen von Kindern in Umlauf gebracht. Ähnliche Berichte gab es während den Kriegen im Irak, in Afghanistan und im Kosovo. Genauso läuft die Berichterstattung über den Ukraine-Krieg.

6. Der Feind benutzt unerlaubte Waffen

Dieses Prinzip ergänzt die vorhergehenden. „Wir führen ehrenhafte, humane und moralische Kriege, während der Gegner sich unerlaubter Waffen bedient." Die Ukraine hat Russland den Einsatz von Streubomben vorgeworfen. Wenn aber die USA verbotene Streubomben völkerrechtswidrig an die Ukraine liefert und die ukrainische Armee diese gegen Zivilisten verwendet – und dies sogar offiziell bestätigt ist[14] – sind die Mainstream-Medien darüber hinweggegangen.

7. Wir erleiden geringe Verluste, aber die Verluste des Gegners sind groß

Da die öffentliche Meinung zum Krieg immer positiv gehalten werden muss, werden eigene Verluste verschleiert und die des Feindes übertrieben. Bei einer Veröffentlichung der tatsächlichen eigenen Todeszahlen bestünde die Gefahr, dass Proteste gegen den Krieg und Desertationen von Soldaten zunehmen. Mit der Übertreibung der Todeszahlen beim Gegner wird suggeriert, dass dieser bald besiegt sein wird und der Krieg erfolgversprechend sei. Sehr oft wurde in den Mainstream-Medien geschrieben, dass russische Soldaten in Scharen sterben, während die ukrainischen Verluste gering seien.

8. Anerkannte Kulturträger und Wissenschaftler unterstützen unser Anliegen

Jede Kriegspartei kann auf die Unterstützung von Künstlern, Schriftstellern und Musikern zählen, die das Anliegen ihrer Länder unterstützen. Fotografen und Journalisten finden sich, die passende Bilder und Texte zusammenstellen. Bildmanipulation ist heute ein Leichtes und sehr wichtig in der Kriegspropaganda.

9. Unser Anliegen hat etwas Heiliges

Alle, die auf unserer Seite mitwirken, werden idealisiert und wollen nur das Gute, während die andere Seite als „Achse des Bösen" vernichtet werden muss. Krieg zu führen ist damit die „Verwirklichung des göttlichen Willens". Widerspruch ist „Gotteslästerung" und verboten.

10. Wer unsere Propaganda in Zweifel zieht, arbeitet für den Feind und ist damit ein Verräter

Dieses letzte Prinzip vervollständigt alle anderen. Wer auch immer nur ein einziges der Prinzipien infrage stellt, ist notwendigerweise ein Kollaborateur. Es gibt nur zwei Bereiche: Gut und Böse. Dazwischen gibt es nichts. Abweichende Meinungen werden mit einem „Lynchprozess" in den Medien, sozialer und beruflicher Ausgrenzung, juristischen Verfahren und Angriff auf die Existenzgrundlage bestraft. Ein Pluralismus der Meinungen existiert nicht mehr, alle Opposition wird durch Totschlagargumente diskreditiert und zum Schweigen gebracht. Um auf die aktuelle Situation im Ukraine-Krieg zu kommen: Schon wer von Diplomatie und Frieden spricht, ist ein Kollaborateur, Putin-Troll, Putin-Versteher, Antisemit, Rechtsradikaler oder vielleicht sogar ein Reichsbürger oder Klimaleugner. In der Diskreditierung sind die Kriegstreiber wahllos und sehr erfinderisch.

Meinungsfreiheit ist jedoch der Sauerstoff der Demokratie. Wenn dieser Sauerstoff entzogen wird, erstickt die Demokratie. Im Krieg gibt es keine Meinungsfreiheit und keine Demokratie mehr.

Diese zehn Prinzipien der Kriegspropaganda sind aus der Analyse der Kriege des letzten Jahrhunderts kondensiert.

Mit ihnen kann man die innere Logik der täglichen Medienflut zum Ukraine-Krieg verstehen. Probieren Sie es aus! Sie können ein Mainstream-Medium nehmen und sich bei jedem Artikel zum Ukraine-Krieg fragen, welche Prinzipien bedient werden. Dieses Experiment ist lehrreich, aber auch erschreckend. Denn es zeigt sich immer wieder: Diese zehn Prinzipien sind offensichtlich die Arbeitsanleitung der Mainstream-Medien.

Kriegs-Propaganda lügt die Menschen bewusst an und emotionalisiert manipulativ, um die Menschen aufzuhetzen und für den Krieg zu begeistern. Lüge ist eine der schlimmsten Sünden. Wer angelogen wird, wird gedemütigt, entwürdigt und missbraucht. Lüge ist ein extremer Vertrauensbruch und fühlt sich wie ein seelischer Mord an. Im normalen Leben führen Lügen deshalb oftmals zu einem Abbruch von Beziehungen. Partnerschaften enden oft dann, wenn die Lügen eines

Partners zu Tage kommen. In Freundschaften oder Ehen werden viele Konflikte oftmals lange ausgehalten, aber die Lüge ist eine rote Linie. Das gilt auch bei Geschäftsbeziehungen: Wenn ein Mitarbeiter, Lieferant oder sonstiger Geschäftspartner lügt, dann ist meistens Schluss. Jedoch in der Politik sind Lügen und Manipulation zentrale Arbeitsmittel. Das scheint ganz normal und alltäglich, fast alle machen bei der Kriegspropaganda munter mit.

Hier stellt sich die große Frage: Warum ist das Lügen in der Politik angesichts ihrer zerstörerischen Wirkung eigentlich keine Straftat? Warum bekommen Politiker, Beamte oder Journalisten, denen eine Lüge nachgewiesen wurde, keine Strafen oder Berufsverbote? Merkwürdigerweise gibt es zu dieser Frage in der Gesellschaft keine Diskussion, obwohl es um die Zerstörung des Fundaments der Demokratie geht.

Anstatt die Lügerei aufzudecken und zu bestrafen, wird mehr Energie dafür verwendet, dass die Lügen möglichst nicht auffallen, damit sie ihre Wirkung behalten. Deshalb wird scharf gegen diejenigen vorgegangen, die nach Wahrheit suchen, kritisch hinterfragen und darüber öffentlich sprechen. Das ist auch der Grund, warum es sehr viele staatliche und halbstaatliche Maßnahmen zur Lenkung der öffentlichen Diskussion gibt.

Sich selbst von der Kriegspropaganda befreien

Um die eigene Entwürdigung zu beenden, ist es nötig zu lernen, Kriegspropaganda zu erkennen und sich davon frei zu machen. Das ist folgendermaßen möglich:

Erstens: Propaganda informiert immer einseitig. Deshalb ist es notwendig, die Berichterstattung beider Kriegsseiten und von mehr oder weniger neutralen Dritten, zum Beispiel indischem oder afrikanischem Fernsehen, zu studieren und dabei zu beobachten, wo Unterschiede und Gleichheiten bestehen. Natürlich gibt es auch russische Kriegspropaganda. Beim Lesen russischer Medien muss man genauso hinterfragen wie bei westlichen Medien.

Zweitens: Propaganda verwirrt. Damit verdeckt sie die wichtigen Informationen. Deshalb muss man Spreu vom Weizen trennen lernen und aus der täglichen Informations-Schwemme die zentralen Sachverhalte herausfinden.

Drittens: Propaganda lügt und erfindet Geschichten. Deshalb muss man immer eigenständig überprüfen, ob Fakten unzweifelhaft und fälschungssicher sind. Im Informationskrieg sollte man immer damit rechnen, dass alles um 180 Grad verdreht oder gar frei erfunden ist.

Viertens: Propaganda arbeitet immer mit fragmentierten Informationsbrocken, die die Vernunft narkotisieren. Deshalb sollte man Informationen immer unvoreingenommen und sachbezogen durchdenken und versuchen, sie zu verstehen und in Zusammenhänge zu bringen.

Fünftens: Es ist wichtig, seriöse und unabhängige Zeitungen, Blogs und Bücher zu suchen, die einem bei dieser Arbeit der Wahrheitssuche helfen. Sonst ist man überfordert.

Als ein solcher Beitrag zur Wahrheitssuche möge dieses Buch dienen. Beginnen wir nun am Anfang mit der Geschichte der Ukraine.

Geschichte der Ukraine – willkürliche Grenzen

Es gab in der Geschichte der Menschheit noch keinen Krieg, der aus dem Nichts entstanden ist. Immer gab es eine Vorgeschichte. Je besser man diese versteht, umso eher kann man Wege zum Interessenausgleich und Frieden finden. Im Folgenden will ich zunächst geschichtliche Hintergründe der Ukraine zusammentragen.

Die Ukraine war historisch immer ein Teil anderer Staaten

Die Ukraine gibt es erst seit 1991 als eigenständigen Staat. Davor gab es im Gebiet der heutigen Ukraine wechselnde Herrscher, wechselnde Aufteilungen und wechselnde Grenzen. Die „Kiewer Rus" im Mittelalter ab 882 bestand aus mehreren Fürstentümern. Dieser Verbund umfasste einen Großteil der heutigen Ukraine, Weißrusslands und des europäischen Russlands. Die Fürstentümer arbeiteten zusammen, bevor sie sich wieder zersplitterten. Von Staaten im heutigen Sinne kann man im Mittelalter aber kaum sprechen. Mitte des 13. Jahrhunderts fielen die Mongolen ein, und so wurden die Fürstentümer zu tributpflichtigen Vasallen der Mongolen. Nach dem Ende der Mongolenherrschaft gingen im 14. Jahrhundert große Teile des Gebietes der heutigen Ukraine an das Großfürstentum Litauen, im 15. Jahrhundert dann an das Königreich Polen und im 17. Jahrhundert zum russischen Zarenreich. Außerdem existierte von 1648 bis 1764 das Reich des Kosaken-Hetmanats. Im 18. Jahrhundert kam die heutige Westukraine zum Habsburger Reich, der Österreichisch-Ungarischen Monarchie. Das Wort „Westukraine" wurde damals nicht verwendet, gebräuchlich war „Galizien". Dieses Galizien ist nicht zu verwechseln mit „Galicien" im Nordwesten Spaniens.

Der Süden der heutigen Ukraine und die Krim waren ab 1441 als „Khanat" der Krimtataren an das Osmanische Reich angeschlossen. Durch den Russisch-Türkischen Krieg 1768–1774 wurden diese Gebiete Teil

Pax, römische Friedensgöttin, Relieftafel der Ara Pacis Augustae, 13 v. Chr., Italien[15]

des russischen Zarenreiches.[16] Daraus entstand „Neurussland“. Zum Aufbau der bis dahin wenig besiedelten Regionen lud die russische Zarin Katharina die Große Einwanderer aus Zentralrussland, Deutschland, Serbien und Griechenland ein. In kurzer Zeit wurden daraufhin neue Städte gegründet, deren Namen durch den Ukraine-Krieg weltweit bekannt wurden: Dnipro, Cherson, Odessa, Sewastopol, Nikolajew, Mariupol und andere.

Neurussland wurde 1774 Teil des Russischen Reiches.[17]

Die nördlichen Gebiete der heutigen Ukraine, die zum Russischen Reich gehörten, hießen über Jahrhunderte “Kleinrussland”. Der Begriff Ukraine war damals noch nicht gebräuchlich.

Im 19. Jahrhundert bildeten sich aus der Volkssprache eine ukrainische Schriftsprache und Literatur heraus. Kulturelles ukrainisches Zentrum war damals Galizien mit der Hauptstadt Lemberg (heutiges Lwiw). Die im damaligen Österreich-Ungarn übliche Bezeichnung für die ukrainische Sprache war „Ruthenisch“.[18]

Der ukrainische Historiker Mychajlo Hruschewskyj (1866 - 1934) schuf Anfang des 20. Jahrhunderts in Lemberg die Grundlage für eine ukrainische Nationalbewegung, indem er der Auffassung einer einheitlichen ostslawisch-russischen Geschichte widersprach und ihr sein Schema einer getrennten Entwicklung des russischen und ukrainischen Volkes entgegenstellte. Er war damit ein führender Kopf der aufkommenden ukrainischen Nationalbewegung.[19]

Erste Versuche einer ukrainischen Staatsgründung im russischen Bürgerkrieg

Die Ukraine als einheitlicher Staat hat also keine jahrhundertelange Geschichte. Die ersten Versuche einer Staatsgründung gab es nach dem Sturz des russischen Zaren während der russischen Revolution, die zu den Wirren eines Bürgerkrieges führte. Zwischen 1918 und 1921 wurden neun verschiedene „Staaten“ auf dem ungefähren Gebiet der heutigen Ukraine ausgerufen, die sich teilweise gegenseitig bekämpften.

Die Bolschewisten proklamierten im Dezember 1917 in Charkow die „Ukrainische Sowjetrepublik“. Kurz darauf, am 25. Januar 1918, rief die ukrainische Nationalbewegung in Kiew die „Ukrainische Volksrepublik“ aus. Im Frühjahr 1918 gab es zudem die „Sowjetrepublik Donez-Kriwoi Rog“, die „Sowjetrepublik Odessa“ und die „Sozialistische Sowjetrepublik Taurida“ auf der Krim.[20]

Durch den Einmarsch der deutsch-österreichischen Armee im Frühjahr 1918 löste sich im April die bolschewistischen „Ukrainische Sowjetrepublik“ wieder auf; auch die nationalistische „Ukrainische Volksrepublik“ verschwand. Stattdessen setzten die deutschen Besatzer am 29. April 1918 ein Marionettenregime unter Pawlo Skoropadskyj ein, der mit harter Hand regierte. Er vertrat eine stark nationalistische Linie und proklamierte den „Ukrainischen Staat (Hetmanat Ukraine)“. Nach dem Abzug der österreichischen Truppen wurde er am 14. Dezember 1918 durch einen Putsch entmachtet, und die „Ukrainische Volksrepublik“ wurde unter Führung von Symon Petljura wieder belebt. Diese Volksrepublik bestand 15 Monate, kontrollierte aber immer nur kleine Teile des Gebietes der heutigen Ukraine. Dabei kam es zu ethnischen Säuberungen durch Pogrome an Juden; mindesten 35.000 wurden ermordet.[21] Auf diese „Ukrainische Volksrepublik“ beruft sich die heutige Ukraine.

Im Januar 1919 eroberten die Bolschewiki die Stadt Kiew und riefen die „Ukrainische Sozialistische Sowjetrepublik“ aus.[22] Die Regierung der „Ukrainischen Volksrepublik“ musste aus Kiew fliehen und zog sich im Laufe der Zeit immer weiter nach Westen zurück. Als die Rote Armee alle Gebiete unter ihre Kontrolle gebracht hatte, endete im Februar 1920 die Existenz der „Ukrainischen Volksrepublik“.

In der Westukraine um die Stadt Lemberg existierte von Ende 1918 bis Mai 1919 die „Westukrainische Volksrepublik“. Deren Gebiet wurde dann im Vertrag von Riga 1921 zwischen Polen, Rumänien, Ungarn und der Tschechoslowakei aufgeteilt.[23]

Weite Teile der Südukraine im Umfang von etwa einem Drittel der heutigen Ukraine wurden 1919 von der anarchistischen Bauern- und Partisanenbewegung „Machnowschtschina“ kontrolliert. Sie wurde von der Roten Armee hart bekämpft und schließlich 1922 vernichtet.[24]

Alle diese verschiedenen Republiken kontrollierten immer nur Teile der heutigen Ukraine. Von einer Staatlichkeit im normalen Sinne und geordneten Verwaltungsstrukturen kann man nicht sprechen.

Eine einheitliche Staatlichkeit entstand erst, nachdem die Rote Armee unter Lenin alle anderen ausgerufenen Republiken besiegt hatte und die „Ukrainische Sozialistische Sowjetrepublik (USSR)“ etabliert wurde. Die Ukrainische SSR wurde 1922 Teil der Sowjetunion. Die Sowjetunion war ein föderaler Staat. Die Ukrainische SSR war also nie ein eigenständiger Staat, sondern kann verglichen werden mit einem Bundesland in Deutschland oder Österreich.

Die Grenzen der heutigen Ukraine sind also nicht langfristig historisch gewachsen, sondern eine Folge des russischen Bürgerkrieges 1917-22. Das ehemalige nördliche Kleinrussland und das südöstliche Neurussland wurden als Territorium der Ukraine innerhalb der Sowjetunion vereinigt. Ohne Lenin wäre die Bildung einer ukrainischen Staatlichkeit in ihrer heutigen Ausdehnung nicht möglich gewesen. Das hören heutige ukrainische Nationalisten nicht gerne, es ergibt sich aber aus der historischen Betrachtung. Diese Zusammenlegung von Kleinrussland und Neurussland wurde von oben beschlossen. Die Bevölkerung hatte dabei nichts zu sagen.

1945: Westukraine wird Sowjetunion zugeschlagen

Die heutige Westukraine gehörte nach dem Ersten Weltkrieg nicht zur Sowjetunion, sondern war zwischen Polen, Rumänien, Ungarn und der Tschechoslowakei aufgeteilt. Das änderte sich nach dem Zweiten Weltkrieg durch die Konferenz von Jalta. Die Staatschefs Franklin D. Roosevelt (USA), Winston Churchill (Vereinigtes Königreich) und Josef Stalin (UdSSR) trafen sich 1945 in Jalta auf der Krim, um die Machtverteilung in Europa nach dem Ende des Krieges auszuhandeln. Ein Ergebnis war, dass die Grenzen der Sowjetunion Richtung Westen verschoben wurden und die heutige Westukraine gebildet wurde. Die Bevölkerungen dieser Regionen hatten kein Mitspracherecht. Die drei Staatschefs entschieden selbstherrlich über deren Schicksal.

Konferenz von Jalta 1945. Gruppenfoto nach dem Abschluss der Verhandlungen; von links: Winston Churchill, Franklin D. Roosevelt und Josef Stalin.[25]

1991: Unabhängigkeit der Ukraine

Die Ukraine war bis 1991 Teil der UdSSR (Union der Sozialistischen Sowjetrepubliken), auch Sowjetunion genannt. Die Sowjetunion war ein Vielvölkerstaat, der die kulturelle und sprachliche Identität der vielen Volksgruppen zu achten versuchte. Die Toleranz zwischen den Volksgruppen war kommunistische Staatsdoktrin. Nationalistische Bestrebungen wurden in der Sowjetunion unterdrückt. Der Journalist Thomas Röper, der in Sankt Petersburg lebt und Russland gut kennt, beschreibt die gesellschaftliche Stimmung:

> *Vor 1991 konnte sich niemand ein Auseinanderbrechen der Sowjetunion vorstellen. Daher waren die Grenzziehungen zu Sowjetzeiten recht unwichtig und wurden entsprechend ohne große Sorgfalt in Bezug auf die Ethnien durchgeführt. So wurde (...) die Krim 1954 vom damaligen ukrainischen Generalsekretär der KPdSU, Nikita Chrustschow, der Ukraine zugeschlagen. (...)*
>
> *Den Menschen waren die Grenzziehungen innerhalb der Sowjetunion nicht wirklich wichtig. Schließlich geschah all dies innerhalb eines Staates und hatte keine Auswirkungen auf das Leben der Menschen. Aber diese willkürlich gezogenen Grenzen sind der Grund dafür, dass die Bevölkerung in der Ukraine heute tief gespalten ist zwischen dem Westteil des Landes, in dem vor allem Ukrainer, aber auch Rumänen, Polen, etc. leben und dem Osten des Landes, wo vor allem ethnische Russen leben.*
>
> *Diese Spaltung aber hatte lange keine „ernsthafte“ Konsequenzen. Man muss sich das Verhältnis zwischen Ukrainern und Russen im Grunde so vorstellen, wie das zwischen Bayern und Norddeutschen. Es war eher ein gegenseitiges „Frotzeln“, keine echte Kluft.*[26]

1991 zerfiel die Sowjetunion. Diese bestand aus fünfzehn Sowjetrepubliken. Russland war nur eine Sowjetrepublik innerhalb der Sowjetunion, nahm aber etwa 78 Prozent von deren Fläche ein.[27] Die Sowjetunion wurde vom Moskauer Kreml aus regiert. Russland wurde nach

1991 Rechtsnachfolger der Sowjetunion. Den komplizierten Zusammenbruch der Sowjetunion nachzuzeichnen, sprengt den Rahmen dieses Buches. Wichtig ist jedoch ein Blick auf die Motivation der ukrainischen Bevölkerung bei der Begründung einer unabhängigen Ukraine.

Am 17. März 1991 fand das erste und einzige Referendum in der Geschichte der Sowjetunion statt. In den neun teilnehmenden Sowjetrepubliken sprachen sich 76,4 Prozent der Wähler für den Erhalt der Sowjetunion aus. Die Abstimmungsbeteiligung lag bei beachtlichen 80 Prozent. Sechs Sowjetrepubliken – Armenien, Georgien, Moldawien und die drei baltischen Republiken Estland, Lettland und Litauen – beteiligten sich nicht, da sie entschlossen waren, aus der Sowjetunion auszutreten.[28] Die Bürgerinnen und Bürger der Ukrainischen Sowjetrepublik stimmten mit einer überwältigenden Mehrheit von 70,2 Prozent für den Erhalt der Sowjetunion.[29] Das heißt, die ukrainischen Nationalisten hatten im März 1991 keine Mehrheit für eine Unabhängigkeit. Die Ukrainer wollten in der Sowjetunion bleiben.

Im August 1991 scheiterte in Moskau der Putschversuch kommunistischer Hardliner, dem „Staatskomitee für den Ausnahmezustand", gegen Präsident Gorbatschow. Bei der Niederschlagung des Putsches profilierte sich Boris Jelzin, der damals Präsident der Russischen Sowjetrepublik war. Dadurch beschleunigte sich der Zerfallsprozess der Sowjetunion schlagartig.[30] In der kurzen Zeit vom 20. bis zum 31. August 1991 verabschiedeten Parlamente mehrerer Sowjetrepubliken Unabhängigkeitsbekundungen, darunter auch das ukrainische Parlament.

Neun Monate nach dem Referendum vom 17. März 1991, bei dem 70,2 Prozent der Ukrainer für den Erhalt der Sowjetunion gestimmt hatten, fand in der Ukraine am 1. Dezember 1991 ein zweites Referendum statt. Jetzt stimmten 90,3 Prozent der Ukrainer für einen Austritt aus der Sowjetunion und eine staatliche Unabhängigkeit des Landes.[31] Wie ist ein solcher Meinungsumschwung ins Gegenteil erklärlich?

Natürlich haben dazu der erwähnte Putschversuch in Moskau, die Unabhängigkeitserklärungen mehrerer Sowjetrepubliken und die zunehmende politische Verunsicherung beigetragen. Aber das reicht für eine Erklärung nicht aus. Gehen wir auf Spurensuche.

Versprechungen vor dem Unabhängigkeitsreferendum

Vladislav Zubok, Professor für Geschichte an der Londoner Schule für Wirtschaft und Politikwissenschaft, beschreibt in seinem Buch „Collapse: The Fall of the Soviet Union“[32], dass für die Bewohner im Südosten der Ukraine die Idee einer unabhängigen Ukraine nicht anziehend war. Sie fühlten sich hauptsächlich mit der russischen Geschichte und Kultur verbunden. *„Für Millionen von Menschen in diesen Regionen – Menschen gemischter ethnischer Herkunft und einer gemeinsamen [russlandverbundenen] Identität – war die Idee der ukrainischen «Souveränität» etwas Vages, etwas, das immer noch eine gemeinsame Staatlichkeit mit der Russischen Föderation implizieren könnte.“*

Leonid Krawtschuk war ukrainischer Parlamentspräsident in der Endphase der Sowjetunion. Er wurde zeitgleich mit dem Unabhängigkeitsreferendum am 1. Dezember 1991, bei dem 90,3 Prozent der Ukrainer für einen Austritt aus der Sowjetunion stimmten, zum ersten Präsidenten des somit neu gebildeten ukrainischen Staates gewählt. Er war ein maßgeblicher Befürworter einer unabhängigen Ukraine. Er unterschrieb am 8. Dezember 1991 zusammen mit seinen Amtskollegen, den Präsidenten Jelzin (Russland) und Schuschkewitsch (Weissrussland), die „Belowescher Vereinbarungen“, wonach die Sowjetunion „ihre Existenz beendet“ habe.[33] Wie hat Leonid Krawtschuk, als er noch Parlamentspräsident der Ukrainischen Sowjetrepublik war, für die Unabhängigkeit der Ukraine geworben?

Zu dieser Frage verweist der in Odessa geborene Historiker Alexander Nepogodin auf die vom Wahlkampfteam Krawtschuks im Vorfeld des Referendums verteilten Werbebroschüren. In diesen hieß es:

> *Nur eine unabhängige Ukraine wird in der Lage sein, als ein gleichberechtigter Partner mit seinen Nachbarn eine zwischenstaatliche Gemeinschaft zu bilden, vor allem mit Russland, das uns am nächsten steht. Wir stehen in der Verpflichtung, die Republik zu einer guten Mutter für alle ihre Bürger zu machen. Die vom Obersten Rat der Ukraine einstimmig beschlossene Erklärung über die Rechte der Nationalitäten innerhalb der Ukraine eröff-*

net breite Möglichkeiten für die Entwicklung der Sprachen und Kulturen aller Nationalitäten in der Ukraine. Es spielt keine Rolle, welche Sprache ukrainische Bürger sprechen, solange sie über eine unabhängige Ukraine und ihre gesetzlichen Rechte sprechen.[34]

Der Historiker *Alexander* Nepogodin schildert weiter:

> *Der Plan der Behörden der ukrainischen Republik war erfolgreich. Eine überwältigende Mehrheit von 90 Prozent der Bewohner der Ukrainischen Sowjetrepublik sagte „Ja" zu einem unabhängigen Weg, getrennt von der Russischen Sowjetrepublik. Die Abstimmungsergebnisse sprachen für sich: 83,9 Prozent stimmten in der Region Doneczk für die Unabhängigkeit der Ukraine; 83,9 Prozent im Gebiet Lugansk; 86,3 Prozent im Gebiet Charkow; 85,4 Prozent in der Region Odessa. Nur die Krim wich von dieser hohen Zustimmung ab, obwohl selbst dort 54,2 Prozent der Wähler die Unabhängigkeit der Ukrainischen Sowjetrepublik befürworteten. Es gab viele Gründe für eine so überwältigende Zustimmung. Der Bevölkerung wurde nicht nur die Aufrechterhaltung ungehinderter Beziehungen zu Russland zugesichert, sondern auch Maßnahmen zum Schutz und zur Entwicklung der russischen Sprache und Kultur, wie die Materialien zum Wahlkampf aus dieser Zeit belegen. Viele meinten, dass sich nichts drastisch ändern würde, dass aber die Unabhängigkeit zum Wohlstand der Ukraine führen würde. Es wurden wirtschaftliche Entwicklungsindikatoren genannt, die mit denen Deutschlands und Frankreichs vergleichbar waren. Tatsächlich nahm die Ukraine vor dem Zusammenbruch der UdSSR in Europa den ersten Platz in der Stahlerzeugung, im Kohle- und Eisenerzbergbau und in der Zuckerproduktion ein.*

Es ist wichtig hervorzuheben: Der Bevölkerung im Südosten der Ukraine wurden 1991 ungehinderte Beziehungen zu Russland und ein Schutz der russischen Sprache und Kultur versprochen. Unter diesen Voraussetzungen stimmte sie für eine Unabhängigkeit der Ukraine als eigenständigem Staat. Aber diese Versprechen wurden in den folgenden Jahrzehnten Stück für Stück von den ukrainischen Nationalisten gebrochen. Das spaltete das Land.

Mit dem Ukraine-Krieg wurde aus dem Spalt eine abgrundtiefe Kluft. Die Geschichte wiederholte sich im Verlauf von nur 100 Jahren zum vierten Mal:

1. Im Ersten Weltkrieg dienten ukrainische Soldaten im Heer der österreichischen Habsburger sowie im Heer des russischen Zaren und schossen aufeinander.
2. Im Bürgerkrieg nach der russischen Revolution kämpften Ukrainer in den Armeen der verschiedenen auf ukrainischem Gebiet neu ausgerufenen Republiken gegeneinander.
3. Und im Zweiten Weltkrieg dienten Ostukrainer der Roten Armee, während sich viele Westukrainer den Nationalsozialisten und der Deutschen Wehrmacht anschlossen.

   Wenn es keine tiefgehende Aufarbeitung gibt, gären solche Konflikte und traumatischen Erfahrungen im Untergrund weiter.
4. Ab 2014 traten sie mit den Maidan-Protesten und dem darauf folgenden Donbass-Krieg wieder als gewaltsame Konflikte auf.

Zusammenfassung:

Im Laufe der Jahrhunderte herrschten auf dem Gebiet der Ukraine viele verschiedene Machthaber in immer wieder unterschiedlich aufgeteilten Regionen. Die Versuche einer Staatsgründung nach dem Ersten Weltkrieg scheiterten. Die Ukraine gibt es als eigenen Staat erst seit dem 1. Dezember 1991. Vor dem Referendum, in dem die Bevölkerung über die Unabhängigkeit abstimmen konnte, wurden den Wählern ungehinderte Beziehungen zu Russland und der Schutz der russischen Sprache und Kultur versprochen. So votierte eine große Mehrheit auch in russischsprachigen Gebieten für eine Ablösung von der Sowjetunion.

Erzengel Michael im Fresko der Abtei Sant'Angelo in Formis, Italien, ca. 1080[35]

Das Territorium der heutigen Ukraine entstand aus willkürlichen Grenzziehungen. Lenin brachte 1921 Kleinrussland mit Neurussland zusammen, Stalin fügte 1945 der heutigen Westukraine Teile Ungarns und Rumäniens hinzu, Chruschtschow 1954 die Krim. Solche territorialen Zugehörigkeiten spielten keine große Rolle, solange sie so oder so zum Sowjetreich gehörten.

Als Territorium eines unabhängigen Staates aber erzeugen solche willkürlich gesetzten Grenzen Spannungen, die nur mit großer Achtsamkeit und Bemühung um Ausgleich überwunden werden können, sodass sie den gesellschaftlichen Zusammenhalt nicht gefährden. Solche Spannungen und alten Konflikte können aber auch leicht benutzt werden, um die Bevölkerung in gewalttätige innere Auseinandersetzungen zu treiben.

Ukraine ist ein Vielvölkerstaat

Aufgrund der wechselhaften Geschichte wird die heutige Ukraine von vielen Volksgruppen bewohnt. Sie ist ein Vielvölkerstaat mit zwei Hauptsprachen: Ukrainisch und Russisch. Beide Sprachen haben dieselben Wurzeln im Altostslawischen, entwickelten sich aber über die Jahrhunderte unterschiedlich. Ukrainisch mischte sich mit Polnisch, Ungarisch, Österreichisch und Rumänisch. Heute ist der Verwandtschaftsgrad von Russisch und Ukrainisch vergleichbar mit dem von Spanisch mit Portugiesisch.[36]

Beide Sprachen sind im konkreten Leben nicht sauber getrennt, es gibt „Surschyk", das in sehr vielen Regionen der Ukraine gesprochen wird. Dieses Wort bezeichnete früher eine Mischung aus Weizen und Roggen oder Gerste und Roggen. Bei Surschyk werden Ukrainisch und Russisch gemischt. Der Anteil beider Sprachen ist bei jedem Sprecher individuell unterschiedlich.[37]

Die Identität zu einer Volksgruppe entsteht vorwiegend durch die Sprache. Alles, was eine Gesellschaft ausmacht, entsteht durch Kommunikation. Deshalb ist die Sprache identitätsstiftend. Identitätsstiftend sind auch eine gemeinsame Geschichte, Kultur und Religion.

Die Kiewer Akademie der Wissenschaften hat die Entwicklung der Muttersprache in der Ukraine seit der Unabhängigkeit der Ukraine beobachtet. 2011 sprachen 39 Prozent der Menschen in der Ukraine zu Hause Russisch und 43 Prozent zu Hause Ukrainisch. Über diese Statistik der Akademie der Wissenschaften berichtete „The Ukrainian Week" am 18. April 2012.[38] In dem Artikel wurde ausgeführt, dass sich die Ukraine nach der Unabhängigkeit 1991 in der Sprachfrage nicht in Richtung einer einheitlichen Nation entwickelt hat. Stattdessen betrachteten immer weniger Menschen beide Sprachen als Alltagssprache. Die Verständigungsmöglichkeiten innerhalb des Landes nahmen also ab und die Spaltung nahm zu. Das ist in folgender Graphik sichtbar.

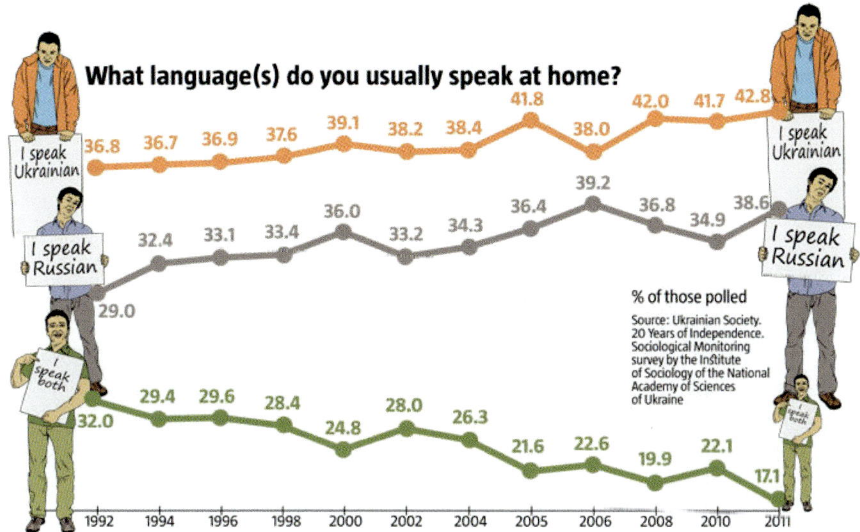

Entwicklung der Muttersprachen in der Ukraine[39]

2001 gab es eine Volkszählung in der Ukraine, in der auch nach der ethnischen Zugehörigkeit gefragt wurde. Die Befragten beantworteten diese Frage in einer Selbsteinschätzung nach eigenem Gefühl ohne klare Kriterien.[40] 77,8 Prozent sagten, dass sie sich als Ukrainer fühlten, 17,3 Prozent als Russen und 4,9 Prozent als Angehörige anderer Volksgruppen.[41] 17,3 Prozent der ukrainischen Staatsbürger fühlten sich also als Russen. Die gemeinsame Geschichte, Sprache und Religion mit Russland waren für diese Menschen identitätsstiftender als ihre rechtliche Staatsangehörigkeit und ihr Pass.

In dieser Volkszählung wurde auch nach der Muttersprache gefragt. Der Anteil derjenigen, deren Muttersprache Ukrainisch war, belief sich auf 67,5 Prozent der Gesamtbevölkerung, der Anteil derjenigen, deren Muttersprache Russisch war, belief sich auf 29,6 Prozent. Die obige Graphik zeigt aber, dass deutlich mehr Menschen – bis zu 40 Prozent – im Alltag Russisch sprachen. Russisch wurde also auch von vielen ukrainischen Muttersprachlern bevorzugt gesprochen.

Einen weiteren kulturellen Unterschied findet man in der Religion. In der Westukraine ist die Mehrheit der Gläubigen katholisch. Im Osten und Süden überwiegt das orthodoxe Christentum. Nach Jahrzehnten des Sozialismus gibt es auch sehr viele Atheisten.

Die Spaltung des Landes zeigte sich ebenfalls bei den Wahlen, hier zum Beispiel bei den Präsidentenwahlen 2010:[42]

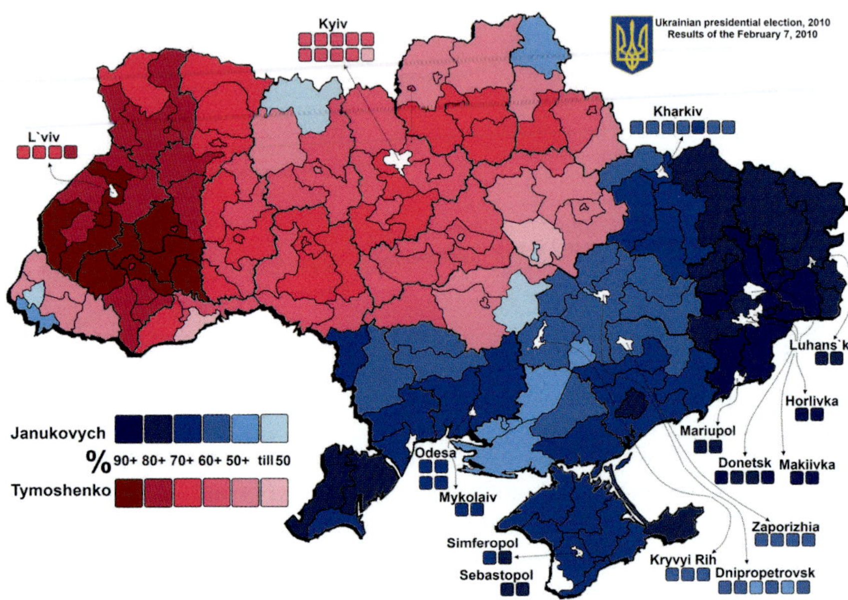

In den roten Wahlbezirken hatte die westlich orientierte Kandidatin Tymoshenko die Mehrheit, in den blauen Wahlbezirken der russlandoffene Kandidat Janukowitsch.

In den westlichen Mainstream-Medien wird die Ukraine immer als politisch und kulturell einheitlicher Staat dargestellt. Über die Konflikte und Kriegsursachen innerhalb des Landes wird kaum berichtet. Warum? Vermutlich, weil dies nicht zu der einfachen Erzählung passt, dass die gute Ukraine von dem bösen Russland überfallen wurde (siehe 2. Prinzip der Kriegspropaganda).

In einem Vielvölkerstaat muss sich die Politik bemühen, Konflikte zu vermeiden und Minderheiten ernst zu nehmen. Die Geschichte zeigt, dass die Unterdrückung von Sprachen oder Volksgruppen einen Staat zerreißen kann. Genau das ist leider in der Ukraine passiert.

Ukraine als Armenhaus Europas

Zur Ermittlung des durchschnittlichen Jahreseinkommens der Bevölkerung wird das Bruttonationalprodukt eines Landes, das sind alle Verdienste aller Einwohner eines Landes, durch die Anzahl der Einwohner geteilt. Darin enthalten sind alle Löhne, Gehälter, Gewinne, Kapitalerträge und andere Einkommen.

Das durchschnittliche Jahreseinkommen pro Kopf lag in Deutschland im Jahr 2021 bei 51.040 US-Dollar (USD), also bei rund 4.250 USD monatlich. Deutschland befand sich damit an 20-ster Stelle von 200 Staaten.

In der Ukraine lag 2021 das durchschnittliche Einkommen pro Kopf bei jährlich 4.120 USD oder monatlich 340 USD. Die Ukraine befindet sich im weltweiten Vergleich an 122-ster Stelle zwischen El Salvador und Sri Lanka und weit abgeschlagen von allen anderen europäischen Staaten.[43] Es handelt sich um das durchschnittliche Einkommen. Einige Gutverdienende und Wohlhabende haben natürlich sehr viel mehr, aber 45 Prozent der Bevölkerung haben weniger als 100 Euro monatlich zur Verfügung und leben in Armut. Auch wenn man mit 100 Euro in der Ukraine mehr kaufen kann als in der EU, kann damit niemand anständig leben.[44] Durch die Kriegseskalation ab 2022 hat sich die Lage natürlich noch weiter verschlechtert.

In der Ukraine übersteigen die Heizkosten allein oft die Renten oder Löhne ärmerer Leute. Auf Drängen des Internationalen Währungsfonds (IWV), von dem die Ukraine seit 2014 abhängig ist[45], wurde die staatliche Subventionierung der Wohnnebenkosten, also für Gas, Wasser, Strom und Heizung, eingestellt. Da sich deren Tarife den Preisen in der EU anglichen, mussten die Menschen bis zu 12-fache Preissteigerungen für Heizung und Gas zahlen.[46] Da reichte es nicht mehr für Lebensmittel. Also bezahlten die Menschen die Nebenkosten nicht, was dazu führte, dass die örtlichen Versorger wiederum ihre Lieferanten nicht bezahlen konnten. In Kiew gab es eine zentrale Versorgung der Wohnungen mit Warmwasser. Da aber der Versorger "Kyivteploenergo" das Gas zum Erwärmen des Wassers nicht mehr bezahlen konnte, gab

es 2018 den ganzen Sommer über in Kiew kein warmes Wasser. Bürgermeister Klitschko kündigte an, dass die zentrale Warmwasserversorgung nun ganz eingestellt werde. Stattdessen sollten sich die Wohnungsinhaber Boiler kaufen. Das ist zynisch, denn die armen Leute, die die Nebenkosten nicht bezahlen konnten, konnten sich natürlich auch keinen neuen Boiler und teuren Strom leisten.[47]

Warum ist die Ukraine so arm? Das Land hat sehr viele Bodenschätze und wertvollstes Ackerland. In Bezug auf natürliche Ressourcen steht die Ukraine weltweit auf dem vierten Platz, schrieb die „Foreignpolicy" in einem Report.[48] Die Ukraine hatte 1991 wirtschaftlich eine ähnliche Ausgangslage wie Russland und war in einigen Industrien führend. Jedoch hat sich Russland wirtschaftlich deutlich besser entwickelt. In Russland war 2021 das durchschnittliche Einkommen mit 11.600 USD jährlich fast dreimal so hoch wie in der Ukraine.

Auch deshalb ist für viele Ostukrainer ein engerer Zusammenschluss mit Russland attraktiv. Dreimal höhere Löhne sind ein handfestes Argument. Dazu kommen deutlich billigere Energiekosten.

Auf der anderen Seite ist aber auch die EU für die Ukraine sehr anziehend. Dort sind die Einkommen noch viel höher. Der Einkommensunterschied zwischen zum Beispiel 100 Euro zu 2000 Euro im Monat ist sehr hoch – verführerisch hoch. Es ist verständlich, dass man von dem Reichtum der EU auch etwas abbekommen will und eine EU-Mitgliedschaft fordert. An diesem Punkt entzündete sich der Konflikt in der Ukraine und führte 2014 zum Regierungs-Putsch.

Hier wirken aber viele Illusionen. Denn realer Wohlstand entsteht nicht durch Fördergelder der EU, sondern wenn die politischen, sozialen und wirtschaftlichen Rahmenbedingungen so gestaltet werden, dass die Kreativität und der Arbeitswille einer Bevölkerung sich entfalten können. Das ist in der Ukraine seit 1991 kaum gelungen, stattdessen flohen viele Menschen.

Bevölkerung flieht

Zum Zeitpunkt der Gründung der Ukraine 1991 hatte sie ca. 52 Millionen Einwohner. Seither schrumpfte die Bevölkerung durch Auswanderung und eine sinkende Geburtenrate. Mütter trauen sich nicht, Kinder zu bekommen. Bei der Volkszählung 2001 wurden 48,2 Millionen Einwohner gezählt, also 4 Millionen weniger als zehn Jahre zuvor.[49] Die Volkszählung 2020 ergab nur noch 37,2 Millionen Einwohner, weitere 11 Millionen weniger als 2001.[50]

Millionen Ukrainer suchten ihr Glück im Ausland, vor allem in den EU-Ländern oder in Russland. Russland war das beliebteste Auswanderungsland. Dazu der Journalist Thomas Röper:

> *Was im Westen auch nicht bekannt ist, ist, dass der Lebensstandard in Russland schon lange viel höher ist als in der Ukraine. Schon vor dem Maidan (bis 2014) haben daher zwischen zwei und drei Millionen Ukrainer dauerhaft in Russland gelebt und gearbeitet. Nach dem Maidan im Jahr 2014 und dem darauffolgenden Kiewer Angriff auf den Donbass kamen noch einmal etwa genauso viele Ukrainer nach Russland, die entweder aus dem Donbass vor dem Krieg oder aus der restlichen Ukraine vor der drohenden Zwangseinberufung in den Krieg nach Russland geflohen sind. Damit haben Ende 2021 etwa fünf Millionen Ukrainer in Russland gelebt und gearbeitet. Die genauen Zahlen sind schwer zu finden, weil viele dieser Ukrainer längst die russische Staatsangehörigkeit angenommen haben und daher in der russischen Statistik nicht mehr als Ukrainer geführt werden.*[51]

Eine weitere Fluchtwelle gab es nach dem Einstieg Russlands in den Ukraine-Krieg im Februar 2022. Nach Angaben des „Hohen Flüchtlingskommissars der Vereinten Nationen (UNHCR)“ gab es seit dem Kriegsbeginn bis zum 13. Februar 2023 mehr als acht Millionen Flüchtlinge aus der Ukraine. In der Europäischen Union waren 4,9 Millionen Menschen als Flüchtlinge registriert, in der Russischen Föderation

waren es nach Angaben der UNHCR 2,8 Millionen. Damit ist Russland das Land, das die meisten Flüchtlinge aus der Ukraine aufgenommen hat. Mit weitem Abstand nach Russland kommt Polen, das 1,5 Millionen Flüchtlinge aufnahm, danach Deutschland mit 1 Million, Tschechien mit 0,5 Millionen, Italien, Spanien und Großbritannien mit je 0,16 Millionen.[52]

35 Prozent aller Flüchtlinge sind somit nach Russland gegangen und nicht in die EU-Staaten. Diese Information wurde in den westlichen Mainstream-Medien kaum verbreitet, da es dem gewünschten negativen Russlandbild – gemäß der Kriegspropaganda – nicht entspricht.

Die Ukraine ist derzeit bis auf etwa 30 Millionen Einwohner entvölkert. 1991 hat das Land mit 52 Millionen angefangen, seither ist die Bevölkerung um 42 Prozent geschrumpft!

Kommen wir zu der Frage: Warum hat sich die Ukraine wirtschaftlich so schlecht entwickelt?

Ikone des Heiligen Georg in der Tretjakow-Galerie in Moskau, Russland, 15. Jahrhundert[53]

ЧЮДО·СТГО·ГЕѠРГИЯ·ѾЗМИИ

Oligarchen, Staatsvereinnahmung und Korruption

Ein wichtiger Faktor für die schlechte wirtschaftliche Entwicklung der Ukraine ist die Herrschaft der Oligarchen, die Parteien und Politiker kaufen und so politischen Einfluss haben. Die Oligarchen interessieren sich nicht für die Entwicklung der Volkswirtschaft als Ganzes, sondern für ihre eigenen Vorteile. Viele von ihnen sind durch politische Beziehungen nach dem Zusammenbruch der Sowjetunion zu ihrem Reichtum gekommen, nicht durch ihre wirtschaftlichen Leistungen.

Entsprechend gehört die Ukraine zu den korruptesten Ländern der Welt. Laut dem Korruptionsindex von Transparency International steht die Ukraine auf Platz 133 von 180 Ländern.[54] Eine Spiegel-Reportage beschreibt die Ukraine als das "korrupteste Land Europas". Diese Korruption zieht sich durch alle Lebensbereiche.[55]

Jährlich flossen viele Milliarden Euro von der EU in die Ukraine. Allein von 2014 bis 2022 waren es 17 Milliarden zur *„Unterstützung der ukrainischen Wirtschaft, zur Förderung des grünen Wandels und zur Unterstützung des Landes bei seinen Reformen."*[56] Deshalb wurde der Europäische Rechnungshof aktiv und berichtete im September 2021 im Sonderbericht 23/2021, dass eine Handvoll Oligarchen Staat und Wirtschaft untereinander aufgeteilt hätten und zusammen die faktische Regierung des Landes bildeten.[57] Der österreichische ORF schrieb über diesen Bericht des Europäischen Rechnungshofes:[58]

> *Korruption auf höchster Ebene und sogenannte Staatsvereinnahmung sind in der Ukraine weit verbreitet. Sie behindern nicht nur Wettbewerb und Wachstum, sondern schaden auch dem Demokratisierungsprozess. Dutzende Milliarden Euro gehen jedes Jahr infolge von Korruption verloren. (...) Der EU sind die Verbindungen zwischen Oligarchen, hochrangigen Beamten, Politikern, der Justiz und staatseigenen Unternehmen seit Langem bekannt. Trotzdem habe sie – so die Prüfer – keine echte Strategie zur Bekämpfung von Korruption auf höchster Ebene ent-*

wickelt. (…) "Obwohl die Ukraine Unterstützung unterschiedlichster Art von Seiten der EU erhält, untergraben Oligarchen und Interessengruppen nach wie vor die Rechtsstaatlichkeit in der Ukraine und gefährden die Entwicklung des Landes", so Juhan Parts, das für den Bericht zuständige Mitglied des Europäischen Rechnungshofs. Parts zitierte Zahlen der ukrainischen Regierung, wonach jährlich 32 Milliarden Euro durch Korruption verloren gehen.

32 Milliarden Euro sind sehr viel Geld. Zur Relation: Der Staatshaushalt 2021 der Ukraine sah etwa 40 Milliarden Euro vor.[59] Das Bruttoinlandsprodukt (BIP) der Ukraine, also die gesamte Leistung der Volkswirtschaft, betrug 2021 etwa 162 Milliarden Euro.[60]

Von der immensen Korruption der Ukraine erfahren die Konsumenten westlicher Mainstream-Medien aber wenig. Entsprechend den Prinzipien der Kriegspropaganda, dass im Krieg „edle Ziele" verteidigt werden, wird die Ukraine als eine Art "Musterdemokratie" dargestellt.

Hingegen ist der ukrainischen Bevölkerung die weit verbreitete Korruption bekannt. So ergab zum Beispiel eine repräsentative Meinungsumfrage im Juli 2023 von der „Ilko Kucheriv Democratic Initiatives Foundation (DIF)", dass 77,6 Prozent der befragten Ukrainerinnen und Ukrainer der Ansicht sind, dass der ukrainische Präsident Selenskyj direkt für die Korruption in der Regierung und der Militärverwaltung verantwortlich ist.[61]

Die heutige Situation in der Ukraine wirkt wie ein Pendant der Jelzin-Ära nach dem Zusammenbruch der Sowjetunion, als sich Oligarchen und westliche Investoren an der sowjetischen Wirtschaft bedienten. Ähnliches findet heute in der Ukraine statt.[62] Boris Jelzin war von 1991 bis 1999 russischer Präsident. Für die Bevölkerung war es eine traumatische Zeit der Verarmung, Unsicherheit und deutlicher Zunahme der Sterblichkeit. Jelzin wurde von Präsident Putin abgelöst. Dieser dämmte die Macht der Oligarchen ein, drängte den Zugriff westlicher Investoren auf für Russland lebenswichtige Ressourcen und Industrien zurück und startete Maßnahmen zur Korruptionsbekämpfung. Gleichzeitig vertrat die Regierung Putin einen wirtschaftsliberalen Kurs, der eigenständige Initiativen ermöglichte. Die Wirtschaft entwickelte sich und die Löhne in Russland stiegen auf das Dreifache der ukrainischen Löhne. Dieser wirtschaftliche Aufschwung ist ein wichtiger Grund dafür, dass Putin von der Mehrheit der russischen Bevölkerung geschätzt wird.

Die Korruption in der Ukraine könnte Stoff für viele phantastische Kriminalromane liefern. Einen Einblick gibt der deutsche Autor Johannes Mosmann:[63]

> *Von 2015 bis 2019 strahlte der ukrainische Sender 1 + 1 die Serie „Diener des Volkes" aus und machte den Komiker Wolodymyr Selenskyj in der Ukraine berühmt.*[64] *In dieser Satire spielt Selenskyj den Präsidenten der Ukraine. An Sylvester 2018 gab er überraschend bekannt, auch im wirklichen Leben Präsident werden zu wollen. Die neuzugründende Partei sollte wie die Fernsehserie „Diener des Volkes" heißen. Aus Spiel wurde ernst (...).*
>
> *Die Ukrainer glaubten zunächst an einen Werbegag des Senders. Doch der Komiker meinte es ernst – mindestens so ernst wie der Oligarch Ihor Kolomojskyj, Produzent der Serie und Eigentümer der Medienanstalt. Dieser Oligarch wird mit zahlreichen Gewaltverbrechen in Verbindung gebracht*[65] *und kann als Hauptangeklagter im „größten Betrugsskandal des 21. Jahrhunderts"*[66] *derzeit nicht in die USA einreisen. Als ehemaliger Inhaber der ukrainischen „PrivatBank" soll er unter anderem 5,5 Milliarden Dollar veruntreut haben, indem er die Gelder in ein eigenes Firmengeflecht transferierte und die Bank anschließend vom Staat „retten" ließ.*[67] *Die von ihm finanzierten Todesschwadronen verfolgen, foltern und töten seit 2014 Russen im Donbass. Kolomojskyj bezahlt „Kopfgelder" und finanziert u.a. auch das Regiment Asow, das mit Hakenkreuz und SS-Kult rechtsradikale Hobby-Mörder aus ganz Europa in die Ost-Ukraine lockt.*[68]
>
> *Der Oligarch, laut New York Times die „mächtigste Figur der Ukraine außerhalb der Regierung",*[69] *verfügte über das nötige Kleingeld und die mediale Reichweite, um im*

Mai 2019 die vom Volk geliebte Präsidenten-Soap Wirklichkeit werden zu lassen. Der Coup gelang – die Ukrainer gaben dem Schauspieler Selenskyj die Rolle des echten Präsidenten. Nach der Wahl versuchte der Komiker, Gras über seine Herkunft wachsen zu lassen. Doch dann enthüllten die „Pandora-Papers", wie tief der frisch gebackene Präsident über diverse Offshore-Konten bereits in die Geschäfte des Oligarchen verstrickt war.[70] *(…)*

Beziehungsarbeit auf Ukrainisch

Die Oligarchen kämpfen in der Ukraine gegeneinander um Macht und Einfluss (…). Das Hauptgeschäft aber machen sie mit dem Ringen zwischen NATO und Russland um die Vorherrschaft in der Region. Die EU bezahlte viele Milliarden Euro für die Gunst der Ukraine – der Großteil dieses Geldes dürfte auf Offshore-Konten der Oligarchen verschwunden sein. (…)

Ihor Kolomojskyj genügte das jedoch nicht. Im November 2019 drohte er offen, dass sich die Ukraine wieder an Russland orientieren werde, falls der Westen nicht mehr Kohle rüberwachsen lasse. Im Interview mit der New York Times erklärte der Unternehmer den verblüfften Journalisten: Die Amerikaner „zwingen uns zum Krieg und geben uns nicht einmal das Geld dafür." Doch er kenne ein gutes Mittel für Beziehungsarbeit: „Wie lassen sich Probleme am schnellsten lösen und die Beziehung wiederherstellen? Nur mit Geld …" Und dann spricht der heimliche Herrscher der Ukraine Klartext: „Wenn ich mich anschaue wie der ganze Rest der Welt, sehe ich mich selbst als Monster, als Puppenspieler, als Meister von Selenskyj, als jemand, der apokalyptische Pläne schmiedet – ich kann anfangen, das wahr werden zu lassen." Die Anti-Korruptionsmaßnahmen, die der IWF an Kreditvergaben knüpfen wolle, würden „tiefverwurzelte Geschäftsbeziehungen" stören, so Kolomojskyj. Und weiter: Da nehme die Ukraine lieber die von den Russen gebotenen 100 Milliarden Dollar und trete einem neuen „Warschauer Pakt" bei.[71]

Dieses bemerkenswerte Gespräch der „New York Times“ mit Ihor Kolomojskyj wurde am 13.11.2019 veröffentlicht. Darin sagte Kolomojskyj:

> *Die Vereinigten Staaten benutzen die Ukraine nur, um ihren geopolitischen Rivalen zu schwächen. „Krieg gegen Russland“, sagte er, „bis zum letzten Ukrainer“.*
>
> *„Die Menschen wollen Frieden, ein gutes Leben, sie wollen keinen Krieg führen. Und ihr“ - Amerika - „zwingt uns, Krieg zu führen, und gebt uns nicht einmal das Geld dafür“.*

Nach dem Kriegseintritt Russlands am 24. Februar 2022 zeigte sich die Bedeutung dieser Worte noch klarer. Für den Insider Ihor Kolomojskyj war die Ukraine schon im November 2019 im Krieg gegen Russland! Und er hat eine sehr klare Ansicht, wer den Krieg gegen Russland will und verursacht – nämlich die USA. Und deshalb sollen die USA und die NATO die Ukraine dafür auch kräftig bezahlen. Das war seine Hauptforderung in dem Interview. Und nichts anderes hörte man dann 2022 fast täglich von Präsident Selenskyj und anderen ukrainischen Regierungsbeamten in Ansprachen, Artikeln und Tweets: „Die Ukraine braucht mehr Geld!“. So, als ob der Westen Abschlagszahlungen für eine bestellte Auftragsarbeit zu leisten habe.

Mit Beginn des russischen Einmarsches legte das Kanzleigericht Delaware, USA, das Verfahren gegen Kolomojskyj wegen Geldwäsche und Betrug auf Eis. Es seien Widersprüche zum ukrainischen Recht zu befürchten, hieß es in der Begründung. Die Anklage vermutete jedoch, der Oligarch habe einen „Deal“ mit dem ukrainischen Präsidenten gemacht, wonach die ukrainische Regierung die mittlerweile verstaatlichte PrivatBank, früher im Besitz von Kolomojskyj, immerhin die größte Bank des Landes, in den Besitz des Oligarchen zurücküberführen werde – um „anhängige oder drohende Rechtsstreitigkeiten gegen Kolomojskyj zu umgehen“.[72]

Die Bedeutung der Oligarchen in der Ukraine kann man in Zahlen sehen: *„Nach neuesten Schätzungen der Investmentgesellschaft Dragon Capital belief sich im Jahr 2016 das Vermögen der zehn reichsten Ukrainer auf mehr als elf Milliarden Dollar. Das waren fast*

13 Prozent des Bruttoinlandsproduktes (BIP) der Ukraine im Jahr 2015. Zum Vergleich: Das Vermögen der zehn reichsten Einwohner von Polen oder den USA erreichte 2015 nur drei Prozent des BIP."[73] (– Das ist natürlich auch eine problematische Vermögenskonzentration.)

Einfluss der Oligarchen auf die Wirtschaft der Ukraine[74]

Der Europäische Rechnungshof resümierte 2021 in seinem Sonderbericht zur Lage in der Ukraine:[75] *„Vereinnahmung des Staates durch Blöcke mächtiger Eliten aus Politik und Wirtschaft, die pyramidal strukturiert und in öffentlichen Einrichtungen und der Wirtschaft etabliert sind, wurde als Besonderheit der Korruption in der Ukraine festgestellt."* Und die Prüfer machen deutlich, dass das ukrainische Volk keineswegs bloß Opfer des organisierten Verbrechens ist. Vielmehr werde die Korruption *„von weiten Teilen der Bevölkerung als quasi unumgänglich hingenommen. Bürgerinnen und Bürger begründen ihre Beteiligung an derartiger Kleinkorruption häufig mit der Feststellung, dass hochrangige Beamte und Oligarchen an Bestechungen in weitaus größerem Ausmaß beteiligt sind"*, so der Europäische Rechnungshof.

Trotz Armut – größte Armee Europas

Ein weiterer Faktor für die Armut der Ukraine ist die Militarisierung. Obwohl die Ukraine arm wie ein Entwicklungsland ist, hatte es die höchsten Militärausgaben Europas. Um diese vergleichen zu können, werden die Militärausgaben in Prozent des Bruttoinlandsproduktes umgerechnet. Nach den Daten des Stockholmer Institutes SIPRI gab die Ukraine in 2020 4,1 Prozent ihrer volkswirtschaftlichen Leistung für das Militär aus, in Deutschland waren es 1,4 Prozent.[76] Wenn Geld für Soldaten und Waffen ausgegeben wird, so verringert das die Kapazitäten für wirtschaftliche Investitionen und den Ausbau der Infrastruktur. Außerdem werden arbeitsfähige Männer gebunden, die für den wirtschaftlichen Aufbau des Landes gebraucht werden.

Diese Militarisierung wurde von der NATO vorangetrieben und die Ukraine de facto als NATO-Mitglied behandelt. In der Ukraine gab es NATO-Trainingsstützpunkte, das US-Verteidigungsministerium richtete in der gesamten Ukraine Bioforschungslabore ein, und die NATO führte jährlich Militärübungen mit ukrainischen Streitkräften durch.

Die Armee der Ukraine wuchs und wuchs. Anfang 2014 gab es nach Berichten etwa 130.000 aktive Soldaten. Für das Jahr 2015 wurde eine Gesamtzahl von 250.800 Personen in den Streitkräften gemeldet, also fast eine Verdoppelung zum Vorjahr. Im Juli 2022 erklärte der ukrainische Verteidigungsminister Resnikow, dass die Streitkräfte eine aktive Stärke von 700.000 hätten; zusammen mit dem Grenzschutz, der Nationalgarde und der Polizei liege die Gesamtzahl bei sogar etwa einer Million.[77] Damit hatte die Ukraine während des Ukraine-Krieges mehr aktive Soldaten als Deutschland, Frankreich und England zusammen. Gleichzeitig ist die Ukraine bitterarm.

2014: Donbass-Krieg halbierte die Wirtschaftsleistung

Nach den Daten der Weltbank hatte die Ukraine 2013 ein Bruttoinlandsprodukt von 190 Milliarden US-Dollar. Dann kam der Schock. 2015 betrug das Bruttoinlandsprodukt nur noch 91 Milliarden US-Dollar.[78] Die ukrainische Wirtschaft war kollabiert. Zur Erholung brauchte sie viele Jahre. Eine Halbierung der volkswirtschaftlichen Leistung heißt, dass die Unternehmen nur noch die Hälfte umsetzten. Entsprechend halbierte sich auch das durchschnittliche Einkommen der Menschen. Auch die Staatsfinanzen kollabierten und die Ukraine wurde von den Milliarden des Internationalen Währungsfonds (IWF) abhängig. Was war geschehen? Anfang 2014 fand der Maidan-Putsch statt, und die neue ukrainische Regierung begann den Bürgerkrieg im Donbass. Damit werden wir uns noch ausführlich beschäftigen, an dieser Stelle soll es nur um die wirtschaftlichen Auswirkungen gehen, die wesentlich zur Verarmung der Ukraine beitrugen.

Zusammenfassung:

Die Ukraine ist das Armenhaus Europas auf dem Einkommensniveau von Sri Lanka. Viele Millionen Ukrainer wanderten aus, die Bevölkerung schrumpfte rapide. Die Staatsvereinnahmung durch die Oligarchen und die alles durchdringende Korruption behinderten die wirtschaftliche Entwicklung des Landes. Anstatt einen geordneten und demokratischen Rechtsstaat zu schaffen, eigene wirtschaftliche Überschüsse und Wohlstand zu erzeugen und einen Stolz auf die eigene Leistung zu entwickeln, entstand in der Ukraine die Hoffnung und Anspruchshaltung auf eine Rettung durch die EU. Eine EU-Mitgliedschaft wurde zum großen Ziel. Dadurch würde alles besser werden. Ab 2014 legte die ukrainische Regierung ihre Priorität auf die Finanzierung der Armee und den Bürgerkrieg im Donbass, die Wirtschaft kollabierte und halbierte sich.

Aus der wirtschaftlichen Not in Kombination mit der gespaltenen Identität im Land war ein explosives Gemisch entstanden. Angezündet wurde dieses durch die nationalistischen Bewegungen in der Ukraine. Um diese zu verstehen ist wieder ein Blick in die Geschichte notwendig.

Das allessehende Auge Gottes. Russische Ikone, 19. Jahrhundert[79]

Nationalismus in der Ukraine

Genetische Reinheit der Ukrainer als Verfassungsziel

Die einzige Verfassung der Welt, in der die genetische (oder „rassische“) Reinheit als eine Aufgabe des Staates verankert ist, ist die Verfassung der Ukraine, die 1996 verabschiedet wurde. Artikel 16 dieser Verfassung lautet:

> *Die Gewährleistung der ökologischen Sicherheit und die Wahrung des ökologischen Gleichgewichts auf dem Territorium der Ukraine, die Überwindung der Folgen der Katastrophe von Tschernobyl – einer Katastrophe weltweiten Ausmaßes – und die Bewahrung des Erbguts des Ukrainischen Volkes sind Pflicht des Staates.*[80]

Schauen wir uns diesen Satz genauer an: „Die Bewahrung des Erbgutes des Ukrainischen Volkes ist Pflicht des Staates.“

Wer mit der deutschen Geschichte verbunden ist, bei dem müssen die Alarmglocken schrillen. Die deutschen Nationalsozialisten hätten dasselbe sagen können. Das lief damals unter dem Oberbegriff „Rassenhygiene“.

Ich konnte nicht herausbekommen, wie dieser Verfassungsartikel vor der Verabschiedung diskutiert wurde. Da die Ukraine ein Vielvölkerstaat ist, ist es unklar, was mit dem „Erbgut des Ukrainisches Volkes“ gemeint ist. Was wird hier unter „Ukrainischem Volk“ verstanden, das ein fassbares Erbgut haben soll? Die Ukrainer zeichnen sich durch die ukrainische Sprache aus. Diese ist aber für das Erbgut nicht relevant. Gehören ukrainisch sprechende Menschen, die als Vorfahren Russen, Polen, Griechen, Ungarn, Juden, Tataren, Rumänen, Tschechen, Slowaken, Weißrussen, Armenier, Sinti, Roma und Mongolen haben auch dazu? Durch Heiraten und Völkerwanderungen hat sich das Erbgut dieser Volksgruppen seit Jahrhunderten durchmischt. Wie findet man da noch das reine ukrainische Erbgut? Und was ist mit den russischsprechenden Ukrainern, deren Vorfahren auch im Gebiet der heutigen

Ukraine lebten? Haben diese „ukrainisches Erbgut"? Je mehr ich darüber nachdenke, umso absurder wirkt dieser Verfassungsartikel.

Vermutlich gibt es das „ukrainisches Erbgut" nicht in der Realität, sondern nur als Fiktion in der Ideologie der Nationalisten, die so viel Einfluss hatten, dass sie die Ukrainische Verfassung 1996 prägen konnten.

An dieser Stelle ist es wichtig zu klären, was mit „Nationalist" gemeint ist. Eine prägnante Abgrenzung des Nationalismus zum Patriotismus hat der ehemalige Bundespräsident Johannes Rau 1999 in einer Rede vorgenommen: *„Ich will nie ein Nationalist sein"*, formulierte er, *„ein Patriot aber wohl. Ein Patriot ist jemand, der sein Vaterland liebt, ein Nationalist ist jemand, der die Vaterländer der anderen verachtet."*[81] In diesem Sinne hat ein Patriot eine Heimat- und Volksverbundenheit, fühlt sich dort verankert, genährt und erhält so Selbstachtung und Zufriedenheit. Dadurch kann er offenen Herzens Menschen anderer Volksgruppen begegnen und freut sich vielleicht sogar, dass diese anders sind, anders sprechen, kochen, fühlen und denken. Dagegen bezieht ein Nationalist seine Identität aus der Abgrenzung von anderen, die er für minderwertig hält. Er sieht es als Niedergang an, sich mit ihnen zu vermischen.

Natürlich sind die Grenzen zwischen Patriotismus und Nationalismus im konkreten Leben fließend.

Organisation Ukrainischer Nationalisten

In der 1929 gegründeten „Organisation Ukrainischer Nationalisten (OUN)" schlossen sich verschiedene schon bestehende Gruppen zusammen. Ziel der OUN war, die Unabhängigkeit einer ethnisch reinen Ukraine durch den bewaffneten Kampf zu erreichen. Mit dabei war die 1920 gegründete „Ukrainische Militärische Organisation", die im Untergrund gegen den polnischen Staat in der Westukraine kämpfte, denn Teile der heutigen Westukraine gehörten nach dem Ersten Weltkrieg zu Polen. Sie verübte Sabotageakte und Überfälle auf Post und Eisenbahn und Angriffe auf polnische Landgüter. Ein 1921 versuchtes Attentat auf den polnischen Staatschef Józef Piłsudski scheiterte.[82]

Vorsitzender der Dachorganisation nationalistischer Gruppierungen OUN wurde Jewhen Konowalez (1891–1938). Er leitete nach dem Ersten Weltkrieg eine Widerstandszelle in Lemberg (Lwiw), die aber nach einigen erfolgreich durchgeführten Sabotageakten im Dezember 1920 von der polnischen Polizei zerschlagen wurde. Konowalez musste außer Landes fliehen. Er verbrachte sein Exil in verschiedenen europäischen Ländern und hielt Kontakt zu Exil-Ukrainern und den Geheimdiensten von Litauen, Deutschland und Italien. Nach der Machtübernahme Hitlers in Deutschland richteten sich die Hoffnungen der OUN auf Deutschland. Sie versprachen sich von den Nazis einen Wechsel der Machtverhältnisse im Osten Europas.

Da die OUN nicht nur Terroranschläge im polnischen und rumänischen Galizien – der heutigen Westukraine – verübte, sondern auch in Gebieten der Sowjetunion, wurde der sowjetische Geheimdienst NKWD aktiv. Am 23. Mai 1938 erhielt Konowalez in Rotterdam von einem vermeintlichen Freund, bei dem es sich in Wahrheit um den NKWD-Agenten Pawel Sudoplatow handelte, ein Geschenk, das mit einer Sprengfalle versehen war. Konowalez starb an den Folgen des Anschlags.[83] Der Agent Sudoplatow war 1940 auch an der Ermordung von Leo Trotzki in Mexiko beteiligt. Nach dem Tod von Jewhen Konowalez wurde Andrij Melnyk (1890-1964) Vorsitzender der OUN.

Wichtigster Ideengeber der OUN war Dmytro Donzow (1883–1973), der bis 1939 in Lemberg die renommierte Zeitschrift „Wistnyk" herausgab. Er war Befürworter eines „integralen Nationalismus": Der Einheit – im Sinne der Vereinigung aller ukrainischen Siedlungsgebiete in einem ukrainischen Nationalstaat und der Unabhängigkeit der Ukraine – sollten alle übrigen politischen Ziele untergeordnet werden. Erreicht werden sollte dieses Ziel mit „Amoralität", das heißt der Abwesenheit moralischer Kriterien bei der Wahl der Bündnispartner und Mittel, solange diese gegen groß-russische Bestrebungen gerichtet waren. In seinem 1926 erschienenen Buch „Nationalismus" forderte Dmytro Donzow:

> *Anstelle von Pazifismus (...) – die Idee von Kampf, Expansion, Gewalt (...). Anstelle von Skeptizismus und Mangel an Glauben und Charakter – ein fanatischer Glaube an die eigene Wahrheit, Exklusivität, Härte. Anstelle von*

Partikularismus, Anarchismus und Liberalismus – die Interessen der Nation über allem, (...) und die Unterordnung des Individuums unter das Nationale.[84]

Nach Kriegsende emigrierte Dmytro Donzow nach Kanada, wo er 1973 starb. Nach Kanada gingen tausende ukrainischer Nationalisten und organisierten sich dort im „Ukrainian Canadian Congress (UCC)". Der gesellschaftliche Einfluss des UCC könnte ein Grund dafür sein, warum sich die kanadische Regierung militärisch und finanziell besonders stark in der weit entfernten Ukraine engagierte.[85]

Die ukrainischen Nationalisten huldigen einer Form des Faschismus. Der Historiker Grzegorz Rossoliński-Liebe von der Freien Universität Berlin hat 2014 die erste wissenschaftliche Arbeit zur OUN und deren bekanntestem Führer, Stepan Bandera (1909 - 1959), und zum Bandera-Kult veröffentlicht.[86] Er erläutert:

Verwirrend ist, dass ukrainische Faschisten sich relativ selten als „Faschisten" bezeichneten, obwohl sie sich als Faschisten verstanden. Sie benutzten überwiegend den Namen „Nationalisten". Dahinter stand die Überlegung, dass Faschismus keine genuine ukrainische Bewegung war, und dass sie als Agenten von Mussolinis Italien oder Hitlers Deutschland wahrgenommen werden könnten.

In den Diskursen, die sie in ihren eigenen Publikationen führten, setzte sich die Idee, dass die OUN faschistisch ist, spätestens in den frühen 1930er Jahren durch. Seitdem war allen Mitgliedern der Bewegung klar, dass zwischen radikalem Nationalismus und Faschismus kein Widerspruch besteht und dass sie zugleich Nationalisten und Faschisten waren. Viele waren auch stolz, einer europäischen, transnationalen Bewegung anzugehören, die von Mussolini und Hitler angeführt wurde.

Der Historiker entdeckte, dass in der OUN seit 1934 Pläne ausgearbeitet wurden, die Polen und Juden aus der Ukraine zu vertreiben oder zu ermorden.

Die ersten Pläne wurden 1934 von Mykola Kolodzinskyj formuliert. Er hat sie unter anderem in einem Ausbildungslager in Italien verfasst, wo er zusammen mit der Ustascha [faschistische Bewegung zur Befreiung Kroatiens von Serbien] geschult wurde. Seine Idee war, Juden und Polen teilweise zu ermorden, teilweise aus der Ukraine zu vertreiben. Heute ist das vielleicht verwunderlich, aber damals wurden solche Pläne in faschistischen Organisationen geschmiedet und diskutiert.

Polen, Juden und Russen waren die Hauptfeinde der OUN. Auch demokratische und kommunistische Ukrainer waren eine wichtige Feindgruppe. Allen OUN-Mitgliedern war seit Mitte der 1930er Jahre klar, dass die Führung von ihnen erwartete, bei einer passenden Begebenheit – wie zum Beispiel einem Krieg – die Ukraine ethnisch zu säubern. Als Methoden hierfür wurden Vertreibung und Massenmord gesehen, und viele Nationalisten waren bereit, entsprechend zu handeln. Das Hinterfragen dieser Idee war verboten, was wir aus Memoiren einiger Mitglieder der Bewegung wissen. Bandera selbst, der seit Mitte 1934 bis 1939 in Polen im Gefängnis saß, radikalisierte andere ukrainische Häftlinge, die im Zweiten Weltkrieg Massenmorde begingen.[87]

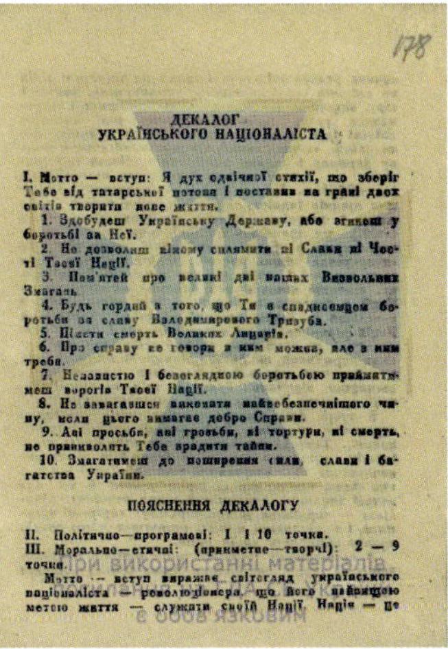

178

ДЕКАЛОГ
УКРАЇНСЬКОГО НАЦІОНАЛІСТА

I. Мотто — вступ: Я дух одвічної стихії, що зберіг Тебе від татарської потопи і поставив на грані двох світів творити нове життя.

1. Здобудеш Українську Державу, або згинеш у боротьбі за Неї.
2. Не дозволиш нікому плямити ні Слави ні Чести Твоєї Нації.
3. Пам'ятай про великі дні наших Визвольних Змагань.
4. Будь гордий з того, що Ти є спадкоємцем боротьби за славу Володимирового Тризуба.
5. Пімсти смерть Великих Лицарів.
6. Про справу не говори з ким можна, але з ким треба.
7. Ненавистю і безоглядною боротьбою прийматимеш ворогів Твоєї Нації.
8. Не завагаєшся виконати найнебезпечнішого чину, коли цього вимагає добро Справи.
9. Ані просьби, ані грозьби, ні тортури, ні смерть не приневолять Тебе зрадити тайни.
10. Змагатимеш до поширення сили, слави і багатства України.

ПОЯСНЕННЯ ДЕКАЛОГУ

II. Політично—програмові: 1 і 10 точка.
III. Морально—етичні: (прикмети—творчі): 2 — 9 точка.

Мотто — вступ виражає світогляд українського націоналіста — революціонера, що його найвищою метою життя — служити своїй Нації. Нація — це

Zehn Gebote des ukrainischen Nationalisten

Die zehn Gebote des ukrainischen Nationalisten

Bei der Gründung der OUN 1929 wurden die „Zehn Gebote des ukrainischen Nationalisten“, der sogenannte „Dekalog“, als Kernprogramm der OUN beschlossen. Jedes Mitglied der OUN sollte den Dekalog auswendig kennen.[88]

Zehn Gebote des ukrainischen Nationalisten

Ich bin der Geist des ewigen Elements, der dich vor dem Tatarensturm gerettet und dich an den Rand zweier Welten gebracht hat, um neues Leben zu schaffen:

1. Du wirst den ukrainischen Staat erkämpfen oder im Kampf für ihn sterben.

2. Du wirst niemandem erlauben, den Ruhm und die Ehre deiner Nation zu beschmutzen.

3. Erinnere Dich an die großen Tage unserer Befreiungskämpfe.

4. Sei stolz darauf, dass Du der Erbe des Kampfes für den Ruhm des Trysub von Wolodymyr bist. [Anm.: Dreizack im Wappen von Wolodymyr dem Großen, Großfürst von Kiew 978 bis 1015]

5. Räche Dich für den Tod der großen Ritter.

6. Sprich nicht über die Sache, mit wem Du kannst, sondern mit wem Du musst.

7. Du sollst nicht zögern, die allergefährlichste Tat zu begehen, wenn die Sache dies verlangt.

8. Begegne den Feinden Deiner Nation mit Hass und rücksichtslosem Kampf.

9. Weder Bitten noch Drohungen noch Folter noch Tod werden Dich zwingen, Geheimnisse zu verraten.

10. Du wirst Dich bemühen, die Macht, den Reichtum und den Ruhm des Ukrainischen Staates zu erweitern.

Diese zehn Gebote der Nationalisten sind die Umkehrung der zehn Gebote des Alten Testaments, die im Christentum eine fundamentale Bedeutung haben. Gott hat die Zehn Gebote dem Propheten Moses auf dem Berg Sinai übergeben. Die Gebote regeln die Haltung des Menschen zu Gott und zu den Mitmenschen. Sie werden „Dekalog" genannt und lauten:

> 1. *Ich bin der Herr, dein Gott. Du sollst keine anderen Götter haben neben mir.*
> 2. *Du sollst den Namen des Herrn, deines Gottes, nicht missbrauchen.*
> 3. *Du sollst den Feiertag heiligen.*
> 4. *Du sollst deinen Vater und deine Mutter ehren.*
> 5. *Du sollst nicht töten.*
> 6. *Du sollst nicht ehebrechen.*
> 7. *Du sollst nicht stehlen.*
> 8. *Du sollst nicht falsch Zeugnis reden wider deinen Nächsten.*
> 9. *Du sollst nicht begehren deines Nächsten Haus.*
> 10. *Du sollst nicht begehren deines Nächsten Frau, Knecht, Magd, Vieh noch alles, was dein Nächster hat.*

Wer die einzelnen Gebote direkt nebeneinander hält, erkennt sofort, dass jedes einzelne der ukrainischen Nationalisten-Gebote in negativer Umkehrung zu den göttlichen zehn Geboten steht.

Sie haben laut ihrer Gebote auch einen Gott, nämlich den „Geist des ewigen Elements" der sie „vor dem Tatarensturm gerettet" hat. Der letzte Tataren- oder Mongolensturm war im 17. Jahrhundert. Ist das gemeint? Vermutlich nicht, sondern damit sind wohl Russland und Polen gemeint, die für die Nationalisten die Hauptfeinde waren und ihnen so bedrohlich erschienen wie früher die Tataren. Dagegen hilft ihr „Geist des ewigen Elements".

Dieser Geist gibt ihnen Mut, Kraft und Macht. Seine Gebote sind nationaler Egoismus, Fanatismus, Hass und Aggression. Dieser Geist ist das absolute Gegenteil des christlichen Gottes. Von Liebe, Empathie und Gerechtigkeit gegenüber anderen keine Spur. Das entspricht den zitierten Aussagen von Dmytro Donzow, der in seinem Buch „Nationalismus“ die „Amoralität“ forderte. Dieses Buch wurde auch als „Bibel der Nationalisten“ bezeichnet.

Diese Umkehrung ist auch ein frontaler Angriff auf die zehn Gebote der Bibel. Sie ist das Gegenbild des Judentums und Christentums. Die Nationalisten haben mit der OUN eine „Gegen-Kirche“ gegründet. Sie benützen die über Jahrtausende aufgebaute kollektive religiöse Kraft, um sie zu pervertieren. Dazu passt, dass es bei den ukrainischen Nationalisten auch rituelle Handlungen gibt, wie zum Beispiel Fackelzüge oder die martialisch ausgerufene Grußformel „Slava Ukraini!“.

Wer sich mit den Arbeitsweisen schwarzmagischer Gruppierungen und ritueller Gewalt auskennt, erkennt das Strickmuster. Schwarze Magie arbeitet immer ganz real mit dunklen Geistwesen und baut ein passendes soziales Beziehungsgeflecht auf, damit diese dunklen Geister einziehen können. Oftmals werden dazu religiöse Symbole und Kräfte pervertiert, zum Beispiel in satanischen Messen. Immer gibt es auch einen schwarzmagischen seelisch-geistigen Schulungsweg, so dass sich die Beteiligten immer tiefer hinein verstricken. Das freie Ich wird zunehmend aufgelöst. Bei den ukrainischen Nationalisten wird der individuelle Mensch durch die Nation ersetzt. Das ist für sie aber kein Abstraktum, sondern wird als reale Geisterfüllung erlebt, welche Kraft und Macht verleiht. Die Nation ist ihr Gottersatz. – Aber sie irren. In Wirklichkeit verbinden sie sich nicht mit dem Seelisch-Geistigen des ukrainischen Volkes, sondern mit dessen Dämon.

Um dieses Buch einem möglichst breiten Leserkreis zu öffnen, schreibe ich es auf Basis äußerer Fakten und Quellen, die für alle nachprüfbar und verständlich sind. Deshalb möchte ich hier diese spirituelle geisteswissenschaftliche Dimension nur andeuten. Um sie zu vertiefen, wäre ein eigenes Buch notwendig.

Ich möchte aber einen Text aus dem fünften „Flugblatt der Weißen Rose“ zitieren, der vielleicht hilft zu verstehen, um was es hier geistig geht. Dieses Flugblatt haben Sophie und Hans Scholl Ende Januar 1943 in München und in weiteren Städten über ihren Freundeskreis verteilt. Das Erscheinen dieses fünften Flugblattes war für die Gestapo Anlass, Anfang Februar 1943 mit einer Sonderkommission verschärft nach den

Verfassern zu fahnden. Am 18. Februar 1943 wurden Sophie und Hans Scholl in der Münchner Universität verhaftet und kurz darauf hingerichtet.

Dieser Text entstand aus ihrem Erleben der deutschen Nationalsozialisten und dem, was durch diese wirkte. Die OUN war der Kooperationspartner der Nazis in der Ukraine und bei Massenmorden aktiv beteiligt, deshalb ist dieser Text auch für die ukrainischen Nationalisten zutreffend.

Aus dem fünften Flugblatt der Weißen Rose „Aufruf an alle Deutschen!“:[89]

> *Jedes Wort, das aus Hitlers Munde kommt, ist Lüge: Wenn er Frieden sagt, meint er den Krieg, und wenn er in frevelhaftester Weise den Namen des Allmächtigen nennt, meint er die Macht des Bösen, den gefallenen Engel, den Satan. Sein Mund ist der stinkende Rachen der Hölle und seine Macht ist im Grunde verworfen. Wohl muß man mit rationalen Mitteln den Kampf wider den nationalsozialistischen Terrorstaat führen; wer aber heute noch an der realen Existenz der dämonischen Mächte zweifelt, hat den metaphysischen Hintergrund dieses Krieges bei weitem nicht begriffen. Hinter dem konkreten, hinter dem sinnlich Wahrnehmbaren, hinter allen sachlichen logischen Überlegungen, steht das Irrationale, d. i. der Kampf wider den Dämon, wider den Boten des Antichrists. Überall und zu allen Zeiten haben die Dämonen im Dunkeln gelauert auf die Stunde, da der Mensch schwach wird, da er seine ihm von Gott auf Freiheit gegründete Stellung im ordo eigenmächtig verläßt, da er dem Druck des Bösen nachgibt, sich von den Mächten höherer Ordnung loslöst und so, nachdem er den ersten Schritt freiwillig getan, zum zweiten und dritten und immer mehr getrieben wird mit rasend steigender Geschwindigkeit – überall und zu allen Zeiten der höchsten Not sind Menschen aufgestanden, Propheten, Heilige, die ihre Freiheit gewahrt hatten, die auf den Einzigen Gott hinwiesen und mit seiner Hilfe das Volk zur Umkehr mahnten. Wohl ist der Mensch frei,*

aber er ist wehrlos wider das Böse ohne den wahren Gott, er ist wie ein Schiff ohne Ruder, dem Sturme preisgegeben, wie ein Säugling ohne Mutter, wie eine Wolke, die sich auflöst.

Wie wirkten die zehn Gebote der Nationalisten weiter?

Die zehn Gebote der ukrainischen Nationalisten spielten auch im weiteren Verlauf der Geschichte eine Rolle und tauchten an wichtigen Wendepunkten auf.

Während des Zweiten Weltkrieges druckte und verteilte die OUN den „Katechismus eines ukrainischen Nationalisten". Die „OUN-Kirche" verwendete tatsächlich das Wort „Katechismus". Er enthielt die wichtigsten Richtlinien für deren Anhänger: den Dekalog, also die zehn Gebote eines ukrainischen Nationalisten, die 44 Gesetze des Lebens, die Zwölf Charaktereigenschaften eines ukrainischen Nationalisten und Gedichte, die zum Kampf für eine freie Ukraine aufforderten.[90]

2014 waren die umgekehrten „zehn Gebote" bei den monatelangen Protesten auf dem Maidan-Platz präsent. Der Osteuropaexperte Reinhard Lauterbach berichtete als Augenzeuge: *„Schriften dieser OUN, wie etwa der «Dekalog des ukrainischen Nationalisten», wurden nun auf dem Maidan massenhaft verkauft und unter die Leute gebracht; und Parolen hieraus wurden plakatiert."*[91]

Mai 2022: Mariupol war ein Hauptstützpunkt des nationalistischen Asow-Bataillons. Obwohl in militärisch aussichtsloser Lage, leisteten die Asow-Einheiten lange Widerstand gegen die russische Armee und verschanzten sich laufend wechselnd in Wohnhäusern und Fabrikgebäuden. Diese Kämpfe führten zur Zerstörung von etwa 60 Prozent des Wohnbestandes der Stadt und verursachten furchtbares Leid und Tod für die Zivilbevölkerung. Die Asow-Einheiten waren eingekesselt, etwa 100 km von der ukrainischen Armee entfernt und abgeschnitten. Sie hatten keine Chance. Vernünftige Menschen hätten sich ergeben. Dann wären hunderte oder tausende Asow-Leute, russische Soldaten und Zivilisten am Leben geblieben, zehntausende Einwohner hätten früher aus den Kellern kommen können und ihre Wohnhäuser wären unzerstört geblieben. Warum hat sich das Asow-Bataillon nicht ergeben?

Der Journalist Thomas Röper besuchte im Mai 2022 in Mariupol ein ehemaliges Sanatorium, das vom Asow-Bataillon nach dem Maidan-Putsch 2014 als Stabsstelle genutzt wurde:[92]

> *In einer Etage hatte die russische Armee zusammengetragen, was sie in den Büros der Offiziere gefunden hatte und es ausgestellt. Der größte Raum war vor der Übernahme durch die russische Armee mit den schwarzen Schilden dekoriert, die zu Ehren der gefallenen Asow-Kämpfer angefertigt worden waren. Sie zeigen die «schwarze Sonne», ein Symbol der Waffen-SS, und den Kampfnamen des Gefallenen. Auf einem Tisch war eine Hitler-Ikone, die aus dem Büro eines hohen Asow-Offiziers stammte.*

Und es gab dort große Plakate mit den zehn Geboten der Nationalisten.

Damit kann man verstehen, warum Asow-Soldaten einen bereits aussichtslosen Kampf bis zum bitteren Ende und bis zur verbrannten Erde durchführten. Wenn sie den zehn Geboten der Nationalisten folgten – ergriffen von dem innewohnenden Fanatismus für einen „rücksichtslosen Kampf“ – dann waren der eigene Tod und die Zerstörung der Stadt Konsequenz dieser Überzeugung und vielleicht sogar gewollt.

Thomas Röper fand in der Stabsstelle der Asow-Einheiten auch eine bedruckte Flagge:

Diese Flagge trägt die Aufschrift:

Töte die russischen Schweine!
Heil Ukraine!
Das russische Volk ist ein Hundevolk, das ohne nachzudenken sich selbst, andere und die Natur opfert!

Diese fanatischen Hass-Worte erschrecken. Bemerkenswert ist, dass in der ukrainischen Gesellschaft und in westlichen Mainstream-Medien die Asow-Kämpfer als Volkshelden und Sinnbilder für den nationalen Widerstand verehrt werden.[93] Da liegt etwas komplett schief. Das wird uns noch mehr beschäftigen. Sehen wir uns aber zunächst die weitere Geschichte der OUN an.

OUN im Zweiten Weltkrieg

Die OUN war bis zum Beginn des Zweiten Weltkrieges damit beschäftigt, Terroranschläge gegen den polnischen Staat – Anschläge auf staatliche Funktionäre, Brandstiftungen und Bahnstreckenzerstörungen – durchzuführen. Ihr Guerillakrieg war nicht überall populär. Da Kultur- und Wirtschaftsorganisationen der Ukrainer unter polnischer Herrschaft weiter bestehen durften, plädierten viele Ukrainer für eine Zusammenarbeit mit Polen. Solche kooperationswilligen Ukrainer waren ebenfalls Ziele von Attentaten der OUN. 1934 gelang die Ermordung des polnischen Innenministers Pieracki, der für die Bekämpfung der OUN zuständig war. Einige OUN-Führer wurden daraufhin gefasst und kamen ins Gefängnis, darunter auch Stepan Bandera.

1939 besetzte die Rote Armee entsprechend des Hitler-Stalin-Paktes Ostgalizien und Westwolhynien im Gebiet der heutigen Westukraine. So begann die OUN nun, gegen die sowjetischen statt gegen die polnischen Truppen zu kämpfen.[94]

Die Mitglieder der OUN kämpften aber auch gegeneinander. Auf einem Kongress 1940 in Krakau spalteten sie sich in die „Melnykisten“ (OUN-M), meist ältere Emigranten, und die „Banderisten“ (OUN-B), meist jüngere Anhänger Stepan Banderas mit Erfahrung im Untergrundkampf. Danach bekämpften sich die Melnykisten und die Banderisten gegenseitig erbittert.

Bataillon Nachtigall der Banderisten und der Lemberger Pogrom

Die deutsche Wehrmacht bildete 1940 aus OUN-B-Angehörigen das „Bataillon Nachtigall“ und das „Bataillon Roland“.

Am 30. Juni 1941 erreichte das „Bataillon Nachtigall“ zusammen mit deutschen Gebirgsjägern die westukrainische Stadt Lemberg, die ohne Widerstand besetzt wurde. Vor ihrem Rückzug hatten die Sowjets in Lemberg mehrere tausend Strafgefangene ermordet. Diese Taten wurden durch die NS-Propaganda jedoch den Juden zur Last gelegt, um die Stimmung gegen die Juden aufzuheizen. Am selben Tag, dem 30. Juni 1941, begann in Lemberg ein furchtbarer Pogrom gegen die jüdische Bevölkerung. An diesem war das „Bataillon Nachtigall“ maßgeblich beteiligt. Etwa 4.000 Juden wurden ermordet.[95] Der Lemberger Pogrom war ein Auftakt zum systematischen Völkermord der Nazis. Für die überlebenden Juden richteten die Nazis ein Ghetto ein. Lemberg war einst eines der bedeutendsten jüdischen Zentren in Osteuropa. Mehr als ein Drittel der Bevölkerung Lembergs und damit über 100.000 Menschen waren Juden.[96] Als die Rote Armee am 26. Juli 1944 Lemberg wieder eroberte, fand sie nur noch etwa 300 überlebende Juden vor.[97] Insgesamt wurden in der Ukraine etwa 1,5 Millionen Juden ermordet.[98]

Zur gleichen Stunde am 30. Juni 1941 – als die Lemberger Juden unter Mitwirkung des „Bataillon Nachtigall“ gejagt und gemordet wurden – proklamierte Stepan Banderas Stellvertreter Jaroslaw Stezko (1912-1986) in Lemberg die Gründung eines unabhängigen ukrainischen Staates. Das Judenmorden und die Unabhängigkeitserklärung fielen zusammen. Dazu besetzte ein Trupp des „Bataillon Nachtigall“ die lokale Radiostation der Stadt und berichtete stundenlang über Rundfunk von der Unabhängigkeitserklärung. Eine Woche zuvor, am 22. Juni 1941, hatte Deutschland den Krieg gegen die Sowjetunion begonnen und damit den Hitler-Stalin-Nichtangriffspakt gebrochen. Die Banderisten sahen das als günstige Gelegenheit für eine unabhängige Ukraine. Eine Versammlung von OUN-B Angehörigen wählte Jaroslaw Stezko zum Präsidenten der Ukraine. Stezko versicherte in Briefen an Adolf Hitler, Benito Mussolini, Francisco Franco und Ante Pavelić, die faschistischen Regierungschefs in Europa, dass sein neuer Staat ein Teil von Hitlers „Neuer Ordnung in Europa“ sei. Jedoch schon am Nachmittag desselben Tages beendeten heranrückende deutsche Gebirgsjäger die Radiosendung des neuen ukrainischen Präsidenten.

Da eine unabhängige Ukraine den deutschen Intentionen widersprach, wurden Jaroslaw Stezko und Stepan Bandera am 12. Juli 1941 von der Gestapo festgenommen und nach Berlin gebracht, wo sie sich nach einem Verhör durch die Gestapo frei in der Stadt bewegen konnten. Sie trafen andere Anhänger der OUN und forderten das Hitler-Regime in Petitionen auf, mit der OUN zu kooperieren. In dieser Zeit wurde der Antisemitismus von Jaroslaw Stezko noch radikaler. Bisher hatte Stezko die Ghettoisierung und Vertreibung der Juden aus der Ukraine

Während des Pogroms in Lemberg am 30. Juni 1941 wird eine Jüdin in der Pompierska-Straße gejagt. Der uniformierte Junge rechts trägt einen Stock.[99]

gefordert. Der OUN-Verfassungsentwurf für die unabhängige Ukraine aus dem Jahr 1939 hatte Juden von der Staatsbürgerschaft ausgeschlossen. Im Juli 1941 erklärte Stezko als selbsternannter Premierminister der Ukraine: *„Ich unterstütze die Vernichtung der Juden und halte es für zweckmäßig, die deutschen Methoden zur Ausrottung des Judentums in die Ukraine zu bringen, um ihre Assimilierung und ähnliches zu verhindern."* Im August 1941 wandte sich Stezko mit einer autobiographischen Schrift an die deutschen Machthaber, wiederholte seine antisemitischen Aussagen und fügte hinzu: *„Moskau und die Juden sind die größten Feinde der Ukraine. Als Hauptfeind betrachte ich Moskau, welches die Ukraine mit Gewalt in Unfreiheit gehalten hat. Nicht weniger beurteile ich die Juden als ein schädliches und feindliches Schicksal, die Moskau helfen, die Ukraine zu verknechten."*[100]

Vom September 1941 bis September 1944 waren Stezko und Bandera in einem relativ komfortablen Anbau des KZ Sachsenhausen bei Berlin inhaftiert. Sie genossen einen Sonderstatus als Ehrenhäftlinge. Bandera bewohnte eine größere möblierte Zelle mit getrenntem Schlaf- und Wohnbereich, Bildern an den Wänden und Teppichen auf dem Boden. Durch Briefe konnte er Kontakt zur OUN-B halten, deren Vorsitzender er blieb.[101]

Das „Bataillon Nachtigall" und das „Bataillon Roland" wurden im Herbst 1941 aufgelöst. Bei den Soldaten hatte es Unruhen gegeben, als bekannt geworden war, dass die deutsche Regierung die Gründung eines unabhängigen ukrainischen Staates ablehnte. Die Hoffnung auf den eigenen Staat war zerstört, damit sank die Motivation ins Bodenlose, und so waren die Bataillone nicht mehr kriegstauglich.[102]

Viele Soldaten der Bataillone gingen daraufhin zur ukrainischen Hilfspolizei. Der Historiker Grzegorz Rossoliński-Liebe erläutert: *„Die Hälfte aller ukrainischen Juden – etwa 800.000 – wurde auf dem kleinen Gebiet der Westukraine getötet, wo die OUN-B, trotz der Verhaftung ihrer Führungsriege, die Deutschen beim Judenmord unterstützte. Sie schickte ihre Mitglieder zur Polizei, damit sie bewaffnet wurden und die Besatzer bei den Deportationen und Erschießungen unterstützen konnten. Aufgrund der kleinen Anzahl von deutschen Polizisten in der Ukraine wäre die Ermordung von mehr als 90 Prozent aller westukrainischen Juden ohne sie nicht möglich gewesen."*[103]

Die Deutschen hatten in der gesamten Ukraine etwa 200.000 ukrainische Hilfspolizisten, so schätzt der Historiker Götz Aly, von denen mindestens 40.000 unmittelbar an der Ermordung jüdischer Menschen teilgenommen haben.[104]

Nachdem die Deutschen die Westukraine für „judenfrei" erklärt hatten, begannen die Banderisten, massenhaft Polen zu ermorden.

Die Massaker in Wolhynien und Ostgalizien

Die Führung der OUN-B forderte im März 1943 ihre Mitglieder, die in der Ukrainischen Hilfspolizei dienten, auf, diese unter Mitnahme der Waffen zu verlassen. Sie sollten nun in der „Ukrainischen Aufständischen Armee (UPA)" mitkämpfen. Daraufhin liefen über 5.000 Angehörige der Hilfspolizei zur UPA über.

Die UPA wurde 1942 von den Banderisten gegründet und existierte bis etwa 1956. Sie war hauptsächlich in der Westukraine aktiv. Zunächst arbeitete die UPA mit dem nationalsozialistischen Deutschland zusammen. Da die deutschen Besatzer aber einen unabhängigen ukrainischen Staat nicht zuließen, wandte sich die UPA ab 1943 auch gegen die deutsche Wehrmacht. Durchgängig bekämpfte die UPA die „Polnische Heimatarmee", die Armee des polnischen Untergrundstaates, und die im gleichen Gebiet operierenden sowjetischen Partisanen.

Nach Schätzungen umfasste die UPA zwischen 30.000 bis 200.000 Kämpfer. Die Mitglieder waren meist Ukrainer aus der Bauernschaft zwischen 18 bis 22 Jahren.

Die OUN-B und ihr militärischer Arm, die UPA, strebten eine Eliminierung der nichtukrainischen Bevölkerung zugunsten eines zukünftigen rein ukrainischen Staates an. Das ist der Hintergrund der Massaker in Wolhynien und Ostgalizien. In diesen Regionen, die damals unter deutscher Herrschaft standen, lag der Anteil der Polen in der Bevölkerung bei etwa 20 Prozent.

Vom 9. Februar 1943 bis Kriegsende massakrierte die UPA bis zu 100.000 Polen. Diese Massaker an der polnischen Bevölkerung fanden ohne Rücksicht auf Alter und Geschlecht statt und wurden von der deutschen Besatzungsmacht geduldet.

Die Vorgehensweise der UPA war äußerst brutal. Es wurden nicht nur Feuerwaffen, sondern auch Äxte, Beile, Spieße, Messer und Heugabeln benützt. Ganze Siedlungen wurden in Brand gesteckt, die Ortschaften oftmals nachts oder im Morgengrauen oder während eines Gottesdienstes überfallen. Der britische Historiker Norman Davies beschreibt in seinem Buch „No simple Victory", wie ganze Dörfer niedergebrannt, katholische Priester mit Äxten zerhackt oder gekreuzigt und abgelegene Bauernhöfe von Gruppen, die mit Messern und Heugabeln bewaffnet waren, angegriffen wurden. Man schnitt den Opfern die Kehlen durch, spießte sie auf oder schnitt sie in Stücke.[105]

Hier ein Auszug aus dem Befehl der UPA vom 2. Februar 1944: „*Liquidiert alle Spuren des Polentums. Zerstört katholische Kirchen und andere polnische Gebetsstätten [...] Zerstört die Häuser, so dass es keine Spuren mehr gibt, dass dort jemand gelebt hat [...] Denkt daran, dass, wenn noch etwas Polnisches übrig bleibt, die Polen kommen und unser Land beanspruchen werden.*"[106]

Polnische zivile Opfer des UPA-Massakers in Lipniki am 26. März 1943[107]

Die polnische Zivilbevölkerung versuchte Zuflucht in größeren Siedlungen und in Wäldern zu finden, unterstützt von der Polnischen Heimatarmee. Man organisierte umfassende Alarm- und Kommunikationssysteme sowie Selbstverteidigungsbündnisse. Diese sollten laut Anordnung des polnischen Oberst Bąbiński vom 17. Mai 1943 den Schutz der polnischen Zivilbevölkerung als Ziel haben, jedoch weder mit sowjetischen oder deutschen Einheiten kooperieren noch dieselben brutalen Tötungsmethoden der ukrainischen UPA anwenden. Insgesamt formierten sich mehr als 100 Schutzzonen, von denen allerdings über 40 den ukrainischen Attacken nicht standhielten, sodass deren Bewohner ermordet wurden.

Um den Massakern zu entgehen, flohen hunderttausende Polen aus der Westukraine.

Soldaten der Polnischen Heimatarmee reagierten trotz der Anordnung des Obersts auf die Massaker der UPA mit Vergeltungsaktionen an der ukrainischen Bevölkerung. Sie brachten bis zu 15.000 Ukrainern um.

Auf diese Weise wurde die Westukraine Ende 1944 zu einem überwiegend ethnisch-homogenen Gebiet. Die meisten Juden waren ermordet und die Polen entweder ermordet oder vertrieben. Die Banderisten hatten ihr Ziel fast erreicht. Das Problem waren jetzt nur noch die Russen.

Die Wahrnehmung der Massaker von Wolhynien und Ostgalizien ist in Polen und in der Ukraine gegensätzlich. Das polnische Parlament verurteilte mit Beschluss vom 12. Juli 2013 die Gewalttaten als „ethnische Säuberung mit Merkmalen eines Völkermordes“. Das Kiewer Parlament erklärte dagegen im April 2015 die Mitglieder der UPA offiziell zu Unabhängigkeitskämpfern. In der Ukraine spricht man meist ohne Schuldbekenntnis von der „Tragödie von Wolhynien“.[108]

Melnykisten und die SS-Division Galizien

Die Melnykisten unterstützten aktiv die deutschen Nationalsozialisten. Ab Juli 1943 wurden sieben ukrainische Regimenter als „SS-Freiwilligen-Division Galizien“ zu je 2.000 Mann aufgestellt. Die Angehörigen der Division stammten aus dem Raum Lemberg und kamen vorwiegend aus dem Melnyk-Flügel der OUN. Die Bandera-Fraktion lehnte die

Gründung der Division ab, da Deutschland gegen die Unabhängigkeit der Ukraine war. Der „Kampfgruppe Beyersdorff" in der „SS-Division Galizien" wird die Beteiligung an den Massakern von Pidkamin, Huta-Pieniacka und Palikrowy vorgeworfen. Nach hohen eigenen Verlusten im Kessel von Brody in der Westukraine im Juni 1944 wurde die „SS-Division Galizien" als Besatzungstruppe in die Slowakei verlegt. Nach dem Zweiten Weltkrieg wanderten viele Angehörige der „SS-Division Galizien" nach Kanada, Australien oder in die USA aus.[109]

Wohl um die Melnykisten besser kontrollieren zu können, wurde Andrij Melnyk im Juni 1941 von den deutschen Besatzern unter Hausarrest gestellt. Gegen Kriegsende war er in Hirschegg im Allgäuer Kleinwalsertal im Hotel Ifen interniert. Das Hotel war eine Mischung zwischen Luxusgefängnis und normalem Hotel, in dem die Nationalsozialisten eine Reihe prominenter Gefangener festhielten. Melnyk konnte in dieser Gefangenschaft seine politischen Aktivitäten fortsetzen, indem er beispielsweise Aufsätze über die Geschichte der Ukraine verfasste. Er lebte nach Kriegsende in Luxemburg und verstarb 1964.[110]

Nach dem Krieg

Stepan Bandera und Jaroslaw Stezko wurden im September 1944 aus der Berliner Haft entlassen. Sie sollten in der Ukraine den Widerstand gegen die Rote Armee mitorganisieren.[111]

Stepan Bandera flüchtete 1946 nach München. Dort versteckte er sich unter dem Namen Stefan Popel jahrelang vor dem sowjetischen Geheimdienst, da er in der Sowjetunion wegen seiner antisowjetischen Aktionen in Abwesenheit zum Tode verurteilt worden war. München war während des Kalten Krieges ein Tummelplatz der osteuropäischen Emigranten und der Geheimdienste. Die CIA richtete Anfang der fünfziger Jahre in München zwei Radiosender mit insgesamt 1.400 Mitarbeitern ein, die über Jahrzehnte ein antikommunistisches Programm in den Osten ausstrahlten. Erklärtes Ziel von Radio Free Europe (RFE) und Radio Liberty (RL) war es, das Sowjetsystem zu stürzen.[112]

Stepan Bandera baute mit Unterstützung des amerikanischen CIA und des britischen Geheimdienstes MI6 ein OUN-Zentrum in München auf.

Später arbeitete auch der deutsche Bundesnachrichtendienst mit ihm zusammen. Diese finanzierten seine Organisation, schützten ihn und seine Familie vor dem sowjetischen Geheimdienst KGB und bildeten seine Anhänger aus. Diese gingen als Spione in die sowjetische Westukraine, um die nationalistische ukrainische Untergrundbewegung gegen die Sowjets zu unterstützen.[113]

„Bandera", so heißt es in einem CIA-Bericht aus dem Jahr 1948, „ist von Natur aus ein politisch Unnachgiebiger mit großem persönlichem Ehrgeiz". 1952 trat Bandera unter dem Druck „der wachsenden Opposition gegen seine Führung" vorübergehend vom Amt des OUN-Chefs zurück. Hochrangige nationalistische Kommandanten lehnten ihn wegen seiner totalitären Taktik ab. Bandera stand zunehmend im Abseits. Auch die CIA wandte sich ab.[114] Am 15. Oktober 1959 ermordete der KGB-Agent Bogdan Staschinski mit einer Waffe, die Blausäuregas versprühte, Stepan Bandera im Eingang seines Wohnhauses in der Kreittmayrstraße 7. Durch diesen Mord, verübt vom russischen Geheimdienst, wurde er zu einem Märtyrer der ukrainischen Nationalisten.

Jaroslaw Stezko lebte nach dem Zweiten Weltkrieg bis 1968 ebenfalls in München und war nach Banderas Tod Führer der OUN-B. Er gründete den „Anti-Bolshevik Bloc of Nations (ABN)", ein Netzwerk für antikommunistische Emigranten aus sozialistischen Staaten.

Der Kampf geht weiter ...

Die Ukrainische Aufständische Armee (UPA) existierte in der Ukraine bis 1954 und führte einen Partisanenkrieg gegen die Sowjets.[115] Die UPA zählte immer noch mehrere zehntausend Mann und tötete tausende sowjetische Funktionäre. Da die UPA auf die Hilfe der ukrainischen Zivilbevölkerung zählen konnte, hielt sich der Widerstand in den galizischen Wäldern jahrelang.

... nun unterstützt von der CIA

Nach dem Krieg wechselte der Kooperationspartner der UPA. Es waren nicht mehr die deutschen Nazis, sondern nun die amerikanische CIA.

Das beschreiben die Journalisten Matthias Bröckers und Paul Schreyer, die ich im Folgenden zitiere.[116]

Die historische Forschung zu diesem Thema stützt sich auf das 1998 in den USA verabschiedete sogenannte Nazi-Kriegsverbrechen-Enthüllungsgesetz, in dessen Folge die Behörden mehrere Millionen Seiten amtlicher Dokumente freigaben. 2004 entstand dazu ein erster Regierungsbericht. Da erst anschließend eine Fülle weiterer Dokumente ihren Geheimschutz verloren, wurde 2010 ein weiterer Bericht veröffentlicht, in dem sich nun ein ganzes Kapitel mit der Geschichte amerikanischer und auch deutscher Geheimdienstaktivitäten in der Ukraine beschäftigt.[117]

Nach dem Krieg setzte die CIA auf Banderas Sicherheitschef Mykola Lebed, der als Leiter der UPA in der Ukraine während des Zweiten Weltkrieges die „Säuberungen" der Westukraine von Polen und Juden koordinierte. Die CIA arbeitete mit Lebed bis in die 80er Jahre zusammen. Bröckers und Schreyer:

Lebed, der in internen Dokumenten von den Amerikanern als „bekannter Sadist und Kollaborateur der Deutschen" mit „hinterhältigem Charakter" beschrieben wurde und von dem man wusste, dass die Gestapo ihn ausgebildet hatte, wurde zum wichtigsten Mann der CIA, um im Kalten Krieg Einfluss in der Ukraine zu nehmen.

Ab 1950 unterstand diese Aufgabe der CIA-Operation „Aerodynamic", zu deren Schlüsselfigur Lebed aufstieg. Es wurden Agenten in die Ukraine ein- und ausgeschleust und das ukrainische Untergrundnetzwerk der Nationalisten in jeder Hinsicht unterstützt. Dabei ging es im Kern um die Schwächung Moskaus. Das Projekt hatte Top-Priorität.

Die Journalisten Bröckers und Schreyer schreiben weiter:[118]

Doch Mitte der fünfziger Jahre, nachdem es der Sowjetunion gelungen war, das Netzwerk von Mykola Lebed in der Ukraine zu infiltrieren, endete die aggressive Phase des CIA-Programms „Aerodynamic". Das Ein- und Ausschleusen von Agenten und militanten Widerstandskämpfern war erst einmal passé.

In der Folge verlegte man sich auf den nicht weniger wichtigen verdeckten ideologischen Kampf. Unter Lebeds Führung wurde in New York eine Art „Kulturprogramm“ gestartet. Die CIA gründete dazu eine private Organisation namens „Prolog Research Corporation“ [im weiteren Prolog genannt], die ukrainische Zeitungen und Bücher veröffentlichte sowie Radioprogramme produzierte. Parallel wurde eine Außenstelle in München namens „Ukrainische Gesellschaft für Auslandsstudien“ geschaffen, wo die meisten Prolog-Veröffentlichungen entstanden. Prolog bezahlte eine ganze Reihe von ukrainischen Schriftstellern im Exil, von denen die meisten nichts vom CIA-Hintergrund der Organisation wussten. Die schönen Künste wurden zur Propagandawaffe. Das CIA-Programm unterstützte in den siebziger Jahren sogar Ausstellungen ukrainischer Kunst in den USA, wobei der Schwerpunkt auf Arbeiten von Dissidenten lag, die in der Ukraine verboten waren. Ein erst kürzlich freigegebener CIA-Bericht zu Prolog und der Gesamtoperation „Aerodynamic“ von 1972 erklärt den Zweck des Ganzen in offenen Worten:

„Dieses Projekt unterstützt die Dissidenten unter den Intellektuellen der Ukraine, von denen die meisten unter 40 Jahren alt sind, durch politische, moralische und materielle Hilfestellung und indem es die Untergrundliteratur der Dissidenten veröffentlicht. Diese Schriften werden unter den Intellektuellen im Westen bekannt gemacht, aber vor allem in die Sowjetunion eingeschleust in Form der politischen Monatsmagazine und ausgewählter politisch-literarischer Werke des Projekts.“ (...)

Der Bericht erwähnt auch die Genehmigung des Projekts durch das sogenannte „40 Committee“, das zu der Zeit unter dem Vorsitz von Henry Kissinger stand und sämtliche verdeckte Operationen beaufsichtigte.

In den sechziger und siebziger Jahren beeinflusste Prolog eine ganze neue Generation von Ukrainern, die weder ahnten, dass die USA der Zahlmeister vieler ihrer Ideengeber waren, noch wussten, dass diese Unterstützung ihres nationalen kulturellen Selbstbewusstseins nur ein Mittel zu einem größeren imperialen Zweck sein sollte.

Lebed setzte sich 1975 zur Ruhe, blieb aber weiterhin Berater von Prolog. Bis in die neunziger Jahre hinein wurde er von der CIA vor Ermittlungen durch das Justizministerium wegen seiner Nazi-Kollaboration geschützt. Noch 1992 erklärte die CIA auf Anfrage, es seien keinerlei Akten zu Lebed auffindbar. Er starb 1998.

USA: Nürnberger Prozesse – gleichzeitig Förderung von Kriegsverbrechern

Vom 20. November 1945 bis zum 14. April 1949 fanden in Nürnberg Prozesse gegen führende Repräsentanten des Nationalsozialismus wegen Kriegsverbrechen statt. Es waren dreizehn Prozesse, der erste vor dem Internationalen Militärgerichtshof und zwölf vor einem nationalen US-amerikanischen Militärtribunal.

Im selben Zeitraum förderte und deckte die CIA einen der größten Kriegsverbrecher der Ukraine. Nach der Verhaftung von Stepan Bandera in Berlin übernahmen 1941 Mykola Lebed, Roman Schuchewytsch und Dmytro Kljatschkiwskyj die Führung des OUN-B und der UPA vor Ort in der Ukraine und haben die Morde an Juden und Polen direkt angeordnet. Kljatschkiwskyj starb im Februar 1945, und Schuchewytsch im März 1950. Mykola Lebed überlebte als einer der Hauptverantwortlichen für die Massaker in Wolhynien und Ostgalizien. Die CIA brachte ihn nicht vor Gericht, sondern deckte ihn, da er hilfreich für den geopolitischen Kampf gegen die Sowjetunion war.

Damit sind wir wieder bei Dmytro Donzow, dem Ideengeber der ukrainischen Nationalisten, der die „Amoralität“ als Leitlinie formulierte: Beim Ziel, die Sowjetunion zu schwächen, gibt es keine moralischen Kriterien in der Wahl der Bündnispartner und der Mittel.

Amoralität scheint auch die Leitlinie der CIA – und damit der amerikanischen Außenpolitik – zu sein.

Heutiger Bandera-Kult

Ich habe die nationalistische Vergangenheit so ausführlich geschildert, weil diese die heutige ukrainische Gesellschaft mitprägt.

Die Banderisten und ihr Vorsitzender Stepan Bandera waren Massenmörder. Das ist die geschichtliche Wahrheit, die man akzeptieren muss – man kann nur noch der Opfer gedenken und diese würdigen. Trotzdem wird Stepan Bandera vor allem im Westen der Ukraine von breiten Bevölkerungsschichten als Nationalheld verehrt. Laut den ukrainischen Forschern der „Rating Group" haben 74 Prozent der Ukrainer eine positive Meinung von Stepan Bandera.[119] Die Massenmorde sind ihnen egal, diese werden verdrängt und Bandera ist für sie ein Symbol für den Freiheitskampf. Anstatt die faschistische Vergangenheit aufzuarbeiten, wird aktiv an diese angeschlossen.

Umfragedaten zeigen auch, wie die Bandera-Verehrung die Ukraine spaltet. Während im Westen die Zustimmung zu Bandera sehr hoch ist, ist sie im Zentrum und im Südosten des Landes niedriger. In der Ostukraine, aber auch in Polen, Russland und Israel gilt Bandera hingegen überwiegend als Verbrecher und NS-Kollaborateur – der er war.[120]

Stepan Bandera war der Führer der ukrainischen Faschisten. Die Verehrung von Bandera ist gleichbedeutend damit, als würde ein Naziführer in Deutschland als Freiheitskämpfer gegen die Unterdrückung des Volkes verehrt. Das wäre absolut undenkbar in Deutschland. Die Benutzung von Nazi-Symbolen wie dem Hakenkreuz ist strafrechtlich verboten.

In der Ukraine ist das anders. Im Januar 2010 verlieh der damalige ukrainische Präsident Viktor Juschtschenko Stepan Bandera postum den Ehrentitel „Held der Ukraine". Die Moskauer Allee in Kiew wurde in Stepan-Bandera-Allee umbenannt. Es gibt seit 2014 in der Ukraine hunderte nach ihm benannte Straßen, viele lebensgroße Statuen und Büsten, einige monumentale Denkmäler sowie mehrere Museen zu seinen Ehren. Zum 100sten Geburtstag bekam er eine Gedenkbriefmarke.

Ukrainische Briefmarke anlässlich des 100. Geburtstages von Stepan Bandera am 1.1.2009[121]

Auch viele andere Banderisten werden als Nationalhelden verehrt. Roman Schuchewytsch bekam ebenfalls eine Gedenkbriefmarke. Er war Kommandeur des „Bataillon Nachtigall“, das 1941 an den Pogromen im Lemberg mitgewirkt hatte, und war dann als UPA-Führer für die Ermordung der Polen in der Westukraine mitverantwortlich.

Gedenkbriefmarke für Roman Schuchewytsch, 2007 [122]

Roman Schuchewytsch bekam außerdem Gedenkmünzen und Denkmäler. Einige westukrainische Städte, darunter auch Lemberg, ernannten ihn posthum zum Ehrenbürger. Im Jahr 2000 drehte man über ihn den patriotischen historischen Spielfilm „Neskorenyj“ (Der Unbeugsame), angeregt und gefördert vom ukrainischen Ministerium für Kultur und Kunst. Auch Schuchewytsch wurde 2007 von Präsident Viktor Juschtschenko posthum als „Held der Ukraine“ ausgezeichnet, was aber durch Gerichtsentscheidungen wieder rückgängig gemacht wurde.

Am 1. Juni 2017 beschloss der Kiewer Stadtrat, den Watutin-Prospekt, benannt nach dem Armeegeneral der Roten Armee Nikolai Fjodorowitsch Watutin, in Schuchewytsch-Prospekt umzubenennen. Watutin hatte Ende 1943 Kiew von den Nazis befreit und wurde kurz darauf von der von Schuchewytsch befehligten UPA getötet.[123]

Im Jahr 2021 protestierten Polen und Israel gemeinsam – aber vergeblich – gegen den Plan, das Stadion der ukrainischen Großstadt Ternopil nach Roman Schuchewytsch zu benennen. Schuchewytsch hatte in einem Befehl vom 25. Februar 1944 erklärt: *„Angesichts der Erfolge der sowjetischen Streitkräfte ist es notwendig, die Liquidierung der Polen zu beschleunigen, sie müssen vollständig vernichtet, ihre Dörfer verbrannt werden … nur die polnische Bevölkerung darf vernichtet werden.“*[124]

Es gibt in der Ukraine viele weitere Beispiele der Verehrung von faschistischen Nationalisten. So wurde der Druschby-Narodow-Boulevard in Kiew in Mykola-Michnowskij-Boulevard umbenannt. Er war einer der Schöpfer der Ideologie des ukrainischen Nationalismus mit dem Slogan „Ukraine den Ukrainern“. Die Straße, die nach dem ukrainischen Marschall Malinowski, einem der Führer der Roten Armee im Krieg gegen den Nationalsozialismus, benannt war, wurde in „Straße der Helden des Asow-Regiments“ umbenannt. Das Asow-Emblem ist die „Wolfsangel“ ist, ein Nazi-Emblem, das von der SS verwendet wurde.[125]

Großer gesellschaftlicher Einfluss der ukrainischen Nationalisten

Die heutigen nationalistischen Bewegungen der Ukraine beziehen sich offen auf Bandera, wie die Partei „Swoboda“ mit dem charismatischen Oleh Tyahnybok. Die Swoboda erhielt bei den Parlamentswahlen 2012 zehn Prozent der Wählerstimmen und 37 Sitze im Parlament.[126] Bis 2004 nannte sich die Partei „Sozial Nationale Partei der Ukraine“. Der Swoboda Abgeordnete Yuriy Mykhalchyshyn hatte in Kiew eine Denkfabrik gegründet, die ursprünglich „Joseph Goebbels Political Research Center“ hieß.

Im Parteiprogramm der Swoboda vom 9. August 2012 ist zu lesen: „Ukraine der ukrainischen Nation“. Die Swoboda forderte, dass mindestens 78 Prozent der Sendezeit im Radio und Fernsehen und der

Texte in den Medien auf Ukrainisch sein müssen. Mindestens 78 Prozent der Staatsbediensteten müssen die „ukrainische Nationalität" haben. Damit war nicht die Staatsangehörigkeit gemeint, sondern die ethnische Herkunft. Kandidaten bei Wahlen müssen ihre ethnische Herkunft offenlegen. Kandidaten, die nicht Ukrainisch sprechen, sollen zur Wahl nicht zugelassen werden. Das hätte bedeutet, dass viele Abgeordnete aus dem Osten des Landes nicht mehr hätten kandidieren können, weil viele im Osten kaum Ukrainisch sprachen. Auch solle im Vielvölkerstaat Ukrainisch die einzige Amtssprache sein, und es solle der Straftatbestand „jegliche Art von Ukrainophobie" eingeführt werden, so die Swoboda.[127]

Wir werden später sehen, dass die meisten dieser rassistisch-diskriminierenden und rechtsradikalen Forderungen in der Ukraine inzwischen eingeführt wurden. Swoboda musste dazu keine Wahlsiege erreichen, die anderen Parteien haben das Swoboda-Programm übernommen.

Die Konrad-Adenauer-Stiftung veröffentlichte zur Präsidentschaftswahl 2010 eine Informationsbroschüre. Dort stand zum Swoboda-Chef: *„Tyahnybok mobilisiert antisemitische Ressentiments, Fremdenfeindlichkeit und ukrainischen Isolationismus. Er äußert sich dezidiert antirussisch und antiwestlich."*

Der Journalist Thomas Röper resümiert: *„Tyahnybok saß Ende Februar 2014 mit dem deutschen Außenminister Steinmeier am Verhandlungstisch, als es um den Machtwechsel in Kiew ging, und Tyahnybok war einer von den Politikern, die im Westen als «demokratische Opposition» gefeiert und unter anderem von Steinmeier unterstützt wurden."*

Neben der Swoboda gibt es weitere nationalistische Organisationen. Der von Dmitri Jarosch geleitete „Rechte Sektor" ist ein Zusammenschluss rechtsradikaler Gruppierungen. Diese nahmen beim Maidan-Putsch mit Knüppeln und Schutzschilden bewaffnet großen Einfluss auf die Entwicklung des Landes.

Die nationalistischen Bataillone Asow und Aidar, sowie viele weitere Freiwilligen-Einheiten, waren im Krieg gegen die Donbass-Republiken ab 2014 und ab 2022 gegen Russland voll im Einsatz und werden als „Helden" verehrt.

Ukrainische rechtsextreme Aktivisten verschiedener nationalistischer Gruppen nahmen am 14. Oktober 2017 an einem „Marsch zum Ruhm der Helden" im Zentrum Kiews teil. Etwa zwanzigtausend rechtsextreme Aktivisten versammelten sich, um den 75. Jahrestag der Gründung der Ukrainischen Aufständischen Armee (UPA) zu feiern. Über die Verbrechen der UPA habe ich bereits berichtet.[128]

Fackelmarsch zu Ehren des Geburtstages von Stepan Bandera in Kiew am 1. Jan. 2015[129]

Diese Gruppen mögen von der Anzahl her relativ klein sein. Bei Wahlen bekommen sie nur wenige Prozente. Sie haben jedoch einen großen Einfluss, denn ihr Gedankengut und der Bandera-Kult durchziehen die ganze ukrainische Gesellschaft und sind Allgemeingut und Selbstverständlichkeit geworden. „Kulturelle Hegemonie“ ist der Fachbegriff dafür.

Der 1. Januar, Stepan Banderas Geburtstag, wird in der Ukraine öffentlich gefeiert. Es gibt zahlreiche Paraden, Märsche, Fackelzüge und Gedenkfeiern. Diese Feiern werden von den Behörden unterstützt. Am 1. Januar 2023 twitterte das Kiewer Parlament ein Gedenken für Stepan Bandera. Dabei wurde der Oberbefehlshaber der ukrainischen Streitkräfte, Walerij Saluschnyj, lächelnd mit einem Porträt von Bandera

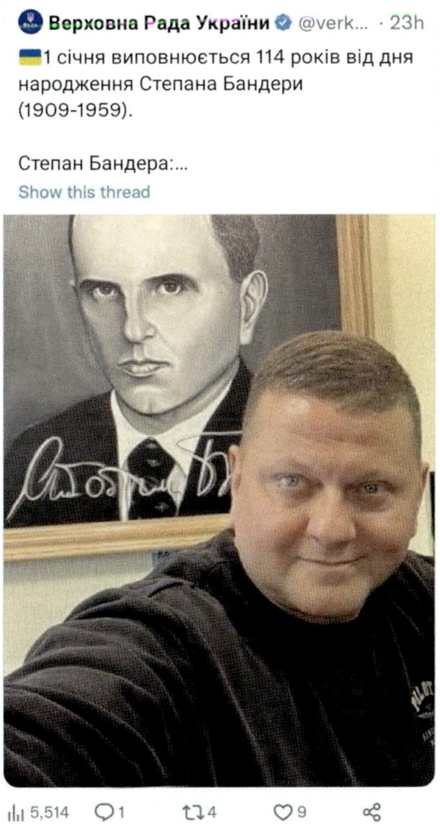

Верховна Рада України @verk... · 23h
1 січня виповнюється 114 років від дня народження Степана Бандери (1909-1959).

Степан Бандера:...
Show this thread

5,514 1 4 9

Tweet vom 1. Jan. 2023 des ukrainischen Parlaments mit dem ukrainischen Oberbefehlshaber Walerij Saluschnyj zur Ehrung von Stepan Bandera[131]

abgebildet, begleitet von folgendem Zitat Banderas: *„Der vollständige und endgültige Sieg des ukrainischen Nationalismus wird kommen, wenn das russische Imperium aufgehört hat zu existieren.“*[130] Das ist Bandera-Verehrung – also Faschismus-Verehrung – von ganz oben: der Oberbefehlshaber der ukrainischen Armee auf dem Twitterkanal des ukrainischen Parlaments. Mehr geht nicht.

Um das in Relation zu bringen: Man stelle sich vor, der militärische Oberbefehlshaber der Deutschen Bundeswehr würde am Geburtstag von Adolf Hitler ein Foto von sich vor dessen Porträt veröffentlichen mit einem hetzerischen Zitat. – Das ist unvorstellbar.

Aber in der Ukraine ist so etwas so selbstverständlich, dass es den Presseabteilungen des Kiewer Parlaments und der ukrainischen Armee egal war, einen solchen Fehltritt zu machen und den wichtigen Bündnispartner Polen zu verletzten. Erst nach einer Beschwerde des polnischen Außenministers wurde der Tweet wieder aus dem Netz genommen. Die Presseabteilungen wissen natürlich, dass Polen und Israel seit Jahrzehnten die Bandera-Verehrung und die Missachtung der Opfer der Massaker von Wolhynien verurteilen.[132] Sie wollten die breite Bandera-Begeisterung in der Ukraine bedienen und zeigen, dass die ukrainische Armee so hart wie die Banderisten für der Vernichtung des „russischen Imperiums“ kämpft.

Der polnische Schriftsteller Jan Zaleski sagte: *„Die Polen aus Wolhynien wurden zweimal ermordet. Das erste Mal durch das Messer und das zweite Mal durch das Schweigen.“* Die Massaker in der Region Wolhynien, bei denen bis zu 100.000 Polen von ukrainischen Nationalisten ermordet wurden, werden in der Ukraine nicht erwähnt, oder wenn, dann schöngeredet. Dem liegt ein Verdrängungsmechanismus zugrunde, den der Historiker Grzegorz Rossoliński-Liebe so beschrieb:

> *Auf den jährlichen Gedenkveranstaltungen wurde die Beteiligung ukrainischer Nationalisten am Holocaust und die Massaker an der polnischen Zivilbevölkerung in Wolhynien und Ostgalizien nie thematisiert. Im Gegensatz dazu wurde an den Terror des NKWD [sowjetische Geheimpolizei] lebhaft erinnert. Ebenso populär waren*

Erzählungen über die große Hungersnot, die sich 1932 und 1933 in der sowjetischen Ukraine ereignet hatte [angeblich von Stalin bewusst herbeigeführt], und der zwischen drei und vier Millionen Ukrainer zum Opfer gefallen waren. Narrative wie diese dienten vorrangig dazu, die OUN-Kollaboration im Holocaust mit der Darstellung des Leidens der ukrainischen Bevölkerung zu verschleiern.[133]

Es werden in der kollektiven Erinnerung also Opfererfahrungen wachgehalten und das Tätersein damit überdeckt. Grzegorz Rossoliński-Liebe fasst zusammen:

Das Tragische an dem Kult um Bandera, andere OUN-Kader und UPA-Partisanen ist, dass die Menschen in der Ukraine – und dazu muss man auch den ukrainischen Botschafter in Deutschland, Andrij Melnyk, zählen – nicht wissen, wen sie eigentlich verehren. Bzw. sie erinnern sich nur an den Kampf gegen die Sowjetunion, aber nicht an den Faschismus, die Kollaboration im Holocaust und die Massenmorde an Polen und Ukrainern.

Auf diese Weise wird in der Ukraine oft Faschismus bzw. radikaler Nationalismus mit Demokratie verwechselt. Bei den Protesten auf dem Maidan 2014 in Kiew wurde Bandera als ein Symbol des Kampfes um die Demokratie und Annäherung an die EU beansprucht.[134]

Die ukrainischen Nationalisten sehen die deutschen Nationalsozialisten vor allem als Befreier von den Sowjets. Deshalb haben sie ein positives Verhältnis zu den Nazi-Symbolen. Die Faschisten werden als Befreier angesehen, der Rest wird verdrängt. Dass dies in der Ukraine funktioniert, ist erschreckend. Noch erschreckender aber ist, dass es den ukrainischen Nationalisten gelang, die Faschisten-Verehrung weltweit zu exportieren.

Faschistengruß „Slava Ukraini!"

Der Gruß „Slawa Ukraini" wurde von der OUN praktiziert. Stepan Bandera, der 1933 zum Führer der OUN in der Westukraine (damals Südostpolen) gewählt wurde, stand in Warschau und Lemberg 1935 und 1936 wegen des Attentats auf den polnischen Innenminister Pieracki vor Gericht. Grzegorz Rossoliński-Liebe berichtet: *„Stepan Bandera trat dort wie der Führer einer faschistischen Bewegung auf, die die Ukraine befreien will. Im Gerichtssaal wandten OUN-Angeklagte mehrmals den faschistischen Gruß «Slava!» (Ehre) und «Slava Ukraini!» (Ehre der Ukraine) an, um Bandera und andere Mitglieder zu begrüßen, obwohl sie deshalb zusätzliche Strafen erhielten. Sie waren stolz, Faschisten zu sein und empfanden keinen Widerspruch zwischen Faschismus und Nationalismus."*[135]

1939 beschloss die OUN auf ihrem zweiten Kongress offiziell die Grußformel „Slawa Ukraini, Slawa Herojam".

„Slawa Ukraini" kann mit „Heil Ukraine", „Ehre der Ukraine" oder „Ruhm der Ukraine" übersetzt werden. „Slawa Herojam" heißt „Ruhm den Helden".

Mit diesem Spruch wird die Nation über alles andere erhoben. Die Nation wird zu einem Gott. Es ist ein Kultritual der „Nationalisten-Kirche". Kulte schaffen eine gemeinsame Identität.

Während der gewaltsamen Maidan-Proteste im Winter 2013/2014 brachten Nationalisten diese Grußformel in Umlauf, um nationalistische Stimmung zu erzeugen. Die Mehrheit der Euromaidan-Demonstranten übernahm die Formel.[136]

An diesem Beispiel sieht man den Einfluss der Nationalisten auf die ukrainische Gesellschaft. 2018 führte das ukrainische Parlament mit großer Mehrheit die Grußformel „Slawa Ukraini, Slawa Herojam" verpflichtend für Armee und Polizei ein. Der Faschisten-Gruß wurde also zum offiziell verordneten militärischen Gruß.[137]

Wie oft haben wir „Slawa Ukraini" seit Februar 2022 gehört? Viele ukrainische Politiker beenden damit ihre Reden. Politiker aus aller Welt, auch der deutsche Bundeskanzler Scholz, schmetterten in Fernsehauftritten „Slawa Ukraini“ – und solidarisierten sich damit mit dem ukrainischen faschistischen Nationalismus. „Slawa Ukraini“ ist der bekennende Gruß der ukrainischen Faschisten – genauso wie „Heil Hitler“ der der deutschen Faschisten.

Fahnen überall

Eine andere nationalistische Kulthandlung sind die blau-gelben Flaggen der Ukraine, mit denen auch die westliche Öffentlichkeit überflutet wurde. Die Flagge repräsentiert die Nation. Die Nation steht über allem.

Auch daran erkennt man, wie der ukrainische Nationalismus kulturell-hegemonisch weite Bevölkerungskreise erfasst hat, in der Ukraine und in den westlichen Ländern.

Faschistische Literatur in Bildungseinrichtungen

Das nationalistische Denken wird in der Ukraine auch in Schulen, Universitäten und Bibliotheken verbreitet. Nach der Eroberung der Region Cherson durch die russische Armee berichtete am 24. März 2023 die russische Nachrichtenagentur RIA Nowosti: *„Im Rahmen einer prophylaktischen Maßnahme haben Angehörige der Nationalgarde in den Bildungseinrichtungen und Bibliotheken des Gebiets Cherson über 200 Exemplare extremistischer Literatur gefunden. Die Mehrheit der gefundenen Bücher und Broschüren propagiert die Ideologie des Faschismus und Neonazismus. Unter den Publikationen gibt es Schriften von Bandera und Schuchewytsch sowie Bücher über sie.“* Die Leiter der betroffenen Schulen und Bibliotheken erklärten laut RIA Nowosti, diese Bücher seien vom ukrainischen Ministerium für Bildung und Kultur geliefert worden.

Ukrainische Ferienlager: „Schießt auf alle Separatisten“

Zur Verehrung der Banderisten in der Ukraine gehört auch, dass es rechtsextremistische Sommerlager für Jugendliche gibt, die staatlich gefördert werden. Darüber berichtete im November 2018 der von der EU mitfinanzierte[138] Nachrichtenkanal „euronews“ in einem Beitrag.[139]

In diesen Sommerlagern für Kinder werden schon achtjährige Kinder an der Kalaschnikow ausgebildet, um Russen zu töten. Euronews zitiert ihren Ausbilder, Yuri Cherkashin, einen erfahrenen Soldaten, der in der russisch-sprachigen Ostukraine gegen die Autonomiebestrebungen der dortigen Bevölkerung gekämpft hat: *„Wir zielen niemals auf Menschen, nie. Aber Separatisten und aus Moskau kommende Besatzer betrachten wir nicht als Menschen. Deswegen könnt und sollt ihr auf sie schießen."*

Der Journalist Thomas Röper ergänzt: *„Die Übersetzung ist freundlich gehalten. Im ukrainischen Original (...) ist tatsächlich die Rede davon, dass Russen «Untermenschen» seien."*[140] Mit diesem Wort bezeichneten die deutschen Nazis alle „Nicht-Arier" und entmenschlichten diese, um der Diskriminierung und Verfolgung bis zum Massenmord die Türe zu öffnen.

Euronews berichtete weiter, dass die rechtsextremen Gruppen gute Beziehungen zur Regierung in Kiew unterhalten, und die von ihnen betriebenen Ferienlager staatliche Mittel erhielten.

Ukraine stimmt gegen Verurteilung des Nationalsozialismus

Russland brachte seit 2012 jedes Jahr eine Resolution in die UNO-Generalversammlung ein, die den langen Titel trägt: *„Zur Bekämpfung der Verherrlichung des Nationalsozialismus, des Neonazismus und anderer Praktiken, die zur Eskalation gegenwärtiger Formen des Rassismus, der Rassendiskriminierung, der Fremdenfeindlichkeit und der damit verbundenen Intoleranz beitragen."*[141] Diese Resolution empfiehlt allen UNO-Mitgliedsstaaten, Maßnahmen zu ergreifen, um eine Revision der Ergebnisse des Zweiten Weltkrieges und die Leugnung der Verbrechen gegen die Menschlichkeit sowie der Kriegsverbrechen, die im Laufe des Zweiten Weltkrieges begangen wurden, zu verhindern und alle Formen der Rassendiskriminierung auszumerzen.

Die Resolution fand in der UNO-Generalversammlung jedes Jahr eine Mehrheit. Doch die USA stimmte immer dagegen und seit dem Maidan-Putsch 2014 auch die Ukraine. Seither stellte sich die ukrainische Regierung gegen eine Verurteilung des Nationalsozialismus.[142]

Zusammenfassung:

Das Geschilderte zeigt, dass es in der Ukraine eine breite faschistisch-nationalistische Bewegung gibt, die ein ethnisch gesäubertes Land zum Ziel hat. Dieser Faschismus ist nicht auf kleine Gruppen beschränkt, sondern – im Sinne der kulturellen Hegemonie – Allgemeingut in Politik und Gesellschaft geworden.

Die Ukraine ist weltweit das einzige Land, in dem sich die Regierung und breite Teile der Bevölkerung offen auf den Faschismus und den Nationalsozialismus berufen, der die dunkelste Phase des 20. Jahrhunderts war, zu Massenmorden führte und nur durch den Sieg der Alliierten im Zweiten Weltkrieg beendet werden konnte. Jedoch anstatt die ukrainischen Faschisten als Kriegsverbrecher zu verfolgen, wurden sie im Kalten Krieg von den USA und der CIA fortwährend aktiv unterstützt. Die USA zeigte sich hier genauso amoralisch wie die Faschisten selbst. Es gab keine Skrupel bei der Wahl der Mittel im geopolitischen Kampf.

Wie wirkt sich das gegenüber den 30 Prozent ukrainischer Russen und anderer Minderheiten in der Ukraine aus? Das werden wir noch ausführlich ansehen. Der „Spiegel" schrieb 2018:[143] *„Anfang September 2018 winkte die Rada, das ukrainische Parlament in Kiew, ein weiteres Gesetz durch, um im Land für mehr Nationalstolz zu sorgen. Es schränkte den Unterricht für Kinder ethnischer Minderheiten drastisch ein. Diese dürfen demnach an ihren Schulen nur bis zur vierten Klasse in ihrer Muttersprache unterrichtet werden. Danach soll die Unterrichtssprache Ukrainisch sein."*

Die explosiven Zutaten für das Zerbrechen des Staates in der Ukraine waren und sind also der Vielvölkerstaat, die Armut und der faschistische Nationalismus, der nicht auf kleine Gruppen beschränkt ist, sondern weite Teile der Bevölkerung durchzieht. Hinzu kommen unerlöste kollektive Traumatisierungen.

Kollektive Traumata und Verdrängungsmechanismen in der Ukraine und Russland

In der Betrachtung des ukrainischen Nationalismus wurden mehrere kollektive Traumatisierungen berührt, ohne diese explizit zu beschreiben. Die Irrationalität des Krieges kann man besser verstehen, wenn wir auf diese Traumata blicken. Das grundlegend Charakteristische jedes Traumas ist, dass man im Trauma steckend nur noch von diesem Standpunkt aus urteilen und handeln kann.

Trauma Nr. 1: Bei den ukrainischen Nationalisten gibt es ein starkes kollektives Opfertrauma. Die nationale Identität wurde in ihren Augen über Jahrhunderte durch fremde Mächte – Russland, Polen, Juden – unterdrückt. In diesem Opfersein verbünden sie sich und finden Einigkeit. Weite Teile der Bevölkerung wurden in dieses Opfertrauma mit hineingezogen.

Wer im Trauma steckt, steckt darin fest und sieht die Welt durch diese Brille. Es spielt daher keine Rolle, dass die Polen, Juden und Russen mit den Ukrainern über lange Zeiten friedlich zusammenlebten. Es spielt im Trauma steckend auch keine Rolle, dass sich die Ukraine 1991 ohne Probleme aus der Sowjetunion lösen und als eigener Staat etablieren konnte. Es spielt keine Rolle, dass es von russischer Seite keine Unterdrückung der ukrainischen Sprache oder Kultur gab, dass Russland zuverlässiger und billiger Gas- und Öllieferant war. Als Außenstehender ist es schwer zu verstehen, woher die Angst vor Russland kommt. Russland ist seit 30 Jahren nicht mehr die kommunistische Sowjetunion. Wurde das überhaupt bemerkt?

Die Feindschaft gegenüber Russland wurde in der Ukraine gepflegt, auch militärisch. Diese aktive Feindschaft war ein wesentlicher Grund für den militärischen Einmarsch Russlands im Februar 2022, der wiederum dieses Opfertrauma bestätigte und es aktiviert hat. So gesehen könnte man es eine „selbsterfüllende Prophezeiung“ nennen.

Erzengel Michael, Michaelsberg[144]

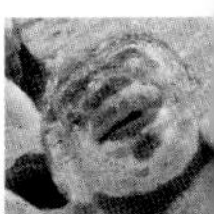

Trauma Nr. 2: Gleichzeitig wirkt in den ukrainischen Nationalisten ein kollektives Tätertrauma aufgrund der bestialischen Ermordung der Juden und der Polen im Zweiten Weltkrieg durch die Banderisten. Solche Massenmörder sehen andere Menschen nicht als Menschen, sondern als untermenschlich, als Nicht-Menschen an, und sie leben sich in einem höheren Auftrag zu deren Vernichtung grenzenlos aus. Das war bei den deutschen SS-Schergen genauso.

Dieses unerlöste Tätertrauma wird verdrängt, deshalb wird auch die Ermordung der Juden und Polen verdrängt. Das kann man psychologisch so erklären: Das Tätersein ist so schlimm, dass es nicht ertragen werden kann. Das Selbstbild würde zerstört, wenn man erkennen würde, zu den „Bösen" zu gehören, die kaltblütig die Juden und Polen massakriert haben. Zum Schutz etabliert man eine „Schuld- und Erinnerungsabwehr", das Tätersein wird ausgeblendet und durch Opfererfahrungen, die dem kollektiven Gedächtnis eingeprägt sind, überdeckt.

Trauma Nr. 3: Zu den kollektiven Opfer-Traumata gehört der Holodomor: Im Zuge der Zwangskollektivierung unter Stalin sank der Ertrag der Landwirtschaft. Dazu kamen zwei Missernten in den Jahren 1931 und 1932. Trotz des Hungers der Landbevölkerung erhöhten die kommunistischen Parteikader die Abgabenquote der Bauern auf 44 Prozent. Es entstand eine furchtbare Hungersnot, an der etwa 4 Millionen Menschen in der Ukraine und 1,5 Millionen in Kasachstan starben. Der deutsche Soziologe Gunnar Heinsohn beschreibt, dass in der Ukraine, in Kasachstan und einigen Kaukasusgebieten, in denen starker Widerstand gegen die Enteignungen im Rahmen der Zwangskollektivierung vorhanden war, dieser mit dem Mittel einer absichtlich verschlimmerten Hungersnot gebrochen werden sollte. Auch die Unabhängigkeitsbewegungen dieser Völker sollten auf diese Weise geschwächt werden. So unterband die kommunistische Partei auch Hilfsgüterlieferungen für die Hungernden und die Ausreise aus den Hungergebieten.[145]

Trauma Nr. 4: Ein weiteres ukrainisches Opfer-Trauma sind die Gewalttaten der sowjetischen Geheimpolizei NKWD. Unter Stalin gab es viele „Säuberungswellen" gegen alle und jeden, die als unzuverlässige „Elemente" angesehen wurden. Allein im „Großen Terror" von 1937 bis Ende 1938 wurden 1,5 Millionen Menschen verhaftet. Etwa die

Hälfte wurde erschossen, die andere in die Lager des Gulags gebracht. Das geschah in der gesamten Sowjetunion und so auch in der Ukraine.

Im Umgang mit kollektiven Traumata gibt es zwei Möglichkeiten. Man kann versuchen, sie zu integrieren und zu erlösen oder man kann die ungeheure bewusstseinsferne Energie ineinander liegender Traumata hochholen, um Feindbilder zu nähren. Bei den ukrainischen Nationalisten geht es offenbar nicht um Würdigung und Gedenken der Opfer des Holodomor und der Säuberungswellen Stalins, sondern um die Verstärkung des Feindbildes Russland.

Das heutige Russland ist für den Holodomor und den NKWD-Terror vor 90 Jahren aber nicht verantwortlich, sondern leidet genauso unter einer stalinistischen Traumatisierung wie die Ukraine.

Trauma Nr. 5: Ein großes ukrainisches Trauma wird vom Bandera-Kult nicht thematisiert, sondern wiederum verdrängt, da die ukrainischen Nationalisten zusammen mit der deutschen Wehrmacht und der SS auch hier auf der Täterseite standen. Dieses Trauma sind die etwa 27 Millionen Toten in der Sowjetunion durch den Zweiten Weltkrieg, davon etwa 8 Millionen aus dem Gebiet der Ukraine. Die Sowjetunion trug etwa die Hälfte aller Toten des Zweiten Weltkrieges, der dort „Großer Vaterländischer Krieg“ genannt wird. Für diese Verstorbenen gibt es in Russland eine positive Erinnerungskultur. Jährlich finden am 9. Mai, dem Jahrestag der Kapitulation Deutschlands im Zweiten Weltkrieg, große Gedenkmärsche des „Unsterblichen Regiments“ mit Millionen Teilnehmern statt. Diese tragen schweigend und gedenkend die Bilder ihrer Familienmitglieder, die im Großen Vaterländischen Krieg gekämpft haben und gestorben sind. Diese Gedenkmärsche gab es in der Ukraine vor allem im Südosten. Sie sind eine Traumaverarbeitung, die die Opfer würdigt und nicht Feindbilder nährt.

Aber diese Erinnerungskultur und Totengedenken sind für den Bandera-Kult bedrohlich – sie berühren das verdrängte Täter-Trauma – und werden deshalb als „pro-russisch“ verurteilt. Die ukrainische Menschenrechtlerin Larissa Schessler berichtet: *„Ich habe in meiner Heimatstadt Nikolajew eine ehemalige Kollegin aus dem Stadtrat. Sie ist über 70 Jahre alt und seit über zehn Jahren gesellschaftlich aktiv. Man hat sie nach 2014 der Unterstützung russischer Bewegungen* *beschuldigt. Sie leitete in Nikolajew das «Unsterbliche Regiment». Gegen die Organisatoren des «Unsterblichen Regiments» wurden jetzt Strafverfahren eingeleitet. Man wirft ihnen prorussische Tätigkeit vor.*“[146]

Trauma Nr. 6: Auch wenn es in Russland eine kollektive Traumaverarbeitung für die Opfer des Großen Vaterländischen Krieges gibt, ist dieses kollektive Trauma dort trotzdem noch wirksam. Nicht nur Hitler marschierte auf Moskau zu, auch Napoleon hatte es schon versucht. Die Erfahrung der Bedrohung durch westliche Mächte sitzt tief in den Seelen der Menschen in Russland.

Trauma Nr. 7: Ein weiteres russisches Trauma ist die brutale kommunistische Herrschaft unter Lenin und Stalin.

Trauma Nr. 8: Bei den russischen Ukrainern kommt das Trauma hinzu, dass sie kulturell und politisch von den Westukrainern unterdrückt und mit dem achtjährigen Donbass-Krieg überzogen wurden.

Wenn kollektive Traumata nicht aktiv bearbeitet werden, können sie zur Quelle neuer Traumatisierungen werden. Die ukrainischen Kriege ab 2014 und 2022 aktivierten die beschriebenen kollektiven Traumatisierungen und fügten weitere hinzu.

Im Trauma steckend ist die Seele im Blindflug und Überlebenskampf, die Vernunft ist ausgeschaltet. Es ist meistens nicht möglich, einen traumatisierten Menschen mit Argumenten zu erreichen, er kann diese gar nicht aufnehmen. Ein psychotisches Feststecken im eigenen Trauma ohne Achtung des anderen gehört zum Eskalationsprozess, der zum Ukraine-Krieg führte.

Dieser Eskalationsprozess hatte viele Etappen, in denen die unerlösten Traumata ihr Unwesen trieben. Oftmals wurden sie aber auch bewusst zur Eskalation benützt. Diese Eskalationsstufen bis zum Krieg werden wir uns in diesem Buch später weiter ansehen.

Um ein vollständigeres Bild zu bekommen, müssen wir aber zunächst einen Blick auf die Ausgangslage und langfristigen Motive der USA werfen. Da das ein sehr komplexes Thema ist, das mehrere Bücher füllen könnte, kann das nur aphoristisch geschehen.

The Angel of Peace, Nashville, Tennessee, United States[147]

Geopolitische Hintergründe: Das Weltmachtstreben der USA

Imperien im Laufe der Jahrhunderte

Imperium ist ein lateinisches Wort. Als Imperium bezeichnet man ein „Reich mit einem sehr weit ausgedehnten Machtbereich". Das Imperium Romanum, das Römische Reich, beherrschte alle an den Mittelmeerraum angrenzenden Staaten. Zwischen dem fünften und siebten Jahrhundert nach Christi ging es im Zuge der Völkerwanderung unter.

Im achten Jahrhundert wählte der römisch-katholische Kirchenstaat Rom als den Papstsitz, obwohl die Stadt nach dem Zusammenbruch des Römischen Reiches entvölkert und bedeutungslos geworden war. Es war dem katholischen Kirchenstaat wichtig, an das imperiale Rom anzuschließen. Das katholische Imperium prägte dann über viele Jahrhunderte nicht nur die Religion, sondern auch die Politik in ganz Europa. Die Kirchenfürsten waren auch weltliche Herrscher. Die Reformation im frühen 16. Jahrhundert läutete das Ende des katholischen Imperiums ein.[148]

Mit der Entdeckung Amerikas fand der Imperialismus im Kolonialismus eine neue Ausprägung. Die europäischen Kolonialmächte unterwarfen einen großen Teil der Welt. Den Konkurrenzkampf zwischen den verschiedenen Kolonialmächten gewann England. London wurde das Zentrum des weltumspannenden Britischen Empires und „Welthauptstadt" für Politik, Finanzwesen und Handel. Das englische Pfund war Weltwährung, Englisch wurde Weltsprache – sie ist es heute immer noch. London entwickelte sich um 1900 mit 6,7 Millionen Einwohnern zur größten Stadt der Welt.

Jedoch der Erste und der Zweite Weltkrieg schwächten England und führten zum Abstieg des Britisch Empires. Stattdessen rückten die USA zur dominanten Weltmacht auf. Die US-Hauptstadt Washington war vorsorglich schon im Stile römischer Tempel und Paläste samt Obelisken gebaut, wohl um an den Geist des römischen Imperiums anzu-

schließen. Waffenverkäufe und Rüstungskredite machten die USA zum weltweit größten Gläubiger, während der Hauptkonkurrent Großbritannien zum Schuldner geworden war. Nach dem zweiten Weltkrieg lagerten 70 Prozent der weltweiten Goldreserven in den USA.

US-Dollar als dominierende Weltwährung anstatt neutrales Clearing-System

Noch während des Zweiten Weltkrieges arbeiteten die USA an einer Weltfinanzordnung, die nach Kriegsende gelten und den US-Dollar im Zentrum haben sollte. So errang die USA ihren Status als dominierende Weltmacht. Beschlossen wurde das auf der Bretton-Woods-Konferenz im US-Bundesstaat New Hampshire vom 1. - 22. Juli 1944.[149] An dieser nahmen 44 Staaten der späteren Siegermächte teil. England war durch die beiden Weltkriege geschwächt und sah, dass das Pfund nicht mehr die Rolle der Weltwährung haben würde. So schickte London den Ökonomen John Maynard Keynes als Verhandlungsführer nach Bretton Woods, der eine „Clearing Union" vorschlug. Das ist bemerkenswert, denn die Clearing Union wäre ein entscheidender Schritt zum Ende weltweiter Imperien gewesen und hätte eine wirtschaftliche Zusammenarbeit der Staaten auf gleicher Augenhöhe ermöglicht. Da die Clearing Union weitgehend unbekannt, aber in meinen Augen nach wie vor das beste Zukunftsmodell eines Weltfinanzsystems ist, erkläre ich es etwas ausführlicher.

Clearing Union

Die International Clearing Union (ICU) wäre eine globale Bank gewesen, deren Aufgabe darin bestanden hätte, den Handel zwischen den Nationen abzuwickeln, ähnlich wie eine Handelsbörse, an der jedes Land Mitglied ist. Der gesamte internationale Handel sollte in einer speziellen Rechnungseinheit, dem „Bancor", abgewickelt werden. Praktisch sollte das so aussehen: Der Bancor hat einen festen Wechselkurs zu den nationalen Währungen und wird zur Messung der Handelsbilanz zwischen den Nationen verwendet. Bei der Ausfuhr von Waren werden Bancor dem Konto eines Landes gutgeschrieben, während sie bei der Einfuhr von Waren abgezogen werden.

Jede Nation sollte einen Anreiz bekommen, ihren Kontostand nahe Null zu halten, also eine möglichst ausgeglichene Handelsbilanz zu haben, das heißt genauso viel zu importieren wie zu exportieren. Dafür gibt es zwei Methoden: Bei einem übermäßig positiven Kontostand wird ein Teil des Überschusses dem Reservefonds der Clearing Union zugeführt, geht also für das Land verloren. Auf diese Weise wird das Land gedrängt, mehr Produkte anderer Länder zu kaufen. Im Falle einer negativen Handelsbilanz wird der Wechselkurs der Landeswährung gegenüber dem Bancor gesenkt. Mit einer Einheit Landeswährung bekommt man dann weniger Bancor als zuvor. Da man im Außenhandel mit Bancor bezahlen muss, verteuert das die Einkäufe aus dem Ausland. Denn man muss einen höheren Betrag der Landeswährung aufbringen für den zu bezahlenden Bancor-Betrag als zuvor. Entsprechend verbilligen sich dadurch Verkäufe dieses Landes in das Ausland, da das Ausland mit dem gleichen Bancor-Betrag mehr Ware aus diesem Land beziehen kann als zuvor, weil die Landeswährung gegenüber dem Bancor abgewertet wurde.

Gold und nationale Währungen sollten im internationalen Handel nicht mehr verwendet und nicht mehr zwischen den Ländern verschoben werden.[150]

Die Clearing Union arbeitet also mit einer neuen weltweiten Währung, dem Bancor, der nicht mehr an eine spezielle nationale Leitwährung gebunden ist, und hat klare finanzielle Anreize für ausgeglichene Handelsbilanzen. Damit würde kein Land mehr auf Kosten anderer Länder leben (durch negative Handelsbilanzen) oder andere Länder in finanzielle Abhängigkeiten bringen (durch positive Handelsbilanzen).

Die USA waren gegen die Clearing-Union. Sie hatten in Bretton-Woods mehr Einfluss als Großbritannien und setzten den US-Dollar als zukünftige Weltwährung durch. Der US-Dollar wurde „Ankerwährung" für den internationalen Handel und den Devisentausch. Diese Rolle hat der US-Dollar heute noch. Im internationalen Handel werden die meisten Verträge in US-Dollar geschlossen. Dadurch braucht jede Bank und jedes größere Unternehmen US-Dollar, und die Zentralbanken aller Staaten müssen US-Dollar als Reservewährung halten. Das stützt den Wert des US-Dollars. So kann die USA es sich erlauben, jedes Jahr ein Handelsbilanzdefizit von etwa 1.000 Milliarden US-Dollar zu haben,[151] ohne dass der US-Dollar deshalb abstürzt und im Außenwert verfällt. Ein Handelsbilanzdefizit bedeutet, dass sich die USA mehr Waren von anderen Ländern liefern lässt, als sie selbst exportieren; damit leben die USA fürstlich von den Leistungen anderer Länder.

Leitwährung ermöglicht, auf Kosten anderer zu leben

Ich will die Zusammenhänge genauer erklären: Die finanzielle Seite eines Handelsbilanzdefizites ist, dass ein Land durch Verkäufe nicht ausreichend ausländische Währungen erhält, um damit die Einkäufe im Ausland zu bezahlen. Deshalb muss auf den Devisenmärkten mit Inlandswährung die Auslandswährung gekauft werden. Die steigende Nachfrage nach der Auslandswährung führt zu deren Verteuerung. Verteuerung bedeutet: Für denselben Betrag an Inlandswährung bekommt man weniger Auslandswährung, der Wechselkurs der Inlandswährung wird schlechter. Ein zweiter Finanzmechanismus ist: Um überhaupt ausreichend Auslandswährungen zu erhalten, muss das Land Kredite in ausländischen Währungen im Ausland bei ausländischen Banken oder anderen Gläubigern aufnehmen oder Staatsanleihen in Fremdwährungen ausgeben. Aber bei einem andauernden Handelsbilanzdefizit kann das Land die wachsenden ausländischen Kredite nie zurückbezahlen, da die Einnahmen dafür fehlen. Deshalb schwindet normalerweise langfristig die Kreditwürdigkeit des Landes, ausländische Kredite werden teurer. Auch das senkt den Wechselkurs. So läuft das normalerweise ab. Viele Entwicklungsländer können ein Lied davon singen.

Bei den USA ist das anders. Der Kauf von ausländischen Währungen ist nicht notwendig, um ausländische Einkäufe zu bezahlen. Die USA können dafür ihre eigenen US-Dollar verwenden, die sie selbst herstellen. Dieses Privileg hat sonst niemand auf der Welt. Die US-Dollar werden weltweit abgenommen, da diese „Leitwährung“ sind und von jedem Land benötigt werden. Devisenmarkttransaktionen finden weltweit zu 90 Prozent in US-Dollar statt, Warenverkäufe werden weltweit zu 40 Prozent in US-Dollar abgerechnet.[152] Die USA können US-Dollar in beliebiger Menge drucken und damit auf dem Weltmarkt einkaufen.

Der US-Dollar als Leitwährung führt auch dazu, dass die USA noch kreditwürdig ist, obwohl sie jedes Jahr ein gigantisches Handelsbilanzdefizit hat. Die Staatsverschuldung der USA lag 2022 bei 30 Billionen US-Dollar, was etwa 120 Prozent des Bruttoinlandsproduktes entspricht. Das führt nicht zu einer Verunsicherung der Gläubiger. Die USA muss keine Fremdwährungskredite aufnehmen, sondern bekommt Kredite in US-Dollar. Da die US-Zentralbank FED unbegrenzt US-Dollar herstellen und dem US-Staat leihen kann, weiß jeder Gläubiger, dass er seine Zinsen und Tilgung erhalten wird. Auch bei den Krediten ist die USA nicht von ausländischen Währungen abhängig.

Weil der US-Dollar Leitwährung ist und von den USA selbst hergestellt wird, können die USA es sich leisten, 800 Milliarden US-Dollar jährlich für ihr Militär auszugeben und etwa 800 militärische Basen[153] in allen Kontinenten zu unterhalten. Das US-Militärbudget entspricht etwa 40 Prozent der weltweiten Militärausgaben.[154] Durch dieses Machtmittel kann die USA die Welt beherrschen.

Durch den US-Dollar als Leitwährung erhielt die US-Regierung auch das Machtmittel des Wirtschaftskrieges, durch Sanktionen den Zugang zum US-Dollar für bestimmte Unternehmen oder Staaten zu sperren und diese so vom internationalen Handel abzuschneiden. Da Banken und große Unternehmen vom US-Dollar abhängig sind, müssen alle den Sanktionsbeschlüssen der USA Folge leisten.

Die bewusste Entscheidung der USA für den Imperialismus

Es ist kein Zufall, dass die USA nach 1945 zum Welt-Imperium wurde, sondern das war eine bewusste Absicht und lange vorbereitet. Diese unbekannte historische Tatsache arbeitete der Autor Valentin Wember heraus:[155]

> *Die Vereinigten Staaten sind nicht in den Imperialismus hineingeschlittert, sondern sie haben sich demokratisch für ihn entschieden. Ich empfehle an dieser Stelle das Buch „Overthrow“ von Stephen Kinzer.*[156] *Kinzer war 20 Jahre lang Auslandskorrespondent der New York Times und als solcher unter anderem in Guatemala, Nicaragua, Berlin und der Türkei stationiert. In seinem Buch „Overthrow“ zeichnet Kinzer nicht nur die lange Geschichte*

von 14 Umstürzen nach, die die USA in verschiedenen Ländern durchgeführt haben, sondern er hat auch die bewusste Entscheidung zum Imperialismus durch gründliches Quellen-Studium rekonstruiert. Es ist Kinzers Verdienst, diese Geschichte aus den archivierten Dokumenten rekonstruiert zu haben. Sie ist wenig bekannt, aber schnell erzählt.

Die Amerikaner hatten im Amerikanisch-Spanischen Krieg von 1898 Kuba geholfen, die Spanier zu vertreiben. Aber ehe sich die Kubaner versahen, befanden sie sich statt unter spanischer jetzt unter amerikanischer Vorherrschaft. Die USA aber hatten die Spanier weiterhin als Gegner und sie taten alles, um die spanische Flotte zu vernichten. Dieser Kampf [zwischen USA und Spanien] wurde auch bei den Philippinen geführt. Die US-Flotte siegte über die Spanier, und plötzlich hatte man die Philippinen «an der Backe». Was sollte man machen? Die Philippinen besetzen? Sie ignorieren und wegfahren? Aus diesen Fragen entstand die viel grundsätzlichere Frage: Welche Rolle wollte man künftig auf den Weltmeeren und den anderen Kontinenten spielen?

Darüber kam es zu einer Debatte, die in den Jahren vor der Jahrhundertwende in der amerikanischen Öffentlichkeit breit ausgetragen wurde. Es gab kaum einen Gebildeten, der sich in den Jahren 1898-99 nicht an der Diskussion beteiligt hätte. Die Zeitungen waren tagtäglich voll von kontroversen Beiträgen zum Thema. Auf der einen Seite standen die Imperialisten. Sie votierten für eine Ausdehnung des US-amerikanischen Einflusses weit über den eigenen Kontinent hinaus. Auf der anderen Seite standen die Isolationisten, die den Imperialismus leidenschaftlich ablehnten. Zu ihnen zählte unter anderem Mark Twain. Am Ende kam es im Senat zu einer Abstimmung. Mit nur einer Stimme Mehrheit setzten sich die Imperialisten durch.

Die Isolationisten gaben indes noch nicht auf. Sie brachten die Entscheidung vor den Supreme Court. Dieser nahm sich der Sache an und fällte schließlich eine Entscheidung. Er stimmte für die imperialistische Ausdehnung. Mit fünf zu vier Stimmen.

Damit war die Weiche gestellt. Zwei Mal mit nur einer Stimme Mehrheit. Man könnte darüber ins Grübeln geraten, an was für seidenen Fäden manchmal die Weltgeschichte zu hängen scheint.

Von 1899 an haben die USA zur Erweiterung ihres weltweiten Einflusses verschiedene Methoden angewandt: Eroberungen, finanzielle Druckmittel (Dollarimperialismus), Aufbau eines gigantischen militärisch-industriellen Komplexes, Kriege, illegale Kriege, Regime-Changes in Hülle und Fülle[157] und Sanktionen. Die Liste ist lang. Einzelheiten kann man bei Stephen Kinzer nachlesen oder bei dem Schweizer Historiker Daniele Ganser[158]. [Auffallend wird durch beide Darstellungen, dass die US-Regierungen die eigenen Kriege und Einmischungen stets ideologisch verpackten und der eigenen Bevölkerung als selbstlosen Einsatz für eine bessere Welt verkauften.] In den Jahrzehnten des kalten Krieges konnte man dazu die Sowjetunion nutzen. Wo immer man militärisch eingriff, um eigene Interessen zu verfolgen, schob man als Begründung die Bedrohung durch den Kommunismus vor. Diese Methode funktionierte gut und wurde von der Bevölkerung kaum je durchschaut. Als es die Sowjetunion nach 1991 nicht mehr gab, konnte man ihr auch keine Schuld mehr zuweisen. Deshalb wurden ab den 1990er Jahren alle militärischen Einmischungen primär als Kampf für „Menschrechte", „Freiheit" und „Demokratie" deklariert. Die neue Verpackung funktionierte genauso gut wie zuvor die „Rettung der Welt vor den Kommunisten".

Die USA treten auf als Werteinhaber und Morallehrer der Welt, der mit dem Finger auf andere zeigt und den Balken im eigenen Auge geflissentlich übersieht.

Ab dem 11. September 2001 dienten radikale Islamisten als neue Feindbilder. Wenn die NATO-Regierungen vorgeben, sich für Demokratie, Freiheit und Menschenrechte einzusetzen, wenden sie ein Prinzip der Kriegspropaganda an: „Wir handeln als die Gerechten für ein edles Ziel."

Völkerrechtswidrige Kriege der USA

Im Ukraine-Krieg wurde die Sprachregelung „völkerrechtswidriger Angriffskrieg Russlands" durch kontinuierliche Wiederholung in das öffentliche Bewusstsein eingebrannt und als Hauptargument für die Kriegsbeteiligung der NATO im Ukraine-Krieg aufgebaut. Wie es sich mit dem Völkerrecht verhält, werden wir in diesem Buch später genauer ansehen.

Angenommen, Russlands Kriegsbeteiligung widersprach dem Völkerrecht und die NATO-Staaten reagierten darauf: Warum sanktionierten die NATO-Staaten dann nicht auch die USA, die seit 2015 einen völkerrechtswidrigen Angriffskrieg in Syrien und bis zum 30. August 2021 in Afghanistan führten?

Der Journalist Norbert Häring kommentiert dazu: *„Um die Regierung einer militärischen Großmacht für einen völkerrechtswidrigen Angriffskrieg zu bestrafen, beziehen wir kein günstiges Gas mehr von diesem Land und kaufen stattdessen zum vielfachem Preis umweltschädliches Fracking-Gas von einer anderen Großmacht, die einen völkerrechtswidrigen Angriffskrieg gegen ein anderes Land führt. Man nennt das wertegeleitete, feministische Außenpolitik, wenn ich das richtig verstanden habe."*[159]

Fast alle Kriege der USA und anderer NATO-Staaten waren völkerrechtswidrige Angriffskriege, da sie nicht vom UN-Sicherheitsrat erlaubt wurden. Das „Swiss Institute for Peace and Energy Research (SIPER)" hat die größten illegalen Kriege seit 1999 in einer Graphik zusammengestellt:

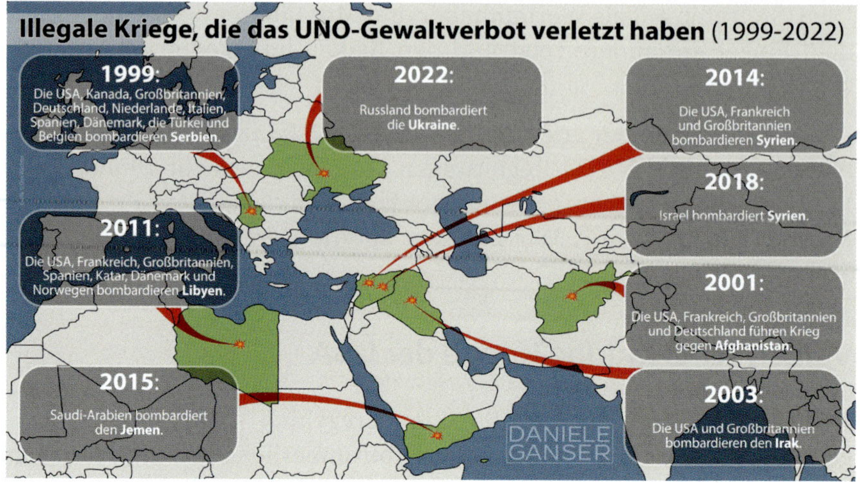

Graphik von Swiss Institute for Peace and Energy Research (SIPER)

Die Heuchelei ist ein zentrales Politikprinzip der NATO-Staaten. Ein Heuchler ist jemand, der eine Einstellung nur vortäuscht, aber in Wirklichkeit nicht vertritt. Einen Heuchler erkennt man daran, dass er seine Einstellung nur in Situationen vertritt, in denen er damit seine eigenen Interessen durchsetzen kann. In anderen Situationen aber, in denen ihm seine angeblichen Werte im Wege stehen würden, sind sie ihm egal.

Damit diese Heuchelei nicht sofort auffällt, gibt es die ständig wiederholte Sprachregelung der „regelbasierten Ordnung" der „westlichen Werte".

Über 20 Millionen Opfer: USA als weltweiter Kriegsstifter

Die US-Regierungen sind seit dem Zweiten Weltkrieg die größte Gefahr für den Weltfrieden. Das ist die harte Realität hinter der Marketing-Scheinwelt für die Medien und die Bevölkerung.

Nach einem Bericht[160] von Stephanie Savell im Rahmen des Projektes „Costs of War" an der Brown University, USA, hat der von den USA angeführte sogenannte Krieg gegen den Terror seit 2001 mindestens 4,5 Millionen Menschen getötet. Als „Post-9/11"-Kriegsgebiete zählen

Afghanistan, Pakistan, Irak, Syrien, Libyen, Somalia und Jemen. Stephanie Savell betont, dass dies Schätzungen sind, zumal es nicht nur um die Menschen geht, die direkt in Kämpfen getötet wurden, sondern auch diejenigen zu erfassen versucht wurden, die an den Folgen der Zerstörungen der Wirtschaft, der öffentlichen Dienste oder der Umwelt durch Krankheiten oder Hunger starben.

Die Autorin schreibt: *„Kriege führen zu Hungerkrisen durch Zerstörung der Wirtschaft und Verarmung von Millionen von Menschen in den Kriegsgebieten. Armut beeinträchtigt die Fähigkeit der Menschen, Lebensmittel anzubauen und zu kaufen, in ihrer Heimatgemeinde zu bleiben, Zugang zu sauberem Wasser und sanitären Einrichtungen zu haben, für Gesundheitspflege und Medizin zu bezahlen, Kinder von gefährlichen Jobs fernzuhalten und andere wichtige Wege zur Erhaltung von Gesundheit und Leben. Betroffene Bevölkerungsgruppen könnten gezwungen sein, für Wasser oder andere Grundnahrungsmittel auf dem Schwarzmarkt exorbitante Preise zu bezahlen. Haushalte im Nahen Osten, die von Witwen geführt werden, sind besonders verarmt; es gibt über eine Million Witwen im Irak und zwei Millionen in Afghanistan.“* Die Regierungen, die den Krieg geführt haben, zeigen aber keine Verantwortung für die Folgen, unter denen die Bevölkerung leidet. Sie denken nicht an Wiedergutmachung und Hilfen. Die Antiterrorkriege *“gehen für Millionen Menschen auf der Welt weiter, die mit den Folgen leben und durch sie sterben“*, schreibt Savell.[161]

Ein weiterer Bericht der Brown-University „Displacement Caused by the United States' Post-9/11 Wars“[162] kommt zu dem Ergebnis, dass durch diese US-Kriege mindestens 37 Millionen Flüchtlinge entstanden sind. Millionen flohen nach Europa. Die Bewältigung der Flüchtlingsflut schaffte in den europäischen Staaten große soziale, finanzielle und politische Probleme. So schwächte die USA ihre europäischen „Freunde“. Obwohl Europa zeitweise mit dem Flüchtlingsstrom völlig überfordert war und zehntausende Flüchtlinge im Mittelmeer ertranken, gab es von den Regierungen keinen Protest gegen die US-Kriege als die zentrale Fluchtursache.

Noch schlimmer wird es, wenn man sich die Kriegsbilanz der USA seit dem Zweiten Weltkrieg ansieht. Die USA sind verantwortlich für mehr als 20 Millionen Tote seit 1945 in 37 Ländern durch von ihnen angeführte Kriege, Militärputsche und Geheimdienstoperationen. Das ist das Ergebnis einer umfangreichen Recherche des Journalisten James A. Lucas, erschienen im Jahr 2015.[163] Die hohen Verluste an Menschenleben nach 2015 im Libanon, in Syrien, im Jemen und in Libyen sind hier noch nicht berücksichtigt. Und die Zahl bezieht sich nur auf Tote, nicht auf verletzte, traumatisierte oder vertriebene Menschen.

Setzen wir diese Zahlen in eine historische Perspektive: Im Verlauf des Ersten Weltkriegs (1914-18) haben etwa 15 Millionen Menschen ihr Leben verloren. Der Zweite Weltkrieg (1939-1945) kostete rund 60 Millionen Menschen das Leben, sowohl Militärs als auch Zivilisten. Die größten Opfer des Zweiten Weltkriegs hatten die Sowjetunion und China zu beklagen: Etwa 27 Millionen Tote in der Sowjetunion und etwa 20 Millionen in China. Deutschland und Österreich haben im Zweiten Weltkrieg etwa acht Millionen Menschen verloren, Japan mehr als 2,5 Millionen. Die USA und Großbritannien verloren jeweils etwa 400.000 Menschen.[164]

Die über 20 Millionen Kriegsopfer, verursacht durch die USA seit 1945, übersteigen die Opferzahlen des Ersten Weltkrieges. Seit 1945 führte die USA kontinuierlich Kriege; insofern gab es keine “Nachkriegszeit”.

Das Ideal des freien Individuums und sein Gegenbild

In Europa haben die USA einen guten Ruf. Kritik an der imperialistischen US-Außenpolitik findet in den Mainstream-Medien und der Politik kaum Platz. Die EU-Regierungen wollen sich nicht mit den USA anlegen, sondern wirken eingeschüchtert, ja, unterwürfig. Selbst wenn die USA Deutschland sanktioniert, wie bei Nord Stream 2, regt sich kein Widerstand. In den USA selbst läuft die Diskussion pointierter. Friedensbewegte, freie Medien und manche Konservative finden klare Worte, die man sich in Europa kaum trauen würde auszusprechen.

Hervorzuheben ist, dass nur eine Minderheit der US-Bürgerinnen und -bürger die imperiale Politik aktiv unterstützen. Die meisten bekommen davon nichts mit, aber viele sind explizit dagegen und schämen sich für ihr Land. Wie kann ein Staat mit einer so offenen und zugewandten Bevölkerung gleichzeitig weltweit unterdrückender Hegemon sein?

Der Hegemonismus der USA war nur möglich, in den Ursprüngen der USA eine zukünftige Idee mitwirkte, sonst wäre er nicht so erfolgreich gewesen. Die USA sind das erste Land mit einer Verfassung (1787), die auf der Idee begründet ist, dass jeder Mensch von Geburt gleich und mit gleichen Rechten ausgestattet ist, die unveräußerlich sind. Jeder Mensch ist ein Individuum mit dem Recht zur Freiheit und freien Entfaltung seiner Persönlichkeit. Jeder hat das Recht, nach Erfüllung seines Lebens zu streben. Also sein eigenes Leben zu finden und auszuführen. Die dazu gehörige Staatsform ist die Demokratie. Das war historisch enorm fortschrittlich. Das ist der ideelle Boden, auf dem die USA zur Weltmacht wurden und imperial diesen Freiheitsimpuls auch in andere Länder brachten. Imperien begründen sich zumeist auf einem Menschheitsfortschritt, den sie über andere verbreiten. Gewalt und Zerstörung entstehen dabei oft als Mittel, weil die anderen Kulturen ihre Beharrungskräfte haben. Rom brachte die Res Publica, dass der Staat die Sache des Volkes ist, und das Recht als Regelwerk für das Zusammenleben. Die USA brachten das Ideal des freien und kreativen Individuums.

In die Außenpolitik der USA ist aber das Gegenbild des Fortschrittsimpulses der USA eingezogen. Sie ist sein Dämon.

USA werden weltweit scharf kritisiert

Frappierend deutliche Worte kommen aus China. Das chinesische Außenministerium veröffentlichte im Februar 2023 einen Bericht „Die US-Hegemonie und ihre Gefahren".[165] Der Bericht ist in Englisch veröffentlicht. Es gibt ihn auch in deutscher Übersetzung.[166] Über den Bericht wurde in den westlichen Mainstream-Medien nicht berichtet. Man sollte aber davon ausgehen, dass er in vielen Staaten Afrikas, Südamerikas und Asiens, die mit China in einem guten Verhältnis stehen, wahrgenommen und gelesen wurde. In der Einleitung steht:

> *Seit die Vereinigten Staaten nach den beiden Weltkriegen und dem Kalten Krieg zum mächtigsten Land der Welt geworden sind, haben sie sich immer dreister in die inneren Angelegenheiten anderer Länder eingemischt, die Hegemonie angestrebt, aufrechterhalten und miss-*

braucht, Unterwanderung und Infiltration vorangetrieben und vorsätzlich Kriege geführt, die der internationalen Gemeinschaft Schaden zufügen.

Die Vereinigten Staaten haben ein hegemoniales Drehbuch entwickelt, um unter dem Deckmantel der Förderung von Demokratie, Freiheit und Menschenrechten „farbige Revolutionen" [zum Beispiel arabischer Frühling, Orangene Revolution in der Ukraine] zu inszenieren, regionale Streitigkeiten anzuzetteln und sogar direkt Kriege zu führen. In Anlehnung an die Ideologie des Kalten Krieges haben die Vereinigten Staaten die Blockpolitik forciert und Konflikte und Konfrontationen geschürt. Sie haben das Konzept der nationalen Sicherheit überdehnt, Exportkontrollen missbraucht und anderen einseitige Sanktionen aufgezwungen. Sie sind selektiv mit internationalem Recht und internationalen Regeln umgegangen, haben diese je nach Bedarf benutzt oder verworfen und versucht, im Namen der Aufrechterhaltung einer „regelbasierten internationalen Ordnung" Regeln durchzusetzen, die nur ihren eigenen Interessen dienen.

Der Bericht des chinesischen Außenministeriums beschreibt dann in einzelnen Kapiteln die US-Hegemonie:

I. Politische Hegemonie – das Durchsetzen ihrer Macht
II. Militärische Hegemonie – willkürliche Anwendung von Gewalt
III. Wirtschaftliche Hegemonie – Plünderung und Ausbeutung
IV. Technologische Hegemonie – Monopolisierung und Unterdrückung
V. Kulturelle Hegemonie – Verbreitung falscher Narrative

Entsprechend sagte der Sprecher des chinesischen Außenministeriums Wang Wenbin auf einer Pressekonferenz am 23. Februar 2023 sehr pointiert:[167]

Wirklich besorgniserregend ist die zerstörerische Rolle, die die USA für den Frieden und die Stabilität in der Welt gespielt haben.

Die USA sind der Kriegstreiber Nr. 1 in der Welt. In ihrer mehr als 240-jährigen Geschichte waren die USA nur 16

Jahre lang nicht im Krieg. Die USA waren für etwa 80 Prozent aller bewaffneten Konflikte nach dem Zweiten Weltkrieg verantwortlich.

Die USA sind auch die Nummer eins bei der Verletzung der Souveränität und der Einmischung in die inneren Angelegenheiten anderer Länder. Berichten zufolge haben die USA seit dem Ende des Zweiten Weltkriegs versucht, mehr als 50 ausländische Regierungen zu stürzen, sich grob in Wahlen in mindestens 30 Ländern eingemischt und versucht, über 50 ausländische Führer zu ermorden.

Die USA sind auch der Hauptverursacher von Konflikten und Blockkonfrontationen. Die von den USA geführte NATO ist für die Kriege in Afghanistan, Irak und Syrien verantwortlich, die mehr als 900.000 Todesopfer gefordert und 37 Millionen Flüchtlinge hervorgebracht haben. Außerdem hat sie den eurasischen Kontinent zu einem weniger stabilen Ort gemacht. (...)

Solange der Hegemonismus und die Kriegstreiberei der USA fortbestehen, wird der Rest der Welt kaum den Frieden bekommen, den er verdient.

Soweit der Sprecher des chinesischen Außenministeriums. So deutliche Worte will die US-Regierung natürlich nicht hören.

„Die einzige Weltmacht“: Ukraine als zentraler Punkt

Ein besonderes strategisches Interesse hatten die USA an der Ukraine. 1997 erschien im einflussreichen US-Fachjournal „Foreign Affairs“ ein Zeitplan für die NATO-Osterweiterung. Der Autor des Artikels „A Geostrategy for Eurasia“[168] war Zbigniew Brzeziński, der noch im selben Jahr sein Buch „The Grand Chessboard“ veröffentlichte. (Auf Deutsch: „Das große Schachbrett“, der deutsche Buchtitel lautet: „Die einzige Weltmacht – Amerikas Strategie der Vorherrschaft“[169]) Brzezinski war ein sehr einflussreicher Berater vieler amerikanischer Präsidenten und hat die US-Außenpolitik stark geprägt. Als Experte erkannte er die nationalistischen Spannungen hinter der Einheitsfassade des Vielvölkerstaates Sowjetunion. Mit seiner Unterstützung der polnischen Gewerkschaftsbewegung „Solidarnosc" nutzte er diese Spannungen und verstärkte sie, was zum Auseinanderbrechen der Sowjetunion beitrug.[170]

Brzezińskis Buch „Die einzige Weltmacht" liest sich aus heutiger Sicht wie eine Prophezeiung. Er begründete darin die geopolitische Strategie, die die USA als – nach dem Zerfall der Sowjetunion – erste, einzige und letzte Weltmacht seiner Meinung nach einschlagen soll. Die USA müsse Bestrebungen verhindern, die die Machtstellung der USA gefährden könnten. Den Hegemonen-Status der USA sah Brzeziński in der Militärpräsenz der USA in vielen Ländern, dem wirtschaftlichen Potenzial und technologischen Vorsprung der USA sowie in der weltweiten Affinität zur amerikanischen Kultur. Diesen Vorsprung gelte es zu wahren, um die globale Stabilität zu erhalten. Das Ziel sollte sein, mögliche Konkurrenten so lange klein zu halten, bis ein neues weltweites Regelwerk etabliert und institutionalisiert sein werde, in dem die Vormacht der USA schwinden kann. Letztendlich würden die USA die „letzte und einzige wirkliche Supermacht" gewesen sein. Aus dieser sollte sich eine für alle geltende neue Weltordnung ergeben.

Brzeziński entwickelte verschiedene Handlungsempfehlungen für die USA. So solle die deutsch-französische Führungsrolle in der Europäischen Union gefördert werden, um die EU-Erweiterung zu festigen. Ein weiteres zentrales Mittel der Sicherung der US-Macht sei die Osterweiterung der NATO. Sollte diese scheitern, würde die *„amerikanische Führungsrolle diskreditiert, der Plan eines expandierenden Europas zunichte gemacht, die Mitteleuropäer würden demoralisiert und möglicherweise die gegenwärtig schlummernden oder verkümmernden geopolitischen Gelüste Russlands in Mitteleuropa neu entzündet"*.

Brzeziński beschreibt die NATO also nicht als Verteidigungsbündnis, sondern ungeschminkt als Hilfsmittel der Großmachtinteressen der USA.

Dreh- und Angelpunkt sei die Entwicklung in der Ukraine. Sie sei „der kritische Punkt". *„Die Unabhängigkeit der Ukraine beraubte Russland seiner beherrschenden Position am Schwarzen Meer, wo Odessa das* *unersetzliche Tor für den Handel mit dem Mittelmeerraum und der Welt jenseits davon war.“* – *„Ohne die Ukraine ist Russland kein eurasisches Reich mehr.“* – *„Unter geopolitischem Aspekt stellte der Abfall der Ukraine einen zentralen Verlust dar, denn er beschnitt Russlands geostrategische Optionen drastisch.“*

Bei der NATO-Osterweiterung bezog Brzeziński bereits 1997 auch die Ukraine ein. *„Da die EU und die NATO sich nach Osten ausdehnen, wird die Ukraine schließlich vor der Wahl stehen, ob sie Teil einer dieser Organisationen werden möchte“*, schrieb er in seinem Buch. *„Es ist davon auszugehen, dass sie, um ihre Eigenständigkeit zu stärken, beiden beitreten möchte, wenn deren Einzugsbereich einmal an ihr Territorium grenzt und sie die für eine Mitgliedschaft notwendigen inneren Reformen durchgeführt hat.“*

Durch Brzezińskis Buch versteht man das sehr starke Engagement der USA in der Ukraine. Die Supermacht will keine Konkurrenten auf gleicher Augenhöhe, keine gleichberechtigten Partner, sondern Unterwürfige. In der Ukraine sah Brzeziński den Schlüssel, um Russland zu schwächen. Man versteht damit auch, warum es überhaupt zur NATO-Osterweiterung gekommen ist. Diese mag auch ein Wunsch der osteuropäischen Staaten gewesen sein, entscheidend aber war, dass sie von den Geostrategen der USA gewollt war, um den Einfluss auf Eurasien zu sichern. Eurasien reicht bis Wladiwostok. Es geht also nicht nur um die osteuropäischen Länder, sondern um den Einfluss auf das russische Gebiet bis zum Pazifik. Ein starkes Russland würde dem im Wege stehen, ein schwaches Russland nicht.

Die Bezeichnung „The Grand Chessboard“, „Das große Schachbrett“, lässt den Charakter der Geopolitik erkennen. Diese ist so zynisch und menschenverachtend, wie es sich die meisten Menschen gar nicht vorstellen können.

Russland überdehnen und aus dem Gleichgewicht bringen

Die Umsetzung der von Brzezinski beschriebenen Strategie fand in sehr vielen Schritten statt. Das kann in diesem Buch nicht nachgezeichnet werden. Wichtig ist aber ein Blick in die Studie der „Rand Corporation“, die dem Pentagon nahe steht, vom April 2019 „Overextending and Unbalancing Russia“.[171]

Die „Rand Corporation“ ist eine der ältesten Denkfabriken in den USA und wurde 1948 gegründet. Sie wird zu 80 Prozent vom US-Verteidigungs-Ministerium und anderen staatlichen Stellen finanziert[172] und kann also in gewisser Weise als das öffentliche Sprachrohr des Pentagons und der CIA angesehen werden. Die „Rand Corporation“ war im Vietnam-Krieg mit der Erstellung der sogenannten Pentagon-Papiere betraut. Unter den sechs Mitarbeitern war auch der spätere Whistleblower Daniel Ellsberg. Dieser kopierte 47 Ordner mit insgesamt 7.000 Seiten, die unter dem höchsten Geheimhaltungsgrad standen. Die Pentagon-Papers offenbarten die jahrelange gezielte Täuschung der Öffentlichkeit über den Verlauf des Vietnamkrieges durch die US-Regierung. Diese versuchte die Veröffentlichung der Pentagon-Papers durch Zensur, Anzeigen und kriminelle Einbrüche zu verhindern, was letztlich aber nicht gelang. Die Pentagon-Papers waren ein wichtiger Meilenstein, um den Vietnamkrieg zu beenden. – Daniel Ellsberg starb im Juni 2023 mit 82 Jahren.[173]

Zurück zu dem Bericht der „Rand Corporation“ von 2019. Dieser beschrieb auf etwa 300 Seiten, was die USA tun sollte, um Russland zu schwächen und zu destabilisieren. In der Studie wurde zunächst festgestellt, dass Russland keine imperialistischen Absichten habe: *„Russland sucht keine militärische Parität mit den USA und könnte auf einige militärische Aktionen der USA (wie zum Beispiel erhöhte Marinepräsenz) einfach nicht reagieren.“*[174]

Der Bericht sagte damit, dass es die von den USA beschworene „russische Bedrohung“ gar nicht gibt. Wenn „Russland keine militärische Parität sucht“, ist es damit zufrieden, schwächer als die USA zu sein. Also wird es auch keine aggressiven imperialistischen Absichten haben, die es in einen Konflikt mit den USA bringen würde.

Es wurden dann fast 50 Maßnahmen zur Schwächung Russlands vorgeschlagen. Unter anderem folgende:

– Bereitstellung von mehr Waffen und Militärhilfen für die Ukraine,

– Stationierung von mehr US-Soldaten in Europa,

- Verhängung strengerer Handels- und Wirtschaftssanktionen gegen Russland,
- Steigerung der Energieproduktion der USA für den Export nach Europa,
- Ausbau der europäischen Importinfrastruktur für die Versorgung mit US-Flüssigerdgas (LNG),
- Unterstützung der Opposition in Weißrussland, um den Präsidenten Alexander Lukaschenko zu stürzen.

Der Journalist Thomas Röper hat sich mit der Rand-Studie ausführlich befasst und diese in einer 20-teiligen Artikelserie beschrieben und kommentiert.[175] Für uns ist eine Frage besonders interessant: Warum sollte die USA mehr Waffen an die Ukraine liefern, um Russland zu schwächen? Hierzu schreibt die „Rand Corporation" 2019:[176]

> *Die Ausweitung der US-Hilfe für die Ukraine, einschließlich tödlicher militärischer Unterstützung, würde wahrscheinlich die Kosten, die Donbass-Region zu halten, für Russland erhöhen, sowohl in Blut als auch für den Staatshaushalt. Mehr russische Hilfe für die Separatisten und eine zusätzliche russische Truppenpräsenz würde zu höheren Kosten, Ausrüstungsverlusten und russischen Opfern führen. Letzteres könnte in Russland ziemlich kontrovers werden, wie beim Einmarsch der Sowjets in Afghanistan.*

Die Aussage in dem Rand-Bericht, dass im Donbass die russische Armee kämpfte, entspricht nicht den Tatsachen, wie wir später noch sehen werden.

Für die „Rand Corporation" ist eine Verlängerung und Ausweitung des Donbass-Krieges ein Vorteil, da dies für Russland höhere Kosten verursachen würde. Auch mehr Tote sind in den Augen der „Rand Corporation" sehr positiv. Dass auch ukrainische Soldaten und Zivilisten sterben, wird nicht erwähnt. Dies ist wieder ein Beispiel für die unmenschliche Denkweise der US-Geopolitiker, die für normale Menschen unvorstellbar ist.

Bedenken hatte die „Rand Corporation“ aber damit, dass Russland zu einem militärischen Eintritt in den Donbass-Krieg provoziert werden könnte, um diesen zu beenden. Die Waffenlieferungen müssten also so „kalibriert“ werden, dass diese zwar schaden, aber keine starke militärische Gegenreaktion Russlands provozieren würden.

2021 stellte Thomas Röper in einem Artikel fest, dass die umfangreichen von der „Rand Corporation“ 2019 vorgeschlagenen Maßnahmen alle von der US-Regierung umgesetzt wurden. Das Rand-Papier war also tatsächlich eine Leitlinie für die US-Außenpolitik.[177]

Zerteilung Russlands ist geplant

Um die Macht Russlands endgültig zu brechen gibt es Konferenzen und Diskussionen zur „Dekolonisierung Russlands“.[178] Damit ist die Aufteilung Russlands in mehrere Staaten gemeint, ähnlich der Zersplitterung Jugoslawiens. Die Kernidee dabei ist: Wenn Russland in viele konkurrierende Kleinstaaten zerfällt, würde es seine wirtschaftliche, militärische und weltpolitische Bedeutung verlieren.

Die „U.S. Helsinki Commission“ (CSCE) ist eine Kommission der US-Bundesregierung, auch „Kommission für Sicherheit und Zusammenarbeit in Europa“ genannt. Da die CSCE von der US-Regierung finanziert und geführt wird, sollte man das, was dort besprochen wird, ernst nehmen. Die CSCE veranstaltete am 23. Juni 2022 eine Konferenz „Decolonizing Russia: A Moral and Strategic Imperative“, die auf Youtube

veröffentlicht ist.[179] Es ist leicht nachvollziehbar, dass solche Diskussionen zur Aufteilung Russlands in viele Staaten aus dem Umfeld der US-Regierung für Russland bedrohlich wirken.

Um sichtbar zu machen, was mit Dekolonisierung gemeint ist, gibt es verschiedene Karten. Nebenstehend ist eine abgebildet.

Die Zersplitterung Russlands wird auch vom „Forum of the Free Nations of Post-Russia" propagiert. Das Forum schreibt auf seiner Webseite: *„41 unabhängige, freie, entwickelte und erfolgreiche Staaten anstelle eines verrückten Imperiums ist unser Hauptziel."*[180] In den Jahren 2022 und 2023 organisierte dieses Forum bereits sieben Kongresse in verschiedenen Ländern Europas und in den USA. Die Kongresse sind politisch hoch angebunden. Am 31. Januar 2023 fand ein Kongress des Forums zusammen mit dem Europaparlament in Brüssel statt,[181] im April 2023 zusammen mit dem Hudson-Institut, einer führenden konservativen Denkfabrik in den USA.[182]

In Russland sind solche Pläne aus der Geschichte bekannt. Das letzte Mal zeichneten die deutschen Nationalsozialisten Karten zur Aufteilung Russlands in viele Staaten.[183]

Die „Neocons" in den USA

Das Wort „Neocons" sollte man gehört haben, denn diese sind für die US-Außenpolitik entscheidend. Die Hegemoniepolitik der USA wird von den Neokonservativen, den Neocons, getragen. Diese durchdringen die beiden großen Parteien der USA, die Demokraten sowie die Republikaner. Der US-Ökonom Jeffrey David Sachs beschreibt die Neocons:[184]

> *Der Krieg in der Ukraine ist der Höhepunkt eines 30-jährigen Projekts der amerikanischen neokonservativen Bewegung (Neocons). In der Regierung von Joe Biden sitzen dieselben Neokonservativen, die sich für die Kriege der USA in Serbien (1999), Afghanistan (2001), Irak (2003), Syrien (2011) und Libyen (2011) starkgemacht und den Einmarsch Russlands in die Ukraine provoziert haben. (...)*

Die Neocon-Bewegung entstand in den 1970er-Jahren um eine Gruppe Intellektueller, von denen einige von dem Politikwissenschaftler Leo Strauss von der University of Chicago und dem Altphilologen Donald Kagan von der Yale University beeinflusst wurden. Zu den führenden Köpfen der Neocons gehören Robert Kagan (Sohn von Donald Kagan), Victoria Nuland (Ehefrau von Robert Kagan), Frederick Kagan (Sohn von Donald Kagan), Kimberley Allen Kagan (Ehefrau von Frederick Kagan), Elliott Cohen, Elliott Abrams, Norman Podhoretz, Irving Kristol und Paul Wolfowitz.

Die Hauptbotschaft der Neocons lautet, dass die USA in jeder Region der Welt die militärische Vormachtstellung innehaben und aufstrebenden regionalen Mächten entgegentreten müsse, die eine globale oder regionale Vorherrschaft der USA herausfordern könnten, vor allem Russland und China. Zu diesem Zweck sollte das US-Militär in Hunderten von Militärstützpunkten auf der ganzen Welt in Stellung gebracht werden, und die USA sollten darauf vorbereitet sein, bei Bedarf Kriege nach Wahl zu führen. Die Vereinten Nationen sollen von den USA nur dann genutzt werden, wenn dies für ihre Zwecke nützlich ist.

Dieser Ansatz wurde erstmals von Paul Wolfowitz in seinem Entwurf der „Defense Policy Guidance" (DPG) für das Verteidigungsministerium im Jahr 2002 dargelegt.

Handfeste wirtschaftliche Interessen

Die geopolitische Hegemonie wird natürlich von handfesten finanziellen Interessen begleitet.

Das sieht man auch an der Ukraine. In Kiew arbeiten seit Anfang 2022 Berater von BlackRock für die Ministerien, um den Wiederaufbau des Landes vorzubereiten. Es sollen Investitionen ausländischer Konzerne in alle Sektoren der ukrainischen Wirtschaft gelenkt werden. Damit werden diese Konzerne die Eigentümer ukrainischer Firmen und Ressourcen.[185] BlackRock ist der global größte Vermögensverwalter und

Großaktionär bei fast allen globalen Konzernen und bereitet die Ukraine auf eine Übernahme durch ihre Konzerne vor. Dazu gibt es schon viele Beispiele. Der weltweit größte Getreide- und Nahrungsmittelkonzern, Cargill, hatte im Juli 2021 einen Schwarzmeer-Hafen in der Nähe von Odessa gekauft.[186] 10 Prozent des ukrainischen Ackerlandes[187] sind schon von ausländischen Unternehmen gepachtet.[188] Wenn das Landverkaufsverbot an Ausländer fällt, stehen Cargill, Monsanto[189] und weitere in den Startlöchern. Am 20. April 2023 berichtete die Nachrichtenagentur Bloomberg aus New York, dass die ukrainische Regierung plant, Staatsunternehmen in einem „Firesale" zu Notpreisen zu verkaufen, um westliche Investoren anzulocken. Es geht um Düngemittelhersteller bis hin zu Versorgungsunternehmen, Hüttenwerken, einem Insulinhersteller und Ackerland.[190] Es sieht so aus, dass mit der Ukraine ein Staat entstehen soll, der von den globalen Großkonzernen besessen wird.[191]

Geopolitik seit über 100 Jahren: Deutschland und Russland trennen

Wir haben gesehen, dass die Geopolitik sehr langfristig angelegt ist. Das beschreibt auch der US-Geopolitiker George Friedmann, Gründer des Thinktanks „Strafor". Er sprach am 4. Februar 2015 in einem Vortrag vor dem „Chicago Council on Global Affairs" über die geopolitischen Hintergründe der Ukraine-Krise:[192]

> *Das Hauptinteresse der US-Außenpolitik während des letzten Jahrhunderts, im Ersten und Zweiten Weltkrieg und im Kalten Krieg richtete sich auf die Beziehungen zwischen Deutschland und Russland, denn vereint sind sie die einzige Macht, die uns bedrohen kann. Unser Hauptinteresse war sicherzustellen, dass dieser Fall nicht eintritt.*

Diese Aussage ist frappierend. Über Jahrhunderte gab es eine kulturelle, wirtschaftliche und politische Verbindung zwischen Russland und Europa. Diese Verbundenheit wollte die USA zerschneiden, um einen potenziellen geopolitischen Konkurrenten zu verhindern. Dazu dienten der Erste Weltkrieg, der Zweite Weltkrieg und der Kalte Krieg.

Friedmann erläuterte weiter:

> *Die Vereinigten Staaten kontrollieren aus ihrem fundamentalen Interesse heraus alle Ozeane der Welt. Keine andere Macht hat das je getan. Aus diesem Grunde intervenieren wir weltweit bei den Völkern, aber sie können uns nicht angreifen. Das ist eine schöne Sache. Die Aufrechterhaltung der Kontrolle über die Ozeane und im Weltall begründet unsere Macht. Der beste Weg, eine feindliche Flotte zu besiegen, ist zu verhindern, dass diese gebaut wird. Der Weg, den die Briten gegangen sind, um sicherzustellen, dass keine europäische Macht eine gleichstarke Flotte bauen konnte, war, dass die Europäer einander bekämpften. Die Politik, die ich empfehlen würde, ist die, die Ronald Reagan im Iran und im Irak angewendet hat: Er unterstützte beide Kriegsseiten, so dass sie gegeneinander kämpften (Iran-Irak-Krieg 1980-1988) und nicht gegen uns. Er war zynisch, es war moralisch nicht vertretbar, aber es funktionierte.*

Außerdem betonte Friedmann: *„Für die Russen ist die entscheidende Frage, dass die Ukraine ein neutrales Land wird, kein prowestliches."*

Friedmann sprach also klar aus, dass es im Interesse der USA ist, wenn die Ukraine mit Russland einen Krieg führt, was beide Staaten schwächt. Es sei auch im langfristigen Interesse der USA, wenn sich Deutschland und Russland unversöhnlich entzweien. Die Trennung zwischen Deutschland und Russland sei das „Hauptinteresse der US-Außenpolitik während des letzten Jahrhunderts" gewesen.

Dasselbe Interesse verfolgten auch britische Geopolitiker. Dazu als Beispiel ein Blick auf den Zweiten Weltkrieg. Die Historikerin Renate Riemeck schildert in ihrem Buch „Mitteleuropa Bilanz eines Jahrhunderts",[193] wie der britische Präsident Churchill und der US-Präsident Roosevelt die wesentliche Kriegslast der Sowjetunion überliessen. Als deutsche Truppen am 22. Juni 1941 in die Sowjetunion einfielen, waren nirgendwo in Europa westliche Landstreitkräfte im Einsatz. Das änderte sich in den kommenden drei Jahren kaum. Von 1941 bis 1944 hatten die Russen die Hauptlast des Krieges mit Deutschland zu tragen mit unvorstellbaren 27 Millionen Toten und der Verwüstung des Landes. Damit wurden eine tiefe Kluft und Schuld zwischen Deutschland und Russland geschaffen, die nur durch sehr viel Versöhnungsarbeit aufgelöst werden können. Die Sowjetunion war Bündnispartner von England und den USA. Eine zweite entlastende Front in Europa wurde Stalin zwar schon 1942 versprochen, dann aber Jahr für Jahr verschoben. Erst nach dem Wendepunkt der Schlacht von Stalingrad und als die Deutschen von den Russen auf der ganzen Front zum Rückzug gezwungen worden waren und die sowjetischen Armeen bereits die Grenzen Polens, Rumäniens und der Tschechoslowakei überschritten hatten, erfolgte die Landung der westlichen Alliierten in der Normandie am 6. Juni 1944.

Renate Riemeck geht der Frage nach, warum Churchill eine Invasion in Westeuropa entgegen den Plänen der amerikanischen Stabschefs unter General Marshall so lange verzögert hatte. Sie schreibt dazu: *„Winston Churchill wusste, dass die Eröffnung einer Front im Westen kriegsentscheidend war. Das hat er nie geleugnet. Aber er wollte noch vor Beendigung des Krieges sicherstellen, dass die künftige Gestaltung der Verhältnisse auf dem Balkan und in Südosteuropa nur unter angloamerikanischer Beeinflussung vor sich gehen dürfte.“* In diese Richtung hatte er mehrere Initiativen gestartet. Dieser Spielzug Churchills im großen geopolitischen Schachspiel ging nicht auf, die Schädigung Russlands aber hat geklappt.

Auch die NATO diente der Trennung von Deutschland und Russland. Vom ersten NATO-Generalsekretär Hastings Lionel Baron Ismay (1952 bis 1957), einem britischen General und Politiker, stammt die Aussage, die NATO habe drei Aufgaben: die Sowjetunion von Westeuropa weg, die Amerikaner in Westeuropa drinnen und die Deutschen klein zu halten („to keep the Soviet Union out, the Americans in, and the Germans down“).[194]

Der britische Autor Terry M. Boardman legte in seinem Buch „Western Hostility to Russia“ (Westliche Feindschaft gegenüber Russland)[195] anhand einer Fülle von Belegen dar, dass die Wurzeln des Ukraine-Krieges auf die Geopolitik des 19. Jahrhunderts zurückgehen, als Großbritannien und Russland das „Große Spiel“ um die Kontrolle über das „Kernland“ Zentraleurasiens spielten. Da die koloniale Vorherrschaft auf dem Spiel stand, schürte die britische Führungselite den Hass auf den „russischen Bären“. Neben den politischen Beweggründen zeigt der Autor eine wenig bekannte geistige Dimension auf. In der Führung des anglo-amerikanischen Westens gab es Gruppen, die wussten, dass die kulturelle Führungsrolle in der Welt langfristig auf den slawischen Osten übergehen wird. Um die Kontrolle aufrechtzuerhalten, hat der Westen versucht, den Einfluss Russlands präventiv zu unterdrücken. Dazu dienten nach Terry Boardman die beiden Weltkriege, der Kalte Krieg, der kulturzerstörerische Kommunismus, der Zusammenbruch der UdSSR und die NATO-Osterweiterung.

Geopolitik ist nicht nur ein Machtgerangel um der Macht willen, sondern bestimmt auch unser aller Schicksal.

Zusammenfassung:

Die USA haben den hegemonialen Anspruch, einzige Weltmacht zu sein, den sie auch militärisch durchsetzen. Dazu entschied sich das Land 1899 bewusst in einer demokratischen Abstimmung, als sich die Imperialisten gegen die Isolationisten durchsetzten. Mit dem Zweiten Weltkrieg verdrängte die USA England endgültig als dominierende Weltmacht und installierte mit der Konferenz von Bretton Woods den US-Dollar-Imperialismus. Die USA sind seit 1945 verantwortlich für völkerrechtswidrige Kriege, Militärputsche und Geheimdienstoperationen in etwa 40 Ländern, die zu über 20 Millionen Kriegsopfern führten. Die Ukraine ist für die USA ein zentraler Punkt in der Beherrschung Eurasiens. Russland soll geschwächt werden bis zur Zerstückelung Russlands. Der US-Imperialismus wird von den Neocons vorangetrieben, die in Washington die Partei der Demokraten sowie auch der Republikaner dominieren. Eine Partnerschaft zwischen Mitteleuropa und Russland zu zerstören war seit Anfang des 20. Jahrhunderts ein Ziel der USA.

Friedensengel[196]

Ist Russland imperialistisch?

Nachdem wir uns im letzten Kapitel mit der Hegemonie der USA beschäftigt haben, müssen wir auch einen Blick auf Russland werfen. Ich muss mich hier auf wenige Punkte beschränken. Wer sich mit der Geschichte und dem Schatten Russlands tiefer beschäftigen möchte, dem sei das Buch von Valentin Wember „Ein welthistorischer Kampf" empfohlen, das prägnant aus einer zugewandt-kritischen Haltung geschrieben ist.[197]

Drei Generationen totalitärer Kommunismus

Ich möchte mit den Bürden beginnen, die das heutige Russland durch die Sowjetunion zu tragen hat. Von 1917 bis 1991 dauerte die kommunistische Herrschaft. Drei Generationen Totalitarismus verändern eine Gesellschaft. Die Erfahrungen prägen sich ein und gehen in das Alltagsempfinden über.

Als ich 2016 Moskau bereiste, fand ich eine moderne europäische Stadt. Der sozialistische Mief war noch zu finden, musste aber gesucht werden. Auf dem Weg zu den Räumen der Anthroposophischen Gesellschaft wunderte ich mich, dass es nirgends ein Schild an der Straße gab. Ohne Begleitung wäre ich am Durchgang zum Innenhof sicherlich vorbeigerannt und hätte mein Ziel nicht gefunden. Vor dem Hinterhaus stand ich dann ratlos vor den Klingeln. Diese waren unbeschriftet. Wo müssen wir hin? Meine Begleiterin lenkte meinen Blick zu einem Fenster. Dort entdeckte ich endlich ein Schild mit einer Aufschrift, die mich vermuten ließ, am richtigen Ort zu sein. Das Schild war von innen an das Fenster angelehnt. Ich wunderte mich und fragte: „Warum wird das Schild nicht außen montiert, so dass man es sehen kann?" „So kann man es mit einem Handgriff ganz schnell entfernen und niemand weiß, wo wir uns treffen," erklärte mir meine Begleiterin. Das sei eine Nachwirkung der kommunistischen Erfahrungen. Ich versuchte zu verstehen: Die russische Anthroposophische Gesellschaft wurde 1923 aufgelöst. Danach konnten sich die russischen Anthroposophen nur im Untergrund treffen. Nach dem Zerfall der Sowjetunion wurde 1991

die russische Anthroposophische Gesellschaft wieder neu begründet. Seitdem kann sie als Kulturverein offiziell arbeiten. Wo ist das Problem? Nüchtern betrachtet fand ich kein Problem. Das Empfinden ist aber anders: Jederzeit kann eine Kontrolle stattfinden, man ist sich nie sicher, man muss immer darauf vorbereitet sein, sich schnell verstecken zu können. Mir fiel erst dann auf, dass es in Moskau sehr viele mysteriöse Türen aus schwerem Stahl gab, ohne Namen an den Klingeln und gut verriegelt. Man will es dem KGB nicht zu leicht machen. Zwar gibt es den KGB seit 1991 in der alten Form nicht mehr, aber im Empfinden ist er noch anwesend. Ein Schatten auf den Seelen.

Eine andere Erbschaft des Kommunismus ist die Korruption. Dieses Problem wird von der russischen Regierung klar benannt. Es ist nicht leicht, Korruption aus der Welt zu bringen. In fast allen Staaten ist sie ein Problem. Die Korruption in Russland ist ein beliebtes Thema in westlichen Mainstream-Medien. So steht Russland in einem schlechten Licht da. Wie gross das Korruptionsproblem in Russland heute wirklich ist, kann ich nicht einschätzen. Zumindest konnte sich die russische Wirtschaft seit Beginn der Amtszeit von Putin ab 1999 gut entwickeln. Das Bruttoinlandsprodukt laut Zahlen der Weltbank hat sich seither verzehnfacht. Verzehnfacht! Das ist sehr viel. Die Abläufe in den Verwaltungen müssen also im Großen und Ganzen funktionieren, sonst wäre das nicht möglich. Die Korruption ist aber ein Thema. Dazu eine persönliche Erfahrung: Einem Bekannten fiel die herausfordernde Aufgabe zu, sich um ein größeres Bauprojekt in Russland zu kümmern. Doch die Genehmigungen der Behörden kamen und kamen nicht. Jahre vergingen. Nachfassen, weitere Papiere einreichen, warten, nachfassen, nochmal etwas einreichen, warten, nichts geschieht. Irgendwann sprang mein Bekannter über seinen Schatten und die Moral. Er flog mit einem Koffer voller Geldscheine nach Moskau und gab diesen einem Verbindungsmann. Kurze Zeit später kamen die ersten Bescheide.

Die lange Zeit des totalitären Kommunismus hat viele Nachwirkungen. Darum wird sich die russische Gesellschaft noch lange kümmern müssen.

Dieser Kommunismus war keine russische Erfindung, sondern wurde aus dem Westen importiert. Die beiden wichtigsten kommunistischen Vordenker, Karl Marx und Friedrich Engels, waren deutsche Philosophen, die aus dem Londoner Exil wirkten.

Ohne die aktive Unterstützung durch die deutsche Regierung wäre der Erfolg der Bolschewiki, die von Wladimir Iljitsch Lenin geleitet wurden, nicht möglich gewesen. Lenin saß seit 1914 im Exil in Zürich fest und konnte die Geschehnisse im Zarenreich nur aus der Ferne beobachten. Im Ersten Weltkrieg befand sich Deutschland im Krieg mit Russland. Es lag im deutschen Interesse, dass Russland durch eine Revolution destabilisiert wird. Aus diesem Grunde organisierte das deutsche Militär einen geheimen verplombten Sonderzug von Zürich nach Sankt Petersburg. Dieser brachte Lenin und 32 weitere Revolutionäre im April 1917 nach Russland.[198] Die Bolschewiki eroberten dann in der Oktoberrevolution unter Lenins Führung die Macht. Im Dezember 1917 schied Russland aus dem Krieg aus, was sehr vorteilhaft für Deutschland war. Die Bolschewiki brachten im darauffolgenden russischen Bürgerkrieg den Großteil der Gebiete des ehemaligen russischen Zarenreiches unter ihre Kontrolle und gründeten daraus 1922 die Sowjetunion.

Nach meinem Empfinden schuldet Deutschland der russischen Bevölkerung noch etwas, denn es hat ihnen drei Generationen totalitären Kommunismus mit eingebrockt. Dieser benützte und pervertierte die im russischen Volk liegende Herzlichkeit und Religiosität, die heilige Seite Russlands.

„Ein wunderschönes Land mit großer Tragik"

Yves Rossier war 2017 bis 2021 Schweizer Botschafter in Moskau. Auf die Frage „was mögen Sie eigentlich an Russland?" antwortete er im Juli 2022 in einem Interview:

> *Ein Land besteht vor allem aus den Leuten, die dort wohnen. Es ist ein wunderbares Volk, emotionale Menschen mit großem Herzen. Und sie haben grausam gelitten: 50 Millionen Tote in drei Jahrzehnten, stellen Sie sich das einmal vor. [Das waren die Toten durch Stalins Terror und den Zweiten Weltkrieg.] Es gibt kein Land mit einer traurigeren Geschichte als Russland. Schriftsteller Solschenizyn sagte einmal: Der Wert der russischen Literatur sei es, dass sie den Leuten ermögliche, aufrecht zu stehen. Und das stimmt. Es ist ein wunderschönes Land*

mit großer Tragik. Und jetzt dieser Krieg mit dem Brudervolk, der Ukraine, die bis 1991 zu Russland gehörte. Ich hatte eine Freundin am Telefon, sie weinte und sagte: „Siehst Du, jetzt sind wir wieder die Barbaren für dreißig Jahre. Das bricht mir das Herz.“[199]

Der Schweizer Journalist Christian Müller kommentierte dazu:

> *Wer öfter selber in Russland und auch auf der Krim war, der kann es nur bestätigen. Die Russinnen und Russen sind echt liebevolle und auch gegenüber Fremden ausgesprochen freundliche Menschen. Aber sie lieben eben auch ihr Vaterland. Die meisten Russen haben nur noch eine Oma, aber keinen Opa, weil dieser im Abwehrkampf gegen die deutschen Nazi-Truppen ums Leben gekommen ist. Deutschlands Vernichtungskrieg gegen Russland ist in Russland nicht einfach vergessen.*[200]

Russland ist nicht mehr die Sowjetunion

In der öffentlichen Diskussion habe ich immer wieder den Eindruck, dass von Russland so gesprochen wird, als ob es noch die alte kommunistische Sowjetunion sei. Alte Vorstellungen werden einfach weiterverwendet, anstatt neu zu schauen. Das heutige Russland ist aber seit 1991 nicht mehr die kommunistische Sowjetunion, sondern hat diese überwunden.

Die Menschen der Sowjetunion haben die große Tat vollbracht, sich selbst aus dem totalitären Kommunismus zu befreien, und zwar friedlich. 1991 löste sich die Sowjetunion auf. Auch das Militärbündnis des Warschauer Paktes – der Gegenpart zur NATO – löste sich 1991 auf. Die Sowjetrepubliken wurden frei gelassen und konnten eigene Wege gehen. Auch die DDR wurde frei gelassen und die deutsche Vereinigung wurde möglich. Moskau zog dazu etwa 400.000 Soldaten aus Ostdeutschland ab. Das sind weltpolitisch sehr bedeutende deeskalierende Leistungen, die in der westlichen Öffentlichkeit wenig geachtet werden.

Russland nach 1991

Nach der Auflösung der Sowjetunion erfand sich Russland politisch neu mit einer repräsentativen Demokratie, Parteien und zwei Parlamentskammern. Der Präsident bekam dabei sehr viele Kompetenzen. Eine zentrale und starke Führung wird von der russischen Bevölkerung erwartet. Die Rolle, die Putin im Staat hat, entspricht der gesellschaftlichen Realität in Russland. Der Autor Kai Ehlers schreibt seit Jahrzehnten über Russland und arbeitete oft dort. Er beschreibt, dass es schon im Zarenreich einen Zentralismus in Moskau und gleichzeitig eine Selbstverwaltung in den Regionen gab. Entsprechend wurde dann die Sowjetunion organisiert mit Parteizentrum und Kolchosen, das waren landwirtschaftliche Produktionsgenossenschaften. Die Polarität von Zentrum und Peripherie des Zarenreiches wurde ins Bolschewistische übertragen. Kai Ehlers dazu:[201]

> *Zentralismus in Moskau und herrschaftsferne Elemente im Land, das sind diese traditionellen Gegensätze. Verbunden sind sie nicht durch verfassungsmäßige Organe, sondern in einer personalen Struktur, ich betone das: in einer personalen Struktur! Man hört, wenn man in Russland unterwegs ist: Guter Natschalnik, also guter Chef, gute Verhältnisse; schlechter Natschalnik, schlechte Verhältnisse. Guter Präsident, gute Gesellschaft; schlechter Präsident, schlechte Zeiten. Guter Zar, gute Zeit; schlechter Zar, schlechte Zeit. Das ist etwas, was den Menschen in Russland tief im Blut liegt, dieses personale Verständnis ihrer Gesellschaft.*

Putin konnte dieses Bedürfnis erfüllen. Er wurde Präsident in einer Zeit des gesellschaftlichen Verfalls. Boris Jelzin war von 1991 bis 1999 russischer Präsident, hatte Alkoholprobleme und war immer wieder wochenlang aus der Öffentlichkeit verschwunden. Er führte Russland in ein gesellschaftliches und wirtschaftliches Chaos. Das kann man an einem Indikator ablesen. 1991, zum Beginn der Amtszeit Jelzins, machte das russische Bruttoinlandsprodukt 518 Milliarden US-Dollar aus, am Ende seiner Amtszeit 1999 waren es nur noch 196 Milliarden. So die Zahlen der Weltbank. Das ist ein volkswirtschaftlicher Einbruch von fast zwei Dritteln! Entsprechend sanken dann auch um zwei Drittel die durchschnittlichen Einkommen der Menschen. Die Russen sind gut im Überleben. Trotzdem war es eine sehr harte Zeit und die Sterblichkeit nahm stark zu. Der überforderte Jelzin trat Ende 1999 zurück und übergab die Amtsgeschäfte an den damaligen Ministerpräsidenten Putin, der dann im März 2000 als Präsident gewählt wurde.

Kai Ehlers schildert, dass Putin bei seiner Wahl kein großes Programm hatte, aber seine Absichten sehr deutlich machte. Nach Kai Ehlers sagte Putin sinngemäß:

> *Ich will erstens eine Diktatur des Gesetzes einführen. Das hieß für Putin: Ich will das Chaos beenden, das die Zeit Jelzins im Lande hinterlassen hat, in dem sämtliche Solidarstrukturen, überhaupt sämtliche verlässlichen gesellschaftlichen Strukturen, Parteistrukturen sowieso, zerfallen sind und die Mafia herrscht. Ich will, hieß das im Klartext, dass wieder Steuern, dass wieder Löhne gezahlt werden, dass wieder soziale Verhältnisse eintreten, Versicherungen aufgebaut werden, kurz, dass wieder Regeln, und zwar unsere eigenen, nicht fremde im Lande herrschen. Das war seine erste Ansage. Seine zweite Ansage war: Ich will, dass dieses Russland wieder in die Funktion eintritt, die seiner historischen Rolle entspricht, nämlich Integrationsknoten in Eurasien zu sein. Das waren die beiden Ansagen, mit denen Putin antrat, kurze Mitteilungen nur, kein ausgearbeitetes Programm, nur der erklärte Wille ein starkes Russland wiederaufzubauen.*

Kai Ehlers sieht Putin als *„einen autoritären Modernisierer, der im Spagat zwischen Neoliberalismus und monarchistischer Tradition steht und aus dieser Haltung heraus das Land sanieren will.“* Seine ersten Aktionen waren dann, die Verwaltungsstrukturen im Land zu straffen und durch den Tschetschenienkrieg die Gesetzlosigkeit und Verunsicherung durch die islamistischen Terroranschläge im ganzen Land zu beenden. Putin beglich die Altschulden der Sowjetunion bei der Weltbank und kündigte IWF-Kredite. Damit machte er Russland finanziell vom Ausland unabhängig. Zur Sicherung der putinschen

Herrschaft war die Einbindung der Oligarchen sehr wichtig. Es gelang ihm, dass diese wieder Steuern zahlten, sich für soziale Strukturen verantwortlich fühlten und sich weitgehend aus der Politik heraushielten. Außenpolitisch ging Putin auf den Westen mit offenen Armen zu und schlug vor, dass Russland in die NATO und in die EU eintritt. Doch er stieß auf Ablehnung. Nach diesen Erfahrungen begann Putin immer schärfer den Militarismus und die Hegemonie der USA zu kritisieren, zum Beispiel bei seinem Auftritt auf der Münchner Sicherheitskonferenz von 2007.

Die außenpolitischen Bürden der Sowjetunion

Außenpolitisch hat Russland immer noch die Folgen der sowjetischen Zeit zu tragen.

In der Sowjetunion herrschte ein kommunistischer Totalitarismus, der von Moskau ausging. In der Reaktion richtete sich viel Verzweiflung und Wut gegen Moskau. Inzwischen ist die Sowjetunion weg, aber die Verzweiflung und Wut gegen Moskau sind geblieben und wandten sich nun gegen Russland, das von Moskau aus regiert wird.

So wird verständlich, woher der Russlandhass zum Beispiel in den baltischen Staaten, Polen oder Tschechien kommt. Die Sowjetunion hatte diese Länder schlecht behandelt. Die militärische Niederschlagung des Prager Frühlings am 21. August 1968 durch einmarschierende Truppen des Warschauer Paktes war für viele Tschechen ein traumatisches Erlebnis. Dafür war die kommunistische Sowjetunion verantwortlich; diese gibt es aber nicht mehr. Seit 1991 ist die Politik Russlands gegenüber diesen Staaten freundlich. Russland hat diese Länder sogar in die NATO gehen lassen, obwohl dies den erklärten russischen Sicherheitsinteressen widersprach. Russland hat diese Länder mit billiger Energie versorgt. Ich konnte keine feindlichen politischen Handlungen Russlands gegenüber diesen Staaten seit 1991 finden. Hinter dem aktuellen Russlandhass stehen also keine konkreten gegenwärtigen Tatsachen, sondern alte kollektive emotionale Verletzungen und ungelöste Traumata aus der Sowjet- und Zarenzeit. Solange diese nicht überwunden werden, bleibt die nachbarschaftliche Stimmung verdorben.

In der Sowjetunion wurden nationalistische Bestrebungen unterdrückt. Es galt das marxistische Motto „Proletarier aller Länder, vereinigt euch!“, auch „proletarischer Internationalismus“ genannt. Nach der Auflösung der Sowjetunion gab es einen Pendelschlag in die andere Richtung. Der bisher unterdrückte Nationalismus machte sich breit. In einigen ehemaligen Sowjet-Republiken und Regionen entstanden deshalb große Probleme. Millionen Russen fanden sich plötzlich außerhalb Russlands in Staaten mit zunehmend antirussischer Stimmung. Bislang war alles ein einziges Land gewesen, nämlich die Sowjetunion, nun zählte plötzlich der sowjetische Pass nichts mehr. Stattdessen wurden ethnischen Russen in Lettland die Bürgerrechte entzogen und sie zu „Nichtbürgern“ erklärt. Auch in der Ukraine brach ein russenfeindlicher Nationalismus auf.

Das ist aus russischer Sicht eine große Wunde. Diesen bedrängten Landsleuten will die russische Bevölkerung beistehen. Deshalb nehmen sie an dem Schicksal der Russen in der Ostukraine großen Anteil. Das ist ein wichtiger emotionaler Grund dafür, warum sich Russland in der Ukraine militärisch engagierte. Der Antrieb, Brüdern in der Not zu helfen, bestimmte schon öfters die russische Politik.

Befreiung Bulgariens und Serbiens

Der bulgarische Aprilaufstand von 1876 wollte die 500-jährige Herrschaft der Osmanen beenden. Doch die Türken schlugen diesen Aufstand brutal nieder mit etwa 15.000 Toten. Es wurden auch mehrere tausend Zivilisten ermordet, darunter Frauen und Kinder. Die Berichte und Bilder über die Gräuel führten zu einem Aufschrei in Europa. In Russland erhoben unter anderem Tolstoi, Dostojewski und Turgenew ihre Stimmen. Es gab diplomatische Initiativen, aber das Osmanische Reich ließ sich nicht darauf ein, Bulgarien eine Autonomie zu geben. Während die anderen europäischen Nationen redeten, handelten die Russen. Der russische Zar Alexander II. erklärte im April 1877 dem Osmanischen Reich den Krieg mit dem Ziel, „die Bulgaren und andere Balkanvölker zu befreien“.[202] Bei der Aufstellung des russischen Heeres meldeten sich Zehntausende freiwillig, um „für die Befreiung der Slawen“ zu kämpfen. Der verlustreiche russisch-türkische Krieg von 1877 bis 1878 beendete die 500-jährige türkische Herrschaft über Bulgarien. Für die Bulgaren ist diese Befreiung der Wendepunkt in der Geschichte ihres Landes. Darauf gründet sich die traditionelle Freundschaft zwischen Bulgaren und Russen, zumal beide Völker Slawen sind. Seit dieser Zeit spricht man in Bulgarien traditionell von den „Befreier-Brüdern". Auch Serbien verdankt seine Unabhängigkeit vom Osmanischen Reich diesem opfervollen russischen Einsatz. Der russische Zar vergrößerte durch diesen Krieg nicht sein Reich, schuf sich aber Freunde.[203]

Diese Befreiung von den Osmanen ist der historische Hintergrund, warum in Serbien und Bulgarien die NATO-Kriegspropaganda in der Bevölkerung kaum greift. Die Menschen in Serbien und Bulgarien können einfach nicht so schlecht über die Russen denken, wie es die NATO-Kommunikation vorgibt.

Ist Russland imperialistisch?

Das Hauptargument für eine Beteiligung der NATO-Staaten am Ukraine-Krieg ist, dass Russland imperialistisch sei und deshalb bekämpft werden müsse.

Imperialismus definiert die Bundeszentrale für politische Bildung so:

> *Es bezeichnet das Streben von Staaten, ihre Macht weit über die eigenen Landesgrenzen hinaus auszudehnen. Das kann dadurch erfolgen, dass schwächere Länder gezielt politisch, wirtschaftlich, kulturell oder mit anderen Methoden vom stärkeren Land abhängig gemacht werden. Manchmal führt auch ein stärkeres Land direkt einen Krieg gegen ein schwächeres Land, um die Kontrolle über dieses Land zu erreichen.*[204]

Es gibt mehrere Kriterien, an denen man einen Imperialismus eines Landes einschätzen kann: Erweiterung des Herrschaftsgebietes, ausländische Militäreinsätze, ausländische Militärbasen und außenpolitische Doktrin. Schauen wir uns auf dieser Basis die russische Politik an.

Erweiterung der Herrschaftsgebiete

Das Zarenreich von 1547 bis 1917 war imperialistisch, wie alle europäischen Staaten dieser Zeit. Die Zaren beherrschten aber keine Kolonien in anderen Kontinenten wie die europäischen Staaten, sondern erweiterten im Laufe der Jahrhunderte die Grenzen in Asien und integrierten die neuen Gebiete in das eigene Reich. So wurde das Zarenreich das größte Land der Welt. Dazu gehörte auch Alaska, bis es 1867 für 7,2 Millionen US-Dollar an die USA verkauft wurde.

Die kommunistische Sowjetunion wollte die Ausdehnung des zerfallenen Zarenreiches erhalten. Deshalb gab es den russischen Bürgerkrieg von 1918 bis 1922.

Im Verlauf des Zweiten Weltkrieges besetzte die Rote Armee viele Territorien in Osteuropa. Diese Territorien verleibte sich die Sowjetunion in ihren Machtbereich ein. Gebiete Ostpolens sowie das gesamte Baltikum wurden dauerhaftes Staatsgebiet der Sowjetunion. Albanien (1948–1961), Bulgarien, Polen, Rumänien, Tschechoslowakei, Ungarn und die 1949 gegründete DDR wurden kommunistisch regierte „Satellitenstaaten" unter dem Machteinfluss der Sowjetunion. Wir sehen: Die Sowjetunion erweiterte ihren Machtbereich über die eigenen Landesgrenzen hinaus und war damit imperialistisch.

Dagegen war Russland nach 1991 völlig anti-imperialistisch. Anstatt den Machtbereich zu erweitern, wurde er radikal verkleinert. Mit der Auflösung der Sowjetunion wurden die osteuropäischen Satellitenstaaten frei gelassen, die nun politisch ihre eigenen Wege gehen konnten. Aber auch den fünfzehn Republiken der Sowjetunion wurde freigestellt, sich von dieser zu trennen und eigene Wege zu gehen. Vierzehn taten das. Russland wurde Rechtsnachfolger der Sowjetunion und erklärte sich für die Erfüllung bestehender internationaler Verträge der Sowjetunion verantwortlich.

Damit hat sich das heutige Russland gegenüber dem monarchischen Zarenreich und der kommunistischen Sowjetunion sehr stark verkleinert. Das zeigt die folgende Graphik.

Die Grenzen des heutigen Russlands und des russischen Kaiserreiches von 1914[205]

Wenn man Russland unter dem Kriterium der Erweiterung des Herrschaftsgebietes ansieht, zeigt es sich, dass Russland als Rechtsnachfolger der Sowjetunion anti-imperialistisch war. Sieben osteuropäische Satellitenstaaten und vierzehn Sowjetrepubliken wurden von Russland in die politische Unabhängigkeit frei gelassen.

Nach der Auflösung der Sowjetunion kam es aber in einigen ehemaligen Sowjetrepubliken zum Aufleben eines Nationalismus, der Gewalt, Massaker und Bürgerkriege verursachte. Dies führte zu mehreren russischen Militäreinsätzen. Ausländische Militäreinsätze sind das nächste Kriterium zur Einschätzung des Imperialismus.

Ausländische Militäreinsätze

Wikipedia veröffentlicht eine „Liste von Militäroperationen Russlands". Da Wikipedia bekanntermaßen von westlichen Geheimdiensten mitgepflegt wird, kann man davon ausgehen, dass hier nichts vergessen wurde. Da es jetzt um Russland und nicht um die Sowjetunion oder das Zarenreich geht, sind nur die ausländischen Militäreinsätze ab 1991 relevant.[206]

Abchasien, Südossetien und Georgien:

Abchasien liegt am Schwarzen Meer und wird von etwa 250.000 Einwohnern bewohnt, hauptsächlich von Abchasen, einem Volk mit eigener Sprache. Südossetien ist eine gebirgige Region im Kaukasus mit etwa 50.000 Einwohnern. Die Osseten haben auch eine eigene Sprache. Diese beiden Regionen liegen im Norden von Georgien und gehörten bis 1991 zur Sowjetrepublik Georgien. Nach der Unabhängigkeit Georgiens 1991 sahen sich diese ethnischen Minderheiten durch den erstarkten georgischen Nationalismus bedroht. Es kam zu einem Bürgerkrieg mit schlimmen gegenseitigen Massakern. In der Folge erklärten sich beide Regionen zu unabhängigen Republiken. Georgien hat seither keinen Einfluss mehr auf diese Regionen, hat aber deren Unabhängigkeit nicht anerkannt und stellt Besitzansprüche. Russland griff auf Bitten dieser Regionen militärisch dort ein. So wurde eine weitere Eskalation der Bürgerkriege vermieden: 1991–1992 im Georgisch-Südossetischen Krieg[207] und 1992–1993 im Georgisch-Abchasische Krieg[208]. Danach blieben in diesen Republiken russische Soldaten zur Friedenssicherung stationiert. Diese waren mit einem Mandat der „Gemeinschaft Unabhängiger Staaten (GUS)“ ausgestattet. (Die GUS ist eine zwischenstaatliche Organisation der meisten Nachfolgestaaten der Sowjetunion.)

Der NATO-Gipfel in Bukarest vom 2.-4. April 2008 stellte Georgien eine NATO-Mitgliedschaft in Aussicht. Daraufhin wurde die georgische Regierung übermütig und griff im Juli 2008 die beiden abtrünnigen Republiken militärisch an. Ich schreibe bewusst „übermütig“, denn es war klar, dass die russische Armee den Frieden in den beiden Republiken verteidigen würde. Aber die georgische Regierung hatte sich eine militärische Unterstützung der USA erhofft. Diese sollte den Einmarsch weiterer russischer Truppen verhindern. Der georgische Angriff steigerte sich Anfang August zum 5-Tage Kaukasus-Krieg.[209]

Am 8. August 2008 hatte Georgien eine große Offensive begonnen. Die georgische Armee griff dabei auch die russischen Friedenstruppen an. Aus der russischen Grenzregion rückten weitere russische Truppen ein und kamen den Soldaten in Abchasien und Südossetien zu Hilfe. Die Russen drängten die georgische Armee zurück und drangen bis ins georgische Kernland vor. Insgesamt wurden etwa 850 Menschen getötet sowie bis zu 3000 verwundet. Nach Angaben des amerikanischen Diplomaten Ron Asmus erwog die US-Regierung ein militärisches Eingreifen, entschied sich aber dagegen.[210] Damit war die Bitte Georgiens um US-Hilfe abgelehnt. Georgien war gezwungen, am 12. August 2008 ein Waffenstillstandsabkommen zu unterzeichnen. Daraufhin zog sich die russische Armee wieder zurück. Die Kriegs-Eskalation erhöhte die Spannungen in der Region und erzeugte Flüchtlingsströme. Aber seither ließ Georgien die selbstständigen Republiken militärisch in Ruhe.

Der Konflikt in Abchasien und Südossetien wurde durch den Nationalismus in Georgien verursacht. Die Abchasen und die Osseten wollten nicht von den Georgiern unterdrückt werden, machten sich unabhängig und suchten die Unterstützung Russlands, wo es ein Verständnis für die Rechte ethnischer Minderheiten gibt. An dieser Stelle sind viele Georgier blind – so meine Erfahrung – sie fühlen sich nur als Opfer der Russen, anstatt ihre eigenen Fehler zu sehen.

Die russische Armee wirkte ab 1991 als neutrale Friedenstruppe, aber in der georgischen Offensive 2008 stellte sich Russland direkt auf die Seite von Abchasien und Südossetien. Ohne diesen Einsatz wäre es vermutlich zu einem anhaltenden Bürgerkrieg, viel mehr Toten und Vertreibungen in diesen Regionen gekommen. Russland will keine Kriege und Flüchtlingsdramen an seinen Grenzen und versuchte deshalb, für Ruhe in diesen beiden Mini-Republiken zu sorgen. Ein imperialistisches Handeln Russlands ist hier nicht zu erkennen.

Transnistrien:

Transnistrien ist eine weitere abgespaltene Republik. Sie liegt im Osten der Republik Moldau an der Grenze zur Ukraine und wird von etwa 375.000 Menschen bewohnt. Transnistrien wurde 1992 unabhängig. Die Einwohner Transnistriens fühlten sich von dem Nationalismus der Republik Moldau, die rumänisch orientiert ist, bedroht. Es kam zu einem kurzen Krieg zwischen Moldau und Transnistrien. Dieser wurde im August 1992 von den in Transnistrien stationierten russischen Truppen beendet. Die Republik Transnistrien wird seither von Russland unterstützt und es blieben zur Friedenssicherung etwa 1.500 russische Soldaten stationiert.[211]

Tadschikistan:

Einen weiteren russischen Militäreinsatz gab es im Tadschikischen Bürgerkrieg von 1992–1997. Tadschikistan liegt im Norden von Afghanistan und hat etwa neun Millionen Einwohner. Russland unterstützte den regierenden tadschikischen Präsidenten militärisch und stellte im weiteren Verlauf des Bürgerkrieges den Großteil der Friedenstruppe der Gemeinschaft Unabhängiger Staaten (GUS). Der Bürgerkrieg endete am 27. Juni 1997 mit einem Friedensvertrag in Moskau.[212]

Es gibt noch drei weitere militärische Einsätze, die auf ein Hilfsersuchen der jeweiligen Regierung des Landes erfolgten:

- Seit 2015 ist die russische Armee in **Syrien** aktiv.
- 2020 gingen russische Soldaten als Friedenstruppe nach **Bergkarabach** in Aserbeidschan. 2023 konnte Präsident Putin einen Frieden zwischen Armenien und Aserbeidschan vermitteln, wodurch dieser Konflikt erst einmal beendet wurde.[213]
- 2022 waren russischer Truppen an der Niederschlagung der Unruhen in **Kasachstan** beteiligt.

Das waren alle militärischen Einsätze der russischen Armee im Ausland von 1999 bis 2023, außer dem Ukraine-Krieg. Es handelte sich – bis auf Syrien – immer um Regionen ehemaliger Sowjetrepubliken, in denen durch Nationalismus unlösbare Konflikte entstanden waren. Für diese Regionen und die darin wohnenden russisch sprechenden Menschen fühlte sich Russland wegen der Geschichte, Grenznähe und der menschlichen Verbindungen verantwortlich. Die russische Regierung will keine Bürgerkriege und Unsicherheitsherde an seinen Grenzen und griff militärisch in bestehende Konflikte ein. Es haben aber keine Angriffe oder Besitznahmen durch Russland stattgefunden. Die genannten Regionen haben Einwohnerzahlen wie deutsche Landkreise und sind weltpolitisch so unbedeutend, dass viele Leserinnen und Leser dieses Buches vielleicht zum ersten Mal davon gehört haben. Mit Imperialismus hat das nichts zu tun.

Apropos, der Ukraine-Krieg hat ein gleiches Muster, wie wir noch sehen werden: Aufgrund eines erstarkenden Nationalismus kam es zu Sezessionen mehrerer Regionen und zu einem Bürgerkrieg. Da dieser diplomatisch nicht zu lösen war, griff die russische Armee ein.

Was ist mit den Tschetschenienkriegen?

Um einen Imperialismus Russlands zu belegen, wird oft auf die Tschetschenienkriege (1994–1996) und (1999–2009) verwiesen. Warum habe ich diese nicht genannt? Ganz einfach, weil diese keine Militäreinsätze im Ausland waren. Tschetschenien ist kein eigener Staat, sondern ein Teil der Russischen Föderation mit dem Status einer „autonomen Republik". Die Tschetschenienkriege dienten nicht der Inbesitznahme eines fremden Territoriums, denn Tschetschenien gehörte schon zu Russland. Also haben diese Kriege nichts mit Imperialismus und einer Erweiterung des Herrschaftsgebietes zu tun.

In Tschetschenien leben etwa 1,5 Millionen Einwohner, überwiegend islamischen Glaubens. Islamische Radikale strebten eine Loslösung von Russland an. Sie erklärten Tschetschenien 1991 als unabhängig, nachdem ein Referendum stattgefunden hatte. Das wurde von der russischen Regierung nicht anerkannt. Hier spielte ein Rolle, dass Tschetschenien keine Sozialistische Sowjetrepublik (SSR) war, sondern eine Autonome Sozialistische Sowjetrepublik (ASSR) innerhalb der Russischen Sowjetrepublik. Nach der Sowjetischen Verfassung hatte aber eine ASSR – im Gegensatz zur SSR – kein Recht auf Austritt aus der Sowjetunion.[214] Das galt nach der Auflösung der Sowjetunion genauso in der Russischen Föderation. Die russische Regierung unter Boris Jelzin hätte trotzdem die Unabhängigkeit von Tschetschenien anerkennen können. Sie entschied sich aber dagegen und begann den ersten Tschetschenienkrieg.

Es ging in dem Konflikt nicht um eine Unterdrückung der Sprache oder der Religion in Tschetschenien, denn diesbezüglich ist Russland sehr liberal. In Russland sind etwa 15 Prozent der Gesamtbevölkerung islamischen Glaubens.[215] Die Religionsfreiheit ist in Russland geschützt, genauso die Minderheitensprachen. Es gibt in Russland über 100 verwendete Sprachen, 35 sind Amtssprachen, zusätzlich zu Russisch.[216] Boris Jelzin hatte 1990 für weitreichendere Autonomierechte für Tschetschenien geworben und so erhofft, die dortigen Nationalisten zu beschwichtigen. Doch das war erfolglos.

Es ging den islamischen Radikalen um die Errichtung eines islamischen Staates, der sich mit dem Rechtsraum Russlands nicht vertrug. Die tschetschenische Regierung verfolgte innenpolitisch eine anti-russische Politik, versuchte die russische Sprache zu verdrängen, schaffte das kyrillische Alphabet ab und belebte das tschetschenische Clansystem neu. Durch Diskriminierung und teils offene Gewalt wurden die meisten nicht-tschetschenischen Bewohner in die Flucht getrieben. Die Wirtschaft der Region kollabierte und die Kriminalität blühte auf. Die tschetschenischen Truppen erhielten massive Unterstützung aus dem Ausland, besonders aus der islamischen Welt und Saudi-Arabien. Der saudische Wahhabismus und dschihadistische Ideen zogen ein. Zwischen 1996 und 1999 wurde die Scharia in Tschetschenien eingeführt. (Die Scharia ist ein islamisches Gesetzessystem, das auf Interpretationen des Koran beruht.) Im Zuge der islamistischen Gewaltherrschaft, die von willkürlichen Übergriffen auf die Zivilbevölkerung gekennzeichnet war, wurden andere Kultureinflüsse verboten und bereits für kleine Delikte wurde die Todesstrafe verhängt.[217]

Das russische 9/11

Russland erlebte im September 1999 sein 9/11. Das war zwei Jahre vor 9/11 in den USA. Die Ähnlichkeit ist überraschend. Zwei Hochhäuser in Moskau stürzten durch Sprengladungen ein, hunderte Menschen starben. Das ganze Land stand unter Schock. Wladimir Putin, damals russischer Ministerpräsident, reagierte schnell und entschieden. Sofort wurden die islamischen Radikalen aus Tschetschenien verdächtigt und der zweite Tschetschenienkrieg begann. Dieser Krieg wurde von Putin mit harter Hand erfolgreich geführt. Die militärischen Kämpfe waren in wenigen Monaten vorbei. Es folgte aber eine lange und bittere Phase des Guerilla-Krieges mit Anschlägen in ganz Russland. Erst 2009 endete der Krieg.

Man kann diskutieren, ob die Tschetschenienkriege durch bessere Diplomatie hätten verhindert werden können, ob sie zu brutal geführt wurden, oder ob Putin den Krieg benutzte, um vom Nobody zum bekannten Gesicht zu werden und sich für die Präsidentschaftswahl zu profilieren. Man kann fragen, ob die Sprengung der Hochhäuser vom russischen Geheimdienst zu diesem Zweck inszeniert und den Tschetschenen in die Schuhe geschoben wurde. Aber der Vorwurf, die Tschetschenienkriege würden einen Imperialismus Russlands beweisen, ist unsinnig. Tschetschenien war und ist Teil Russlands. Deshalb haben diese Kriege nichts mit einer imperialistischen Erweiterung des Herrschaftsgebietes zu tun.

Militärbasen im Ausland

Ein weiteres Kriterium für Imperialismus sind die Militärbasen im Ausland. Weltweit gibt es ca. 1.000 ausländische Militärbasen, davon sind ca. 800 in 80 Ländern unter der Kontrolle der USA. Russland verfügt über neun ausländische Militärbasen, davon sechs in den Ländern der ehemaligen Sowjetunion, zwei in Syrien sowie eine in Vietnam. China verfügt bisher über eine Basis in Dschibuti in Ostafrika. Das bedeutet: Die USA hat ihre militärische Macht weltweit ausgedehnt und ihre beiden „Hauptkonkurrenten" China und Russland mit Militärbasen regelrecht eingekreist. Damit sind die USA imperialistisch. Dagegen streben Russland und China keine weltweite militärische Präsenz an und haben deshalb kaum ausländischen Militärbasen.[218]

Außenpolitische Doktrin

Russland hat eine „Außenpolitische Doktrin"[219], in der die Prinzipien und Ziele der Außenpolitik des Landes beschrieben werden. Russland will die „Bildung einer gerechten und nachhaltigen Weltordnung" auf Basis der UNO, deren „Rolle wiederhergestellt" werden solle. Russland fordert eine „multipolare" internationale Ordnung mit zahlreichen gleichberechtigten Akteuren. Eine „unipolare" Weltordnung, bei der ein Staat alle anderen dominiert, lehnt Russland ab und positioniert sich damit klar gegen die Hegemonie der USA. Russland formuliert damit eine anti-imperialistische Außenpolitik.

Der russische Außenminister Sergei Lawrow fasste in einem Interview mit „International Affairs" im August 2023 die außenpolitische Doktrin zusammen. Damit es besser verständlich wird, zitiere ich etwas daraus:[220]

> *Das Konzept der westlichen Dominanz, das von den USA und den ihnen gehorchenden Ländern propagiert wird, sieht keine harmonische Entwicklung der gesamten Menschheit vor. Im Gegenteil, wir haben es mit dem ständigen Streben der westlichen Minderheit nach militär-politischer und finanziell-wirtschaftlicher Expansion*

zu tun. Die Parolen wechseln: mal sprechen sie von Globalisierung, mal von Verwestlichung, Amerikanisierung, Universalisierung, Liberalisierung und so weiter. Aber der Kern bleibt derselbe: alle unabhängigen Akteure sollen ihrem Willen unterworfen und gezwungen werden, nach den für den Westen vorteilhaften Regeln zu spielen. (...)

Die Amerikaner und ihre Satelliten versuchen, den natürlichen Entwicklungsprozess der internationalen Beziehungen im Rahmen der Bildung eines multipolaren Systems zu verlangsamen oder sogar umzukehren. Sie halten es für möglich, die ganze Welt nach ihren Bedürfnissen zu „verbiegen", indem sie ungeeignete, illegale Methoden anwenden, einschließlich der Anwendung von Gewalt, einseitigen – also nicht vom UN-Sicherheitsrat genehmigten – Sanktionen, medien-psychologischen Operationen und so weiter. (...)

Das politische und wirtschaftliche Establishment in Europa und den USA befürchtet zu Recht, dass der Übergang zu einem multipolaren System mit schwerwiegenden geopolitischen und wirtschaftlichen Verlusten und dem endgültigen Zusammenbruch der Globalisierung in ihrer derzeitigen, westlich geprägten Form verbunden ist. Vor allem fürchten sie, die Möglichkeit zu verlieren, den Rest der Welt zu parasitieren und so ihr eigenes Wirtschaftswachstum auf Kosten der anderen zu sichern. (...)

In Anbetracht all dessen sieht das moderne Russland seine Aufgabe darin, ein globales Gleichgewicht der Interessen aufrechtzuerhalten und eine gerechtere Architektur der internationalen Beziehungen aufzubauen. (...) Eine der wichtigsten Aufgaben dabei besteht darin, die Fähigkeit der UNO wiederzubeleben, eine zentrale Rolle bei der Harmonisierung der Interessen der Mitgliedstaaten zu spielen.

Wir sind mit diesem Bestreben bei weitem nicht allein. Immer mehr Länder des globalen Südens und Ostens beginnen, ihre nationalen Interessen zu erkennen und zu formulieren und eine Politik zu verfolgen, die darauf abzielt, sie im Geiste der internationalen Zusammenarbeit zu verwirklichen.

Entsprechend dieser Doktrin arbeitet Russland mit anderen Staaten zusammen. Besonders wichtig ist dabei die Vereinigung der BRICS-Staaten. Die Abkürzung BRICS steht für die Anfangsbuchstaben der fünf zugehörigen Staaten Brasilien, Russland, Indien, China und Südafrika. Dutzende weitere Staaten streben eine Aufnahme in die BRICS-Vereinigung an. Wenn man die BRICS-Treffen verfolgt, kann man keinen Imperialismus Russlands finden, da die Gespräche auf Augenhöhe stattfinden.

In der außenpolitischen Doktrin Russlands und in dem Auftreten Russlands in internationalen Staatenvereinigungen kann man keinen Imperialismus finden.

Anders ist das bei den USA. Diese haben die „National Security Strategy", die als Leitfaden für die Außenpolitik der US-Regierung dient.[221] In dem im Oktober 2022 veröffentlichten Papier wird der angeblich unverzichtbare Charakter der USA und die Notwendigkeit ihrer Führungsrolle in der Welt bekräftigt. Die Krisen der Welt könnten nur bewältigt werden durch eine entschlossene Führung durch die USA. Da die freundschaftliche Ära nach dem Kalten Krieg vorbei sei, sei es notwendig, dem „russischen Imperialismus" und den Ambitionen Chinas entschlossen entgegenzutreten. Heute verlaufe die Konfrontation nicht mehr zwischen Kapitalismus und Kommunismus, sondern zwischen Demokratie und Autokratie. Laut der National Security Strategy bestimmen die USA, was richtig ist – angeblich nur zum Wohle aller und für die Demokratie. In keiner Zeile steht, dass internationale Probleme auf Basis der UNO durch Gespräche auf gleicher Augenhöhe zwischen den Staaten gelöst werden sollen. Die UNO hat in den Augen der USA keine aktive leitende Rolle. Damit beschreibt die USA ihre Hegemonie und ihren Imperialismus selbst, natürlich ohne dieses Wort direkt zu verwenden.

Den Imperialismus Russlands gibt es nicht in der Realität, sondern nur als NATO-Propaganda

Ich habe versucht, anhand der vier Kriterien den Imperialismus Russlands zu finden – konnte diesen jedoch nirgends ausfindig machen. Auch beim Lesen von Artikeln und Kommentaren über den russischen Imperialismus, die es in großer Anzahl gibt, konnte ich bislang nichts entdecken. Diese bestanden immer aus Stimmungsmache und herbeigeschriebener Emotionalität. Fakten fand ich bislang nicht. Deshalb muss ich den russischen Imperialismus als eine Propaganda-Erfindung einstufen. Da diese über Jahrzehnte aufgebaut und ständig wiederholt wurde, schlich sie sich als scheinbare Realität in die Bewusstseine der Menschen ein. Die USA projizieren ihren eigenen Imperialismus auf Russland, um ihn zu verbergen.

An dieser Stelle stellt sich die Frage: Wenn Russland keine imperialistischen Ambitionen hat, wie konnte es dann zum Ukraine-Krieg kommen? Den Vorlauf des Ukraine-Krieges untersuchen wir in Teil 2 dieses Buches.

Bittere Einschränkungen der Meinungsfreiheit in Russland

Über Russland zu schreiben ist nicht einfach, da es durch die Kriegspropaganda nur noch gut oder böse gibt. Die Wirklichkeit besteht aber aus vielen Farben dazwischen. Ich habe versucht, Russlands Politik sachlich zu skizzieren und dabei erst wahrzunehmen, bevor ich einordne. Grundsätzlich ist Russland unser europäischer Nachbar, und da habe ich genauso unvoreingenommen und freundlich zu sein, wie zu allen anderen Staaten.

Russland ist aber kein idealer Staat. Es gibt dort Einschränkungen der Meinungsfreiheit, die mir als eingefleischtem Demokraten sehr aufstoßen. Das ändert aber nichts an dem, was ich in diesem Kapitel zusammengetragen habe. Die Welt ist eben nicht schwarz-weiß, die Wahrheit liegt verteilt dazwischen. – Einschränkungen der Meinungsfreiheit in Russland sind ein Schwerpunkt der NATO-Propaganda. Während jeder russische Fall von den Mainstream-Medien groß herausgebracht wird, werden vergleichbare Fälle in EU-Staaten unter dem Teppich gehalten. Julian Assange ist nur die Spitze des Eisberges.

Teil 2

Kriegsvorbereitung

Friedensengel, Donezk[222]

Assoziierungsabkommen zwischen Ukraine und EU

Eine zentrale Rolle in der Vorgeschichte des Ukraine-Krieges spielte das EU-Assoziierungsabkommen. Dieses war Auslöser der Maidan-Proteste, die in einem verfassungswidrigen Regierungswechsel endeten. Das wiederum war Auslöser für den Donbass-Krieg ab 2014, der schließlich im Februar 2022 zum Ukraine-Krieg eskalierte.

Das Assoziierungsabkommen zwischen der Ukraine und der EU ist ein 2.100 Seiten langer Vertrag zur wirtschaftlichen, politischen und militärischen Zusammenarbeit. 2007 wurde mit den Verhandlungen darüber begonnen.[223]

Am 9. September 2008 fand in Paris der „EU-Ukraine-Gipfel" statt, auf dem die EU der Ukraine eine Assoziierung ohne EU-Beitrittsperspektive anbot. Das Radio „Deutsche Welle" berichtete dazu: *"Hauptargument der Beitrittsgegner ist zum einen der Widerstand gegen einen EU-Beitritt in der Ukraine selber. In den russland-freundlichen Teilen des Landes wird ein solcher Schritt von der Mehrheit abgelehnt."*

Es war also den EU-Regierungen bekannt, dass die Westukraine mehr mit der EU und die Ostukraine mehr mit Russland verbunden ist, kulturell, menschlich sowie wirtschaftlich. Deshalb wurde ein EU-Beitritt abgelehnt. Aber auch das angebotene Assoziierungsabkommen führte in der Folge bereits zu einer Spaltung des Landes. Denn auch dieses zwang die Ukraine, sich zwischen EU und Russland zu entscheiden, was letztlich das Land zerriss. Damit haben die EU-Politiker die Ukraine wissentlich in eine innenpolitische Zerreißprobe getrieben.

Der Journalist Thomas Röper nennt die wesentlichen Zahlen:

> *Die Ukraine wickelte vor 2014 ca. 40 % des Außenhandels mit den Staaten der GUS ab (den ehemaligen Mitgliedstaaten der Sowjetunion), allein 30 % mit Russland. Mit der gesamten EU wurden auch ca. 30 % abgewickelt. Das bedeutet, dass die Staaten der GUS einen größeren Anteil am ukrainischen Außenhandel hatten als die EU.*[224]

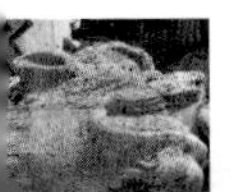

Diese Zahlen erscheinen mir als ein Schlüssel zum Verständnis des Konfliktes. Thomas Röper weiter:

> *Russland hatte immer wieder vorgeschlagen, dass man über eine Zusammenlegung der europäischen mit der eurasischen Zollunion verhandeln solle. Damit wäre der größte Binnenmarkt der Welt entstanden, der vom Atlantik bis zum Pazifik gereicht hätte. Die Ukraine wäre nicht in die Situation gekommen, sich zwischen der EU und Russland entscheiden zu müssen. Eine solche Entweder-oder-Alternative musste die Ukraine vor unlösbare innenpolitische Probleme stellen.*
>
> *In der russischen Zeitung „Moskovski Komsomolez" erschien am 22. November 2013 ein Kommentar, der das Dilemma auf den Punkt brachte: „Die Ukraine zwischen Russland und Europa wählen zu lassen, ist das gleiche, als wenn man sagt: «Bitte mein Lieber, entscheide jetzt sofort, welche Hand Du verlieren möchtest, die rechte oder die linke.» Die Ukraine kann nicht nur mit der EU oder nur mit Russland sein. Sie ist ein Transitland, eine Brücke zwischen zwei Teilen unseres Kontinents."*[225]

Der Handel zwischen Russland und der Ukraine war teilweise zollfrei. Durch das Assoziierungsabkommen, das 2014 unterzeichnet wurde, wurde das beendet. Die Ukraine musste Zölle im Handel mit Russland einführen. Russland reagierte darauf ebenfalls mit Zöllen. Das ging gar nicht anders, denn ansonsten hätten EU-Waren über die Ukraine zollfrei nach Russland gelangen können. Das Abkommen führte also zu einer wirtschaftlichen Entfremdung von Russland.

Damit brachte das EU-Assoziierungsabkommen die Ukraine in eine unmögliche Situation und programmierte die innenpolitischen Konflikte und damit letztlich den Krieg. Das war kein Versehen, sondern von Anfang an bekannt und wurde von vielen ernstzunehmenden Stimmen kritisiert. Es ist sehr aufschlussreich, sich diese Warnungen vor Augen zu führen. Heute, nachdem in der Ukraine der furchtbare Krieg ausgebrochen ist, wirken diese Worte sehr berührend.

Helmut Schmidt warnte vor einem Dritten Weltkrieg

Altkanzler Helmut Schmidt (1918 – 2015) gab im Mai 2014 mit 95 Jahren ein Interview, in dem er die Politik der EU-Kommission als unfähig und größenwahnsinnig bezeichnete. Sie mische sich in die Weltpolitik ein und provoziere damit die Gefahr eines Krieges. Die „Bürokraten in Brüssel" hätten die Ukraine vor die „scheinbare Wahl" gestellt, sich zwischen West und Ost entscheiden zu müssen.[226]

Altkanzler Helmut Schmidt (2013)[227]

Auf die Frage *„Sehen Sie Europa am Abgrund wie 1914 vor dem Weltkrieg?"* antwortete Schmidt: „Die Situation scheint mir zunehmend vergleichbar. Europa, die Ame*rikaner, auch die Russen verhalten sich so, wie es der Autor Christopher Clark in seinem lesenswerten Buch über den Beginn des Ersten Weltkriegs beschrieben hat: wie «Schlafwandler».“ (...)*

Helmut Schmidt weiter: *„Die Politik des Westens basiert auf einem großen Irrtum: dass es ein Volk der Ukrainer gäbe, eine nationale Identität. In Wahrheit gibt es die Krim, die Ost- und die West-Ukraine. Die Krim, einst Land der Tataren, kam erst in den 50er Jahren durch ein «Geschenk» des russischen Staatschefs Chruschtschow zur Ukraine. Die West-Ukraine besteht größtenteils aus ehemaligen polnischen Gebieten, allesamt römisch-katholisch. Und die Ost-Ukraine, überwiegend russisch-orthodox, liegt auf dem Gebiet der Kiewer Rus,* *dem einstigen Kerngebiet Russlands. Das scheint der Westen nicht zur Kenntnis nehmen zu wollen.“*

Von Sanktionen gegen Russland hielt Schmidt überhaupt nichts: *„Diese Sanktionen bringen nichts und führen bloß zur Forderung nach noch schärferen Sanktionen. Und wenn die nicht wirken, verlangt jemand verstärkte Rüstung. Und dann landen wir am Ende beim Krieg mit Waffen.“*

Stattdessen plädierte Schmidt dafür, an einer diplomatischen Lösung zu arbeiten. *„Ich traue Putin nicht zu, dass er Krieg will. Und Europa sollte alles daran setzen, Russland in dieser Haltung zu bestärken, statt, wie die Regierung in Kiew oder mancher im Umkreis von US-Präsident Obama, vom Dritten Weltkrieg zu schwätzen.“*[228]

Doch Schmidts klare Worte verhallten. Die Regierungen der NATO-Staaten machten genau das Gegenteil. Die Ukraine wurde weiterhin zwischen Ost und West zerrissen und die Sanktionen verschärften den Konflikt.

Günter Verheugen: Europäische Politiker waren blind für die Spannungen zwischen der Ost- und der Westukraine

Auf das Interview von Helmut Schmidt reagierte Günter Verheugen mit einem offenen Brief. Dieser bekannte FDP- und SPD-Politiker war ab 1999 EU-Kommissar und zeitweise für die Osterweiterung zuständig. Er unterstützte die Kritik von Helmut Schmidt an der Ukraine-Politik der EU. Er wies aber den Vorwurf an die EU-Kommission zurück; verantwortlich für die Ukraine-Krise seien die Regierungen der EU-Staaten, insbesondere die deutsche Regierung.

Hier einige Ausschnitte aus dem Brief von Verheugen, der am 19. Mai 2014 im Spiegel abgedruckt wurde:

> *Der Konflikt mit Russland entwickelte sich im Jahr 2013, als beide Seiten, sowohl die USA und die EU auf der einen Seite, als auch Russland auf der anderen Seite, die geplante EU-Assoziierung der Ukraine zum geopolitischen Entweder-Oder hochstilisierten. Das haben nicht größenwahnsinnige Beamte oder inkompetente Kommis-*

Günter Verheugen, ehem. EU-Kommissar (2013)[229]

sare gemacht, sondern die politisch Verantwortlichen in der Europäischen Union. (...)

Mit Russland wurde schlicht nicht darüber geredet, was die Assoziierung der Ukraine [mit der EU] politisch und wirtschaftlich bedeutet. Russische Bedenken, dass sich dadurch der Handel mit der Ukraine verschlechtern könnte, wurden vom Tisch gewischt. (...)

Auch die nachfolgenden schwerwiegenden Fehler der EU sind nicht auf Brüsseler Bürokratenmist gewachsen. EU-Politiker, nicht Beamte, haben sich offen mit dem sogenannten Euro-Maidan solidarisiert und nicht gesehen oder sehen wollen, dass es sich weder um eine landesweite noch um eine homogene Bewegung handelte. Europäische Politiker erwiesen sich als blind für die innenpolitischen Spannungen zwischen der Ost- und der Westukraine.

Ohne Not wurde die neue ukrainische Regierung nach der Entmachtung Janukowitschs sofort rückhaltlos unterstützt, obwohl diese Regierung noch nicht einmal im eigenen Land das Vertrauen der Mehrheit genießt, antirussisch ist und ihr völkisch gesinnte Kräfte angehören. Weil europäische politische Eliten nur noch in Kategorien wie prorussisch und proeuropäisch denken konnten und den Konflikt statt den Dialog mit Russland bevorzugten, haben sie – und nicht die Brüsseler Bürokraten

– die schwerste Krise in Europa in diesem Jahrhundert mit ausgelöst. Ein Gutteil der Verantwortung dafür liegt in Berlin.[230]

Hans-Dietrich Genscher plädierte für eine gemeinsame Freihandelszone mit Russland und Abrüstung der Worte

Hans-Dietrich Genscher (1927-2016) war von 1974 bis 1992 Außenminister Deutschlands. Er hatte sich zeitlebens mit großem diplomatischem Geschick für ein Ende des Kalten Krieges und die Aufhebung der Teilung Europas eingesetzt.

Am 18. September 2014 schrieb das Magazin „Fokus" über Äußerungen Genschers zum Ukraine-Konflikt:[232]

> *Um Putin verstehen zu können, sei es wichtig, sich mit seinen Motivationen auseinander zu setzen: „Putin ist ein Mann, der eine klare Zielsetzung hat, eine Position zu schaffen, die nichts mehr zu tun hat mit der Schwächeposition eines Jelzins", so Genscher. Es lohne sich, Politik mit „diesem großen Land" zu machen. „Es gibt in Europa keine Stabilität ohne Russland, und erst recht nicht gegen Russland." Weiter fordert Genscher, an der Idee einer gemeinsamen Freihandelszone mit Russland festzuhalten. „Es wäre schön, wenn daraus etwas geworden wäre.*

Hans-Dietrich Genscher (2013)[231]

Dann wäre die Frage der Assoziierung der Ukraine mit der EU möglicherweise anders eingeschätzt worden."

Den gegenwärtigen Sprachgebrauch in der Auseinandersetzung mit Russland und Putin hält Genscher für gefährlich und mahnt zur Mäßigung: „Ich bin der Meinung, dass wir zunächst in der Sprache insgesamt abrüsten sollten."

„Starke Worte haben uns noch nie weitergeführt. Ich kann nur immer wieder sagen, Aufrüstung hat oft mit der Aufrüstung der Worte begonnen. Jedes Volk erwartet Respekt von seinen Nachbarvölkern. Das gilt auch für das russische Volk", sagte Genscher.

Auch Altkanzler Gerhard Schröder kritisierte in einer Matinee, veranstaltet von der Wochenzeitung „Die Zeit", am 9. März 2014, die EU hätte beim Assoziierungsabkommen angesichts der kulturellen Teilung der Ukraine kein Entweder-oder formulieren dürfen. Ein Sowohl-als-auch wäre vernünftiger gewesen. Schröder verwies auch auf die nachvollziehbaren Einkreisungsängste der russischen Regierung.[233]

Vom heutigen Standpunkt aus sind die Aussagen dieser deutschen Politik-Legenden erschütternd, weil sie die kommende Eskalation bereits auf den Punkt brachten. Bei Helmut Schmidt und Hans-Dietrich Genscher war es eine Art politisches Vermächtnis kurz vor ihrem Tod. Aber die EU-Regierungen hörten nicht auf ihre Worte. Ihre vorausschauende Besorgnis hat sich bewahrheitet. Der mit dem EU-Assoziierungsabkommen erzeugte Konflikt eskalierte bis zum Krieg. Das geschah bewusst.

Es ist schwer zu verdauen, dass wir von Parteien und Regierungen regiert werden, die Konfliktsituationen schufen, die in einen Krieg führten, und die das taten, obwohl sie von den erfahrensten Politikern, die das Nachkriegsdeutschland mitgeprägt haben, davor gewarnt wurden.

Was wollte die Regierung Janukowitsch?

Im Hinblick auf die Stufen der Konflikteskalation ist es bemerkenswert, dass die 2010 gewählte ukrainische Regierung von Viktor Janukowitsch, die 2014 weggeputscht wurde, immer als „pro-russisch" bezeichnet wurde. Die Regierung Janukowitsch hat das Assoziierungsabkommen mit der EU ausgehandelt, wollte also eine Annäherung an die EU. Gleichzeitig wollte die Regierung Janukowitsch aber auch eine Vereinbarung mit Russland, was im Interesse der Ukraine lag, da 40 Prozent des Außenhandels mit den Staaten der GUS stattfand.

Für diese vernünftige Mittelposition gab es aber keinen Platz mehr, es gab nur noch pro-EU oder pro-russisch.

Mykola Asarow war Premierminister der Ukraine und führte die Verhandlungen mit der EU und Russland. In einem Interview in 2016 schilderte er:[234]

> *Das Freihandelsabkommen zwischen der Ukraine und der EU sollte im Prinzip zeitgleich mit einem Freihandelsabkommens zwischen der Ukraine und Russland in Kraft treten. Das hätte bedeutet, dass die ukrainischen Grenzen auf beiden Seiten offen gewesen wären für Waren, Dienstleistungen und Kapital. Das führte zu einem Konflikt zwischen Russland, der Ukraine und der EU, mit dessen Lösung wir uns beschäftigen mussten.*
>
> *Diese Verhandlungen haben sich sehr, sehr schwierig gestaltet. Sie müssen sich das so vorstellen, dass wir die Fragen am Anfang jeweils bilateral besprochen haben. Das heißt, wir sind nach Brüssel gefahren, haben dort gesprochen. Danach sind wir nach Moskau gefahren und haben dort gesprochen. Und nachdem diese Gespräche nichts gebracht haben, weil auf beiden Seiten keine Einigung erzielbar war, habe ich den Vorschlag gemacht: „Egal wo, aber lasst uns zu dritt zusammensitzen und das klären."*
>
> *Und erst im September 2013 hat Russland solchen trilateralen Gesprächen überhaupt zugestimmt. Obwohl es schon nicht einfach war, Russland zu einem dreiseitigen*

Treffen zu bewegen, hat es die EU aber komplett abgelehnt, und gesagt: „Das ist kein Thema, was einem dreiseitigen Gespräch zusteht. Das ist eine Sache nur zwischen der Ukraine und Europa!" (...)

Die EU hat dreiseitige Gespräche komplett abgelehnt.

Asarow schilderte weiter, dass die finanziellen Bedingungen des EU-Assoziierungsabkommens zum Nachteil und sehr ungünstig für die Ukraine waren. Deshalb hatte die ukrainische Regierung unter Janukowitsch die schon angesetzte Unterzeichnung des Assoziierungsabkommens am 21. November 2013 ausgesetzt, um später weiter zu verhandeln. Das allerdings war das Startzeichen für die Maidan-Proteste in Kiew, die zum Regierungsputsch führten.

Bürgerinnen und Bürger in EU-Staaten haben kein Mitspracherecht

Hinter dem EU-Assoziierungsabkommen steht die grundsätzliche Frage: Welches Verhältnis hat die EU zu Russland? Gibt es einen gemeinsamen Wirtschaftsraum und eine politische Zusammenarbeit oder grenzt sich die EU von Russland ab? Das ist eine historische Frage und bestimmt unser aller Leben. Trotzdem haben die Bürgerinnen und Bürger in den EU-Staaten hier nichts zu sagen, die Entscheidungen werden allein von den Regierungen und Parlamenten getroffen. In einer Demokratie ist das Volk der Souverän. „Alle Staatsgewalt geht vom Volke aus," heißt Art. 20.2 des deutschen Grundgesetzes. Also müsste es selbstverständlich sein, dass die Bevölkerung über wichtige Sachfragen selbst entscheiden kann. In der Schweiz ist das auch so. Alle drei Monate ist Abstimmungstag und die Bevölkerung entscheidet über einzelne Vorlagen auf Bundes-, Kantons- oder Gemeindeebene. Mehr als 20 Entscheidungen kann ein Schweizer Stimmberechtigter jedes Jahr treffen.

In Deutschland gibt es dieses Recht auf Volksbegehren und Volksentscheid nicht auf Bundesebene, sondern nur eingeschränkt auf Landes- und Gemeindeebene. Damit hat die Bevölkerung keine Möglichkeit, Entscheidungen des Bundestages zu korrigieren. So ist das Volk nicht souverän. Die Staatsgewalt geht nicht vom Volke aus. Anstatt mit einer Demokratie, die diesen Namen verdient, haben wir es mit einer Parteienoligarchie zu tun. Eine echte Demokratie existiert in Europa nur in der Schweiz.

Warum gibt es in Deutschland – genauso wie in den anderen EU-Staaten – keine Direkte Demokratie durch Volksabstimmung? Wer sich für Direkte Demokratie eingesetzt hat – was ich selbst seit 1982 tat – konnte erfahren, gegen welche Betonwände des Widerwillens im Bundestag man anrennt. Der Bundestag müsste eine gesetzliche Regelung des Volksabstimmungsverfahrens beschließen. Das tut er aber nicht. Die Parteienoligarchie will ihre Macht nicht abgeben.

Die Parteienoligarchie schafft sich nicht selber ab, aber manchmal kommt sie der Bevölkerung etwas entgegen. In den Niederlanden trat am 1. Juli 2015 das „Gesetz zum konsultativen Referendum" in Kraft. Dieses ermöglichte, dass ein vom niederländischen Parlament beschlossenes Gesetz zur Abstimmung vor das Volk gebracht werden kann. Die Abstimmung ist nur gültig, wenn die Stimmbeteiligung über 30 Prozent liegt. Dabei entscheidet die Bevölkerung aber nicht, sondern „konsultiert" nur, ist also nur beratend tätig. Das Ergebnis des Referendums ist nicht rechtsverbindlich, das letzte Wort bleibt beim Parlament. Diese Regelung ist schon mehr als nichts, aber kein Ausdruck von Volkssouveränität, denn die letzte Entscheidungsgewalt bleibt bei den Parteien – das ist Parteienoligarchie.

Damit ein konsultatives Referendum stattfindet, müssen dies mindestens 300.000 holländische Stimmberechtigte innerhalb von sechs Wochen mit ihrer Unterschrift verlangen. Das entspricht etwa 2,5 Prozent der Wahlberechtigten.

Dieses Referendum-Gesetz ermöglichte, dass die holländische Bevölkerung sich zum EU-Assoziierungsabkommen äußern konnte. Das war einmalig und eine große Besonderheit in Europa.

Holland: Referendum gegen EU-Assoziierungsabkommen

Nach dem gewaltsamen Machtwechsel in Kiew im Februar 2014 unterzeichneten die Ukraine und die EU am 27. Juni 2014 das EU-Assoziierungsabkommen. Dieses musste nun aber noch von allen Parlamenten der 28 EU-Staaten ratifiziert werden, um Gültigkeit zu erlangen. In den Niederlanden ratifizierte das Parlament am 7. Juli 2015 das Abkommen. Die Bürgerinitiative „Geenpijl“ (Keine Richtung) ergriff sofort das Referendum. Bis 28. September 2015 wurden 472.849 Unterschriften gesammelt. Das Volksbegehren war erfolgreich! Zum ersten Mal in der Geschichte Hollands leiteten die Bürgerinnen und Bürger eine Volksabstimmung ein.

Im Vorfeld des Referendums argumentierten die Befürworter des EU-Assoziierungsabkommens, der Ukraine werde damit geholfen, ein stabiles Land mit einer reifen Demokratie, ohne Korruption und mit einer wohlhabenden Bevölkerung zu werden. Außerdem sei die Ukraine mit einem Markt von 45 Millionen Einwohnern für eine Handelsnation, wie die Niederlande, interessant.

Die Gegner argumentierten: Durch das Assoziierungsabkommen würde die Ukraine von der EU kolonisiert. Das Abkommen habe zu einem Bürgerkrieg in der Ukraine geführt. Der Ukraine würde durch das Abkommen militärische Hilfe und Unterstützung gegeben. Damit würden die Niederlande noch stärker in einen großen geopolitischen Konflikt hineingezogen werden. Das Verhältnis zu Russland würde sich noch weiter verschlechtern.[235]

6. April 2016: Im Referendum lehnten die Holländer das EU-Assoziierungsabkommen ab.

Die Volksabstimmung fand am 6. April 2016 statt. 61 Prozent der Abstimmenden stimmten „Nein", das heißt sie lehnten das Abkommen ab. Die Wahlbeteiligung betrug 32,3 Prozent. Damit war die Abstimmung formal gültig.[236]

Die holländische Bevölkerung hat also die Gefahren und Nachteile des EU-Assoziierungsabkommens gesehen und auch, dass dieses die Ursache des Bürgerkrieges in der Ukraine war. Damit war sie schlauer als die holländische Regierung.

Die holländische Regierung kam nun in eine schwierige Situation. Wenn Holland das EU-Assoziierungsabkommen nicht ratifiziert, scheitert dieses insgesamt. Deshalb machten die anderen EU-Regierungen und die EU-Kommission starken Druck auf Holland. Das Referendum war zwar nur konsultativ, aber lange vor der Abstimmung hatten die meisten holländischen Parteien erklärt, sie würden das Ergebnis respektieren. Damit die holländische Regierung das Gesicht nicht verliert, fanden Verhandlungen mit der EU statt. Auf dem EU-Gipfel am 15. Dezember 2016 stimmten die EU-Länder einer Ergänzung und Klarstellung des EU-Assoziierungsabkommens zu. Das sah vor, dass durch das Abkommen kein EU-Kandidatenstatus begründet wird, es keine Garantien für militärische Hilfe oder Sicherheitsgarantien für die Ukraine gibt, die finanzielle Unterstützung der Ukraine nicht erhöht wird und das Abkommen ausgesetzt wird, wenn die Korruption in der Ukraine nicht hinreichend verringert wird.

Auf Basis dieser Ergänzungen ratifizierte das niederländische Parlament noch einmal das EU-Assoziierungsabkommen. Damit hatte das letzte EU-Land zugestimmt, so dass das Abkommen am 1. September 2017 in Kraft trat.

Rückblickend betrachtet muss man feststellen, dass die auf dem EU-Gipfel beschlossenen Ergänzungen fast nichts bedeuteten. Die finanzielle Hilfe für die Ukraine durch die EU stieg bis 2023 in astronomische Höhen und die Niederlande wurden ein großer Waffenlieferant und Militärausbilder für die Ukraine.

Wie ging es mit der Bürgerbeteiligung in den Niederlanden weiter? Das Referendumsgesetz kam am 21. März 2018 ein zweites Mal zum Einsatz. Es ging um das „Gesetz über Geheim- und Sicherheitsdienste".

Die Geheim- und Sicherheitsdienste sollten zusätzliche Möglichkeiten erhalten, den elektronischen Datenverkehr zu überwachen und Daten ohne Verdachtsgrund für drei Jahre zu speichern. Mit 417.354 Unterschriften wurde das Referendum beantragt. Am 21. März 2018 stimmten 49,44 Prozent der Abstimmenden gegen und 46,53 Prozent für das Geheimdienstgesetz. 4,03 Prozent gaben leere Stimmzettel ab. Die Wahlbeteiligung betrug 51,54 Prozent. Damit war die Abstimmung formal gültig.[237] Das Geheimdienstgesetz wurde daraufhin von der niederländischen Regierung überarbeitet und in neuer Form beschlossen.[238]

Die holländische Parteienoligarchie wurde also zweimal von der Bevölkerung ausgebremst und in Erklärungsnot gebracht. Das war genug, so hatten sie es sich nicht vorgestellt. Noch einen Monat vor der Abstimmung über das Geheimdienstgesetz beschloss am 23. Februar 2018 die zweite Kammer in Den Haag, das „Gesetz zum konsultativen Referendum“ wieder abzuschaffen. Ein Referendum über die Abschaffung des Rechts auf Referendum sollte dabei nicht zugelassen sein.[239] Im Juli 2018 wurde diese Abschaffung vollendet. Die Koalitionsparteien setzten darauf, dass die Wähler die Abschaffung des Referendums bis zur nächsten Wahl wieder vergessen haben würden.

Zusammenfassung:

Das EU-Assoziierungsabkommen verlangte von der Ukraine, sich zwischen der EU und Russland zu entscheiden, obwohl das Land mit beiden Wirtschaftsräumen und Kulturen gleichermaßen verbunden war. Das verstärkte die Spaltung der Ukraine. Angesehene deutsche Politiker warnten davor, dass dies zu Konflikten bis zu einem Krieg führen würde. Die EU-Regierungen blieben trotzdem bei ihrer Politik der Eskalation. Die Bevölkerung war klüger, die Holländer lehnten das Abkommen in einem Referendum ab, konnten es aber schlussendlich nicht verhindern. In der Ukraine war das EU-Assoziierungsabkommen der Anlass für die Maidan-Proteste und in der Folge für den verheerenden Bürgerkrieg.

Ikone des Erzengels Michael, 10. Jahrhundert, Konstantinopel[240]

Regierungsputsch am 22. Febr. 2014 mit NATO-Unterstützung

Der Maidan-Putsch ist ein Schlüsselereignis. Der Historiker Daniele Ganser fasst das Wesentliche zusammen. Er skizziert zunächst das Interesse der USA:[241]

> *Als Historiker und Friedensforscher habe ich seit Jahren zu den offenen und verdeckten Kriegen der USA geforscht und in meinem Buch „Illegale Kriege" auch den Putsch in der Ukraine beschrieben. „Es war ein vom Westen gesponserter Putsch, es gibt kaum Zweifel daran", erkannte schon der frühere CIA-Mitarbeiter Ray McGovern.[242] (...)*
>
> ## Konfrontation der Atommächte
>
> *Der Ukraine-Krieg ist ein besonders delikater internationaler Konflikt, weil sich hier die USA und Russland gegenüberstehen, die beide über Atomwaffen verfügen. Wie bei der Kubakrise spielen beide Seiten mit verdeckten Karten und versuchen, die Ukraine in ihren Einflussbereich zu ziehen.*
>
> *Nach dem Fall der Berliner Mauer und dem Zusammenbruch der Sowjetunion erklärte die Ukraine 1991 ihre Unabhängigkeit von der Sowjetunion. Die damalige Schwäche von Moskau gab Washington erstmals die Chance, den US-Einfluss auf Osteuropa auszudehnen und die früher von Moskau kontrollierten ehemaligen Mitgliedsstaaten des Warschauer Paktes in die NATO aufzunehmen.*
>
> ## NATO-Osterweiterung und der Gipfel von Bukarest
>
> *Obschon die USA — im Zuge der Wiedervereinigung Deutschlands 1990 — gegenüber Russland versprochen*

hatten, die NATO werde sich nicht ausdehnen, geschah genau dies. Polen, Tschechien und Ungarn wurden im Jahre 1999 NATO-Mitglieder. Und beim NATO-Gipfel in der rumänischen Hauptstadt Bukarest im April 2008 erklärte US-Präsident George Bush, man werde auch die Ukraine in die NATO aufnehmen.

Russland war erzürnt, denn die Ukraine grenzt direkt an Russland. Und auch in den USA gab es mahnende Stimmen. „Man stelle sich die Empörung in Washington vor, wenn China ein mächtiges Militärbündnis schmieden würde und versuchen würde, Kanada und Mexiko dafür zu gewinnen", warnte der amerikanische Politologe John Mearsheimer von der Universität Chicago. Gemäß Mearsheimer hat der Westen Russland unnötig provoziert und ist daher schuldig an der Krise in der Ukraine.[243]

Senator John McCain auf dem Maidan

Auf dem Maidan, dem zentralen Platz der ukrainischen Hauptstadt Kiew, demonstrierten Ende 2013 immer mehr Menschen gegen die Regierung von Präsident Viktor Janukowitsch und Premierminister Nikolai Asarow. Der bekannte Ex-Boxweltmeister Vitali Klitschko war einer der Anführer der Demonstrationen und hielt in enger Absprache mit den USA flammende Reden.

In dieser angespannten Lage flog der einflussreiche US-amerikanische Senator John McCain in die Ukraine und besuchte am 15. Dezember 2013 Klitschko und das Protestlager auf dem Maidan. Der US-Senator ermunterte die Demonstranten, die ukrainische Regierung zu stürzen.[244]

Man stelle sich die Empörung in Washington vor, wenn ein bekannter russischer Parlamentarier nach Kanada fliegen würde, um dort Protestierende in der Hauptstadt Ottawa zu unterstützen, die kanadische Regierung zu stürzen.

Genau das taten die USA in der Ukraine.

Die US-Botschaft in Kiew koordiniert die Proteste

Die Anführer der Proteste auf dem Maidan gingen in der US-Botschaft ein und aus und holten sich dort ihre Befehle. Einige Demonstranten waren bewaffnet und gingen gewaltsam gegen die Polizei vor. „Die Amerikaner forcierten erkennbar die konfrontative Entwicklung", erinnert sich Premierminister Nikolai Asarow, der gestürzt wurde.[245]

In der US-Botschaft in Kiew war es US-Botschafter Geoffrey Pyatt, der die Demonstranten unterstützte und dadurch die Ukraine destabilisierte. Botschafter Pyatt war in direktem Kontakt mit Ex-Boxer Klitschko. Die gut organisierten Demonstrationen auf dem Maidan wurden immer größer und die Spannungen in Kiew nahmen zu.

Auch der heutige US-Präsident Joe Biden war direkt in den Putsch involviert, da auch er die Demonstration auf dem Maidan unterstützte. Im Dezember 2013 rief Biden, damals Vizepräsident unter Obama, in der Nacht Präsident Janukowitsch an und drohte ihm mit Strafen, wenn er den Maidan durch die Polizei räumen lasse. Janukowitsch hat daraufhin die geplante Räumung zurückgezogen.[246]

Die fünf Milliarden Dollar von Victoria Nuland

Im US-Außenministerium war Victoria Nuland für den Putsch verantwortlich. Nuland war unter US-Außenminister John Kerry als stellvertretende Außenministerin eine hochrangige Mitarbeiterin von Präsident Obama. Unter Präsident Donald Trump verlor Nuland an Einfluss, wurde aber von Präsident Joe Biden wieder als Staatssekretärin ins Außenministerium berufen. In der Ukraine wollte Nuland Premierminister Nikolai Asarow und Präsident Viktor Janukowitsch stürzen, um das Land in die NATO zu ziehen, wie es am Gipfel von Bukarest beschlossen worden war.

Die Anführer der Demonstrationen auf dem Maidan holten sich in der US-Botschaft nicht nur ihre Befehle, sondern auch ihre Bezahlung.

Im Dezember 2013, zwei Monate vor dem Putsch, hatte Nuland in einem Vortrag erklärt: „Wir haben mehr als fünf Milliarden Dollar investiert, um der Ukraine zu helfen, Wohlstand, Sicherheit und Demokratie zu garantieren".[247]

Das führte auch in den USA zu Kritik. Der frühere US-Kongressabgeordnete Ron Paul fragte öffentlich: „Wir haben gehört, wie die stellvertretende US-Außenministerin Victoria Nuland damit geprahlt hat, dass die USA fünf Milliarden Dollar für den Regimewechsel in der Ukraine ausgegeben haben. Warum ist das okay?"[248]

Dass ein Teil der Demonstranten in der Ukraine bezahlt wurde, war damals ein offenes Geheimnis. „Es gibt Leute, wie den US-Milliardär George Soros, die Revolutionen finanzieren. Soros hat auch den Maidan unterstützt, hat dort Leute bezahlt — die haben in zwei Wochen auf dem Maidan mehr verdient als während vier Arbeitswochen in der Westukraine", erklärte die Ukraine-Expertin Ina Kirsch gegenüber der Wiener Zeitung. „Es gibt genügend Belege dafür, dass sowohl auf dem Maidan als auch auf der Gegenveranstaltung, dem ‚Antimaidan', Leute bezahlt wurden", so Ina Kirsch, die in Kiew vor Ort war. „Es gab Preise für jede Leistung. Ich kenne Leute, die haben morgens auf dem Antimaidan, bei der Gegendemo gegen die Maidanproteste, abkassiert, sind dann rüber auf den Maidan und haben dort nochmals kassiert. Das ist in der Ukraine ja nichts Ungewöhnliches."[249]

Fuck the EU: Das Telefonat vor dem Putsch

Der zentrale Beweis für die Beteiligung der USA am Putsch in der Ukraine ist ein abgehörtes Telefongespräch zwischen Victoria Nuland und Botschafter Geoffrey Pyatt, das diese am 7. Februar 2014 führten, nur wenige Tage vor dem Putsch.

Nuland sagt im Telefongespräch, wer in der Ukraine nach dem Putsch die neue Regierung bilden sollte. „Ich denke nicht, dass Klitschko Teil der neuen Regierung sein sollte, ich glaube, das ist nicht nötig und keine gute Idee", bestimmt Nuland. „Ich denke, Jazenjuk ist der richtige Mann, er hat die notwendige Erfahrung in Wirtschaft und Politik."

Tatsächlich wurde Arsenij Jazenjuk nach dem Putsch Premierminister in der Ukraine. Der Ex-Boxer Vitali Klitschko musste sich mit dem Posten des Bürgermeisters von Kiew zufriedengeben. Dies beweist, dass Victoria Nuland für die USA den Putsch plante und erfolgreich durchführte. Victoria Nuland sagte weiter in dem abhörten Telefonat wörtlich, Ban Ki-moon von der UNO „könnte helfen, das wasserfest zu machen, und weißt du was, fuck the EU".[250]

Scharfschützen lassen die Lage am 20. Februar 2014 eskalieren

Ende Februar eskalierte die Situation auf dem Maidan. Am 20. Februar 2014 kam es zu einem Massaker, als nicht identifizierte Scharfschützen aus verschiedenen Häusern auf Polizisten und Demonstranten schossen. Es gab mehr als 40 Tote. Chaos brach aus. Sofort wurden die amtierende Regierung von Präsident Viktor Janukowitsch und seine Polizeieinheit Berkut für das Massaker verantwortlich gemacht, obschon diese kein Interesse daran haben konnten, dass die Lage eskalierte, da sie sich ja nicht selber stürzen wollten. „Die Welt darf nicht zuschauen, wie ein Diktator sein Volk abschlachtet", kommentierte Vitali Klitschko, der die Regierung stürzen wollte, im deutschen Boulevardblatt Bild.

Der Regimewechsel war erfolgreich: Präsident Janukowitsch wurde gestürzt und floh nach Russland. Er wurde später durch den Milliardär Petro Poroschenko ersetzt, der als Präsident umgehend erklärte, er wolle die Ukraine in die NATO führen.

Soweit die Zusammenfassung von Daniele Ganser. Eine ausführliche Darstellung des Maidan-Putsches auf Basis öffentlicher Quellen verfasste der Journalist Thomas Röper in seinem dicken Buch „Die Ukraine Krise".[251] Damit dieses zentrale und schicksalsträchtige Ereignis noch anschaulicher und nacherlebbarer wird, möchte ich einige Vorgänge detaillierter schildern.

November 2013: Beginn der Proteste und Finanzierung aus dem Westen

Am 29. November 2013 sollte im Rahmen des EU-Gipfels in Vilnius, der Hauptstadt Litauens, die Unterzeichnung des EU-Assoziierungsabkommens stattfinden. Am 21. November 2013 teilte die ukrainische Regierung mit, dass sie die Unterzeichnung aussetzen wolle. Stattdessen solle eine trilaterale Kommission zusammen mit der EU und Russland gebildet werden, um die Handelsfragen weiter zu besprechen. Da der Außenhandel der Ukraine zu etwa 30 Prozent mit Russland abgewickelt wurde, befürchtete die Regierung einen starken Einbruch des Außenhandels, wenn die Zollfreiheit mit Russland abgeschafft würde. Die Abschaffung der Zollfreiheit mit Russland war jedoch die direkte Folge des EU-Assoziierungsabkommens.[252] Die Regierung Janukowitsch wollte die Ukraine also als Brückenstaat zwischen Ost und West erhalten. Diese trilaterale Kommission kam aber, aufgrund der Weigerung der EU, nicht zustande.

Stattdessen begannen am 21. November 2013, dem Tag an dem die Unterzeichnung des EU-Assoziierungsabkommens ausgesetzt wurde, die ersten Proteste auf dem Kiewer Maidan mit einigen hundert Menschen. Gleich am ersten Tag sprachen Jazenjuk (der spätere Premierminister nach dem Putsch) und Klitschko (Boxweltmeister und späterer Bürgermeister von Kiew) zu den Demonstranten. Das zeigen Aufnahmen von Hromadskoe.tv, einem Internet-TV-Sender, der den Maidan von Beginn an unterstützte und viel Material von den dortigen Ereignissen an die weltweite Presse lieferte. Der Journalist Thomas Röper hat sich die Finanzierung dieses Senders angesehen:

> *Hromadskoe.tv, wie auch andere Internet-Sender, denen wir auf dem Maidan begegnen werden und die den Mai-*

dan unterstützt haben, sind im Vorwege aus dem Westen finanziert worden. So sagte der Jahresbericht 2013 von Hromadskoe.tv, der inzwischen nicht mehr im Netz einsehbar ist, dass über die Hälfte der Einnahmen des Senders aus dem Westen stammten: knapp 80.000 Euro von der niederländischen Botschaft, knapp 40.000 von der US-Botschaft und knapp 25.000 vom International Renaissance Fond (George Soros). Das sind ca. 145.000 Euro aus dem Westen bei Einnahmen von knapp 260.000 Euro. Der Rest sind laut Bericht Einzelspenden von Privatpersonen. Dabei hatte Hromadskoe.tv nur Kosten in Höhe von ca. 140.000 Euro, was bedeutet, dass die Finanzierung des Westens allein alle Kosten gedeckt hat und der Sender sich Rücklagen schaffen konnte. (...)

Die Information über die Finanzierung ist wichtig. (...) Es lohnt sich, in einem Konflikt, bei dem es um Milliarden eines einzelnen Investors und um geopolitische Interessen der Supermächte geht und bei dem es später sogar zu einem Krieg kommt, die Frage im Hinterkopf zu behalten, wer welche Interessen hatte und wer von wem finanziert wurde. Es bleibt die Frage: Wozu finanzieren westliche Botschaften und der US-Investor Soros einen Internetsender, wenn nicht, um mit ihm Entwicklungen in ihrem Sinne zu beeinflussen?[253]

Die Demonstranten setzten sich auf dem Maidan fest. Der Maidan ist ein großer zentraler Platz in Kiew. Obwohl ein Kiewer Gericht den Aufbau von Zelten verboten hatte, begann spätestens am 24. November 2013 der Aufbau einer Zeltstadt unter dem „Kommandanten" Andrij Parubij, der von Anfang an eine treibende Kraft auf dem Maidan war. Parubij war Gründungsmitglied der Swoboda, Abgeordneter der Rada und arbeitete eng mit dem Führer des Rechten Sektors, Dmytro Jarosch, zusammen.[254] Die Maidan-Demonstranten kamen aus verschiedenen gesellschaftlichen Gruppierungen, die gut organisierten rechtsradikalen Gruppen übernahmen aber eine Führungsrolle.

Besuche westlicher Politiker auf dem Maidan

Nicht nur prominente amerikanische Politiker tauchten immer wieder auf dem Kiewer Maidan zur Unterstützung des Protest-Camps auf, auch europäische Politiker kamen einer nach dem anderen. Am 4. Dez. 2013 kam der deutsche Außenminister Westerwelle und wiederholte in Kiew den Satz, dass „die Tür zur EU noch immer weit offensteht." Am 10. und 11. Dezember 2013 besuchten Catherine Ashton, Außenbeauftragte der EU, und Catherine Nuland, Viceaußenministerin der USA, den Maidan, wo Nuland symbolisch bei der Austeilung von Lebensmitteln an Demonstranten half. Thomas Röper ordnet das ein:

> *Um zu verstehen, was die Besuche ausländischer Politiker auf dem Maidan bedeuten, stelle man sich zum Beispiel folgendes vor: Pegida führt auf dem Potsdamer Platz in Berlin ungenehmigte und blutige Massenproteste durch, die sich über Wochen hinziehen. Die Demonstranten fordern den Rücktritt der Regierung, und in dieser Situation besucht der russische oder chinesische Außenminister Berlin und feuert die Demonstranten weiter an. Dies würde umgehend als Einmischung in Deutschlands innere Angelegenheiten verurteilt werden. Bei diesem Vergleich wird es umso überraschender, dass die ukrainische Regierung gegen diese Besuche nicht protestiert hat oder gar versucht hat, diese Besuche zu unterbinden.*[255]

Deeskalationsversuche der Regierung Janukowitsch

Das unerlaubte Protest-Camp wurde von der Polizei nicht geräumt, wie es in den meisten Staaten üblich wäre. Stattdessen besetzten die Demonstranten im Laufe der Wochen mehrere Regierungsgebäude. Sogar das ließ die Regierung Janukowitsch zu. Sie wollte keine Eskalation.

Nachdem sich die Proteste im Januar 2014 weiter zugespitzt hatten, unternahm Präsident Janukowitsch weitgehende Schritte zu einer Entspannung der Lage. Am 28. Januar 2014 traten Premierminister Asarow und die gesamte Regierung zurück und das ukrainische Parlament hob die zuvor beschlossene Einschränkung des Demonstrationsrechtes wieder auf. Der Präsident ging sogar so weit, seinem Kontrahenten Arsenij Jazenjuk, der als Stellvertreter der inhaftierten Oppositionsführerin Timoschenko fungierte, das Amt des Premierministers anzubieten; Vitali Klitschko offerierte er den Posten des Vizepremiers. Doch die Opposition verweigerte die Regierungsbeteiligung. Die alte Regierung blieb deshalb kommissarisch im Amt.[257]

Der Präsident in der Ukraine hat sehr viele politische Befugnisse und ist nicht mit dem Bundespräsidenten in Deutschland zu vergleichen, der fast nur repräsentative Aufgaben erfüllt. Laut der ukrainischen Verfassung von 1996 kann der Präsident den Premierminister und das Regierungskabinett – auch ohne Zustimmung des Parlamentes – ernennen und entlassen. Der Präsident leitet auch direkt die Außenpolitik und die Streitkräfte.[258]

Janukowitsch hatte versucht, die Ukraine in der Balance zu halten und das Land zusammenzuhalten. Durch die Zugeständnisse des Präsidenten entschärfte sich die Situation auf dem Maidan. Ein friedlicher Kompromiss schien möglich und lag auf der Hand. Die reguläre Amts-

Eroberung des Justizministeriums in Kiew am 27. Januar 2014.[256]

zeit von Präsident Janukowitsch, der 2010 durch eine demokratische – und auch vom Westen überprüfte und anerkannte – Wahl ins Amt gekommen war, lief 2015 aus. Er war bereit, in den bis dahin verbleibenden Monaten die Macht mit der Opposition zu teilen und diese als Regierung zu ernennen. Für die Opposition gab es deshalb keinen zwingenden Grund, die Proteste auf die Spitze zu treiben.

Hinter den Kulissen wurden aber andere Entscheidungen getroffen. Es sollte keine demokratische Lösung geben, sondern einen gewaltsamen Umsturz. Am Dienstag, dem 18. Februar 2014 kam es zu einer – aus der Situation nicht erklärbaren – Explosion der Gewalt.

18.-20. Februar 2014: Über 100 Tote auf dem Maidan

Ab dem Dienstag 18. Februar 2014 begannen sich die Ereignisse zu überschlagen. Thomas Röper beschreibt:[259]

> *Schon am 17. Februar berichteten ukrainische Medien, dass der Rechte Sektor seinen Einheiten Kampfbereitschaft befohlen habe und dies mit einem für den nächsten Morgen geplanten „friedlichen Angriff“ auf das Parlament begründete. Wozu man sich bei einem „friedlichen Angriff“ kampfbereit machte, ist in diesem Zusammenhang eine gute Frage. (...)*
>
> *Am 22. Februar schrieb die „Welt“ in einer Analyse unter der Überschrift „Die radikale ukrainische Gruppe Rechter Sektor“ über die Organisation. In dem Artikel hieß es: „Erstmals trat die paramilitärische Organisation bei Protesten Ende November in Kiew in Erscheinung“. Es handele sich dabei um Selbstverteidigungskräfte, „die meist an vorderster Front agieren und die Barrikaden bewachen. Landesweit schätzt die Gruppierung selbst das Mobilisierungspotenzial auf 5.000 Menschen, Tendenz stark steigend. ... Die Mitglieder sind für ihr martialisches Auftreten bekannt. Sie tragen Tarnfleckuniformen, Helme und Skimasken. Anführer Dmitri Jarosch gibt offen zu, über Schusswaffen zu verfügen. «Es sind genug,*

um das ganze Land zu verteidigen», sagte der 42 Jahre alte Philologe aus der Stadt Dnjeprodserschinsk dem US-Magazin «Time» Anfang Februar."

Um die Anstrengungen der ukrainischen Polizei, einen Durchbruch der Demonstranten zur Rada [dem ukrainischen Parlament] zu verhindern, richtig einzuordnen, darf man nicht vergessen, dass zum Beispiel auch in Deutschland in der „Bannmeile" um das Regierungs viertel ein Demonstrationsverbot besteht (§ 16 VersG, § 1 BefBezG). Demonstrationen und Versammlungen in den Bannmeilen um Bundestag, Bundesrat und Landtage sind in Deutschland grundsätzlich verboten und nur in Ausnahmefällen zulässig, wenn keine Störung zu erwarten ist, was vor allem an sitzungsfreien Tagen gilt. Es ist schwer vorstellbar (und im Übrigen gesetzeswidrig), dass die Polizei in Berlin tausende vermummter, gewaltbereiter und mindestens mit Pflastersteinen und Molotow-Cocktails bewaffneter Demonstranten ungestört zum Bundestag ziehen lassen würde (...).

Am Morgen des 18. Februar 2014 kam es zu schweren Zusammenstößen vor der Rada, als Demonstranten die Polizeisperren um die Rada durchbrechen wollten. Die Polizei setzte Tränengas und Blendgranaten ein, die Demonstranten warfen Steine und Molotow-Cocktails auf die Polizei und zündeten Fahrzeuge an. (...) Sowohl westliche als auch russische und ukrainische Medien berichten übereinstimmend von 25 Toten als Folge der Ausschreitungen. (...)

Am 19. Februar war es in Kiew nach der „Blutnacht" („Spiegel" am 19. Februar) vergleichsweise ruhig, und Regierung und Opposition einigten sich auf einen Waffenstillstand. (...)

Obwohl Regierung und Opposition einen Waffenstillstand beschlossen hatten, kam es am 20. Februar wieder zur Eskalation, denn der Rechte Sektor und andere radikale Gruppen lehnten den Gewaltverzicht ab.

Morgen des 19. Februar 2014 auf dem Maidan: das Gewerkschaftshaus brennt.[260]

Morgens am 20. Februar 2014 auf dem Maidan in Kiew, kurz vor den Schüssen durch Scharfschützen auf Polizisten und Demonstranten[261]

Für den 20. Februar Abends waren weitere Verhandlungen zwischen Präsident Janukowitsch und den Anführern der Maidan-Proteste geplant. Um hier zu vermitteln, flogen an diesem Tag die Außenminister Deutschlands, Frankreichs und Polens nach Kiew. Im Vorfeld dieses Treffens kam es zu einem regelrechten Gewaltexzess.

Der deutsche Korrespondent Moritz Gathmann berichtete, dass am frühen Donnerstagmorgen des 20. Februar auf dem Maidan Busse aus der Westukraine angekommen sind, wo militante Extremisten am Vortag in eine Kaserne eingedrungen waren und Waffen gestohlen hatten.[262] Der Autor Mathias Bröckers weiter:

> *Um 9 Uhr früh dann stürmten militante Kämpfer der Opposition die Polizeibarrikaden, gleichzeitig eröffneten Scharfschützen, deren Auftraggeber bis heute nicht ermittelt sind, ihr Feuer. Sie richteten ein Blutbad an, das die Ereignisse vom 18. Februar in den Schatten stellte, und zielten dabei sowohl auf Demonstranten als auch auf Sicherheitskräfte. Die bekannte Strategie, Vertreter zweier Konfliktparteien zugleich zu töten, sodass jede Gruppe annehmen muss, die jeweils andere habe auf sie geschossen, ging auf: Chaos und blinde Wut griffen um sich.*[263]

Nachdem Polizisten von Kugeln getroffen wurden, schossen diese auch. Das würde jeder Polizist zur Selbstverteidigung tun. Auch Demonstranten benützten Pistolen und Gewehre, das zeigen Videos. Über 50 Menschen starben an den Schussverletzungen. Die große Frage ist, wer waren die Scharfschützen am Beginn des Scharmützels?

Wer war der Auftraggeber der Scharfschützen?

Das Besondere ist, dass die Scharfschützen sowohl auf die Polizisten als auch auf die Demonstranten schossen. Normale Polizisten schießen nicht auf Polizisten und normale Demonstranten nicht auf Demonstranten. Die Scharfschützen müssen also von einer dritten Seite gekommen sein, die ein besonderes Interesse an einer gewalttätigen Eskalation hatte.

Eine weitere Eskalation war nicht im Sinne des Präsidenten Janukowitsch, denn diese würde letztlich zu seinem Sturz führen. Janukowitsch versuchte zu deeskalieren und traf sich oft mit den Demonstranten und machte diesen weitgehendste Zugeständnisse. Aber an einer Gewalteskalation bis zum Sturz der Regierung war sicherlich der unerbittliche Rechte Sektor unter Dmitri Jarosch interessiert. Der Verdacht fällt auch auf die Geheimdienste der USA, denn diese haben schon oft Regierungsstürze initiiert und schrecken vor Toten nicht zurück. Und, wie wir gesehen haben, waren sie es, die, von langer Hand vorbereitet, an einer radikal anti-russischen und von ihnen abhängigen Regierung in der Ukraine interessiert waren, die durch legale demokratische Wahlen wohl nicht hätte zustande kommen können.

Es gibt Hinweise, dass die Scharfschützen beauftragte Profikiller waren. Mathias Bröckers dazu:[264]

> *Das ARD-Magazin Monitor schickte im März ein Rechercheteam nach Kiew, um die näheren Hintergründe der Ereignisse vom 20. Februar zu ermitteln.[265] Der Arzt Oleksandr Lisowoi vom Kiewer Krankenhaus Nr. 6, der Verwundete beider Seiten behandelt hatte, sagte den deutschen Journalisten klar: „Die Verwundeten, die wir behandelt haben, hatten denselben Typ Schussverletzungen, ich spreche jetzt von dem Typ Kugeln, die wir aus den Körpern herausoperiert haben, die waren identisch. Mehr kann ich nicht sagen." Und ein hochrangiges Mitglied der Ermittlungskommission ließ sich von der ARD mit den Worten zitieren: „Das, was mir an Ergebnissen meiner Untersuchung vorliegt, stimmt nicht mit dem überein, was die Staatsanwaltschaft erklärt."*
>
> *Diese hatte ja bekanntlich Janukowitsch für den Einsatz der Scharfschützen verantwortlich gemacht. Leiter der Staatsanwaltschaft war dabei der Vertreter der rechtsextremen Svoboda-Partei, die erst durch die Ereignisse vom 20. Februar an die Macht gekommen war.*
>
> *Das ARD-Team berichtete wesentliche Details, die in den offiziellen Berichten nicht vorkamen: So seien die Oppositionellen auch vom Hotel Ukraina aus beschossen worden, das in ihrem Rücken lag. Ein Zeuge sagte: „Wir wur-*

den von vorn beschossen und auch von hinten, etwa aus der achten oder neunten Etage des Hotel Ukraina. Das waren in jedem Fall Profis." Doch das Hotel, in dem auch viele Medienvertreter untergebracht waren, befand sich an jenem Tag fest in der Hand [militanter rechtsradikaler Maidanprotestler]. Diese hatten laut den Recherchen der ARD am Morgen des 20. Februar Einlasskontrollen eingeführt, sodass nur noch in das Hotel kam, wer einen Zimmerschlüssel besaß oder sich ausweisen konnte.

Weiterhin traf das ARD-Team in Kiew einen Amateurfunker, der den Funkverkehr der Scharfschützen der Janukowitsch-Regierung am Vormittag des 20. Februar mitgeschnitten hatte. Dort ist zu hören, wie ein Scharfschütze seine Kollegen über Funk fragt: „Wer hat da geschossen? Unsere Leute schießen nicht auf Unbewaffnete." Kurze Zeit später sagt ein anderer: „Den hat jemand erschossen. Aber nicht wir." Dann fügt er hinzu: „Gibt es da noch mehr Scharfschützen? Und wer sind die?" Der Funker schickte seine brisanten Aufnahmen den Ermittlungsbehörden. Doch die zeigten nach seiner Aussage kein Interesse. [Nach dem Putsch waren die Ermittlungsbehörden durch die neue Regierung neu besetzt worden.]

Die kritischen Recherchen des ARD-Magazins Monitor, ausgestrahlt am 10. April 2014, blieben eine Ausnahme. Die meisten Mainstream-Medien wiederholten unhinterfragt die Schuldzuweisung an Janukowitsch, dieser sei für die Toten auf dem Maidan verantwortlich. Warum? Die neue Kiewer Regierung benötigte diese Schuldzuweisung für ihre eigene Glaubwürdigkeit. Wenn herauskommen würde, dass die Scharfschützen aus dem Kreis der Putschisten beauftragt worden waren und dies auch weit in den Medien verbreitet worden wäre, dann wäre deren Glaubwürdigkeit zerstört gewesen. Die USA wollte die Putsch-Regierung, die sie selbst ausgewählt hatte. Deshalb lag es auch im Interesse der USA, dass die Auftraggeber der Scharfschützen nicht ermittelt wurden.

Im Laufe der Jahre kamen dann doch viele weitere Hinweise zusammen. Zum Beispiel gestanden 2017 im italienischen Fernsehen drei

Georgier ihre Teilnahme an den Scharfschützenmorden und behaupteten, dazu von einem ukrainischen Oppositionspolitiker angestiftet und konkret vor Ort von einem Amerikaner – einem Ex-Scharfschützen einer US-Eliteeinheit – befehligt worden zu sein.[266] Natürlich können diese Geständnisse auch eine Desinformation sein, doch das ist nicht offensichtlich und müsste deshalb von unabhängigen Ermittlern genau geprüft werden. Das ist nicht passiert. Nur der russische Sender Sputnik präsentierte im Februar 2018 die Flugtickets der geständigen Georgier. Sie scheinen also zu dem Zeitpunkt in Kiew gewesen zu sein.[267]

Keine offiziellen Untersuchungsergebnisse

Von der ukrainischen Staatsanwaltschaft gibt es keine abschließenden Ergebnisse. Anwälte von Menschen, die ursprünglich auf Seiten der Demonstranten waren und dabei angeschossen wurden, kritisierten die neue Regierung und Staatsanwaltschaft heftig, da ihnen keinerlei Zugang zu Akten, Gutachten oder Ermittlungsergebnissen gewährt wurde. Und sie warfen den zuständigen Behörden Vertuschung vor. Dieser Kritik schlossen sich im Laufe des Jahres auch unabhängige Organisationen an, die die Ermittlungen Kiews kritisierten. Dies waren zum Beispiel der „Hohe Flüchtlingskommissar der Vereinten Nationen (UNHCR)“ und der Europarat.[268]

Warum wurde nicht ernsthaft ermittelt? Für die Ermittlung waren der von der Putschregierung neu eingesetzte Generalstaatsanwalt Machnizkyj und der neue Geheimdienst-Chef Nalywajtschenko verantwortlich.

Machnizkyj war aktives Mitglied der rechtsradikalen und nationalistischen Partei Swoboda. Von westlichen Medien und Regierungen wurde nie die Frage gestellt, wie es sein kann, dass ein Rechtsradikaler als Generalstaatsanwalt in Kiew den Rechtsstaat sichern soll? Nalywajtschenko war zu dieser Zeit Mitglied der Partei „Udar“, die von Klitschko geführt wurde, Abgeordneter der Rada und mit rechtsradikalen Netzwerken verbunden. Thomas Röper schreibt zu Nalywajtschenko:

> *Den Gründer des Rechten Sektors, Dmitri Jarosch, kannte er aus jahrelanger Zusammenarbeit, und gemeinsam wurden sie auch von dem mit dem Rechten Sektor verbündeten rechtsradikalen „Orden Trisub“ unter-*

stützt. „Trisub" nennt auf seiner Homepage als Losung „Gott, Ukraine, Freiheit", als Schlachtruf „Heil Ukraine! Heil den Helden!" und nennt als seine Ideologie „Ukrainischen Nationalismus". Auch die Bundeszentrale für politische Bildung bezeichnete „Trisub" als „teils ultrakonservativen, teils neonazistischen nationalistischen Extremistenzirkel". (...)

Es ist jedoch nicht unwichtig, wer in Kiew die Ermittlungen zu den Todesschüssen vom Maidan leitete. Dass dies Machnizkyj tat, bedeutete, dass er auch gegen seine eigenen Parteigenossen hätte ermitteln müssen. Schließlich wurden die Schützen auf Seiten der Opposition (...) genau in den Reihen der Radikalen von Swoboda und Rechtem Sektor vermutet. Schließlich wäre in dem Fall Andrij Parubij als „Kommandant des Maidan" und zuständig für dessen „Selbstverteidigungskräfte", einer der möglicherweise Verdächtigen gewesen. Und auch Parubij hat seine politischen Wurzeln in der Swoboda.[269]

Andrij Parubij wurde nach dem Putsch Chef des Nationalen Sicherheits- und Verteidigungsrats und war in dieser Rolle verantwortlich für den Beginn des Donbass-Krieges. Mit Machnizkyj, Nalywajtschenko und Parubij kamen drei nationalistische Rechtsextreme durch den Maidan-Putsch in zentrale politische Ämter.

Freitag 21. Februar 2014 nachmittags: Janukowitsch erfüllt wichtigste Forderungen der Maidan-Opposition

Nach dem Massaker am Donnerstagvormittag des 20. Februar fanden Donnerstag Abend und am Freitag Verhandlungen zwischen Präsident Janukowitsch und den Anführern der Maidan-Proteste statt. An den Verhandlungen nahmen auch die Außenminister Deutschlands, Polens und Frankreichs sowie der russische Vermittler Wladimir Lukin teil. Die Verhandlungen zogen sich hin. Am Freitag 21. Februar um 16.00 Uhr Ortszeit wurde endlich der Abschluss eines Abkommens verkündet. In diesem stimmte Janukowitsch den wesentlichen Forderungen der Maidan-Opposition zu; eine friedliche demokratische Lösung mit vorgezogenen Neuwahlen war geplant.[270]

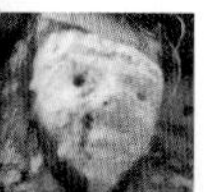

Das Deutsche Auswärtige Amt berichtete am Freitag, den 21. Februar, über die Vereinbarung in einer Pressemitteilung:

> *Präsident Viktor Janukowitsch und die Oppositionsführer haben sich auf eine vorläufige Vereinbarung zur Lösung der innenpolitischen Krise in der Ukraine geeinigt. (...)*
>
> *Außenminister Steinmeier war als Vermittler an der Aushandlung der Vereinbarung beteiligt. Die vorläufige Vereinbarung zwischen Regierung und Opposition in der Ukraine sieht eine Rückkehr zur Verfassung von 2004 innerhalb von 48 Stunden nach Unterzeichnung vor. Außerdem soll innerhalb von 10 Tagen eine Übergangsregierung der Nationalen Einheit gebildet und bis September 2014 die Verfassung reformiert werden. Sobald eine neue Verfassung verabschiedet ist, sollen Präsidentschaftswahlen stattfinden, jedoch nicht später als im Dezember 2014. Die jüngsten Gewaltakte sollen durch die zuständigen ukrainischen Behörden in Zusammenarbeit mit der Opposition und dem Europarat untersucht und aufgeklärt werden. (...)*
>
> *Nach der Abreise des französischen Außenministers zu einer länger geplanten Reise nach China am Donnerstag Abend blieben Steinmeier und Sikorski in Kiew und verhandelten mit allen Beteiligten bis in die frühen Morgenstunden über eine Lösung. Am Freitag 21. Februar nahmen sie gemeinsam mit den Oppositionsführern Klitschko, Jazenjuk und Tyahnybok an einer Versammlung des sogenannten Maidan-Rates teil. Dem Gremium gehören verschiedene Gruppen von Regierungsgegnern an, die bisher den sofortigen Rücktritt von Präsident Janukowitsch gefordert hatten. Nach dem Gespräch mit den beiden Außenministern unterstützten auch die Vertreter des Maidan-Rates die Vereinbarung. Der Weg zur Unterzeichnung war damit frei.*[271]

Auch die Außenminister Deutschlands, Frankreichs und Polens unterschrieben als Garantiegeber das Abkommen.[272] Das Abkommen beinhaltete außerdem:

> *Die Behörden und die Opposition werden die Anwendung von Gewalt unterlassen. (...) Beide Parteien werden ernsthafte Anstrengungen zur Normalisierung des Lebens in den Städten und Dörfern, durch den Rückzug aus Verwaltungs- und öffentlichen Gebäuden und durch Entsperren von Straßen, Parkanlagen und Plätzen unternehmen. Illegale Waffen sollten dem Innenministerium innerhalb von 24 Stunden nach Inkrafttreten des Sondergesetzes, gemäß Punkt 1 dieses Dokuments, übergeben werden. (...) Die Behörden und die Opposition werden die Konfrontation verringern. Die Regierung wird die Ordnungskräfte nur für den physischen Schutz von öffentlichen Gebäuden nutzen.*[273]

Im Prinzip hatte Janukowitsch damit die wichtigsten Forderungen der Opposition erfüllt, mit Ausnahme seines eigenen sofortigen Rücktritts. Durch die Rückkehr zur Verfassung von 2004 würde der Präsident entmachtet, in der Übergangsregierung würden die Oppositionspolitiker Macht erhalten, und die Neuwahlen würden vorgezogen.

Doch das Abkommen war nicht das Papier wert, auf dem es stand. Thomas Röper zieht ein Fazit:

> *Heute wissen wir, dass dieses Abkommen von der damaligen Opposition und neuen Regierung in fast allen Punkten gebrochen wurde. Die geforderten Verfassungsreformen hat es bis heute nicht gegeben, lediglich die Verfassung von 2004 wurde in Kraft gesetzt. Die genannten vorgezogenen Präsidentschaftswahlen wurden abgehalten, ohne vorher eine neue Verfassung verabschiedet zu haben. Die Untersuchungen der «jüngsten Gewaltakte» wurden ebenfalls bis heute nicht abgeschlossen, der Europarat meldete keine nennenswerten Fortschritte. Und die Entwaffnung der illegal bewaffneten Kräfte des Maidan wurde nie durchgeführt.*[274]

Die Militanten des Rechten Sektors benötigten diese Waffen, um ihre Gewaltherrschaft weiter auszuüben.

Freitag 21. Februar 2014 nachts: Janukowitsch flieht nach Morddrohung

Die Oppositionsführer und der Maidan-Rat, die der Vereinbarung mit Janukowitsch zugestimmt hatten, setzten dieses nicht um. Stattdessen spitzte sich die Lage zu. Der „Spiegel" schrieb spät am Abend des 21. Februar unter dem Titel „Proteste in Kiew: Radikale stellen Janukowitsch Ultimatum" detaillierter über die Gewaltbereitschaft des Rechten Sektors:

> *Aufgebrachte Demonstranten in Kiew haben die Einigung der Opposition mit der Regierung am Freitagabend abgelehnt. Dmitrij Jarosch, Anführer der radikalen Splittergruppe Rechter Sektor, kündigte auf dem Maidan an, die Waffen nicht niederzulegen, bevor Präsident Viktor Janukowitsch nicht zurücktrete. Nationalistische Aktivisten bekamen Applaus für ihre Ankündigung, am Samstagvormittag das Präsidialamt zu stürmen, falls Janukowitsch bis dahin nicht gegangen sein sollte. Tausende Demonstranten auf dem Maidan riefen: „Tod dem Verbrecher."*[275]

Die weiteren Vorgänge in der Nacht des 21. Februar schildert Thomas Röper:[276]

> *In der Nacht stürmten die Kämpfer des rechtsextremen Rechten Sektors dann das Regierungsviertel, da dies nach dem Abzug der Polizei aus Kiew nun unbewacht war. Darüber berichtete noch in der Nacht die „Ukrainskaya Prawda" unter der Überschrift: „Parubij: Der Maidan kontrolliert nun ganz Kiew" und schrieb über einen Auftritt Parubijs auf dem Maidan, bei dem er verkündete, dass nun das Regierungsviertel und diverse andere Gebäude von den „Selbstverteidigungskräften" besetzt seien, wobei diese zu diesem Zeitpunkt bereits paramilitärisch organisiert waren, wie schon Wochen vorher immer wieder gemeldet wurde, denn er benannte die jeweils aktiven „Hundertschaften" mit ihren Nummern: „Die 15. Hundertschaft (bewacht) das Innenministerium."*

Die Leibwache von Janukowitsch konnte für seine Sicherheit nicht mehr garantieren und sagte ihm, dass der Sturm komme, er habe noch 40 Minuten.[277] Vor Mitternacht stieg Janukowitsch in einen Hubschrauber und flog nach Charkow in die Ostukraine.

Gewalt torpediert friedliche Lösung

Blicken wir auf den 20. und 21. Februar noch einmal zurück. Innerhalb von zwei Tagen wurde die noch bestehende politische Ordnung aus den Angeln gehoben, ein praktisch rechtsfreier Raum geschaffen und der Hebel umgelegt für alles Kommende.

Für Donnerstag, den 20. Februar, waren Verhandlungen angesagt, die abschließend zu einer friedlichen Lösung des Konfliktes führen sollten. Dafür waren der deutsche Außenminister Frank-Walter Steinmeier, wie auch seine Amtskollegen aus Frankreich und Polen, am Morgen des 20. Februars nach Kiew angereist.

Eine friedliche Lösung konnte durch weitestgehende Zugeständnisse des Präsidenten Janukowitsch an die Protestführer des Maidan erreicht werden; wichtigster Kompromisspunkt: Vorgezogene Präsidentenwahlen. Bei diesen hätte auf verfassungsgemäße und demokratische Weise von der Bevölkerung der gesamten Ukraine – also auch den Bürgerinnen und Bürgern der östlichen Landesteile – ein neuer Präsident gewählt werden können. Ob dabei einer der Anführer des rechten Spektrums die Mehrheit bekommen hätte, ist fraglich.

Am selben Tag, Donnerstag den 20. Februar morgens, werden auf dem Maidan gezielt tödliche Schüsse auf Demonstranten sowie auf staatliche Sicherheitskräfte abgegeben. Das Entsetzen darüber sprengt jede noch vorhandene Ordnung und Orientierung. Die Morde wirken als Schock, der alle Grenzen einreißt. Dass nicht nur auf Demonstranten geschossen wird – was man Janukowitsch in die Schuhe hätte schieben können – sondern auch auf Polizisten, hat die psychologische Wirkung, dass reine Wut in gänzlichem Chaos entsteht, in dem man sich an nichts mehr halten muss und in dem nichts Vorheriges mehr gilt.

Damit sind die Verhandlungen bereits torpediert, bevor sie abgeschlossen sind. Was auch immer dabei herauskommt, es spielt keine Rolle mehr. Die Gewalt setzt sich durch. Die gewaltbereiten Maidan-Kämpfer ernennen sich selbst nun zu Sicherheitskräften. Die staatlichen Organe sind obsolet. Der rechte Block übernimmt die staatliche Aufgabe.

Dass bei dem Massaker auch Polizisten erschossen wurden, hat den Effekt, dass die regulären Sicherheitskräfte nicht mehr für Sicherheit stehen konnten, da sie selbst Opfer tödlicher Schüsse wurden. So zeigt sich die scheinbare Irrationalität, auf Demonstranten sowie auf Polizisten zu schießen, bei genauerem Hinsehen als kalkuliert und zielführend.

Die Verhandlungen am Donnerstag, dem 20. Februar, gehen bis in die frühen Morgenstunden des 21. Februars. Am Freitag, 21. Februar, wird die Vereinbarung einer friedlichen Lösung bekanntgegeben. Aber die radikalsten Kräfte können in dem geschaffenen Chaos diese ignorieren und unbeirrt vorangehen.

Samstag 22. Februar 2014: Parlament wird bedrängt und setzt Janukowitsch ab

Thomas Röper schildert:[278]

> *Am 22. Februar tagte das ukrainische Parlament, die Rada, unter turbulenten Bedingungen. Nachdem sich die Polizei am Vortrag zurückgezogen und in der Nacht die Selbstverteidigungskräfte des Maidan das Regierungsviertel gestürmt hatten, mussten die Abgeordneten auf ihrem Weg in die Rada durch Gruppen bewaffneter und mit Metallschildern ausgerüsteter Maskierter gehen. (...)*
>
> *Westliche Medien berichteten zwar über diese Bewachung, unterließen es aber, die Frage aufzuwerfen, ob hier nicht möglicherweise eine Einschüchterung der Abgeordneten vorlag und ob Abstimmungen unter solchen Umständen überhaupt anerkannt werden können. Dass diese Frage durchaus berechtigt ist, zeigt folgender Vergleich: Man stelle sich einmal vor, die Abgeordneten des Bundestages müssten vor einer wichtigen Abstimmung durch die Reihen von maskierten und bewaffneten*

Autonomen oder Hooligans gehen, die sich auch in den Gängen des Bundestages und im Plenarsaal selbst aufhalten, während gleichzeitig keinerlei Polizei anwesend ist. Dass Abgeordnete, die die Position vertreten, die den Maskierten widerspricht, einer solchen Sitzung fernbleiben bzw. aus Angst so abstimmen, wie es die Maskierten wollen, dürfte nicht überraschen. Ob dann aber die Ergebnisse solcher Abstimmungen legitim sind, wenn Teile der Abgeordneten aus Angst nicht erscheinen oder nicht frei abstimmen können, ist eine berechtigte Frage.

Es gibt Berichte, dass unliebsame Abgeordnete vor dem Parlamentsgebäude verprügelt und ihnen der Zugang verwehrt wurde. Mathias Bröckers schildert:

„Das Ergebnis [der Einschüchterung] zeigen Filmaufnahmen von der Abstimmung im Parlamentssaal: Die Ränge der Oppositionsparteien waren eng gefüllt, während die Reihen der beiden Fraktionen, wo sonst Kommunisten und Vertreter von Janukowitschs «Partei der Regionen» saßen, fast leer blieben. Bei der Abstimmung über die Amtsenthebung Janukowitschs gab es keine einzige Gegenstimme, ein mehr als deutlicher Hinweis auf die Atmosphäre der Einschüchterung, unter der diese Abwahl stattfand. Am gleichen Wochenende wurde die Parteizentrale der Kommunisten in Kiew von Militanten gestürmt."[279]

Es gibt auch Berichte, dass die Abgeordneten der Kommunistischen Partei von den Euro-Maidan-Kämpfern festgesetzt wurden. Einigen Abgeordneten seien die Stimmkarten abgenommen und von anderen im Parlament bei Abstimmungen benutzt worden.

Das erinnert mich an die Machtübernahme der deutschen Nationalsozialisten, die damit einherging, dass kommunistische oder sozialdemokratische Abgeordnete des Reichstags von den paramilitärischen Einheiten der Nazis bedroht, verhaftet und umgebracht wurden. Der Reichstag wurde immer leerer und entschied schließlich im Sinne der Nazis.

Den westlichen Regierungen und Mainstream-Medien waren die Umstände der Absetzung Janukowitschs bekannt. Egal. Man war froh, dass sich der vom Westen unterstützte Euromaidan durchgesetzt hatte. Die neue Übergangsregierung wurde sofort anerkannt und unterstützt. Dass das eindeutig eine verfassungswidrige Machtergreifung war, spielte für die Vertreter der „regelbasierten Ordnung“ keine Rolle.

Verfassungswidrige Absetzung von Janukowitsch

Thomas Röper erklärt die rechtliche Situation:[280]

> *Die Absetzung von Janukowitsch wird bis heute von Putin als „bewaffnete Machtergreifung“ oder „verfassungswidriger Staatsstreich“ bezeichnet. Daher lohnt sich ein Blick in die ukrainische Verfassung[281], um zu prüfen, ob dies Propaganda oder wahr ist. Artikel 108 der ukrainischen Verfassung regelt, unter welchen Umständen eine Präsidentschaft vorzeitig enden kann und nennt vier Gründe: „1) Rücktritt; 2) Verhinderung der Amtsausübung aus gesundheitlichen Gründen; 3) Amtsenthebung in einem Amtsenthebungsverfahren; 4) Tod“.*
>
> *Da Janukowitsch einen Rücktritt abgelehnt hatte, gesundheitliche Gründe nicht vorlagen und er nicht gestorben war, musste er gemäß Verfassung per Amtsenthebungsverfahren abgesetzt werden. Dies wird in Artikel 111 geregelt: „Der Präsident der Ukraine kann wegen des Begehens von Hochverrat oder eines anderen Verbrechens vom Parlament der Ukraine in einem Amtsenthebungsverfahren vorzeitig des Amtes enthoben werden. Die Frage der Amtsenthebung des Präsidenten der Republik in einem Amtsenthebungsverfahren wird von der Mehrheit der durch die Verfassung bestimmten Anzahl der Mitglieder des Parlaments der Ukraine initiiert.“*
>
> *Anschließend wird das Prozedere definiert: Einrichtung einer Untersuchungskommission mit Staatsanwalt und Sonderermittler. Auf Basis der Untersuchung muss ein Beschluss über eine Anklageerhebung fallen. Danach ist*

eine Prüfung der Angelegenheit durch das Verfassungsgericht vorgesehen. Erst danach gibt es eine Abstimmung in der Rada, bei der mindestens 75 Prozent der gesamten Abgeordneten für die Amtsenthebung stimmen müssen. Interessanterweise bezog sich die Rada in ihrem Gesetz zur Absetzung von Janukowitsch [nicht auf den gerade erläuterten Artikel 111, sondern] auf den Artikel 112 der Verfassung, der aber nichts mit der Amtsenthebung zu tun hat, sondern nur regelt, dass der Premierminister in der Übergangszeit bis zur Wahl eines neuen Präsidenten die Amtsgeschäfte führt. (...)

Da an jenem Tag, Samstag den 22. Februar, jedoch nur eine Abstimmung über die Amtsenthebung stattfand, ohne die in der Verfassung vorgesehenen Vorbereitungen (Untersuchungskommission, Bericht, Prüfung durch Verfassungsgericht, etc.), muss die Absetzung Janukowitsch als verfassungswidrig bezeichnet werden. Hinzu kommt, dass die in der Verfassung vorgesehene Mehrheit von 75 Prozent aller Abgeordneten für eine Absetzung nicht erreicht wurde. Für eine Absetzung stimmten 328 der 450 Abgeordneten, das sind nur 73 Prozent.

Wir sehen: Erstens wurden die in der ukrainischen Verfassung definierten Schritte einer Amtsenthebung nicht befolgt. Zweitens wurde die nötige Mehrheit im Parlament nicht erreicht. Drittens berief sich das Gesetz über die Absetzung nicht auf Artikel 111 der Verfassung, sondern auf Artikel 112, der mit der Absetzung eines Präsidenten nichts zu tun hat. Das sind drei objektive Brüche der Verfassung, weshalb die Absetzung von Janukowitsch nach den Buchstaben des Gesetzes illegal und ein Bruch der Verfassung war.

Aufgrund der militanten Umstände und der offensichtlichen Verfassungswidrigkeit der Absetzung ist es berechtigt von einem „Putsch" zu sprechen. Auch Egon Bahr, der einstige Vordenker der deutschen Ostpolitik, sagte: *„Ich weiß nicht, was die legale Basis der jetzt amtierenden Regierung in Kiew ist."*[282]

Den westlichen Regierungen war aber die Verfassungswidrigkeit nicht wichtig. Es gab keine Kritik an dem Putsch. Offensichtlich herrschte die Gesinnung: Gesetze muss man nur dann einhalten, wenn sie einem nützen. Wenn sie stören, kann man sie übergehen. Dafür konstruierten dann im Nachhinein Juristen kreative Begründungen, zum Beispiel dass der Verfassungstext lückenhaft gewesen sei und deshalb ausgelegt werden musste.[283]

Am 27. Februar 2014, fünf Tage nach der Amtsenthebung von Janukowitsch, wurde unter Arsenij Jazenjuk als neuem Premierminister die neue Übergangsregierung bestätigt. Dieser gehörten sechs Mitglieder seiner „Vaterlandspartei" an, darunter die neuen Justiz- und Innenminister. Die rechtsextreme nationalistische Swoboda stellte vier Mitglieder, darunter den Verteidigungsminister. Es gab außerdem 15 parteilose Minister, die meist aus den Reihen der Maidan-Anführer besetzt wurden. Der Kultusminister Sergei Kvit vom rechtsnationalen Trisub stand dem Chef des Rechten Sektors, Dimitri Jarosch, nahe.[284] Die Swoboda besetzte außerdem mit Machnizkyj den Posten des Generalstaatsanwaltes und mit Parubij den Chef des Nationalen Sicherheits- und Verteidigungsrats. Auch hier gab es keine Bedenken seitens westlicher Regierungen.

Was war der Sinn des Maidan-Putsches?

Die Vorgänge sind nicht leicht zu verstehen. Janukowitsch hatte am 21. Februar nachmittags mit der Opposition ein Abkommen unterschrieben, mit dem er praktisch seine Macht abgegeben hatte. Er hatte fast allem zugestimmt, was die Opposition forderte und sogar die Polizei angewiesen, Kiew zu verlassen. Doch anstatt dass die Maidan-Militanten die besetzten Verwaltungsgebäude räumten und die Barrikaden abbauten, wie es das Abkommen vorsah, riegelten sie schon wenige Stunden nach der Unterzeichnung des Abkommens den Präsidentenpalast und weitere Regierungsgebäude ab und trachteten Janukowitsch nach dem Leben.

Es gab eine ausgehandelte friedliche Lösung. Stattdessen wurde die Ukraine durch das Massaker auf dem Maidan und das Übergehen der abgeschlossenen Vereinbarung in Chaos und Spaltung gestürzt. Wozu das Ganze? Wer hatte hier einen Vorteil gegenüber der Umsetzung einer friedlichen und demokratischen Lösung? Ich habe lange darüber nachgedacht und fand nur diese vier Punkte:

1. Durch den Regierungs-Putsch bekamen die Neonazi-Partei Swoboda und der Rechte Sektor einen überproportional großen Einfluss in der Regierung. Die Maidan-Oppositionsparteien sicherten sich die bewaffnete Macht im Staate und stellten Innen- und Verteidigungsminister, Geheimdienstchef und den Vorsitzenden des Sicherheitsrates. Sie bauten damit ein starkes Machtzentrum auf. Dagegen war im Abkommen mit Janukowitsch eine „Übergangsregierung der Nationalen Einheit" vorgesehen, das heißt eine Allparteienregierung mit allen Parteien im Parlament. Daran hätten auch die Kommunisten, die Partei der Regionen und weitere Parteien beteiligt werden müssen. Der Einfluss der Rechtsradikalen wäre deutlich geringer gewesen.
2. Es mussten keine Behinderungen durch den Präsidenten befürchtet werden. Durch die Rückkehr zur Verfassung von 2004 hatte der Präsident zwar weniger Einfluss, hätte aber trotzdem Gesetze bei der Unterzeichnung und Verkündigung behindern können. Durch den Putsch war diese Möglichkeit beseitigt.
3. Ermittlungen gegen den Rechten Sektor wegen der Morde auf dem Maidan wurden verhindert durch die entsprechende Besetzung der Ermittlungsstellen mit „eigenen Leuten".
4. Ein Krieg gegen die russischen Ostukrainer und eine unumkehrbare Spaltung des Landes wurden möglich.

Damit man den vierten Punkt verstehen kann, muss ich ihn etwas erläutern. Wie wir gesehen haben, strebten die ukrainischen Nationalisten eine ethnische Säuberung an, sie wollten alles Russische ausmerzen. „Heil der Ukraine!", „Ukraine den Ukrainern", „Ukrainisierung". In einem Land mit 30 Prozent russischen Muttersprachlern geht das nur durch einen aggressiven Schock. Dazu benötigten die Neonazis Entscheidungsmacht, zumindest für solange, bis die Spaltung so weit getrieben wurde, bis sie nicht mehr rückgängig gemacht werden konnte.

Deshalb waren die ersten Taten der neuen Machthaber:

- Die Aufhebung des Gesetzes zum Schutz von Minderheitensprachen.
- Dann wurde den Maidan-Hundertschaften als Nationalgarde ein offizieller Status und Finanzen verschafft.

– Und noch bevor es Neuwahlen gab, schickte die Putsch-Regierung Militär in den Donbass und ließ auf Menschen schießen, die gegen den Putsch demonstrierten. Dabei wurden Panzer, Artillerie und Luftwaffe gegen unbewaffnete Zivilisten eingesetzt.

Der Marschbefehl wurde am 13. April 2014 auf einer Sitzung des ukrainischen Sicherheitsrates gegeben, an der der damalige CIA-Chef in geheimer Mission teilnahm.[285] Das war der Beginn des Donbass-Krieges, der acht Jahre andauerte, bis er 2022 zum Ukraine-Krieg wurde. Die Neonazis hatten ihr Ziel erreicht, die Freundschaft zwischen ukrainischen und russischen Ukrainern nachhaltig zu zerstören.

Der Sinn des gewaltsamen Putsches war also, dass die militanten Nationalisten als Minderheit der Entwicklung der Ukraine ihren Stempel aufdrücken konnten.

Was war der Sinn der Vereinbarung vom 21. Februar 2014?

Eine weitere Rätselfrage ist, wozu war die Vereinbarung vom 21. Februar zwischen den Maidan-Führern und Janukowitsch unter Teilnahme dreier Außenminister überhaupt gut? Sie wäre eine friedliche Lösung der politischen Krise gewesen. Die Maidan-Vertreter haben sie zwar unterzeichnet, sie aber nicht umgesetzt, sondern sofort das Gegenteil getan. Wenn sie das Abkommen gar nicht haben wollten, wozu haben sie es dann überhaupt unterschrieben? Was für einen Vorteil hatten sie? Sie hätten doch gleich das Regierungsviertel mit Gewalt besetzen können?

Frank-Walter Steinmeier war als damaliger deutscher Außenminister zusammen mit seinen Kollegen aus Frankreich und Polen bei den Verhandlungen dabei. Diese drei Außenminister unterschrieben als Garanten das Abkommen. Doch als die Maidan-Militanten wenige Stunden später das Regierungsviertel stürmten und Janukowitsch nach dem Leben trachteten, war von den Garanten nichts zu hören. Die Aufgabe der Garanten der Einigung, also die Aufgabe von Steinmeier persönlich, wäre es gewesen, sofort zu protestieren. Der Protest hätte bei jeder weiteren Missachtung des Abkommens wiederholt werden müssen, zum Beispiel bei der verfassungswidrigen Absetzung von

Janukowitsch oder bei der Bildung einer einseitigen neonazistischen Regierung anstatt der vorgesehenen Allparteienregierung. Es wäre die Aufgabe der Garanten gewesen, dafür zu sorgen, dass die Putsch-Regierung international nicht anerkannt wird. Sie hätten zur Umsetzung des Abkommens und zu einer Rückkehr zur verfassungsgemäßen Ordnung aufrufen müssen. Dafür hätte es Druckmittel gegeben. Die Ukraine war schon damals von westlichem Geld abhängig. Allein ein Stopp dieser Zahlungen hätte viel bewirkt. Auch hätten Sanktionen angedroht oder beschlossen werden können. In diesem Fall wären Sanktionen völkerrechtlich gerechtfertigt gewesen, da die drei europäischen Staaten Deutschland, Frankreich und Polen die Einigung als Garanten für die Umsetzung unterschrieben hatten. Aber nichts dergleichen geschah. Stattdessen wurden der Bruch des Abkommens durch die ukrainischen Neonazis und der gewaltsame Putsch schweigend hingenommen und sogar wohlwollend anerkannt. Auch hier stellt sich die Frage: Warum haben die drei Außenminister überhaupt unterschrieben?

Nach langem Nachsinnen erscheint mir folgende Antwort am plausibelsten: Janukowitsch wurde vom Filmemacher Oliver Stone im Dokumentarfilm „Ukraine on Fire“ interviewt. Entrüstet berichtete Janukowitsch, dass er ein Abkommen ausgehandelt und unterschrieben hatte, das aber nur wenige Stunden hielt. Die Verletzung, so betrogen worden zu sein, war ihm im Film deutlich anzusehen. Mir wurde in diesem Moment klar, dass Janukowitsch sich vermutlich gar nicht vorstellen konnte, dass er so bösartig hereingelegt werden könnte. Es war für ihn eine Falle. Durch die weitgehendsten Zusagen an die Opposition hatte er sich selbst degradiert und seine Machtposition und Autorität geschwächt. Das wirkte sich auf die Kiewer Behörden, die Polizei, die Staatsanwaltschaft und das Parlament aus, die sich nach seiner Flucht der Putschregierung unterwarfen.

Wenn man das Abkommen als Falle denkt, um Janukowitsch abzulenken, zu schwächen und damit zu besiegen, dann macht es Sinn, dass die Maidan-Vertreter und die Außenminister ein Abkommen unterzeichneten, für das sie sich gar nicht interessierten. Das Abkommen wäre insoweit nur eine Variante der Good-Guy/Bad-Guy-Technik gewesen, die bei Verhören oder Verhandlungen zum Weichklopfen eines Opfers angewandt wird. Der Bad-Guy baut kontinuierlich grenzüberschreitenden Druck auf und missachtet Regeln und Absprachen. Dagegen gaukelt der Good-Guy dem Opfer Verständnis vor, wirkt nett und sympathisch, agiert ausgleichend und gewinnt das Vertrauen des Opfers. Doch wenn der Bad-Guy wieder brutal agiert, hilft der Good-Guy nicht, sondern verschwindet von der Bildfläche. Dieses Wechselbad der Gefühle wird solange fortgesetzt, bis das Opfer zermürbt zusammenbricht.[286] So gesehen waren Janukowitsch das Opfer, die Außenminister die Good-Guys und die Maidan-Militanten die Bad-Guys. – Die Technik funktionierte. Es gibt die Aussage einer Vertrauten von Janukowitsch, dass dieser in den Putsch-Tagen völlig zerrüttet und dem Selbstmord nahe gewesen sei.[287]

Zusammenfassung:

Die Ukraine ist ein Transitland und hat wirtschaftliche und kulturelle Beziehungen zur EU genauso wie zu Russland. Die Verhandlungen über das EU-Assoziierungsabkommen brachten die Ukraine in den unlösbaren Konflikt, sich zwischen der EU und Russland entscheiden zu müssen. Die ukrainische Regierung Janukowitsch strebte eine Vereinbarung mit der EU sowie mit Russland an. Janukowitsch wollte eine selbstständige Ukraine als Brückenstaat offen nach West und Ost. Er setzte am 21. November 2013 die Unterzeichnung des EU-Assoziierungsabkommens aus, weil die Verhandlungen in der wichtigen Frage einer weiteren Offenheit gegenüber Russland festgefahren waren. Er wollte deshalb weiter verhandeln. Das war der Startschuss für die Demonstrationen auf dem Maidan. Der Maidan ist der zentrale Platz in der Hauptstadt Kiew.

Die Demonstranten forderten eine alleinige Hinwendung zur EU, eine Abwendung von Russland und einen sofortigen Rücktritt von Präsident Janukowitsch. Sie vertraten die Ansicht vieler Westukrainer. Hingegen wollten viele Ostukrainer keine Abkehr von Russland. Auf dem Maidan demonstrierten viele Bürgerinnen und Bürger, die mit der Regierung unzufrieden waren. Die Regie auf dem Maidan übernahmen aber zunehmend die gut organisierten Gruppen des Rechten Sektors und der Swoboda. Politiker und Diplomaten von NATO-Staaten unterstützten, besuchten und finanzierten die Demonstranten. Diese aktiven Interventionen hatten einen jahrelangen Vorlauf. Die stellvertretende US-Außenministerin Victoria Nuland bestätigte Investitionen von fünf Milliarden US-Dollar. Die Demonstranten errichteten auf dem Maidan ein Zeltlager und besetzten mehrere Regierungsgebäude. Die Regierung Janukowitsch vermied die Eskalation, griff nicht hart durch, führte mit den Maidan-Vertretern Gespräche und ging immer mehr auf deren Forderungen ein. Am 28. Januar 2014 trat Premierminister Asarow mit der gesamten Regierung zurück. Die Maidan-Vertreter wurden eingeladen, sich an einer neuen ukrainischen Regierung zu beteiligen, was diese aber ablehnten.

Die rechtsradikalen Gruppen wollten den gewaltsamen Umbruch, suchten die Eskalation und forderten den sofortigen Rücktritt von Janukowitsch. Die Lage eskalierte dramatisch. Vom 18. bis 20. Februar 2014 gab es über 100 Tote auf dem Maidan. Am 20. Februar waren Verhandlungen für eine friedliche Lösung anberaumt, wozu die Außenminister Deutschlands, Frankreichs und Polens anreisten. Am Morgen des 20. Februar schossen Scharfschützen sowohl auf die Demonstranten als auch auf die Polizei. Damit regierte die Gewalt. Eine friedliche und demokratische Lösung hatte keine Chance mehr. Das zeigte sich am nächsten Tag.

Vom 20. Februar abends bis Freitag 21. Februar 2014 nachmittags führte Janukowitsch neue Verhandlungen mit den Maidan-Vertretern. Die Gespräche wurden von den Außenministern Deutschlands, Frankreichs und Polens und einem russischen Diplomaten begleitet. Sie endeten mit einem Abkommen, dem alle Beteiligten zustimmten. Janukowitsch ging auf fast alle Forderungen der Demonstranten ein, trat aber nicht sofort zurück, sondern wollte bis zur vorgezogenen Präsidentenwahl im Amt bleiben. Obwohl die Maidan-Vertreter das Abkommen unterschrieben hatten, hielten sie sich nicht daran. Stattdessen besetzten Demonstranten am 21. Februar abends das Regierungsviertel und bedrohten das Leben von Janukowitsch. Dieser floh um Mitternacht mit einem Hubschrauber.

Der eigentliche Regierungsputsch fand am folgenden Tag statt. Entgegen der ukrainischen Verfassung beschloss das Kiewer Parlament unter dem Druck der gewaltbereiten Kräfte die Absetzung von Janukowitsch. In der neuen Regierung besetzten rechtsradikale Maidan-Führer die wichtigsten Ministerien.

Der Euromaidan wurde von den USA und anderen NATO-Regierungen unterstützt und orchestriert. Mit dem Maidan-Putsch kamen militante ukrainische Neonazis verfassungswidrig und ohne demokratische Wahl an die Macht, die das Land spalteten und zum Zwecke der ethnischen Säuberung in den Donbass-Krieg führten. Insoweit haben die NATO-Regierungen auch den sich daraus entwickelnden Ukraine-Krieg mitzuverantworten.

Buddha, Peace Pagoda in Pokhara[288]

Krim: Jahrzehntelanger Kampf um Unabhängigkeit

Der Maidan-Putsch am 22. Februar 2014 war für viele Menschen in der Süd-Ostukraine ein Schock. Der in Moskau lebende Journalist Ulrich Heyden besuchte oftmals die Ostukraine und fasste die Stimmung unter den Menschen so zusammen:

> *Es ist nicht so, dass es in der russischsprachigen Südostukraine gar keine Kritik an Viktor Janukowitsch gab. Aber Janukowitsch stand für gute Beziehungen zu Russland. Das war den Menschen in der Südostukraine wichtig. Mit Russland waren die wirtschaftlichen Beziehungen in diesen Gebieten besonders eng. Die gewaltsame Entmachtung von Janukowitsch empfanden die Menschen in der Südostukraine als Demütigung.*
>
> *Auf den Schock des Staatsstreiches am 22. Februar folgte am 23. Februar 2014 der zweite Schlag, als das ukrainische Parlament das von Janukowitsch unterstützte und 2012 in Kraft getretene Gesetz über Regionalsprachen außer Kraft setzte. Das Gesetz hatte der russischen Sprache in den Gebieten, in denen mehr als zehn Prozent der Einwohner Russisch als ihre Muttersprache angaben, den Status einer zweiten offiziellen Sprache eingeräumt.*
>
> *Der dritte Schlag für die russland-freundlichen Menschen in der Südostukraine war, dass in die ukrainische Regierung am 27. Februar 2014 offen Faschisten, Mitglieder der Partei Swoboda, einzogen.*[289]

Es ist daher verständlich, dass die Menschen in der Südostukraine sich um ihre Zukunft sorgten und entsprechend reagierten. Sie wollten weiterhin russisch reden und schreiben können. Sie hatten Angst, dass der Handel mit Russland, der viele Arbeitsplätze sicherte, leiden könnte. Und sie hatten Angst vor der Brutalität der militanten Rechtsextremen, die offen feindselig gegen die russischsprachige Bevölkerung auftraten.

Auf der Krim führte der Maidan-Putsch dazu, dass sich die Bewohner dieser autonomen Region in dem Referendum vom 16. März 2014 von der Ukraine lossagten und sich Russland anschlossen. Das war Wille der Bewohner der Krim. Wir werden sehen, dass das schon immer ihr Wille war. Doch was die Menschen einer Region wollen, ist den westlichen Politikern egal, wenn es um geopolitische Machtinteressen geht. Die westlichen Regierungen interessierten sich nicht für die Menschen auf der Krim, fragten nicht, was diese wollen und wie es ihnen geht. Immer ging es nur darum, dass die „Annexion der Krim durch Russland" ganz schlimm sei und mit Sanktionen bestraft werden müsse. Dass sie nicht völkerrechtswidrig war, darauf gehe ich später noch genauer ein. In dieser Missachtung der Bewohner der Krim zeigt die westliche Politik ihre Unmenschlichkeit und Empathielosigkeit. Gleichzeitig drehte die westliche Kriegspropaganda den Spieß um 180 Grad herum und beschuldigte Russland der Besetzung und Missachtung der Krim.

Um die Situation der Krim verstehen zu können, müssen wir deren Geschichte ansehen.[290]

Krim und Russland

Die Krim ist eine Halbinsel im Schwarzen Meer in der Größe von Mecklenburg-Vorpommern mit ca. 2,5 Millionen Einwohnern. Es ist dort warm, es gibt schöne Strände und der Tourismus ist einer der wichtigsten Wirtschaftszweige. Weltbekannt ist der Krimsekt.

Seit 1774 gehört die Krim zu Russland. Der russische Adel baute auf der Krim viele Sommerresidenzen. Die Sonne und das Meer zogen an.

Am 19. Februar 1954 beschloss der KPdSU-Chef Nikita Chruschtschow und der Oberste Sowjet der Sowjetunion die Krim weg von Russland, das damals „Russische Sozialistische Föderative Sowjetrepublik (Russische SFSR)" hieß, an die „Ukrainische Sozialistische Sowjetrepublik" anzugliedern. Die Krim behielt aber den Status einer Autonomen Region. Die Ukrainische SSR war damals kein eigener Staat, sondern föderaler Teil der UdSSR. Dieser Vorgang ist zu vergleichen mit dem Wechsel eines Landkreises in Deutschland zu einem anderen Bundesland. In der sowjetischen Presse wurde 1954 wenig Aufsehen um den Transfer gemacht. Der Wechsel innerhalb der Sowjetunion schien unbedeutend. Eine Auflösung der Sowjetunion war damals unvorstellbar.[293]

Das „Schwalbennest“ ist eine Burg in Gaspra, in der Nähe von Jalta, Krim.[291]

Cliffs von Karadag, Krim[292]

Zu dieser Übertragung der Krim gibt es eine verfassungsrechtliche Diskussion, ob sie überhaupt rechtsgültig war.[294] Die Argumentationen können hier nicht ausgelotet werden, sie beschäftigen aber die russische Politik. Der Oberste Sowjet der Russischen Föderation, der Rechtsnachfolger der UdSSR, beschloss am 21. Mai 1992, dass das Dekret von 1954 zur Übertragung der Krim von der Russischen SFSR an die Ukrainische SSR rechtsunwirksam ist.[295] Auch das Parlament der Krim ist der Ansicht, dass diese Übertragung ungültig sei. Am 16. Mai 2023 hieß es bei der Nachrichtenagentur RIA Novosti: *„Der Vorsitzende des Krim-Parlaments hat den Auftrag erteilt, eine Klage beim Verfassungsgericht einzureichen, um das Dekret von 1954 über die Abtretung der Halbinsel an die Ukraine zu kippen.“* Es seien eklatante rechtliche Verstöße begangen worden.[296]

Hinter diesen rechtlichen Diskussionen steht, dass die Krim-Bewohner von Anfang an nie zur Ukraine gehören wollten und diesen Willen auch häufig zum Ausdruck brachten, was wir im Folgenden sehen werden. Es stellt sich die Frage: Warum soll den Bewohnern der Krim ihr Recht auf Selbstbestimmung verwehrt werden?

Die russisch sprechenden Bewohner der Krim fühlten sich mit Russland verbunden und nicht mit der Ukraine. Von 1774 bis 1991 war die Krim ein Teil Russlands, 217 Jahre lang. Zur Ukraine, die es als Staat erst seit 1991 gibt, gehörte die Krim nur 23 Jahre bis 2014. Für die letzten 250 Jahre bedeutet das: 90 Prozent russische Geschichte, 10 Prozent ukrainische Geschichte.

1991: Die Krim beschloss eine Unabhängigkeit von der Ukraine, schon bevor diese von Moskau unabhängig wurde

Am 20. Januar 1991 sprachen sich 93 Prozent der Krimbewohner in einem Referendum für die *„Wiederbegründung der Autonomen Sozialistischen Sowjetrepublik der Krim als Subjekt der UdSSR und Teilnehmer des Unionsvertrages“* aus. Die Stimmbeteiligung lag bei 81 Prozent der 1,8 Millionen Stimmberechtigten.[297] Beim Unionsvertrag ging es um die von Gorbatschow geplante Reform, aus der Sowjetunion eine neue Union selbstständiger Staaten zu machen. Daran wollte die Krim teilnehmen.

Eine „Autonome Sozialistische Sowjetrepublik" (ASSR) war eine Gebietskörperschaft, die mehr föderale Rechte und Eigenständigkeit hatte als eine „Autonome Region". Am 30. Juni 1945 war die Krim von der Russischen Sowjetrepublik zu einer Autonomen Region herabgestuft worden. Diese Herabstufung wurde nun durch das Referendum rückgängig gemacht. Entsprechend gab das ukrainische Parlament der Krim am 13. Februar 1991 den Status einer ASSR wieder, als Teil der Ukrainischen Sowjetrepublik.

Das führte zu Protesten auf der Krim. So schrieb Vadim Mordashov, Rechtsanwalt, Aktivist der Unabhängigkeitsbewegung auf der Krim und Abgeordneter des Krim-Parlaments: *„Das Hauptproblem für die Krim bestand darin, dass die Ergebnisse des Referendums nie umgesetzt wurden und der in diesem Referendum zum Ausdruck gebrachte Wille des Volkes der Krim von der Ukraine (...) verletzt wurde."*[298]

Das Referendum forderte nicht nur die Wiederherstellung einer ASSR, sondern auch die Teilnahme der Krim am Vertrag über die neue Union. Dies war der im August 1991 gescheiterte Versuch von Michail Gorbatschow, die Sowjetunion mit mehr und souveränen Rechten neu zu begründen. Dies hätte in jedem Fall bedeutet, dass die Krim eine souveräne Republik der erneuerten Sowjetunion und von der Ukrainischen SSR getrennt gewesen wäre. Hier war die Willensbekundung der Krimbewohner für eine Unabhängigkeit eindeutig.[299]

Der Vertrag über die neue Union kam aber nicht zustande. Einen Tag vor der Unterzeichnung grätschte am 19. August 1991 der Augustputsch in Moskau dazwischen. Kommunistische Hardliner wollten die alte Sowjetunion beibehalten und lehnten die von Gorbatschow geplante Erneuerung der Sowjetunion ab. Der Putsch scheiterte zwar kläglich, aber in der Folge wurde Gorbatschow entmachtet und die neue Union kam nicht zustande. Stattdessen verloren mehrere Sowjetrepubliken die Hoffnung auf eine neue Form der Sowjetunion und lösten sich aus der UdSSR, die letztlich zusammenbrach. Damit hatten die kommunistischen Putschisten genau das Gegenteil von dem erreicht, was sie wollten.

Da die neue Union scheiterte, konnte die Krim daran auch nicht als souveräne Republik teilnehmen.

Die Krim-Bewohner wollten also schon im Januar 1991 von der Ukraine unabhängig werden. Das war zehn Monate bevor die Ukraine im Dezember 1991 von Moskau selbst unabhängig wurde und als eigenständiger Staat zu existieren begann. Der Wille der Krim-Bewohner konnte jedoch nicht umgesetzt werden.

Es ist beeindruckend zu sehen, wie nachhaltig sich die Krim um eine Unabhängigkeit von der Ukraine bemühte und wie dies immer wieder von den ukrainischen Regierungen verhindert wurde. Ich beschreibe diese Vorgänge ausführlicher, damit sichtbar wird, wer die Krim in Wirklichkeit annektiert hat. Diese Wirklichkeit ist völlig anders, als die westliche Kriegspropaganda uns glauben machen will. Diese hämmert uns mit hypnotisierenden Wiederholungen ein Feindbild ein und blendet eine sachliche Betrachtung der Geschehnisse aus. Im Folgenden die wichtigsten weiteren Etappen.

Das sowjetische Referendum zur neuen Union am 17. März 1991

Zwei Monate nach dem Krim-Referendum, bei dem 93 Prozent der abgegebenen Stimmen für eine autonome Republik Krim innerhalb einer neuen Sowjetunion gestimmt hatten, fand am 17. März 1991 in der ganzen Sowjetunion das Referendum zum „Weiterbestand der UdSSR als Föderation gleichberechtigter und souveräner Staaten“ statt. Es wurde also gefragt, ob die Bürgerinnen und Bürger die geplante neue Sowjetunion befürworten. In der Ukrainischen Sowjetrepublik, einschließlich der Krim, stimmten 70,2 Prozent für die neue Union. Die Stimmbeteiligung lag bei 80 Prozent.[300] Auf dem Stimmzettel stand als zweite Abstimmungsfrage, ob die Ukrainische Sowjetrepublik ein souveräner Teil dieser neuen Sowjetunion werden soll. Das wurde von 81,7 Prozent bejaht. Nur in der Westukraine brachten die Nationalisten in ihren Gebieten als dritte Frage auf die Stimmzettel, ob die Ukraine unabhängig von der UdSSR werden soll. Dafür stimmten in der Westukraine 88,3 Prozent.[301] Man sieht, schon damals war das Land gespalten. Während in der Gesamtukraine 81,7 Prozent für einen Verbleib der Ukrainischen Sowjetrepublik in der neuen Sowjetunion waren, forderten die Westukrainer (Oblaste Lwiw, Iwanowo-Frankiwsk, Ternopil) mit 88,3 Prozent eine Unabhängigkeit der Ukraine. Aber die deutliche Mehrheit der gesamten Ukraine sahen im März 1991 ihre Zukunft innerhalb der neuen UdSSR.

Die Stimmung kippte mit dem Augustputsch in Moskau. Am 24. August 1991, wenige Tage nach dem Putschversuch, erklärte das Kiewer Parlament die Ukraine in den bestehenden Grenzen, einschließlich der Krim, für unabhängig. Sofort widersprach am 4. September 1991 das Krim-Parlament und erklärte gegenteilig die Krim als innerhalb der UdSSR autonom, also nicht als Teil der Ukraine. Der Konflikt blieb ungelöst stehen. Kiew war aber am längeren Hebel.[302]

Dezember 1991: Ukrainische Machthaber verweigern Krim gesetzlich vorgesehenes Unabhängigkeitsreferendum

Am 1. Dezember 1991 fand in der Ukrainischen Sowjetrepublik ein weiteres Referendum statt. In dem Referendum am 17. März 1991 hatten die Ukrainer für den Fortbestand der Sowjetunion und die Teilnahme der Ukrainischen Sowjetrepublik an dieser neuen Union gestimmt. Jetzt, am 1. Dezember 1991, ging es um die Unabhängigkeit der Ukraine von der Sowjetunion. Darüber wurde in der Westukraine bereits am 17. März abgestimmt, nun wurde diese Frage allen Ukrainern zur Entscheidung vorgelegt. Von den 38 Millionen Stimmberechtigten beteiligten sich 84,2 Prozent. Eine überwältigende Mehrheit von 92,3 Prozent stimmten jetzt für eine Unabhängigkeit von der UdSSR. Das war das gegenteilige Ergebnis zu der Abstimmung vom 17. März 1991.

Auf der Krim waren allerdings nur 54 Prozent für die Unabhängigkeit von der UdSSR.[303] Die Stimmbeteiligung auf der Krim lag bei nur 63 Prozent, da viele das „ukrainische Referendum" boykottierten.[304] Bei dem Referendum wurden die Bürgerinnen und Bürger der Krim nicht gefragt, ob sie in einer unabhängigen Ukraine sein oder in der UdSSR bleiben wollen. Sie konnten also nicht über eine Unabhängigkeit der Krim von der Ukraine abstimmen.

Dieser Sachverhalt, dass die Krim nicht über ihre Unabhängigkeit abstimmen durfte, war ein krasser Rechtsbruch. Das Referendum zur Unabhängigkeit der Ukraine am 1. Dezember 1991 fand auf Grundlage des sowjetischen „Gesetzes über das Verfahren zur Entscheidung von Fragen im Zusammenhang mit dem Austritt einer Unionsrepublik aus der UdSSR“ vom 4. April 1990 statt. In diesem Gesetz heißt es unmissverständlich in Artikel 3:[305]

> *In einer Unionsrepublik, zu deren Gebiet autonome Republiken, autonome Gebiete und autonome Kreise gehören, wird das Referendum gesondert in jeder autonomen Gebietseinheit durchgeführt. Den Völkern der autonomen Republiken, Gebieten und Kreise wird das Recht auf selbstständige Entscheidung der Frage über den Verbleib in der UdSSR oder in der austretenden Unionsrepublik sowie über ihren staatsrechtlichen Status garantiert.*

Die Krim war eine autonome Republik (ASSR). Die Machthaber in Kiew verweigerten der Krim aber ihr gesetzlich verankertes Recht, selbst zu entscheiden, ob die Krim zur Ukraine gehören soll oder nicht. Das Ergebnis wäre auch klar gewesen. Auf der Krim hätte es eine Mehrheit für einen Verbleib in der UdSSR als autonome, nicht zur Ukraine gehörige Krim-Republik gegeben. Durch diesen Rechtsbruch hat eine gesetzeswidrige Annexion der Krim durch die Ukraine stattgefunden.

Schauen wir noch einmal zurück auf die Ereignisse dieses Jahres 1991

Gorbatschow strebte seit einigen Jahren eine neue Form der Sowjetunion an. Auf dieser Grundlage stimmten am 20. Januar 1991 die Bewohner der Krim dafür, dass die Krim eine Autonome Republik in dieser neuen Union sein soll, was in der Folge bedeutet hätte, autonom und unabhängig von der Ukrainischen Sowjetrepublik zu sein. Am 17. März 1991 fand in der gesamten Sowjetunion ein Referendum zum Weiterbestand der UdSSR als neue Union „gleichberechtigter souveräner Staaten“ statt. In der Ukrainischen Sowjetrepublik, einschließlich der Krim, stimmten 70,2 Prozent für die neue Union und die Teilnahme an ihr. In dem gleichen Referendum am 17. März 1991 gab es für die Westukrainer zusätzlich die Frage, ob die Ukraine unabhängig von der UdSSR und nicht Teil dieser neuen Union sein soll. In der Westukraine stimmten 81,7 Prozent dafür. Im August 1991 fand in Moskau der Putschversuch gegen Gorbatschow und die Pläne für eine neue Union statt. Dadurch endete der Versuch zu einem Weiterbestehen der Sowjetunion unter neuen Regeln. Das Kiewer Parlament erklärte daraufhin umgehend die Ukraine für eigenständig und unabhängig von der Sowjetunion. Das Krim-Parlament widersprach dem im September 1991 und erklärte die Krim als autonom innerhalb der UdSSR und unabhängig von der Kiewer Regierung. Doch dies hatte keine Rechtswirkung. Die Kiewer Regierung beanspruchte weiterhin die Krim als Bestandteil der Ukraine. Am 1. Dezember 1991 stimmte die Bevölkerung der Ukraine mit insgesamt 92,26 Prozent der abgegebenen Stimmen für die Unabhängigkeit von der UdSSR, womit die Ukraine als selbstständiger Staat gegründet wurde. Die Krim konnte nicht separat über ihre Zukunft entscheiden, obwohl dies in dem Gesetz zur Durchführung des Referendums, das oben zitiert ist, vorgesehen war.

Warum will die Ukraine die Krim auch gegen den Willen der Krim-Bewohner besitzen? Es geht wohl nicht nur um die Sandstrände und die Sonne, sondern um die geopolitische Bedeutung dieser Halbinsel mit dem Militärhafen Sewastopol, von dem aus das Schwarze Meer kontrolliert werden kann.

Mai 1992: Krim-Parlament erklärt Unabhängigkeit der Krim

Die politisch Verantwortlichen der Halbinsel wehrten sich gegen die Vereinnahmung durch die Ukraine. Am 26. Februar 1992 änderte das Krim-Parlament den offiziellen Namen des Landes in „Republik Krim".

Am 5. Mai 1992 erklärte das Krim-Parlament die Republik Krim für unabhängig von der Ukraine und setzte für den 15. August 1992 ein Unabhängigkeitsreferendum an, um das die Krim im ukrainischen Referendum Dezember 1991 betrogen worden war.[306] Außerdem verabschiedete das Krim-Parlament eine Verfassung der Republik Krim. Auf Druck Kiews wurde diese Verfassung aber am 6. Mai 1992 um den Satz ergänzt, dass die Krim zur Ukraine gehört.[307] Kiew drängte und bot gleichzeitig Verhandlungen an. Die „New York Times" schrieb:[308] *„Der ukrainische Präsident Leonid M. Krawtschuk hat Zuckerbrot und Peitsche gemischt – er versprach der Krim weitgehende Selbstbestimmung und drohte gleichzeitig mit der Auflösung des Krim-Parlaments und sogar mit Gewaltanwendung, sollte die Halbinsel ihre Kampagne fortsetzen."* Aufgrund dieses Drucks setzte das Krim-Parlament am

13. Mai 1992 die Unabhängigkeitserklärung und das für den 15. August geplante Referendum mit einem Moratorium aus.[309]

Die ukrainische Zeitung „Lb.ua" schrieb: *„Um zu überzeugen, erhöhte Kiew die Präsenz von Soldaten auf der Krim. Wie Mykola Melnyk, der damalige stellvertretende Kommandeur der ukrainischen Nationalgarde, sagte, wandten die Einheiten keine Gewalt an – sie versuchten nur, notfalls prorussische Bewegungen zu blockieren. Der Generalleutnant glaubt, dass die Ukraine damals Glück hatte, dass Jelzin die Krim-Separatisten nicht offen unterstützte und nicht versuchte, russische Truppen auf die Krim zu schicken."*[310]

Die Verhandlungen zwischen der Regierung in Kiew und dem Krim-Parlament gingen weiter, und am 30. Juni 1992 wurden die Rechte der Krim innerhalb des ukrainischen Staates ausgeweitet. Die Krim erhielt Hoheitsrechte in Finanzen, Wirtschaft, Kultur, Verwaltung und Recht; nur Außen-, Verteidigungs- und Währungspolitik verblieben unter ukrainischer Hoheit.[311] Das war ein Kompromiss.

Ein gutes Jahr später, am 14. Oktober 1993, richtete das Krim-Parlament unter Ausnutzung dieser erweiterten gesetzlichen Befugnisse das Amt des Präsidenten der Krim ein. Damit spitzten sich die Ereignisse erneut zu.

April 1994: Krim-Bewohner beschließen in einem Referendum die Unabhängigkeit der Krim

Am 30. Januar 1994 wählten die Bürgerinnen und Bürger der Krim mit 72,9 Prozent Juri Meschkow zu ihrem Präsidenten. Sein Wahlkampf hatte ein Hauptziel: die Einheit mit Russland.[312]

Juri Meschkow setzte nun als gewählter Präsident der Krim per Dekret drei Referenden auf der Krim an, die zusammen mit den regionalen und nationalen Wahlen am 27. April 1994 stattfanden. Bei diesen Wahlen gewann der „Russische Block" unter Führung von Juri Meschkow 54 der 98 Sitze im Krim-Parlament. In dem ersten der drei Referenden stimmten die Bürger dafür, dass „doppelte Staatsbürgerschaften gemäß der Verfassung der Republik Krim vom 6. Mai 1992 möglich sind" (82,8 Prozent Ja-Stimmen). So konnten also Krim-Bewohner Pässe der

Republik Krim sowie Russlands oder der Ukraine gleichzeitig haben. Das zweite Referendum sah vor, dass „Dekrete des Präsidenten vorübergehend Gesetzeskraft erlangten" (77,9 Prozent Ja-Stimmen). Und drittens wurde das Unabhängigkeitsreferendum der Krim, das 1992 auf Druck Kiews ausgesetzt worden war, nachgeholt. Dafür, dass die Krim unabhängig von der Ukraine wird und in Zukunft das „Verhältnis zur Ukraine durch Verträge und Abkommen geregelt wird" stimmten 78,4 Prozent.[313] Dieses Unabhängigkeits-Referendum fand statt, gleichwohl die Zentrale Wahlkommission der Ukraine und der ukrainische Präsident Leonid Krawtschuk es für illegal erklärten.[314]

Innerhalb von vier Jahren hatten also die Bürgerinnen und Bürger der Krim zweimal in Volksabstimmungen, am 20. Januar 1991 und am 27. April 1994, in großer Mehrheit für eine Unabhängigkeit der Krim von der Ukraine gestimmt.

März 1995: Putsch auf der Krim durch die ukrainische Regierung

Die Regierung in Kiew reagierte auf das Ergebnis des Referendums 1994 aber nicht mit der Gewährung von mehr Autonomie für die Krim, sondern mit dem Entzug jeglicher Autonomie, die sie einst hatte. Am 17. März 1995 annullierte das ukrainische Parlament die Verfassung der Krim von 1992, enthob den Präsidenten der Krim Jurij Meschkow seines Amtes und schaffte sein Amt ab.[315]

Diese Aufhebung der Krim-Verfassung und Absetzung des Präsidenten war kein rechtsstaatlich geordneter Vorgang, sondern ein Putsch durch die ukrainische Regierung. Diese schickte dazu militärische Spezialeinheiten und Elitesoldaten nach Simferopol, der Hauptstadt der Krim. Die „New York Times" berichtete am 19. März 1995: *„Es trafen etwa 200 Soldaten des ukrainischen Innenministeriums in der Krim-Hauptstadt Simferopol ein und entwaffneten die Sicherheitsleute von Meschkow."*[316] Juri Meschkow wurde verhaftet, in ein Flugzeug nach Moskau verfrachtet und wegen staatsfeindlicher Aktivitäten sowie Förderung der Abspaltung der Krim von der Ukraine angeklagt. In Moskau arbeitete er als Lehrer. Als er 2010 versuchte, auf die Krim einzureisen, wurde er vom ukrainischen Geheimdienst sofort wieder abgeschoben. Erst 2014 konnte er auf die Krim zurückkehren, wo er 2019 starb.[317]

Die „taz“ berichtet am 20. März 1995 über die Proteste des Krim-Parlamentes: *„Nach den Entscheidungen des ukrainischen Parlaments [zur gewaltsamen Intervention auf der Krim] trat das Krim-Parlament am Samstag zu einer Sondersitzung zusammen. Dort betonte der Vorsitzende des Krim-Parlaments Sergei Zekow, die Ukraine habe kein Recht, Krim-Präsident Meschkow seines Amtes zu entheben. «Der Präsident der Republik ist vom Volk gewählt, und nur das Volk kann über seine Zukunft entscheiden», erklärte er. In ihrer Abschlusserklärung drohten die Parlamentarier Kiew mit der Durchführung eines [erneuten] Unabhängigkeitsreferendums. Im Falle eines solchen Referendums galt ein Ja zur Loslösung von der Ukraine als sicher.“*[318] Das Krim-Parlament appellierte außerdem an den russischen Präsidenten Boris Jelzin, der Krim zu helfen. Jelzin jedoch regte sich nicht.

Dieser Putsch gegen den Krim-Präsidenten war möglich, weil die Krim keine eigene Armee hatte. Er war aber auch möglich, weil Präsident Meschkow sich im Herbst 1994 mit dem Krim-Parlament zerstritten und sein Ansehen in der Bevölkerung verspielt hatte. Ein halbes Jahr vor seiner gewaltsamen Entfernung durch die ukrainischen Elitesoldaten hatte das Krim-Parlament die Befugnisse des Präsidenten der Krim wieder eingeschränkt und ihm eine repräsentative Rolle zukommen lassen, ohne das Recht auf Regierungsbildung. Im Gegenzug versuchte Präsident Meschkow das Parlament aufzulösen. Diese Streitigkeiten und politische Schwäche nutzten die Machthaber in Kiew aus.

Der damalige ukrainische Präsident Leonid Kutschma schilderte das Vorgehen Kiews offen gegenüber der ukrainischen Zeitung „Lb.ua“. Er sagte: *„Es war notwendig, die Widersprüche im Pro-Moskau-Lager auszunutzen. Am Ende ist es uns gelungen, sie auf der Ebene des Kampfes zwischen dem Parlament und dem Präsidenten der Krim zu vertiefen, die sich gegenseitig eifrig ihrer Macht beraubten. Und als Meschkow im wahrsten Sinne des Wortes isoliert war, gab ich den Befehl zu einer Sonderoperation (...). Meschkows Leibwächter wurden entwaffnet, er selbst wurde nach Moskau deportiert.“*[319]

„Lb.ua“ berichtet weiter: „Der erste stellvertretende Kommandeur der ukrainischen Nationalgarde, Mykola Melnik, erzählte uns, dass Leonid Kutschma, Präsident der Ukraine, vor dem Abflug der Einsatzgruppe auf der Krim ein Treffen mit dem Militärpersonal abgehalten

habe. Er formulierte die Aufgabe: «Leute, ihr seid Profis. (...) Die Krim solle ukrainisch sein, aber ohne Blutvergießen», sagte Melnyk gegenüber Lb.ua. (...) Auf der Krim angekommen, entfernten die Nationalgardisten Krim-Separatisten und Kommunisten aus dem 32. Armeekorps des Verteidigungsministeriums der Krim und bewachten das Krim-Parlament, Meschkows Residenz und andere staatliche Institutionen. (...) An einem Morgen drang eine Gruppe ukrainischer Spezialeinheiten unter der Führung von Oberst Sh. in Meschkows Residenz ein. Meschkows Leibwächter wurden entwaffnet, er selbst wurde in ein Flugzeug gepackt und nach Moskau geschickt. (...) Nach der Vertreibung Meschkows ernannte Kutschma seinen Schwiegersohn Anatoliy Franchuk zum Premierminister der Krim-Regierung."

Die Vertreibung von Meschkow und die Aufhebung der Verfassung sind ein waschechter Putsch. Nach der juristischen Annexion der Krim durch die Ukraine 1991 folgte nun 1995 eine militärische Annexion.

Die Entmündigung der Krim ging immer weiter: Am 31. März 1995 unterstellte der ukrainische Präsident Kutschma die Krim per Erlass direkt der Verwaltung durch die Kiewer Zentralregierung.

Für Russland waren diese Vorgänge bedeutsam, da Sewastopol der Heimathafen der russischen Schwarzmeerflotte ist. Die Stadt gilt in Russland auch als nationales Symbol, unter anderem wegen ihrer Rolle im Krimkrieg (1853–1856) und im Zweiten Weltkrieg. Im Juli 1993 erklärte das russische Parlament Sewastopol zur russischen Stadt auf fremdem Territorium nach dem Vorbild von Gibraltar. Erst der Flottenvertrag vom Mai 1997 regelte den Verbleib der russischen Marine auf der Krim. Russland pachtete seither einen Teil des Militärhafens für seine Schwarzmeerflotte.

Wahlergebnisse auf der Krim waren immer pro-russisch

Dass die Einwohner der Krim mit dem ukrainischen Nationalismus nichts zu tun haben wollten, konnte man auch immer bei Wahlen in der Ukraine sehen.

Bei der Präsidenten-Stichwahl am 21. November 2004 stimmten auf der Krim 82 Prozent für Viktor Janukowitsch, in Sewastopol 89 Prozent. Janukowitsch vertrat eine Politik der Offenheit zu Russland. Gut fünf Jahre später, am 7. Februar 2010, stimmten bei den ukrainischen Präsidentschaftswahlen in der Stichwahl auf der Krim 79 Prozent, in Sewastopol 84 Prozent für Janukowitsch, der als Sieger gegen Oppositionsführerin Julija Tymoschenko aus der Wahl hervorging. Die Bewohner der Krim stimmten also regelmäßig mit überwältigender Mehrheit für russlandfreundliche und nicht für anti-russische, einseitig pro-westliche oder ukrainisch-nationale Kandidaten.[320]

Pro-russisch war auch das Ergebnis der Wahl zum Krim-Parlament am 31. Oktober 2010. 80 der 100 Sitze gingen an die „Partei der Regionen" von Präsident Janukowitsch. Weitere drei Sitze bekam die Partei „Russische Einheit", die sich offen für einen Beitritt der Krim zu Russland aussprach. Die Kommunistische Partei, ebenfalls nicht pro-westlich, bekam fünf Sitze. Damit waren 88 der 100 Sitze im Parlament an Parteien gegangen, die pro-russisch bzw. west-kritisch waren.[321]

Diese Ergebnisse kamen bei fraglos korrekten demokratischen Wahlen zustande und drückten die politische Haltung der Bevölkerung auf der Krim aus.

2013: Besorgte Reaktionen auf den Euromaidan

Nach dieser Aufzählung der Unabhängigkeitsbestrebungen der Bevölkerung der Krim kann man auch deren Reaktionen auf den Euromaidan 2013/14 verstehen. Das Krim-Parlament positionierte sich klar gegen die Maidan-Demonstrationen. Am 21. und 27. November 2013, gleich zu Beginn der Proteste, beschloss es zwei Resolutionen, in denen es den Kurs der Regierung in den Verhandlungen über das EU-Assoziierungsabkommen unterstützte, sich nicht gegen Russland abzuschotten, und es verurteilte die Demonstrationen auf dem Maidan. Die „Ukrainische Prawda" schrieb: *„Nach Meinung der Abgeordneten des Krim-Parlaments fördert die Maidan-Opposition «eine Hysterie rund um das Assoziierungsabkommen, greift zu politischer Erpressung, spaltet die Gesellschaft und destabilisiert die gesellschaftliche und politische Situation im Land.»"*[322]

In Anbetracht der späteren Ereignisse des Maidan-Putsches war das eine frühzeitige und richtige Einschätzung.

Am 2. Dezember 2013 wandte sich das Krim-Parlament mit der Aufforderung an Präsident Janukowitsch, die Ordnung im Land wiederherzustellen, notfalls durch das Ausrufen des Ausnahmezustandes.

Am 11. Dezember 2013 gab die Regierung der Krim eine Erklärung heraus, in der sie die Bevölkerung der Krim zur Unterstützung gegen den Maidan aufrief:

> *Heute steht die Krim vor der Wahl: Entweder eine gewaltsame Maidanisierung zu ertragen oder den staatsfeindlichen und krimfeindlichen Kräften eine entschiedene Antwort zu geben. Darum wenden wir uns an jeden einzelnen von Ihnen, unsere gemeinsame Position unabhängig von Ihrer ethnischen Zugehörigkeit, Religion und politischen Ansichten deutlich zu demonstrieren. Niemand in Kiew soll sich der Illusion hingeben, dass die Krim sich einen fremden Willen aufzwingen lässt.*

Solche „Anti-Maidan"-Resolutionen und Aufforderungen an den Präsidenten, für Ordnung im Land zu sorgen, gab es viele. Am 11. Dezember 2013 veröffentlichte die ukrainische Zeitung „Analitik" eine Zusammenfassung von Beschlüssen aus allen Teilen der südöstlichen Ukraine. Sie kamen aus den Bezirken Donezk, Lugansk, Cherson, Odessa, Charkow, Poltawa, Tscherkask und Nikolajewsk, also aus der gesamten südöstlichen Ukraine. Überall bekamen diese Aufrufe große Mehrheiten in den regionalen Parlamenten, nirgends stimmten weniger als 80 Prozent der Abgeordneten für diese Aufrufe.

Es war also nicht überraschend, dass sich nach dem Putsch in Kiew Ende Februar 2014 sofort gut organisierter Widerstand im Osten und Süden der Ukraine bildete.

2014: Das Unabhängigkeitsreferendum der Krim

Auf der Krim kam die Reaktion auf den Maidan-Putsch unverzüglich. Am 6. März 2014 beschloss das Krim-Parlament die Durchführung eines Referendums am 16. März mit zwei Fragen:[323]

1. Sind Sie für eine Vereinigung der Krim mit Russland als Subjekt der Russischen Föderation?

2. Sind Sie für die Wiedereinführung der Verfassung der Republik Krim von 1992 und für den Status der Krim als Teil der Ukraine?

Die Krim-Verfassung von 1992 sah eine große Eigenständigkeit der Krim vor. Die ukrainische Regierung hatte diese 1995 per Dekret außer Kraft gesetzt, gleichzeitig mit dem militärischen Putsch gegen Präsident Meschkow.

Am 16. März 2014 nahmen 83 Prozent der 1,5 Millionen Stimmberechtigten an diesem Referendum teil. Davon stimmten 97,5 Prozent für einen Beitritt zu Russland und nur 2,5 Prozent für mehr Autonomie innerhalb der Ukraine. Das Krim-Parlament rief am selben Tag mit 85 zu 0 Stimmen die Unabhängigkeit aus und stellte den Antrag auf Aufnahme in die Russische Föderation. Das russische Parlament stimmte dem Beitritt am 20. März 2014 mit 443 zu 1 Stimmen zu, der Föderationsrat einen Tag später einstimmig mit 155 Stimmen.[324]

Damit hatte es insgesamt drei Referenden – 1991, 1994 und 2014 – benötigt, bis die Bürgerinnen und Bürger der Krim ihre Unabhängigkeit von der Ukraine durchsetzen konnten.

Keine Anerkennung

Die Ukraine erkannte das Referendum vom 16. März 2014 nicht an, was angesichts der beschriebenen Vorgeschichte zu erwarten war. Anstatt den Wählerwillen zu achten, schoss der neue Kiewer Premierminister Arsenij Jazenjuk mit hetzerischen Worten nach den Krim-Bürgern. Am Tag des Referendums zitierte die ukrainische Zeitung „Vesti“ Jazenjuk unter der Überschrift „Jazenjuk eröffnet die Jagd auf Separatisten im ganzen Land“ mit den Worten:

> *Wir finden alle, in einem Jahr, in zwei, bringen sie vor Gericht und ukrainische und internationale Gerichte werden über sie richten. Die Erde unter ihren Füßen wird brennen. ... wir tun alles Mögliche, damit jeder, der sich heute unter dem Schutz russischer Maschinengewehre sicher fühlt, weiß, dass er seine Verantwortung ... tragen wird.*

Auch alle westlichen Staaten verweigerten die Anerkennung des Willens der Krim-Bewohner. Das Referendum wurde schlicht nicht anerkannt. Es wurde als Farce gewertet, als von Russland erzwungen. Das Ergebnis zugunsten Russlands sei nur durch Bedrohung der Bevölkerung oder Fälschung zustandegekommen. Ein Alibi für die Okkupation der Krim. Über die Stimmung und Haltung der Menschen auf der Krim und in der Ostukraine wurde im deutschen Fernsehen nur kurz vor der Eskalation der Maidan-Proteste vereinzelt berichtet. Danach nie wieder. Die geschichtliche Entwicklung blieb ohnehin unerwähnt. Nach dem Putsch in Kiew galt in den westlichen Medien nur noch einstimmig das Narrativ, der machthungrige Diktator Putin habe die Krim besetzt. Ein demokratisches Referendum auf der Krim widersprach dem Bild des Westens vom bösen Russland, in dem keiner freiwillig leben will. Dass die Bevölkerung der Krim freiwillig zu Russland gehören will, war undenkbar. Die aus dem kalten Krieg herübergetragene Anti-Russland Propaganda und die Dämonisierung Putins in den westlichen Mainstream-Medien hatten ihre Wirkung getan.

Kritik am Unabhängigkeitsreferendum

Als bräuchte es noch einen weiteren Grund, das Referendum abzulehnen, wurde kritisiert, dass keine OSZE-Wahlbeobachter anwesend waren. Diese waren allerdings von Russland und der Krim eingeladen worden, sie kamen aber nicht. Die OSZE sah sich aus angeblichen juristischen Gründen dazu nicht befugt. Tatsächlich hätte das Referendum durch OSZE-Beobachter mehr internationale Legitimität bekommen. Das widersprach allerdings den Interessen westlicher Politik.

Thomas Röper berichtet über die Durchführung des Referendums:[325]

> *Nachdem die OSZE und die EU die Entsendung von Beobachtern abgelehnt haben, sind trotzdem Beobachter bei dem Referendum zugegen gewesen. Darüber berichtete unter anderem die russischsprachige Ausgabe von „Euro News“ am 16. März in ihrem Newsticker zum Referendum: „Für die Arbeit beim Referendum waren 135 Beobachter aus 23 Ländern registriert. Wie mitgeteilt wurde, wurden keine Verstöße bei den Wahlen beobachtet.“ (...)*
>
> *Der Berliner Tagesspiegel vom 17. März 2014 zitierte den Landtagsabgeordneten der Linken, Torsten Koplin: „Die*

politische Beobachtung ist ein Mittel, um den gewaltfreien Prozess weiterzuentwickeln", sagte er. Er selbst war unterwegs in Jalta, besuchte dort zwölf Wahllokale, sprach mit der städtischen Wahlleiterin und dem Vizebürgermeister. (...) Grundsätzlich war der Landtagsabgeordnete, Chef des Finanzausschusses im Schweriner Landtag und früher Vize-Landeschef der Partei, aber sehr zufrieden. „Alles ohne Beanstandungen", sagte er. Dass viele Wahlberechtigte die ungefalteten Zettel in gläserne Wahlurnen warfen, wertete er als Hinweis, dass die Krim-Bevölkerung „sehr offen und selbstbewusst" auftrete. (...)

Ein Kritikpunkt am Referendum, den man vereinzelt lesen konnte, war die Tatsache, dass gläserne Wahlurnen und Stimmzettel ohne Umschläge benutzt wurden. Damit wäre die Wahl nicht geheim gewesen. Ohne diese Kritik bewerten zu wollen sei hierzu nur angemerkt, dass bei dem Referendum nach ukrainischer Vorschrift vorgegangen wurde, denn in der Ukraine sind Wahlurnen immer gläsern und Umschläge für die Wahlzettel gibt es nicht. Es steht jedem frei, seinen Wahlzettel vor dem Einwurf in die Urne so oft wie man möchte zu falten. Wenn gläserne Urnen und fehlende Umschläge also ein Kritikpunkt sind, dann gilt diese Kritik auch für sämtliche anderen Wahlen in der Ukraine vor und nach dem Referendum auf der Krim, unabhängig vom Wahlergebnis. (...)

Man kann auch den kurzen Zeitraum für die Vorbereitung kritisieren. Und hier vor allem, dass es auf der Krim nur „Wahlwerbung" für die Vereinigung mit Russland gab und die Vertreter einer anderen Meinung nicht die Gelegenheit hatten, ihre Meinung zu propagieren. Bei aller Kritik, die im Westen und in Kiew geäußert wurde, fand sich jedoch nicht ein Experte, der behauptet hätte, dass sich die Krim unter anderen Umständen anders entschieden hätte. Die Bevölkerungsmehrheit war pro-russisch und es gab auch für die nicht-russischen Bevölke-

> *rungsteile wirtschaftliche Gründe, die für eine Vereinigung mit Russland sprachen.*

Das Referendum fand nach dem blutigen Maidan-Putsch statt, die Spannungen in der Ukraine waren sehr hoch. Deshalb ist es bedeutend festzustellen, dass es auf der Krim vor dem Referendum friedlich war und es kein Blutvergießen gab. Thomas Röper berichtet dazu: [326]

> *In den Tagen bis zum Referendum am 16. März übernahmen die gut organisierten russischen Soldaten und ihre Unterstützer die Kontrolle über Schlüsselpositionen der Krim und belagerten ukrainische Kasernen und Militärstützpunkte. Zwar kam es vereinzelt zu kritischen Situationen, aber es fanden keine Kämpfe statt. Der schlimmste Vorfall betraf Warnschüsse in die Luft. Russland begründete diese Aktionen später mit der Notwendigkeit, die ukrainische Armee daran zu hindern, einen geordneten Ablauf des Referendums zu stören. Diese Version wurde von mehreren Kommentatoren (wie z.B. Frau Krone-Schmalz) bestätigt. Den Angehörigen der ukrainischen Armee wurde freigestellt, ob sie die Seiten wechseln (was viele auch taten) oder ob sie ohne Waffen die Kasernen verlassen und unbewaffnet in die Ukraine abrücken wollten.*

Russische Soldaten waren auf der Krim stationiert, das war mit der Ukraine so vereinbart. Dass in einer kritischen Situation für die öffentliche Ordnung die Präsenz von Polizei und Militär erhöht wurde, ist nachvollziehbar. Es gibt aber keine Belege dafür, dass die Bevölkerung durch die Anwesenheit der Soldaten beim Referendum eingeschüchtert worden wäre. Eingeschüchtert wurde nur die ukrainische Armee, da in dieser Situation ein militärisches Eingreifen des Kiewer Zentralstaates und ein Krieg befürchtet wurden.[327]

Um das Votum der Krim-Bewohner ignorieren zu können, wird in den westlichen Mainstream-Medien erzählt: Russland sei mit Soldaten einmarschiert und hätte die Bevölkerung genötigt. Dass diese Geschichte falsch ist, kann man auch an drei Umfragen erkennen, die von westlichen Instituten durchgeführt wurden.

Umfragen bestätigen Referendum

Im Juni 2014 befragte das Meinungsforschungsinstitut Gallup mit Sitz in Washington Krimbewohner, ob die Ergebnisse des Referendums vom 16. März 2014 über die Abspaltung von der Ukraine und die Zugehörigkeit zu Russland den Willen der Bevölkerung widerspiegeln würden. Dass dies so sei, bestätigten in der Umfrage 82,8 Prozent der Befragten. Aufgeschlüsselt nach ethnischer Zugehörigkeit gaben 93,6 Prozent der ethnischen Russen an, dass sie die Abstimmung für legitim hielten, und 68,4 Prozent der ethnischen Ukrainer sahen dies genauso. Auf die Frage, ob der Beitritt zu Russland ihr Leben und das ihrer Familie verbessern würde, antworteten 73,9 Prozent mit Ja und 5,5 Prozent mit Nein.[328]

Im Februar 2015 zeigte eine Umfrage des deutschen Meinungsforschungsinstituts GfK, dass sich die oben beschriebene Einstellung der Krim-Bewohner nicht geändert hat. Auf die Frage „Befürworten Sie die Annexion der Krim durch Russland?“ antworteten insgesamt 82 Prozent der Befragten mit „Ja, auf jeden Fall“ und weitere 11 Prozent mit „Ja, größtenteils“. Nur zwei Prozent sagten, sie wüssten es nicht, und weitere zwei Prozent sagten nein. Drei Prozent machten keine Angaben zu ihrer Position.

In der GfK-Umfrage wurde auch gefragt, ob die ukrainischen Medien der Krim ein gerechtes Zeugnis ausgestellt hätten. Nur ein Prozent der Befragten gab an, dass die ukrainischen Medien „völlig wahrheitsgetreue Informationen liefern“, und nur vier Prozent sagten, dass sie „häufiger wahrheitsgetreu als betrügerisch“ seien. Das heißt, über 90 Prozent der Befragten erlebten die ukrainische Berichterstattung als „betrügerisch“ und nicht die Lebensrealität auf der Krim widerspiegelnd. Die westlichen Mainstream-Medien geben in der Regel die Informationen aus den ukrainischen Medien unhinterfragt weiter, als käme keine andere Sichtweise in Frage. So existiert bei uns eine manipulierte, illusionäre Parallelwelt.

Die GfK-Umfrage zeigte auch eine tief gespaltene Ukraine. Nur 19 Prozent im Osten der Ukraine und 26,8 Prozent im Südosten waren der Meinung, dass die Ukraine der Europäischen Union beitreten solle, während 84,2 Prozent im Westen der Meinung sind, dass die Ukraine natürlich in die EU passe. Im Norden sind 60 Prozent und in der Mitte des Landes 50 Prozent für einen EU-Beitritt. Die Zeitung „Forbes“ kommentierte: *„Die Spaltung der politischen Zugehörigkeit bedroht letztlich die territoriale Integrität der Ukraine.“*

Zu denselben Ergebnissen kam eine im April 2014 durchgeführte repräsentative Meinungsumfrage des US-amerikanischen Pew Research Centers. Bei der Frage, ob das Krim Referendum anerkannt werden sollte, zeigte sich wieder die Spaltung des Landes: Im Westen waren nur 11% dafür, im Osten 40%, bei den russisch-sprachigen Ukrainern 61% und auf der Krim 88%. Diese Zahl für die Krim deckt sich erstaunlich gut mit dem Ergebnis des Referendums bei Berücksichtigung der Wahlbeteiligung. Auch in Russland wollten laut Umfrage 89%, dass das Referendum international anerkannt wird. Die Zufriedenheit der Krim-Bewohner mit ihrer Regionalregierung war mit 83% beachtlich.[329]

Diese drei aus dem Westen stammenden Studien zeigen, dass die große Mehrheit der Krimbewohner nicht der Meinung war, dass sie bei der Abstimmung über die Abspaltung überlistet oder zu etwas gezwungen worden waren, was sie nicht wollten. Das veranlasste die westlichen Mainstream-Medien aber nicht, ihre Erzählung zu ändern. Bei Kriegspropaganda geht es eben nicht um Wahrheit.

Seit 2014 regten sich die USA und die EU enorm wegen der vorgeblichen Annexion der Krim durch Russland auf und erklärten Russland sofort einen Wirtschaftskrieg mit tausenden Sanktionen. Die USA und die EU meinten, die Krimbewohner vor sich selbst retten zu müssen, aber diese waren glücklich damit, wo sie waren.

Einordnung in die Kriegspropaganda

Weil die Darstellung der Vereinnahmung der Krim durch Russland ein zentraler Punkt für die Bereitschaft der Bevölkerungen der westlichen Länder ist, Sanktionen und Krieg bis hin zu einem Rassismus gegen Russland zuzustimmen, schauen wir uns diesen Punkt noch einmal unter dem Gesichtspunkt der Kriegspropaganda und ihrer psychologischen Wirkung an.

Seit Putin die Souveränität Russlands als ein gleichberechtigtes Land neben anderen behauptet und den Ausverkauf des Landes unter seinem Vorgänger Jelzin gestoppt hat, seit klar wurde, dass Russland nach dem Zerfall der Sowjetunion nicht ebenfalls auseinanderbricht, sondern sich fängt und trotz aller Widrigkeiten erstarkt, wird Putin zunehmend verteufelt. „Russland ist das Reich des Bösen", dieser Satz des US Präsidenten Ronald Reagan aus den letzten Jahren des Kalten Krieges schwebt im kollektiven Bewusstsein der Bevölkerungen des Westens herüber in die Gegenwart. Er tritt sofort wieder in Kraft, wenn der Präsident des Landes als verbrecherischer Autokrat dargestellt wird.

Dass die Bevölkerung auf der Krim in einem Referendum den Beitritt zu „Putins Russland" beschließt, kann deshalb von den Menschen im Westen nicht geglaubt werden. 97 Prozent Ja Stimmen für den Beitritt erinnern an Wahlen in sozialistischen Ländern, beispielsweise der DDR, bei denen einem nichts übrigblieb, als für die SED zu stimmen, und wo auch egal war, ob die Zahl stimmte oder nicht. Die Wahl war Farce. Wird einem die Geschichte der Autonomiebewegung auf der Krim und deren Affinität zu Russland verschwiegen, und werden Rechtsradikalität, Russlandhass und massive Diskriminierung der russischsprachigen Bevölkerung durch die neue Regierung in Kiew nur beiläufig verharmlosend angesprochen, dann kann der westliche Betrachter nichts anderes glauben, als dass der aggressive russische Bär sich einen Teil eines guten, demokratischen, freiheitsliebenden Landes räuberisch einverleibt hat. Denn die Proteste auf dem Maidan wurden uns vorgeführt als Aufstand der Bevölkerung gegen ein unterdrückendes Regime. Vergleichbar mit der friedlichen Revolution in der DDR. Dafür hat man Verständnis. Das ist Basisdemokratie. Und da dies zu einer neuen Regierung geführt hat, ist das nun ein Land der Guten, der Demokratie, das absehbar EU-Mitglied und NATO-Mitglied wird. Ein Land der westlichen Werte im Gegensatz zum finsteren Russland und seinem Diktator. Alles, was passiert, wird auf diesem Gut-Böse-Bild eingeordnet. Zu hinterfragen ist überflüssig, ja, ketzerisch. Da das Völkerrecht zum Guten gehört, wird die Behauptung, Russland habe völkerrechtswidrig gehandelt, sofort geglaubt und übernommen.

Tatsächlich entsprach, wie wir im nächsten Kapitel sehen werden, die Krim-Abspaltung von der Ukraine dem Völkerrecht. Das Krim-Referendum war ein demokratischer Akt, während die neue Regierung in Kiew durch einen gewaltsamen Staatsstreich und ausländischer Intervention an die Macht gekommen ist. Doch davon hören wir nichts. So bleibt es bei einer infantilen und emotionalisierenden Gut-Böse-Aufteilung. Damit sind wir lenkbar.

Geopolitischer Hintergrund: USA wollten Militärbasen auf der Krim errichten

Die Krim ist strategisch wichtig für das Schwarze Meer. Wer die Krim beherrscht, kontrolliert das Schwarze Meer und damit einen Großteil der Schifffahrt Russlands. Ein Blick auf die Karte zeigt, dass russische Schiffe durch das Schwarze Meer das Mittelmeer und dann über den Suezkanal oder die Straße von Gibraltar die weite Welt erreichen können. Für Russland ist der Zugang zum Schwarzen Meer essenziell.

Die USA arbeiteten daran, ihrerseits das Schwarze Meer zu beherrschen und auf der Krim Militärbasen zu errichten. Das Referendum und der Übertritt der Krim zu Russland machten diese Pläne zunichte.

Der Autor René-Burkhard Zittlau[330] befasste sich damit in einem Artikel.[331] Das „Naval Engineering Facilities Command (NAVFAC)" ist eine Einheit des Pentagon mit einem Jahresumsatz in Milliardenhöhe. Es ist für die Planung, den Entwurf, den Bau und die Instandhaltung von Küstenanlagen der US-Marine in aller Welt zuständig. Am 5. September 2013 veröffentliche das NAVFAC auf seiner Webseite die Ausschreibung für die Renovation der Schule Nr. 5 in Sewastopol. Die Angebote sollten bis Ende Oktober 2013 vorliegen. Das ist kurz vor Beginn der Demonstrationen auf dem Maidan. Der Umbau sollte innerhalb eines Jahres fertig sein.

Die NAVFAC ist kein Hilfswerk, sondern baut und wartet für das Pentagon Militäranlagen. Wenn das NAVFAC in Sewastopol Umbaumaßnahmen in Auftrag gegeben hat, bedeutet das, dass die USA dort einen US-Militärstützpunkt geplant hatte, praktisch Tür an Tür mit der russischen Schwarzmeerflotte. Dass es sich bei dem Bauvorhaben nur um eine humanitäre Hilfe gehandelt habe, wie manchmal behauptet wurde, ist wenig glaubhaft.[332] Am 15. April 2014 wurde die Ausschreibung „aufgrund der aktuellen Situation in der Ukraine" annulliert.

René Zittlau schildert, dass die Schiffe der USA aufgrund des Vertrages von Montreux aus dem Jahre 1936 nur rotierend vor Ort sein durften, nicht länger als 21 Tage. Denn die USA sind kein Anrainerstaat. Für die Heeres- und Luftstreitkräfte gilt dieser Vertrag aber nicht. So strebten die USA nach René Zittlau an, den Militärflugplatz Belbek auf der Krim für Spionageflugzeuge, Bomber und Jagdflugzeuge zu nutzen. Eine unterirdische U-Boot-Basis in Sewastopol sollte wieder aktiviert werden, ukrainische U-Boote, die dort stationiert werden sollten, sollten mit NATO-Personal betrieben werden. In den Bunkern der Sotka-Anlage sollten US-Raketen installiert werden. Auf dem Berg Kiziotash, wo die UdSSR einen Atombunker gebaut hatte, wollte die USA einen vorgeschobenen Gefechtsstand einrichten. Und in Feodosia im Osten der Krim war ein Übungsgelände für NATO-Militärs geplant. Zittlau: *„Bei all diesen Vorhaben ging es darum, die Kontrolle über das Schwarze Meer im Allgemeinen und die Schwarzmeerflotte Russlands im Speziellen zu organisieren.“*

Mit solchen Plänen für Militärbasen wird verständlich, warum die NATO so nachhaltig auf die Rückeroberung der Krim besteht. Und man versteht auch besser, warum die russische Regierung bei der Krim schnell handelte und die Krim aufnahm, anders als bei den Donbass-Republiken.

Da es auf der Krim nichts wurde, engagierte sich die USA an anderen Schwarzmeer-Orten der Ukraine. Im August 2017 gab die US-Navy offiziell bekannt, dass Arbeiten am Militärflughafen in Ochakiv, einer Hafenstadt westlich der Krim, in Zusammenarbeit mit der ukrainischen Armee begonnen hatten.[333]

Ukraine dreht Krim-Bewohnern Wasser und Strom ab

Wie ging es auf der Krim nach dem Unabhängigkeitsreferendum weiter? Wir haben gesehen, dass schon am Tag des Referendums der ukrainische Premierminister den Wählern der Krim damit drohte, dass „die Erde unter ihren Füßen brennen“ wird. Das waren keine leeren Worte. Die Ukraine begann sofort mit Aggressionen.

Die Halbinsel Krim ist im Norden mit dem ukrainischen Festland verbunden. Transport und Versorgung läuft über die Region Cherson der

Ukraine. Diese Schwachstelle nutzten ukrainische Nationalisten, um die materiellen Lebensadern der Krim abzuschneiden.

Eine Schwachstelle war die Wasserversorgung. Die Krim gehört zu den Regionen mit den geringsten eigenen Wasserreserven Europas. Im Nord-Krim-Kanal floss Wasser vom gewaltigen Dnjepr-Fluss auf die Krim und deckte 85 Prozent des Wasserbedarfs. Der 403 km lange Kanal hat eine maximale Tiefe von 6 Metern und eine Breite von 10 bis 15 Metern. Das Netz des Kanalsystems hat eine Länge von 1.500 km und ist das größte und komplexeste Bewässerungssystem in Europa.

Die Ukraine riegelte im April 2014 den Kanal ab und schnitt die Krim damit von ihrer Wasserversorgung weitgehend ab.[336] Mit Unterstützung Russlands wurden auf der Krim neue Leitungen gebaut, um dem Wassermangel zu begegnen.[337] Im April 2017 stellte die Ukraine einen neuen Staudamm am Nord-Krim-Kanal fertig, der die Krim vom ukrainischen Wassersystem nun komplett kappte. Die in hohem Maße von der Wasserzufuhr aus dem Dnjepr abhängige Landwirtschaft auf der Krim hatte seitdem mit Wassermangel zu kämpfen. Acht Jahre lang, von 2014 - 2022, litt die Krimbevölkerung unter Trockenheit.

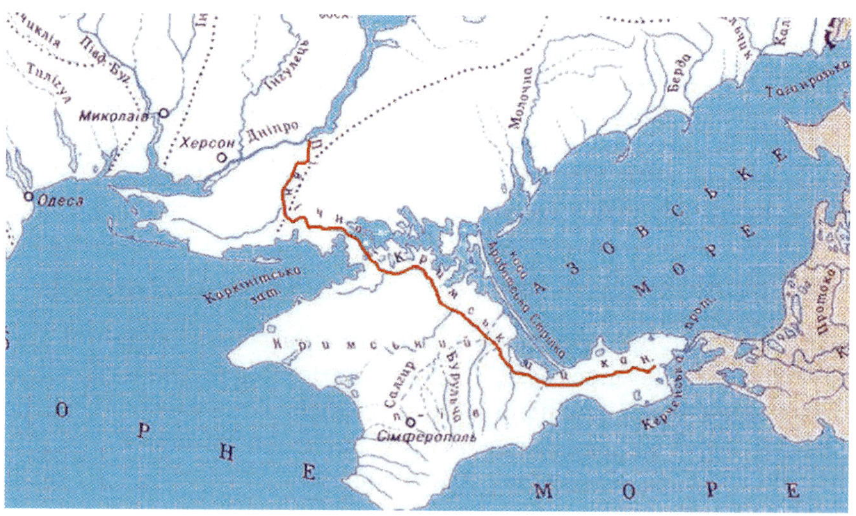

Der Nord-Krim-Kanal diente bis 2014 und wieder ab 2022 der Bewässerung der Krim.[334]

In den ersten Tagen nach dem Kriegseintritts Russlands im Februar 2022 sprengten russische Soldaten den Absperrdamm, so dass sich der Nord-Krim Kanal wieder mit Wasser füllte und die Krim seither wieder mit Wasser versorgte. Damit ist auch verständlich, warum die Kontrolle der Region Cherson, in der der Kanal verläuft, für Russland so wichtig war.[338]

Eine zweite Schwachstelle war die Elektrizität. Die Krim produzierte 2014 nur etwa 30 Prozent ihres Strombedarfs selbst und war auf die Versorgung aus der Ukraine angewiesen.[339] Im November 2015 sprengten ukrainische Nationalisten mehrere Stromleitungen. Die Krim war über Wochen ohne Strom, der Notstand wurde ausgerufen, Krankenhäuser warfen Dieselgeneratoren an.[340] Russland legte Seekabel, um die Krim mit dem russischen Stromnetz zu verbinden. Das dauerte. Erst am 11. Mai 2016 konnte Präsident Putin den vierten und letzten Teil der russischen Stromleitungen zur Krim freischalten.[341]

Die dritte Schwachstelle war der Transport. Die Landverbindung auf die Krim lief über die Ukraine. Doch die ukrainische Regierung blockierte die Zugverbindungen und Straßen zur Krim. „Euronews" berichtet am

Der Nord-Krim-Kanal wurde von der ukrainischen Regierung am 26. April 2014 geschlossen.[335]

28. Dezember 2014: *„Die Ukraine hat ihre Verkehrsblockade auf der von Russland annektierten Halbinsel zeitweise auf Autos und LKW ausgeweitet. Das bestätigten Zollbehörden auf der Krim. Am Nachmittag seien die Übergänge wieder geöffnet worden, allerdings nur für Fahrzeuge, die aus der Ukraine kamen.“*[342] Die Verkehrsblockaden bedeuteten: Die Lebensmittelversorgung der Krim wurde gefährdet, Menschen konnten ihre Verwandten nicht mehr besuchen, Handel war kaum möglich und die Wirtschaft stagnierte. Der Güterverkehr zwischen Russland und der Halbinsel musste seitdem über den See- oder Luftweg abgewickelt werden. Dazu wurden über die Meerenge von Kertsch im Osten der Krim neue Eisenbahn- und Autofähren eingesetzt. Trotzdem gab es bei diesen Wartezeiten bis zu 30 Stunden. Der Bau der Krim-Brücke bekam allerhöchste Priorität. Im Mai 2018 wurde sie eingeweiht. Mit 19 Kilometern Länge ist die Krim-Brücke die längste Brücke Europas. Seither gibt es wieder eine Landverbindung zwischen Russland und der Krim.[343]

Die ukrainische Regierung behauptet immer, dass sie die Krim von der unrechtmäßigen Besetzung durch Russland befreien wolle, die Krim gehöre zum Territorium der Ukraine. Die Krim-Bewohner werden aber nicht wie ukrainische Staatsbürger mit Grundrechten behandelt, sondern wie Feinde, die belagert und ausgehungert werden müssen. Kiew unternahm alles Mögliche, um seinen abtrünnigen früheren Bürgern das Leben schwer zu machen: Acht Jahre lang Wasser abdrehen, Strom ausschalten, Verkehr sperren, Handel unterbinden und Nahrungsmittelversorgung blockieren. Für die Bewohner der Krim sind die Machthaber in Kiew eine höchst reale existenzielle Bedrohung, vor der man sich schützen muss. Die Herzen der Menschen auf der Krim kann man damit nicht gewinnen. Nach diesen Erfahrungen wird man sie wohl nur mit Gewalt zwingen können, wieder Teil des ukrainischen Staatsgebildes zu sein. Das sahen auch die ukrainischen Machthaber so, die unverblümt staatsterroristische Gewaltakte androhten.

Ukrainischer Geheimdienst-Chef kündigt „physische Vernichtung“ von Krim-Bewohnern an

Der Chef des ukrainischen Militärgeheimdienstes HUR, Kirill Budanow, hat in einem TV-Interview am 19. Mai 2023 die physische Vernichtung von Krim-Bewohnern nach einem ukrainischen Sieg angekündigt.

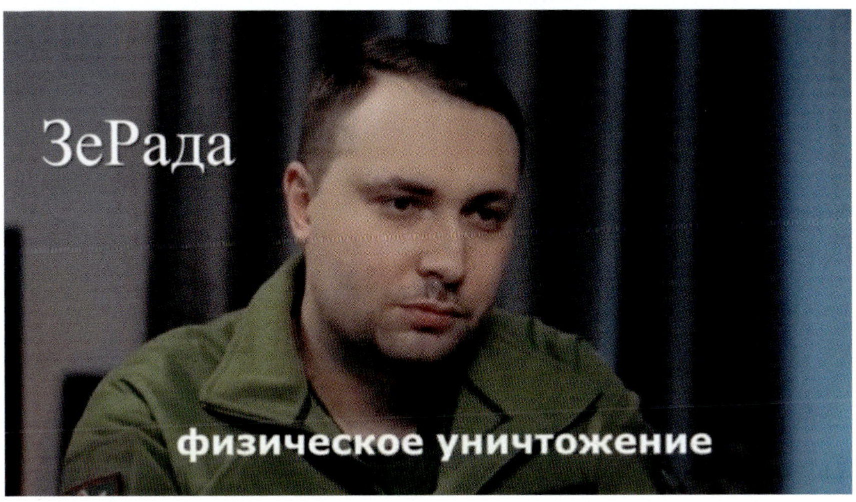

Ukrainischer Geheimdienst-Chef Kirill Budanow im Interview, Screenshot

Gefragt danach, welche Stadt auf der Krim er nach einem ukrainischen Sieg als Erstes besuchen würde, sagte Budanow, dass er nach Sewastopol fahren werde, denn dort habe er seine Kindheit verbracht. Daraufhin erinnerte der Interviewer, dass mit der Eroberung der Krim *„drei Millionen illoyaler Menschen zurückkehren“* würden. An dieser Stelle unterbrach Budanow den Journalisten und sagte: „Das sind nicht lediglich Illoyale. Das sind Menschen mit veränderter Psyche.“

Auf die Frage des Reporters, wie mit diesen Menschen umzugehen sei, antwortete Budanow: *„Ganz einfach: gerechte Bestrafung. Gerechte Bestrafung bei einigen für deren Taten kann in unserem Verständnis nur die physische Auslöschung sein. Wir werden viel zu tun haben. Es wird Sie vielleicht wundern, aber mit unserem Sieg wird das alles nicht enden.“*[344]

Das waren nicht nur Worte. In einem früheren Interview hatte Budanow bereits angedeutet, dass die Ukraine hinter den Mordanschlägen auf russische Journalisten wie Daria Dugina, Wladlen Tatarskij und Sachar Prilepin stehe und angekündigt, auch weiterhin Russen „überall auf der Welt" töten zu wollen.[345] Und in dem ukrainischen YouTube-Kanal Rizni Lyudi rechtfertigte Budanow die Morde wie folgt: *„Abschaum wird irgendwann in jedem Land der Welt bestraft. Nur die Eliminierung kann eine wohlverdiente Strafe für solche Taten sein."*[346]

Die hasserfüllte Brutalität dieser Aussagen ist eigentlich nicht zu ertragen, da muss man erst einmal durchatmen ... und Deutschland und die EU unterstützen diese ukrainischen Machthaber ...

Budanow ist sehr ernst zu nehmen. Er ist nicht irgendein fanatischer Nationalist, sondern als Chef des ukrainischen Militärgeheimdienstes ist er einflussreich und hat eine zentrale Rolle in der Führung der ukrainischen Streitkräfte. Im Februar 2023 wurde er sogar als zukünftiger Verteidigungsminister gehandelt.[347] Als Geheimdienst-Chef spricht er nicht privat, sondern seine Aussagen sind als offizielle Aussagen der ukrainischen Regierung anzusehen.

Der ukrainische Militärgeheimdienst HUR ist für Aufklärung, Spionage und Spezialeinsätze verantwortlich. Der HUR bezeichnet sich selbst als „eine der kampffähigsten Strukturen der Streitkräfte". Dem Geheimdienst sind viele Bataillone direkt unterstellt, wie das Kraken-Regiment oder die Ukrainische Fremdenlegion.[348] Der HUR überwacht alle anderen militärischen Einheiten der ukrainischen Armee.

Der aggressive Tonfall von Budanow ist Teil des offiziellen HUR-Leitbildes. Im Jahr 2016 führte Präsident Petro Poroschenko ein neues HUR-Logo ein, um dies auszudrücken.[349]

Logo des Militärgeheimdienstes HUR dechiffriert

Logo des ukrainischen Militärgeheimdienstes HUR[350]

Was ist auf dem Logo des ukrainischen Militärgeheimdienstes HUR zu sehen? Eine Eule schwebt über der Erdkugel und sticht mit einem martialischen Schwert in die Mitte von Russland. Die Eule ist wesentlich größer und mächtiger als Russland. Eine Eule symbolisiert Weisheit und die Fähigkeit des Schauens in der Dunkelheit, sie ist aber auch ein Symbol für ein nahendes Verderben, ein *böses Omen,* und gilt traditionell als Begleiterin von schwarzen Zauberern sowie Hexen. Die Eule erscheint hier wie ein globaler Weltpolizist, eine Rolle, die sonst nur die Regierung der USA für sich beansprucht. Das Ziel der Eule ist nicht die Verteidigung der Ukraine, sondern die Zerstörung Russlands. Die Ukraine selbst ist in dem Logo nur schwer zu finden.

Budanow zeigte in dem Interview, in dem er die „physische Auslöschung" der Krim-Bewohner angekündigt hat, eine von ihm erstellte Karte, auf der Russland in viele kleine Länder zerstückelt zu sehen war. Russland soll als Staat zerstört und in geopolitisch bedeutungslose und gegenseitig konkurrierende Kleinstaaten aufgeteilt werden. Für den naheliegenden Gedanken, dass sich die Ukraine, die um ein Vielfaches kleiner als Russland ist, bei diesem großen Ziel überheben und dabei selbst zerstört werden könnte, gibt es in dem Interview mit Budanow natürlich keinen Raum. Auch die Tatsache, dass Russland Atombomben hat, die bei einer existenziellen Bedrohung des Staates nach der russischen Militärdoktrin eingesetzt werden könnten, ist nicht einen Moment der Besinnung wert. Entsprechend dem HUR-Logo ist das auch nicht nötig. Auf diesem steht auf lateinisch „Sapiens Dominabitur Astris", zu Deutsch: „Die Weisen werden über die Sterne herrschen." Wer über die Sterne herrschen kann, kann natürlich auch über Russland herrschen. Offensichtlich gehören Realismus und Bescheidenheit nicht zum Leitbild des ukrainischen Geheimdienstes.

Über der Eule ist der Dreizack „Trysub" zu sehen, das nationale Symbol der Ukraine, das schon auf Münzen der Kiewer Rus im 9ten Jahrhundert verwendet wurde.[351] Das bedeutet, die Eule wird inspiriert und geleitet von der ukrainischen Nation, die über ihr steht. Die Ukraine ist das quasi heilige Signum, unter dem die Eule ihre Macht entfaltet. Entsprechend endet ein Werbefilm der HUR mit diesem Logo und dem Spruch „Ukraine above all!" – „Ukraine über alles!".[352] Hier wird wieder erschreckend sichtbar, wie sich die Ideologie der ukrainischen Neonazis über den ganzen Staatsapparat ausgebreitet hat.

Um das Eulen-Logo des ukrainischen HUR besser einordnen zu können, entstand in mir die Frage: Mit welcher Symbolik arbeitet eigentlich der russische Militärgeheimdienst GRU? Natürlich ist auch dem GRU jede Schandtat zuzutrauen, und er hat Morde organisiert. Gleichwohl vermittelt das Logo des GRU ein ganz anders Leitbild als das ukrainische HUR-Logo.

Logo des russischen Militärgeheimdienstes GRU[353]

Man sieht ein schwarzes Wappen, das erfüllt ist von einem roten strahlenden Stern. Im Zentrum ist eine Kugel mit drei Flammen, die an ein brennendes Herz erinnert. Die Bewegung geht von der Mitte nach außen, es wirkt in sich ruhend, stark, aber nicht aggressiv und übergriffig. Das Wappen ist umgeben von Pflanzen, die Lebenskraft und Verbundenheit mit der Natur und der Erde ausdrücken. Über dem fünfblättrigen roten Stern befindet sich ein doppelköpfiger Adler mit Schwert und Lorbeerkranz in den Krallen, Macht ausstrahlend. In der Herzgegend des Adlers ist Sankt Georg auf dem Pferd, einen Drachen überwindend. Es gipfelt in einer Krone, die eine Stephanos sein könnte, eine Bischofskrone, die in der orthodoxen Kirche verwendet wird. Das Logo vermittelt also Kraft aus der Mitte, dem Herzen, und eine religiöse, spirituelle Anbindung. Letztlich muss man sich gegenüber Gott verantworten. Sicherlich wird dieses Leitbild in der konkreten Arbeit des GRU häufig keine Rolle spielen, das Logo selbst aber erinnert daran.

Kommen wir zurück zur Krim. Geheimdienst-Chef Budanow drohte den Bewohnern der Krim eine „physische Auslöschung“ an.[354] Ganz soweit gehen andere Vertreter der ukrainischen Regierung nicht, sie drohen „nur“ mit wirtschaftlicher Vernichtung, Entrechtung, Umerziehung und Vertreibung.

„12 Schritte zur De-Okkupation der Krim“

Der Chef des ukrainischen Sicherheitsrates, Alexej Danilow, hat Anfang April 2023 einen 12-Punkte-Plan zur „De-Okkupation“ der Krim vorgestellt.[355] Dieser hat es in sich. Das Programm sei von den Mitarbeitern des Nationalen Sicherheitsrates unter Mitwirkung zahlreicher Experten vorbereitet worden, schrieb Danilow. Der Sicherheitsrat ist ein verfassungsmäßiges Organ der Ukraine zur „Koordinierung und Kontrolle der Tätigkeiten der Exekutivorgane im Bereich der nationalen Sicherheit und Verteidigung“. Er ist also die oberste Instanz in militärischen Fragen.[356]

Alexej Danilow, Chef des ukrainischen Sicherheitsrates[357]

Was erwartet die Bewohner der Krim, falls die ukrainische Regierung ihr Ziel erreichen würde, die Krim zu erobern? Der 12-Punkte-Plan sieht folgendes vor:

– Punkt 1 ist die Tilgung jeder Erinnerung an die russische und sowjetische Geschichte der Halbinsel durch Umbenennung von Städten, Straßen und Plätzen sowie der Abriss von Denkmälern.

– Punkt 2 ist die Strafverfolgung aller „Kollaborateure". Alle Krim-Bewohner sollen auf Zusammenarbeit mit der „russischen Besatzungsmacht" durchleuchtet („lustriert") werden. „Für jede Form der Unterstützung der Okkupationsverwaltung" soll das aktive und passive Wahlrecht entzogen werden. Das dürfte die Allermeisten der Krim-Bewohner betreffen. Damit würde die Bevölkerung der zurückeroberten Krim rechtlos gestellt werden und wäre von allen politischen Prozessen der Ukraine ausgeschlossen.

– Nach Punkt 3 werden gegen alle Staatsbediensteten, die ab 2014 weitergearbeitet haben, gesonderte Strafverfahren eröffnet. Aber selbst die Mitarbeiter im öffentlichen Dienst, die nach 2014 weitergearbeitet, sich aber nicht „strafbar" gemacht haben, sollen ihre Arbeit und Pensionsansprüche verlieren und ein lebenslanges Beschäftigungsverbot erhalten.

– Der ukrainische Sicherheitsrat geht in dem 12-Punkte-Plan von einem totalen Sieg der Ukraine gegen Russland aus, denn in Punkt 4 will er Russland verpflichten, der Ukraine alle Menschen auszuliefern, die sich nach Meinung der Ukraine strafbar gemacht haben. Das soll auch für russische Staatsbürger gelten, die nach russischem Recht gar nicht ins Ausland ausgeliefert werden dürfen.

– Punkt 5 geht explizit auf Journalisten „und andere Experten" ein, denen „besondere Aufmerksamkeit" gewidmet werden soll. Sie sollen alle nach ukrainischem Recht abgeurteilt werden, wobei ihnen ihr Eigentum und alle Rentenansprüche entzogen werden sollen.

– Punkt 6 sieht die Deportation aller Russen vor, die nach Februar 2014 auf die Halbinsel gezogen sind.

– Laut Punkt 7 werden alle Verträge und Rechtsgeschäfte, die auf der Krim nach 2014 abgeschlossen wurden, als ungültig erklärt. Alles nach russischen Gesetzen erworbene Eigentum wird konfisziert. Das bedeutet beispielsweise, dass alle Menschen, die dort nach 2014 eine Wohnung oder ein Unternehmen gekauft haben, enteignet werden.

– Punkt 8 sieht die Sprengung der Krim-Brücke vor.

– Die Punkte 9 bis 11 widmen sich der „Filterung und Umerziehung" der Krim-Bewohner, wobei „die Erfahrung der Entnazifizierung in Deutschland" genutzt werden soll. Dazu kommentiert der Journalist Thomas Röper:

> *Dabei geht es ironischerweise auch um den Vorwurf der „aktiven Unterstützung der russischen Besatzung beim Wiederaufbau ukrainischer Städte nach ihrer Zerstörung nach der russischen Besatzung". Das ist deshalb Ironie pur, weil man Russland vielleicht eine Menge vorwerfen kann, aber Russland hat die Städte auf der Krim aufgebaut und renoviert, die nach 25 Jahren ukrainischer Herrschaft verfallen waren, und Russland hat einige komplett neue Autobahnen auf der Krim gebaut. Wer in der Ukraine war, der weiß, dass es dort – abgesehen von Kiew – seit 30 Jahren kaum Maßnahmen zur Erhaltung der Infrastruktur gegeben hat. Die Ukraine ist in einem entsetzlichen Zustand, weil sie von den ukrainischen Regierungen und Oligarchen ausgepresst wurde. Sogar im Zentrum von Großstädten wie Cherson sind Straßen teilweise nicht asphaltiert, sondern einfache Feldwege.*

– Mit Punkt 12 soll die Hafenstadt Sewastopol, die unter diesem Namen weltweit bekannt ist, umbenannt werden in „Objekt Nummer 6". Damit soll die angebliche russische Geschichtsfälschung ausgelöscht werden, für die der historische Name der Stadt angeblich steht.

Der ukrainische Präsidentenberater Mykhailo Podolyak[358] bestätigte in einem Radiointerview den 12-Punkte-Plan und fügte hinzu:

> *Sobald wir die Krim betreten, müssen wir alles Russische auf ihr auslöschen. (...) Wir sollten alles, was mit dem russischen Kulturraum zu tun hat, komplett schließen.*

Es wird nur noch einen ukrainischen Kulturraum oder einen globalen Kulturraum geben. Dort darf es kein Russischsein geben. Und wir sollten keinen Dialog darüber führen, ob jemand das Recht hat, Russisch zu sprechen oder nicht. (...) Wenn jemand auf der Krim nicht nach den Gesetzen und Regeln der Ukraine leben will, muss er freiwillig gehen.

Etwas konkreter als Danilow wird Podolyak zur Frage, was Kiew unter „strafbarer Kollaboration" versteht:

Viele Menschen müssen für den Wechsel ihres Passes vom ukrainischen auf einen russischen rechtlich bestraft werden.

Seit dem Übertritt zu Russland 2014 haben auf der Krim fast alle Einwohner russische Pässe, denn ukrainische Pässe können sie dort gar nicht erhalten oder verlängern lassen. Die von Podolyak vorgesehene Bestrafung ist also für praktisch alle Einwohner der Krim vorgesehen.

Der 12-Punkte-Plan ist eindeutig. Das erklärte Ziel der ukrainischen Regierung ist die ethnische Säuberung auf der Krim und auch in anderen Regionen der Südost-Ukraine. Eine Eroberung der Krim durch die Ukrainer wäre für die Krim-Bewohner eine grauenvolle Diskriminierung, Unterdrückung und Vertreibung.

Die geschilderten Bedrohungen der Krim-Bewohner ist der offizielle Plan der ukrainischen Regierung. Das ist keine russische Propaganda, sondern es sind die Aussagen der ukrainischen Regierung. Ich würde gerne etwas anderes schreiben. Ich würde gerne schreiben, dass die ukrainische Regierung die kulturellen Unterschiede achtet und die russischen Ukrainer auf der Krim als gleichberechtigte Bürger und nicht als Parias oder Untermenschen ansieht, die man unterdrücken und vertreiben muss. Aber um das zu schreiben, müsste ich irgendetwas erfinden und Lügengebilde aufbauen.

Auf der Krim selbst werden die verschiedenen ethnischen Gruppierungen nicht unterdrückt. Ich konnte in der Recherche keinen Hass auf das Ukrainische finden. Es gibt ukrainische Schulen und nach der Abspaltung von der Ukraine wurde in Simferopol ein ukrainisches

Gymnasium eröffnet.[359] Auch für die Rechte der Krim-Tataren, die in der Sowjetunion furchtbar misshandelt und deportiert wurden, gibt es viele Bemühungen. So wurde die von der Ukraine geschlossene Fakultät für die krimtatarische Sprache wieder eröffnet. Es wird auf der Krim versucht, den kulturellen Unterschieden Rechnung zu tragen. Die Idee eines ethnisch einheitlichen Staates wird als absurd und unmenschlich angesehen. Auch wenn in der Praxis vermutlich vieles nicht so läuft wie gewünscht – dafür sorgen schon allein eine stoische Bürokratie und das normale menschliche Unvermögen –, ein Bemühen ist sichtbar.

Die große Mehrheit der Krim-Bevölkerung möchte Teil Russlands sein. Warum sollen wir das verhindern und sie dafür bestrafen?

Warum wird den Bewohnern der Krim das Recht auf Selbstbestimmung abgesprochen? Haben sie keine Menschenrechte? Haben sie kein Mitspracherecht? Die Krim wurde von der Ukraine 1991 erst juristisch und dann 1995 auch mit einem Militärputsch okkupiert. Die Krim-Bewohner haben sich dreimal in Volksabstimmungen für eine Unabhängigkeit von der Ukraine entschieden. Warum wird das nicht anerkannt? Nachdem die ukrainische Regierung den Krim-Bewohnern nach deren Unabhängigkeitsreferendum 2014 Wasser, Strom und Verkehrswege abgeschnitten hat, wollen diese mit Kiew nichts mehr zu tun haben. Die überwältigende Mehrheit der Krim-Bevölkerung will in Russland leben. Viele Tausende von ihnen sind bereit, für diese Sache zu kämpfen und zu sterben. Warum wird das nicht zur Kenntnis genommen?

Apropos: Das Gleiche gilt für den Donbass in der Ostukraine. Im Jahr 2019 stellte die prowestliche Zeitung „Kyiv Post" fest, dass nur fünf Prozent der Einwohner von Lugansk und Donezk hofften, dass die Ukraine diese Regionen zurückerobern werde. 16 Prozent der Einwohner wünschten sich unabhängige Volksrepubliken. Eine Mehrheit – über 60 Prozent – wollte der Russischen Föderation beitreten.[360] Das war 2019 – im Herbst 2022 traten diese Regionen dann in Referenden Russland bei.

Wenn also die EU und Deutschland Waffen und Geld an die Ukraine schicken, damit diese die Krim und die Ostukraine erobern, dann geht es darum, den Willen der dortigen Bevölkerung zu brechen. Die Lieferung von Waffen und Geld unterstützt die vom Kiewer Sicherheitsrat offen verkündigte und angestrebte physische und wirtschaftliche Vernichtung, Entrechtung, Umerziehung und Vertreibung der russischen Bevölkerung der Krim und der Ostukraine.

Die EU und Deutschland unterstützen also eine neonazistische ethnische Säuberung. Das ist angesichts der deutschen Geschichte unfassbar – die deutsche Geschichte wird in abstoßendster Weise geleugnet.

Genauso moralisch abstoßend ist die Weigerung der westlichen Politik, der Mainstream-Medien und von großen Teilen der westlichen Bevölkerung, den Willen der Krim-Bewohner einfach einmal zur Kenntnis zu nehmen und sachlich die Vorgange anzusehen. Missachtung, Wegschauen und Ignorieren sind seelische Gewalt und eine schlimme Sünde.

Justizia[361]

Entsprach die Abspaltung der Krim dem Völkerrecht?

Anstatt mit den Menschen auf der Krim und der Südost-Ukraine zu sprechen und wahrzunehmen, was diese wollen, wurde von den NATO-Regierungen die Abspaltung der Krim als „völkerrechtswidrig" bezeichnet. Diese widerspreche dem Grundsatz der „territorialen Integrität". Dieses Argument wurde ständig wiederholt und so der Öffentlichkeit und den Gefühlen der Menschen eingeprägt. Was ist damit gemeint? Und stimmt das?

Wir wollen die rechtliche Situation der Abspaltung der Krim genauer ansehen. Ich muss das ausführlicher tun, damit es jede und jeder mit eigenem Denken durchdringen kann. Diese Argumente gelten dann entsprechend für die Abspaltungen weiterer Regionen der Ostukraine.

Es gibt zwei Standpunkte, die den Hintergrund vieler politischer oder rechtlicher Diskussionen bilden. Eine Position ist: Der Staat ist kein Selbstzweck, sondern sein einziger Daseinsgrund besteht darin, der Freiheit, der Selbstbestimmung und der Würde der Menschen zu dienen; der Mensch muss immer im Mittelpunkt bleiben. Die andere Position ist: Der Staat und die Regierung brauchen viel Macht, um die Ordnung aufrecht zu erhalten; die Menschen haben sich dem unterzuordnen, das System ist wichtiger. Das wird oft nicht so klar ausgesprochen, denn im Zeitalter der Demokratie und der Menschenrechte muss alles einen schönen Anstrich haben, auch wenn es dahinter völlig anders aussieht. Man findet diese beiden Positionen auch im Völkerrecht. Da gibt es den Grundsatz des „Selbstbestimmungsrechts der Völker"[362], der mehr die Menschen im Blick hat, und es gibt den Grundsatz der „territorialen Integrität"[363], der mehr die staatliche Macht im Blick hat.

Abspaltung aus Sicht der Ukraine

Aus Sicht der Ukraine ist es klar: Eine Abspaltung von Teilen der Ukraine ist nur nach einem landesweiten Referendum möglich, denn in der

ukrainischen Verfassung heißt es in Artikel 73: *„Ausschließlich durch ein all-ukrainisches Referendum werden Fragen der Veränderung des Gebiets der Ukraine entschieden."*[364] Bei der Abspaltung der Krim und der anderen Regionen der Ostukraine gab es aber nur ein Referendum in der jeweiligen Region, nicht in der gesamten Ukraine, was damit der Verfassung widersprach.

Das ist richtig, aber: Durch den verfassungswidrigen Maidan-Putsch wurde die verfassungsmäßige Ordnung der Ukraine so stark in den Grundlagen erschüttert und aufgehoben, dass die Krim und die Donbass-Regionen sich nicht mehr auf die ukrainische Verfassung verlassen konnten. Es ist zu bezweifeln, dass die ukrainische Verfassung nach Putsch, kriegerischen Zuständen und dem bestimmenden Einfluss ausländischer Mächte, wie den USA, noch Geltung hatte. Es entstand ein rechtsfreier Raum, der mit den Referenden ausgefüllt wurde. Diese Ansicht vertritt David C. Hendrickson, ein US-amerikanischer Experte im Bereich des Völkerrechts, in einem langen historisch begründeten Aufsatz: Das Recht der Selbstbestimmung war *„durch die vorherige Aufhebung der Verfassung auf die Menschen auf der Krim und im Donbass übergegangen."*[365]

Ein zweites Argument ist, dass schon die Eingliederung der Krim in die Ukrainische SSR 1954 rechtswidrig war, da damals Staatsorgane diese Entscheidung getroffen hatten, die gemäß sowjetischer Verfassung dazu nicht autorisiert waren. Von daher sei es fraglich, ob die Krim überhaupt zur Ukraine gehören konnte. Auch wurden die Bürgerinnen und Bürger der Krim damals nicht gefragt. Es wurde einfach über deren Köpfe hinweg entschieden.[366]

Ein drittes und besonders starkes Argument dafür, dass die Krim rechtswidrig Teil der Ukraine wurde, ist, dass der Krim im Unabhängigkeitsreferendum vom Dezember 1991 eine eigene Abstimmung über die zukünftige Zugehörigkeit der Krim verwehrt wurde, obwohl dies im Referendumsgesetz explizit vorgesehen war. Und 1995 putschte die ukrainische Regierung den Präsidenten der Krim weg und hob per Dekret einfach die Krim-Verfassung auf. Alles rechtswidrige Akte.

Unstrittig ist das vierte Argument, dass nationales Recht mit dem Völkerrecht kollidieren kann, und dass dann das Völkerrecht zählt und nicht das nationale Recht. Sehen wir uns also das Völkerrecht an.

Abspaltung auf Basis des Völkerrechtes überragt nationales Recht

Im Völkerrecht gibt es den Grundsatz der „Unverletzbarkeit der Grenzen", nach der die Abspaltung der Krim eine illegale Verletzung der ukrainischen staatlichen Integrität gewesen sei. Andererseits gibt es den Grundsatz des „Selbstbestimmungsrechts der Völker", die frei entscheiden können, in welchem Staat sie leben möchten. Damit hatte die Bevölkerung der Krim das Recht, sich von der Ukraine loszusagen und zu entscheiden, ob sie einen eigenen Staat gründen oder sich einem anderen Staat anschließen wollte. Was gilt?

Das „Selbstbestimmungsrecht der Völker" wird in der UNO-Charta, die die Grundlage des Völkerrechtes ist, in Artikel 1 Absatz 2 verankert:

> *Die Ziele der Vereinten Nationen sind: ... Freundschaftliche Beziehungen zwischen den Nationen auf der Grundlage der Achtung des Grundsatzes der Gleichberechtigung und Selbstbestimmung der Völker zu entwickeln und andere geeignete Maßnahmen zur Stärkung des Weltfriedens zu treffen.*

Und so schreibt, leicht verständlich, auch Wikipedia über das Selbstbestimmungsrecht der Völker:

> *Das Selbstbestimmungsrecht der Völker ist eines der Grundrechte des Völkerrechts. Es besagt, dass ein Volk das Recht hat, frei über seinen politischen Status, seine Staats- und Regierungsform und seine wirtschaftliche, soziale und kulturelle Entwicklung zu entscheiden. Dies schließt seine Freiheit von Fremdherrschaft ein. Dieses Selbstbestimmungsrecht ermöglicht es einem Volk, einen eigenen nationalen Staat zu bilden oder sich in freier Willensentscheidung einem anderen Staat anzuschließen.*[367]

Die Unverletzbarkeit der Grenzen (territoriale Integrität) wird in der UNO-Charta Artikel 2 Absatz 4 bestimmt:

> *Alle Mitglieder unterlassen in ihren internationalen Beziehungen jede gegen die territoriale Unversehrtheit*

oder die politische Unabhängigkeit eines Staates gerichtete oder sonst mit den Zielen der Vereinten Nationen unvereinbare Androhung oder Anwendung von Gewalt.

Ein Widerspruch zwischen diesen beiden Grundsätzen tauchte nicht erstmalig im Zusammenhang mit der Krim auf, sondern es gab frühere Fälle, die herangezogen werden können. Zu diesem Thema hat sich der Internationale Gerichtshof (IGH) in Den Haag in einem ausführlichen Verfahren und einem abschließenden Gutachten am 22. Juli 2010 geäußert. Es ging um die Rechtmäßigkeit der einseitigen Unabhängigkeitserklärung des Kosovo von Serbien vom 17. Februar 2008. Auch der Kosovo hatte sich ohne Zustimmung Serbiens für unabhängig erklärt. NATO-Staaten haben dies 1999 unterstützt und Serbien damals – unbestritten völkerrechtswidrig – schwer bombardiert.[368]

Das Gutachten des Internationalen Gerichtshofes kommt zu dem Ergebnis, dass die „einseitige Unabhängigkeitserklärung des Kosovo vom 17. Februar 2008 nicht gegen das Völkerrecht verstößt." Eine einseitige Sezession ist vom Völkerrecht gedeckt, auch wenn sie den Gesetzen des Landes widerspricht. Letzteres ist bei Sezessionen meistens der Fall, denn kaum eine Regierung lässt gerne Landesteile gehen, da das Land dann an Größe und Macht verliert. Gerade darum ist dieser Vorgang vom Völkerrecht gedeckt.

Der zentrale Satz des Internationalen Gerichtshofes ist:

Aus dem Prinzip der territorialen Integrität folgt nach Auffassung des IGH kein Verbot von Unabhängigkeitserklärungen. Dieses Prinzip findet nur in den zwischenstaatlichen Beziehungen, nicht aber im innerstaatlichen Bereich Anwendung.

Es geht bei der Unverletzlichkeit der Grenzen also nur darum, ob ein anderer Staat militärisch einmarschieren darf. Es geht nicht um innerstaatliche Konflikte und Abtrennungen von Landesteilen. Die territoriale Integrität gilt nicht innerstaatlich, sondern nur zwischen Staaten. Deshalb tangiert die territoriale Integrität das Selbstbestimmungsrecht der Völker überhaupt nicht, so der Internationale Gerichtshof.

Das bedeutet, dass sich Serbien nicht auf die territoriale Integrität berufen konnte, als sich der Kosovo abtrennte. Genauso konnte sich auch die Ukraine nicht darauf berufen, als sich die Krim oder andere Regionen ablösten.

Es stellt sich an dieser Stelle die Frage: Warum beziehen sich die NATO-Staaten ständig auf die territoriale Integrität von Staaten, wenn diese innerstaatlich gar keine Gültigkeit hat und sich die Ukraine gar nicht darauf berufen kann? Völkerrechtlich ist das eindeutig. Was ist das nur für eine Irreführung?

Die Position des Internationalen Gerichtshofs wurde von den NATO-Staaten unterstützt, das kann man deren Stellungnahmen an das Gericht entnehmen.[369] Interessanterweise war Russland hier zurückhaltender und vertrat im Anhörungsverfahren die Ansicht, dass ein Recht auf Abspaltung nur unter wirklich extremen Umständen möglich sein sollte, wie zum Beispiel bei einem bewaffneten Angriff des Mutterstaates, der die Existenz des betreffenden Volkes in diesem Staat bedroht.[370] Russland hat dementsprechend im Falle der Krim und der Donbass-Volksrepubliken, die durch bewaffnete Angriffe des Mutterstaates Ukraine in ihrer Existenz bedroht waren, deren Unabhängigkeitserklärungen anerkannt. Die NATO-Staaten erkannten diese aber nicht an – im Gegensatz zu ihren eigenen völkerrechtlichen Ausführungen im Falle des Kosovos. Dies ist wieder ein Fall der Heuchelei der NATO-Staaten nach dem Motto: Recht gilt nur dann, wenn es unseren Interessen nützt.

Wenn man sich fragt, was der Unterschied zwischen Kosovo und der Krim ist, dann fällt Folgendes auf: Im Kosovo hat die USA die gigantische Militärbasis Camp Bondsteel für ca. 7.000 Soldaten, auf der Krim haben US-Soldaten keinen Zutritt. [371] Damit ist der unterschiedliche Umgang mit dem Kosovo gegenüber der Krim erklärbar. Juristische Begründungen gibt es nicht.

Bevor ein Landesteil seine Zugehörigkeit zu einem anderen Staat bestimmen kann, muss er sich zuerst selber unabhängig erklären. Für Letzteres muss er die Kriterien eines unabhängigen Staates erfüllen. Hat die Krim diese Kriterien erfüllt?

Aus staatsrechtlicher Sicht gibt es drei Kriterien für die Existenz eines Staates: Es muss ein Staatsvolk, Staatsgrenzen und ein durchsetzbares Rechtssystem geben. Alle drei Kriterien erfüllte die Krim. Das Staatsvolk trat in dem Referendum in Erscheinung, die Staatsgrenzen waren klar, denn die Krim gab es als Region schon seit Jahrhunderten, und die Krim hatte eine eigenständige staatliche Verwaltung. Kiewer Beamte wurden überhaupt nicht gebraucht.

Damit war die Unabhängigkeitserklärung der Krim völkerrechtlich legal und der anschließende Beitritt zur Russischen Föderation ebenfalls. Die Unabhängigkeitserklärung der Krim ist sogar stärker legitimiert als die des Kosovos, da sie in einer Volksabstimmung erfolgte. Die Bürgerinnen und Bürger des Kosovos konnten hingegen nicht selbst darüber entscheiden.

Müssen Staatengründungen international anerkannt werden?

An dieser Stelle kommt dann immer als Gegenargument, die Unabhängigkeit der Krim sei international nicht anerkannt.

Was ist damit gemeint? Es ist nämlich völlig unklar, was das bedeuten soll. Ab wann gilt etwas als international anerkannt? Wenn ein anderer Staat anerkennt? Wenn zwei Staaten anerkennen? Wenn eine Großmacht anerkennt? Wenn die UNO einen Staat als Mitglied aufnimmt?

Auch hier können wir in dem Gutachten des Internationalen Gerichtshofs im Fall Kosovo nachsehen. Das Gericht schreibt deutlich, dass eine Unabhängigkeitserklärung keiner Anerkennung von irgendjemandem bedarf.

> *Der Internationale Gerichtshof (IGH) in Den Haag hat in seinem Gutachten vom 22. Juli 2010 festgestellt, dass die einseitige Unabhängigkeitserklärung des Kosovo vom 17. Februar 2008 nicht gegen das Völkerrecht verstößt. …*
>
> *Der IGH geht in seinem Gutachten davon aus, dass eine Unabhängigkeitserklärung dann im Einklang mit dem Völkerrecht steht, wenn sie gegen keine anwendbare*

Regel des Völkerrechts verstößt. Nicht erforderlich sei hingegen eine Legitimation durch eine völkerrechtliche Norm.

Es bedarf keiner „Legitimation durch eine völkerrechtliche Norm". Es gibt also keine verbindlich geltende Regel, wie zum Beispiel eine Anerkennung durch andere Staaten. Jeder Staat entscheidet frei, ob er die Souveränität eines Landes nach einer einseitigen Unabhängigkeitserklärung anerkennt oder nicht. Manche mögen sie anerkennen, andere mögen sie nicht anerkennen. Wie etwa im Falle des Kosovos, dessen Unabhängigkeit nicht einmal von allen EU-Mitgliedern anerkannt wurde. Wenn die USA oder EU-Staaten die einseitige Unabhängigkeit der Krim nicht anerkennen, folgt daraus nicht, dass diese ungültig sei. Es gilt das Selbstbestimmungsrecht der Völker. Niemand hat die Möglichkeit, diesen Rechtsakt zu annullieren. Ein anderer Staat kann dem unabhängigen Staat nur das Leben schwer machen, indem er zum Beispiel dessen Pässe nicht zur Einreise akzeptiert.

War der Übertritt der Krim zu Russland eine Annexion?

Die Formulierung „völkerrechtswidrige Annexion" hat jede und jeder tausendfach gehört. Was ist überhaupt eine Annexion? Nach völkerrechtlicher Definition ist eine „Annexion" die gewaltsame Aneignung des Gebietes eines Staates durch einen anderen Staat. Eine Annexion erfolgt zumeist mit kriegerischen Mitteln.[372] Dagegen bedeutet eine „Sezession" im Völkerrecht die Abspaltung eines Landesteils von einem Staat „mit dem Ziel, einen neuen souveränen Staat zu bilden oder sich einem anderen Staat anzuschließen".[373]

Die Stimmberechtigten der Krim beschlossen in einem Referendum die Abspaltung der Krim selbst. Dem folgte die Erklärung der staatlichen Unabhängigkeit. Danach stellte die Autonome Republik Krim den Antrag auf Aufnahme in die Russische Föderation, dem diese stattgab. Es war also eine friedlich verlaufene Sezession der Krim von der Ukraine. Auch die anschließende Aufnahme der Krim durch Russland war völkerrechtskonform. Denn Russland hat nicht ein Stück der Ukraine erobert, sondern einen unabhängigen Staat aufgenommen, der zuvor aus der Ukraine ausgetreten war. Selbst wenn die Abspaltung der Krim gegen die ukrainische Verfassung verstößt, wird Russland durch diese nicht gebunden und konnte deshalb dem Antrag auf den Beitritt der Krim stattgeben.[374]

Die nüchterne Betrachtung der Vorgänge zeigt also, dass der Übertritt der Krim eine legitime, im Völkerrecht vorgesehene, Sezession und keine Annexion war.[375]

Doch diese völkerrechtliche Legitimität wurde von den NATO-Staaten unterschlagen, sonst hätten diese ihre Politik der Sanktionen und Aggressionen gegenüber Russland nicht rechtfertigen können. Stattdessen wurde die ständig wiederholte und ins öffentliche Bewusstsein eingebrannte Sprachregelung „völkerrechtswidrige Annexion der Krim" etabliert und das Konstrukt der „maskierten Annexion" erfunden. Es sei also eine verkleidete, nicht sichtbare Annexion gewesen – gesehen hat man auch nichts, denn es gab keine sichtbare Gewalt.

Mit „maskierter Annexion" soll suggeriert werden, dass das Referendum nicht von der Bevölkerung ausging, sondern von Russland nur zum Schein inszeniert wurde, dass die Leute mit der Kalaschnikow im Rücken zur Abgabe ihrer Stimme für einen Anschluss der Krim an Russland gezwungen wurden. Weil „der Russe" seit der Propaganda der deutschen Nazis über den Kalten Krieg hin und in jüngerer Vergangenheit wieder als der Böse dargestellt wird und Putin als machtgieriger Autokrat, der vor keinem Verbrechen zurückschreckt, wirkt diese Bezeichnung „maskierte Annexion" als Wahrheit für die Urteilsbildung der Bevölkerungen unter dem westlichen Propagandaeinfluss. Tatsächlich ist sie aber willkürlich aus der Luft gegriffen und widerspricht allen Tatsachen und Gegebenheiten. Das Bild des Bösen ist etabliert. Darauf kann man immer leichter und immer obskurer aufbauen.

Maskierte Annexion?

Mit dem Einsatz russischer Soldaten auf der Krim außerhalb von deren Stützpunkten, um die ukrainische Armee in ihren Kasernen zu binden, hat Russland gegen den „Vertrag zwischen der Ukraine und Russland über die Nutzung der Stützpunkte der russischen Schwarzmeerflotte" verstoßen. Laut diesem Vertrag durfte Russland zwar Soldaten auf der Krim stationieren, diese durften jedoch nicht außerhalb ihrer Stütz-

punkte aktiv werden.[376] Das war zwar ein eindeutiger Vertragsverstoß, daraus lässt sich aber keine „maskierte Annexion" konstruieren. Es wurde nur verhindert, dass es auf der Krim zu einem Eingriff des ukrainischen Militärs oder zu anderen gewaltsamen Ausschreitungen kam, was in der angespannten Situation zu Recht befürchtet wurde. Mit diesem Einsatz der Soldaten wurde lediglich die ordnungsgemäße und friedliche Durchführung des Referendums gewährleistet. Wenn Schüsse durch die Stadt knallen, sich viele Menschen gar nicht auf die Straße trauen, um zum Abstimmungslokal zu gehen oder sogar Abstimmungslokale gestürmt werden, kann eine Volksabstimmung wohl kaum durchgeführt werden. Eine Einschüchterung oder Beeinflussung des Abstimmungsverhaltens der Stimmberechtigten durch das russische Militär ist nicht bekannt.

Wie ernst die Gefahr einer gewalttätigen Eskalation gewesen war, zeigte sich nach dem Referendum, als bekannt wurde, dass die ukrainische Regierung einen Schießbefehl gegen russische Soldaten gegeben hatte. Doch die ukrainischen Soldaten auf der Krim verweigerten diesen, so dass es friedlich blieb und viele ukrainische Soldaten unbewaffnet abzogen. Dazu ein Bericht des „Fokus" vom 22. März 2014:[377]

> *„Die ukrainischen Kriegsschiffe auf der Krim haben einen Schießbefehl, den sie aber bisher nicht befolgten." Das erklärt der ukrainische Verteidigungsminister Igor Tenjuch. „Die Lage auf der Krim ist komplex", sagt er in Kiew nach einer Kabinettssitzung. Russland sei es „trotz des Befehls an alle Kommandanten, Waffen einzusetzen" gelungen, die Schiffe zu übernehmen. „Bedauerlicherweise" hätten die Kapitäne selbst vor Ort über ihr Vorgehen entschieden, „um Blutvergießen zu vermeiden."*

Die ukrainischen Soldaten hätten vermutlich auch keine Chance gehabt, einen Kampf zu gewinnen. Es war ein Befehl für ein Selbstmordkommando ohne militärischen Sinn. Aber der Verteidigungsminister von der neonazistischen Swoboda sagte, „bedauerlicherweise" hätten die Kapitäne den Befehl nicht ausgeführt.

Zurück zur „maskierten Annexion": Das wichtigste Argument, das klar gegen diese propagandistische Behauptung spricht, wurde schon ausführlich dargestellt. Die Unabhängigkeit von der Ukraine war über

Jahrzehnte konstanter Wille der Bevölkerung der Krim, der sich in vorherigen Referenden, Wahlen und Meinungsumfragen gezeigt hatte. Das Unabhängigkeitsreferendum war nicht etwa erzwungen, sondern brachte nur den originären Willen der Bevölkerung zum Ausdruck.

Die ganze Weltgeschichte besteht aus Sezessionen

Neben denen der Krim und der Ostukraine gab es sehr viele Sezessionen ohne Einverständnis des Zentralstaates. Über all diese Fälle regten sich die NATO-Staaten nicht auf.

Fast jede Staatsgründung erfolgte in einem souveränen Akt der Eigenermächtigung. In der Schweiz ist der Rütlischwur von 1291 das Urbild der souveränen Begründung der Eidgenossenschaft. Die Verschwörer der Schweizer Urkantone trafen sich auf einer verborgenen Bergwiese am Vierwaldstädter See, verbanden sich durch den Rütlischwur und brachen so die Herrschaft der tyrannischen Vögte der Habsburger.

Der Rütlischwur wird deshalb als Geburtsakt der Schweiz in der Erinnerungskultur der Schweiz hochgehalten und jeden 1. August gefeiert.

Friedrich Schiller fasste den Rütlischwur in seinem „Wilhelm Tell" in folgende Worte:

> *Wir wollen sein ein einzig Volk von Brüdern,*
> *in keiner Not uns trennen und Gefahr.*
> *Wir wollen frei sein, wie die Väter waren,*
> *eher den Tod, als in der Knechtschaft leben.*
> *Wir wollen trauen auf den höchsten Gott*
> *und uns nicht fürchten vor der Macht der Menschen.*

Auch in der Geschichte fast jeden anderen Landes findet man Sezessionen. Die ganze Weltgeschichte besteht aus Sezessionen. Der weltweite Kolonialismus endete mit Sezessionen gegen den Willen der Kolonialmächte.

Aber auch in der jüngsten Geschichte gibt es nicht wenige Sezessionen. Tragen wir wichtige Fälle zusammen:

Am 25. Juni 1991 erklärte sich **Slowenien** durch einen Parlamentsbeschluss einseitig für unabhängig von Jugoslawien. Nachdem Slowenien im Dezember 1991 eine eigene Verfassung verabschiedet hatte, wurde es innerhalb von wenigen Wochen von allen Staaten der damaligen Europäischen Gemeinschaft anerkannt. Wir haben also eine absolut vergleichbare Situation mit der Krim und den Donbass-Volksrepubliken: Ein Teil eines Staates erklärt sich einseitig für unabhängig und seine Unabhängigkeit wird anerkannt, sobald diese unabhängige Region eine eigene Verfassung hat. Die Krim hatte schon vorher eine eigene Verfassung, brauchte sich also nicht erst eine zu geben.[378] Die Krim existierte deshalb nach ihrer Sezession als völkerrechtlich legitimes Staatsgebilde. Dass kein westlicher Staat sie anerkannt hat, ist für die Krim zwar schwierig, aber völkerrechtlich keine Voraussetzung für ihre Existenzberechtigung.

Kroatien wurde von Jugoslawien unabhängig mit dem Referendum vom 19. Mai 1991, mit einer Zustimmung von 93,2 Prozent der Wahlbeteiligten. Da aber die Rechte der in Kroatien wohnenden Serben beschnitten wurden, gab es in der Folge in serbisch bewohnten Gebieten einen Bürgerkrieg, der vier Jahre andauerte.[379]

Mazedonien: Am 8. September 1991 stimmten 96,4 Prozent für eine Unabhängigkeit von Jugoslawien. An dem Referendum beteiligten sich 75,7 Prozent der Wahlberechtigten. Die albanische und serbische Minderheit boykottierte das Referendum größtenteils, wozu ihre politischen Interessenvertreter zuvor aufgerufen hatten. In der Folge blieb es allerdings friedlich.[380]

Bosnien und Herzegowina: Am 1. März 1992 stimmten in Bosnien und Herzegowina bei einem von der serbischen Bevölkerung weitgehend boykottierten Referendum 99,4 Prozent der Abstimmenden für eine staatliche Souveränität. Die Wahlbeteiligung lag bei 63 Prozent. Das befriedete nicht, es kam zum dreijährigen Bosnienkrieg mit bis zu 100.000 Todesopfern.[381]

Montenegro: In dem Referendum 1992 entschied sich die Bevölkerung für einen Verbleib in Jugoslawien. Da die politischen Spannungen zwischen Montenegro und Serbien wuchsen, fand am 21. Mai 2006 ein erneutes Unabhängigkeitsreferendum statt. Bei einer Wahlbeteiligung von 86 Prozent der insgesamt 485.280 Wahlberechtigten stimmten 55,5 Prozent für eine Trennung von Serbien, 44,5 Prozent votierten für den Verbleib Montenegros als Teil von Serbien.[382]

Eritrea: Nach einem dreißigjährigen Unabhängigkeitskrieg stimmten am 24. Mai 1993 bei einer durch die UNO überwachten Volksabstimmung 99,8 Prozent der Abstimmenden für die Unabhängigkeit von Äthiopien. Das Referendum führte zu einer staatlichen Eigenständigkeit von Eritrea. Mit Äthiopien kam es in der Folge aber zu Grenzstreitigkeiten.[383]

Irakisch-Kurdistan: Am 25. September 2017 stimmten 93 Prozent dafür, dass die Autonome Region Irakisch-Kurdistan unabhängig vom Irak wird. Beteiligt hatten sich 72 Prozent der 4,5 Millionen Stimmberechtigten. Daraufhin startete die irakische Zentralregierung eine Militäroffensive, bei der sie den Kurden Gebiete außerhalb der offiziellen Autonomieregion abnahm. Die faktische Unabhängigkeit von Irakisch-Kurdistan vom Irak blieb aber bestehen.[384]

Katalonien: Am 1. Oktober 2017 stimmten 90 Prozent der Wähler bei einer Wahlbeteiligung von 43 Prozent für eine Unabhängigkeit Kataloniens von Spanien. Die Stimmbeteiligung war so gering, da die Gegner der Sezession zum Boykott der Abstimmung aufgerufen hatten. Spanische Polizeikräfte versuchten, die Volksabstimmung zu verhindern, führten Razzien durch, beschlagnahmten Stimmzettel und Wahlmaterial, verhafteten Beamte, die sich an der Vorbereitung beteiligten, sperrten Internetpräsenzen, übernahmen das Kommando über die katalanische Polizei und versuchten, am Abstimmungstag Stimmlokale zu besetzen und Stimmwillige zu behindern, wobei mehrere hundert Personen verletzt wurden. Das Spanische Verfassungsgericht hob die Abstimmung am 17. Oktober 2017 auf. Der spanische Senat stellte am 27. Oktober Katalonien unter Zwangsverwaltung – gleichzeitig rief das katalanische Parlament die Unabhängigkeit aus. In der Folge wurden viele katalanische Politiker verhaftet und zu jahrelangen Gefängnisstrafen verurteilt. Hier scheiterte die Sezession am harten Widerstand des spanischen Staates, was für sehr viele Katalanen eine offene und schmerzende Wunde ist.[385]

Es ist deutlich, die Krim und die ostukrainischen Regionen stehen nicht alleine da. Es finden immer wieder Sezessionen gegen den Widerstand eines Zentralstaates statt. Nicht alle gelingen. Weitere Unabhängigkeitsreferenden können auf der Suchmaschine für direkte Demokratie gefunden werden: www.sudd.ch

Damit steht die Argumentation der NATO-Regierungen auf tönernen Füssen. Wenn diese die aufgelisteten Sezessionen anerkannten, warum taten sie es im Falle der Krim oder des Donbass nicht? Die Antwort liegt auf der Hand: weil es nicht ihren Interessen entsprach. Um die Frage gar nicht erst aufkommen zu lassen, wird mit Verteufelungen, Unterstellungen und starken emotionalen Einwürfen gearbeitet. Nüchtern ist festzustellen: Es geht nicht um das Völkerrecht, sondern um geopolitische Interessen, Kriegspropaganda und Feindbildaufbau gegenüber Russland.

Das Krim-Referendum fand am 16. März 2014 statt. Schon einen Tag später reagierten die USA und die EU mit ersten Sanktionen gegen Russland. Am 18. März starteten die Überlegungen, Russland permanent aus der Gruppe der G8-Staaten auszuschließen.[386] Das waren weiterere Schritte einer sich immer weiter zuspitzenden Feindschaft, die offenbar schon in der Schublade lagen.

Das Budapester Memorandum

Kommen wir zurück zum Gutachten des Internationalen Gerichtshofs (IGH) aus Den Haag. Dort ist zu lesen: *„Der IGH geht in seinem Gutachten davon aus, dass eine Unabhängigkeitserklärung dann im Einklang mit dem Völkerrecht steht, wenn sie gegen keine anwendbare Regel des Völkerrechts verstößt.“*

Hat die Abspaltung der Krim gegen eine „anwendbare Regel des Völkerrechts“ verstoßen? Das Völkerrecht besteht aus den zwischenstaatlichen Verträgen. In diesem Zusammenhang wurde immer wieder das Budapester Memorandum vom 5. Dezember 1994 vorgebracht. Russland hätte sich in diesem Memorandum gegenüber der Ukraine verpflichtet, die Unverletzlichkeit der ukrainischen Grenzen zu gewährleisten. Die Abspaltung der Krim, hieß es, würde dem widersprechen.

Was ist das Budapester Memorandum? Es ist ein kurzer Text mit sechs Punkten, die auf eine Seite passen.[387] In dem Memorandum versprachen Kasachstan, Weißrussland und die Ukraine auf Nuklearwaffen zu verzichten. Als Gegenleistung verpflichteten sich die USA, Großbritannien und Russland, Garantiemächte für die Souveränität, territoriale

Integrität und politische und wirtschaftliche Unabhängigkeit dieser Länder zu sein. Im Falle eines nuklearen Angriffs auf diese drei Länder werden die Garantiestaaten unmittelbar Maßnahmen des UN-Sicherheitsrates veranlassen. Diese drei Staaten waren im Zuge der Auflösung der UdSSR in den Besitz von Nuklearwaffen gekommen. Das Budapester Memorandum war Vorbedingung für die Unterzeichnung und Ratifizierung des Atomwaffensperrvertrags und des Atomteststoppvertrags. Bis 1996 wurden alle Kernwaffen aus den drei ehemaligen Sowjetrepubliken nach Russland gebracht, das als Nachfolgestaat der UdSSR das Recht auf den Besitz von Atomwaffen hat.[388]

Hat Russland gegen die Zusicherung der territorialen Integrität des Budapester Memorandums verstoßen? Nein, denn wir haben gesehen, dass der Übertritt der Krim keine Annexion war, sondern eine Sezession. Russland hat einen unabhängigen Staat aufgenommen, der selbstständig aus der Ukraine ausgetreten war. Russland hat die Krim nicht gewaltsam erobert und nicht die territoriale Integrität der Ukraine verletzt.

Des Weiteren war das Budapester Memorandum kein verbindlicher internationaler Vertrag, sondern eine rechtlich unverbindliche politische Absichtserklärung. Der russische Politikwissenschaftler Vladislav Belov verweist darauf, dass das Memorandum vom russischen Parlament nicht ratifiziert wurde. Somit sei es nur als Willenserklärung der damaligen russischen Regierung unter Boris Jelzin anzusehen, nicht aber als völkerrechtlich bindend.[389] Genauso sieht es die deutsche Botschafterin in Kiew Anka Feldhusen in einem Interview am 3. November 2020 in einer ukrainischen Zeitung:

> *Das Budapester Memorandum ist eine politische Erklärung und nichts weiter, es ist kein internationales Abkommen. Ich erinnere mich, als 2014 zum ersten Mal vom Budapester Memorandum die Rede war, da wurde ich aus Deutschland angerufen und gefragt, was das sei? Ich war in der Ukraine, als es 1994 unterzeichnet wurde, aber niemand erinnerte sich damals daran. Dies ist eine politische Erklärung, das heißt, es ist heute einfach unmöglich, diese Garantien zu bekommen.*[390]

Diesen Aussagen stimmten auch die USA zu. Im Zuge von Diskussionen über Sanktionen seitens der USA gegen Weißrussland erklärten die USA am 12. April 2013, dass das Budapester Memorandum juristisch nicht bindend sei.[391]

Wenn das Budapester Memorandum juristisch gar nicht bindend ist, erübrigen sich von vorne herein alle Diskussionen im Zusammenhang mit dem Krim-Übertritt. Der Versuch, das Memorandum als Argument gegen die Rechtmäßigkeit des Anschlusses der Krim an Russland anzuführen, ist ein Vernebelungsversuch mit Scheinargumenten, wie sie in der Politik oft benützt werden.

Allerdings haben die USA und Großbritannien selbst gegen das Memorandum verstoßen, als sie auf dem Maidan mitgemischt haben, denn eine solche Aktion widersprach eindeutig dem Inhalt des Memorandums, die „Souveränität" (Punkt 1 des Abkommens) und die „politische Unabhängigkeit" (Punkt 2 des Abkommens) der Ukraine „zu achten".

Zusammenfassung: Krim-Unabhängigkeit ist vom Völkerrecht gedeckt

Wir konnten feststellen, dass die völkerrechtliche Beurteilung der Krim-Abspaltung ganz anders ist, als es die Mainstream-Medien und Politiker der NATO-Staaten darstellen. Von einem Bruch des Völkerrechts kann nicht gesprochen werden. Stattdessen schützt das Völkerrecht das Selbstbestimmungsrecht der Völker; die Sezession einer Region ist möglich, auch wenn dies den Gesetzen und dem Willen des Zentralstaates widerspricht. Das bestätigte auch der Internationale Gerichtshof in Den Haag am 22. Juli 2010 ganz klar. Das Prinzip der Unverletzbarkeit der Grenzen gilt nur zwischen Staaten, aber nicht bei innerstaatlichen Konflikten oder Abspaltungen. Eine Sezession ist ein souveräner Rechtsakt, eine Anerkennung durch andere Staaten ist nicht nötig. In der Geschichte gab es immer wieder Sezessionen. Die Gründung der Schweiz durch den Rütlischwur ist ein sehr bekanntes Beispiel dafür.

Acht Jahre Donbass-Krieg

Sofort nach dem Maidan-Putsch am 21. Februar 2014 nahmen im Südosten der Ukraine die Anti-Maidan-Proteste und Demonstrationen stark zu. Sehr viele Menschen waren besorgt und gingen auf die Straße. Davon haben die Konsumenten westlicher Mainstream-Medien aber nichts mitbekommen, weil über die Anti-Maidan-Proteste nicht berichtet wurde. Verschweigen ist ein wichtiges Propagandamittel. So wurde im Bewusstsein der Menschen das Trugbild aufgebaut, die Bevölkerung der ganzen Ukraine unterstütze die Maidan-Putschregierung. Das war aber nicht der Fall, sondern das Land war gespalten. Deshalb konzentrierten sich die neuen Kiewer Machthaber auch sofort darauf, aufzurüsten und ihre militärische Macht zu stabilisieren.

Maidan-Kämpfer werden zur Nationalgarde ernannt

Schon am 13. März 2014 beschloss die Rada die Gründung einer Nationalgarde mit bis zu 60.000 Mann. Der „Focus" meldete: *„Die neue Ukrainische Nationalgarde soll sich vor allem aus Freiwilligen der sogenannten Selbstverteidigungsgruppen vom Maidan zusammensetzen und könnte der regulären 130.000 Mann starken Armee der Ukraine beistehen. Sie solle «die Sicherheit des Staates garantieren, die Grenzen verteidigen und Terrorgruppen ausschalten», sagte der neue Chef des Nationalen Sicherheits- und Verteidigungsrats, Andrij Parubij, der zuvor der Kommandant der Maidan-Truppen war."*[393]

Die illegal bewaffneten Maidan-Kämpfer vom Rechten Sektor und Swoboda hatten ihre Waffen nicht abgegeben, wie es vereinbart worden war, sondern hatten diese behalten und patrouillierten noch Wochen nach dem Maidan-Putsch im Kiewer Regierungsviertel. Jetzt bekamen sie als Nationalgarde einen staatlichen Auftrag und Finanzierung! Sie wurden für ihre illegalen Taten belohnt. Man stelle sich vergleichsweise vor, gewaltbereite Skinheads würden in Deutschland zu einer dritten bewaffneten Macht gemacht, neben Polizei und Armee.

Buddha[392]

Diese Gründung der Nationalgarde erinnert unwillkürlich an die deutsche Geschichte: Die Sturmabteilung (SA) war die paramilitärische Kampforganisation der NSDAP während der Weimarer Republik. Sie spielte eine entscheidende Rolle beim Aufstieg der Nationalsozialisten, indem sie deren Versammlungen schützte und gegnerische Veranstaltungen „stürmte“. Im Vorfeld der Reichstagswahl am 31. Juli 1932 gab es bürgerkriegsähnliche Zustände mit etwa 300 Toten und über 1.100 Verletzten, woran die SA maßgeblich beteiligt war. Sie tobte sich hemmungslos gegen politische Gegner aus. Auch im Vorfeld der Machtergreifung 1933 widmete sich die SA, neben der Propaganda, intensiv dem Straßenkampf und Überfällen auf Sozialdemokraten, Kommunisten und Juden. Die Ernennung Hitlers zum Reichskanzler am 30. Januar 1933 feierte die inzwischen auf über 400.000 Mitglieder angewachsene SA mit einem nächtlichen Fackelzug in Berlin. Am 22. Februar 1933 gründete der preußische Innenminister Hermann Göring die Hilfspolizei. Sie rekrutierte sich hauptsächlich aus den Reihen der SA, die damit in den staatlichen Machtapparat eingebunden wurde.[394]

Deutschland intern heute: rechtsradikale Soldaten werden aus dem Bundeswehrdienst entlassen. Rechtsradikalismus wird systematisch unterstellt, um missliebige Menschen zu diskreditieren. Er ist zum Totschlagargument geworden. Deutschland gegenüber der Ukraine: Kein Protest aus Politik und Mainstream-Medien, als die Ukraine aus den Reihen neonazistischer Organisationen die Nationalgarde aufstellte.

Die paramilitärischen Verbände spielten dann im Donbass-Krieg ab 2014 eine wichtige Rolle und wuchsen im Laufe der Jahre auf bis zu 102.000 Mann an, wie „Reuters“ im Januar 2022 berichtete.[395]

Neonazistischer Hintergrund der Nationalgarde

Dazu gehören die „Brigade Asow“, das „Bataillon Aidar“, das „Regiment Dnipro“ und das „Regiment Donbass“ und bis zu 80 weitere Gruppierungen. Vom Bataillon Aidar berichtete die – nicht für russische Propaganda verdächtige – ARD-Tagesschau am 29. September 2014: *„Besonders berüchtigt ist das Bataillon Aidar, zu dem rechtsgerichtete ukrainische Nationalisten gehören, von denen sich einige mit Hakenkreuzen und anderen Nazi-Symbolen schmücken, als Abzeichen auf* *der Tarnkleidung oder als Tätowierung auf dem Körper. Die Anführer und viele Mitglieder sind bekennende Neonazis und Mitglieder von rechtsextremen Gruppen.“*[396] Amnesty International dokumentierte 2014 Kriegsverbrechen des Aidar-Bataillons: Entführungen, Raub, Misshandlungen, Erpressungen und Scheinhinrichtungen.[397]

Die Brigade Asow ist durch ihre Verankerung in der internationalen Neonazi-Szene bekannt und schöpft offen aus der Nazi-Ideologie.[398] Das wird in den westlichen Medien meistens schöngeredet. Doch es gibt auch einige Alarmglocken. Der „Atlantic Council“, ein mit der NATO und der US-Regierung verbundener Thinktank, warnte 2020 davor, dass „das Asow-Regiment sich nicht entpolitisiert hat“[399] und dass „die Ukraine ein echtes Problem mit rechtsextremer Gewalt hat“.[400] Im März 2022 schrieb „NBC News“, dass „das Naziproblem in der Ukraine real ist“.[401] Das US-Medium „The Hill“ erklärte, dass das Problem des Neonazismus in der Ukraine „nichts mit der Propaganda des Kremls zu tun habe“.[402] Und die New Yorker Wochenzeitschrift „The Nation“ : „The Western Media Is Whitewashing the Azow Battalion“[403]

Weltberühmt und in der Ukraine als Helden verehrt wurde die Brigade Asow, als sie 2022 in der Stadt Mariupol bis zum Untergang kämpfte, obwohl die Lage militärisch völlig aussichtslos war. Sie waren eingekesselt, und andere ukrainische Truppen waren über 100 km entfernt. Während sich viele Bewohner von Mariupol wochenlang in Kellern verstecken mussten, führte die Brigade Asow einen Straßenkampf, der die Zerstörung von bis zu 60 Prozent der Häuser bewirkte. Obwohl die russische Armee fast täglich Evakuierungszeiten und -korridore ausrief, wurden die Bewohner vom Asow-Bataillon daran gehindert, sie zur Flucht zu nutzen. Die Brigade Asow verfolgte in Mariupol das Prinzip der verbrannten Erde: Wenn schon der Feind die Stadt übernimmt, dann soll er durch die Zerstörungen möglichst wenig davon haben. Dazu ist eine große Portion Fanatismus nötig.

Symbole der Brigade Asow sind die Wolfsangel und die Schwarze Sonne.[405] Die schwarze Wolfsangel (N mit Strich in der Mitte) war das Abzeichen der 2. SS-Panzer-Division „Das Reich“ der Waffen-SS. Diese SS-Einheit brachte in der Ukraine zehntausende Juden und „verdächtige“ Zivilisten um. Nachdem sie im Februar 1944 nach Frankreich verlegt wurde, setzte sic dort die blutigen Massaker an Zivilisten fort.[406]

Abzeichen des Regiments Asow bis zur Änderung im August 2015[404]

Okkultes Symbol der Schwarzen Sonne im Boden der Halle der SS-Generäle, Wewelsburg, Deutschland[408]

Bis 2004 war die Wolfsangel auch das Abzeichen der Sozial-Nationalen Partei der Ukraine (SNPU), die sich 2004 in Swoboda umbenannte.[407]

Auf dem Asow-Abzeichen sieht man in weiß die Schwarze Sonne. Diese ist ein international genutztes Erkennungsmerkmal der Neonazi-Szene und befindet sich ursprünglich als Bodenornament im Obergruppenführersaal der Wewelsburg. Die Wewelsburg im Kreis Paderborn war geistiges Zentrum der SS. Die Schwarze Sonne war ein zentrales okkultes Symbol der SS.

Weil das Hakenkreuz die Ideologie, Gewaltherrschaft und das Verbrechen des Nationalsozialismus repräsentiert, ist die Verwendung hakenkreuzförmiger Symbole seit 1945 in Deutschland, in Österreich und in weiteren Staaten verboten. In Deutschland kann man dafür mit drei Jahren Haft bestraft werden (Strafgesetzbuch § 86). In der Ukraine ist das anders, bei den Asow-Leuten ist das Hakenkreuz gebräuchlich.

Die Verwendung dieser Nazi-Symbole durch die Asow-Kämpfer bedeutet, dass sie sich an das Kraftfeld der Nazis und Faschisten anschließen und sich dadurch gestärkt fühlen. Dieses Kraftfeld ist ja nicht aufgelöst, sondern wirkt auch heute; deshalb sind ihnen diese Zeichen so wichtig. Deren Verwendung ist keine Äußerlichkeit, sondern sie verweist auf den ideologischen Kern, der die Asow-Kämpfer real motiviert.

Warum brauchte die ukrainische Regierung Paramilitärs?

Es stellt sich die Frage: Warum reichte der Kiewer Regierung nicht die normale Armee aus, warum brauchte sie die paramilitärischen Einheiten in so großem Umfange? Das kann der Schweizer Offizier Jacques Baud erklären. Er war Oberst der Schweizer Armee, arbeitete für den Schweizerischen Nachrichtendienst und für die NATO und ist Autor mehrerer Bücher zu militärischen Fragen. Seine Analysen zum Ukraine-Krieg gehören zu den Besten, da er immer realistisch und aus umfassender Fachkenntnis spricht.[411]

Jacques Baud war 2015 und 2016 im NATO-Auftrag mehrmals in der Ukraine, die damals im Krieg mit den Donbass-Regionen stand. Das ukrainische Militär hatte Schwierigkeiten, Rekruten zu finden. Jacques Baud nennt den Hauptgrund: *„Damals wollten die Soldaten nicht*

Angehörige des Bataillons Asow auf ihrem Stützpunkt in Ursuf, an dem Gebäude im Hintergrund das Hakenkreuz und die Fahne der UPA, der Armee der Banderisten, Juli 2014.[409]

Kämpfer des Asow-Bataillons mit Nazi-Flagge, 2018.[410]

kämpfen, weil sie nicht mit ihren russischsprachigen Landsleuten konfrontiert werden wollten.“[412]

Einem Bericht des britischen Innenministeriums zufolge weigerten sich Reservisten in überwältigender Mehrheit, an Rekrutierungsgesprächen teilzunehmen. Bei der Einberufung der Reservisten im März und April 2014 kamen 70 Prozent nicht bei der ersten Aufforderung, 80 Prozent nicht bei der zweiten, 90 Prozent nicht bei der dritten und 95 Prozent nicht bei der vierten Aufforderung. Die Lage wurde nicht besser: Im Oktober und November 2017 erschienen 70 Prozent der Wehrpflichtigen nicht zur Einberufung.[413] Auch Selbstmord wurde zu einem Problem. Von 2014 bis 2018 brachten sich 615 Soldaten selbst um.[414] Die Desertierungen nahmen zu und erreichten in bestimmten Einsatzgebieten bis zu 30 Prozent der Streitkräfte, oft zugunsten der Freiheitskämpfer in den Ostgebieten.[415] Junge Ukrainer weigerten sich, im Donbass gegen ihre Landsleute zu kämpfen. Sie zogen es vor, ins Ausland zu gehen, was zumindest teilweise die schrumpfende Bevölkerung des Landes erklärt. Baud berichtet:

> *Das ukrainische Verteidigungsministerium wandte sich daraufhin an die NATO, sie möge dabei helfen, ihre Streitkräfte „attraktiver“ zu machen. Da ich bereits an ähnlichen Projekten im Rahmen der Vereinten Nationen gearbeitet hatte, wurde ich von der NATO gebeten, an einem Programm zur Wiederherstellung des Images der ukrainischen Streitkräfte mitzuwirken. Das ist jedoch ein langwieriger Prozess, und die Ukrainer wollten schnell vorankommen.*
>
> *Um den Mangel an Soldaten auszugleichen, griff die ukrainische Regierung daher auf paramilitärische Milizen zurück. Sie bestehen insbesondere aus ausländischen Söldnern, die oftmals rechtsextreme Aktivisten sind. Im Jahr 2020 stellten sie etwa 40 Prozent der ukrainischen Streitkräfte und umfassten laut Reuters etwa 102.000 Mann. Sie werden von den USA, Großbritannien, Kanada und Frankreich bewaffnet, finanziert und ausgebildet. Es sind mehr als 19 Nationalitäten vertreten – darunter auch Schweizer. Die westlichen Länder haben also eindeutig ukrainische rechtsextreme Milizen geschaffen und unterstützt.*[416]

Da die normalen Soldaten Hemmungen hatten, auf eigene Landsleute zu schießen, war es für die ukrainische Regierung notwendig, politisierte, ultranationalistische, fanatische Kämpfer zu rekrutieren, um gegen die Bevölkerung im Donbass zu kämpfen.

13. April 2014: Ukrainische Regierung beginnt den Krieg

In der Ost-Ukraine formierte sich der Protest gegen die neue Putsch-Regierung. Am 6. April 2014 besetzten pro-russische Demonstranten in Donezk und Lugansk einige Verwaltungsgebäude.[417] Kiew reagierte umgehend. Der geschäftsführende aber nichtgewählte Präsident der Ukraine, Alexander Turtschinow, kündigte in der Presse „Antiterror-Maßnahmen" an.[418]

Mit dem Putsch hatte sich die Tonlage in Kiew rapide geändert. Der weggeputschte Präsident Janukowitsch hatte die Maidan-Demonstrationen und die Besetzungen von Gebäuden über Monate zugelassen, ohne Antiterror-Maßnahmen zu starten, sondern hatte sich zu Verhandlungen getroffen. Mit solchen versöhnlichen Gesten war es nun vorbei. Die neue Brutalität zog auch in das Parlament ein. Der „Spiegel" berichtete am 8. April 2014: *„Die Frage, wie der Konflikt in der Ostukraine gelöst werden soll, erregt in Kiew die Gemüter: Bei einer Parlamentssitzung wurden Mitglieder der rechtspopulistischen Regierungspartei Swoboda (Freiheit) handgreiflich. Kommunistenchef Pjotr Simonenko hatte den Präsidentschaftskandidaten der Nationalisten für die drohende Spaltung der Ukraine verantwortlich gemacht. Daraufhin flogen die Fäuste."*[419] „Der Spiegel" zeigt das Video der unwürdigen Schlägerei. Für die NATO-Regierungen war das allerdings kein Anlass, die Unterstützung der Putsch-Regierung, in der auch Mitglieder der rechtsradikalen Swoboda saßen, in Frage zu stellen.

In der Ostukraine entwickelte es sich immer mehr in Richtung Abspaltung. Am 8. April 2014 formierte sich in Donezk aus den Reihen der Demonstranten ein „Volksrat", eine Art „Übergangs-Regierung".[420]

Am 13. April 2014 trat das höchste Regierungsorgan in Kiew, der Nationale Sicherheitsrat der Ukraine, zusammen und beschloss die Antiterror-Operation im Osten der Ukraine unter Einbeziehung der Armee.[421] Das heißt, gegen die Demonstranten wurde von da an nicht nur die

Polizei, sondern auch das Militär eingesetzt, mit Panzern, Raketen und Flugzeugen. Diese Sitzung des Sicherheitsrates war der Startschuss des Donbass-Krieges, aus dem im Februar 2022 der Ukraine-Krieg wurde.

Die NATO-Regierungen, die heftig gegen den Einsatz der Polizei bei den versuchten Räumungen des Maidans protestiert hatten, schwiegen nun zum Einsatz des Militärs gegen die eigene Bevölkerung.

Am 13. April 2014 wurde auch öffentlich, dass der CIA-Chef John Brennan an diesem Wochenende geheim und unter einem falschen Namen nach Kiew geflogen war und sich dort mit „Vertretern ukrainischer Militär- und Sicherheitsstrukturen" getroffen hatte. Russische Medien meldeten, dass der CIA-Chef Kiew nahegelegt habe, „Antiterrormaßnahmen gegen die Separatisten im Osten des Landes einzuleiten." Die geheime Blitzreise von Brennan wurde vom Weißen Haus bestätigt, zum Inhalt der Gespräche wurde nichts gesagt. Man kann aber davon ausgehen, dass die Gespräche mit Brennan den Start des Donbass-Krieges zum Inhalt hatten und er dazu ermunterte.[422]

Die ersten Kampfeinsätze

Am 15. April 2014 begann der Einsatz mit der militärischen Besetzung des Flughafens Kramatorsk rund 80 km nördlich der Stadt Donezk. In Slawjansk eröffneten Regierungssoldaten das Feuer auf Straßensperren von Demonstranten. Dabei wurden mehrere Menschen verletzt. Am 16. April gab es Medienberichte, dass Einheiten der Armee zu den Demonstranten übergelaufen seien mit mindestens zehn gepanzerten Fahrzeugen. Das Überlaufen von Armee-Einheiten setzte sich fort. Am 17. April schlossen sich sechs Panzer samt Einheiten in Kramatorsk den Demonstranten an. Der Antiterror-Einsatz stockte, Regierungstruppen mit 15 Panzern zogen sich aus dem Gebiet Donezk zurück.[423] Die Armee war also so gespalten wie das ganze Land. Diese Berichte bestätigen die Schilderungen von Jacques Baud, dass viele Soldaten gegen ihre eigenen Landsleute keine Gewalt anwenden wollten.

Keine russische Armee im Donbass

Russland wurde von den NATO-Regierungen immer wieder beschuldigt, die ostukrainischen Milizen zu bewaffnen und russische Soldaten einzusetzen und damit für den Donbass-Krieg verantwortlich zu sein. Diese Botschaft wurde in den Medien oft wiederholt: Russland war schuld. Dafür gibt es keine handfesten Belege. Es gab hunderte OSZE-Beobachter in der Ostukraine. Diese meldeten jedoch keine russischen Waffenlieferungen und sahen keine russischen Soldaten. In diesem Zusammenhang sind die Schilderungen von Jacques Baud sehr bedeutsam: Er berichtete aus erster Hand, weil er zu diesem Thema selbst im Auftrag der NATO in der Ukraine tätig war.

Jacques Baud berichtete:

> *2014 war ich bei der NATO für die Bekämpfung der Verbreitung von Kleinwaffen zuständig, und wir versuchten, russische Waffenlieferungen an die Rebellen in der Ostukraine aufzuspüren, um zu sehen, ob Moskau beteiligt ist. Die Informationen, die wir damals erhielten, stammten fast ausschließlich vom polnischen Geheimdienst und passten nicht zu den Informationen der OSZE. Trotz ziemlich grober Behauptungen gab es keine Lieferungen von Waffen und militärischem Material aus Russland. Die Rebellen wurden durch russischsprachige Soldaten ukrainischer Einheiten, die auf die Seite der Rebellen übergelaufen waren, bewaffnet. Im Zuge der ukrainischen Niederlagen wurden die Reihen der Autonomisten durch vollzählige Panzer-, Artillerie- oder Flugabwehrbataillone vergrößert.*[424]

Diese Untersuchungsergebnisse passen zu anderen Berichten, haben aber viel mehr Gewicht, da Jacques Baud selbst als Geheimdienstermittler der NATO dazu vor Ort tätig war. Auch der Journalist Ulrich Heyden, der den Donbass oft bereiste, fasste zusammen:

> *Belege für die Behauptung, russische Truppen hätten den Donbass okkupiert, hat die Ukraine bis heute nicht vorgelegt. Es wurden keine Namen russischer Kommandeure veröffentlicht, die angeblich in Donezk und Lugansk die Befehle geben. Und es gibt auch keine Fotos oder Videos von russischen Truppen oder Militärgeräten im Donbass.*[425]

Im Laufe des achtjährigen Donbass-Krieges kamen Freiwillige aus Russland, die das aber aus eigenem Entschluss taten. Darunter waren auch ehemalige Geheimdienstmitarbeiter und Soldaten. Es gab jedoch keinen offiziellen Einsatz der russischen Armee und Waffenlieferungen im Donbass.

Die Ereignisse überschlagen sich: Staatlicher Terror und direktdemokratische Hoffnung

Die Bedrohung durch die ukrainische Armee und die neuen paramilitärischen Bataillone wuchs in der Südost-Ukraine immer mehr. Gleichzeitig trieben die Föderalisten im Donbass eine demokratische Klärung der Situation voran. Am 24. April 2014 legten die Volksräte in Donezk und Lugansk den 11. Mai 2014 als Abstimmungstag für ein Unabhängigkeitsreferendum fest. Ab da überstürzten sich die Ereignisse.

Am 2. Mai 2014 geschah das Massaker von Odessa, bei dem Neonazi-Einheiten ein Anti-Maidan-Camp mit 400 Demonstranten angriffen und diese in das Gewerkschaftshaus drängten, das sie dann anzündeten. Wer aus dem brennenden Gebäude fliehen wollte, wurde erschlagen. 48 Menschen starben. Dieses Massaker ging wie eine Schockwelle durch die Ostukraine und Russland. Die westlichen Medien verschwiegen es weitgehend.

Am 7. Mai 2014 rief der russische Präsident Putin dazu auf, die Abstimmung zu verschieben. Er hoffte auf eine diplomatische Lösung, sodass die Donbass-Regionen innerhalb der Ukraine bleiben konnten. Putin sagte:

> *Wir glauben, dass es am Wichtigsten ist, einen direkten, vollwertigen Dialog zwischen den Kiewer Behörden und den Vertretern der Südostukraine aufzunehmen. Deshalb bitten wir die Vertreter der Südostukraine, die für eine Föderalisierung des Landes eintreten, das Referendum vom 11. Mai zu verschieben, um die notwendigen Bedingungen für einen solchen Dialog zu schaffen.*[426]

Darauf gingen die Vertreter der Donbass-Regionen aber nicht ein, die Referenden wurden durchgeführt. Dieser vergebliche Aufruf von Putin zeigt, dass die russische Regierung keine Abspaltung der Donbass-Regionen begünstigte, sondern eine Lösung innerhalb der Ukraine anstrebte, genauso wie es dann später mit dem Minsker-Abkommen nochmal versucht wurde. Putin bremste sehr stark und enttäuschte damit viele Menschen im Donbass. Das ist die historische Wahrheit. Sie ist das genaue Gegenteil der westlichen Kriegspropaganda, die Russland als imperialistische Macht brandmarkt, die möglichst viele Länder erobern wolle. Wenn die russische Regierung die Ostukraine hätte eingliedern wollen, dann wäre das 2014 sehr einfach gewesen. Nach den Unabhängigkeitsreferenden hätte Russland den Volksrepubliken nur die Aufnahme in die russische Föderation anbieten müssen. Daraufhin hätten in den Volksrepubliken weitere Referenden zu dieser Frage stattgefunden. Wenn es dafür eine Mehrheit gegeben hätte, hätte die Eingliederung damals sehr leicht umgesetzt werden können. Die ukrainische Armee war 2014 schwach, und das russische Militär hätte die Volksrepubliken nach einer Eingliederung leicht schützen können. Jedoch geschah nichts dergleichen. Russland wollte die Volksrepubliken gar nicht aufnehmen und erkannte nicht einmal deren Unabhängigkeitserklärungen an. Das geschah erst nach acht Jahren Donbass-Krieg und dem Scheitern aller diplomatischen Bemühungen am 21. Februar 2022.

Im Südosten der Ukraine wurden der staatliche Terror und die Einschüchterungsaktionen gegen die Bevölkerung von Tag zu Tag bedrohlicher. Besonders sichtbar wurde das am 9. Mai 2014 in der Hafenstadt Mariupol. Der Journalist Ulrich Heyden berichtete:

> *Ausgerechnet am Siegestag über das Hitler-Deutschland, der auch in Mariupol mit einer Parade gefeiert wurde, versuchten ukrainische Soldaten, Nationalgardisten und paramilitärische Einheiten, die Bevölkerung mit Gewalt das Fürchten zu lehren. Ukrainische Soldaten schossen im Zentrum von Mariupol wahllos auf unbewaffnete Demonstranten und Passanten, säuberten die Gebietsverwaltung, schüchterten die Anwohner mit Gewehrsalven ein und jagten sie mit ihren Schützenpanzern über Barrikaden. Anwohner versuchten spontan, mit nackten Händen ukrainische Schützenpanzer aufzuhalten und Soldaten zum Rückzug zu überreden.*

Am Morgen des 9. Mai hatten ukrainische Soldaten bereits mit schweren Waffen die Polizeizentrale von Mariupol beschossen. Das Gebäude geriet dabei in Brand. Die Polizisten versuchten, sich mit einem Sprung aus dem Fenster zu retten. Das Gebäude brannte aus. Sieben Menschen starben, 39 wurden verletzt.

Das offizielle Kiew begründete die Beschießung damit, dass 60 Separatisten die Polizei-Zentrale angegriffen hätten. Der Blogger dok_zlo lieferte eine völlig andere Erklärung für den Sturm. Grund für die Beschießung des Gebäudes sei ein Hilferuf des städtischen Polizeichefs Waleri Androschuk gewesen. Dieser war erst vor kurzem von der Regierung in Kiew eingesetzt worden. Als er seinen Untergebenen befahl, auf „Provokateure", die angeblich in großer Zahl an der Parade zum Siegestag teilnehmen würden, ohne Vorwarnung zu schießen, wollten seine Untergebenen den Befehl nicht ausführen.

Um sich Respekt zu verschaffen, soll der Polizeichef dann angeblich einen seiner Untergebenen mit einem Schuss aus der Dienstwaffe verletzt und sich danach in seinem Dienstzimmer verbarrikadiert haben. Von dort rief er die ukrainischen Militärs um Hilfe. Die rückten mit Schützenpanzern sowie Angehörigen der Nationalgarde und Mitgliedern paramilitärischer Gruppen an und begannen, das Gebäude zu beschießen. Die Anwohner waren empört. Sie riefen: „Fasst unsere Polizei nicht an!", „Verschwindet aus unserer Stadt", „Faschisten". Derweil versuchte der Polizeichef aus dem Gebäude zu fliehen, wurde aber angeblich von Regierungsgegnern entführt und mit einem Auto an einen unbekannten Ort gebracht.

Die Massaker in Odessa und Mariupol brachten viele Menschen in der Ostukraine gegen die Kiewer Putsch-Regierung auf und dürften auch zu einer höheren Zustimmung bei den Referenden geführt haben.

Die Autonomiereferenden im Donbass am 11. Mai 2014

Trotz aller Hindernisse fanden die Referenden in Donezk und Lugansk am 11. Mai statt. Ulrich Heyden beschreibt die Stimmung:

> *Wahlen im Ostteil der Ukraine sind, wie in Russland, seit Sowjetzeiten eine festliche Veranstaltung. Abstimmen, das ist bis heute so etwas wie eine Bürgerpflicht. Mit Ernst und Pflichtgefühl kamen die Menschen trotz Krieg an die Wahlurnen. Es gab die üblichen gläsernen Urnen aus Plexi-Glas, Wahlkabinen mit einfarbigen Vorhängen und Tische, an denen die Pässe geprüft und die Stimmabgabe der Wähler in die vorbereiteten Wählerverzeichnisse eingetragen wurden. Da die Regierung in Kiew die offiziellen Wählerverzeichnisse blockiert hatte, nutzten die Wahlkommissionen die Einwohner-Meldelisten als Wählerverzeichnis.*[427]

In den von der Kiewer Regierung kontrollierten Gebieten des Donbass fand das Referendum nicht oder nur unter sehr erschwerten Bedingungen statt. Und es kam immer wieder zu Behinderungen:

> *Nicht überall verlief die Wahl friedlich. In der Stadt Krasnoarmejsk im Gebiet Donezk blockierten Mitglieder einer bewaffneten Einheit aus Dnjepopetrowsk das in der Gebietsverwaltung untergebrachte Wahllokal. Weil die Männer mit gepanzerten Autos der „Privatbank" gekommen waren, gingen Beobachter davon aus, dass es sich um Mitglieder der Sicherheitstruppe von Privatbank-Besitzer Igor Kolomojskyj handelte. Als die unbewaffneten Bürger der Stadt den Mitgliedern der Spezialeinheit aus Protest gegen die Blockade des Wahllokals den Weg versperrten, schossen diese – offenbar in Panik – in eine unbewaffnete Menge. Wie der Korrespondent des westlich orientierten Radio Echo Moskwy per Twitter berichtete, wurde ein unbewaffneter Bürger getötet. Mehrere Menschen wurden verletzt.*

Es stand in Donezk am 11. Mai 2014 folgende Frage zur Abstimmung:[428] „Unterstützen sie den Akt der staatlichen Unabhängigkeit der Volksrepublik Donezk?“ Und in Lugansk: „Unterstützen Sie den Akt der staatlichen Unabhängigkeit der Volksrepublik Lugansk?“

Die Ergebnisse in Donezk:
Stimmbeteiligung 74,9 Prozent
Gültige Stimmen: 2.511.441
Ja 89,8 Prozent, Nein 10,2 Prozent

Die Ergebnisse in Lugansk:
Stimmbeteiligung 75,0 Prozent
Gültige Stimmen: 1.349.360
Ja 96,2 Prozent, Nein 3,8 Prozent

In den Volksrepubliken wurden die Ergebnisse mit Jubel und großer Hoffnung aufgenommen.

Bei den Referenden waren kaum Wahlbeobachter aus anderen Ländern anwesend. Die Korrektheit der Auszählung garantierten also fast allein die Wahlkommissionen.

Die Referenden wurden von der Kiewer Regierung und den NATO-Staaten stark kritisiert. Als Kritikpunkte wurden genannt: Einschüchterung von Gegnern, verfrühte Öffnungen von Stimmlokalen, Wahlbetrug und Gewalt während der Abstimmung.[431] Mangels ausreichender Wahlbeobachter sind diese Vorwürfe nicht zu überprüfen. Da in vielen Regionen kriegsähnliche Zustände herrschten, die Kiewer Regierung die Durchführung des Referendums zu verhindern versuchte und nicht überall auf eine eingespielte Verwaltung zurückgegriffen werden konnte, sondern improvisiert werden musste, wird sehr vieles passiert sein, was man bei einem Referendum nicht haben will. Die Zustimmung war aber so groß, dass es sehr unwahrscheinlich ist, dass eventuelle Unregelmäßigkeiten das Ergebnis insgesamt verändert hätten.

Die anhaltende starke Kritik am Referendum ist heuchlerisch. Denn keiner der westlichen Kritiker hat jemals gefordert, die Referenden unter besseren Bedingungen zu wiederholen, die dann von internationalen Wahlbeobachtern hätten kontrolliert werden können. Es ging also nicht darum, gute Bedingungen für die Referenden zu schaffen, sondern die Kritik hatte nur zum Ziel, die Willensbekundungen der

Donezk, 12. Mai 2014: Menschen feiern das Referendum.[429]

Donezk, 12. Mai 2014: Denis Pushilin, Staatsoberhaupt der Volksrepublik Donezk, feiert das Referendum (im Zentrum).[430]

Stimmberechtigten im Donbass niederzumachen und Ausreden für eine Missachtung der Referenden zu finden.

Mehrere Umfragen zeigten, dass die Referenden tatsächlich den Willen der Donbass-Bewohner wiedergaben.

In einer vom Kiewer Institut für Soziologie durchgeführten repräsentativen Umfrage mit Daten vom 8. bis 16. April 2014 sprachen sich 41,1 Prozent der Menschen in Donezk für eine Dezentralisierung der Ukraine mit der Übertragung von Befugnissen auf die Regionen aus, 38,4 Prozent befürworteten weitergehend die Umwandlung der staatlich einheitlichen Ukraine in eine Föderation, also ein Bündnis unabhängiger Regionen, nur 10,6 % waren für die unveränderte derzeitige Einheitsstruktur. Die überwiegende Mehrheit wollte also deutlich unabhängiger von Kiew werden, was sich dann auch im Referendum am 11. Mai zeigte. Ein weiteres interessantes Ergebnis war: In dieser Meinungsumfrage befürworteten nur 27,5 Prozent den Beitritt zur Russischen Föderation. Dafür gab es zu diesem Zeitpunkt also noch keine Mehrheit. Diese Frage war aber auch nicht Inhalt der Referenden.[432]

Zu ähnlichen Ergebnissen kam eine weitere Umfrage des Donezker Instituts für Sozialforschung und politischer Analyse.[433]

Und eine Meinungsumfrage, die am Tag und am Vortag der Referenden von Korrespondenten der „Frankfurter Allgemeinen Zeitung", der "Washington Post" und fünf anderen Medien vor Ort durchgeführt wurde, ergab, dass 94,8 Prozent der Menschen, die abstimmen wollten, für die Unabhängigkeit stimmen würden. Diese Umfrage hatte keinen repräsentativen Anspruch, sondern wurde durchgeführt, um eine Grundlage für die spätere Beurteilung des Ergebnisses des Referendums zu erhalten, da keine unabhängigen Beobachter anwesend waren. Selbst unter denjenigen, die erklärten, sie würden nicht wählen, befürwortete eine Mehrheit von 65,6 % eine Unabhängigkeit von der Ukraine.[434]

Die Stimmen der Donbass-Bewohner wurden aber vom Ausland überhört und missachtet. Die Unabhängigkeitserklärungen der Volksrepubliken wurden von keinem anderen Staat anerkannt. Unabhängig wurden die Volksrepubliken trotzdem und entwickelten eine eigene Staatlichkeit.

Eigenständige Staatlichkeit der Volksrepubliken

Der Donbass besteht aus den beiden Regionen Donezk und Lugansk. Die Volksrepubliken umfassten ab 2015 den südöstlichen Teil der Regionen Donezk und Lugansk mit den beiden gleichnamigen Großstädten. Es leben dort über vier Millionen Menschen. Der nordwestliche Teil der Regionen Donezk und Lugansk wurde bis 2022 von der ukrainischen Armee kontrolliert. In der folgenden Graphik sind die Regionen Donezk und Lugansk mit einer roten Linie markiert, die Volksrepubliken sind rot ausgefüllt, die von der Ukraine kontrollierten Gebiete gelb.

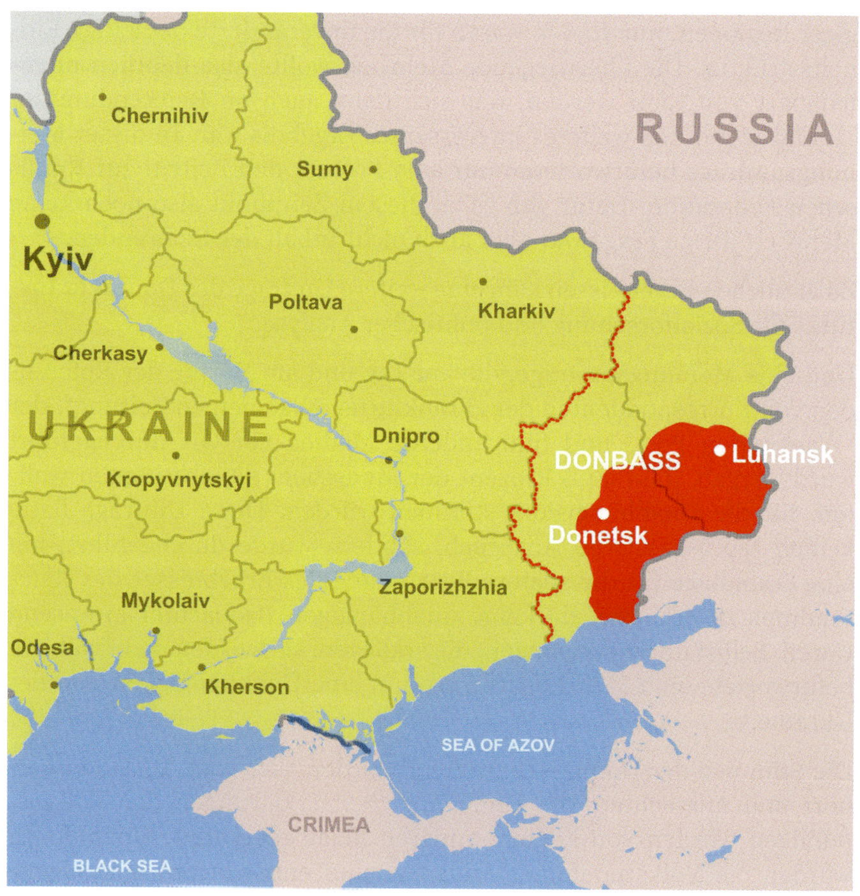

In Rot: Die Ausdehnung der Volksrepubliken Donezk und Lugansk bis 2022[435]

Seit den Unabhängigkeitsreferenden 2014 spielte der ukrainische Staat innerhalb der Volksrepubliken keine Rolle mehr. Stattdessen entwickelten diese eine eigene Staatlichkeit. Sie schufen eigene Verwaltungen, Regierungen und Parlamente und organisierten eigene Wahlen. Ukrainische Wahlen fanden in den Donbass-Republiken nicht mehr statt. Da Kiew-treue Beamte, Polizisten und Richter in die Zentralukraine auswanderten, mussten teilweise Verwaltungen neu aufgebaut werden.[436]

Kiew drehte den Volksrepubliken den Geldhahn zu. Am 3. November 2014, also ein knappes halbes Jahr nach den Unabhängigkeitsreferenden, beschloss der ukrainische Sicherheitsrat, dass keine sozialen Leistungen mehr an Bewohner der Volksrepubliken ausbezahlt werden sollten. Tatsächlich waren die Zahlungen aber schon ab Sommer 2014 eingestellt worden. Das betraf Kindergeld, Sozialhilfe und alle anderen Arten staatlicher Leistungen. Auch hunderttausenden Rentnern in den Volksrepubliken nahm die Ukraine die Rente weg, für die sie ein Leben lang eingezahlt hatten. Die Rentner wurden gezwungen, sich ihre Rente persönlich in der Zentralukraine abzuholen; dazu mussten sie alle paar Wochen stundenlange Reisen machen und das Kriegsgebiet durchqueren, was für die alten Menschen so gut wie unmöglich war. Diesen Rentnern wurde die Lebensgrundlage entzogen. Ohne die an Ausgabestellen verteilten Lebensmittel aus Russland wären sie verhungert.[437] Die Volksrepubliken mussten alle bisherigen Sozialleistungen ersetzen und autonom selbst erbringen. Finanziell wurden sie dabei von Russland unterstützt, von anderen Staaten kamen keine Hilfen.

Die Bewohner der Volksrepubliken bekamen auch keine ukrainischen Pässe mehr. Stattdessen gaben die Volksrepubliken eigene Pässe aus. Das ist ein klarer Ausdruck einer eigenen souveränen Staatlichkeit der Volksrepubliken. Mit diesen Pässen konnten die Donbass-Bewohner nach Russland reisen und dort arbeiten oder studieren. Da die Volksrepublik-Pässe von anderen Staaten aber nicht akzeptiert wurden, waren russische Pässe nötig, um andere Reisen machen zu können. Nach der Wahl von Selenskyj 2019 erleichterte Russland den Erhalt von russischen Pässen. Das nahmen hunderttausende Einwohner der Volksrepubliken dankbar an und wurden so mit einer zweiten Staatsbürgerschaft zu russischen Staatsbürgern.

Die Ukraine verhängte über die Donbass-Republiken eine Wirtschaftsblockade. Durch Schmuggel in der Nacht und die Bestechung von Grenzsoldaten war Warenhandel zwar trotzdem noch eingeschränkt möglich, eine ausreichende Lebensmittelversorgung konnte aber nur über die russische Grenze gewährleistet werden. Dazu kamen regelmäßig humanitäre Hilfskonvois aus Russland. Aus dem Westen gelangten so gut wie keine Lastwagen zu den Bedürftigen, und nur wenige sehr kleine private Hilfsvereine waren aktiv. Die Ukraine stellte auch die Lieferungen von Gas und Strom an die Volksrepubliken ein und stoppte den Eisenbahnverkehr zwischen Kiew und dem Donbass.

Die beiden Republiken gründeten eigene Zentralbanken, um einen Geldfluss zu gewährleisten und verwendeten den russischen Rubel. Die Nationalbank der Ukraine stellte 2014 die Bedienung von Bankkonten und Geldautomaten in den Volksrepubliken ein. Wer noch ukrainische Grivna bekam, musste diese über Dienstleister mit hohen Gebühren umtauschen lassen.

Die Donbass-Volksrepubliken waren also in der Politik, Verwaltung, Gesetzgebung, Rechtsprechung, Währung, Wirtschaft und Sozialleistungen von der Ukraine abgekoppelt und eigenständig. Der ukrainische Staat spielte dort im öffentlichen Leben seit 2014 keine Rolle mehr, sondern zeigte sich nur als äußere Bedrohung. Die Ukraine hat den Volksrepubliken nur zerbombte Infrastruktur und Tote hinterlassen. Allein 2014 wurden im gesamten Donbass 567 Schulen, Kindergärten und Wasserleitungen durch Beschießungen zerstört. Tausende Wohnhäuser mussten repariert werden.

Von der tatsächlichen eigenständigen Staatlichkeit der beiden neuen Volksrepubliken im Donbass haben die westlichen Mainstream-Medien praktisch nichts berichtet. Man erfuhr diese Wahrheit hier einfach nicht. Die eigenständige Staatlichkeit ist aber ein sehr zentraler Faktor zur Beurteilung der Lage. Denn damit waren die Unabhängigkeitsreferenden nicht nur eine Meinungsbekundung, sondern reale demokratische Akte von Staatsgründungen. Was ist ein Staat? Gemäß der herrschenden Drei-Elementen-Lehre bedarf es hierfür eines Staatsgebiets, eines Staatsvolks und einer Staatsgewalt, das heißt einer gegen außen und innen effektiven und unabhängigen Regierung und Verwaltung als Ausdruck der staatlichen Souveränität.[438] Die Donbass-Volksrepubliken erfüllten alle drei Kriterien und haben ihre staatliche Souveränität über Jahre bewiesen.

Die Ukraine führte ab 2014 einen völkerrechtswidrigen Angriffskrieg gegen die Donbass-Volksrepubliken

Die Unabhängigkeitsreferenden am 11. Mai 2014 begründeten die Volksrepubliken Donezk und Lugansk als eigenständige souveräne Staaten. Es waren Sezessionen von der Ukraine. Eine Staatengründung hängt nicht davon ab, ob andere Staaten diese anerkennen, sondern war historisch schon immer ein souveräner Akt des Staatsvolkes selbst. (Ausführlich dazu im Kapitel: Entsprach die Abspaltung der Krim dem Völkerrecht?, Seite 233)

Wenn aber die Volksrepubliken eigenständige Staaten sind, dann ist der von Kiew angezettelte Militäreinsatz ein „völkerrechtswidriger Angriffskrieg" der Ukraine gegen die Donbass-Volksrepubliken. Die Ukraine bombardierte in Missachtung des Völkerrechtes – siehe Gewaltverbot der Charta der Vereinten Nationen in Artikel 2 Nr. 4 – ein souveränes Nachbarvolk, wollte dieses unterwerfen und sich der Besitztümer des Nachbarlandes bemächtigen. Das ist die hässliche Realität, die sich aus einer nüchternen Betrachtung ergibt.

Es ist sehr verwunderlich, dass der völkerrechtswidrige Angriffskrieg der Ukraine gegen die Donbass-Volksrepubliken in den Diskussionen im Westen überhaupt keine Rolle spielt. Die Mechanismen der Kriegspropaganda funktionieren offensichtlich sehr gut. Die Denk- und Wahrnehmungsfähigkeiten werden durch Dauerpropaganda und die ständig genährte Angst, durch „falsche" Gedanken sozial ausgegrenzt und sanktioniert zu werden, so reduziert, dass das Offensichtliche nicht mehr wahrgenommen und nicht gedacht wird. – Es war aber offensichtlich; auch die ukrainischen Präsidenten sprachen Klartext.

Poroschenko: Kinder im Donbass sollen in Kellern sitzen

Im Mai 2014 wurde der Oligarch Petro Poroschenko als Präsident der Ukraine gewählt. Sechszehn Mal traf er die deutsche Bundeskanzlerin Angela Merkel in seiner Amtszeit bis 2019.[439] Poroschenko genoss die vorbehaltlose Unterstützung Deutschlands und der EU. Das ist kaum zu fassen, denn Poroschenko führte den Krieg gegen den Donbass und verhängte die Wirtschaftsblockade gegen die abtrünnigen Staatsbürger in den Volksrepubliken. Sein Hass auf seine ehemaligen Staatsbürger war so groß, dass er sie auszuhungern versuchte. Darüber erfuhren die Leser der Mainstream-Medien nichts. Auch nichts darüber, dass Poroschenko offen darüber sprach, die Ostukrainer in eine Kriegshölle schicken zu wollen. Bei einem Auftritt in Odessa am 20. Oktober 2014 erklärte er in seiner Rede, warum die Ukraine den Krieg gegen die Separatisten „auf jeden Fall" gewinnen werde: *„Bei uns wird es Arbeit geben, bei ihnen nicht. Bei uns wird es Renten geben, bei ihnen nicht. Bei uns wird es Unterstützung für Rentner und Kinder geben, bei ihnen nicht. Unsere Kinder gehen in Schulen und Kindergärten, bei ihnen sitzen sie in Kellern."* – Die Kinder in den Volksrepubliken mussten sich tatsächlich oft vor den Bombardierungen durch das ukrainische Militär schützen und in Keller fliehen. Diesen Beschuss von Zivilisten hatten die ukrainische Regierung und Poroschenko selbst befohlen. – Poroschenko setzte in seiner Rede noch eins drauf: Die Bewohner des Donbass hätten nur Waffen in die Hand genommen, *„weil sie nichts anderes können."* Solche Worte konnten bei den Bewohnern einer Industrieregion mit vielen Berg- und Stahlwerken nur Abscheu hervorrufen.[440]

Die ukrainische Regierung hatte der Bevölkerung der Volksrepubliken die essenziellen Bürgerrechte entzogen, diese damit de facto „ausgebürgert" und somit indirekt die Unabhängigkeit der Volksrepubliken anerkannt.

Selenskyj: Einwohner der Volksrepubliken sollen nach Russland übersiedeln

Im März 2020 wurde der Fernsehkanal „DOM" gegründet, der nach eigenen Angaben rund um die Uhr in russischer Sprache auch in die Volksrepubliken sendete. Seine Aufgabe sah der Sender DOM darin, *„die Bürger der zeitweilig okkupierten Gebiete zur Kultur, dem politischen und gesellschaftlichen Leben der Ukraine zurückzuführen."* Der Kanal wurde vom ukrainischen Staat finanziert und hatte 2020

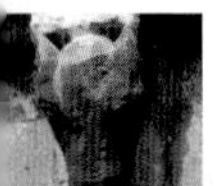

ein Budget von umgerechnet acht Millionen Euro. Direktorin war Julia Ostrowskaja, die zuvor die Produktion des Komiker-Kollektivs „Kwartal 95“ leitete, in dem Selenskyj Karriere machte. DOM hatte Ähnlichkeiten mit dem 1946 im amerikanischen Sektor von Berlin gegründeten Radiosender Rias Berlin und dem Deutschlandfunk, die im Kalten Krieg die Aufgabe hatten, die Bewohner der DDR an den westdeutschen Weg anzubinden.[441]

In seinem ersten DOM-Interview bezeichnete Selenskyj die ukrainischen Bürger, „die Russland lieben“, als „Gäste“, die so bald wie möglich „nach Russland übersiedeln sollen.“

Selenskyj sah die Einwohner der Volksrepubliken als „Gäste“, also nicht mehr als Staatsbürger der Ukraine. Damit hatte er indirekt die Unabhängigkeit der Volksrepubliken anerkannt, auch wenn er gleichzeitig Anspruch auf deren Territorium erhob.

Diese Aussage Selenskyjs erzeugte bei vielen Ostukrainern und Russen Empörung. Der russische Musik-Produzent Maxim Fadejew, der einer jüdischen Familie entstammt, fühlte sich bei den Worten von Selenskyj an den NS-Propagandaminister Joseph Goebbels erinnert. Dieser hatte 1929 in seinem Artikel „Der Jude“ die Ansicht vertreten, die Juden könnten „in deutschen Fragen nicht mitreden“. Wer dem Judentum angehöre, sei „Ausländer, Volksfremder, der nur Gastrecht unter uns genießt“. Wenn man das Wort „Jude“ mit „Russe“ austausche, so Fadejew, erhalte man ein Zitat aus dem Interview von Selenskyj.

In dem Interview hoffte Selenskyj, dass ein Teil der Bevölkerung der Volksrepubliken diese freiwillig verlässt. Das war moderat im Vergleich zu den Nationalisten, die immer wieder erklärt hatten, nach der Rückeroberung der Krim und des Donbass, „Lager“ einrichten zu wollen. In diesem Sinne äußerte sich zum Beispiel 2018 der ehemalige für Ermittlungsarbeit zuständige General des ukrainischen Geheimdienstes SBU, Wasili Wowk, der eine Ausbildung noch beim KGB gemacht hatte. In diesen Lagern soll geprüft werden „wer an terroristischer Tätigkeit beteiligt war.“ Dazu muss man wissen, dass die Volksrepubliken für Kiew „terroristische Gebilde“ waren, also jede Unterstützung oder Mitarbeit in der Verwaltung der Volksrepubliken als terroristischer Akt angesehen wurde.

Acht Jahre Donbass-Krieg im Überblick

Der Donbass-Krieg hatte mehrere Phasen.[442]

Erste Phase: Kiew in der Offensive, ab April 2014

Zur zeitlichen Verortung: Im Februar fand der Maidan-Putsch statt, im Mai fanden die gerade besprochenen Referenden statt. Ab dem 13. April 2014 schickte Kiew im Rahmen einer „Antiterroristischen Operation" Truppen in den Donbass. Da die Bereitschaft der ukrainischen Soldaten, gegen friedliche Landsleute zu kämpfen, gering war, wurden die Stoßtrupp- und Strafaktionen im Donbass von den rechtsnationalen Bataillonen wie Dnjepr-1, Tornado, Asow und Aidar ausgeführt. Sie waren alle an Kriegsverbrechen beteiligt, wie Folter, Mord, Entführungen und Plünderungen. Sporadisch wurden diese Verbrechen von der ukrainischen Justiz verfolgt. Doch im Großen und Ganzen hatten diese Freiwilligenbataillone für ihr Vorgehen grünes Licht. Auf diese Weise wurde versucht, den Widerstandswillen der Bevölkerung zu brechen. In den Städten Lugansk, Donezk, Gorlowka und in vielen Dörfern lebten die Menschen im Sommer 2014 wochenlang in Kellern wegen der Angriffe mit Raketen und Kampfflugzeugen.

Zweite Phase: Donbass in der Offensive, ab August 2014

Angesichts der militärischen Gewalt durch die Ukraine bildete sich im Sommer 2014 im Donbass eine Milizarmee, die auch von Freiwilligen aus Russland und anderen Ländern unterstützt wurde. Ab August 2014 war diese Milizarmee in der Offensive und es gelang ihr, die ukrainische Armee bei der Stadt Ilowajsk und im Februar 2015 bei der Stadt Debalzewo einzukesseln. Diese offensive Phase endete mit dem Abkommen Minsk-2 im Februar 2015. Wir werden das noch genau ansehen.

Dritte Phase: 2017/2018 Stellungskrieg, „Kriech-Krieg" und Jagd auf Donbass-Kommandeure

Nach Minsk-2 begann ein Stellungskrieg, in dem sich beide Seiten in Schützengräben einbunkerten und belauerten. Die Front im Donbass war etwa 500 km lang und bestand aus einer grauen Zone, die beide Seiten beanspruchten und in der Kampfhandlungen stattfanden. Die ukrainische Armee beschoss immer wieder Dörfer und Städte, Donbass-Streitkräfte schossen zurück.

Von ukrainischer Seite begann ein sogenannter „Kriech-Krieg", in dem sich ukrainische Soldaten an wenig bewohnte Dörfer zwischen den Fronten robbten und versuchten, diese zu erobern; zum Teil mit Erfolg.

Außerdem begannen ukrainische Spezialeinheiten, die bekanntesten Feldkommandeure und politischen Führer der Volksrepubliken mit Bombenanschlägen zu töten. Zwischen 2015 und 2018 wurden bei Anschlägen bekannte Kommandeure wie Michail Tolstych, Arsen Pawlow, Aleksej Mosgowoj und der Präsident der Volksrepublik Donezk, Alexander Sachartscheno, ermordet. Die Feldkommandeure waren wie Volkshelden. Das zeigte sich bei den Trauerfeierlichkeiten, an denen Tausende teilnahmen.[443]

Vierte Phase: Kurze Entspannung 2019

Der Journalist Ulrich Heyden schreibt:

> *Mit der Wahl von Wolodymyr Selenskyj im April 2019 begann eine kurze Etappe der Entspannung. Selenskyj war gewählt worden, weil er Frieden für den Donbass versprach. Der neue Präsident riskierte sogar Streit mit Mitgliedern des Asow-Bataillons, als er im Oktober 2019 nahe dem Dorf Solotoje persönlich versuchte, Asow-Mitglieder zu einem mit der Gegenseite vereinbarten Truppenrückzug zu überreden.[444] Die Phase der Entspannung endete im Januar 2020, als Kiew im Konfliktgebiet den Zugang zur russischen Grenze forderte.[445]*

Fünfte Phase: Neue Kriegshysterie 2021

> Ulrich Heyden: *Seit dem Frühjahr 2021 hatte sich der Konflikt im Donbass gefährlich zugespitzt. Die ukrainische Armee verstärkte die Beschießungen an der Kontaktlinie. Westliche Medien und Politiker forderten den Rückzug russischer Truppen von der russisch-ukrainischen Grenze. Westliche Medien behaupteten, Russland plane eine Intervention in der Ukraine.*
>
> *Große deutsche Medien verschwiegen dabei aber, dass der ukrainische Generalstab konkrete Pläne für die Rückeroberung der abgespaltenen Gebiete ausgearbeitet hatte. Diese Pläne wollte Kiew „mit Hilfe der internationalen Gemeinschaft" umsetzen.*

In der ukrainischen Militärdoktrin vom 25. März 2021[446] *heißt es, die Ukraine habe nicht genug Geld, um mit Russland eine militärische Kräfte-Parität zu erreichen. Der Erfolg der ukrainischen Strategie hänge ab „von der politischen, wirtschaftlichen und militärischen Unterstützung der Ukraine durch die internationale Gemeinschaft in der geopolitischen Auseinandersetzung mit der Russischen Föderation".*

Der Oberbefehlshaber der ukrainischen Streitkräfte, Ruslan Chomtschak, erklärte am 30. März 2021 in einem Interview mit der Journalistin Alesija Bazmann: „Die ukrainischen Streitkräfte bereiten sich auf verschiedene Varianten vor, auch auf einen Angriff. Wir bilden Trainingsbasen. Partner helfen uns. Anders geht es nicht. Wenn sie mich heute fragen, ob wir bereit sind? Wir sind bereit. (...) Donezk ist eine Stadt mit mehreren Millionen Einwohnern, wenn wir zum Angriff übergehen. Das heißt, es gibt das Risiko, dass viele Zivilisten sterben. Man muss die Risiken abschätzen, wer gegen uns kämpfen will."[447]

Sechste Phase: Mit dem Kriegseintritts Russlands im Februar 2022 wurde aus dem Donbass-Krieg der Ukraine-Krieg

Diese sechste Phase war der Anlass dieses Buches.

Mindestens 14.000 Tote

Die UNO schätzt, dass es zwischen 2014 und 2021 etwa 14.000 Todesopfer durch den Donbass-Krieg gab.[448] Einen Großteil der Toten gab es in den Volksrepubliken. Etwa 9.000 Zivilisten seien gestorben, teilten die beiden Präsidenten der Volksrepubliken mit.[449]

Es gab viele Möglichkeiten, zur falschen Zeit am falschen Ort gewesen zu sein, wie zum Beispiel die Frau auf dem Foto.

Um die Kinder zu ehren, die im Donbass-Krieg ihr Leben verloren haben, hat die Volksrepublik Donezk die Allee der Engel errichtet. Dieser Park ist etwa 100 Kindern gewidmet. Ein Bogen aus geschmiedeten Rosen, die für Donezk stehen, ist mit Patronenhülsen eines Maschinengewehrs, die für den Krieg stehen, und Tauben, die für den Frieden stehen, verflochten. Darunter liegt eine Granitplatte mit den Namen

Kriegsopfer, Donezk, 26. Mai 2014[450]

Allee der Engel in Donezk zum Gedenken an die durch den Krieg verstorbenen Kinder[451]

und dem Alter der ermordeten Kinder. Eine Hülse aus einem 152-Millimeter-Geschoss dient als Gedenkglocke für alle Opfer dieses Krieges.

75 Prozent der zivilen Opfer durch Regierungstruppen

Die OSZE-Sonderbeobachtungsmission (SMM) hatte im Donbass einen Beobachtungsauftrag und war mit Überwachungskameras und Teams am ganzen Frontverlauf im Donbass präsent. Dadurch gibt es viele seriöse Berichte über die Auswirkungen des Donbass-Krieges.

Am 9. November 2020 veröffentlichte die OSZE einen Bericht über zivile Opfer im Konfliktgebiet für den Zeitraum vom 1. Januar 2017 bis zum 15. September 2020.[452] Dem Bericht zufolge waren fast 75 Prozent der zivilen Opfer Bewohner der Volksrepubliken, also von Gebieten, die nicht von Kiew kontrolliert wurden. Die Regierungstruppen haben keinen Grund, die von ihnen selbst kontrollierten Gebiete zu beschießen, ihre Waffen sind auf die Volksrepubliken gerichtet. Das bedeutet, dass 75 Prozent der zivilen Toten Opfer der Regierungstruppen waren. Es starben aber auch Zivilisten in den von Kiew kontrollierten Gebieten. Durch den Waffeneinsatz der Milizen der Volksrepubliken kamen 25 Prozent der registrierten zivilen Opfer ums Leben, so die OSZE.

1.558.579 Waffenstillstandsverletzungen von 2016 bis 2021

Die OSZE war mit über 1.000 Mitarbeitern im Donbass zur Beobachtung unterwegs und veröffentlichte tägliche Berichte mit den gezählten Waffenstillstandsverletzungen.[453] Mit Minsk-2 war eigentlich ein Waffenstillstand vereinbart. Die Realität war aber völlig anders. Von 2016 bis 2021 registrierte die OSZE unvorstellbare 1.558.579 Waffenstillstandsverletzungen durch „schwere Waffen" wie Panzer, großkalibrige Geschütze und Raketenwerfer, durch „leichte Waffen" wie Granatwerfer, Mörser, tragbare Panzer- und Flugabwehrkanonen, Maschinengewehre und durch „Kleinwaffen" wie Gewehre und Pistolen.[454]

1.558.579 geteilt durch sieben Jahre sind 222.654 Waffenstillstandsverletzungen pro Jahr oder 610 pro Tag. Das heißt, im Durchschnitt wurde pro km an der ca. 500 km langer Donbass-Front jeden Tag einmal geschossen.

Der Donbass-Krieg kam nie zur Ruhe. Es gab von 2015 bis 2021 zwar keine großen Schlachten, aber es fand ein konstanter Dauerkrieg statt. Die Menschen waren immer bedroht. Das verhinderte auch die wirtschaftliche Entwicklung im Donbass, denn kein Unternehmer investiert größere Summen, solange die Gefahr besteht, dass eine Granate im Betrieb einschlägt. Wie real die Gefahr war zeigt diese Graphik aus dem OSZE-Bericht für 2021:

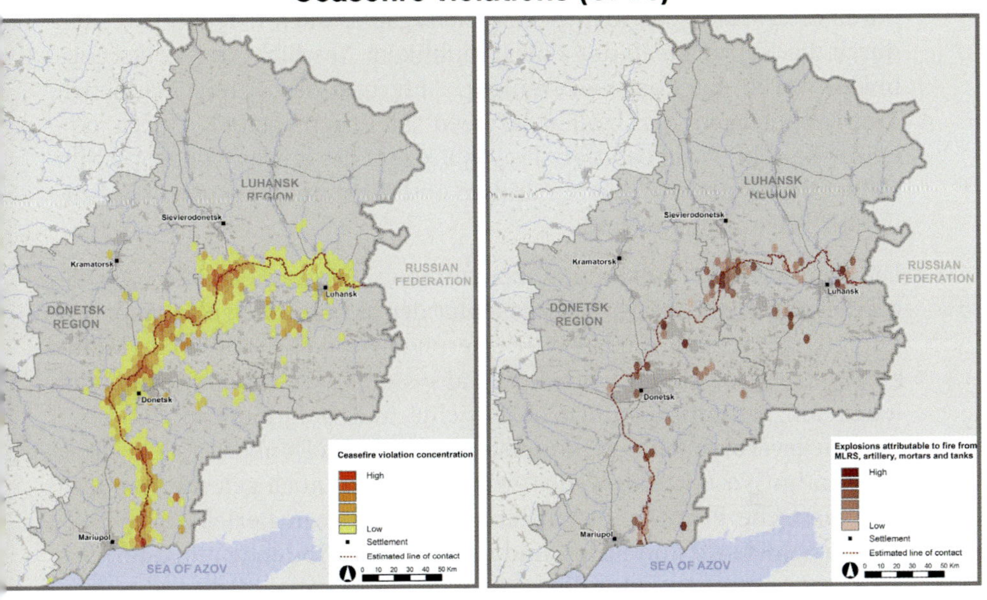

Von der OSZE registrierte Waffenstillstandsverletzungen im Donbass 2021[455]

Auf den Bildern sieht man den geteilten Donbass. Die rote Linie ist die Front, links und rechts davon sehen wir die graue Zone, die im linken Bild mit gelben Punkten gefüllt ist. Der kleinere Bereich rechts unter der Front sind die Volksrepubliken in der damaligen Ausdehnung mit den Hauptstädten Donezk (ca. 1 Million Einwohner) und Lugansk (ca. 400.000 Einwohner). Die Gebiete links über der Front wurden von der Ukraine kontrolliert. Auf dem linken Bild sieht man die regionale Verteilung aller Waffenstillstandsverletzungen, die gelb bis rot markiert sind. Es gibt einen Bereich von etwa 30 km Breite, in dem es wirklich gefährlich war. Da die beiden Großstädte nahe an der Front liegen, wurde auch regelmäßig auf diese geschossen. Das rechte Bild zeigt mit roten Punkten die Einschläge von schwerer Artillerie und Raketenwerfern. Einige Einschläge gab es auch in der Mitte des Landes.

Kriegsverbrechen der Ukraine im Donbass-Krieg

Der Donbass-Krieg von 2014 bis 2022 hat tiefe Wunden in der Bevölkerung hinterlassen, denn es gab viele Kriegsverbrechen an Zivilisten durch die ukrainische Armee. Natürlich gab es auch Kriegsverbrechen durch die Milizarmeen der Volksrepubliken. Aus Sicht der Volksrepubliken waren das aber viel weniger. Aufgrund der unterschiedlichen Motivationslagen der beiden Armeen ist das plausibel. Durch den OSZE-Bericht wird bestätigt, dass 75 Prozent der zivilen Todesopfer im Gebiet der Donbass-Volksrepubliken und nicht im ukrainisch kontrollierten Teil angefallen sind.

Die Menschen der Volksrepubliken fühlten sich nach acht Jahren Bombardierungen und Terrorakte als Opfer der ukrainischen Nationalisten und missachtet von den NATO-Regierungen und den westlichen Mainstream-Medien, die ihr Leid aktiv und systematisch verschwiegen oder leugneten. Es gibt ausführliche Berichte und Dokumentationen über die Kriegsverbrechen der ukrainischen Armee im Donbass-Krieg. Diese wurden im Westen aber weder ernstgenommen noch gelesen, sondern als „russische Propaganda“ abgetan. Die in diesen Berichten geschilderten Schicksale und Fotos sind aber keine Erfindungen, sondern sie sind real und gehen unter die Haut, wenn man sich darauf einlässt.

Das russische Ermittlungskomitee[456] hat für die Jahre 2014 und 2015 einen 352 Seiten langen Bericht „Die Tragödie der Südost-Ukraine – Weißbuch der Verbrechen“ erstellt.[457] In ihm werden viele Einzelschicksale und Fotos dokumentiert.

Die russische Vertretung bei der UN in Genf veröffentlichte im Februar 2022 eine Online-Ausstellung über die Kriegsverbrechen im Donbass. Es ist eine erschütternde Fotoreportage mit Bildern von Toten und Zerstörungen im Donbass.[458] In der Einleitung heißt es:

> *Seit 2014 untersuchte das Ermittlungskomitee der Russischen Föderation Hunderte von terroristischen und extremistischen*

Straftaten gegen den Frieden und die Sicherheit der Menschheit, die während des bewaffneten Konflikts begangen wurden. Auf der Grundlage der festgestellten Tatsachen hat das Komitee 467 Strafverfahren eingeleitet. (...) Die meisten Todesopfer wurden durch das Feuer der ukrainischen Regierungstruppen verursacht, die Sprengstoffwaffen, leichte Waffen und Kleinwaffen benutzt haben. Während der Untersuchung wurden über 146.000 Menschen befragt, mehr als 22.000 Menschen wurden als Opfer anerkannt, darunter etwa 2.500 Minderjährige. (...) Mit Hilfe des Ermittlungskomitees bearbeiteten russische Anwälte mehr als 39.000 Akten und haben etwa 7.500 Beschwerden an den Europäischen Gerichtshof für Menschenrechte (EGMR) im Namen derer vorbereitet und eingereicht, die unter den Handlungen der ukrainischen Behörden gelitten haben. Im Rahmen dieser Beschwerden beläuft sich die Gesamtsumme der zu ersetzenden Schäden auf mehr als 350 Millionen EUR.

Die Hoffnung auf den EGMR war aber vergebens, dieser hat die Beschwerden aus dem Donbass nicht bearbeitet.

Die Schriftsteller Maxim Grigoriev und Dmitrij Sablin untersuchten in ihrem Buch „Ukrainische Kriegsverbrechen und Menschenrechtsverletzungen 2017-2020“ auf 450 Seiten minutiös weitere ukrainische Kriegsverbrechen im Donbass-Krieg.[459]

Und es gibt die jährlichen Berichte des russischen Außenministeriums „The Human Rights Situation in Ukraine“.[460] Darin findet man neben der politischen Sicht der russischen Regierung auch viele Fakten.

Zerstörte öffentliche Gebäude

Um ein Gefühl für den Umfang der Zerstörungen im Donbass-Krieg zu bekommen, sind folgende Zahlen hilfreich. Die Donbass-Volksrepubliken veröffentlichten die Anzahl beschädigter ziviler Infrastruktureinrichtungen von 2014 bis 2022.

Insgesamt gab es 3.816 Zerstörungen bei Kliniken, Schulen, sozialen Einrichtungen, Produktions- und Handelsbetrieben und Elektrizitäts- und Wasserversorgungsanlagen. Um diese Zahlen in ein uns nahe-

Damaged civil infrastructure	DPR	LPR	TOTAL
	April 2014 – December 2022	April 2014 – December 2022	
Medical institutions	151	45	196
Educational institutions	699	146	845
Social, production and trading facilities	1342	261	1603
Critical infrastructure facilities	84	24	108
Electricity, water, heat and gas supply facilities	890	174	1064
TOTAL	3166	650	3816

Beschädigte zivile Infrastruktur in den Donbass-Volksrepubliken[461]

liegendes Verhältnis zu bringen: Die Stadt Berlin mit 3,5 Millionen Einwohnern hat insgesamt 834 allgemeinbildende Schulen. In den Volksrepubliken mit etwa vier Millionen Einwohnern wurden 699 Schulen und Kindergärten durch Beschuss beschädigt.

In dieser Liste sind keine Wohngebäude enthalten. Die Zerstörungen an Wohngebäuden könnten zehnmal höher sein. Von 2014 bis Februar 2022 wurden die Volksrepubliken täglich beschossen, ab Februar 2022 nahm das stark zu; in der Tabelle sind diese beiden Zeiträume nicht getrennt.

Laut den Volksrepubliken handelt es sich hier nicht um militärische Einrichtungen, sondern um zivile Gebäude, was – wenn das stimmt – als Kriegsverbrechen der ukrainischen Armee eingestuft werden muss. Bei einer Bombardierung in einem solchen Umfange kann es sich nicht um Fehlschüsse handeln, sondern es muss eine bewusste Strategie gewesen sein.

Diese Zahlen machen die Zermürbung der Bevölkerung durch den Donbass-Krieg deutlich. Wir dürfen aber nie vergessen, dass es in der Realität nicht um Zahlen geht: Denn hinter jeder einzelnen Ziffer steht ein Kind, eine Frau, ein Mann, stehen Menschen und deren persönliche, konkrete Schicksale.

Die junge Journalistin Alina Lipp kam im Sommer 2021 in den Donbass und war schockiert von den Zerstörungen und Lebensbedingungen in der grauen Zone. Auch nach dem Kriegseintritt Russlands im Februar 2022 blieb sie im Donbass und berichtet auf ihrem Telegram-Kanal täglich über die Ereignisse, auch über die laufenden Bombardierungen der dortigen Zivilbevölkerung durch die ukrainische Armee. Sie konnte es nicht ertragen, dass dieses Leid der Donbass-Bevölkerung in den westlichen Mainstream-Medien systematisch verschwiegen wurde. Sie hielt ihre lebensnahen Eindrücke und Gespräche mit den Bewohnern filmisch fest. Die Dokumentarfilme sind auf ihrer Webseite www.neuesausrussland.com zu sehen. Alina Lipp war früher Mitglied bei den Grünen und im Umweltschutz aktiv, musste aber zu ihrem Erschrecken erleben, dass sie in Deutschland in den Mainstream-Medien scharf diffamiert und sogar von der Staatsanwaltschaft mit einer Gefängnisstrafe bedroht wurde, weil sie als Journalistin vor Ort aus dem Donbass und mit Mitgefühl für die Menschen berichtete.

Zusammenfassung:

Sofort nach dem Maidan-Putsch wurde aus Militanten, die sich offen auf den Nationalsozialismus bezogen, eine Nationalgarde gegründet. Diese Freiwilligenverbände wuchsen im Laufe der Jahre auf etwa 100.000 Mann an. Wegen ihrer radikalen Motivation wurden diese Verbände im Kampf gegen die „abtrünnigen" Donbass-Regionen eingesetzt. In der normalen ukrainischen Armee gab es das moralische Problem, dass viele Soldaten nicht gegen ihre eigenen Landsleute schießen wollten. Am 13. April 2014 begann die ukrainische Regierung den Donbass-Krieg und schickte Militär gegen Demonstranten in der Ost-Ukraine. Am 11. Mai 2014 stimmte die Bevölkerung von Donezk und Lugansk für eine Unabhängigkeit von der Ukraine. Daraufhin bauten die beiden Volksrepubliken eine völkerrechtlich rechtmäßige eigene Staatlichkeit auf und wurden von Kiew auch faktisch unabhängig. Doch dieser demokratische Akt verhinderte den Donbass-Krieg nicht. Die Machthaber in Kiew reagierten mit Hass und militärischer Aggression. Der Donbass-Krieg kostete von 2014 bis 2022 mindestens 14.000 Menschen das Leben, Millionen flohen, tausende öffentliche Gebäude und zehntausende private Häuser wurden zerstört. Die OSZE zählte über 1,5 Millionen Waffenstillstandsverletzungen.

Augenzeugenberichte aus dem Donbass

Der Journalist Ulrich Heyden lebt seit 30 Jahren in Moskau und ist auch oft in die Ostukraine gereist. Er ist einer der wenigen Journalisten, die von vor Ort berichten. In seinem Buch „Der längste Krieg in Europa seit 1945: Augenzeugenberichte aus dem Donbass“[463] trug er Reportagen der letzten Jahre zusammen. Dieses Buch war für mich ein Augenöffner, da sich Ulrich Heyden liebevoll-sachlich für die einzelnen Menschen interessiert, so dass man sich einfühlen kann. Er macht genau das, was die westlichen Mainstream-Medien, die vor allem mit Feindbildaufbau beschäftigt sind, nicht machen, nämlich erzählen, wie es den Menschen dort geht und was sie denken.

Damit die acht Jahre Donbass-Krieg nicht abstrakt bleiben, im Folgenden einige Stimmungsbilder von Ulrich Heyden aus der Volksrepublik Lugansk. Diese sind Anfang 2020 nach sechs Jahren Donbass-Krieges, noch vor dem Kriegseintritt Russlands im Februar 2022, entstanden.

An der Frontlinie in Lugansk (Februar 2020)

Wie begann der Krieg? Russische Truppen hätten die Ost-Ukraine besetzt, schreiben deutsche Medien. Aber ich habe in Lugansk keine russischen Truppen gesehen. Dass russische Militärs als Freiwillige in Lugansk im Einsatz sind, will ich nicht ausschließen. Aber niemand hat sich mir gegenüber als russischer Militär vorgestellt. (...)

Ein Schlüsseldatum des Krieges war für die Volksrepublik Lugansk der Einsatz der ukrainischen Luftwaffe am 2. Juni 2014 gegen Ziele im Stadtgebiet Lugansk. Nach Angaben der Polizei von Lugansk und Experten wurden von ukrainischen Suchoi-Kampfflugzeugen 20 Raketen auf die Gebietsverwaltung von Lugansk abgefeuert. Acht Menschen starben. (S. 41) (...)

Wir besuchten die westlich von Kirowsk gelegene Stadt Perwomajsk. Die Fahrt dorthin war schön. Die Sonne schien. Und die leichte Schneedecke auf den Feldern glänzte so weiß und unschuldig, dass man an alles andere dachte, nur nicht an Krieg. Doch als wir durch

Guan-yin, Bodhisattva des Mitgefühls, 67m hohe Statue, Linh Ung Pagoda in Da Nang, Vietnam[402]

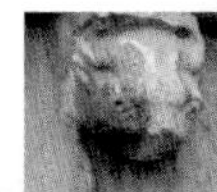

Perwomajsk fahren, höre ich aus der Ferne zweimal das Wummern der Artilleriegeschütze.

In Perwomajsk lebten vor dem Krieg 38.000 Menschen. In der Stadt gibt es sechs stillgelegte Kohlebergwerke und hohe Plattenbauten, aber auch viele kleine Häuser. An vielen Fassaden und Balkonen sieht man noch die Spuren von Geschosssplittern. Die in der heißen Kriegsphase 2014/2015 zerschossenen Fenster und Dächer wurden ausgewechselt und repariert. Die Trümmer von eingestürzten Häusern wurden weggeräumt. Aber man sieht immer noch schwer beschädigte Gebäude.

Auch Oleg Orlow von der Kreml-kritischen Moskauer Menschenrechtsorganisation „Memorial", der Ende 2014 Perwomajsk besuchte, war schockiert. In seinem Blog berichtete Orlow, „einige Bezirke dieser Stadt wurden von der ukrainischen Artillerie völlig zerstört. In der Stadt gibt es praktisch kein Haus, welches nicht auf die eine oder andere Weise beschädigt wurde."

Während der heißen Kriegsphase 2014/2015 lebten die Menschen in Perwomajsk in den Kellern ihrer Häuser. Gekocht wurde auf dem Hof. Die Menschen meinten damals, ihre Stadt sei so zerstört worden wie „Stalingrad". Ein Teil der Bevölkerung flüchtete in die Ukraine oder nach Russland. Es gab kaum noch Trinkwasser und nicht genug zu essen. (...)

600 Klagen vor europäischen Gerichten

In der Stadtverwaltung von Perwomajsk werde ich Zeuge einer Bürgerversammlung. Etwa 25 Frauen – zum Teil mit Kindern – ließen sich von Mitarbeitern der Lugansker Menschenrechtsorganisation Memorial beraten, wie sie als Geschädigte des Krieges Klagen auf Entschädigung beim Europäischen Gericht für Menschenrechte in Straßburg einreichen können. Warum nur Frauen gekommen sind? „Die Männer arbeiten", wurde mir erklärt.

Insgesamt 600 Klagen von durch ukrainische Geschosse Geschädigten aus dem Frontgebiet der Volksrepublik Lugansk wurden mit Hilfe von Memorial-Lugansk schon beim Internationalen Strafgerichtshof in Den Haag eingereicht, erklärt Sergej Below von Memorial-Lugansk. Außerdem seien 300 Klagen wegen ukrainischer Kriegsverbrechen und „Genozid" beim Europäischen Gerichtshof für Menschenrechte in Straßburg eingereicht worden. (S. 43 f.) (...)

Der Stress treibt alte Menschen in den Tod. Aber auch Kinder leiden. Eine junge Mutter hat zu der Bürgerversammlung in der Stadtverwaltung ihren Sohn mitgebracht. Sie erzählt, er leide sehr unter dem Krieg. Immer wieder entleere sich sein Darm in die Hose. Auch andere Eltern erzählen mir, dass sich ihre Schulkinder tagsüber einnässen.

Die Wirtschaft in der Frontstadt Perwomajsk läuft auf Sparflamme. Die Löhne liegen durchschnittlich bei 100 Euro monatlich. Viele Männer sind nach Russland gefahren, wo sie im Monat bis zu 1.400 Euro verdienen können.

Wie die Stadtverwaltung berichtet, wurden wegen der Beschießungen von Seiten der ukrainischen Armee alle sechs Kohlebergwerke stillgelegt. Nur Unternehmen aus den Bereichen Nahrungsmittelindustrie, Maschinenbau und Metallurgie seien noch in Betrieb, so die Stadtverwaltung. (S. 45) (...)

Leiter des Krankenhauses: „Hunderte Leben gerettet"

Zum Schluss meines Aufenthaltes in Perwomajsk besuchte ich das städtische Krankenhaus, welches am Rande der Stadt liegt. Der 65 Jahre alte Chefarzt Nikolai Suchow hätte schon lange in Rente gehen können, aber er ist noch im Einsatz. Er sagt, in der heißen Kriegsphase hätten viele Ärzte das Krankenhaus verlassen. Da habe er nicht auch noch gehen können. Er habe mit acht Ärzten weitergemacht. Heute arbeiten in dem Krankenhaus 50 Ärzte, vor allem Chirurgen und Anästhesisten.

Auf das zweistöckige Krankenhaus fielen 2014/15 Bomben. Das Dach war zerstört, erzählt der Chefarzt. Die Schäden wurden repariert. Heute macht das Krankenhaus einen sehr ordentlichen und sauberen Eindruck. Es hat 250 Betten, von denen nach Aussage des Chefarztes 192 belegt sind. Dass nicht alle Betten belegt sind, hänge mit der Migration zusammen. „Immer wenn geschossen wird, verlassen Menschen die Stadt. Wenn es ruhig ist, kommen sie wieder."

In dem Krankenhaus wird vor allem Erste Hilfe geleistet. Weil das Krankenhaus nur drei Kilometer von der Trennlinie zur Ukraine entfernt liegt, kämen viele Menschen mit Splitterverletzungen von Geschossen. Viele Menschen fragten aber auch um psychologische Hilfe, die ebenfalls geleistet werde. Erste Hilfe könne man in vollem Umfang leisten. Bei weiteren Behandlungen müsse man sehen, ob man die nötigen Medikamente habe. Gewöhnlich würden bei einer Weiterbehandlung Medikamente von den Verwandten besorgt.

In einem Behandlungszimmer mit sechs Betten treffe ich die Krankenschwestern Lena, Sweta, Jelena und Alona. In der heißen Kriegsphase habe man an drei OP-Tischen gearbeitet, erzählt Lena. Man habe alle behandelt, Zivilisten und Soldaten. Man habe nicht gefragt, von welcher Seite der Front die Verwundeten kamen. Sie seien Ukrainerinnen, sagen die Vier.

Zum Glück habe man jetzt einen Stromgenerator, sagt der Chefarzt. Wenn es zu Beschießungen kommt, falle oft auch der Strom aus. (...)

Worauf sie hoffen, will ich von den Krankenschwestern wissen. „Wir hoffen, dass der Krieg bald zu Ende ist", sagt Lena. Ihre Kolleginnen stimmen ein. Chefarzt Suchow fügt hinzu: „Wir hoffen auf eine baldige Integration in die Russische Föderation." (S. 47 f.) (...)

Schulleiterin: „Für die Kleinen ist es schrecklich"

Als ich die Schule Nr. 13 in der Altstadt von Lugansk besuche, frage ich die stellvertretende Schulleiterin Veronika Anatoljewna nach dem Denkmal im Schors-Park. (Das ist ein Denkmal aus kleinen Engeln und jungen Bäumen für die in Lugansk im Krieg getöteten Kinder.) Sie antwortete: „Man muss den Kindern erklären, dass auch Kinder sterben. Die Kinder müssen es wissen, damit es nicht wieder passiert. Viele Kinder haben selbst den Krieg erlebt. Sie kennen das schon." (...)

Im Unterricht versuche man, den Kindern den Konflikt im Donbass mit historischen Parallelen näherzubringen. „Im Geschichtsunterricht behandeln wir zum Beispiel den Konflikt zwischen Großbritannien und Irland, den es in bestimmten historischen Perioden immer wieder gab. Wir beschäftigen uns mit Jugoslawien und der Abspaltung des Kosovo. Wir besprechen mit den Kindern, wo es Ähnlichkeiten mit unserem Konflikt gibt und was anders ist." (S. 65 f.) (...)

Drei Stunden Ukrainisch-Unterricht in der Woche

Ich besuche eine Klasse, in der gerade die ukrainische Sprache unterrichtet wird. Der Unterricht in ukrainischer Sprache und Literatur wurde seit 2014 von fünf auf drei Stunden gekürzt, berichtet der Schulleiter.

Alles in dieser Klasse erinnert an die Ukraine: Ein großes Wandgemälde mit ukrainischen Hirten, die Brot schneiden und Laute spielen und andere Bilder mit Porträts ukrainischer Schriftsteller.

In der Klasse sitzen 25 Schüler. Sie wirken wie ganz normale Schüler und haben keine Angst, Fragen zu beantworten. Die Kinder sind 13 Jahre alt. Meine Frage, ob sie Russen und Ukrainer seien, bejahen die Schüler. Auf die Frage, ob sie ihre Verwandten in der Ukraine besuchen, antworten sie fast wie aus einem Munde mit „ja". Ob die Reisen in die Ukraine interessant seien? Die Antwort ist erneut ein kollektives „ja".

Schnell kommen auch die Antworten auf die Frage, welche Berufe sie einmal ergreifen wollen. „Rechtsanwalt, Koch, Erzieherin." Ein Junge sagt, er wolle Programmierer werden und besuche schon Kurse. Als ich nach den Hobbys frage, antworten die Schüler: „Moderne Tänze und Judo". Die Beschießungen 2014 und 2015 hätten sie schon vergessen, erzählen die Schüler. Ein Mädchen sagt: „Wir wollen das nicht hören."

Ich frage die stellvertretende Schulleiterin Veronika Anatoljewna, ob die ukrainische Sprache überhaupt noch gesprochen wird? Die Schulleiterin sagt, es gäbe „keinerlei Verbot gegen die ukrainische Sprache. Aber die Schüler sind schon mehr zur russischen Sprache übergegangen." Ukrainisch sei aber „keine Sprache des Feindes" geworden.
(S. 66) (...)

„Niemand konnte sich vorstellen, dass es zu einem Krieg kommt"

Gespräch mit Olga und Boris Drigody im Januar 2020. Sie leben in Lugansk, der Hauptstadt der gleichnamigen Volksrepublik. Sie gründeten die Organisation „Zukunft Donbass" und organisieren die Verteilung von humanitärer Hilfe, die seit sechs Jahren aus Thüringen mit Hilfe von deutschen Spendern geliefert wird.

Frage: Wie lebt Ihr im sechsten Jahr des Kriegszustandes und der Blockade?

Olga: Es ist schon sehr schwer, unter diesen Bedingungen zu leben. Auf jeden Fall drückt das sehr aufs Gemüt. Ganz zu schweigen davon, wie es nervt. Und das Schlimmste ist, das es beim Volk überhaupt keinen Glauben mehr gibt. Es gibt so eine zutiefst depressive Komponente.

Frage: Wie hat das angefangen? Soweit ich weiß, gab es das 2014, im ersten Jahr des Krieges, und 2015 noch nicht. Damals gab es noch eine Art Euphorie und die große Hoffnung, dass alles schnell aufhört.

Olga: Natürlich, so dachten alle. Niemand konnte sich vorstellen, dass es zu einem Krieg kommt.

Frage: Und sie hatten die Hoffnung oder Erwartung, dass es zu einer Vereinigung mit Russland kommen könnte?

Olga: Ja

Frage: Oder zu mehr Autonomie?

Olga: Das ganze Volk, alle die am Referendum teilgenommen haben, hatten die Hoffnung, dass es zu positiven Veränderungen kommen wird und man uns nicht zwingen wird, eine andere Sprache zu sprechen, dass man aufhören wird, uns zu erniedrigen. Deshalb gingen wir zum Referendum. Niemand dachte daran, dass man uns umbringen wird. Das konnte sich niemand vorstellen. Wir waren sicher, dass es bis zum Frühling wieder ruhig wird. Bei dem Referendum haben wir dafür gestimmt, dass wir mit unserer Stimme entscheiden werden und das Problem politisch gelöst wird. Dass es zu einem Krieg kommen könnte, kam uns nicht in den Sinn, obwohl Menschen davon gesprochen haben, aber wir haben denen nicht geglaubt.

Boris: Es mag paradox klingen, aber in den Teilen des Donbass, in denen sich Lugansk und Donezk befinden, verteidigt man die sogenannten allgemein anerkannten, demokratischen, europäischen Werte. Das ist das Wahlrecht, das Recht über den verfassungsrechtlichen Weg, über Wahlen, Entscheidungen zu treffen, nicht mit einem Militärputsch. Verstehen Sie? Auf dem friedlichen, rechtlichen Weg. Wenn jemand gewählt wird, muss man diesem Menschen die Möglichkeit geben, seine Politik und den Willen der Mehrheit umzusetzen. Bei uns gibt es die Freiheit, die Sprache zu benutzen, in der wir sprechen, die Freiheit, überhaupt mit jedem befreundet zu sein, mit wem man will, verstehen Sie?

Frage: Gibt es bei ihnen Menschen, die Ukrainisch sprechen?

Boris: Natürlich. Ich spreche Ukrainisch. Ich war immer stolz darauf, dass ich Ukrainisch kann.

Olga: Unser Sohn lernte in einer ukrainischen Klasse.

Boris: Aber sobald es mit Gewalt und Zwang geht, beginnen sich die Leute zu wehren. Nein, wir haben die ukrainische Sprache nicht vergessen und benutzen sie, aber mit einem bestimmten Unwohlsein, welches sich, wie bei jedweder Gewaltanwendung, schnell einstellt.

Olga: Die wichtigste Sprache hier war immer Russisch.

„Unsere Republiken sind die letzten Bastionen der ukrainischen Demokratie"

Boris: Im Großen und Ganzen sind unsere Republiken die letzten Bastionen der ukrainischen Demokratie und Freiheit. Und genau deswegen mache ich zum Beispiel Witze darüber, dass wir nun, wo Selenskyj gewählt wurde, die Marke „Ukraine" zu uns holen sollten und die restlichen Gebiete können in „Studio Kwartal 95" – so heißt das von Selenskyj gegründete Filmstudio – umbenannt werden. Wer möchte, kann sich uns gerne anschließen, niemand hat überhaupt etwas gegen die Ukraine.

Frage: Moment, ich habe den Witz nicht verstanden. Sie wollen sagen, Selenskyj ist kein demokratischer Mensch?

Boris: Natürlich nicht, alles was nach dem Staatsstreich 2014 kam, nach der bewaffneten Machtergreifung, ist unserer Meinung nach rechtlich nicht legitimiert. Wir nehmen nicht an den ukrainischen Wahlen teil. (S. 82 f.) (...)

Frage: Boris sagte, die Volksrepublik Lugansk sei ein Bollwerk der Demokratie. Könntet ihr ein paar Beispiele nennen, damit es klar wird für die Leute, die nie bei euch waren?

Boris: Wir halten uns an das Wahlsystem. Die Leute gehen wählen. Alle Mythen darüber, dass dies unter Druck und Gewalt passiert, sind so fiktiv und lustig, dass alle Leute darüber lachen.

Bei den Wahlen des Premiers im November 2018 war es sehr kalt, bis zu minus 20 Grad und die Leute standen drei oder vier Stunden lang in der Schlange, um zu wählen. Das war die allererste Wahl. Es wollten sehr viele Menschen wählen.

Da tönte es aus der Ukraine, dass die Menschen mit automatischen Gewehren zur Wahl gezwungen wurden. Also ich kann sagen, dass, als die Zeit kam, die Wahllokale zu schließen, die Polizei dafür sorgte, dass die Wahllokale, wenn sie geschlossen sind, nicht von den Menschen gestürmt werden. Die Zeit für die Wahl wurde in diesen Wahllokalen verlängert. Damit jeder wählen konnte, der noch nicht gewählt hatte. Verstehen Sie, wie die Informationen umgedreht werden? (S. 84 f.) (...)

Frage: Gibt es wirtschaftlichen Fortschritt?

Boris: Bis der offizielle Krieg nicht beendet wird und der Frieden kommt, denke ich nicht, dass jemand großen Unternehmen erlauben wird, zu investieren. Es wird allen klar sein, dass alles in Reichweite von Geschossen wäre, also werden sie nicht investieren und keine große Produktion starten. (S. 90) (...)

Frage: In Deutschland zeigt man sehr oft Meinungsumfragen, die in der Ukraine durchgeführt werden und die beweisen sollen, dass die Menschen dort für und nicht gegen die Regierung sind.

Olga: Das ist nicht ganz so. Die Menschen auf der anderen Seite der Demarkationslinie wissen, wie sie sich verhalten müssen, vor allem in den Grenzbereichen. Sie haben Angst und haben gelernt zu schweigen. In ihrer Seele sieht es anders aus. Wenn wir sie anrufen, fragen sie uns immer „Wann holt ihr uns zu euch?" Oder sie beschweren sich. Ich werde keine Namen nennen. Eine Freundin rief an und sagte, „mein Mann hat an seinem Geburtstag 100 Gramm Wodka getrunken und russische Musik angemacht. Ich habe Angst bekommen und ihn aufgefordert die Musik auszumachen." Daraufhin sagte ihr Mann: „Ich kann es kaum erwarten, dass der Krieg zu Ende geht und wir alle zusammen sein werden und ich auf Russisch singen kann." So reden die Leute. (S. 91)

Quan Yin, Na Klua Chinese temple, Thailand[464]

Das gebrochene Minsk-Abkommen

Der Historiker Ralph Bosshard war Oberstleutnant der Schweizer Armee, absolvierte eine Ausbildung an der Generalstabs-Akademie in Moskau und diente als Senior Planning Officer in der „Special Monitoring Mission to Ukraine“ der OSZE, beobachtete also den Donbass-Krieg vor Ort. Er kennt dadurch alle Konfliktparteien aus eigener beruflicher Praxis. In seinem Aufsatz „Ukraine: Ein Krieg mit Ansage“ schrieb er:

> *Der aktuelle Krieg in der Ukraine brach nicht aus heiterem Himmel aus, sondern begann, nachdem acht Jahre lang die völkerrechtlich verbindliche Lösungsvariante des Minsker Maßnahmenpaketes torpediert, die Instrumente zur Umsetzung des Abkommens behindert und wichtige Mechanismen zur Konfliktverhütung missbraucht worden waren.*[465]

Das Minsk-2-Abkommen vom 12. Februar 2015 war die große Chance auf Frieden im Donbass. Die Volksrepubliken Donezk und Lugansk sollten einen Autonomiestatus mit kulturellen und wirtschaftlichen Hoheitsrechten in der ukrainischen Verfassung erhalten, um so wieder Teil der Ukraine zu werden. Um zu diesem Ziel zu kommen, wurden die Schritte dahin im Abkommen genau beschrieben.

Doch die Umsetzung des Abkommens wurde über Jahre von der ukrainischen Regierung verschleppt. Es war eine elende Hängepartie, bis sie sich im Januar 2022 offiziell ganz davon verabschiedete. Das ist tragisch, denn mit der Umsetzung von Minsk-2 wäre der Donbass-Krieg in der Ostukraine beendet gewesen und es hätte nicht zum Ukraine-Krieg ab Februar 2022 kommen können. Der Bruch des Minsk-Abkommens war eine der wichtigsten Kriegsvorbereitungen. Die für das Minsk-Abkommen Verantwortlichen in der Ukraine und den Garantiestaaten Deutschland und Frankreich haben inzwischen ausdrücklich zugegeben, dass das Abkommen gar nicht abgeschlossen wurde, um es umzusetzen, sondern nur, um Zeit für die Aufrüstung der ukrainischen Armee zu gewinnen. Es war also nur ein verräterischer Trick, um die Ukraine „kriegsfähig“ zu machen.

In den westlichen Mainstream-Medien tauchte das Wort „Minsker-Abkommen“ immer wieder auf, aber fast immer verbunden mit Schuldzuweisungen an Russland. Aber Russland hatte gemäß dem Abkommen selbst nichts umzusetzen, sondern sollte als Garantiestaat nur die Umsetzung überwachen und entsprechend auf die Donbass-Volksrepubliken einwirken.

In den Mainstream-Medien wurde das Abkommen nicht oder nur so bruchstückhaft erklärt, dass man nicht verstehen konnte, um was es überhaupt geht. Ich habe tatsächlich keinen Artikel in einem Mainstream-Medium gefunden, der Minsk-2 verständlich erklärt hat. Eigentlich lernt man in einer Journalistenausbildung, wie man Sachverhalte so beschreibt, dass die Leser etwas verstehen können. So war das zumindest früher einmal. Heute geht es offenbar mehr darum, durch unvollständige Informationsbrocken den Verstand abzulenken oder zu narkotisieren und gleichzeitig Emotionen und Wertungen zu verankern – ein gespenstischer Zustand. Das führte dann dazu, dass ich in Gesprächen oft gehört habe, „Russland hätte das Minsker Abkommen nicht eingehalten“. Aber kein einziger dieser Gesprächspartner konnte mir auf Nachfrage sagen, was das Minsker Abkommen überhaupt enthält und was Russland konkret nicht eingehalten hätte. Somit war die Propaganda erfolgreich und hatte das Ziel der Manipulation erreicht.

Wir werden versuchen, auf einen Boden der Wahrheit zu kommen und beginnen ganz von Anfang: Wie ist das Abkommen entstanden? Was ist sein Inhalt? Und wie wurde mit ihm umgegangen?

Wie kam es zu dem Minsk-Abkommen?

Das Entstehen des Minsk-Abkommens wird von Ulrich Heyden beschrieben:[466]

> *In der Hauptstadt von Weißrussland wurden im September 2014 und im Februar 2015 zwei Waffenstillstandsabkommen für den Donbass abgeschlossen, Minsk-1 und Minsk-2. Beiden Abkommen gingen katastrophale Niederlagen der ukrainischen Armee voraus. Die Abkommen beendeten einen heißen Krieg im Donbass und verhinderten, dass die im Kampf noch unerfahrene und schlecht ausgerüstete*

ukrainische Armee weitere demütigende Niederlagen erleiden musste. Die Abkommen verhinderten aber auch, dass die kampfbereiten Freiwilligen-Bataillone der Volksrepubliken weitere Gebiete im russischsprachigen Südosten der Ukraine erobern konnten.

Der Kessel von Ilowajsk

Wenn man mit dem Auto von der russischen Stadt Rostow am Don die Grenze zur Volksrepublik Donezk überquert, kommt man durch das Städtchen Ilowajsk. 2017 war die Straße durch die Stadt noch mit notdürftig geflickten Schlaglöchern übersät. Viele Häuser waren zerbombt. Das war die Folge einer der größten Schlachten des Donbass-Krieges und der ersten großen Niederlage der ukrainischen Armee, der das Waffenstillstandsabkommen Minsk-1 folgte.

Die Stadt Ilowajsk ist ein Eisenbahnknotenpunkt. Wer die Stadt kontrolliert, kann Donezk von der Volksrepublik Lugansk und Russland trennen. Das war der Grund, warum die ukrainischen Streitkräfte am 10. August 2014 begannen, die Stadt Ilowajsk zu erobern. Doch die Streitkräfte der Volksrepubliken vereitelten diesen Versuch in schweren Kämpfen.

Am 28. August 2014 waren die ukrainischen Streitkräfte in Ilowajsk eingekesselt und umringt von Donbass-Streitkräften.

Nach Angaben von Kiew kamen bei den Kämpfen 336 ukrainische Soldaten um. 289 wurden verletzt, 158 gelten als vermisst und 128 gerieten in Gefangenschaft.

Nach Meinung des russischen Militärkorrespondenten Andrej Kots war es Wladimir Putin, der die Eingekesselten vor der völligen Vernichtung rettete. Der russische Präsident hatte die Streitkräfte der Volksrepubliken aufgerufen, die ukrainischen Truppen aus dem Kessel zu entlassen, wenn sie ihre Waffen niederlegen, was dann auch geschah.

Der Kessel von Debalzewo

Die zweite große Niederlage der ukrainischen Truppen, der im Februar 2015 das Waffenstillstandsabkommen Minsk-2 folgte, war der Kessel um die Stadt Debalzewo.

Debalzewo war einer der wichtigsten Eisenbahnknotenpunkte der Ukraine. Doch es gab noch einen zweiten Grund, warum die Streitkräfte der Volksrepubliken am 20. Januar 2015 mit dem Angriff auf Debalzewo begannen. Die Stadt lag in einer „ukrainischen Tasche" weit vorgeschoben im Gebiet der Volksrepublik Donezk.

Die ukrainischen Truppen mit einer Gesamtstärke von 3.000 bis 7.000 Mann schafften es nicht, den Angriff der Donbass-Streitkräfte abzuwehren. Die Kräfte der Donbass-Armee bezifferte der russische Militärkorrespondent Andrej Kots auf 6.000 bis 10.000 Mann.

Nach Angaben von Korrespondenten starben im Kessel von Debalzewo zwischen 250 bis 3.000 ukrainische Soldaten und Offiziere. Die Donbass-Armee erbeutete zahlreiche Panzer und Schützenpanzen sowie „Tonnen von Munition".

Die Schlacht um Debalzewo war die zweite militärische Großaktion der Donbass-Streitkräfte, die sich gerade erst formiert hatten und denen es noch an Organisiertheit fehlte. Doch die Kampfstärke dieser Truppen aus Freiwilligen war beachtlich. Man war von der eigenen Kraft überzeugt, nicht nur aus militärischen Gründen, sondern weil man annahm, dass die russischsprachige Bevölkerung im Südosten der Ukraine mit der Donbass-Armee sympathisierte und ihr Erfolg wünschte.

Viele Freiwillige, mit denen ich damals sprach, sagten, man werde zunächst das gesamte Gebiet Donezk befreien. Seit 2015 sind nur 40 Prozent der ehemaligen ukrainischen Verwaltungsgebiete Donezk und Lugansk unter Kontrolle der Volksrepubliken. Dann werde man „weiter bis Kiew ziehen".

Doch das Abkommen von Minsk nahm den Donbass-Soldaten den Wind aus den Segeln. Denn Russland, das die Volksrepubliken propagandistisch und finanziell unterstützte, orientierte seit Minsk-2 auf die konsequente Umsetzung des Abkommens. Viele Freiwillige aus Russland, die im Donbass kämpften, kehrten in ihre Heimatorte zurück. In einem Stellungskrieg sahen sie keinen Sinn, oder sie hielten ihre Anwesenheit im Donbass einfach für überflüssig.

Wir werden sehen, dass dieser Entstehungsmoment des Minsker-Abkommens hilft zu verstehen, warum es nicht umgesetzt wurde.

Was ist der Inhalt des Minsk-2 Abkommens?

Das Abkommen regelte den Waffenstillstand, die Kontrollrechte der OSZE, die Freilassung aller Gefangenen, eine Amnestie für die Soldaten der Donbass-Milizen, die Anerkennung der Grenzen der Volksrepubliken durch Kiew, die Durchführung von regionalen Wahlen in den Volksrepubliken, die Wiederaufnahme der sozialen und wirtschaftlichen Beziehungen, die Kontrolle der Staatsgrenze, den Abzug aller ausländischen Militärs und die Einrichtung einer „Trilateralen Kontaktgruppe", um alle diese Schritte zu begleiten.

Das Kernstück des Minks-2 Abkommens ist die von der ukrainischen Regierung eingegangene Verpflichtung, bis Ende 2015 der russischsprachigen Bevölkerung im Donbass durch eine Verfassungsänderung weitgehende Minderheitenrechte in der Form eines autonomen Status der Volksrepubliken einzuräumen. Autonome Regionen können über Kultur- und Wirtschaftsfragen selbst entscheiden und sind von der Zentralregierung weitgehend unabhängig. In Italien haben zum Beispiel Südtirol, Sardinien und Sizilien einen autonomen Status, in Frankreich Korsika und in Dänemark Grönland. Auch in Russland gibt es viele autonome Regionen. Der autonome Status ist ein bekanntes Mittel, um ethnische Spannungen in einem Staat zu vermeiden.

Die Verhandlungen fanden zeitgleich mit der Schlacht in Debalzewo statt. Die absehbare Niederlage der ukrainischen Armee setzte die ukrainischen Verhandlungsführer unter Druck. Diese brauchten einen Waffenstillstand, bevor die ukrainische Armee ganz aufgerieben wurde.

An den Verhandlungen in der weißrussischen Hauptstadt Minsk nahmen federführend teil: Der ukrainische Präsident Petro Poroschenko, die beiden Chefs der Volksrepubliken Wladislaw Dejnego und Denis Puschilin und für die Garantiestaaten Wladimir Putin (Russland), Angela Merkel (Deutschland) und François Hollande (Frankreich). Die Verhandlungen dauerten insgesamt 17 Stunden.[467] Laut der „Badischen Zeitung" sah Putin einen Hauptgrund für die lange Verhandlungsdauer darin, dass Poroschenko nicht direkt mit den Machthabern „der Rebellengebiete" sprechen wollte.[468] Wenn das stimmt, dann war das ein schlechtes Omen, denn in dem Abkommen geht es vor allem darum, dass Kiew die Donbass-Republiken anerkennt und mit diesen spricht und konkrete Vereinbarungen erzielt. Das Abkommen wurde von allen Genannten am 12. Febr. 2015 unterzeichnet.[469]

Im Abkommen wurden für alle Schritte klare Fristen vereinbart. Ich schildere Punkt für Punkt, damit wir die Umsetzung selbst überprüfen können.

Das Minsk-2 Abkommen vom 12. Februar 2015 hatte 13 Artikel. Folgendes sollte getan werden:

– **1.** Ab 15. Februar 2015: Umfassender Waffenstillstand.

– **2.** Bis 26. Februar 2015: Abzug aller schwerer Waffen, je nach Waffenart sind die Sicherheitszonen 50 km, 70 km oder 140 km breit. Die OSZE überwacht.

– **3.** Ab 12. Februar 2015: Die OSZE kann den Waffenstillstand und Abzug der Waffen effektiv mit Satelliten und Drohnen kontrollieren.

– **4.** Ab 17. Februar 2015: Beginn eines Dialogs zwischen Kiewer Regierung und den Vertretern der Volksrepubliken über die Modalitäten von Kommunalwahlen und den künftigen Regelungen für diese Regionen. Die Gespräche sollten laufen auf Basis des „Gesetzes über das Sonderverfahren für die lokale Selbstverwaltung in den gesonderten Regionen der Verwaltungsgebiete Donezk und Lugansk". Dieses Gesetz wurde vom Kiewer Parlament am 16. September 2014 gemäß Minsk-1 beschlossen, es war aber noch nicht in Kraft getreten.[470] Es sollte nun bis 12. März 2015 in Kraft treten. Entsprechend soll das Kiewer Parlament bis zum 12. März 2015 durch einen Beschluss die Grenzen der Volksrepubliken bestätigen.

– **5.** Das in Minsk-1 am 5. September 2014 vereinbarte und im September 2014 vom Kiewer Parlament beschlossene Amnestiegesetz soll in Kraft treten, so dass gewährleistet ist, dass alle Personen, die sich an den Kämpfen in den Volksrepubliken beteiligt haben, nicht mehr strafrechtlich verfolgt werden. (Eine Amnestie ist wichtig, denn wenn die Kämpfer der Donbass-Milizen befürchten müssen, nach dem Niederlegen der Waffen im Gefängnis zu landen, werden sie dies nicht tun. Bislang wurden sie von Kiew als Terroristen bestraft. Für eine Aussöhnung ist eine Amnestie unumgänglich.)

– **6.** Bis 3. März 2015: Alle Gefangenen beider Seiten sollen freigelassen werden.

– **7.** Eine gefahrlose Verteilung humanitärer Hilfen an Bedürftige soll sichergestellt werden.

– **8.** Die sozialen und wirtschaftlichen Beziehungen zwischen der Ukraine und den Volksrepubliken sollen wieder vollständig aufgenommen werden, es gibt wieder Zahlungen der Sozialtransfers, der Renten, der Löhne und der Rechnungen. Die Besteuerung soll nach ukrainischem Steuerrecht erfolgen. Die Banken in den Volksrepubliken werden wieder mit dem Zahlungsnetzwerk der Ukraine verbunden.

– **9.** Bis Ende 2015, nach den lokalen Wahlen und nach einer umfassenden politischen Lösung und Verabschiedung einer neuen ukrainischen Verfassung: Die ukrainische Regierung bekommt die volle Kontrolle über die Staatsgrenze im gesamten Konfliktgebiet, das heißt auch über die Grenze zwischen den Volksrepubliken und Russland. Die neue Verfassung entsteht entsprechend Absatz 11 im Einvernehmen mit den Vertretern der Volksrepubliken.

– **10.** Abzug aller ausländischen bewaffneten Formationen, militärischen Ausrüstung und Söldner aus dem Hoheitsgebiet der Ukraine unter Beobachtung der OSZE. Entwaffnung aller illegalen Gruppen.

– **11.** Bis Ende 2015: Abschluss einer ukrainischen Verfassungsreform mit dem Ziel der Dezentralisierung *„(einschließlich einer Bezugnahme* *auf die Besonderheiten in den gesonderten Regionen Donezk und Lugansk, und zwar in Absprache mit den Vertretern dieser Regionen) und Verabschiedung dauerhafter Rechtsvorschriften über den Sonderstatus*" dieser Regionen. Dieser Sonderstatus soll u.a. beinhalten: Recht auf sprachliche Selbstbestimmung, Recht auf eigene Polizei, Beteiligung von Organen der lokalen Selbstverwaltung an der Ernennung der Leiter der Staatsanwaltschaften und Gerichte. Die wirtschaftliche, soziale und kulturelle Entwicklung fällt in die Zuständigkeit der lokalen Selbstverwaltung, diese kann Vereinbarungen mit Kiewer Regierungsstellen treffen.

– **12.** Die Fragen im Zusammenhang mit den lokalen Wahlen werden mit Vertretern der Volksrepubliken im Rahmen der Trilateralen Kontaktgruppe erörtert und abgestimmt. Die Wahlen werden von der OSZE beobachtet. Die Trilaterale Kontaktgruppe besteht aus den beiden Chefs der Volksrepubliken, dem zweiten Präsidenten der Ukraine und einem Diplomaten der OSZE sowie von Russland.

– **13.** Die Arbeit in der Trilateralen Kontaktgruppe soll intensiviert werden für die laufende Begleitung der Umsetzung des Abkommens.

Soweit die Regelungen von Minsk-2. In dem Abkommen wird auch die Rolle von Russland, Frankreich und Deutschland beschrieben: *„Die Staats- und Regierungschefs werden zu diesem Prozess beitragen und ihren Einfluss auf die jeweiligen Parteien ausüben, um die Umsetzung dieses Maßnahmenpakets zu erleichtern.*" Um die Umsetzung von Minsk-2 zu kontrollieren, wurde ein „Aufsichtsmechanismus, der in regelmäßigen Abständen zusammentreten wird," vereinbart.

Das Abkommen hört sich gut an und setzt auf Zusammenarbeit und gegenseitige Achtung. In ihm weht der Geist des Friedens. An mehreren Stellen wird betont, dass die Ukraine die Volksrepubliken anerkennt und mit deren Vertretern einen Dialog beginnt, um die Modalitäten der regionalen Wahlen, der Verfassungsreform und der Sonderrechte der Volksrepubliken auszuhandeln. Das Minsker Abkommen belegt, dass Russland sich die Donbass-Volksrepubliken nicht einverleiben wollte, sondern diese sollten Teil der Ukraine bleiben.

17. Februar 2015: Als Resolution des UNO-Sicherheitsrates bekam das Minsker-Abkommen die höchste Legitimation

Für Russland war das Minsker Abkommen sehr wichtig, denn es brachte es sofort nach der Unterzeichnung im UNO-Sicherheitsrat ein. Dieser unterstützte es mit einem einstimmigen Beschluss. Mit der Sicherheitsratsresolution 2202 vom 17. Februar 2015 war das Minsker Abkommen nicht mehr nur ein zwischenstaatliches Abkommen, sondern hatte den Segen des UNO-Sicherheitsrates. Beschlüsse des UNO-Sicherheitsrates sind höchstes Völkerrecht.

Trotzdem gingen bezüglich der Verbindlichkeit die Ansichten auseinander. Der „Wissenschaftliche Dienst des Deutschen Bundestages" stellte in einem Arbeitspapier[471] im Januar 2022 fest, dass Russland immer darauf bestanden habe, dass das Minsker Abkommen verbindlich sei und genau umgesetzt werden müsse, während die ukrainische Regierung die Position vertrat, dass es nur eine unverbindliche Willensbekundung gewesen sei, die nicht genau eingehalten werden müsse.

Donbass: Mit Mafia-Methoden werden Gegner des Minsker Abkommens ausgeschaltet

Das Minsker Abkommen war im Donbass nicht unumstritten. Da die Milizarmee erfolgreich war, wollten viele Soldaten lieber weiterkämpfen und die ukrainische Armee aus den restlichen Donbass-Gebieten verdrängen. Das war mit Minsk-2 aber nicht mehr möglich. Stattdessen entstand eine etwa 500 km lange stillstehende Front, graue Zone genannt, die den Donbass teilte.

Doch die russische Regierung wollte, dass die Volksrepubliken Teil der Ukraine bleiben, und dass mit Kiew eine diplomatische Lösung erreicht wird. Das akzeptierten dann auch die Regierungen der Volksrepubliken. Es gab aber radikale Feldkommandeure, die Minsk-2 ablehnten. Die Schärfe der Auseinandersetzungen nahm zu. Ulrich Heyden berichtete aus Lugansk:[472]

> *Ende Dezember 2014 hatte die Lugansker Staatsanwaltschaft ein Strafverfahren gegen Mitglieder des Bataillons*

„Batman“ der Lugansker Milizarmee eröffnet. Mitglieder der Einheit, denen die Folterung von 13 Anwohnern und der Tod eines Gefangenen vorgeworfen wird, wurden verhaftet. Batman-Kämpfer rechtfertigen sich damit, dass außer ihnen niemand gegen Spione, Drogenhändler und Diebe vorgegangen sei.

Weil sich der Chef des Batman-Bataillons, der frühere Polizeihauptmann Bednow, einer Entwaffnung widersetzte, holte das Innenministerium der Lugansk-Republik am 1. Januar 2015 zum tödlichen Schlag aus. Der gepanzerte Volkswagen T-4 von Bednow wurde hinter einer Straßenbiegung in einem Kreuzfeuer von Gewehren und Granatwerfern beschossen. Bednow und sechs seiner Begleiter starben.

Die Staatsanwaltschaft der Lugansk-Republik erklärte, Bednow sei bei einer „Schießerei“ getötet worden. Der ukrainische Staatsbürger war im August 2014 für zwei Wochen Verteidigungsminister der Lugansk-Republik. Die von ihm geleitete Einheit, in der auch viele Freiwillige aus Russland kämpfen, gilt als kampfstärkste im Gebiet. Bednow war Gegner des Minsker Abkommens, das einen Waffenstillstand und einen Sonderstatus für die Gebiete Lugansk und Donezk innerhalb der Ukraine vorsieht.

Dieser Mord an Bednow gleicht einem Mafia-Attentat. Die Volksrepubliken waren seit April 2014 in einem Kriegszustand, da ging es rabiater zu als unter normalen Bedingungen. An dieser Geschichte kann man sehen, wie entschieden und zur Not auch brutal sich die Führungen der Volksrepubliken für die Umsetzung des Minsker-Abkommens intern einsetzten.

Ukrainische Regierung redet nicht mit Volksrepubliken

Die Umsetzung des Minsker Abkommens war ein Desaster mit Ansage. Von Anfang an missachtete die ukrainische Regierung das Abkommen, weil sie den vorgesehenen Dialog mit den Vertretern der Volksrepubliken verweigerte. Es hätten Gespräche über die Regionalwahlen, den

Autonomiestatus und die Verfassungsänderungen stattfinden müssen, die zu gemeinsamen Vereinbarungen führen sollten. Dieser Dialog mit den Volksrepubliken ist im Minsker Abkommen in den Punkten 4, 9, 11, 12 und 13 ausdrücklich genannt. Doch genau das wollte die Kiewer Regierung überhaupt nicht. Stattdessen führte sie Schein- und Vernebelungsaktionen durch.

Der Kernpunkt des Minsker Abkommens war eine Dezentralisierung der Ukraine mit einem in der Verfassung verankerten Sonderstatus für die Donbass-Republiken. Heiko Pleines von der „Forschungsstelle Osteuropa an der Universität Bremen" berichtete Anfang 2022:[473]

> *Anfang März 2015 setzte der damalige ukrainische Präsident Petro Poroschenko für diese Aufgabe eine Verfassungskommission ein, zu der auch Vertreter aus der Ostukraine – aber keine Separatisten [d.h. keine Vertreter der Volksrepubliken] – eingeladen wurden. Als das Parlament den resultierenden Entwurf Ende August 2015 diskutierte, kam es vor dem Parlamentsgebäude zu gewalttätigen Ausschreitungen, in deren Folge vier Polizisten starben. Nationalistische Mitglieder der Regierungskoalition traten aus Protest gegen das Gesetz zurück.*

Seitdem lag die Verfassungsänderung auf Eis.

Das Wort „Separatisten" wird oft für die Vertreter und Anhänger einer Unabhängigkeit der Donbass-Regionen verwendet.

Eine Verfassungsänderung ohne Einbeziehung der Beauftragten der Volksrepubliken widerspricht dem Wortlaut des Minsker Abkommens. Niemals werden die Volksrepubliken eine ukrainische Verfassung akzeptieren, die sie nicht mit ausgehandelt haben und die ihre Interessen nicht berücksichtigt. Das sieht ein Blinder mit dem Krückstock. Poroschenko wollte lediglich eine „lokale Selbstverwaltung" ermöglichen, um eine umfassende Autonomie und Föderalisierung zu verhindern.[474] Im Minsker Abkommen war das ganz anders formuliert.

Aber selbst diese Scheinaktion ging den ukrainischen Nationalisten viel zu weit. Diese bauten durch gewaltsame Proteste und die Ermordung der Polizisten starken öffentlichen Druck auf. „Es gelingt nationalistischen Akteuren immer wieder, die politische Führung zur Anpassung ihrer Politik zu zwingen," schrieb Sabine Fischer von der „Stiftung Wissenschaft und Politik".[475]

Heiko Pleines, Uni Bremen, fasst das Kernproblem so zusammen:

> *Die Ukraine wiederum ist nicht bereit, die Vertreter der international nicht anerkannten „Volksrepubliken", die sie als Terroristen bezeichnet, durch direkte Verhandlungen zu legitimieren. (...) Vor allem will die Ukraine vermeiden, dass die von Russland abhängigen Separatisten ein Mitspracherecht bei Lokalwahlen und Verfassungsreform bekommen. Gleichzeitig sehen die Minsker Vereinbarungen aber eindeutig die Abstimmung mit den Separatisten zu diesen Themen vor.*

Wie wurden die Schritte des Abkommens umgesetzt?

Sehen wir uns im Einzelnen an, wie das Minsker Abkommen umgesetzt, bzw. nicht umgesetzt wurde.

– **Punkte 1 bis 3:** Diese betreffen den Waffenstillstand, den Abzug schwerer Waffen und die Überwachung durch die OSZE. Beide Seiten – also Ukraine und Volksrepubliken – haben fortlaufend gegen diese Punkte verstoßen und mit der OSZE Katz und Maus gespielt, wenn diese versuchte, den Abzug der Waffen zu überwachen. Dies geht aus den täglichen Berichten der OSZE hervor.[476] Auch wenn insgesamt beide Seiten gegen diese Punkte des Abkommens verstießen, etwa 75 Prozent der Waffenstillstandsverletzungen mit ziviler Todesfolge wurden von der Ukraine begangen, wie wir schon gesehen haben.

– **Punkt 4:** Kiew führte mit den Vertretern der Volksrepubliken keinen Dialog zu den Modalitäten regionaler Wahlen und den Selbstverwaltungsregelungen. Auch wurden die Grenzen der Volksrepubliken nicht anerkannt. Nicht einmal das im September 2014 vom Kiewer Parlament beschlossene „Gesetz über das Sonderverfahren für die lokale Selbstverwaltung in den gesonderten Regionen der Verwaltungsgebiete Donezk und Lugansk" wurde in Kraft gesetzt.[477] Das scheint eine Kiewer Strategie zu sein: Gesetze beschließen und dann nicht in Kraft setzen, um vorzugeben, dass man etwas getan habe.

– **Punkt 5:** Kiew setzte auch das Amnestiegesetz für die Donbass-Milizen nicht in Kraft. Gegen eine Amnestie hatte es scharfen Widerstand von nationalistischer Seite gegeben.[478]

– **Punkt 6:** Es gab auch keine Freilassung aller Gefangenen, sondern nur begrenzte Gefangenenaustausche. Im Februar 2016 berichtete die „Konrad-Adenauer-Stiftung", dass die Ukraine etwa 1.000 Menschen aus den Volksrepubliken gefangen hielt, die Separatisten hatten 133 Gefangene. Da von letzteren aber nur vier vom Roten Kreuz besucht werden durften, vermutete Kiew, dass viele bereits tot sind und nur für Verhandlungszwecke missbraucht werden.[479]

– **Punkt 7:** Kiew verhinderte weiterhin den Zugang für humanitäre Hilfslieferungen in die Volksrepubliken über das ukrainische Gebiet. Die im Januar 2015 verhängte Transport-Blockade wurde nicht aufgehoben. Russland lieferte mehrmals im Monat Hilfsgüter, Medikamente, Baumaterial und Lebensmittel, um die Bevölkerung der Volksrepubliken mit dem Nötigsten zu versorgen. Hierüber berichtete die OSZE in ihren Berichten der Grenzbeobachter.[480] Aus dem Westen, durch die Ukraine hindurch, kam nichts.

– **Punkt 8:** Kiew tat nichts, die Volksrepubliken blieben wirtschaftlich und finanziell von der Ukraine abgeschnitten. Die Grenzen für den offiziellen Warenverkehr blieben geschlossen, die Banken der Volksrepubliken blieben vom Zahlungsverkehr der Ukraine abgetrennt und es wurden keine Sozialleistungen überwiesen. Rentner der Volksrepublik Lugansk hatten einen einzigen Übergang, eine baufällige Fußgängerbrücke, um alle paar Wochen ihre Rente in der Ukraine abholen zu können – zu Fuß. Die baufällige Brücke wurde täglich von tausenden Menschen benützt. Nach der Wahl von Selenskyj 2019 wurde die Fußgängerbrücke wenigstens repariert.

– **Punkt 9:** Kiew verweigerte Gespräche mit den Vertretern der Volksrepubliken über die Verfassungsreform und die regionalen Wahlen; hier hätte es bis Ende 2015 eine Einigung geben sollen. Damit waren nach dem Wortlaut des Minsker Abkommens die Voraussetzungen für eine Kontrolle der Außengrenzen der Volksrepubliken durch die Ukraine nicht gegeben. Die Ukraine erhielt dieses Recht dann auch nicht. Es ist verständlich, dass die Volksrepubliken keine ukrainischen Soldaten in ihrem Gebiet haben wollten, ohne dass es zuvor eine umfassende politische Lösung gegeben hätte. Wenn die Grenzen nach Russland von der ukrainischen Armee kontrolliert würden, könnten diese die lebensnotwendigen Transportverbindungen aus Russland abschneiden, so dass es dann für die Volksrepubliken gar keinen Ausweg mehr aus der von Kiew verhängten Hungerblockade gegeben hätte.

Doch die Kiewer Regierung machte entgegen dem Inhalt des Minsker Abkommens die Grenzkontrollen zur Voraussetzung für seine weitere Umsetzung und beschuldigte laufend Russland, den Minsker Prozess zu verhindern. Anstatt mit den Volksrepubliken auf Augenhöhe zu verhandeln, hatte Kiew nur im Sinn, diese an einem verwundbaren Punkt zu treffen und zu erpressen. Dass dieses Vorgehen dem Wortlaut und Geist des Minsker Abkommens widerspricht, war Kiew bewusst.

Die Aufgabe der deutschen und der französischen Regierung wäre es gewesen, auf die ukrainische Regierung „Einfluss auszuüben" und diese zur Einhaltung des Minsker Abkommens zu drängen. Nichts geschah.

– **Punkt 10:** Die Ukraine hat gegen das Verbot ausländischer Soldaten und Militärtechnik eindeutig verstoßen. Die USA stationierten jedes Jahr immer weitere Truppen zur Ausbildung der ukrainischen Armee in der Ukraine, und die NATO führte viele Manöver in der Ukraine durch. Russland hatte keine offiziellen Truppen in den Volksrepubliken und konnte deshalb auch keine zurückziehen.[482]

Die stark beschädigte und zunehmend gefährliche Fußgängerbrücke in Stanytsia, 2016. Dies war der einzige Grenzübergang der Volksrepublik Lugansk zur Ukraine .[481]

– **Punkt 11:** Kiew hat eine Verfassungsreform für einen Sonderstatus der Volksrepubliken verweigert,

– ebenso das Aushandeln der Bedingungen für eine regionale Wahl nach **Punkt 12**.

– Das Einzige, was vom Minsker Abkommen umgesetzt wurde, war **Punkt 13:** Treffen der Trilateralen Kommission haben stattgefunden, haben aber fast nichts bewirkt.

Seit der Unterzeichnung des Minsker Abkommens behaupteten westliche Medien und Politiker ununterbrochen, Russland setze dieses nicht um, deshalb könnten die Sanktionen gegen Russland nicht aufgehoben werden. Das war offensichtlich reine antirussische Propaganda, denn Russland ist im Abkommen nur als Garantiestaat erwähnt und es gibt ansonsten nichts, was Russland hätte umsetzen sollen. Druck auf die Volksrepubliken hatte Russland gemäß seines Auftrages ausgeübt.

Wir sahen: Die Ukraine missachtete jeden Punkt des Abkommens. Nur die Punkte 1 bis 3 wurden auch von den Volksrepubliken nicht eingehalten. Im Sinne der Spiegel-Propaganda ermahnten die NATO-Staaten aber nicht Kiew, das Abkommen umzusetzen, sondern beschuldigten stattdessen Russland. Das entbehrt jeder Grundlage und es ist erschütternd, dass über viele Jahre dieser Unsinn von westlichen Journalisten geschrieben wurde, ohne dass diese vor Scham im Boden versinken.

Unterzeichner des Minsker Abkommens wollten es nie umsetzen, sondern nur Zeit gewinnen, um die Ukraine aufzurüsten

Im Rückblick ist es nicht verwunderlich, dass das Minsker Abkommen nicht umgesetzt und nicht Frieden im Donbass geschaffen wurde. Denn alle westlichen Unterzeichner hatten andere Intentionen. Das haben sie inzwischen öffentlich zugegeben. Interessant ist, wie dabei auf das Kurzzeitgedächtnis der Bevölkerung gesetzt wurde: Bis 2021 war es immer Russland, welches angeblich das Abkommen nicht umsetzen wolle. Dann sagen plötzlich die westlichen Politiker ganz offen, dass sie es von Anfang an nie umsetzen wollten. Kein öffentlicher Aufschrei.

Wir haben gesehen, dass es zu den Minsker Abkommen kam, weil die ukrainische Armee aussichtslos eingekesselt war. Der ehemalige ukrainische Präsident Poroschenko brauchte schnell einen Waffenstillstand, damit seine Soldaten gerettet werden. Und er brauchte Zeit für eine Aufrüstung. Also hat er unterschrieben und vorgetäuscht, am Abkommen interessiert zu sein. Das bestätigte er am 20. Juni 2022 in einem Fernsehinterview. Darin sagte er, dass er nie vorhatte, das Minsker Abkommen umzusetzen, sondern das Abkommen sollte der Ukraine nur Zeit für die Aufrüstung geben. Und er fügte hinzu, dass das Abkommen seine Aufgabe aus dieser Warte erfüllt habe. Niemand habe vorgehabt, das Abkommen umzusetzen.[483]

Die ehemalige deutsche Bundeskanzlerin Angela Merkel sagte im Dezember 2022 in einem Interview mit der „ZEIT“:

> *Und das Minsker Abkommen 2014 war der Versuch, der Ukraine Zeit zu geben. Sie hat diese Zeit auch genutzt, um stärker zu werden, wie man heute sieht. Die Ukraine von 2014/15 ist nicht die Ukraine von heute. Wie man am Kampf um Debalzewe [Eisenbahnerstadt im Donbass, Region Donezk, d. Red.] Anfang 2015 gesehen hat, hätte Putin sie damals leicht überrennen können. Und ich bezweifle sehr, dass die NATO-Staaten damals so viel hätten tun können wie heute, um der Ukraine zu helfen.“*[484]

Noch 2015 hatte Merkel heuchlerisch betont, es müsse alles getan werden, um das Minsker Abkommen umzusetzen.[485]

Ihr französischer Kollege François Hollande, ebenfalls Unterzeichner des Minsker Abkommens, gestand am 28. Dezember 2022 wie vorher schon Merkel in einem Interview mit einer Kiewer Zeitung:[486]

> *Ja, Angela Merkel hat in diesem Punkt Recht. (...) Es war sehr wichtig zu wissen, wie der Westen diese Atempause nutzen würde, um weitere russische Versuche zu verhindern. (...) Seit 2014 hat die Ukraine ihre militärische Position gestärkt. (...) Sie wurde besser ausgebildet und ausgerüstet. Es ist das Verdienst der Minsker Vereinbarungen, der ukrainischen Armee diese Möglichkeit gegeben zu haben.*

Die bittere Wahrheit ist, dass der Westen und die Kiewer-Regierung von Anfang an nicht vorhatten, den Donbass-Krieg, den Kiew im April 2014 begann, friedlich zu lösen. Diese Politiker hatten verstanden, dass die Ukraine 2015 gegenüber den Volksrepubliken und Russland unterlegen war. Also haben sie den Pseudo-Friedensplan des Minsker-Abkommens erfunden, um Zeit zu gewinnen, die Ukraine aufzurüsten. Die Aufrüstung wurde dann seit 2014 mit vielen Milliarden finanziert.

Politiker, die so etwas tun, interessieren sich offensichtlich nicht dafür, dass ihr Handeln weitreichendste zerstörerische Folgen hat. Durch einen so bösartigen Betrug bricht das Vertrauen völlig zusammen.

- Warum sollte sich jemand in Russland jemals wieder die Mühe machen, mit diesen Leuten über irgendetwas zu verhandeln?
- Warum sollte sich irgendjemand in der übrigen Welt – China, Indien, Naher Osten, Afrika, Südamerika – jemals wieder die Mühe machen, mit diesen Leuten über irgendetwas zu verhandeln?
- Warum sollte sich irgendjemand in Deutschland noch auf irgendeine Aussage dieser Leute verlassen?

In Deutschland bekommen vermutlich die meisten diesen Betrug noch nicht mit. In den Ländern außerhalb der NATO-Blase spricht es sich aber schon herum.

Dasselbe bei anderen Politikern ...

An diesem Beispiel zeigt sich der moralische Verfall der politischen Klasse. Andere führende Politiker redeten genauso.

Der ehemalige britische Premierminister Boris Johnson sagte in einem Interview mit dem ukrainischen Fernsehsender Rada, dem Sender des ukrainischen Parlaments, dass das Minsker Abkommen und die daraufhin abgehaltenen Gespräche eine „diplomatische Imitation" waren:

> *Wir haben damals einige Sanktionen verhängt, wir haben diese diplomatische Imitation – [die Gespräche zur Umsetzung des Minsker Abkommens] – gestartet und nichts erreicht.*[487]

Millionen Menschen hoffen auf Frieden, aber NATO-Politiker starten eine „diplomatische Imitation", um einen Krieg vorzubereiten ...

Die Mitschrift des Telefongespräches vom 20. Februar 2022 zwischen dem französischen Präsidenten Macron und Putin zeigt, dass auch Frankreich die Ukraine von einer friedlichen Lösung durch das Minsker Abkommen ferngehalten hat. „Franceinfo" berichtet über das Telefonat: *„Wladimir Putin geht erneut auf das Thema ein und beklagt, dass die Separatisten nicht angehört werden. «Die Vorschläge der Separatisten sind uns scheißegal!», erwidert der französische Präsident und fügt hinzu, dass sie nicht im [Minsker] Abkommen vorgesehen seien."*[488] – Da fast niemand in der Öffentlichkeit den Inhalt des Minsker Abkommens kennt, fällt diese Ungeheuerlichkeit nicht groß auf. Wir haben aber gesehen, dass das Gespräch mit den Separatisten der Kern des Abkommens war. Macron leugnet das einfach. Das heißt: Wir werden von einer Generation von Führern regiert, die unwissend oder betrügerisch sind, sich für klug halten und arrogant aufblasen.

In die Aufzählung der Unwilligen müssen wir auch Selenskyj, den Präsidenten der Ukraine, mit aufnehmen, der in einem „Spiegel"-Interview im Februar 2023 schilderte, dass auch er nach seiner Wahl ab 2019 das Minsker Abkommen gar nicht umsetzen wollte.[489]

US-Botschaft bremst Minsker Abkommen aus

Den Widerstand der USA gegen das Minsker Abkommen dokumentiert eine Begebenheit aus Selenskyjs erstem Jahr als Präsident. Die „Washington Post" berichtete:[490]

> *William B. Taylor Jr., der damalige Spitzenbeamte der US-Botschaft, erinnerte sich daran, dass er Selenskyj im Sommer 2019 in seinem Büro antraf und sich für die „Steinmeier-Formel" interessierte, eine nach dem ehemaligen deutschen Außenminister benannte Interpretation des Minsker Abkommens, von der der ukrainische Präsident hoffte, dass sie zu einem Abkommen mit dem Kreml führen könnte.*
>
> *„Keiner weiß, was das ist", erinnerte sich Taylor an seine Antwort. „Steinmeier weiß nicht, was es ist."*
>
> *Selenskyj, so Taylor, griff zu seinem Telefon und zeigte auf ein Dokument, in dem die Formulierung erläutert*

wurde, weil er dachte, dass irgendwo in den Details der juristischen Sprache ein praktikabler Kompromiss mit Moskau gefunden werden könnte.

„Das ist eine schreckliche Idee", antwortete Taylor.

Die Steinmeier-Formel war ein sinnvoller Beitrag zur Umsetzung des Minsker Abkommens.[491] Doch der oberste US-Beauftragte in der Ukraine grätschte mit Abwertungen dazwischen.

Nationalistenführer Dmitri Jarosch: „Totaler Krieg gegen den ewigen Feind"

Der stärkste Widerstand gegen das Minsker Abkommen kam jedoch von den ukrainischen Nationalisten. Einer ihrer wichtigsten Anführer ist Dmitri Jarosch. Er ist Anhänger von Stepan Bandera und gründete 2013 den Rechten Sektor als bewaffneten Teil der Selbstverteidigungskräfte des Maidan. Dmitri Jarosch war maßgeblich am Sturz von Präsident Janukowitsch beteiligt und proklamierte am 21. Februar 2014 in einer flammenden Rede die Fortsetzung der „nationalen Revolution", anstatt die mit Janukowitsch ausgehandelten Neuwahlen zu akzeptieren. Er hatte also eine Schlüsselrolle im Maidan-Putsch und dem nachfolgend beginnenden Donbass-Krieg.[492]

Ab 2014 war er als Kommandeur ukrainischer Freiwilligenbataillone im Donbass aktiv und zeitweilig Abgeordneter in der Rada. 2015 wurde er Berater des ukrainischen Generalstabs, um den Kontakt zu den Freiwilligenbataillonen zu halten.[493] Diese Verbindung war nötig, weil die Kampfverbände des Rechten Sektors und die anderen Freiwilligenverbände nicht der Armee, sondern dem Innenministerium unterstellt waren. Die zahlreichen Freiwilligenbataillone bestanden nach Presseberichten 2021 aus bis zu 100.000 Soldaten, mehr als ein Drittel der gesamten Armee. Es handelte sich also um einen bedeutenden Machtfaktor in der Ukraine; mit Dmitri Jarosch an zentraler Position.

„Für Jarosch wird der Kampf gegen Russland schon seit Jahrhunderten geführt[495], 2014 und 2022 seien nur Episoden," schreibt das „Overton-Magazin". *„Der Kampf werde nach Jarosch bis zur Vernichtung des feindlichen Staates gehen. Er fordert die Ausbildung einer «neuen Generation ukrainischer Krieger» durch eine staatliche, paramilitä-*

rische Jugendorganisation und überhaupt eine Militarisierung des Staats."[496] – So stellt sich der Neonazi Jarosch die Zukunft vor.

Nachdem im August 2022 ein gründlich recherchierter Bericht[497] von Amnesty International es gewagt hatte, die Kriegsführung der ukrainischen Streitkräfte zu kritisieren, die sich in Kindergärten, Krankenhäusern und Wohngebieten verschanzten, dadurch russische Gegenangriffe auf diese Orte provozierten und somit ukrainische Zivilisten zum eigenen Schutz opferten, legte Dmitri Jarosch in seinem gewohnten Stil los: Amnesty sei eine *„anti-ukrainische Organisation, die den Interessen des Aggressorlandes dient ... Amnesty International waren schon immer Arschlöcher und Parasiten*". Ukrainische Kriegsverbrechen beschäftigten ihn nicht. Amnesty müsse man dem „russischen Schiff" folgen lassen (gemeint ist vermutlich die von der ukrainischen Armee versenkte „Moskwa"). Die Organisation sollte also seiner Meinung nach am besten abgeschossen und versenkt werden.[498]

Das „Overton-Magazin" kommentierte: *"Mit solchen Leuten wird für den Westen und für die Bundesregierung die Freiheit und Demokratie verteidigt?"*

Dmitri Jarosch, Anführer des Rechten Sektors[494]

Am 20. Februar 2022 – also vier Tage vor dem Kriegseintritt Russlands – kündigte Jarosch auf seinem Facebook-Kanal mit über 200.000 Followern eine „systematische Reinigung ukrainischer Städte und Dörfer von Kollaborateuren und Abschaum“ an. Die Bürger der Ukraine sollen sich *„auf einen totalen Krieg gegen den ewigen Feind – das Russische Reich – vorbereiten: Die Ukrainer müssen den Aggressor zerstören, wo immer er auftaucht, mit allem, was ihnen zur Verfügung steht. (...) Die Aufgabe eines jeden Ukrainers ist es, so viele Besatzer wie möglich zu töten ...“* Die ukrainische Freiwilligenarmee befände sich in voller Kampfbereitschaft.[499] Dieses Zitat zeigt, dass die ukrainischen Nationalisten den Krieg gegen Russland regelrecht wollten und blutrünstig herbeisehnten.

Soweit zur Gedanken- und Gefühlswelt von Jarosch, der eine leitende Rolle bei den ukrainischen Freiwilligeneinheiten hatte. Zum Minsker Abkommen machte Jarosch eine klare Ansage.

„Selenskyj wird am Baum hängen, wenn er die Ukraine verrät und das Minsker Abkommen umsetzt“

Am 21. April 2019 hatte Wolodymyr Selenskyj mit 72 Prozent der Wählerstimmen die ukrainische Präsidentschaftswahl gewonnen. Er bekam auch viele Stimmen aus der Ostukraine, da er im Wahlkampf Frieden und Aussöhnung mit den Donbass-Volksrepubliken versprach.

Das gefiel Dmitri Jarosch überhaupt nicht. Wenige Wochen nach der Wahl, am 27. Mai 2019, machte er in einem langen Zeitungsinterview[500] eine klare Ansage, was Selenskyj tun solle und was ihn das Leben kosten würde. Das Minsker Abkommen sieht auch Jarosch nur als Trick, um Zeit für eine Aufrüstung der Ukraine zu gewinnen:

> *Jarosch: Das Minsker Abkommen – und das sage ich immer wieder – ist eine Gelegenheit, die AFU [Ukrainische Armee] aufzurüsten, sich den besten globalen Standards im nationalen Sicherheits- und Verteidigungssystem anzunähern. Es ist eine Gelegenheit zum Manövrieren. Aber nicht mehr als das.*

Die Umsetzung der Minsker Vereinbarungen wäre der Tod unseres Staates. Sie sind keinen Tropfen Blut der Jungen und Mädchen, Männer und Frauen wert, die in diesem Krieg gestorben sind. Nicht einen Tropfen.

Und das muss verstanden werden. Poroschenko hat das Minsker Spiel gespielt – und es gut gespielt. Tatsache. Er hat auf Zeit gespielt.

Während dieses diplomatischen Spiels konnten wir uns besser auf eine mögliche groß angelegte russische Invasion vorbereiten.

Frage: Glauben Sie, dass es an der Zeit ist, Minsk aufzugeben?

Jarosch: Zweifelsohne.

Den neu gewählten Präsidenten sieht Jarosch als formbar:

Selenskyj ist ein unerfahrener Politiker. Und der König wird von seinem Gefolge gemacht.

Deshalb bekommt Wolodymyr Selenskyj auch eine klare Ansage:

Jarosch: Selenskyj ist für uns Ukrainer sehr gefährlich. Ich spüre das.

Frage: Worin besteht die Gefahr?

Jarosch: Für uns sind seine Aussagen über Frieden um jeden Preis gefährlich. Wolodymyr weiß einfach nicht, wie hoch der Preis für diesen Frieden ist. Er mag Konzerte in der Nähe der Front gehabt haben. Aber wenn meine Jungs von russischen Granaten in Stücke gerissen wurden und diese Stücke dann eingesammelt und ihren Müttern geschickt werden mussten – dann sieht der Preis irgendwie ganz anders aus.

Er muss nur eine Wahrheit verstehen: Die Ukrainer dürfen nicht gedemütigt werden. (...)

Selenskyj sagte in seiner Antrittsrede, er sei bereit, seine Einschaltquoten, seine Popularität, seine Position zu verlieren... Nein, er wird sein Leben verlieren. Er wird an

einem Baum auf Chreschtschatyk hängen, wenn er die Ukraine und die Menschen, die in der Revolution und im Krieg gestorben sind, verrät. Es ist sehr wichtig, dass er das begreift.

Chreschtschatyk ist die zentrale Hauptstraße in Kiew. Dort gibt es viele hohe Bäume. Selenskyj hat begriffen.

Die Aussagen von Jarosch kann man nur als Morddrohung verstehen. In den meisten Ländern wird jemand verhaftet und vor Gericht gebracht, wenn er droht, den Präsidenten umzubringen. Jarosch ist nichts passiert. Zu gut scheint seine Verankerung im ukrainischen Machtsystem zu sein.

Nationalisten treiben die Regierung vor sich her

Ähnlicher Wind wehte Selenskyj von anderen rechten Gruppen und Bataillonen entgegen[501]. Darüber berichteten die „Nachdenkseiten":[502]

Als Selenskyj im Oktober 2019 in den Donbass reiste, um in den von russischsprachigen Rebellen gehaltenen Gebieten Wahlkampf zu machen, wurde er mit wütenden Mitgliedern des neonazistischen Asow-Bataillons konfrontiert, die unter dem Slogan „Nein zur Kapitulation" demonstrierten. In einem auf Video aufgezeichneten Streitgespräch stritt Selenskyj mit einem Mitglied des Asow-Bataillons über die Forderung des Präsidenten nach einem Truppenabzug. „Ich bin der Präsident dieses Landes. Ich bin 41 Jahre alt. Ich bin kein Verlierer. Ich bin zu Ihnen gekommen und habe Ihnen gesagt: Ziehen Sie die Waffen ab", flehte Selenskyj. (...)

Selenskyj stieß auf noch weiteren Widerstand: Dieselben rechtsextremen Kräfte errichteten einen bewaffneten Kontrollpunkt, um einen Abzug des ukrainischen Militärs zu verzögern. Tausende von rechtsradikalen und nationalistischen Demonstranten, die von der liberalen Intelligenzija bejubelt wurden und Fackeln trugen, marschierten ebenfalls in Kiew auf. (...)

Obwohl Selenskyj den Minsker Vereinbarungen zur Lösung der Minderheitenfrage zögerlich gegenüberstand, setzte er die Gespräche über deren Umsetzung fort. Die Rechtsextremen brachten ihre gewalttätige Position bei jeder Gelegenheit zum Ausdruck – so auch im August 2021, als bei bewaffneten Protesten vor dem Präsidialamt mindestens acht Polizisten verletzt wurden.

Die rechtsextremen Drohungen gegen Selenskyj haben zweifellos ein Friedensabkommen vereitelt, das die russische Invasion hätte verhindern können. Nur zwei Wochen vor dem Einmarsch russischer Truppen in die Ukraine stellte die „New York Times" fest, dass Selenskyj „extreme politische Risiken eingehen würde, um ein Friedensabkommen mit Russland auch nur in Erwägung zu ziehen", weil seine Regierung von rechtsextremen Gruppen „erschüttert und möglicherweise gestürzt" werden könnte, wenn er „einem Friedensabkommen zustimmt, das ihrer Meinung nach Moskau zu viel gibt".

Juri Hudymenko, Führer der rechtsextremen Demokratischen Ax-Partei, drohte Selenskyj sogar mit einem Staatsstreich: „Wenn irgendjemand von der ukrainischen Regierung versucht, ein solches Dokument zu unterzeichnen, wird eine Million Menschen auf die Straße gehen, und diese Regierung wird aufhören, eine Regierung zu sein.

Diese Beispiele zeigen, wie stark militante Rechtsradikale im ukrainischen Staat und der Gesellschaft das Sagen haben und verankert sind. Sie treiben die Regierung vor sich her. In der Bevölkerung sind sie eine Minderheit, durch ihr militantes und aggressives Wirken haben sie aber den bestimmenden Einfluss auf die Richtung der Regierung.

Vermutlich aus berechtigter Angst vor den hochgerüsteten neonazistischen Bataillonen und mit Blick auf die Bäume der Chreschtschatyk-Straße in Kiew stellte Selenskyj die versprochene Aussöhnung in der Ukraine, für die er vor allem gewählt worden war, bald wieder ein. Ein Autonomiestatut für die Donbass-Republiken hatte keine Chance.

November 2021: Russland verliert den letzten Rest Vertrauen

Zur Umsetzung des Minsker Abkommens gab es immer wieder Treffen auf Regierungsebene zwischen Deutschland, Frankreich, Russland und der Ukraine, „Normandie-Format“ genannt. Im November 2021 kam es zu einem Showdown.[503]

Ende 2021 sollte ein weiteres Treffen stattfinden. In der Vorbereitung lehnten der deutsche und französische Außenminister den russischen Entwurf einer Abschlusserklärung ab, weil Russland darin einen direkten Dialog zwischen Kiew und dem Donbass forderte. Das war ja der zentrale Punkt des Minsker Abkommens. Als Berlin und Paris das im November 2021 als unannehmbar bezeichneten, haben sie das Minsker Abkommen de facto beerdigt.

Die Außenminister der Ukraine, Deutschlands und Frankreichs trafen sich trotzdem am 15. November 2021 und warfen dabei Russland öffentlich vor, die Umsetzung des Minsker Abkommens zu verweigern.

Dem russischen Außenminister Lawrow platze daraufhin der Kragen und er veröffentlichte die gesamte diplomatische Korrespondenz, die es im Vorfeld des Treffens gegeben hatte, insgesamt 28 Seiten, die jedermann herunterladen kann.[504] Das ist ein in der Diplomatie äußerst außergewöhnlicher Schritt. Lawrow kündigte diesen seinen Kollegen in einem Brief an, der mit folgenden Worten endete:

> *Ich bin sicher, dass Sie die Notwendigkeit dieses unkonventionellen Schrittes verstehen, denn es geht darum, der Weltgemeinschaft die Wahrheit darüber zu vermitteln, wer die völkerrechtlichen Verpflichtungen wie erfüllt, die auf höchster Ebene vereinbart wurden.*

Diese ungewöhnliche Veröffentlichung der diplomatischen Korrespondenz markiert einen wichtigen Wendepunkt. Man kann die schroffe Reaktion von Lawrow nur so verstehen, dass die russische Regierung im November 2021 den letzten Rest Vertrauen in die NATO-Staaten verlor. Die Hoffnung auf einen Frieden im Donbass zerbrach endgültig. Der russischen Regierung wurde klar, dass die Ukraine mit Unterstützung der NATO den Konflikt kriegerisch lösen will. Diesen Wendepunkt bestätigte Dmitri Rogosin, von 2011 bis 2018 Mitglied der russischen Regierung, in einem Interview: *„Es wurde erst Ende 2021 klar, dass das Minsker Abkommen offenbar eine große Täuschung war.*“[505]

Zusammenfassung:

Wir haben also gesehen, dass die ukrainischen Nationalisten vehement gegen einen Frieden im Donbass waren und sogar mit Mord und Putsch drohten. Präsident Poroschenko, der das Minsk-2-Abkommen unterschrieben hatte, wollte dieses nie umsetzen, sondern nur Zeit für eine Aufrüstung gewinnen. Deutschland und Frankreich als Garantiestaaten hätten die Möglichkeit gehabt, die Ukraine zur Umsetzung des Abkommens zu drängen. Die Drohung, dass es keine Milliarden mehr aus der EU gibt, hätte Wunder bewirkt. Auch Sanktionen gegen die Ukraine wären vertretbar gewesen, hatte die Ukraine doch selbst dem Abkommen zugestimmt. Doch die NATO-Staaten hatten kein Interesse an der Umsetzung des Minsker Abkommens, wie Merkel, Hollande und andere führende Politiker später zugaben. Die NATO hatte andere geopolitische Interessen, ihr ging es darum, die ukrainische Armee aufzurüsten, um Russland zu schaden und zu schwächen.

Der Vorsitzende des ukrainischen „Nationalen Sicherheits- und Verteidigungsrats“ Dmitri Danilov erklärte am 31. Januar 2022, eine Umsetzung des Minsker Abkommens würde das „Land zerstören“.[506] Er verwendete damit dieselbe Parole, wie zuvor der Nationalistenführer Dmitri Jarosch. Damit stieg die Ukraine offiziell aus dem Minsker Abkommen aus. Eskalation war angesagt. Für die Donbass-Volksrepubliken und auch für Russland war der letzte Strohhalm einer diplomatischen Lösung entschwunden. Die Diplomatie war nur Täuschung und an ihr Ende gekommen. Wenige Wochen später geschah der Eintritt Russlands in den Krieg, den es so lange verhindern wollte.

Sprachenverbot und Rassismus in der Ukraine

Der Donbass-Krieg von 2014-2022 hätte beendet werden können, wenn die beiden Donbass-Republiken den Status einer Autonomen Region innerhalb der Ukraine mit weitgehenden föderalen Rechten bekommen hätten. Das sah das Minsker-Abkommen vor. Die Donbass-Republiken waren – auch auf Druck Russlands – dazu bereit, ein Teil der Ukraine zu sein, obwohl sie sich in den Unabhängigkeitsreferenden 2014 von der Ukraine losgesagt hatten.

Es gibt in Europa einige Staaten mit mehreren unabhängigen Sprachen, die dort Amtssprachen sind und an Schulen unterrichtet werden. In der Schweiz sind das: Deutsch, Französisch, Italienisch und Rätoromanisch. In Belgien: Französisch, Flämisch und Deutsch. Und in Irland: Englisch und Irisch (Gälisch).

Ohne die Achtung und aktive Unterstützung der jeweiligen Sprachen wären diese Staaten längst gespalten und auseinandergefallen. In Belgien würde es einen Bürgerkrieg geben, wenn die Walonen die Flamen zwingen würden, Französisch zu sprechen. In der Schweiz würden die französischsprechenden Welschen sich von den deutschschweizer Kantonen trennen, wenn diese auf die Idee kämen, im Welschland Französisch zu unterdrücken. Für das schweizer Empfinden wäre das eine völlig absurde und undenkbare Idee. Dort ist man stolz auf die Sprachenvielfalt, die im praktischen Leben natürlich einiges an Übersetzungsarbeit benötigt.

Es wäre so einfach gewesen. Als Autonome Regionen hätten die Donbass-Republiken Russisch als Amts- und Schulsprache behalten und das Recht auf regionale Steuern und Gesetzgebung bekommen und wären trotzdem Teil der Ukraine gewesen.

Angel of Peace, Dublin, Irland[507]

Doch genau das wollten die machthabenden ukrainischen Nationalisten auf keinen Fall. Deren Ziel war eine ethnisch gesäuberte Ukraine. Deshalb verboten und verdrängten sie die russische Sprache, was die russischen Ukrainer als existenziellen Angriff auf ihre eigene Identität erlebten. Bis 2022 wurde der Rassismus in der Ukraine immer dominanter, und er war eine zentrale Ursache des Ukraine-Krieges.

Es war für mich erschreckend festzustellen, wie gut die Desinformation der Mainstream-Medien funktioniert. Über das Sprachenverbot wurde einfach nicht berichtet. Auf diese Weise wurde einer der wesentlichen Kriegsgründe verschwiegen. Stattdessen etablierten die Mainstream-Medien die Sprachregelung des „unprovozierten Angriffskrieges Russlands" und brannten dies durch ständige Wiederholung ins öffentliche Bewusstsein ein. Gleichzeitig wurden die Leiden der westukrainischen Bevölkerung medial hochgehalten, um die Gefühle des Mitleids und der Solidarität mit diesen zu erzeugen. Die Leiden der Ostukrainer im Donbass wurden dagegen systematisch verschwiegen – diese sollten weder Mitleid noch Solidarität erhalten. Die damit vermittelte Botschaft war: „Die Ukrainer sind die guten Opfer, die Russen die bösen Täter."

Das Ganze verfing auch bei normalerweise eigenständig denkenden Menschen. Immer wenn ich in Gesprächen einem Befürworter von Waffenlieferungen an die Ukraine sagte, dass es dort ein Gesetz gibt, das die russische Sprache im öffentlichen Raum verbietet, dann wurde das entweder abgestritten oder mit einem irritierten Blick beantwortet, um dann schnell über Anderes weiterzusprechen.

Umfrage: Westukrainer wollen Russisch verbieten, während Ostukrainer die ukrainische Sprache achten

Das US-amerikanische Pew Research Center führte nach dem Maidan-Putsch eine umfangreiche Umfrage in der Ukraine durch, die am 8. Mai 2014 veröffentlicht wurde.[508] Diese Umfrage zeigte, wie stark das Land gespalten war und heute noch ist: Der Westen der Ukraine würde eine engere Anbindung an Russland zu Lasten einer EU-Anbindung nicht akzeptieren, und der Osten würde eine EU-Anbindung zu Lasten der Russland-Beziehungen nicht akzeptieren. Eine solche verfahrene Situation kann nur durch Kompromisse gelöst werden, nicht dadurch, dass sich eine Seite gegen die andere selbstherrlich durchsetzt und ihr ihren Willen aufoktroyiert.

Im Folgenden einige Ergebnisse dieser Umfrage: Die aus dem Maidan-Putsch hervorgegangene neue Regierung wurde im Westen zu 60 Prozent als gut und zu 28 Prozent als schlecht bezeichnet. Im Osten war es umgekehrt: 24 Prozent fanden sie gut, 67 Prozent schlecht. Bei den russisch-sprachigen Ukrainern befürworteten 12 Prozent die Maidan-Regierung und 82 Prozent lehnten sie ab.

Besorgniserregend waren die Antworten zur Frage, ob im Land Ukrainisch oder Russisch alleinige Amtssprache sein solle oder ob beide Sprachen Amtssprachen sein sollen. Für Ukrainisch als alleinige Amtssprache sprachen sich im Westen 66 Prozent aus, im Osten 26 Prozent, bei den russisch-sprachigen Ukrainern zehn Prozent und auf der Krim null Prozent. Russisch als alleinige Amtssprache hatte im Westen null Prozent Unterstützung, im Osten und bei den russisch-sprachigen Ukrainern jeweils ein Prozent, auf der Krim 21 Prozent. Und beide Sprachen als Amtssprachen befürworteten im Westen 30 Prozent, im Osten 73 Prozent, bei den russisch-sprachigen Ukrainern 86 Prozent und auf der Krim 74 Prozent.

Diese Umfrageergebnisse sind frappierend und bringen das Problem auf den Punkt: Die Westukrainer hatten keine Achtung gegenüber den Ostukrainern und wollten mehrheitlich mit 66 Prozent die russische Sprache verdrängen und damit die Ostukrainer diskriminieren. Anders war es bei den Ostukrainern: Nur ein Prozent wollte den Westukrainern Russisch aufzwingen, stattdessen waren 73 Prozent für beide Sprachen als Amtssprachen. Diese Umfrage offenbarte, dass die Westukrainer mehrheitlich empathielose Unterdrücker der Kultur der Ostukrainer waren, während umgekehrt die Ostukrainer die Westukrainer in ihrer Sprache achteten. Da die Westukrainer mehrheitlich kein Verständnis für die Ostukrainer aufbrachten, war eine Eskalation vorprogrammiert. An dieser Stelle hätten die EU und die USA, die großen Einfluss auf die Westukraine hatten und haben, einschreiten müssen. Die Ergebnisse dieser Umfrage waren den EU-Außenministerien bekannt. Passiert ist nichts.

Verbot der russischen Sprache

Das Verdrängen der russischen Sprache in der Ukraine begann schon bald nach deren Gründung 1991. In Gesetzen und Verordnungen wurde Russisch in bestimmten Anwendungsbereichen verboten und in den Schulen der Russisch-Unterricht drastisch eingeschränkt. Die ehemalige ukrainische Diplomatin Olga Sucharewskaja schrieb: *„1990 gab es in der Ukraine 4.633 Schulen, an denen Russisch die hauptsächliche Unterrichtssprache war. Zu Beginn des Schuljahres 2010/11 waren es nur noch 1.149 Schulen.“*[509] Russisch blieb aber eine beliebte Alltagssprache in der Ukraine.

Mit dem Staatsstreich am 22. Februar 2014 nahm die Verdrängung des Russischen Fahrt auf. Schon am folgenden Tag, dem 23. Februar 2014, setzte die Kiewer Rada das bestehende Gesetz über Regionalsprachen außer Kraft. Dieses Gesetz räumte der russischen Sprache in den Gebieten, in denen mehr als zehn Prozent der Einwohner Russisch als ihre Muttersprache angaben, den Status einer zweiten Amtssprache ein. Die Abschaffung dieses Gesetzes war ein klares Statement, worum es beim Maidan-Putsch ging. Die Verdrängung des Russischen war den Nationalisten am wichtigsten, obwohl die Ukraine als Armenhaus Europas genug Probleme hatte, die man hätte angehen müssen.

Der Rada-Beschluss vom 23. Februar 2014 wurde nicht sofort umgesetzt, sondern landete vor dem Verfassungsgericht. Gleichzeitig wurde die Sprachenverdrängung auf anderen Wegen vorangetrieben. Eine im September 2017 verabschiedete Neufassung des Bildungsgesetzes sah die Umstellung auf Ukrainisch in Sekundarschulen und Universitäten ab 2018, in Grundschulen ab 2020 und in Schulen mit Unterricht in Minderheitensprachen von EU-Ländern (das heißt für polnische, ungarische und rumänische Minderheiten) ab 2023 vor.[510]

Die Sprachenverdrängung gipfelte in dem Gesetz „Über die Gewährleistung der Funktion der ukrainischen Sprache als Staatssprache“. Dieses unterzeichnete der damalige Präsident Petro Poroschenko fünf Tage vor Ablauf seiner Amtszeit am 15. Mai 2019.

Das Gesetz verpflichtet die Bürger, die ukrainische Sprache in allen Bereichen des öffentlichen Lebens zu verwenden, einschließlich der öffentlichen Verwaltung, der Medizin, der Wissenschaft, der Dienstleitungen, des Bildungswesens, der Medien und im Internet.

Die größte Oppositionspartei „Plattform für das Leben“ – die damals noch nicht verboten war – kritisierte das Gesetz scharf als „erneuten Versuch, die Gesellschaft entlang der Sprache zu spalten.“ In einer Erklärung, die auf der Webseite der Partei veröffentlicht wurde, hieß es: *„In der Ukraine werden die Rechte einzelner russischsprachiger Bürger und ganzer Gemeinschaften mit Füßen getreten. Die Regierung missachtet unverhohlen die Normen der Verfassung, die die Rechte aller Bürger des Landes schützt, unabhängig von ihrer ethnischen Zugehörigkeit, politischen Ansichten und Religion.“*[511]

Das Gesetz wurde vor das Kiewer Verfassungsgericht gebracht. Dieses sah es aber als verfassungsgemäß an.

In dem Gesetz gibt es Ausnahmen für Englisch, die Sprachen der Europäischen Union und die Sprachen einiger kleiner Ethnien in der Ukraine wie das Krimtatarisch. Für Russisch gibt es aber keine Ausnahmen, obwohl 29,6 Prozent der Ukrainer es als ihre Muttersprache bezeichnen, wie ein Bericht der Venedig-Kommission des Europarats schreibt. Der Bericht vom 9. Dezember 2019 wertete daher die Andersbehandlung des Russischen als „Verstoß gegen das Prinzip der Nicht-Diskriminierung“.[512]

Die wichtigsten Punkte des Sprachengesetzes

Das Gesetz ist enggedruckt 30 Seiten lang und sehr detailliert. Die Regelungen treten zeitlich gestaffelt bis 2024 in Kraft. Es gibt eine offizielle Übersetzung ins Englische, die auf der Webseite der Kiewer Rada eingesehen werden kann. Eine Übersetzung ins Russische gibt es – entsprechend des Gesetzes – nicht. Damit man die Dimension dieses Gesetzes erfassen und fühlen kann, fasse ich die teilweise komplizierten Formulierungen zusammen und erkläre deren praktische Bedeutung.[513]

– Artikel 1: Die ukrainische Sprache ist die einzige Staatssprache (Amtssprache) in der Ukraine. – Das heißt, es gibt keine zweiten Amtssprachen mehr wie in früheren Jahrzehnten.

– Artikel 2: Das Gesetz verlangt die Verwendung der ukrainischen Sprache im öffentlichen und geschäftlichen Leben. – Das heißt: Nur in rein privaten Gesprächen und bei religiösen Riten darf man noch Russisch, Ungarisch oder Rumänisch sprechen.

– Artikel 3: Ziel des Gesetzes ist, Ukrainisch als Staatssprache zu etablieren *„als Instrument zur Konsolidierung der ukrainischen Gesellschaft, als Mittel zur Stärkung der staatlichen Einheit und territorialen Integrität der Ukraine, ihrer unabhängigen Staatlichkeit und nationalen Sicherheit.“* – Mit diesen Worten wird die Ideologie des ukrainischen Nationalismus ausgedrückt, der eine ethnisch „reine“ Ukraine anstrebt und darauf den Staat aufbauen will. Die 30 Prozent russischen Muttersprachler haben in dieser Ideologie keinen Platz, sie müssen sich „ukrainisieren“ oder auswandern.

– Artikel 6: Jeder Bürger der Ukraine muss die Staatssprache Ukrainisch beherrschen.

– Artikel 9: Von allen politischen Amtsträgern und Mitarbeitern der öffentlichen Verwaltung wird verlangt, dass sie „die Staatssprache beherrschen und im Rahmen ihrer Amtspflichten verwenden.“ Das müssen sie durch ein staatliches Zertifikat nachweisen. – Tatsächlich gibt es auch Ukrainer, die nicht gut ukrainisch können; diese Menschen werden von politischen Ämtern und vom öffentlichen Dienst ausgeschlossen.

– Artikel 10: Die „Nationale Kommission für Standards der Staatssprache“ prüft mit schriftlichen Tests und einem Gespräch das Niveau der Beherrschung der Staatssprache und stellt Zertifikate aus.

– Artikel 12: Man muß ukrainisch nicht nur beherrschen, sondern auch alltäglich anwenden: *„Die Arbeitssprache bei der Arbeit von Regierungsbehörden, Behörden der Autonomen Republik Krim, lokalen Selbstverwaltungsbehörden, staatlichen und kommunalen Unternehmen, Institutionen und Organisationen, einschließlich der Sprache von Konferenzen, Veranstaltungen, Tagungen und der alltäglichen Kommunikation ist die Staatssprache.“* – Dass hier auch die Behörden der Krim genannt werden, kann als PR-Maßnahme verstanden werden, denn das Gesetz hat auf der Krim, die sich seit 2014 an Russland angeschlossen hat, keine Geltung.

– Obwohl in Artikel 12 eigentlich schon alles gesagt wird, bestimmt das Gesetz in einigen öffentlichen Bereichen zur Unterstreichung nochmal Ukrainisch als verpflichtende Arbeitssprache: In „Vorschriften, Aufzeichnungen und Dokumentenverwaltung" der öffentlichen Verwaltung (Artikel 13), in „Gerichtsverfahren" (Artikel 14), bei den „Streitkräften der Ukraine und anderen militärischen Formationen" (Artikel 15), bei „Strafverfolgungsbehörden und Geheimdiensten" (Artikel 16), bei „Grenz- und Zollkontrollen" (Artikel 17) und bei „Wahlen" (Artikel 18). In Artikel 18 Absatz 4 heißt es: *„Wahlkampfmaterialien, die im Fernsehen und Radio ausgestrahlt, in Außenwerbeträgern platziert, als Flugblätter und Zeitungen verteilt oder im Internet veröffentlicht werden, müssen in der Staatssprache verfasst sein."* – Pro-russische Parteien und Kandidaten dürfen also keinen Wahlkampf mehr auf Russisch machen.

– Die Artikel 20 bis 38 regeln dann detailliert die Verwendung von Ukrainisch im öffentlichen Raum.

– Bildung (Artikel 21): Ukrainisch ist die Unterrichtssprache in allen Bildungseinrichtungen. Alle staatlichen Prüfungen finden in Ukrainisch statt. Neben Ukrainisch dürfen die Schulen nur Englisch oder andere Amtssprachen der EU unterrichten. – Das bedeutet, dass ein ukrainischer Muttersprachler in der Schule kein Russisch mehr lernen kann. Damit soll Russisch aus dem Alltag immer mehr verschwinden und von den Menschen als Fremdkörper erlebt werden. In Staaten mit gegenseitiger Achtung der Kulturen ist es selbstverständlich, dass in den Schulen die jeweils andere Landessprache unterrichtet wird, damit keine Fremdheit zwischen den Volksgruppen entsteht. Zum Beispiel wird in der Deutschschweiz immer Französisch unterrichtet. Genau dieses die Kulturen verbindende Prinzip wird durch das ukrainische Sprachengesetz verhindert.

– In dem Gesetz wird an mehreren Stellen unterschieden zwischen „Angehörigen nationaler Minderheiten" (zum Beispiel Russen, Ungarn, Rumänen) und „indigenen Völkern der Ukraine" (zum Beispiel Krimtataren, Karaiten und Krimtschaken). – Die „indigenen Völker" haben mehr Rechte als die „nationalen Minderheiten".

– Artikel 21 Absatz 1 legt fest, dass die Sprache „nationaler Minderheiten" in Grundschulen in „gesonderten Gruppen" neben Ukrainisch unterrichtet werden kann. – „Gesonderte Gruppen“ heißt, dass nur die russischen Muttersprachler Russischunterricht bekommen, die ukrainischen Muttersprachler jedoch nicht mit dabei sein dürfen. Bei den indigenen Völkern besteht das Recht auf eigenen Sprachunterricht nicht nur in der Grundschule, sondern auch in der Sekundarstufe. Dass zehntausende Krimtataren oder einige tausend Karaiten bessergestellt werden als Millionen Russen oder hunderttausende Ungarn, ist eine Schikane und nur mit der Ideologie des ukrainischen Nationalismus erklärbar.

– Wissenschaft (Artikel 22): „Die Sprache der Wissenschaft in der Ukraine ist die Staatssprache.“ *„Wissenschaftliche Veröffentlichungen werden in der Staatssprache, Englisch und/oder anderen Amtssprachen der Europäischen Union veröffentlicht.“* Dies gilt auch für Dissertationen und wissenschaftliche Veranstaltungen. – Russisch ist damit explizit aus der Wissenschaft in der Ukraine verbannt.

– Kultur (Artikel 23): Alle „Kultur-, Kunst-, Freizeit- und Unterhaltungsveranstaltungen“ werden in ukrainischer Sprache durchgeführt. Dies gilt auch für Museen, Besichtigungen und touristische Aktivitäten. Auch Ankündigungen, Eintrittskarten und Beschriftungen müssen in Ukrainisch verfasst werden. – Damit ist Russisch aus dem Kulturleben eliminiert.

– Filme und Kinos (Artikel 23 Absatz 6): Filme in der Ukraine müssen in Ukrainisch vertrieben und gezeigt werden. Ausländische Filme werden nur verbreitet und insbesondere im Fernsehen gezeigt, wenn sie in der Staatssprache synchronisiert oder nachvertont sind. Wenn in einem Film andere Sprachen als Ukrainisch gesprochen werden, müssen diese Stellen mit ukrainischen Untertiteln versehen werden. Aber in Kinos darf die Anzahl solcher Vorführungen mit Untertiteln zehn Prozent aller Vorführungen nicht übersteigen. – Das bedeutet ein weitgehendes Verbot von russischsprachigen Filmen.

– Auch Fernsehen und Rundfunk senden in Ukrainisch (Artikel 24). Für TV-Sender gilt eine Quote von 90 Prozent für Sendungen in ukrainischer Sprache.

– Print-Massenmedien (Artikel 25): Sehr schwierig ist es für Printmedien. Sie müssen immer eine ukrainisch-sprachige Ausgabe anbieten, auch wenn sie in einer anderen Sprache erscheinen. *„An jedem Standort, an dem Print-Massenmedien vertrieben werden, müssen Print-Massenmedien in der Staatssprache mindestens 50 Prozent der an einem solchen Standort verbreiteten Print-Massenmedientitel ausmachen."* – Damit werden russische Zeitungen und Zeitschriften wirtschaftlich vernichtet, denn eine verpflichtende übersetzte Version, ein zweiter Druck und ein zweiter Vertriebsweg kosten viel Geld, das nur selten durch ukrainisch lesende Kunden wieder eingespielt werden kann. Ausgenommen davon sind wieder Englisch und die Sprachen der indigenen Völker wie etwa Krimtatarisch; diese werden gegenüber Russisch bevorzugt.

– Buchhandel (Artikel 26): Verlage müssen *„mindestens 50 Prozent aller von ihm im jeweiligen Kalenderjahr veröffentlichten Buchtitel in der Landessprache veröffentlichen."*

– Computersoftware und Website-Benutzeroberflächen (Artikel 27): Software, Webseiten und Seiten in sozialen Netzwerken müssen in ukrainischer Sprache sein. Dies gilt für Webseiten staatlicher oder kommunaler Einrichtungen und Organisationen, für *„in der Ukraine registrierte Massenmedien sowie von Wirtschaftssubjekten, die Waren verkaufen und Dienstleistungen in der Ukraine"* anbieten. Webseiten können auch eine Version in einer anderen Sprache anbieten, doch die *„Repräsentanz in der Staatssprache muss hinsichtlich des Umfanges und Inhaltes mindestens die gleichen Informationen wie ihre fremdsprachigen Versionen aufweisen und sollte für Benutzer in der Ukraine standardmäßig geladen werden."*

– Werbung (Artikel 28): Alle öffentlich zugänglichen Informationen müssen auf Ukrainisch präsentiert werden, zum Beispiel: *„Werbung, Wegweiser, Hinweise, Schilder, Nachrichten, Bildunterschriften und andere öffentlich platzierte Text-, Bild- und Audioinformationen, die der allgemeinen Information dienen oder verwendet werden können für die Informationen der Öffentlichkeit über Waren, Arbeiten, Dienstleistungen (...)."*

– Öffentliche Veranstaltungen (Artikel 29): Veranstaltungen aller Art, die mit staatlichen oder kommunalen Einrichtungen zusammenhängen, finden auf Ukrainisch statt.

– Dienstleistungen (Artikel 30): Alle Mitarbeiter in Dienstleistungsbereichen von Unternehmen, Einrichtungen, Läden und Restaurants sind verpflichtet, nur noch Ukrainisch zu sprechen. Über eine Bedienung auf Russisch kann sich der Kunde beschweren, es drohen dann Geldstrafen. Nur auf ausdrücklichen Wunsch des Kunden darf dieser in einer anderen Sprache als Ukrainisch bedient werden. Das gilt für alle Unternehmen unabhängig von der Gesellschaftsform, für mündliche sowie schriftliche Kontakte und alle Informationen über Waren und Dienstleistungen. – Diese Regelung greift tief in das zwischenmenschliche Leben ein. Ein russischsprachiger Kellner in einer russischsprachigen Region muss seine Kunden in Ukrainisch ansprechen, oder er riskiert eine Geldstrafe von einem Monatslohn. Diese Regelung schafft faktische Berufsverbote, denn es gibt im Osten ethnische Russen, die nicht ausreichend Ukrainisch sprechen. Jeder Ukrainer mit anderer Ethnie, der in seiner Region bisher kein Ukrainisch brauchte und es daher auch nicht spricht, könnte seinen Job verlieren, weil er ja mit Kunden und Geschäftspartnern nicht auf Ukrainisch sprechen darf.

– In Artikel 31 wird Ukrainisch für „Technische und gestalterische Dokumentationen" geregelt, in Artikel 32 für Werbung in Printmedien und Fernsehen und Radio.

– Artikel 33 verlangt Ukrainisch im gesamten Gesundheitswesen bei Behandlungen und allen schriftlichen Dokumentationen. Wie bei den Dienstleistungen darf Russisch nur verwendet werden, wenn der Patient dies ausdrücklich wünscht.

– Artikel 34 sieht Ukrainisch bei Sportveranstaltungen vor, Artikel 35 für die Telekommunikation und die Post. *„Adressen von Absendern und Empfängern von Postsendungen und Nachrichten, die innerhalb der Ukraine weitergeleitet werden, müssen in der Staatssprache erfolgen."* – Das heißt, auf Russisch adressierte Briefe werden nicht mehr zugestellt.

– In Artikel 36 geht es um Ukrainisch im Verkehrsbereich, in Artikel 37 um Ukrainisch *„im Bereich der Aktenführung, Dokumentenverwaltung, Korrespondenz und Berichterstattung öffentlicher Vereinigungen, politischer Parteien und anderer juristischer Personen."*

– Zur Durchsetzung der Sprachenverbote wird laut Artikel 50 ein „Kommissar zum Schutz der Staatssprache" vom Ministerkabinett der Ukraine ernannt. Dieser hat weitgehende Ermittlungsrechte. Sprachinspektoren können an Sitzungen aller staatlichen Organe teilnehmen und Dokumente von öffentlichen Organisationen und politischen Parteien verlangen. Jedermann kann an den Kommissar eine Anzeige schicken, wenn er zum Beispiel in einem Restaurant, Laden oder einer Praxis nicht auf Ukrainisch angesprochen wurde. Der Sprachenkommissar entscheidet und verhängt Geldbußen zwischen 5.100 und 6.800 Griwna. Das sind etwa 180 bis 240 US-Dollar und entspricht ungefähr einem normalen Monatslohn. Strafen gibt es auch für die „öffentliche Erniedrigung oder Beleidigung der Staatssprache."

Ich habe dieses Gesetz so ausführlich beschrieben, damit anschaulich wird, wie intensiv die Verdrängung des Russischen in der Ukraine betrieben wird. Das Sprachenverbot ist sehr umfassend. Die Menschen werden vom ukrainischen Staat bis in die feinsten Fasern ihres Lebens bevormundet. Überall ist Ukrainisch vorgeschrieben, nur noch in der Familie, unter Freunden oder in der Kirche darf man so sprechen, wie man selbst möchte.

Zu den praktischen Auswirkungen des Sprachengesetzes tauchen immer wieder Geschichten auf. Die Nachrichtenagentur Tass schrieb im Februar 2023: *„Ukrainische Medien berichteten, dass der Besitzer eines Cafés in Odessa sich geweigert hat, mit einer Kundin Ukrainisch zu sprechen, mit der Begründung, dass er die Sprache nicht gut beherrsche. Die Frau bestand darauf und verlangte, dass die auf Russisch verfasste Speisekarte geändert wird. Daraufhin sagte der Besitzer, das Café schließe und die Kundin musste das Café verlassen, woraufhin sie Anzeige bei der Polizei erstattete."*[514]

„Readovka" vermeldete: *„Die Philosophiedozentin Ljubow Worobjowa ist von ihrer Arbeit an der Staatlichen Steueruniversität in Irpen, Gebiet Kiew, suspendiert worden, weil sie die russische Sprache verwendet hat. Sie hatte 35 Jahre lang an der Universität gelehrt."*[515]

Neben dem Sprachengesetz gibt es weitere diskriminierende Gesetze.

Ukrainisches Rassengesetz teilt Ukrainer nach völkischen Kriterien in Menschen erster und zweiter Klasse ein

Im Faschismus gab es Rassengesetze in Deutschland (1935), Italien (1938) und Kroatien (1941).[516] Das ist das Gegenteil des Minderheitenschutzes, der in vielen internationalen Verträgen verankert ist. Doch 80 Jahre später gibt es wieder ein Rassengesetz in Europa – in der Ukraine.

Der am 18. Mai 2021 von Präsident Selenskyj eingebrachte Gesetzentwurf[517], der dann von der Rada beschlossen wurde, ist kompliziert geschrieben und wirkt auf den ersten Blick sogar wie ein Gesetz zum Schutz von Minderheiten. Doch es ist das genaue Gegenteil, Minderheiten werden ihrer Rechte beraubt. Die Ukrainer werden durch das Gesetz in Menschen zweier Klassen eingeteilt; geschützt und gefördert werden nur die ethnischen Ukrainer, alle anderen werden diskriminiert. Der Journalist Thomas Röper hat das Gesetz genau angesehen:[518]

> *Der Text des Gesetzentwurfs der ukrainischen Präsidialverwaltung unterteilt die in der Ukraine lebenden Menschen in „einheimisch" und „nicht einheimisch." Die Übersetzung des benutzten Ausdrucks ist ein wenig schwierig, denn wörtlich müsste man es wohl als „verwurzelt" und „nicht verwurzelt" übersetzen. Es geht in dem Gesetz um die Frage, welche Völker in der Ukraine ihre Wurzeln haben und welche nicht. Nach dieser Einteilung sollen Bürger der Ukraine in Zukunft unterschiedliche Rechte haben.*
>
> *Nach dem Wortlaut des Gesetzes sind „einheimische" Völker diejenigen, deren ethnische Gesellschaften auf dem Territorium der Ukraine entstanden sind und die keinen eigenen Staat außerhalb der Ukraine haben. Weitere Attribute der „einheimischen" Völker sind laut Selenskyjs Gesetzentwurf das Vorhandensein einer ausgeprägten Sprache und Kultur sowie traditioneller, sozialer, kultureller oder repräsentativer Gremien. Ein wichtiger Punkt ist, dass diese Ethnien sich selbst als „einheimische" Völker der Ukraine verstehen müssen.*

Die Formulierung ist interessant, weil sie alle Menschen außer ethnischen Ukrainern, Krimtataren, Karaiten und Krimtschaken von der Liste der „Einheimischen" ausschließt. Das heißt, Russen, Weißrussen, Juden, Polen, Ungarn, Bulgaren, Armenier, Moldawier, Griechen und Vertreter anderer Ethnien, die jahrhundertelang in der Ukraine gelebt haben und immer noch dort leben, werden nicht in die privilegierte Klasse der „Einheimischen" aufgenommen.

Nach dem Gesetzentwurf werden den „einheimischen" Völkern der Ukraine weitreichende Rechte in den Bereichen Bildung, Kultur, Wirtschaft und Sprache eingeräumt. Sie können zum Beispiel eigene Medien oder Bildungseinrichtungen eröffnen, in denen sie in ihrer Muttersprache tätig sein dürfen, was den anderen ethnischen Gruppen in der Ukraine im Umkehrschluss verboten wird. Und natürlich erhalten nur einheimische Völker die volle rechtliche und finanzielle Unterstützung des Staates. Das Gesetz legt insbesondere fest, dass ihnen Garantien und rechtlicher Schutz gewährt wird gegen „alle Handlungen, die darauf abzielen, ihnen die Zeichen der ethnischen Zugehörigkeit zu nehmen, sie in irgendeiner Form zwangsweise zu assimilieren oder zu integrieren, sowie Schutz vor gegen sie gerichteten rassischen, ethnischen oder religiösen Hass".

Damit wird (...) ein großer Teil der ukrainischen Bevölkerung (Russen, Weißrussen, Juden, Polen, Ungarn, Bulgaren, Armenier, Moldawier, Griechen und andere) über Nacht zu Menschen zweiter Klasse.

Dieses Rassengesetz gibt der Diskriminierung ethnischer Minderheiten in der Ukraine eine juristische Grundlage, denn diese Minderheiten haben ja keinen Schutz vor einem „rassischen, ethnischen oder religiösen Hass". Darauf baut das eben beschriebene Sprachengesetz auf, das die Sprachen „nicht einheimischer" Menschen diskriminiert. Dazu gehört auch die ungarische Minderheit.

Unterdrückung der ungarischen Minderheit

Durch den Zweiten Weltkrieg und die Konferenz von Jalta 1945 kam Transkarpatien zur Ukraine. Die Einwohner wurden natürlich nicht gefragt, in welchem Staat sie leben wollen. Transkarpatien liegt im äußersten Westen der heutigen Ukraine und grenzt an Rumänien, Ungarn, die Slowakei und Polen. In Transkarpatien leben viele Volksgruppen, darunter auch etwa 150.000 Ungarn.[519] Die meisten von ihnen haben eine doppelte Staatsbürgerschaft, also einen ukrainischen sowie einen ungarischen Pass.

Als die Ukraine 2017 als Teil der Ukrainisierungs-Kampagne ein Gesetz erließ, dass in Schulen ab der fünften Klasse nur noch Ukrainisch gesprochen werden darf, gab es Spannungen zwischen Budapest und Kiew. Die ungarische Regierung unter Viktor Orbán warf der Regierung des damaligen Präsidenten Petro Poroschenko vor, Kultur und Freiheitsrechte der Ungarn zu unterdrücken. Er kündigte an, die weitere Annäherung Kiews an NATO und EU zu behindern, wie die „Süddeutsche Zeitung“ am 8. März 2021 berichtete. [520] Doch die Diskriminierung der ungarischen Minderheit wurde fortgesetzt. Dazu die „Süddeutsche Zeitung“: *„Nun sorgt ein Dekret des ukrainischen Präsidenten Wolodymyr Selenskyj für neuen Diskussionsstoff. Laut «Kyiv Post» will der Präsident ein Gesetz erarbeiten lassen, dass Bürgern mit doppelter Staatsbürgerschaft verbietet, kommunale oder staatliche Ämter zu besetzen, Mitglied in einer politischen Partei zu werden, politische Funktionen einzunehmen oder Zugang zu Staatsgeheimnissen zu haben. Auch die Teilnahme an Wahlen für Doppelpassbesitzer steht zur Disposition.“* – Solche Ideen muss man auf sich wirken lassen!

Da sich die Lage für die ungarische Minderheit immer mehr verschlechterte, hielt der ungarische Außenminister Péter Szijjártó am 1. März 2023 eine Rede vor dem UNO-Menschenrechtsrat in Genf. Er erklärte: *„Die Ukraine will mit EU-Geldern Schritte zur Auslöschung nationaler Minderheiten unternehmen. Das ist frustrierend, empörend und skandalös.“*

Szijjártó betonte, es sei inakzeptabel, dass die Ukraine seit 2014 die Rechte der nationalen Minderheiten systematisch abbaue und mit der

Verabschiedung mehrerer Gesetze auch die Arbeit ihrer Bildungseinrichtungen unmöglich mache. Alle 99 Schulen der ungarischen Minderheit in der Ukraine werden ab September 2023 geschlossen werden. Eine Reihe von ungarischen Schulleitern und Lehrern wurden bereits entlassen. Außerdem wurden die Abiturprüfungen und Berufsausbildung in der Muttersprache der Minderheiten abgeschafft.

Péter Szijjártó verwies auf einen in Kiew verabschiedeten Gesetzentwurf, der vorsieht, dass Familien, die ihre Kinder in einer ukrainisch-sprachigen Schule anstatt einer ungarisch-sprachigen oder russisch-sprachigen Schule anmelden, eine Prämie von etwa 1.000 Euro erhalten. Das stelle einen „ernsthaften Schritt zur Auslöschung einer Minderheit dar".[521]

Der ukrainische Staat setzte also einen Teil der Milliarden Euro, die die Ukraine von der EU erhielt, zur Unterdrückung von Minderheiten ein. Eine Diskriminierung aufgrund der Sprache oder kultureller Zugehörigkeit ist Rassismus. Die EU finanzierte diesen Rassismus. Das störte die EU nicht. Sie machte die Finanzhilfen an die Ukraine nicht von der Einhaltung von Minderheitenrechten abhängig. Nach der Rede von Péter Szijjártó vor dem UNO-Menschenrechtsrat in Genf kann niemand mehr sagen, von dieser rassistischen Politik der EU nichts gewusst zu haben.

Keine Unterdrückung des Ukrainischen in den Regionen, die nach Russland übergetreten sind

Wie ist nun die Sprachenlage auf der Krim oder in den vier mit Referenden am 27. September 2022 nach Russland übergetretenen Regionen Donezk, Lugansk, Saporoschje und Cherson?[522] Ich konnte keine Nachrichten finden, dass dort die ukrainische Sprache unterdrückt oder Hass auf die ukrainische Sprache verbreitet wurde. Stattdessen fand ich zum Beispiel am 11. Juni 2023 in russischen Medien die Meldung über ein Dekret des Gouverneurs der Region Cherson, die zu Russland gewechselt war und in der hauptsächlich Russisch gesprochen wird. Das Dekret hat den umständlichen Titel: *„Verwendung der ukrainischen und krimtaratischen Sprache für die Kommunikation und Aktenverwaltung bei staatlichen und kommunalen Verwaltun-*

gen“. Die Bürger können diese Sprachen verwenden, wenn sie sich an offizielle Stellen wenden und erhalten eine Antwort in derselben Sprache.[523] Ukrainisch und Krimtatarisch sind in Cherson neben Russisch also Amtssprachen geworden.

Das entspricht der Sprachen- und Kulturtoleranz Russlands. Russland ist ein Vielvölkerstaat mit etwa 100 Sprachen verschiedener Sprachfamilien. Russisch ist überall Amtssprache und ermöglicht die Kommunikation zwischen den verschiedenen Völkern, aber zusätzlich gibt es 35 weitere Amtssprachen. In der russischen Politik ist bekannt, dass ein friedliches Zusammenleben verschiedener Völker nur möglich ist, wenn die jeweiligen Kulturen und Sprachen gegenseitig geachtet werden.[524]

EU hat sich zu einem rassistischen Projekt gewandelt

Die EU behauptet auch, dass sie für den Schutz von ethnischen Minderheiten sei, doch in der Praxis ist das anders. Die EU unterstützt den Rassismus in der Ukraine mit sehr großem Aufwand politisch, finanziell und militärisch.

Die Wahrheit hinter den Sonntagsreden kann man auch in Lettland sehen, das 2004 in die EU aufgenommen wurde. Das baltische Land mit etwa 1,8 Millionen Einwohnern hat eine große russischsprachige Minderheit, die etwa 30 Prozent der Bevölkerung ausmacht. Es gibt in Lettland ein Gesetz, das die Bürger Lettlands in zwei Kategorien einteilt, nämlich in normale Staatsbürger und in sogenannte „Nichtbürger“. Die „Nichtbürger“ machten 2022 etwa zehn Prozent der lettischen Bevölkerung aus und gehören fast alle zur russischsprachigen Minderheit.

Mit der Unabhängigkeit Lettlands 1991 erhielten nur diejenigen Einwohner Lettlands die lettische Staatsbürgerschaft, die schon vor Juni 1940 Staatsbürger waren, sowie deren direkte Nachkommen. Etwa einem Drittel der Bevölkerung Lettlands, mehr als 700.000 Einwohnern, wurde damals die Staatsbürgerschaft vorenthalten und diese zu „Nichtbürgern“ erklärt. Der Anteil der „Nichtbürger“ sank über die Jahrzehnte durch Tod, Auswandern oder Einbürgerung auf etwa zehn Prozent.[525]

Für die „Nichtbürger" gelten zahlreiche Einschränkungen ihrer Menschen- und Bürgerrechte. Sie haben bei Wahlen kein aktives oder passives Wahlrecht, sie sind von bestimmten Berufen ausgeschlossen, zum Beispiel dürfen sie nicht als Beamte, Polizisten oder Notare arbeiten. Im Gegensatz zu lettischen Bürgern sind den „Nichtbürgern" visafreie Reisen in eine Reihe von Ländern verboten. In die EU-Länder dürfen sie nur für Kurzzeitaufenthalte und genießen keine Freizügigkeit, haben also kein Recht, in EU-Staaten umzuziehen. 2013 zählte das „Lettische Menschenrechtskomitee" 80 Unterschiede zwischen den Rechten der „Nichtbürger" und den Bürgern Lettlands auf.[526] – Das geschieht in der EU, ohne dass es Kritik gibt.

Das nationalistische Konzept wurde von EU-Staaten schon beim Verfall Jugoslawiens 1991 vertreten, wie der Autor Andreas Wehr in einem Aufsatz darlegte.[527] Genauso resümiert die im März 2023 verstorbene Antje Vollmer, Vizepräsidentin des Deutschen Bundestages und Grünen-Politikerin der ersten Stunde. Sie war der Ansicht, dass der Vielvölkerstaat Jugoslawien hätte erhalten werden können, wenn „man" nicht „dem nationalen Drängen der Slowenen und Kroaten zu schnell" nachgegeben und „das neue Feindbild der aggressiven Serben" gepflegt hätte. Sie führte die fatalen Konsequenzen der zuvorderst von Deutschland betriebenen Anerkennung Sloweniens, Kroatiens und Bosnien-Herzegowinas vor Augen: *„Der bosnische Bürgerkrieg, Srebrenica, die Zerstörung Sarajevos, Hunderttausende Tote und traumatisierte Menschen, der völkerrechtswidrige Angriffskrieg der NATO gegen Belgrad, die völkerrechtswidrige Anerkennung des Kosovo als selbstständiger Staat, das vielfältige Aufbäumen von neuen nationalen Chauvinismen wären vermeidbar gewesen."*[528]

Ein anderes bitteres Rassismus-Kapitel ist auch der Entzug der Grundrechte von nicht-geimpften Menschen während der Corona-Maßnahmen.

Die EU hat sich offensichtlich in ein rassistisch-nationalistisches Projekt verwandelt. Damit hat die EU ihren wesentlichen Gründungsimpuls, nach dem Zweiten Weltkrieg Frieden zwischen den Völkern herzustellen, verraten. Somit entfällt der historisch wichtigste Grund für eine Mitgliedschaft in der EU. Diese sollte in meinen Augen möglichst schnell verlassen werden, stattdessen sollte ein neuer Verbund friedliebender und neutraler Staaten angestrebt werden.

Wer meint, dass diese Schlussfolgerung übertrieben ist, halte sich die in diesem Kapitel beschriebenen Rassismus-Gesetze der Ukraine vor Augen und lege die folgende Aussage der Präsidentin der Europäischen Kommission, Ursula von der Leyen, darüber und beobachte, wie sich beides verhält. Sie sagte im Februar 2023 in Kiew:

> *Die Ukraine ist zum Mittelpunkt unseres Kontinents geworden. Zum Ort, an dem unsere Werte hochgehalten werden, wo unsere Freiheit verteidigt wird und wo die Zukunft Europas geschrieben wird.*[529]

Fazit: Sprachenverbot und Rassengesetz verhinderten eine friedliche Lösung des Donbass-Krieges

Mit dem Gesetz zum Sprachenverbot und dem Rassengesetz zeigt sich unübersehbar ein Rassismus, der zur ethnischen Säuberung der Ukraine führen soll. Die faschistischen Nationalisten konnten ihre Ziele im Kiewer Parlament durchsetzen. Das Sprachenverbot wurde 2019 beschlossen, dass Rassengesetz 2021 – also mitten im Donbass-Krieg. Mit diesen Gesetzen verhinderten die Nationalisten eine friedliche Lösung des Krieges. Wieso sollten sich die russischen Einwohner der Donbass-Volksrepubliken auf die Kiewer Machthaber einlassen, wenn diese ihre Sprache verbieten und sie zu Bürgern zweiter Klasse degradieren wollen? Diese Gesetze waren ein klares Signal dafür, dass Kiew nicht an einem Frieden und einer Einigung interessiert ist. Die offizielle Beerdigung des Minsker Abkommens am 31. Januar 2022 war dann nur noch der Schlusspunkt – und gleichzeitiger Startpunkt einer weiteren Eskalationsstufe.

Peace Angel, Foresthill, Kalifornien[530]

Einschränkung der Meinungsfreiheit und politische Verfolgung

Das Sprachen- und das Rassengesetz diskriminierten die russisch verwurzelte Bevölkerung und trieben so den Keil der Spaltung tiefer. Damit wurde der Donbass-Krieg de facto unlösbar. Insoweit waren diese Gesetze wichtige Bausteine zur Vorbereitung des Ukraine-Krieges.

Weitere Bausteine waren die Einschränkung der Meinungsfreiheit und die politische Verfolgung in der Ukraine. Diese begannen mit dem Start des Donbass-Krieges 2014 und setzten das zehnte Prinzip der Kriegspropaganda um: „Wer unsere Propaganda in Zweifel zieht, arbeitet für den Feind und ist damit ein Verräter." Damit eine Bevölkerung einen Krieg mitträgt, braucht es eine absolute Zuspitzung. Es darf nur zwei Bereiche geben: Gut und Böse. Nichts dazwischen. Ein Pluralismus der Meinungen darf nicht mehr existieren, die Opposition muss ausgeschaltet werden. Für einen Krieg benötigt man ein klares Feindbild, an das fast die ganze Bevölkerung glaubt, die dann durch Angst und Wut emotionalisiert werden kann. Wenn es zu viele Stimmen gibt, die um Verständnis für die andere Seite werben oder die Regierungsposition kritisieren, so stört das die massenpsychologische Mobilisierung. Deshalb werden vor und in einem Krieg sowie in jedem totalitären System die störenden Kritiker mundtot gemacht. Das hat der belgische Psychologe Mattias Desmet in seinem Buch „Die Psychologie des Totalitarismus" plastisch herausgearbeitet.[531]

Genau das konnte man auch in der Ukraine ab 2014 beobachten: Die ausgleichenden Kräfte im Lande wurden handlungsunfähig gemacht, vertrieben oder eingesperrt. 2021 nahm dann die Repression rapide zu, die Ukraine entwickelte sich zu einer autoritären Diktatur.

Schlägertrupps stürmen Redaktionsbüro und zwingen Chefredakteur zum Rücktritt

Am 20. März 2014 schrieb der für russische Propaganda unverdächtige „Spiegel":

> *Igor Miroschnytschenko prügelt Journalisten, hetzt gegen Juden – und sitzt als Abgeordneter im ukrainischen Parlament. (...) Der Swoboda-Funktionär sitzt im Medienausschuss des Parlaments, hat aber ein zweifelhaftes Verständnis von Pressefreiheit. Weil am Dienstag der Sender „Erster Nationaler Kanal" die Rede von Kreml-Chef Wladimir Putin samt anschließender Annexion der Krim übertrug, stürmte ein Partei-Kommando kurzerhand die Büros des Fernsehsenders, angeführt von Igor Miroschnytschenko. Er schlug, schubste und würgte den Chefredakteur, der wenig später seine Demission unterschrieb, natürlich gänzlich „freiwillig".*[532]

Beim Online-Spiegel-Artikel kann man auch das Video dieser gewalttätigen Erstürmung des TV-Büros sehen. Die nationalistischen Schläger filmten ihre Gewalttaten selbst und hatten offensichtlich keine Sorge, dafür zur Rechenschaft gezogen zu werden. Das Video hat eine einschüchternde Wirkung. Vermutlich hat es jeder ukrainische Journalist angeschaut und so mit eigenen Augen gesehen, wie der eingeschüchterte Alexander Pantelejmonow, Chef des Fernsehkanals der öffentlich-rechtlichen Rundfunkgesellschaft der Ukraine, unter Schlägen seinen eigenen Rücktritt unterschrieb. Die Absicht der Veröffentlichung dieses Videos ist klar: „Bestrafe einen, erziehe hundert." Wie viele Journalisten in der Ukraine werden sich nach dieser öffentlichen Demütigung des Intendanten noch getraut haben, kritisch über die nationalistische Regierung zu berichten?

Der Anführer des Schlägertrupps, Igor Miroschnytschenko, war stellvertretender Vorsitzender des „Ukrainischen Komitees für Meinungsfreiheit" im Kiewer Parlament. – Ist das ein Witz? Nein, die Bezeichnung dieses Komitees wurde bewusst gewählt. Die nationalistische Putsch-Regierung wollte das Land zur EU-Mitgliedschaft führen, dazu brauchte es zumindest eine demokratische Fassade.

Was ist weiter passiert? Einige westliche Mainstream-Medien berichteten über die Schlägerei im Chefbüro des öffentlich-rechtlichen Fernsehens der Ukraine.[533] Es gab auch einige internationale Proteste von Politikern und Organisationen, zum Beispiel von der OSZE. Der Österreichische Rundfunk berichtete: [534]

> *In einem Schreiben an Übergangspräsident Alexander Turtschinow wies die Organisation für Sicherheit und Zusammenarbeit in Europa (OSZE) darauf hin, dass es schon der zweite Vorfall dieser Art binnen weniger Tage sei. Laut ihren Angaben war vor kurzem eine Gruppe in die Büros des Staatssenders in der nordukrainischen Stadt Tschernigiw eingedrungen, um dessen Direktor Arkadi Bilibajew zum Rücktritt zu zwingen.*

Aufgrund dieser Proteste distanzierte sich die Putsch-Regierung von Miroschnytschenko und die Kiewer Staatsanwaltschaft versprach, „vorläufige Ermittlungen" zu beginnen.[535] Das war es dann. Die mediale Empörungswelle ebbte schnell ab, und schon am 26. März 2014 berichtete die Wiener „Die Presse", dass die neue Kiewer Regierung den TV-Chef Alexander Pantelejmonow nun offiziell abgesetzt habe, da er „Propagandist des entmachteten Staatspräsidenten Viktor Janukowitsch" gewesen sei.[536] Damit hatte die Putsch-Regierung die Gewalttaten von Miroschnytschenko nachträglich legalisiert. Ich konnte keinen einzigen Medienartikel finden, der sich für Pantelejmonow einsetzte.

Was bedeutet dieser Vorgang? Die Nationalisten haben die Erfahrung gemacht, dass sie brutal vorgehen und unliebsame Journalisten einschüchtern können und von westlichen Politikern und Medien keinen ernsthaften Widerstand dagegen zu erwarten haben. Es wird nur verlangt, dass sie einige Sonntagsreden über Demokratie halten, danach interessiert die Realität niemanden mehr. Diese Lektion hatten die Nationalisten gelernt und machten weiter.

Das Massaker von Odessa

Das Massaker von Odessa am 2. Mai 2014 wurde damals und wird bis heute von den westlichen Medien ignoriert. In Odessa gab es vor dem Gewerkschaftshaus ein Anti-Maidan Zeltlager mit einigen hundert Demonstranten gegen die Putsch-Regierung. Am 2. Mai 2014 versammelten sich militante Nationalisten des Rechten Sektors, die teilweise aus der Westukraine angereist waren, und griffen das Camp mit Schlagstöcken an. Die Neo-Nazis drängten die Demonstranten ins Gewerkschaftshaus, blockierten sie dort und setzten dann das Gebäude mit Benzinbomben (Molotow-Cocktails) in Brand. Alle, die aus dem brennenden Haus flüchten wollten, wurden brutal zusammengeschlagen. Von der Straße aus wurde sogar auf Menschen geschossen, die sich in dem brennenden Haus auch nur am Fenster zeigten.[537] 48 Menschen starben, Unzählige wurden verletzt. Einige zogen statt des Flammentodes den Tod durch einen Sprung aus dem Fenster des hohen Gebäudes vor. Behörden und Polizei duldeten das Massaker.[538]

Für dieses Verbrechen wurde nie jemand bestraft, obwohl die Beteiligten auf zahlreichen Fotos und Videos zu identifizieren sind. Darüber hinaus wurde einer der Organisatoren dieses Massakers später Sprecher des ukrainischen Parlaments, und der zweite Organisator wurde Abgeordneter auf den Listen der Partei des ehemaligen Präsidenten Poroschenko.[539] Das Flüchtlingskommissariat der Vereinten Nationen (UNHCR) kritisiert jährlich in seinen Berichten zur Menschenrechtslage in der Ukraine, dass das Massaker von Odessa von der Regierung in Kiew nie aufgeklärt wurde.

Das Massaker von Odessa war ein emotionaler Schock in der Ostukraine und in Russland. Befürworter einer Föderalisierung wurden nicht nur verfolgt und diskriminiert, sondern offen umgebracht. Was war die Botschaft des Massakers von Odessa? Ein Netzkommentar brachte die Stimmung auf den Punkt: *„Seht her! Wir können hier vor den Augen der Welt 48 Menschen umbringen, ohne dass uns das Geringste passiert. Belangt werden nur die Angehörigen der Opfer, die sich beschweren. Genau so ist das ab jetzt in jedem Ort der Ukraine. Das war die Botschaft der Nazis an den Rest der Welt. Dass daraufhin im Donbass die Leute zu den Waffen griffen, beruht darauf, dass sie die Botschaft verstanden hatten. Die brauchten keinen Putin, der sie aufhetzt. Die wussten von selbst, was gespielt wird.“*

Das Massaker von Odessa ist im Westen fast unbekannt, im kollektiven Gedächtnis der Ostukraine spielt es jedoch eine große Rolle. Jährlich finden am 2. Mai Trauer- und Gedenkveranstaltungen statt.

Das Gewerkschaftshaus in Odessa nach dem Brand und dem Massaker am 2. Mai 2014[540]

Odessa, 4. Mai 2014: Menschen kamen, um den 48 getöteten Demonstranten zu gedenken. In einem zerstörten Fenster, aus dem ein Verzweifelter sprang, um dem Flammentod zu entrinnen, wurde ein Totenlicht angezündet und Blumen hinterlegt.[541]

Odessa, 2. Mai 2021: Bilder der Opfer des Massakers von Odessa 2014 an einer Wand in der Nähe des Gewerkschaftshauses. Sieben Jahre nach dem Massaker kamen Hunderte an den Ort des Geschehens, um der Opfer zu gedenken.[542]

Odessa, 2. Mai 2021: Ein Mann betet vor dem Gewerkschaftshaus von Odessa. Menschen brachten Blumen für die Opfer und legten diese um das Gewerkschaftshaus.[543]

Odessa, 2. Mai 2021: Während des Gedenkens an das Massaker von Odessa marschieren ukrainische Nationalisten mit Fahnen durch die Straßen, um ihre Macht zu demonstrieren.[544]

Nach dem Massaker von Odessa traute sich in der Stadt kaum noch jemand für den Föderalismus zu demonstrieren.

Der Journalist Ulrich Heyden drehte einen eindrücklichen Dokumentarfilm mit vielen Augenzeugenberichten und Original-Filmdokumenten zum Massaker mit dem Titel „Lauffeuer – Eine Tragödie zerreißt Odessa zu Beginn des ukrainischen Bürgerkrieges".[545]

Durch diesen Film verscherzte Ulrich Heyden es sich mit der Regierung in Kiew. Er bekam 2016 ein Einreiseverbot in die Ukraine. Die offizielle Begründung war, dass er 2015 den Donbass über Russland und nicht, wie vorgeschrieben, über die Ukraine besucht hatte. Warum hatte er diesen Reiseweg genommen? Dazu schrieb er: *„Auch fürchtete ich, dass mich ukrainische Nationalisten und Faschisten in der Ukraine auf der Straße anfallen, wie es seit 2014 zahlreichen Oppositionellen passiert ist. Mehrere ukrainische Oppositionelle wurden seit 2014 ermordet: 2015 der russland-freundliche Schriftsteller Oles Busina und 2016 der westlich-orientierte, liberale Journalist Pawel Scheremt."*[546]

Politische Morde

Die Angst von Ulrich Heyden ist begründet, denn es gibt viele Berichte von Regimegegnern in der Ukraine, die ermordet wurden oder unter mysteriösen Umständen zu Tode gekommen sind. Der Journalist Thomas Röper hat bekannte Fälle der Nach-Maidan-Zeit zusammengestellt:[547]

- August 2014: Valentina Semenjuk-Samsonenko, Vorsitzende des Fonds für Staatseigentum der Ukraine, wurde erschossen.
- Januar 2015: Nikolay Sergienko, ehemaliger stellvertretender Chef der Eisenbahn, wurde erschossen.
- Januar 2015: Alexey Kolesnik, ehemaliger Vertreter des Gebietes Charkov, wurde erhängt aufgefunden.
- Februar 2015: Andrey Kusmenko, populärer Sänger unter dem Künstlernamen Kusma Skrjabin, starb nach Veröffentlichung eines Anti-Kriegs-Liedes unter merkwürdigen Umständen bei einem Verkehrsunfall.
- Februar 2015: Sergey Walter, ehemaliger Bürgermeister von Melitopoia, wurde erhängt aufgefunden.
- Februar 2015: Michail Tschetschetov, ehemaliger Vertreter der „Partei der Regionen", deren Regierung beim Maidan weggeputscht wurde, stürzte aus einem Fenster in den Tod.
- März 2015: Stanislav Melnik, ehemaliger Abgeordneter der „Partei der Regionen", wurde erschossen.
- März 2015: Alexander Pekluschenko, ehemaliger Gouverneur von Saporoschje, wurde erschossen.
- März 2015: Sergey Melnitschuk, ehemaliger Staatsanwalt in Odessa, stürzte aus einem Fenster in den Tod.
- April 2015: Sergey Suchobok, Journalist aus Donezk, wurde ermordet.
- April 2015: Olga Moros, Chefredakteurin der Zeitung „Neteschenski Vestnik", starb durch Genickbruch.

- April 2015: Oleg Kalschnikov, Abgeordneter der Rada der „Partei der Regionen“, wurde erschossen.
- April 2015: Oles Busina, oppositioneller Journalist und Autor, wurde erschossen.

Thomas Röper hat Fotos der Ermordeten zusammengesucht:

Über diese vermutlich politisch motivierten Morde wurde in den westlichen Mainstream-Medien nicht berichtet. Es wurden von den westlichen Regierungen auch keine unabhängigen Untersuchungen gefordert. Aber in der Ukraine erzeugten diese Nachrichten über die Ermordung bekannter Personen eine Stimmung der Einschüchterung und der Angst. Das macht etwas mit der Seele. Unwillkürlich wird ein Protest gegen die nationalistische Regierung mit der Sorge um das eigene Leben verknüpft.

Mord im staatlichen Auftrag

Wer sind die Mörder? Darüber berichtet der Londoner „The Economist“ ganz offen am 5. September 2023 in der Reportage „Einblicke in das ukrainische Mordprogramm“. Nachdem die Proteste gegen den Maidan-Putsch 2014 zunahmen, gründete der ukrainische Inlandsgeheimdienst SBU die „fünfte Elitedirektion für Spionageabwehr“. Diese brachte „Kollaborateure“ um: *„Sie wurden erschossen, in die Luft gesprengt, erhängt und gelegentlich sogar mit falschem Schnaps vergiftet.“* „The Economist“ schreibt weiter:[548]

> *Valentin Naliwajtschenko, der damalige Leiter der SBU, sagt, dass die damalige ukrainische Führung beschloss, dass eine Politik der Inhaftierung von Kollaborateuren nicht ausreichen würde. Die Gefängnisse waren überfüllt, aber nur wenige ließen sich davon abschrecken. „Wir kamen widerwillig zu dem Schluss, dass wir Terroristen eliminieren mussten“, sagt er. Ein ehemaliger Offizier der Direktion beschreibt es ähnlich. „Wir mussten den Krieg zu ihnen bringen.“*

„Abschussliste“ für Journalisten und Oppositionelle

Die Website „myrotvorets.center“ ist eine „Abschussliste“ für Politiker, Journalisten oder Persönlichkeiten, die nicht der Meinung der ukrainischen Regierung sind. Myrotvorets heißt übersetzt „Friedensstifter“. Auf der Seite findet man aber nur Hass und Aggression. Die Seite hat sowohl Verbindungen zum ukrainischen Inlandsgeheimdienst SBU als auch zum Innenministerium der Ukraine.[549]

Es werden dort möglichst viele persönliche Daten veröffentlicht, auch die Wohnadressen, um die „Staatsfeinde“ angreifbar zu machen. Der Publizist Oles Busina sowie der Politiker Oleg Kalschnikov wurden 2015, kurz nachdem Myrotvorets ihre Wohnadressen veröffentlichte, zuhause ermordet.

Im Mai 2016 veröffentlichte Myrotvorets über 4000 Namen, Telefonnummern und Mailadressen von in- und ausländischen Journalisten, die aus der Ostukraine berichtet hatten.[550] „Empört, entsetzt, zutiefst schockiert", so die Reaktionen der Journalisten auf die Veröffentlichung ihrer persönlichen Daten. „Auf diese Jungs kann das ganze Land stolz sein", verteidigte Anton Geraschtschenko, Berater des damaligen ukrainischen Innenministers Arsen Awakow, die Tätigkeit der „Prangerseite".[551] Im Oktober 2019 beantragte die UNO die Schließung[552] der Website, was das Kiewer Parlament jedoch ablehnte.[553]

Auf der Myrotvorets-Homepage ist in der oberen rechten Ecke deutlich die Inschrift „Langley, VA, USA" zu sehen. Darunter „Warszawa, Polska" und die Emailadresse für eine Kontaktaufnahme. Es handelt sich also um ein verkürztes Impressum. Langley ist eine kleine Gemeinde im US-Bundesstaat Virginia, etwas außerhalb von Washington, DC. Langley ist weltberühmt, weil sich dort das Hauptquartier der CIA, des Auslandsgeheimdienstes der USA, befindet. Man fragt sich: Ist der CIA ein Initiator dieser Webseite? Auf der Homepage von Myrotvorets steht auch: „Login for Special Services, Для спецслужб України, For Foreign Special Services". Also Login für Geheimdienste, einmal für die Geheimdienste der Ukraine, einmal für die ausländischen Geheimdienste. Es ist bemerkenswert, dass ausländische Geheimdienste Zugriff über eine extra Login-Seite auf eine solche Website haben.

Berichte des UNO-Hochkommissars für Menschenrechte

Es ist nicht einfach, die Menschenrechtslage in einem Land von außen korrekt einzuschätzen. Deshalb suchte ich eindeutige Fakten. Das Massaker von Odessa ist gut dokumentiert. Die politischen Morde erzeugen in der Opposition ein Klima der Angst, auch wenn wir die jeweiligen Umstände nicht überprüfen können. Die öffentliche Abschussliste Myrotvorets ist gruselig.

Eine weitere wichtige Quelle sind die halbjährlichen Berichte des „UNO-Hochkommissars für Menschenrechte (UNHCR)" über die Lage der Menschenrechte in der Ukraine. Der 31. Menschenrechtsbericht beschäftigte sich mit dem Zeitraum August 2020 bis Januar 2021.[554] Der Journalist Thomas Röper hat den Bericht analysiert:[555]

In diesem nimmt die Kritik an den Zuständen in den von Kiew kontrollierten Gebieten den größten Teil ein. Im ersten Teil geht es um die Bürgerkriegsgebiete im Osten der Ukraine, der Teil geht von Seite 6 - 11 und kritisiert beide Kriegsparteien. Die Kritik an den Zuständen unter Kiewer Herrschaft beginnt auf Seite 11 und geht bis Seite 25. Dann folgt die Kritik an den Verhältnissen auf der Krim und die füllt die Seiten 26 - 28.

Schon daran kann man sehen, dass die weitaus meiste Kritik an der Lage der Menschenrechte in der Ukraine die Gebiete betrifft, die von Kiew kontrolliert werden. Hier wollen wir uns die Kritikpunkte anschauen. Ich lasse die Kritik am Bürgerkriegsgebiet weg, wer möchte, kann sie im Bericht lesen. Im Krieg ist das mit den Menschenrechten leider immer so eine Sache. Ich will hier die Lage der Menschenrechte in den Gebieten anschauen, in denen kein Krieg herrscht, also im von Kiew kontrollierten Teil der Ukraine und auf der Krim.

Im ukrainisch kontrollierten Gebiet kritisierte die UNHCR:

1. Gerichtsurteile, die in der Ukraine in Abwesenheit gefällt werden, sodass den Verurteilten (es betrifft meist Menschen aus den Volksrepubliken) wichtige Möglichkeiten der Verteidigung vorenthalten wurden.

2. Verstöße ukrainischer Soldaten und Beamter gegen die Menschenrechte, die von ukrainischen Gerichten nicht verfolgt, die Prozesse unter Vorwänden verschleppt oder die Täter nicht bestraft wurden.

3. Verhinderung und Verschleppung der Aufklärung der Todesschüsse des Maidan und der Tragödie von Odessa durch die Kiewer Regierung; das kritisiert die UNHCR seit 2014 in jedem Bericht.

4. Kein Schutz gegen Angriffe von militanten Gegnern durch die ukrainische Polizei, das betrifft sowohl Demonstrationen der russischen Minderheit als auch von LGBT-Anhängern.

5. Acht Angriffe auf Journalisten und Blogger in sechs Monaten, die über Korruption in der Regierung berichteten. Ein Journalist wurde von Unbekannten brutal mit Baseballschlä-

gern zusammengeschlagen, nachdem er einen Bericht über korrupte Beamte und Abgeordnete veröffentlicht hatte.

6. Hetze gegen rumänische, ungarische und russische Minderheiten und gegen die Roma in der Ukraine.

7. Das Sprachengesetz, das die Benutzung anderer Sprachen als der ukrainischen unter Strafe stellt, ist laut UNHCR ein Verstoß gegen die Menschenrechte und den Minderheitenschutz.

8. Hetze gegen Menschen, die sich nach dem Inkrafttreten des Sprachengesetzes Mitte Januar kritisch über das Gesetz äußerten.

Die UNHCR stellte also erhebliche Verletzungen der Menschenrechte in der Ukraine fest. Im Vergleich dazu war es auf der Krim entspannt. Hier bemängelte die UNHCR:

1. Das Verbot der Zeugen Jehovas auf der Krim, (die in Russland verboten sind, da es von den Zeugen Jehovas anscheinend Abwertungen gegenüber anderen Religionen gegeben hatte).

2. Die Abschiebung von 105 Ukrainern, die nicht auf der Krim gemeldet waren, keinen russischen Pass und auch keine russische Aufenthaltsgenehmigung hatten.

3. Eine Haftstrafe für einen Krimtataren, der wegen Mitgliedschaft in der verbotenen islamistischen Hizb ut-Tahrir Gruppe verurteilt wurde, (die auch in Deutschland wegen islamistischem Extremismus verboten ist).

Die Kritik an der Krim bestand also nur darin, dass diese als Teil Russlands das russische Recht umsetzte. Dass Menschen ohne Aufenthaltsgenehmigung abgeschoben werden, ist in den meisten Staaten üblich. Über das Verbot der Zeugen Jehovas und Hizb ut-Tahrir kann man diskutieren. Hier ging es aber nicht um ein willkürliches Verbotsverfahren, sondern die Krimverwaltung setzte nur die aktuelle russische Rechtslage um. Diese ist in den Augen der UNHCR nur deshalb nicht rechtmäßig, weil der Westen den Übertritt der Krim zu Russland nicht akzeptiert hatte.

Kritischer TV-Sender wurde mit Granatwerfer beschossen

Am 13. Juli 2019 wurde der Sitz des Fernsehsenders „112 Ukraina“ in Kiew mit einem Granatwerfer beschossen. Es entstanden Schäden an der Fassade. Der Sender gehörte Taras Kosak, der als Abgeordneter der „Oppositionsplattform – Für das Leben“ im Parlament saß.[556] Der Grund: Er hatte in einer Sendung Russen und Ukrainer miteinander reden lassen und für Verständigung anstatt für Krieg und Kriegshetze geworben. Auf die Sendung folgten Strafverfahren wegen Landesverrat und Finanzierung von Terrorismus. Damit aber nicht genug. Die Medienaufsicht der Ukraine begann eine Untersuchung mit dem Ziel, „112 Ukraina“ die Sendelizenz zu entziehen.

... und schließlich verboten

Das Verbot kam am 2. Februar 2021 durch den „Nationalen Sicherheits- und Verteidigungsrat“, das oberste Regierungsgremium der Ukraine in Sicherheitsfragen. Den letzten kritischen TV-Sendern, „112 Ukraina“ und „News One“ mit sieben regionalen Sendern, wurden die Lizenzen entzogen. Damit die Sender auch nicht im Internet weiterarbeiten konnten, wurden deren YouTube-Kanäle gelöscht.[557] Damit verlor die „Oppositionsplattform – Für das Leben“, die einen russlandoffenen Kurs pflegte und die größte Oppositionspartei war, ihre wichtigsten Medien und somit den Zugang zur Öffentlichkeit. Die Abgeordneten der Oppositionsplattform reagierten mit der Einleitung eines Amtsenthebungsverfahrens für Selenskyj, das natürlich versandete.[558]

Vom Westen kam kein Protest gegen diese frappierende Aufhebung der Pressefreiheit. Dagegen lobte die Kiewer US-Botschaft: Es gehe darum *„Russlands böswilligem Einfluss entgegenzuwirken. Wir alle müssen zusammenarbeiten, um zu verhindern, dass Falschinformationen als Waffe im Informationskrieg gegen souveräne Staaten eingesetzt werden.“*[559] Das heißt: Meinungsfreiheit gilt in den Augen der USA nur für diejenigen, die ihrer Meinung sind. Zensur wird von der US-Regierung offen unterstützt.

Anfang 2021: Dammbruch auf dem Weg zur Diktatur

Wir haben gesehen, dass die Lage der Meinungsfreiheit und der Menschenrechte in der Ukraine seit dem Maidan-Putsch 2014 schon sehr schlecht war. Doch Anfang 2021 fand ein regelrechter Dammbruch statt, der die letzten Reste der Demokratie und der Rechtsstaatlichkeit wegspülte. Im Eiltempo trieb die Regierung Selenskyj die Abschaffung der Meinungsfreiheit voran und etablierte eine Diktatur.

Das Wort Diktatur wird von der deutschen „Bundeszentrale für politische Bildung" so erklärt:

> *Diktatur bedeutet, dass eine Person oder eine kleine Gruppe von Menschen allein herrscht. (...) In der Diktatur bestimmen die Herrschenden alleine, was die Polizei und andere im Staat tun sollen. Man kann auch sagen: Sie haben alleine die Macht. Sie machen, was sie wollen. (...) Wer in einer Diktatur etwas Schlechtes über die Herrschenden sagt, kommt oft ins Gefängnis. Auch Gewalt gegen Menschen, die eine andere Regierung wollen, gehört meist zum Alltag einer Diktatur. In einer Diktatur hält die herrschende Person oder die Partei sich nicht an Gesetze und an die Erklärung der Menschenrechte.*[560]

Ist das Wort Diktatur für die Ukraine übertrieben? Sehen wir uns die Ereignisse an. Es kann dann jede und jeder selbst entscheiden, wie er diese einordnen möchte.

Sanktionen als Machtmittel gegen innenpolitische Gegner

Das Verbot der kritischen TV-Sender erfolgte nicht im Rahmen der ukrainischen Gesetzgebung. Anstatt einen juristischen Weg zu gehen, beschloss der Sicherheitsrat der Ukraine einfach „Sanktionen" gegen die Sender. Präsident Selenskyj verkündete diese per Dekret.

Was sind Sanktionen? Sie werden von Staaten gegen andere Staaten verhängt. Im Völkerrecht sind solche Sanktionen nur dann erlaubt, wenn der UNO-Sicherheitsrat sie beschließt. Diese Voraussetzung trifft allerdings für fast keine der verhängten Sanktionen der letzten Jahrzehnte zu, die deshalb völkerrechtswidrig und willkürliche Machtmittel waren und sind.

Sanktionen sind also ein Mittel der internationalen Politik, nicht aber der Innenpolitik. In der Innenpolitik gelten die Gesetze eines Landes. Sanktionen sind in den nationalen Gesetzen nicht vorgesehen. Wenn im Inneren eines Landes jemand gegen geltende Gesetze verstößt, kann er im Rahmen der Gesetze angezeigt und von einem Gericht bestraft werden.

In autoritären Staaten kommt es immer wieder vor, dass Gerichtsverfahren unfair sind (Schauprozesse) und Gerichte härter bestrafen, als es angemessen wäre. Doch auch autoritäre Staaten führen Gerichtsverfahren auf Basis der Gesetze durch, um Unterdrückungsmaßnahmen formal zu rechtfertigen. Im Falle von Sanktionen gibt es aber weder ein Gerichtsverfahren noch geht es um Verstöße gegen irgendwelche Gesetze. Sanktionen sind ein rein politisches Machtinstrument.

Diktaturen ziehen also Oppositionelle mit einer vorgeschobenen Anwendung von Gesetzen aus dem Verkehr oder man lässt sie einfach verschwinden. Auf die Idee, Sanktionen gegen innenpolitische Gegner anzuwenden, ist meines Wissens noch kein Diktator gekommen. Das ist eine Erfindung der Ukraine, die Regierungskritiker im Inland mit Sanktionen zu belegen. Der Vorteil dabei für die Machthaber ist, dass sie diese nach Belieben verhängen können, und dass sie dabei nicht an Gesetze gebunden sind.

Beim Verbot der TV-Sender lief das konkret so: Gemäß Ermittlungen des ukrainischen Geheimdienstes besaß der Unternehmer Taras Kosak nicht nur die TV-Sender, sondern auch Kohleminen in den Volksrepubliken Donezk und Lugansk. Diese Minen lieferten Kohle an Abnehmer in den Volksrepubliken und zahlten dort Steuern. Da die Volksrepubliken „terroristische Organisationen" seien, trug Taras Kosak somit zur Finanzierung von „Terrorismus" bei. Deshalb wurde er mit Sanktionen belegt, obwohl er ukrainischer Staatsbürger und Mitglied des Kiewer Parlaments war. Als Teil der Sanktionen gegen ihn wurde den kritischen TV-Sender die Lizenz entzogen.[561]

Präsident Selenskyj rechtfertigte die Sanktionen gegen die TV-Sender in einem Twitter-Beitrag am 3. Februar 2021:[562]

> *Sanktionen sind eine schwere Entscheidung. Die Ukraine unterstützt die Meinungsfreiheit stark. Nicht aber vom*

Aggressorstaat finanzierte Propaganda, die die Ukraine auf ihrem Weg zur Euro-Atlantischen Integration behindert. Der Kampf für Unabhängigkeit ist ein Kampf im Informationskrieg für die Wahrheit und die europäischen Werte.

In diesem Tweet sprach Selenskyj klar aus: Es geht nicht um die Einhaltung von Gesetzen. Im Kampf gegen den politischen Gegner können willkürlich Sanktionen verhängt werden. Außerdem gilt für die ukrainische Regierung die „Meinungsfreiheit" nicht für diejenigen, die eine andere Meinung haben. Und es fällt aus heutiger Sicht die Wortwahl auf. Russland hatte 2021 keine Soldaten in der Ukraine, trotzdem sprach Selenskyj von „Aggressorstaat". Die Feindbildsprache bestand also unabhängig von den tatsächlichen Ereignissen. Sie wurde frühzeitig durch ständige Wiederholung ins öffentliche Bewusstsein eingebrannt, was den späteren Ukraine-Krieg propagandistisch vorbereitete.

Demokratieabbau im Eiltempo

Die Regierung Selenskyj setzte auf Geschwindigkeit beim Abbau der Meinungsfreiheit. Nach der Ausschaltung der letzten kritischen Medien gab es keine Hemmungen mehr.

Am 16. Februar 2021 wurde ein Haftbefehl gegen Anatolij Scharij erlassen. Der ukrainische Geheimdienst warf ihm wegen seiner journalistischen Tätigkeit Hochverrat vor. Scharij befand sich zu diesem Zeitpunkt an einem unbekannten Ort im Ausland. Scharij ist Journalist und Blogger, der der Maidan-Regierung kritisch gegenübersteht. Auf YouTube hatte er über eine Million Abonnenten, er ist in der Ukraine sehr bekannt, und seine kritischen und fundierten Beiträge waren beliebt.

Am 19. Februar 2021 traf es den Oppositionsführer im ukrainischen Parlament, Viktor Medventschuk. Der Chef der Partei „Oppositionsplattform für das Leben" wurde vom Sicherheitsrat der Ukraine sanktioniert, sein Vermögen und das Vermögen seiner Frau eingefroren. Handelsgeschäfte wurden verboten und er wurde mit Reisebeschränkungen belegt. Es ging hier um große Summen, sein Vermögen soll über 620 Millionen Dollar groß gewesen sein.[563] Dasselbe Los traf die Ehefrau von Taras Kozak, gegen den bereits Sanktionen verhängt worden waren, sowie fünf russische Staatsbürger und 19 Unternehmen.[564] Die

Oppositionsplattform ist keine kleine Splitterpartei, sondern wurde bei den Wahlen 2019 nach der Partei von Präsident Selenskyj zweitstärkste Partei und war die führende Oppositionspartei im Kiewer Parlament.[565]

Auf diesen Schlag gegen Medventschuk folgte eine Kette von Aktionen gegen die Oppositionspartei. Am 26. Februar 2021 demonstrierte der ukrainische Geheimdienst seine Macht und riegelte stundenlang Abgeordnetenbüros ab.[566] Es gab Razzien des Geheimdienstes in der Wohnung und im Büro von Medventschuk.[567] Dieser wurde mit Fußfesseln unter Hausarrest gestellt.[568] Razzien und Hausdurchsuchungen gab es auch bei seinen Verwandten, Freunden und engen Parteigenossen.[569]

Im Frühjahr 2022 konnte Viktor Medventschuk dem Hausarrest entkommen, wurde aber vom ukrainischen Geheimdienst gefangen genommen. Im September wurde er auf Betreiben der russischen Regierung gegen gefangene ukrainische Soldaten ausgetauscht, so dass er nach Russland emigrieren konnte.[570] Die Oppositionsplattform wurde 2022 verboten und deren Vermögen konfisziert.

Um diese Vorgänge verständlich zu machen: Stellen wir uns vor, die Berliner Regierung beschließt Sanktionen gegen Oppositionsführer Friedrich Merz zu verhängen, weil er anderer Ansicht als die Regierung ist, enteignet ihn und setzt ihn mit Fußfesseln in seiner Wohnung fest. Er hat dagegen keinen wirksamen Rechtsschutz. Letztlich wird die ganze CDU verboten, die Parteibüros geschlossen und alles Vermögen der Partei beschlagnahmt. Wie fühlt sich das an? Mich gruselt schon allein die Vorstellung. Aber in der Ukraine geschah dies in Realität mit dem Oppositionsführer und der größten Oppositionspartei!

Der Abbau der letzten Reste der Demokratie ging rasant weiter. Am 25. Februar 2021 verbot die Kiewer Regierung 426 Webseiten. Davon waren viele nicht explizit regierungskritisch, sondern neutral bis kritisch, wie die Wirtschaftszeitung RBC. Verboten wurde auch „LiveJournal", eine Plattform, auf der man öffentlich Tagebücher führen konnte, und die sehr populär war. Anscheinend gefiel der Regierung nicht, was ukrainische Bürger dort über ihr Leben in dem Land veröffentlichten. Außerdem wurden vier regierungskritische Telegram-Kanäle verboten, weil gegen ihre Besitzer Strafverfahren liefen wegen angeblicher Versuche, die Ukraine zu destabilisieren.[571] Am 11. März 2021 beschloss der Sicherheitsrat die Gründung eines „Zentrums gegen Desinformation", um die Zensur besser zu überwachen. Dieses Zentrum solle „ein verlässliches Schutzschild für Bürger und Staat vor Informationsbedrohungen werden".[572] – Das erinnert an das „Wahrheitsministerium" von George Orwell in seinem Roman „1984".

Innerhalb von wenigen Wochen wurden wichtigste kritische Medien und die Opposition in der Ukraine ausgeschaltet und damit das Land in eine Diktatur verwandelt. Was steckt dahinter? Beim darüber Nachdenken fielen mir drei Zusammenhänge auf.

Drei Hintergründe: Selenskyj im Sinkflug, Biden im Amt, Vorbereitung des Krieges

Erstens befand sich das öffentliche Ansehen von Selenskyj in einem rapiden Sinkflug. Er wurde im April 2019 mit 73 Prozent als Präsident gewählt. Doch im Januar 2021 sank sein Zustimmungswert auf unter 20 Prozent ab, wie eine Umfrage des Kiewer Internationalen Instituts für Soziologie ergab.[573] Die Wahl von Selenskyj war auch ein Protest gegen den nationalistischen Kurs von Präsident Poroschenko gewesen, jedoch Selenskyj schwenkte bald nach der Wahl auf praktisch allen Politikfeldern auf den Kurs von Poroschenko um. Angesichts der eigenen Schwäche lag es nahe, die Opposition mundtot zu machen.

Die „Oppositionsplattform – Für das Leben" von Medventschuk lag nach Umfragen Kopf an Kopf mit der Partei „Diener des Volkes" von Selenskyj. Die Regionalwahlen im Oktober 2020 brachten Medventschuks Partei in sechs Regionen den Sieg: Odessa, Nikolajew, Cherson, Saporoschje, Donezk und Lugansk. Selenskyjs „Diener des Volkes" hatte ein bescheideneres Ergebnis, eine Mehrheit in nur vier Regionen: Czernowitz, Schytomyr, Sumy und Dnipropetrowsk. Nach einer Umfrage des „Kiewer Instituts für soziologische und Marketing-Forschung" würden 23,5 Prozent der Befragten bei Nationalwahlen für die Diener des Volkes stimmen, aber immerhin 20,2 Prozent für die Oppositionsplattform.[574] Durch die Sanktionen und Verbote wurde dieser wichtigste Konkurrent ausgeschaltet.

Zweitens gab es einen Machtwechsel in den USA. Am 20. Januar 2021 fand die Amtseinführung von Präsident Joe Biden in Washington statt. Joe Biden war als Vizepräsident unter Obama in der US-Regierung für die Ukraine zuständig gewesen, und damit auch für die US-Einflussnahme beim Maidan-Putsch 2014. In den Medien trat er immer als anti-russischer Scharfmacher auf. Er war zusammen mit seinem Sohn Hunter Biden und dem damaligen Präsidenten Poroschenko in große Korruptions-Skandale in der Ukraine verwickelt, wie Telefonmitschnitte belegten, die am 19. Mai 2020 in Kiew veröffentlicht wurden.[575] Dieser Komplex kann hier nicht aufgearbeitet werden. Mit Biden wurde die Außenpolitik der USA aggressiver.

Drittens war 2021 das Jahr der propagandistischen Kriegsvorbereitung. Fast täglich wurde in westlichen Medien Russland der Aggression beschuldigt. Gleichzeitig fanden viele NATO-Manöver mit Beteiligung der Ukraine statt. Wir erinnern uns: Laut den Prinzipien der Kriegspropaganda darf es nur noch Gut und Böse geben, und Kritiker müssen mundtot gemacht werden. Die Stimmung wurde sowohl in der Ukraine als auch in den NATO-Staaten auf Kriegsniveau hochgeheizt. Deshalb wurde die Opposition im Land ausgeschaltet.

Zusammenfassung:

Um die Menschenrechte und die Meinungsfreiheit war es seit 2014 in der Ukraine sehr schlecht bestellt. Redaktionsbüros wurden von nationalistischen Schlägertrupps gestürmt und leitende Journalisten mit Gewalt zum Rücktritt gezwungen. Das Massaker von Odessa, bei dem 48 Föderalisten vor den Augen der Polizei von nationalistischen Militanten umgebracht wurden, war ein Schock für die Opposition in der Ukraine. Die Mörder waren bekannt, wurden aber nie verfolgt, sondern bekleideten später politische Ämter. Es gab viele politische Morde. Das erzeugte eine Atmosphäre der Angst: Regierungskritiker mussten mit ihrer Ermordung rechnen. Die UNO dokumentierte sehr viele Menschenrechtsverletzungen in der Ukraine. Anfang 2021 fand – zeitgleich mit dem Amtsantritt von US-Präsident Joe Biden – ein Dammbruch statt. Die Ukraine wurde zu einer autoritären Diktatur. Die wenigen kritischen Fernsehsender wurden verboten, genauso wie hunderte Webseiten. Der Vorsitzende der größten Oppositionspartei, Viktor Medventschuk, wurde verhaftet und enteignet. Sanktionen wurden auch gegen andere Regierungskritiker verhängt. Zusammen mit der Ausschaltung der Opposition wurde in der Ukraine die Stimmung auf Kriegsniveau hochgeheizt.

友誼和平天使

NATO-Osterweiterung

Bisher haben wir uns mit dem Kriegsvorlauf innerhalb der Ukraine beschäftigt. Das ist aber nur die halbe Geschichte. Der andere Teil ist das Verhältnis der NATO zu Russland. Hier sind mehrere Blickwinkel nötig. Beginnen wir mit der NATO-Osterweiterung. Die anvisierte Aufnahme der Ukraine in die NATO überschritt für Russland eine oftmals betonte rote Linie und war ein offiziell erklärter Grund für den Kriegseintritt Russlands im Februar 2022. Damit das verständlich wird, schauen wir uns die Vorgeschichte an.

NATO und Warschauer Pakt

Ergebnis des Zweiten Weltkriegs war, dass die USA zur führenden Weltmacht wurde und der Kalte Krieg begann. Auf der einen Seite standen die USA und die westlichen Staaten, auf der anderen Seite die Sowjetunion und die von ihr beeinflussten Staaten.

Am 4. April 1949 wurde die NATO gegründet. Zwölf Staaten unterzeichneten das Gründungsdokument, darunter Kanada, Großbritannien, Frankreich und Italien. US-Präsident Truman betonte in seiner Gründungsrede, dass es sich um eine Verteidigungsgemeinschaft handle, die keinen Krieg wünsche. Dazu im Widerspruch sagte er aber auch, dass die NATO einen weltweiten Einfluss anstrebt: *„Der Nordatlantik-Pakt wird sich nicht negativ, sondern positiv auf den Frieden in der Welt auswirken. Seinen Einfluss wird man nicht nur in den Ländern spüren, die der Pakt abdeckt, sondern überall auf der Welt. Er beschränkt sich nicht auf die Interessen der Mitgliedsländer.“*[577]

Dieser Anspruch wurde in der Sowjetunion bedrohlich empfunden. Die UdSSR verstand die NATO von Anfang an nicht als Verteidigungsbündnis, sondern als einen Aggressor. Den Beitritt Deutschlands zur NATO am 6. Mai 1955 und die Wiederaufrüstung Deutschlands führten als Reaktion zur Gründung des Warschauer Paktes am 14. Mai 1955 mit der UdSSR, Polen, Tschechoslowakei, Bulgarien, Ungarn, Rumänien, Albanien und der DDR.

Friedensengel in Suifenhe City, China[576]

36 Jahre standen sich NATO und Warschauer Pakt gegenüber. 1991 löste sich der Warschauer Pakt selbst auf – im Gegensatz zur NATO, die sich trotz des Wegfalls des ursprünglichen Kontrahenten Sowjetunion nicht auflösen wollte. Dazu kommentiert Christian Müller von „Globalbridge" im Februar 2022: *„Russland hat nicht nur die Wiedervereinigung Deutschlands zugelassen, es hat sich auch militärisch aus der ehemaligen DDR vollständig zurückgezogen, während die USA im Westen Deutschlands sogar Atombomben neuester Technologie eingelagert hat. Und während die USA auf der ganzen Welt fast tausend Militärbasen betreibt,*[578] *hat Russland außerhalb der ehemaligen Sowjetunion gerade mal eine Militärbasis – in Syrien, um sich den Zugang zum Mittelmeer offen zu halten."*[579]

„Keine NATO-Osterweiterung" war die Basis für die Wiedervereinigung Deutschlands. Von rechts nach links: Außenminister Hans-Dietrich Genscher (BRD), Ministerpräsident Lothar de Maizière (DDR) und die Außenminister Roland Dumas (Frankreich), Eduard Schewardnadse (UdSSR), Douglas Hurd (Großbritannien) und James Baker (USA) unterzeichnen am 12. September 1990 in Moskau das sogenannte Zwei-plus-Vier-Abkommen (Vertrag über die abschließende Regelung in Bezug auf Deutschland).[580]

„Keine NATO-Osterweiterung" – Russland wurde systematisch getäuscht

Das Ende des Kalten Krieges und die Wiedervereinigung Deutschlands waren eine bedeutende Tat Russlands unter dem Präsidenten Michail Gorbatschow. Während des gesamten Prozesses der deutschen Wiedervereinigung im Jahr 1990 bis 1991 gaben alle bedeutenden westlichen Führer Gorbatschow die Zusage, dass die NATO nicht nach Osten expandieren und so die Sicherheitsinteressen der Sowjetunion wahren wird. Das war die diplomatische Grundlage des Zwei-plus-Vier-Vertrages, der den Weg für die Wiedervereinigung Deutschlands frei machte und am 12. September 1990 in Moskau unterzeichnet wurde.

Das „National Security Archive der George Washington University" untersuchte freigegebene Dokumente aus Archiven in den USA, der Sowjetunion, Deutschland, Großbritannien und Frankreich. Es entdeckte eine Kaskade von Zusicherungen westlicher Politiker und veröffentlichte diese am 12. Dez. 2017.[581]

Die Dokumente zeigen, dass die russischen Beschwerden darüber, dass sie hinsichtlich der NATO-Osterweiterung in die Irre geführt worden seien, auf vielen schriftlichen Notizen und Gesprächen auf höchster Ebene beruhen, die zeitgleich geführt wurden.

Im Folgenden bringe ich übersetzte Ausschnitte des Berichts des „National Security Archive". Ich zitiere ausführlich, so dass man sich ein wahrheitsgetreues Bild machen und die Dimension der Täuschung Russlands erfassen kann:[582]

> *Präsident George H.W. Bush hatte Gorbatschow während des Malta-Gipfels im Dezember 1989 versichert, dass die USA die Revolutionen in Osteuropa nicht ausnutzen würden, um sowjetischen Interessen zu schaden. (...)*
>
> *Die ersten konkreten Zusicherungen westlicher Staats- und Regierungschefs zur NATO erfolgten am 31. Januar 1990, als der westdeutsche Außenminister Hans-Dietrich Genscher in Tutzing (Bayern) eine große öffentliche Rede zur deutschen Wiedervereinigung hielt. Die US-Botschaft in Bonn teilte Washington mit, Genscher habe deutlich*

gemacht, dass die Veränderungen in Osteuropa und der deutsche Einigungsprozess nicht zu einer „Beeinträchtigung der sowjetischen Sicherheitsinteressen" führen dürfen. Deshalb solle die NATO eine „Ausdehnung ihres Territoriums nach Osten, d.h. eine Annäherung an die sowjetischen Grenzen ausschließen." In der Bonner Depesche wurde auch der Vorschlag Genschers erwähnt, das ostdeutsche Gebiet auch in einem vereinigten Deutschland aus den militärischen Strukturen der NATO herauszuhalten.

Die letztgenannte Idee eines Sonderstatus für das Gebiet der DDR wurde im endgültigen deutschen Einigungsvertrag festgeschrieben, der am 12. September 1990 von den Zwei-Plus-Vier-Außenministern unterzeichnet wurde. Die erstgenannte Idee, die „Annäherung an die sowjetischen Grenzen auszuschließen", ist nicht in Verträgen niedergeschrieben, sondern in zahlreichen Gesprächsprotokollen zwischen den Sowjets und den höchsten westlichen Gesprächspartnern (Genscher, Kohl, Baker, Gates, Bush, Mitterrand, Thatcher, Major, Woerner und andere) festgehalten. In diesen wurden 1990 und bis ins Jahr 1991 hinein der Schutz der sowjetischen Sicherheitsinteressen und die Einbeziehung der UdSSR in neue europäische Sicherheitsstrukturen zugesichert. (...)

Die „Tutzing-Formel" wurde sofort zum Mittelpunkt einer Reihe wichtiger diplomatischer Gespräche in den folgenden zehn Tagen des Jahres 1990, die zu dem entscheidenden Treffen zwischen Kohl und Gorbatschow am 10. Februar 1990 in Moskau führten. Hier erreichte der westdeutsche Regierungschef die grundsätzliche Zustimmung der Sowjetunion zum wiedervereinten Deutschland in der NATO, solange die NATO nicht nach Osten erweitert würde. (...)

In den Gesprächen vor dieser Zusage an Kohl wurde ausdrücklich über die NATO-Erweiterung gesprochen, sowie über die mittel- und osteuropäischen Länder und wie man die Sowjets davon überzeugen könnte, die Wiedervereinigung zu akzeptieren. Als Genscher beispielsweise am 6. Februar 1990 mit dem britischen Außenminister Douglas Hurd zusammentraf, wurde in den britischen Aufzeichnungen festgehalten, dass Genscher sagte: „Die Russen müssen die Gewissheit haben, dass, wenn zum Beispiel die polnische Regierung an einem Tag den Warschauer Pakt verlässt, sie am nächsten Tag nicht der NATO beitreten wird."

Nachdem er auf dem Weg zu den Gesprächen mit den Sowjets mit Genscher zusammengetroffen war, wiederholte US-Außenminister Baker genau diese Genscher-Formulierung bei seinem Treffen mit Außenminister Eduard Schewardnadse am 9. Februar 1990, und, was noch wichtiger ist, von Angesicht zu Angesicht mit Gorbatschow.

Nicht nur einmal, sondern dreimal probierte Baker bei dem Treffen am 9. Februar 1990 mit Gorbatschow die Formel „keinen Zentimeter nach Osten" aus. Er stimmte Gorbatschows Erklärung zu, als dieser betonte, dass „eine NATO-Erweiterung inakzeptabel ist". Baker versicherte Gorbatschow, dass „weder der Präsident noch ich die Absicht haben, einseitige Vorteile aus den stattfindenden Prozessen zu ziehen". Baker sagte auch, dass die Amerikaner verstünden, „dass es nicht nur für die Sowjetunion, sondern auch für andere europäische Länder wichtig ist, Garantien dafür zu haben, dass, wenn die Vereinigten Staaten ihre Präsenz in Deutschland im Rahmen der NATO beibehalten, sich kein Zoll der gegenwärtigen militärischen Zuständigkeit der NATO in östlicher Richtung ausbreiten wird."

Danach schrieb Baker an Helmut Kohl, der am nächsten Tag mit dem sowjetischen Führer zusammentreffen würde. (...) Baker berichtete: „Und dann habe ich ihm [Gorbatschow] folgende Frage gestellt. Würden Sie es vorziehen, ein vereinigtes Deutschland außerhalb der NATO zu sehen, unabhängig und ohne US-Streitkräfte, oder würden Sie es vorziehen, dass ein vereinigtes Deutschland an die NATO gebunden ist, mit der Zusicherung, dass sich die Zuständigkeit der NATO keinen Zentimeter von ihrer derzeitigen Position nach Osten verlagern würde? Er antwortete, dass die sowjetische Führung alle diese Optionen ernsthaft in Erwägung ziehe [...]. Dann fügte er hinzu: ‚Sicherlich wäre jede Ausdehnung der NATO-Zone inakzeptabel.'„ In Klammern fügte Baker zu Kohls Gunsten hinzu: „Im Umkehrschluss könnte die NATO in ihrer derzeitigen Zone akzeptabel sein."

Gut informiert durch den amerikanischen Außenminister, verstand der westdeutsche Bundeskanzler eine wichtige sowjetische Grundlinie und versicherte Gorbatschow am 10. Februar 1990: „Wir glauben, dass die NATO den Bereich ihrer Aktivitäten nicht ausweiten sollte." Nach diesem Treffen konnte Kohl seine Begeisterung über Gorbatschows grundsätzliche Zustimmung zur deutschen Wiedervereinigung kaum zügeln. (...)

Nach Genscher, Kohl und Baker kam als nächstes der britische Außenminister Douglas Hurd. (...) Hurd bekräftigte die Baker-Genscher-Kohl-Botschaft bei seinem Treffen mit Gorbatschow in Moskau am 11. April 1990, indem er sagte, dass Großbritannien eindeutig „die Wichtigkeit erkannt hat, nichts zu tun, was die Interessen und die Würde der Sowjetunion beeinträchtigt."

Über das Gespräch zwischen Baker und Schewardnadse am 4. Mai 1990 berichtete Baker an Präsident Bush: „(...) Ich versicherte Schewardnadse, dass der Prozess keine Gewinner und Verlierer hervorbringen würde. Stattdessen würde er eine neue legitime europäische Struktur hervorbringen – eine, die nicht ausschließend, sondern einschließend sein würde."

Baker wiederholte dies am 18. Mai 1990 in Moskau direkt gegenüber Gorbatschow, indem er ihm seine „neun Punkte" nannte, zu denen die Umgestaltung der NATO, die Stärkung der europäischen Strukturen, die Beibehaltung eines atomwaffenfreien Deutschlands und die Berücksichtigung der sowjetischen Sicherheitsinteressen gehörten. Baker begann seine Ausführungen mit den Worten: „Bevor ich ein paar Worte zur deutschen Frage sage, möchte ich betonen, dass unsere Politik nicht darauf abzielt, Osteuropa von der Sowjetunion zu trennen. Diese Politik hatten wir schon früher. Aber heute sind wir daran interessiert, ein stabiles Europa aufzubauen, und zwar gemeinsam mit Ihnen."

Der französische Staatschef Francois Mitterrand (...) sagte zu Gorbatschow am 25. Mai 1990 in Moskau, dass er „persönlich für die schrittweise Auflösung der Militärblöcke" sei; dann setzte Mitterrand die Kaskade der Zusicherungen fort, indem er sagte, der Westen müsse „Sicherheitsbedingungen für die Sowjetunion sowie für die europäische Sicherheit insgesamt schaffen". Mitterrand schrieb Bush sofort in einem „Cher George"-Brief über sein Gespräch mit dem sowjetischen Führer, dass „wir uns gewiss nicht weigern würden, die Garantien zu geben, die er für die Sicherheit seines Landes zu Recht erwarten kann."

Auf dem Washingtoner Gipfeltreffen am 31. Mai 1990 gab sich Bush alle Mühe, Gorbatschow zu versichern, dass Deutschland in der NATO niemals gegen die UdSSR gerichtet sein würde: „(...) Und natürlich haben wir nicht einmal in Gedanken die Absicht, der Sowjetunion in irgendeiner Weise zu schaden." (...)

Auch die „Eiserne Lady" schaltete sich nach dem Washingtoner Gipfel bei ihrem Treffen mit Gorbatschow am 8. Juni 1990 in London ein. Margaret Thatcher nahm die Schritte vorweg, die die Amerikaner (mit ihrer Unterstützung) auf der NATO-Konferenz Anfang Juli gehen würden, um Gorbatschow mit Beschreibungen der Umgestaltung der NATO hin zu einem eher politischen, weniger militärisch bedrohlichen Bündnis zu unterstützen. Sie sagte zu Gorbatschow: „Wir müssen Wege finden, um der Sowjetunion das Vertrauen zu geben, dass ihre Sicherheit gewährleistet ist. (...) Die KSZE könnte ein Dach für all dies sein und auch das Forum, das die Sowjetunion voll in die Diskussion über die Zukunft Europas einbezieht." [Die KSZE, Konferenz über Sicherheit und Zusammenarbeit in Europa, war eine Folge von Konferenzen ab 1973 von über 50 Staaten der NATO, des Warschauer Paktes und mit neutraler Position.]

Die Londoner NATO-Erklärung vom 5. Juli 1990 wirkte sich den meisten Berichten zufolge recht positiv auf die Beratungen in Moskau aus und lieferte Gorbatschow wichtige Munition, um seinen Hardlinern auf dem zu diesem Zeitpunkt stattfindenden Parteitag entgegenzutreten. (...)

In seinem Telefongespräch mit Gorbatschow am 17. Juli wollte Bush den Erfolg der Gespräche zwischen Kohl und Gorbatschow vom 15. Juli 1990 und die Botschaft der Londoner Erklärung bekräftigen. Bush erklärte: „Wir haben also versucht, Ihren Bedenken, die Sie mir und anderen gegenüber geäußert haben, Rechnung zu tragen, und wir haben dies auf folgende Weise getan: durch unsere gemeinsame Erklärung zum Gewaltverzicht, durch unsere Einladung an Sie, in die NATO zu kommen, durch unsere Vereinbarung, die NATO für regelmäßige diplomatische Kontakte mit Ihrer Regierung und den Regierungen der osteuropäischen Länder zu öffnen, und durch unser Angebot, Zusicherungen über den künftigen Umfang der Streitkräfte eines vereinigten Deutschlands zu geben – eine Frage, die Sie, wie ich weiß, mit Helmut Kohl erörtert haben. Wir haben auch unseren militärischen Ansatz in Bezug auf konventionelle und nukleare Streitkräfte grundlegend geändert. Wir haben die Idee einer erweiterten, stärkeren KSZE mit neuen Institutionen, an denen die UdSSR teilhaben und Teil des neuen Europas sein kann."

Aus den Dokumenten geht hervor, dass Gorbatschow dem wiedervereinigten Deutschland in der NATO als Ergebnis dieser Kaskade von Zusicherungen und auf der Grundlage seiner eigenen Analyse zustimmte, dass die Zukunft der Sowjetunion von ihrer Integration in Europa abhing, für die Deutschland der entscheidende Akteur sein würde. Er und die meisten seiner Verbündeten glaubten, dass eine Art gemeinsames europäisches Haus möglich sei und sich parallel mit der Umgestaltung der NATO zu einem umfassenderen und integrierteren europäischen Raum entwickeln würde, und dass die Regelungen nach dem Ende des Kalten Krieges den sowjetischen Sicherheitsinteressen Rechnung tragen würden. Das Bündnis mit Deutschland würde nicht nur den Kalten Krieg überwinden, sondern auch das Erbe des Großen Vaterländischen Krieges auf den Kopf stellen. (...)

Noch im März 1991 versicherte der britische Premierminister John Major, laut dem Tagebuch des britischen Botschafters in Moskau, Gorbatschow persönlich: „Wir sprechen nicht über die Stärkung der NATO." Als der sowjetische Verteidigungsminister Marschall Dmitri Jasow Major daraufhin nach dem Interesse der osteuropäischen Staats- und Regierungschefs an einer NATO-Mitgliedschaft fragte, antwortete der britische Premierminister: „Nichts dergleichen wird geschehen."

Als russische Abgeordnete des Obersten Sowjets im Juli 1991 nach Brüssel kamen, um die NATO zu besuchen und mit NATO-Generalsekretär Manfred Woerner zusammenzutreffen, sagte Woerner den Russen, dass „wir nicht zulassen sollten, dass [...] die UdSSR von der europäischen Gemeinschaft isoliert wird". Laut dem russischen Gesprächsprotokoll „betonte Woerner, dass der NATO-Rat und er gegen die Erweiterung der NATO seien (13 von 16 NATO-Mitgliedern unterstützen diesen Standpunkt)."

Gorbatschow hatte also die Gewissheit, dass der Westen die Sicherheit der Sowjetunion nicht bedroht und die NATO nicht erweitert.

In einem weiteren Bericht vom 16. März 2018 befasst sich das „National Security Archive" mit der Frage, was Boris Jelzin, der Nachfolger von Gorbatschow, von westlichen Politikern hörte:[583]

> *Aus freigegebenen Dokumenten aus US-amerikanischen und russischen Archiven geht hervor, dass US-Beamte dem russischen Präsidenten Boris Jelzin 1993 vorgaukelten, die „Partnerschaft für den Frieden"[584] [Anm.: eine lose Zusammenarbeit zwischen NATO-Staaten und Nichtmitgliedern] sei die Alternative zur NATO-Erweiterung und nicht deren Vorläufer. Gleichzeitig aber planten sie eine NATO-Erweiterung nach Jelzins Wiederwahl 1996. Den Russen hingegen sagten sie wiederholt, das künftige europäische Sicherheitssystem werde Russland einschließen und nicht ausschließen.*

Im Mai 1995 machte Boris Jelzin an einem Treffen in Budapest Bill Clinton in aller Deutlichkeit klar, dass eine NATO-Osterweiterung eine rote Linie sei:

> *„Für mich wäre eine Zustimmung zur Ausweitung der NATO näher an die Grenzen Russlands ein Verrat an der russischen Bevölkerung."*[585]

Die Versprechen der westlichen Regierungen wurden sofort gebrochen

Obwohl alle führenden westlichen Politiker das Gegenteil versprochen hatten, trieb die NATO nach der deutschen Wiedervereinigung die Osterweiterung voran. Es entstand auch kein europäisches Sicherheitssystem zusammen mit Russland. 1999 wurden Polen, Tschechien und Ungarn in die NATO aufgenommen, elf weitere Staaten folgten, wie in folgender Graphik zu sehen ist.

Die veröffentlichten Dokumente beweisen sehr deutlich, dass die NATO-Regierungen die russische Regierung bezüglich der NATO-Osterweiterung belogen haben. Gorbatschow wurde mit einer Zusicherungskaskade eingelullt. Hätte Russland der deutschen Wiedervereinigung zugestimmt, wenn der Fahrplan der NATO-Osterweiterung schon sichtbar gewesen wäre?

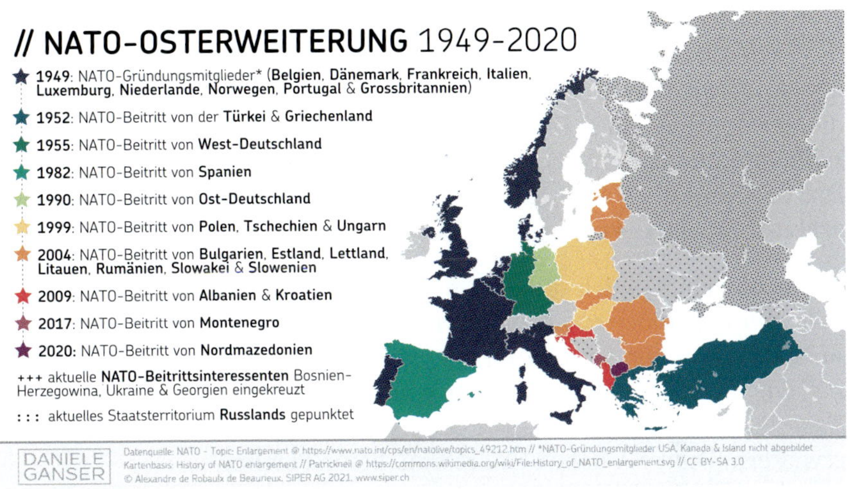

Graphik von Swiss Institute for Peace and Energy Research (SIPER)

Dass diese Täuschung zu einer zunehmenden Verärgerung und einem Vertrauensverlust auf russischer Seite führte, ist nicht verwunderlich. Erschreckend ist aber, dass sich die westlichen Politiker für dieses Täuschungsmanöver nicht einmal schämen. Stattdessen heißt es oft, dass es gar keine Zusage gegeben hätte, oder Gorbatschow hätte eben keinen Vertrag geschlossen, Worte würden eben nichts bedeuten … Unter normalen Menschen und ehrlichen Geschäftsleuten und Staatsmännern reicht aber ein Wort.

Eine große Frage bleibt: Wieso hat sich Gorbatschow täuschen lassen? Warum hat er nicht auf einem verbindlichen vertraglichen Ausschluss einer NATO-Osterweiterung bestanden? Ich habe auf diese Frage bislang keine schlüssige Antwort gefunden. Im Zwei-plus-Vier-Vertrag ging es um die Deutsche Einheit, das wäre nicht der Ort für einen solchen Erweiterungs-Ausschluss gewesen. Aber Russland hätte darauf bestehen können, dass zuvor ein entsprechender Vertrag mit den NATO-Staaten abgeschlossen wird. Ein Vertrag ist zwar auch keine dauerhafte Sicherheit, aber zumindest nicht so leicht wegzuwischen wie Protokolle und mündliche Zusagen.

Im Jahr 1990 standen die USA und die NATO an einer entscheidenden Weggabelung. Es wäre einerseits möglich gewesen, eine umfassende europäische Sicherheitsstruktur zu schaffen, die keine neuen Grenzen in Europa zieht, Russland willkommen heißt und die Blöcke überwindet. Andererseits gab es die Möglichkeit, dass die USA und die NATO die Staaten des ehemaligen Ostblocks vereinnahmen, Russland ausschließen und die NATO bis direkt an Russlands Grenzen vergrößert. Die USA und die NATO haben die historische Chance zur Zusammenarbeit zielstrebig verweigert und sich für das Zweite entschieden.

Dafür war maßgeblich die USA mit Präsident Bill Clinton verantwortlich. *„Im Dezember 1994 stellten Präsident Clinton und Vizepräsident Al Gore bei einem Treffen im Weißen Haus insgeheim klar, dass die Zeit für die NATO-Osterweiterung nun gekommen sei, schreibt Mary Elise Sarotte.“*[586] Die USA sah darin eine Möglichkeit, ihre Macht zu erweitern. Die USA haben Interessen, keine Partner.

Die NATO trieb dann entgegen ihren Versprechungen die Aufnahme der osteuropäischen Staaten voran. Wichtig dabei ist zu verstehen, dass ein NATO-Beitritt kein Selbstläufer ist, denn es bedarf immer der Zustimmung aller bisherigen NATO-Mitglieder. Diese hätten sich jederzeit an ihr Versprechen gegenüber Russland halten und keine neuen Mitglieder aufnehmen können. Das haben sie aber nicht getan. Da alle bestehenden NATO-Mitglieder einer Aufnahme zustimmen müssen, hätte sogar nur ein einziges Land ausgereicht, das eine ehrliche Haltung vertritt, um die NATO-Osterweiterungen zu verhindern. Kein einziges NATO-Land wollte sich aber an die Versprechen gegenüber Russland halten.

Der Ukraine-Krieg ab 2022 entzündete sich nicht nur an dem ungelösten Donbass-Krieg, sondern auch an der NATO-Osterweiterung. Präsident Putin hatte immer wieder deutlich gemacht, dass ein NATO-Beitritt der Ukraine und Georgiens eine rote Linie sei und als inakzeptable Bedrohung der Sicherheit Russlands angesehen wird. Die ukrainische Grenze ist nur 1000 km von Moskau entfernt. Raketen können von dort in wenigen Minuten in Moskau einschlagen.

Putin hielt 2007 an der Sicherheitskonferenz in München eine lange Rede. Putin offerierte dem Westen in fast allen Belangen partnerschaftliche Zusammenarbeit. Aber in einem Punkt sagte er glasklar „Nein“:

Russland werde nie akzeptieren, dass die Welt allein und monopolar von der Großmacht USA gesteuert und dirigiert werde. Und er machte klar, dass die NATO-Erweiterung nach Osten aus russischer Sicht nur als Bedrohung verstanden werden kann.[587]

Davon unbeeindruckt erhielten 2008 die Ukraine wie auch Georgien auf dem NATO-Gipfel in Bukarest eine Beitrittsperspektive. Die NATO unterstützte die Ukraine beim Aufbau der Streitkräfte, bildete Soldaten aus und schickte Waffen für viele Milliarden. Die Ukraine nahm als Nicht-Mitglied an NATO-geführten Militäroperationen (ISAF, KFOR und OAE) und mehreren NATO-Programmen und Manövern teil. Auch wenn formell ein NATO-Beitritt der Ukraine noch nicht erfolgt war, die Zusammenarbeit zwischen Ukraine und NATO wurde immer enger: Von der Angleichung der militärischen Hierarchiestufen[588] bis zum obligatorischen Englisch-Unterricht[589] für die ukrainischen Offiziere. Ukrainische Regierungen forderten immer wieder die NATO-Mitgliedschaft. Mit der Änderung der Verfassung im Februar 2019 erhob die Ukraine die Mitgliedschaft in der EU und in der NATO zu einem Staatsziel mit Verfassungsrang.[590]

Russland bat am 17. Dezember 2021 die USA und die NATO um eine schriftlich festgehaltene Zusicherung, dass die NATO keine weiteren Länder an der Grenze Russlands zu Mitgliedern macht, und dass die weitere Aufrüstung der NATO-Länder an der Grenze Russlands gestoppt wird. Diese Sicherheitsgarantien wurden abgelehnt. Stattdessen geschah das Gegenteil: Die NATO beschleunigte und intensivierte die Waffenlieferungen an die Ukraine, und die ukrainische Armee verstärkte im Donbass-Krieg die Bombardierungen der Volksrepubliken.

Damit waren in den Augen Russlands die diplomatischen Möglichkeiten am Ende. Am 24. Februar 2022 begann die von den Donbass-Republiken erbetene militärische Unterstützung durch den Kriegseintritt Russlands. Das Unglück nahm seinen Lauf.

Die Mitverantwortung der NATO am Ukraine-Krieg: Vor der NATO-Osterweiterung wurde oft gewarnt

Fast alle westlichen Medien berichteten zum Ukraine-Krieg so, als ob dieser eine völlig unerwartete Überraschung gewesen sei. Aber seit 1994 haben Top-Politiker und Politologen vor einer Erweiterung der NATO nach Osten ausdrücklich gewarnt. Die NATO ist für diesen Krieg sehenden Auges und also intentional mitverantwortlich.

Die Zeitschrift „Globalbridge“ hat viele Stimmen zusammengetragen. Hier eine Auswahl:[591]

George F. Kennan, Historiker und Diplomat, von 1933 bis 1937 in der US-Botschaft in Moskau tätig, warnte in der „New York Times“ am 5. Februar 1997 mit drastischen Worten: *„Die Meinung ist, offen herausgesagt, dass eine NATO-Erweiterung der verhängnisvollste Fehler der amerikanischen Politik in der ganzen Zeit seit dem Kalten Krieg wäre.“*

Jack F. Matlock Jr, US-Botschafter in der Sowjetunion von 1987 bis 1991, fand 1997 klare Worte: *„Ich halte die Empfehlung der Regierung, zum jetzigen Zeitpunkt neue Mitglieder in die NATO aufzunehmen, für verfehlt. Sollte sie vom Senat der USA gebilligt werden, so könnte sie als der größte strategische Fehler seit dem Ende des Kalten Krieges in die Geschichte eingehen.“* Die NATO-Erweiterung könnte *„zur größten Sicherheitsbedrohung“* führen. – Heute wissen wir, wie recht er hatte.

William Burns, der 2021 CIA-Direktor wurde, warnte im Jahr 2008 als Botschafter in Russland, dass *„der Beitritt der Ukraine zur NATO für die russische Elite (nicht nur für Putin) die leuchtendste aller roten Linien ist“*. Er warnte Außenministerin Condoleezza Rice: *„Ich habe noch niemanden gefunden, der die Aufnahme der Ukraine in die NATO als etwas anderes beurteilt als eine direkte Herausforderung der russischen Interessen.“* Ginge es um die Ukraine, warnte Burns, „könnte es keinen Zweifel geben, dass Putin hart zurückschlagen würde“.

Diese Warnungen waren weder subtil noch zurückhaltend: „verhängnisvollster Irrtum“, „größter strategischer Fehler“, „leuchtendste aller roten Linien“, „hart zurückschlagen“. Und sie kamen von den Leuten, die es wissen sollten. Das ignorierten die NATO-Regierungen komplett.

Im Oktober 1995 zwang ein Skandal den damaligen NATO-Generalsekretär Willy Claes zum Rücktritt. Ruud Lubbers war bereit, ihn zu ersetzen. Als sich jedoch herausstellte, dass Lubbers gegen die Pläne der USA zur Osterweiterung der NATO war, beschlossen die USA laut James Steinberg, dem Direktor für politische Planung im US-Außenministerium, Lubbers Aufstieg an die Spitze der NATO zu verhindern – eine weniger bekannte Geschichte über das Ignorieren von Warnungen und der Steuerung der NATO durch die USA. Stattdessen brachten die USA Javier Solana an die Spitze der NATO. Solana machte deutlich, dass er in der Frage der NATO-Osterweiterung „der amerikanischen Sichtweise folgen werde".

Nicht nur hohe US-Beamte, auch viele Wissenschaftler warnten

Ted Galen Carpenter, ehemaliger Direktor des „Cato Institute" in den USA, schrieb 1997 in einem Artikel:[522]

> *Die Veränderungen, die nach dem Kalten Krieg in der militärischen Ausrichtung der NATO stattgefunden haben, verstärken die russischen Befürchtungen. Während des Kalten Krieges konnten die westlichen Staats- und Regierungschefs glaubhaft argumentieren, dass das Bündnis nur dazu diene, das Territorium der Mitgliedsstaaten vor Angriffen zu schützen. Da sich die NATO jedoch in „out of area"-Einsätze gewagt hat, vor allem in Bosnien, und prominente Befürworter des Bündnisses, wie der ehemalige Außenminister James Baker, dafür plädieren, dass die NATO „überall und unter allen Umständen" eingreift, wenn der Frieden und die Stabilität in Europa bedroht sind, verfolgt das Bündnis nun eindeutig sowohl offensive als auch defensive Ziele. (...)*
>
> *Eine erweiterte NATO ist eine furchtbare, potenziell katastrophale Idee. Anstatt die Wunden des Kalten Krieges zu heilen, droht sie eine neue Teilung Europas und eine Reihe gefährlicher Sicherheitsverpflichtungen für die Vereinigten Staaten zu schaffen.*

Noam Chomsky, emeritierter Professor für Linguistik am Massachusetts Institute of Technology (MIT), einer der bekanntesten Intellektuellen der USA, warnte 2015 davor, die Ukraine in die NATO aufzunehmen:[522]

> *Wir können uns zum Beispiel vorstellen, wie die USA während des Kalten Krieges reagiert hätten, wenn der Warschauer Pakt sich auf Lateinamerika ausgedehnt hätte und Mexiko und Kanada nun planten, dem Warschauer Pakt beizutreten.*

John Paul Keating, 1991 bis 1996 Australiens Premierminister, schrieb im September 1997:[522]

> *Ich glaube, dass die Entscheidung, die NATO zu erweitern, ein großer sicherheitspolitischer Fehler in Europa ist. (...)*
>
> *Die Russen haben unter Michail Gorbatschow zugestanden, dass Ostdeutschland als Teil eines vereinten Deutschlands in der NATO bleiben kann. Aber jetzt, nur ein halbes Dutzend Jahre später, ist die NATO bis an die Westgrenze der Ukraine herangerückt. Diese Botschaft kann nur auf eine Weise gelesen werden: Obwohl Russland eine Demokratie geworden ist, bleibt es im Bewusstsein Westeuropas der Staat, den man im Auge behalten muss, der potenzielle Feind. (...)*
>
> *Was immer auch der Ständige Gemeinsame NATO-Russland-Rat für eine Augenwischerei betreibt, jeder weiß, dass Russland der Grund für die NATO-Erweiterung ist.*

John J. Mearsheimer ist eine höchst prominente Stimme, die für die Geschehnisse in der Ukraine im Jahr 2014 – inklusive der Wiedervereinigung der Krim mit Russland – klar den Westen verantwortlich machte. John J. Mearsheimer ist Professor für Politologie an der Universität Chicago und spezialisiert auf internationale Beziehungen. Im Herbst 2014 veröffentlichte er in der international bekannten US-Monatszeitschrift „Foreign Affairs" unter dem Titel „Warum die Ukraine-Krise die Schuld des Westens ist" einen langen Artikel, aus dem hier einige Passagen zitiert seien:[522]

Die Vereinigten Staaten und ihre europäischen Verbündeten tragen den größten Teil der Verantwortung für die Krise. Die Wurzel des Übels ist die NATO-Erweiterung, das zentrale Element einer umfassenderen Strategie, um die Ukraine aus der Umlaufbahn Russlands herauszuholen und sie in den Westen zu integrieren. Gleichzeitig waren die EU-Osterweiterung und die Unterstützung des Westens für die pro-demokratische Bewegung in der Ukraine – beginnend mit der Orangenen Revolution im Jahr 2004 – ebenfalls entscheidende Elemente. Seit Mitte der 1990er Jahre lehnt die russische Führung die NATO-Erweiterung strikt ab und hat in den letzten Jahren deutlich gemacht, dass sie nicht tatenlos zusehen würde, wie ihr strategisch wichtiger Nachbar zu einer westlichen Bastion wird. (...)

Kein russischer Staatschef würde dulden, dass ein Militärbündnis, das bis vor kurzem Moskaus Todfeind war, in die Ukraine einmarschiert. Auch würde kein russischer Staatschef tatenlos zusehen, wie der Westen dort eine Regierung einsetzt, die die Ukraine in den Westen integrieren will. (...)

Washington mag die Position Moskaus nicht mögen, aber es sollte die Logik dahinter verstehen. Das ist das Einmaleins der Geopolitik: Großmächte reagieren immer sensibel auf potenzielle Bedrohungen in der Nähe ihres eigenen Territoriums. Schließlich dulden die USA auch nicht, dass entfernte Großmächte irgendwo in der westlichen Hemisphäre militärische Streitkräfte stationieren, geschweige denn an ihren Grenzen. Stell dir die Empörung in Washington vor, wenn China ein beeindruckendes Militärbündnis aufbauen und versuchen würde, Kanada und Mexiko in dieses einzubeziehen. Abgesehen von dieser Logik hat die russische Führung ihren westlichen Amtskollegen bei vielen Gelegenheiten mitgeteilt, dass sie die NATO-Erweiterung in Georgien und der Ukraine für inakzeptabel hält, ebenso wie jeden Versuch, diese Länder gegen Russland aufzubringen – eine Botschaft, die auch der russisch-georgische Krieg 2008 deutlich gemacht hat. (...)

Es gibt jedoch eine Lösung für die Krise in der Ukraine – auch wenn sie vom Westen ein grundlegend neues Denken über das Land erfordert. Die USA und ihre Verbündeten sollten ihren Plan, die Ukraine zu verwestlichen, aufgeben und stattdessen versuchen, das Land zu einem neutralen Puffer zwischen der NATO und Russland zu machen, so wie es Österreich während des Kalten Krieges gewesen ist. Die westlichen Staats- und Regierungschefs sollten anerkennen, dass die Ukraine für Putin so wichtig ist, dass sie ein antirussisches Regime dort nicht unterstützen können. Das würde nicht bedeuten, dass eine zukünftige ukrainische Regierung pro-russisch oder anti-NATO sein muss. Im Gegenteil, das Ziel sollte eine souveräne Ukraine sein, die weder dem russischen noch dem westlichen Lager angehört. (...)

Es ist an der Zeit, die westliche Unterstützung für eine weitere Orange Revolution zu beenden. Dennoch sollten die USA und Europa die Ukraine ermutigen, die Rechte von Minderheiten zu respektieren, insbesondere die Sprachrechte der russischsprachigen Bevölkerung. (...)

Die Vereinigten Staaten und ihre europäischen Verbündeten stehen in Bezug auf die Ukraine nun vor einer Entscheidung. Sie können ihre derzeitige Politik fortsetzen, was die Feindseligkeiten mit Russland verschärfen und die Ukraine zerstören würde – ein Szenario, bei dem alle als Verlierer dastehen würden. Oder sie können einen anderen Weg einschlagen und sich für eine wohlhabende, aber neutrale Ukraine einsetzen, die keine Bedrohung für Russland darstellt und es dem Westen ermöglicht, seine Beziehungen zu Moskau zu verbessern. Mit diesem Ansatz würden alle Seiten gewinnen.

All das hat John J. Mearsheimer schon im Herbst 2014 geschrieben.[592] Im Jahr 2022 nach dem Kriegseintritt Russlands sagte er, dass er diese damals geäußerte Meinung auch heute habe und sich seine Prognose leider voll bestätigt habe.[593]

Das Völkerrechtsprinzip der „gegenseitigen Achtung der Sicherheitsinteressen"

Zur Begründung der NATO-Osterweiterung wird von westlichen Regierungen und Mainstream-Medien immer darauf hingewiesen, dass jeder Staat das Recht habe, seine militärischen Bündnisse frei zu wählen. Dieses Recht taucht tatsächlich in mehreren internationalen Abkommen auf – doch gleichzeitig wird dabei immer auch die Einschränkung formuliert, dass bei einer Bündniswahl die „Sicherheitsinteressen eines jeden" berücksichtigt werden müssen. Das heißt konkret, dass eine NATO-Osterweiterung vom Völkerrecht nicht gedeckt ist, da es den Sicherheitsinteressen Russlands widerspricht, wie Russland immer wieder deutlich gemacht hat.

Damit möglichst niemand zu dieser logischen Schlussfolgerung kommt, wird die gegenseitige Achtung der Sicherheitsinteressen in der öffentlichen und juristischen Diskussion in den NATO-Staaten systematisch ausgeblendet – man spricht einfach nicht darüber, sondern nur über die freie Bündniswahl.[594] Ausblenden und Verschweigen sind das wichtigste Propagandamittel.

Hier habe ich die Abkommen zusammengesucht, in denen das Prinzip der „Achtung der Sicherheitsinteressen eines jeden" verankert ist.

1975: Schlussakte von Helsinki

Die „Schlussakte der Konferenz über Sicherheit und Zusammenarbeit in Europa (KSZE)" wurde am 1. August 1975 in Helsinki von 35 Staaten unterzeichnet. Das Dokument ist das Ergebnis der in den 1960er-Jahren einsetzenden Entspannungspolitik im Ost-West-Konflikt. [595] Darin heißt es:

> *Die Teilnehmerstaaten (...) werden sich bei der Entwicklung ihrer Zusammenarbeit als Gleiche bemühen,*

gegenseitiges Verständnis und Vertrauen, freundschaftliche und gutnachbarliche Beziehungen untereinander, internationalen Frieden, internationale Sicherheit und Gerechtigkeit zu fördern. Sie werden sich gleichermaßen bemühen, bei der Entwicklung ihrer Zusammenarbeit das Wohlergehen der Völker zu verbessern (...) sie werden das Interesse aller berücksichtigen, (...) (S. 9)

Die Teilnehmerstaaten werden von folgenden wesentlichen Erwägungen ausgehen: (...) der Achtung der ihrer souveränen Gleichheit innewohnenden Sicherheitsinteressen aller an der Konferenz über Sicherheit und Zusammenarbeit in Europa teilnehmenden Staaten; (S. 17)

Hervorzuheben sind hier folgende Formulierungen: „Zusammenarbeit als Gleiche", „Interessen aller berücksichtigen" und „Achtung der Sicherheitsinteressen aller".

1990: Zwei-plus-vier-Vertrag

Mit dem „Zwei-plus-vier-Vertrag" vom 12. September 1990 wurde die Wiedervereinigung Deutschlands geregelt. In der Präambel heißt es, dass eine Friedensordnung geschaffen werden solle, die „die Sicherheitsinteressen eines jeden" berücksichtigt.[596]

1990: Charta von Paris

Am 21. November 1990 wurde bei einer KSZE- Sondergipfelkonferenz die „Charta von Paris" von 32 europäischen Ländern sowie den USA und Kanada beschlossen.[597] Darin steht:

Nun, da die Teilung Europas zu Ende geht, werden wir unter uneingeschränkter gegenseitiger Achtung der Entscheidungsfreiheit eine neue Qualität in unseren Sicherheitsbeziehungen anstreben. Sicherheit ist unteilbar, und die Sicherheit jedes Teilnehmerstaates ist untrennbar mit der aller anderen verbunden. Wir verpflichten uns daher, bei der Festigung von Vertrauen und Sicherheit untereinander sowie bei der Förderung der Rüstungskontrolle und Abrüstung zusammenzuarbeiten. (S. 3)

Hervorzuheben ist der Satz: „Sicherheit ist unteilbar, und die Sicherheit jedes Teilnehmerstaates ist untrennbar mit der aller anderen verbunden."

1997: NATO-Russland-Grundakte

Die „NATO-Russland-Grundakte" vom 27. Mai 1997[598] spricht von *„kooperativer Sicherheit", „die NATO und Russland betrachten einander nicht als Gegner"* und *„von dem Grundsatz, dass die Sicherheit aller Staaten in der euro-atlantischen Gemeinschaft unteilbar ist."*

1999: Dokument von Istanbul

Die „Europäische Sicherheitscharta der OSZE" wurde von 55 europäischen, asiatischen und amerikanischen Staaten am 19. November 1999 in Istanbul beschlossen.[599] Das Ziel des Abkommens ist es, eine „Plattform für kooperative Sicherheit" zu errichten. Die „Europäische Sicherheitscharta" bildet zusammen mit der Schlussakte von Helsinki (1975), der Charta von Paris (1990) und der nachfolgenden Gipfelerklärung von Astana (2010) die Grundlage für ein System politischer Verpflichtungen und eines umfassenden Sicherheitskonzepts. Darin heißt es:

> *8. Jeder Teilnehmerstaat hat dasselbe Recht auf Sicherheit. Wir bekräftigen das jedem Teilnehmerstaat innewohnende Recht, seine Sicherheitsvereinbarungen einschließlich von Bündnisverträgen frei zu wählen oder diese im Laufe ihrer Entwicklung zu verändern. Jeder Staat hat auch das Recht auf Neutralität. Jeder Teilnehmerstaat wird diesbezüglich die Rechte aller anderen achten. Sie werden ihre Sicherheit nicht auf Kosten der Sicherheit anderer Staaten festigen. Innerhalb der OSZE kommt keinem Staat, keiner Staatengruppe oder Organisation mehr Verantwortung für die Erhaltung von Frieden und Stabilität im OSZE-Gebiet zu als anderen, noch kann einer/eine von ihnen irgendeinen Teil des OSZE-Gebiets als seinen/ihren Einflussbereich betrachten.*

Wichtig sind die beiden Sätze: „Jeder Teilnehmerstaat wird diesbezüglich die Rechte aller anderen achten. Sie werden ihre Sicherheit nicht auf Kosten der Sicherheit anderer Staaten festigen."

Dieses Prinzip der gegenseitigen Achtung der Sicherheitsinteressen wird im folgenden Absatz weiter bekräftigt:

> *9. Wir werden unsere Beziehungen im Einklang mit dem Konzept der gemeinsamen und umfassenden Sicherheit gestalten, im Sinne von gleichberechtigter Partnerschaft, Solidarität und Transparenz. Die Sicherheit jedes Teilnehmerstaates ist untrennbar mit der Sicherheit aller anderen verbunden.*

2010: Gedenkerklärung von Astana

An dem OSZE-Gipfeltreffen in Astana, der Hauptstadt Kasachstans, nahmen 56 Teilnehmerstaaten teil.[600] In der Abschlusserklärung vom 3. Dezember 2010 heißt es wie im Dokument von Istanbul: *„Die Sicherheit jedes Teilnehmerstaates ist untrennbar mit der Sicherheit aller anderen verbunden. Jeder Teilnehmerstaat hat das gleiche Recht auf Sicherheit.“*

NATO-Osterweiterung widerspricht den „Sicherheitsinteressen aller“

Alle aufgeführten Vereinbarungen sind politische Beschlüsse, keine völkerrechtlich verbindlichen Verträge. Als sogenanntes „soft law“ sind sie aber handlungs richtungsleitend.

Entsprechend der Achtung der „Sicherheitsinteressen aller“ hätte es die NATO-Osterweiterung nicht geben dürfen. Denn Russland hat immer deutlich gemacht, dass sie dies als eine Bedrohung ihrer Sicherheitsinteressen ansieht. Besonders stark war die russische Reaktion bei der anvisierten NATO-Aufnahme der Ukraine und Georgiens, die an Russland angrenzen. Trotzdem wurden der Ukraine und Georgien immer wieder eine Aufnahme in die NATO versprochen. Die zitierten Abkommen sehen aber vor, dass es keine Aufnahme in ein militärisches Bündnis geben dürfe, wenn dies auf „Kosten der Sicherheit“ anderer Staaten geschehen würde. Die Missachtung der Sicherheitsinteressen Russlands ist ein grober Verstoß gegen die vielen Abkommen, die von den NATO-Regierungen selbst unterzeichnet wurden.

Die Warnungen der Botschaftsdepeschen

Wie bewusst die NATO-Regierungen die russischen Sicherheitsinteressen missachteten und auf die Kriegskatastrophe zusteuerten, zeigen die Depeschen von westlichen Botschaften aus Moskau an ihre Regierungen. Diese geheimen Depeschen wurden von Wikileaks veröffentlicht.[601] Sie beweisen, dass ein Beitritt der Ukraine zur NATO von den USA aktiv vorangetrieben wurde.

In einer Depesche des US-Botschafters in Kiew vom September 2009 steht unter dem Titel "der Weg nach vorne", dass Analysten den folgenden Punkt für essenziell halten:

> *Die Integration der Ukraine in den Westen und die NATO-Erweiterung bewusst im Stillen anstreben. Es gibt keine Aussicht auf schnelle Fortschritte auf diesem Gebiet, und wir können übereinstimmen, dass wir mit der russischen Regierung uneinig sind, während wir unsere Bemühungen zur Förderung der Integration der Ukraine in den Westen fortsetzen.*[602]

Und im März 2008 notierte der US-Botschafter in Moskau:

> *Verteidigungs- und Sicherheitsexperten stellen fest, dass eine NATO-Erweiterung eines von wenigen Sicherheitsthemen ist, bei dem es einen fast vollständigen Konsens unter russischen Entscheidungsträgern, Experten und der informierten Öffentlichkeit gibt: Sie sind vehement gegen eine NATO-Osterweiterung, insbesondere bezüglich der Ukraine und Georgien. Aleksandr Belkin, stellvertretender Geschäftsführer des Rats für Außen- und Verteidigungspolitik sagte, die Ukraine sei die letzte Bastion. „Wenn die Ukraine ein NATO-Mitglied wird, wäre die Umzingelung von Russland komplett." Er sagte, es gäbe eine fast vollständige Übereinstimmung unter Russlands politischer Elite, dass der Versuch der NATO, die Ukraine aufzunehmen, ein feindlicher Akt sei.*[603]

Trotz zahlreicher Befürchtungen, dass eine Fortsetzung der Politik der NATO-Osterweiterung zu Instabilität und Bürgerkrieg in der Ukraine und zu einer Konfrontation zwischen den USA und Russland führen könne, finden sich leider in keiner einzigen Botschafts-Depesche Hinweise dafür, dass Bemühungen unternommen wurden, um diesen Konfrontationskurs zu verlassen.

Zusammenfassung: Die NATO-Regierungen logen, missachteten das Völkerrecht und trieben in den Krieg

Wir haben also gesehen, dass die NATO-Regierungen bei der NATO-Osterweiterung unsere russischen Nachbarn systematisch angelogen haben. Damit wurde Vertrauen zerstört. Die Versprechungen der NATO-Regierungen waren keinen Pfifferling wert.

Schlimm ist, dass sich die NATO-Politiker für diese Lügen nicht einmal schämen. Normale Menschen haben einen inneren Kompass und schämen sich, wenn sie ihr Wort brechen und sie versuchen, das wieder gut zu machen. Ein solches moralisches Empfinden ist bei den NATO-Regierungen nicht vorhanden.

Wir haben außerdem gesehen, dass die NATO-Osterweiterung dem Prinzip der „Achtung der Sicherheitsinteressen aller" widerspricht, das in vielen internationalen Abkommen verankert ist. Diese Nichteinhaltung dieses völkerrechtlichen Prinzips wird im Westen einfach ignoriert nach dem Motto: „Regeln gelten nur dann, wenn sie uns nützen."

Wir haben auch gezeigt, dass es dramatische Warnungen von Politikern, Diplomaten und Wissenschaftlern vor der NATO-Osterweiterung gegeben hat, diese könne zu einem Krieg führen. Doch die NATO-Regierungen irritierte das auf ihrem Weg nicht. Genau wie vorausgesagt, kam es 2022 zum Ukraine-Krieg. Bewusst haben die NATO-Regierungen auf diese Katastrophe hingesteuert, die hunderttausende Menschen töten und Millionen traumatisieren und schädigen wird.

Um die Menschen in der Ukraine ging es den NATO-Regierungen in Wirklichkeit nie. Man kann es nicht anders sehen, als dass sie bewusst in dieses Verbrechen hineingesteuert haben. Ihre eigenen Bevölkerungen haben sie durch Verschweigen und Propaganda zu willigen Befürwortern eines Krieges geformt und einen neuen Rassismus gegen Russen und Russland etabliert.

Te Rongo Marae Roa, Friedensgott der Maori, Palmerston North, Neuseeland[604]

Langfristig aufgebautes Russland-Feindbild

Jeder Krieg beginnt mit einem Informationskrieg. So auch der Ukraine-Krieg. Immer wird zuerst ein Feindbild aufgebaut und Angst erzeugt. Der Informationskrieg ist sehr vielfältig, subtil und vor allem langatmig und generationenübergreifend.

Die Brille des langfristig aufgebauten Feindbildes überprägt dann alles andere: USA gut, Ukraine gut, Russland schlecht. Mit Hilfe dieses Vorurteils kann dann alles andere entsprechend verortet werden. Dann glauben Menschen zum Beispiel auch, dass Russland ein Atomkraftwerk bombardiert, das von russischen Soldaten bewacht wird, das russisch kontrollierte Gebiete mit Strom versorgt und im Falle einer Atomkatastrophe große Teile Russlands verseuchen würde. Die Feindbild-Brille sorgt dann dafür, dass die Absurdität dieser Behauptung nicht auffällt. Wenn die Feindbild-Brillen stabil gebaut und bei sehr vielen Menschen gut verankert sind, kann man alles erzählen.

Ich kann dem großen Thema des Informationskrieges in diesem Kapitel nicht ausführlich gerecht werden, sondern nur einige Beispiele herausgreifen, damit es verständlicher wird.

Wer hat den deutschen Faschismus besiegt?

Zum Jahrestag der Kapitulation Deutschlands drückte am 9. Mai 2023 die Sprecherin des Weißen Hauses, Karine Jean-Pierre, in einer Pressekonferenz die offizielle US-amerikanische Sichtweise aus, nach der vor allem die USA den Krieg gegen den Faschismus gewonnen habe. Sie sagte: *„Diese Woche markiert, wie Sie alle wissen, den Jahrestag des Endes des Zweiten Weltkriegs in Europa und des Sieges der Vereinigten Staaten und der alliierten Streitkräfte über den Faschismus und die Aggression auf dem Kontinent."*[605]

Tatsächlich aber trug die Sowjetunion den größten Teil der Kriegslast. Die Sowjetunion vernichtete die deutsche Wehrmacht. Amerikanische

Soldaten betraten den Boden Europas erst, als die großen Schlachten vorbei waren und der Krieg im Wesentlichen schon entschieden war. Russland hat 27.000.000 Menschen verloren, die USA 400.000. Die Rote Armee verursachte 80 Prozent der Verluste der deutschen Wehrmacht.[606] Doch die USA stellt sich als den Sieger über die Nazis dar und verschweigen den sehr viel größeren Anteil der Sowjetunion. Diese Linie wird seit Jahrzehnten gefahren. Hollywood half entscheidend dabei mit.

So wurde das Bild der USA als Freund und Helfer aufgebaut. Eigentlich könnten wir auch Russland dafür dankbar sein, dass es die Nazi-Herrschaft beendet hat. Darüber wird aber kaum gesprochen. Denn Dankbarkeit gehört zu den Gefühlen, die das Feinbild stören. Dass die deutsche Wehrmacht und nachrückende Sonderkommandos der SS 27 Millionen Russen umgebracht haben, könnte ein tiefes Empfinden von Schuld und die Sehnsucht nach Versöhnung auslösen. Auch diese Gefühle passen nicht zum Feinbild. Also wird das Thema ausgeblendet. Aber die Kriegsverbrechen der Roten Armee gegen Ende des Zweiten Weltkrieges – begangen an der deutschen Zivilbevölkerung, insbesondere an Frauen – wurden als barbarische Gräueltaten im kollektiven Bewusstsein betont und hielten das Feindbild am Leben.

Hingegen werden die systematischen Bombardierungen deutscher Städte durch England und die USA mit einer Beiläufigkeit behandelt, als ob es Regenschauer gewesen seien – unvermeidliche Akte zur Befreiung der deutschen Bevölkerung von der Naziherrschaft. Tatsächlich war diese gezielte Tötung von Zivilisten und Zerstörung ziviler Häuser ein Kriegsverbrechen größten Ausmaßes. Dies als Kriegsverbrechen zu bezeichnen, passt jedoch nicht ins gewünschte Gut-Böse-Schema, deshalb spricht man nicht so darüber.

Auf diese Weise wird die Feinbild-Propaganda laufend in unzähligen Themenfeldern und mit vielen Mitteln umgesetzt. Das im Folgenden näher ausgeführte Beispiel ist ein weiteres unter Hunderten.

USA: Registrierung ausländischer Interessenvertreter

In den USA gibt es bereits seit 1938 das FARA-Gesetz (Foreign Agents Registration Act). Es soll ausländische Einmischungen in die Politik der USA verhindern. Nach dem Gesetz drohen jedem, der in den USA mit ausländischem Auftrag politisch tätig wird und sich nicht als „ausländischer Agent" registriert, Geldstrafen bis 250.000 US-Dollar und Haftstrafen bis fünf Jahre.[607]

Ein ausländischer Interessenvertreter wird „ausländischer Agent" genannt. Seine Definition ist sehr weit gefasst. Es ist jede Person, die unter der „Leitung eines ausländischen Auftraggebers" handelt und sich in den USA an politischen Aktivitäten beteiligt, in der Öffentlichkeitsarbeit tätig ist, als Mitarbeiter eines Informationsdienstes oder als politischer Berater arbeitet, Geld einsammelt oder auszahlt oder bei US-Behörden lobbyiert. Sehr weit gefasst ist auch die Definition eines „ausländischen Auftraggebers". Dieser kann eine ausländische Regierung, eine ausländische politische Partei, eine beliebige Person oder beliebige staatliche oder private Institution außerhalb der USA sein.[608]

Ausländische Agenten müssen dem „Department of Justice/NSD FARA Unit" ihre Vereinbarungen mit ausländischen Auftraggebern offenlegen, die Beträge und Quellen der erhaltenen Finanzmittel angeben und ein Protokoll über alle Aktivitäten vorlegen, die sie im Namen ausländischer Auftraggeber durchgeführt haben. Die von ihnen verbreiteten Informationsmaterialien in physischer oder elektronischer Form müssen mit einem Hinweis versehen sein, dass diese im Auftrag eines ausländischen Auftraggebers erstellt wurden. Der Text des Hinweises ist: *„This material is distributed by (name of registrant) on behalf of (name of foreign principal). Additional information is available at the Department of Justice, Washington, DC."* Kopien dieser Materialien müssen dem Justizministerium zur Kontrolle geschickt werden.

Auf der Webseite des US-Justizministerium www.fara.gov gibt es eine Datenbank der 3.656 gemeldeten ausländischen Agenten (Stand 8. März 2023).[609]

Das US-Justizministerium ruft in einer Informationsbroschüre dazu auf, Verdachtsfälle von unregistrierten ausländischen Agenten anzuzeigen: „If you suspect you've encountered an unregistered agent of a foreign government, contact your local FBI field office or the Department of Justice's FARA Unit."[610] Auf der FARA-Webseite findet man auch eine Auswahl von Verurteilungen mit teilweise langjährigen Haftstrafen.

Der Journalist Thomas Röper berichtete über Maria Butina, die er persönlich kennenlernte: *„Das FARA-Gesetz wird in den USA sehr restriktiv angewendet. Die damalige russische Studentin Maria Butina wurde in den USA 2018 aufgrund dieses Gesetzes zu 18 Monaten Haft verurteilt. Ihr Vergehen bestand darin, als Waffennärrin Kontakte zur US-Waffenlobby geknüpft zu haben. Dass sie mit einigen US-Waffenlobbyisten gesprochen hat, reichte schon aus, um zu über einem Jahr Gefängnis verurteilt zu werden.“*[611]

Eine verdeckte politische Einflussnahme aus dem Ausland ist in den USA eine rote Linie. Die USA wehrt sich mit Händen und Füßen gegen ausländische politische Einflussnahmen – sogar, wenn es diese gar nicht gab. Die angebliche russische Wahleinmischung in den US-Wahlkampf Trump gegen Clinton 2016 war über Jahre ein beherrschendes Thema. Inzwischen ist herausgekommen, dass es diese russische Einmischung gar nicht gab. Es war stattdessen eine Wahlkampfinszenierung der US-Demokraten. Das zeigten die Veröffentlichung der Twitter-Files[612] und Gerichtsverfahren[613]. Auch das ist ein Beispiel für den propagandistischen Aufbau des Feindbildes Russland.

Da die US-Öffentlichkeit allergisch auf politische Beeinflussung durch das Ausland reagiert, wird das Agenten-Gesetz der USA nirgends kritisiert. Ich habe dazu in der Recherche keine einzige kritische Stimme gefunden. Deshalb ist der „Foreign Agents Registration Act“ sehr unbekannt.

Agentengesetz in USA gut, in Russland schlecht

Ganz anders aber ist es mit dem Gesetz zur Registrierung ausländischer Agenten in Russland. Davon sind die Medien voll. Damit solle die „Zivilgesellschaft“ und die „Demokratie“ behindert werden, heißt es immer wieder. Zum Beispiel titelte der „Spiegel“: „Repressionen gegen NGO: Kreml brandmarkt Bürgerrechtler als «ausländische Agenten»“[614]

Das russische Gesetz über „ausländische Agenten“ wurde 2012 beschlossen und hatte das Agenten-Gesetz der USA zum Vorbild. Das

Gesetz verpflichtet jede Organisation, die in Russland politisch aktiv ist und aus dem Ausland finanziert wird, ihre Finanzen gegenüber den Behörden offenzulegen und Publikationen entsprechend zu kennzeichnen. Das sind die gleichen Regelungen, die auch in den USA gelten. Damit wird die Annahme und Verwendung ausländischer Gelder nicht verboten und die Tätigkeit der Organisationen nicht eingeschränkt. Es wird aber für Transparenz gesorgt. Leserinnen und Leser eines Mediums können dann erkennen, wenn dieses vom Ausland finanziell unterstützt wird. Eine Kennzeichnungspflicht ist zum Beispiel bei Lebensmitteln selbstverständlich. Die Kunden sollen wissen können, wo und von wem das Produkt erzeugt wurde und welche Inhaltsstoffe es hat. Normalerweise gehört Transparenz zu den Werten einer Demokratie. Das soll aber wieder nur für das amerikanische Agentengesetz gelten, nicht für das russische: Dort ist Transparenz gleich Repression.

Nach der Einführung des Gesetzes 2012 in Russland wurden zunächst keine Registrierungen vorgenommen. Viele vom Ausland finanzierte Organisationen weigerten sich, den Anforderungen des Gesetzes Folge zu leisten, sodass ab 2013 die russischen Behörden Kontrollen in bis zu 300 Büros durchführten. Bis Ende 2016 wurden 148 Organisationen registriert. Die Organisationen wurden aufgefordert, sich an die Regelungen zu halten. Bei einer Verweigerung wurden sie zu Geldstrafen von 200.000 bis 900.000 Rubel (was damals ca. 3.000 bis 13.500 Euro entsprach) verurteilt.[615] Die Menschenrechtsorganisation „Memorial", die 1988 zur Aufarbeitung stalinistischer Verbrechen gegründet wurde, hielt sich über Jahre nicht an die Kennzeichnungsregeln und wurde letztlich 2021 durch das oberste russische Gericht verboten.[616]

Nachdem die Filiale des russischen Staatssenders RT in den USA gezwungen worden war, sich als „ausländischer Agent" zu registrieren, beschloss das russische Parlament im November 2017 eine Ergänzung des Gesetzes, die es ebenfalls erlaubt, in Russland tätige Medien als ausländische Agenten einzustufen.[617]

Das russische Gesetz bezog sich zunächst nur auf Organisationen; anders als das US-Gesetz, das für jede Einzelperson gilt. Erst 2020 zog Russland nach und erweiterte das Agentengesetz auch auf Einzelpersonen.[618]

Die ausländischen Agenten werden in Russland seit Dezember 2022 genauso veröffentlicht wie in den USA. Zum 1. Dez. 2022 hatte die Liste 493 Einträge, davon etwa 170 Organisationen.[619] In den USA sind 3.656 Agenten registriert und veröffentlicht, also deutlich mehr.

Beide Agenten-Gesetze sorgen dafür, dass eine ausländische Interessenvertretung transparent gemacht, nicht aber verboten wird. Wenn man verdeckte ausländische Einflussnahmen für gut hält, kann man gegen diese Gesetze sein. So kritisieren auch viele westliche Mainstream-Medien und Politiker das russische Agentengesetz: Westlich finanzierte NGOs in Russland würden in ihrer Arbeit behindert. Da sie aber das entsprechende US-Agentengesetz, das vom Ausland finanzierte NGOs in den USA genauso behindert, nicht auch kritisieren, ist das Heuchelei.

Aber so funktioniert die Propaganda. Die jahrelangen Diskussionen und Medienberichte über das russische Agentengesetz sind ein typischer Beitrag zum Aufbau des langfristigen Russland-Feindbildes.

Agentengesetz in Georgien auch schlecht

Agentengesetze, die den Einfluss von US-Organisationen transparent machen, sind für die USA nicht nur in Russland, sondern auch in anderen Staaten unerwünscht, denn sie stören die geheime Einflussnahme.

Ab 7. März 2023 gab es in Tiflis in Georgien mehrere Tage lang gewalttätige Proteste mit brennenden Autos und einem Sturm auf das Parlament. Anlass war ein Agentengesetz, das vom georgischen Parlament beschlossen wurde. Organisationen, die 20 Prozent oder mehr ihrer Mittel aus ausländischen Quellen erhalten, müssen sich registrieren. Eine schärfere „amerikanische Version“ des Gesetzes, wonach auch Individuen unter das Gesetz fallen, wurde abgelehnt.

Der Journalist Thomas Oysmüller berichtete auf „tkp.at“:[620]

> *Die USA behaupten, dass das Gesetz vom „Kreml inspiriert“ sei. Gerade US-amerikanische Organisationen wären durch das Gesetz akut bedroht gewesen. (...) Dass die USA beziehungsweise die CIA mitmischen, ist*

> *augenscheinlich. Auch der starke US-Einfluss auf Georgien kann kaum bestritten werden. Die CIA-nahe Organisation USAID begann ihre „Tätigkeit" in Georgien 1992 und stellte Mittel von 1,8 Milliarden US-Dollar bereit. (...) Am Tag vor dem Ausbruch der Unruhen traf Todd Robinson, stellvertretender US-Außenminister in Tiflis ein. Vor Reportern sagte er: „Dies ist ein Gesetz, das auf den Interessen Russlands basiert, nicht auf denen Georgiens. Wir sind der Meinung, dass es im Interesse Georgiens ist, enger an seiner euro-atlantischen Integration zu arbeiten. Dieses Gesetz tut das nicht." Das US-Außenministerium kündigte Sanktionen gegen jene an, die den Protest unterdrücken wollen.*

Die USA kündigt Sanktionen gegen georgische Beamte und Politiker an, die gegen gewalttätige Demonstranten vorgehen? Warum mischt sich der US-Außenminister überhaupt so dreist in die Innenpolitik von Tiflis ein? Und was hat er gegen ein Agentengesetz, das harmloser ist als das US-Vorbild? Heuchelei.

Offensichtlich ging es hier nicht um das Agentengesetz, sondern darum, die georgische Regierung, die sich nicht an den Russland-Sanktionen beteiligte, zu schwächen oder gar abzusetzen.

Apropos: Im März 2023 wurden Pläne bekannt, dass die EU ein Agentengesetz vorbereitet.[621] Das ist natürlich wieder gut.

Auf diese Weise findet der Informationskrieg statt und wirkt langfristig. Auf das eine kann das nächste aufgesetzt werden. Ist die Fratze des Bösen einmal etabliert, wird das nächste Böse fraglos diesem Bösen zugetraut und zugerechnet. Wir befinden uns ständig im Informationskrieg. Man kann ihn an fast jeder Ecke entdecken. So wird das Denken und Fühlen der Menschen eingesponnen.

Friedens-Moschee in Sharm El Sheikh, Ägypten[622]

Wie Geopolitik funktioniert

Dieses Buch zeigt detailliert, wie der Ukraine-Krieg von den NATO-Staaten und auch von der ukrainischen Regierung systematisch vorbereitet und die russische Regierung zum Kriegseintritt im Februar 2022 gedrängt wurde. Ein großes Verständnisproblem liegt darin, dass man es sich als normaler Mensch kaum vorstellen kann, dass Politiker einen Krieg so bewusst und kaltblütig herbeiführen.

Mit genau dieser Frage befasst sich der Journalist Thomas Röper in einem Text zur Funktionsweise der Geopolitik, den ich im Folgenden abdrucke.[623]

*

von Thomas Röper

Ich stelle immer wieder fest, dass die meisten Menschen nicht wirklich wissen, was Geopolitik ist und wie sie funktioniert. Daher will ich hier ein paar grundsätzliche Dinge zum Verständnis sagen.

Die meisten Menschen wurden von den Ereignissen in der Ukraine emotional zutiefst aufgewühlt. Das ist verständlich, denn die Tragödie, die sich dort abspielt, ist wirklich schrecklich. Aber das hat einen entscheidenden Nachteil, denn wer emotionalisiert ist, dessen analytisches Denken ist ausgeschaltet.

Geostrategie und Emotionen

Diese Emotionalisierung ist gewollt, denn wer emotionalisiert, also wütend, verängstigt, entsetzt und so weiter ist, dessen Fähigkeit zu rationalem Denken ist ausgeschaltet. Und wer nicht rational, sondern emotional denkt, der ist über seine Emotionen leicht lenkbar. Das ist ein bewährtes Mittel zur Lenkung der Massen.

Wenn wir aber Geopolitik verstehen wollen, müssen wir vollkommen trocken und „gefühllos" analysieren. Geopolitik ist wie ein Schachspiel und wir alle wissen, dass noch nie jemand ein Schachspiel mit Emotionen gewonnen hat, sondern dass immer der gewinnt, der besser

und kaltblütiger analysiert. Das gilt auch für den Beobachter eines Schachspiels, der das Spiel und die Strategien der Spieler nur verstehen kann, wenn er das Spiel genauso kalt und sachlich beobachtet, wie die Spieler es spielen.

In der Geopolitik sind diese Beobachter des Spiels die Analysten, zu denen ich mich zähle. Man muss die politischen Ereignisse beobachten, wie ein Schachspiel. Wenn man beim Schach Mitgefühl mit dem Bauern hat, der als das bekannte „Bauernopfer" geschlagen vom Feld genommen wird, dann hat man das Spiel nicht verstanden. Der Bauer ist nur eine Figur und er wurde geopfert, um für seine Seite einen Vorteil zu generieren, indem er zum Beispiel im Tausch gegen einen Läufer geopfert wurde.

Das geopolitische Schachbrett

In der Geopolitik sind Länder und Völker die Spielfiguren. Wer Geopolitik verstehen will, der muss denken wie ein Geostratege. Und einem Geostrategen ist es vollkommen egal, ob ein Land zerstört und hunderttausende Menschen dabei ermordet werden, für den Geostrategen zählt nur, dass seine Seite dabei einen Vorteil erlangt hat und dass die Gegenseite dabei geschwächt wurde. Das zerstörte Land und die

hunderttausenden unschuldigen Toten sind das Bauernopfer. Und der Geostratege hat mit denen genauso wenig Mitgefühl, wie der Schachspieler mit dem aus Holz geschnitzten Bauern, den er gegen einen Läufer des Gegners getauscht hat.

Das ist zynisch, aber so ist die Realität in der Geopolitik. Ich bin froh, dass ich „nur" Analyst bin. Ich beobachte und kann – während ich an meinen Analysen arbeite – meine Gefühle ausblenden. Ich könnte kein Geostratege sein, der diese Entscheidungen trifft, die „bei Bedarf" hunderttausenden Menschen den Tod bringen.

Zum Verständnis der Geopolitik müssen wir wissen, dass sie so funktioniert, wie ich es gerade beschrieben habe, und dass die Entscheider die Welt als Schachbrett ansehen, wobei die Länder und ihre Völker die Figuren sind. Die mächtigen Staaten – vor allem die USA, Russland und China – sind die Spieler und alle anderen Staaten sind die Spielfiguren, so müssen wir uns das in einer – zugegeben etwas vereinfachten Darstellung – vorstellen. Und verschiedene Länder sind verschieden wichtig und mächtig, einige sind nur Bauern, andere sind Läufer, Springer oder Türme. Aber sie sind von den Entscheidungen der Spieler abhängig, sie sind trotzdem nur Spielfiguren.

Interessen oder Freundschaft?

Nachdem wir verstanden haben, dass Geopolitik nur wenig mit Menschlichkeit zu tun hat, hat sich die Frage, ob es unter Staaten Freundschaften gibt, eigentlich schon wieder erledigt. Die Antwort ist nein, es gibt in der Geopolitik keine Freundschaften, auch wenn Politiker uns gerne erzählen, zum Beispiel die USA oder Frankreich wären Deutschlands Freunde.

In der Geopolitik geht es um handfeste Interessen. Dass zum Beispiel Russland und China heute „eng befreundet" sind, liegt daran, dass sie in sehr vielen Bereichen die gleichen Interessen haben. Sie sind an Stabilität in Asien interessiert, weil kein Staat gerne Unruhe in der Nähe seiner Grenzen hat. Russland ist an Chinas Technologie und industrieller Macht interessiert, China braucht Russlands Rohstoffe und auch Unterstützung auf den Technologiefeldern, auf denen Russland führend ist.

Hinzu kommt, dass die beiden Staaten von der USA regelrecht zur Zusammenarbeit gezwungen werden, weil die USA beide Staaten offiziell zu ihren Gegnern erklärt haben, die die USA seit Jahren offen mit Sanktionen und anderen Mitteln bekämpfen. Die USA wollen die Weltmacht Nummer eins bleiben, also die Weltherrschaft behalten. Das nennt sich unipolare Welt, in der es nur einen Machtpol gibt.

Russland und China teilen daher das Interesse, diesen Machtpol, der sie zu Feinden erklärt hat und sie bekämpft, zu brechen. Das ist ein defensives Verhalten der beiden Länder, denn es waren nicht sie, die die USA zum Gegner erklärt und Sanktionen und andere Maßnahmen gegen die USA eingeführt haben, es war umgekehrt: Die USA überziehen Russland und auch China seit vielen Jahren mit Sanktionen, wirtschaftlichen „Strafmaßnahmen" und versuchen Verbündete gegen Russland und China zu finden.

Russland und China streben eine Weltordnung an, in der es keine dominierende Macht gibt, die allen anderen ihre Regeln aufzwingen kann und möchte. Sie streben eine multipolare Welt an, in der es mehrere, gleichberechtigte Machtpole gibt, die ihre Interessen auf Augenhöhe besprechen und Lösungen suchen, ohne dass einer den anderen dominiert.

Wenn sich Staaten zusammenschließen, dann steckt dahinter keine Freundschaft, sondern die Tatsache, dass sie gemeinsame Interessen haben.

Die Vorgeschichte

Die USA sind auf dem Spielbrett unter Druck geraten, denn sie haben den Höhepunkt ihrer Macht in den 1990er und 2000er Jahren erlebt und danach immer mehr an Einfluss verloren. In den 1990er Jahren war die Sowjetunion zerfallen, Russland war schwach, China war noch ein rückständiges Land. Die USA konnten auf der Welt schalten und walten, wie es ihnen gefiel, und das haben sie auch getan. Sie waren die Weltmacht, das Imperium, wie Historiker eine Weltmacht nennen.

Aber in den 2000er Jahren ist Russland unter Putin wieder „auf die Füße" gekommen und auch Chinas Aufstieg verlief in der Zeit rasant. In den 2010er Jahren war China bereits eine selbstbewusste Weltmacht, Russland war noch zurückhaltender und sich seiner eigenen Kraft noch nicht wirklich sicher.

Die Entscheidung in Russland kam mit dem Maidan 2014, als Russland sich gezwungen sah, den Ambitionen der USA in Russlands „Hinterhof" entgegenzutreten. Wie sich herausstellte, war Russland bereits gefestigt und wirtschaftlich stark genug, um die Sanktionen, mit denen die USA Russland für sein „Aufmucken" gegen den Maidan-Putsch bestraft haben, zu überstehen. Russland wurde durch den Sanktionsdruck sogar noch stärker, was die Verantwortlichen in Washington zunächst nur irritiert, dann aber zunehmend in Angst versetzt haben dürfte. Die Sanktionen sind an Russland regelrecht abgeperlt.

China wurde erst später von den USA angegangen. Das geschah ab 2017 unter Präsident Trump, der China zum Gegner Nummer eins ausgerufen hatte, weil China angefangen hat, die wirtschaftliche Dominanz der USA zu bedrohen. Die wirtschaftliche Dominanz der USA ist die Grundlage für ihre militärische Dominanz, weshalb China in Wahrheit für die USA der wichtigere Gegner ist als Russland.

Ich greife jetzt vor, aber das erklärt übrigens, warum die USA sich zuerst um Russland „kümmern" wollten, denn sie hielten Russland (vor allem wirtschaftlich) für schwach und dachten anscheinend, sie könnten es in einer Art wirtschaftlichem „Blitzkrieg" durch die Sanktionen entscheidend schwächen, bevor sie sich China vornehmen würden.

Eurasien

Der Schlüssel zur Weltmacht, zur „Worldwide Dominance", wie die USA es nennen, ist die Herrschaft über Europa und Asien, über den sogenannten eurasischen Kontinent. Wer dort herrscht, der beherrscht die Welt. Das ist der Grund, warum die USA Russland traditionell als gefährlichen Gegner ansehen.

Russland selbst hat keine aggressiven Absichten gegen niemanden, Russland hat mehr Land und Bodenschätze, als es braucht und wäre auf die nächsten hundert Jahre damit beschäftigt, sein riesiges Land zu entwickeln. Aber das ist das Problem: Russland ist ein riesiges Land auf dem eurasischen Kontinent und damit ein Problem für die USA, wenn es sich dem Willen der USA nicht unterordnet. Und genau diese Unterordnung verweigert das unter Putin wieder selbstbewusst gewordene Russland.

Dass Russland keinerlei aggressive Absichten hat, ist nicht meine blühende Fantasie oder russische Propaganda, das hat einer der mächtigsten Think Tanks der USA, die RAND-Corporation, 2019 in einer Studie herausgearbeitet. Dort heißt es: „Russland sucht keine militärische Parität mit den USA." Russland will also nicht einmal genauso stark sein wie die USA. Und stärker schon gar nicht. Wer damit zufrieden ist, militärisch schwächer zu sein als der Gegner, der hat ganz sicher keinerlei aggressive Absichten. Darüber war man in den USA aber nicht etwa erfreut, man war stattdessen verärgert und hat sich daher Gedanken gemacht, wie man Russland so reizen kann, dass es endlich mal aggressiv reagiert. Dazu hat die RAND-Corporation 47 Maßnahmen vorgeschlagen, unter anderem die „Erhöhung von US-Waffen und US-Beratung an die Ukraine".[624]

Das mag für Sie unverständlich klingen, ist aber eine logische Folge, wenn man geopolitisch denkt. Die USA mussten eine Koalition schmieden, um Russland herauszufordern und in die Knie zu zwingen, denn es behindert, solange es den USA gegenüber ungehorsam ist, auch ohne irgendwen zu bedrohen, schon aufgrund seiner schieren Größe den US-Anspruch, die dominante Macht in Eurasien zu werden.

Aber wie schmiedet man eine Koalition gegen einen friedlichen Nachbarn? Ganz einfach: Indem man ihn so sehr reizt, dass er nicht mehr friedlich reagieren kann, und dann kann man den anderen sagen: „Seht her, Russland ist gefährlich, wir müssen uns zusammentun und Russland stoppen!"

So zynisch funktioniert Geopolitik, und deshalb war die Erkenntnis der RAND-Corporation, Russland habe keinerlei aggressive Absichten, für die USA eine schlechte Nachricht.

Spielfiguren

Die Ukraine war nach dem Zusammenbruch der Sowjetunion das Land mit dem besten Potenzial in Osteuropa. Das Land hatte eine – zwar marode – aber trotzdem leistungsfähige Industrie mit durchaus konkurrenzfähigen Produkten. Es gab Flugzeugbau, Schiffbau, Weltraumtechnik, Nukleartechnik und Schwerindustrie. Außerdem ist die Ukraine reich an Bodenschätzen wie Kohle und hat die fruchtbarsten Böden Europas, wahrscheinlich sogar der Welt.

Aber im Westen wollte man keine Konkurrenz in der Industrie und da traf es sich gut, dass sich bei der vom Westen geförderten Privatisierung kurzfristig denkende, gierige Oligarchen die Filetstücke des Landes sicherten. Die Ukraine hat ihr Potenzial nie genutzt, sie blieb ein Leichtgewicht in Europa. Im Schach würde man sagen, sie ist ein Bauer. Sie hätte zu einer Dame werden können, aber wer hat schon ein Interesse daran, dass ein potenzieller Gegner plötzlich als Dame auf dem Brett steht?

Aufgrund der aus Sowjetzeiten engen familiären Bindungen der Menschen und der engen wirtschaftlichen Verflechtungen zwischen der Ukraine und Russland war die Ukraine aber ein sehr wichtiger Bauer. Zusammen mit Russland hätte die Ukraine zu einer Dame werden können, und Russland selbst hätte sich viel schneller entwickeln können.

Das zu verhindern, war schon in den 90er Jahren eines der wichtigsten Ziele der Geostrategen in Washington, wie der einflussreiche Geostratege Zbigniew Brzeziński schon 1997 in seinem wichtigen Standardwerk „Die einzige Weltmacht" detailliert ausgeführt hat. In dem Buch kann man im Grunde das nachlesen, was in den folgenden zwei Jahrzehnten geschehen ist. Die USA haben die anti-russischen Kräfte in der Ukraine massiv gefördert, um einen Keil zwischen Russland und die Ukraine zu treiben. So blieb die Ukraine, die potenzielle russische Dame, ein schwacher Bauer.

Dass die Menschen in der Ukraine seit 30 Jahren in Armut leben, spielt für die Geostrategen dabei keine Rolle, denn Geopolitik ist nun einmal zynisch und nicht menschenfreundlich.

Der Kampf um den Bauern

Da Russland immer stärker wurde, wuchs aus Sicht der USA die Gefahr, dass die Ukraine sich Russland zuwenden könnte, denn Russland wurde für viele Nachbarn ein attraktiver Partner. Wenn ein Zusammengehen mit Russland zu mehr Wohlstand bei den Ukrainern geführt hätte, hätte die Ukraine den Einflussbereich der USA verlassen können. Das galt es aus Sicht der USA zu verhindern.

Russlands Interessen waren andere. Russland wollte die Ukraine nicht zu einem Satelliten machen. Russland war aufgrund der NATO-Osterweiterungen und der immer konfrontativeren Politik der EU an einer Brücke zu Europa interessiert. Die Ukraine hätte aus russischer Sicht erstens ein Puffer zwischen der NATO und Russland, und zweitens eine Brücke zu Europa werden sollen, über die Wirtschaft, Handel und kultureller Austausch hätten laufen können.

Russlands Interesse und Putins großes Ziel, das er schon 2001 in seiner Rede im Bundestag[625] *umrissen hat, war der große gemeinsame Raum von Lissabon bis Wladiwostok, in der europäische Industrie und Technologie zusammen mit russischen Bodenschätzen und Manpower eine gemeinsame Macht gebildet hätten, in der die EU und Russland aufeinander angewiesen gewesen wären, ohne dass einer den anderen dominieren könnte. Die Ukraine war der letzte Schlüssel zu diesem Ziel, nachdem die USA die baltischen Staaten in die US-dominierte NATO gezogen hatten und Weißrussland vom Westen geächtet war.*

Daher war es das oberste Ziel der USA in Europa, die Ukraine endgültig und nachhaltig von Russland zu trennen. Der von den USA orchestrierte und finanzierte Maidan-Putsch, der in Kiew anti-russische, ja sogar neonazistische Regierungen[626] *an die Macht gebracht hat, war ein wichtiger Sieg für die USA. Aber die USA hatten aus der Vergangenheit gelernt, denn es hatte vorher schon die Orangene Revolution 2004 gegeben, die aber nicht endgültig gewesen ist und nach der wieder ein eher pro-russischer Präsident die Wahlen gewonnen hatte. Den hatte man mit dem Maidan 2014 erfolgreich weggeputscht.*

Um eine Wiederholung „ungewollter" Wahlergebnisse zu verhindern, brauchten die USA etwas, das den Keil unumkehrbar zwischen die

Ukraine und Russland treiben konnte. Und was ist dazu besser geeignet als ein Krieg? In meinem Buch über die Ukraine-Krise von 2014 habe ich aufgezeigt, dass es [vermutlich] der CIA-Chef war,[627] *der den damaligen Machthabern in Kiew den Krieg im Donbass befohlen hat. Er war bei der entscheidenden Sitzung des ukrainischen Sicherheitsrates inkognito in Kiew dabei, wie das Weiße Haus nur Tage später eingestehen musste.*

Der Krieg im Donbass war der eigentliche Sieg der USA, denn damit konnte man die ukrainische Bevölkerung gegen Russland einschwören und vor allem war dadurch, dass die russisch besiedelte Krim und der russisch besiedelte Donbass nicht mehr an Wahlen in der Ukraine teilnehmen konnten, sichergestellt, dass nur noch anti-russische Kräfte bei Wahlen gewinnen.

Der Bauer „Ukraine" war endgültig unter die Kontrolle der USA geraten.

Das Bauernopfer

Die USA hatten danach immer noch das große Ziel, ihre beiden Gegner im Kampf um die Macht in Eurasien zu besiegen. Der Maidan war nur ein kleiner, aber wichtiger Schritt. Der Kampf gegen China ist ein anderes Thema, daher bleiben wir bei Russland.

Russland wurde trotzdem immer stärker, auch alle ab 2014 unter allen möglichen Vorwänden verhängten Sanktionen konnten daran nichts ändern. Während westliche Experten 2014 Russlands baldigen Staatsbankrott und Zusammenbruch prophezeiten, wuchs Russlands Wirtschaft, seine Devisenreserven verdoppelten sich und auch der Wohlstand der Menschen in Russland blieb erhalten.

Die schon erwähnte RAND-Corporation hat 2019 eine weitere 354-seitige Studie verfasst,[628] *in der sie im Detail ausgearbeitet hat, wie man Russland schwächen könnte. Ich habe der Studie eine 20-teilige Serie gewidmet, in der ich aufgezeigt habe, was die USA geplant haben, um Russland zu schwächen. Fast alles, was in der Studie vorgeschlagen wurde, wurde in der Folge umgesetzt.*[629] *Man kann die Macht dieser Geostrategen in den USA gar nicht hoch genug einschätzen.*

Das beste Mittel, einen geopolitischen Gegner zu schwächen, ist es, ihn in einen teuren Stellvertreterkrieg zu treiben. Das Prinzip ist nicht neu, wir kennen das aus Vietnam und Afghanistan. Ein Stellvertreterkrieg ist für den Gegner teuer, er kostet Menschenleben, was zu Unzufriedenheit, Instabilität und Unruhe im Innern führen kann, und er lässt sich propagandistisch verwerten, um andere Länder gegen den Gegner aufzubringen und ihn so auch außenpolitisch zu schwächen.

In der Strategie der RAND-Corporation war unter anderem enthalten, Russland mit der Stationierung von Atomwaffen nahe seinen Grenzen zu reizen. Zur Ukraine konnte man in der Studie der RAND-Corporation schwarz auf weiß lesen,[630] *dass die USA keinerlei Interesse an einem Frieden im Donbass hatten, sondern den Krieg im Donbass nach Bedarf nutzen wollten, um Russland zu reizen und Kosten für Russland zu erzeugen.*

Der ukrainische Präsident Selenskyj hat Ende Februar 2022 auf der Münchner Sicherheitskonferenz offen mit der Entwicklung und Stationierung eigener Atomwaffen in der Ukraine gedroht.[631] *So etwas sagt ein Präsident nicht einfach so aus einer Bierlaune heraus. Wer so etwas öffentlich ankündigt, hat es entweder schon umgesetzt, oder man steht kurz davor.*

Vor allem aber konnte Selenskyj das nicht ohne Rückendeckung aus Washington verkünden. Hinzu kommt, dass die hochrangigen Vertreter des Westens Selenskyj für diese Aussage Beifall klatschten, anstatt seiner Idee sofort zu widersprechen.

Russland in der Zwickmühle

Damit war eingetreten, was die RAND-Corporation angestrebt hat: Russland hatte die Wahl zwischen Pest und Cholera; es konnte Atomwaffen an seiner Grenze – noch dazu unter Kontrolle eines von radikalen Anti-Russen regierten Staates zulassen – oder versuchen, das im letzten Moment militärisch zu verhindern. Russland entschied sich für letzteres, was ganz im Interesse der RAND-Corporation und damit der USA war.

In der Ukraine wurde ein für Russland teurer Stellvertreterkrieg entfesselt, den die USA nach allen Kräften ausgeschlachtet haben, um Russland wirtschaftlich zu schwächen, Koalitionen gegen Russland zu schmieden und so weiter. Die USA hofften, Russland mit diesem Stellvertreterkrieg endlich endgültig zu schwächen und in die Knie zwingen zu können, was sie auch ganz offen sagten, wenn es in Washington hieß, das Ziel sei es, die russische Wirtschaft zu zerstören.

Wie gesagt, Geopolitik ist menschenverachtend und zynisch. Aber so funktioniert sie nun einmal.

Heute wissen wir, dass die US-Strategie nicht aufgegangen ist. Russland ist nicht am Boden und die USA haben nun das Problem, dass sie ihre eigenen Ressourcen für die Unterstützung der Ukraine gegen Russland verbrauchen, während China, der eigentliche Hauptgegner der USA, bisher der lachende Dritte ist.

*

Soweit die Analyse von Thomas Röper.

35 Meter hoher Maitreya Buddha, Symbol für Weltfrieden, Nubra Valley, Indien[632]

NATO drehte die Eskalationsspirale

Die Eskalationsspirale, die zum Ukraine-Krieg führte, versteht man besser, wenn man sich diese in einer längeren Zeitperspektive ansieht. Besonders wichtige Eskalationsschritte habe ich in den vorangegangenen Kapiteln dieses Buches genau beschrieben. Im Folgenden skizziere ich viele weitere Schritte des Konfliktaufbaus.

Bevor wir zu den Details kommen, möchte ich den Experten für Atomwaffenpolitik, Benjamin Abelow, zitieren. Dieser schrieb ein bemerkenswertes Büchlein: „Wie der Westen den Krieg in die Ukraine brachte". Dieses wurde von der schweizer „Weltwoche" übersetzt und in voller Länge frei veröffentlicht.[633] Abelow beschreibt darin seinen Grundgedanken, der an dieser Stelle gut passt:

> *Ich vertrete die Auffassung, dass das westliche Narrativ falsch ist. In wesentlichen Punkten ist es das Gegenteil der Wahrheit. Die eigentliche Ursache des Krieges findet sich nicht in einem ungezügelten Expansionismus Putins oder in paranoiden Wahnvorstellungen der Militärstrategen im Kreml, sondern in einer dreißigjährigen Geschichte westlicher Provokationen gegen Russland, die mit der Auflösung der Sowjetunion begannen und bis zum Beginn des Krieges andauerten. Diese Provokationen brachten Russland in eine untragbare Situation, für die nach Ansicht Putins und seines Militärstabs Krieg die einzige praktikable Lösung darstellte. In meiner Argumentation lege ich besonderes Augenmerk auf die USA und kritisiere sie sehr scharf, da sie bei der Gestaltung der westlichen Politik die entscheidende Rolle gespielt haben.*
>
> *Meine Kritik am Westen zielt nicht darauf ab, Moskaus Invasion zu rechtfertigen oder die russische Führung von Schuld freizusprechen. Ich bin kein Fürsprecher von Putin. Ungeachtet all dessen, was ich darlegen werde, glaube ich, dass er Alternativen zum Krieg hatte. Aber ich möchte ihn verstehen, indem ich rational zu beurteilen*

versuche, welche kausale Abfolge ihn dazu bewogen hat, einen Krieg vom Zaun zu brechen.

Ab 1963: Aufbau von Vertrauen, Entspannung und Abschluss von Abkommen

Vor dem Beginn des Ukraine-Krieges gab es eine dreißigjährige Phase mit Eskalationen. Davor gab es eine Zeit der Entspannungen und Deeskalationen. Diese beendeten den Kalten Krieg. Im Kalten Krieg von 1947 bis 1989 standen sich die Machtblöcke der NATO mit den USA und des Warschauer Paktes mit der Sowjetunion gegenüber und bekämpften sich mit allen Mitteln, auch mit Stellvertreterkriegen; nur ein heißer Krieg zwischen den Blöcken wurde vermieden.

Ab 1963 begann eine Entspannungspolitik durch Gespräche, Vertrauensaufbau und den Abschluss von Abkommen. Diese Entspannung wurde in der Sowjetunion als „friedliche Koexistenz" bezeichnet. Der deutsche Außenpolitiker Egon Bahr prägte den Begriff „Wandel durch Annäherung".

Der Vertrauensaufbau und die Entspannung waren ein jahrzehntelanger Prozess mit vielen Stationen. Damit man hier eine konkrete Vorstellung und ein Gefühl dafür bekommen kann, sehen wir uns wichtige Etappen kurz an:

– Atomteststoppabkommen vom 5. August 1963: Das war die erste wichtige Vereinbarung zwischen den USA und der UdSSR. Sie verbot Tests von Kernwaffen in der Luft, dem Weltraum und unter Wasser.

– SALT I Vertrag vom 26. Mai 1972: Dieser fror die Anzahl der strategischen Offensiv-Fernlenkwaffen beider Blöcke für fünf Jahre ein.

– ABM-Vertrag vom 28. Mai 1972: Dieser sah eine Begrenzung von antiballistischen Raketenabwehrsystemen vor. Der ABM-Vertrag war der erste Vertrag, der nicht Offensiv-Waffen, sondern Defensiv-Waffen begrenzte und damit die gegenseitige Verwundbarkeit der Großmächte erhöhte. Die zugrunde liegende Überlegung war, dass kein Land einen nuklearen Erstschlag führen wird, wenn es sich gegen den unweigerlich folgenden Gegenschlag, den Zweitschlag, nicht schützen kann.

– KSZE-Schlussakte vom 1. August 1975: Diese wurde von 35 Staaten aus Ost und West unterzeichnet und sah den Abbau von Waffensystemen, die Unverletzlichkeit der Grenzen, friedliche Regelung von Streitfällen, Nichteinmischung in innere Angelegenheiten und die Wahrung der Menschen- und Grundrechte vor. Es gab in den folgenden Jahren viele weitere KSZE-Konferenzen. 1994 entstand daraus die OSZE (Organisation für Sicherheit und Zusammenarbeit in Europa).

– SALT 2 Vertrag vom 18. Juni 1979: Dieser verpflichtete zu beiderseitig gleicher Begrenzung der nuklearen Langstrecken- und Mittelstreckenraketen. Ab 1986 hielten sich die USA nicht mehr an die Vertragsbestimmungen.

– INF-Vertrag vom 8. Dezember 1987: Dieser sah die Vernichtung aller bodengestützten Nuklearraketen mit kürzerer und mittlerer Reichweite (zwischen 500 bis 5500 Kilometer) vor. Der Vertrag beinhaltete auch das Recht, die Einrichtungen des anderen Landes zu überprüfen. Die USA zerstörten vertragsgemäß 846 Raketen, die Sowjetunion 1.846 Raketen; bei gleichzeitiger Kontrolle durch die jeweils andere Seite. Die letzte Rakete wurde im Mai 1991 demontiert.

– Wiener Dokument der OSZE vom 6. Dezember 1990: Dieses diente der konventionellen Rüstungskontrolle und sah gegenseitige Informationen über Waffen und Soldaten vor.

– START Vertrag vom 31. Juli 1991: Dieser beschränkte wieder die Anzahl von Atomwaffen beider Blöcke und ermöglichte gegenseitige Inspektionen. Am 8. April 2010 wurde der Folgevertrag New START unterzeichnet.

– Europäische Sicherheitscharta der OSZE vom 19. November 1999 mit 55 Unterzeichnerstaaten: "Jeder Staat hat das Recht, einem Bündnis beizutreten oder neutral zu bleiben ..." Dabei sollen gegenseitig die Sicherheitsinteressen respektiert werden, also kein Beitritt zu Lasten der Interessen anderer.

– Vertrag über den Offenen Himmel vom 24. März 1992: Dieser erlaubte ein gegenseitiges Überfliegen mit Fotos, Radar und Videos und war eine vertrauensbildende Maßnahme der Rüstungskontrolle.

– NATO-Russland-Grundakte vom 29. Mai 1997: Diese regelte Beziehungen, Zusammenarbeit und Sicherheit zwischen NATO und Russland. Der NATO-Russland-Rat wurde eingerichtet.

– Zwei-plus-Vier-Vertrag vom 12. September 1990: Die Sowjetunion stimmte der Wiedervereinigung Deutschlands zu und zog ihre rund 400.000 Soldaten aus der DDR ab.[634]

– Rede von Putin im Deutschen Bundestag vom 25. September 2001: Seine Rede wurde insgesamt sechzehnmal von Beifall unterbrochen. Putin reichte Deutschland und Europa die Hand, erklärte den Kalten Krieg für beendet und wünschte sich eine neue partnerschaftliche Zusammenarbeit.

– Nach 11. September 2001 bot Putin der USA sofort russische Hilfe an. Die USA durften einen russischen Militärstützpunkt in Zentralasien nutzen, um Material nach Afghanistan zu schaffen.[635]

Ein halbes Jahr später kam der Schock

Präsident Bush kündigte am 13. Juni 2002 den ABM-Vertrag zur Begrenzung von Raketenabwehrsystemen. In der Folge stationierten die USA antiballistische Trägersysteme in den neuen östlichen NATO-Staaten – “gegen den Iran”, so die US-Regierung. Der Iran ist aber 5.000 km entfernt und interessiert sich für Polen oder Rumänien überhaupt nicht. Polen und Rumänien brauchen keine Luftabwehr gegen iranische Raketen. Diese Trägersysteme können auch offensive Nuklearwaffen aufnehmen – wie zum Beispiel mit Nuklearsprengköpfen bestückte Tomahawk-Marschflugkörper – und auf Russland abfeuern. In Russland wurde das sehr kritisch wahrgenommen.

Die Kündigung des ABM-Vertrages durch Bush erfolgte, ohne Putin vorab zu informieren. Putin war entsetzt. In Putins Vorstellung war Russland ein ebenbürtiger Partner der USA, so wie die Sowjetunion im Kalten Krieg immer ebenbürtig war. Aber so war es nicht mehr. Die USA nahmen auf Russland keine Rücksicht mehr.

Russland wurde von den USA als Verlierer angesehen, der sich unterordnen muss

Es erscheint mir wichtig, Folgendes klar vor Augen zu haben, denn er erklärt vieles: Während die meisten Menschen einfach froh waren, dass die Ost-West-Spaltung des Kalten Krieges endlich aufhörte und die Hoffnung entstand, die Völker könnten nun in Frieden miteinander leben, sah die Welt für die US-Geopolitiker ganz anders aus. Für diese haben die USA den Kampf gewonnen und der Konkurrent Sowjetunion den Kampf verloren. Deshalb habe Russland jetzt weltpolitisch nichts mehr zu sagen. Die Sowjetunion hatte sich selbst aufgelöst, auch der Warschauer Pakt hatte sich selbst aufgelöst. In den Augen der US-Geopolitiker war das aber kein Akt der Versöhnung, sondern die USA waren einfach stärker gewesen. Während es im Kalten Krieg noch zwei Weltmächte gab – USA und Sowjetunion -, gab es jetzt nur noch eine einzige Weltmacht, die USA. In den Augen der US-Geostrategen ist Russland zu einer „Regionalmacht" herabgestiegen. Deshalb änderte die US-Regierung nun ihre Politik und wechselte von vorsichtiger Entspannung zu Eskalation und Provokation. Im Folgenden dazu einige weitere Stationen:

Verlust des Vertrauens zwischen Ost und West

– NATO-Ost Erweiterung am 29. März 2004: Sieben Staaten traten der NATO bei, mit den baltischen Staaten auch Grenzländer von Russland. Russlands Sicherheitsinteressen wurden bewusst ignoriert.

– Irak-Krieg ab dem 20. März 2003: Die USA setzten ohne UNO-Mandat militärische Gewalt ein, um einen Präsidenten zu stürzen – wieder ohne vorherige Absprache mit Russland.

– Farbige Revolutionen 2003 in Georgien und 2004 in der Ukraine: Diese beiden Regierungswechsel an der Grenze zu Russland wurden von den USA aktiv vorangetrieben.

– Rede von Putin auf der Sicherheitskonferenz in München am 10. Februar 2007:[636] Putin kritisierte mit deutlichen Worten den „monopolaren" Weltmachtanspruch der USA, einen „Abrüstungs-Stau" und eine weitere NATO-Osterweiterung, die die Sicherheitsinteressen Russlands verletzen würde. In dieser Rede ist eine Enttäuschung Putins zu spüren. Er hatte noch wenige Jahre zuvor eine gemeinsame Wirtschaftszone von Europa und Russland und einen Beitritt Russlands in die NATO vorgeschlagen und Applaus dafür erhalten. Diese Vorschläge versandeten aber bei den westlichen Regierungen im Nichts. Russland war nicht als gleichwertiger Partner gewollt.

– NATO-Gipfel in Bukarest am 4. April 2008: Die NATO bot der Ukraine und Georgien eine Mitgliedschaft in der NATO an. Damit wurden die Sicherheitsbedenken Russland krass missachtet.

– Weitere wichtige Eskalationsschritte haben wir schon angesehen: Das EU-Assoziierungsabkommen, den Maidan-Putsch, die Sanktionen nach dem Übertritt der Krim zu Russland, den Donbass-Krieg und das gebrochene Minsk-Abkommen.

– Die USA starteten ein umfassendes Programm zum Aufbau der ukrainischen Armee. Laut dem „Congressional Research Service" handelte es sich um über vier Milliarden US-Dollar von 2014 bis 2021. Ein Ziel dieses Programms war die „Verbesserung der Interoperabilität mit der NATO", obwohl die Ukraine gar kein NATO-Mitglied war.[637]

– Im Jahr 2017 begann die US-Regierung, tödliche Waffen an die Ukraine zu verkaufen, davor von 2014 bis 2017 lieferte sie nur nichttödliche militärische Produkte.[638]

– Die USA kündigte einseitig am 1. Februar 2019 den INF-Vertrag: Damit konnte die USA wieder unkontrolliert bodengestützte Atomraketen bis 5.000 km Reichweite stationieren, die auch gegen Russland gerichtet sind.

– Die USA kündigte einseitig am 22. November 2020 den Vertrag über den Offenen Himmel. Russland konnte daraufhin über den USA keine Aufklärungsflüge mehr machen und kündigte 2021 den Vertrag ebenfalls.

Wir sehen: Schritt für Schritt wurde das Vertrauen zwischen Russland und den USA inklusive der NATO-Staaten immer weiter zerstört. Die Eskalationsschraube wurde immer weitergedreht. Es lief auf Krieg hinaus. 2021 steigerte sich das noch einmal.

2021 – das Jahr der Kriegsvorbereitungen

Im Jahr 2021 gab es von den USA, Großbritannien und Kanada viele Kriegsvorbereitungen gegen Russland. Das wurde in westlichen Medien nicht besprochen, aber es ist alles in öffentlichen Dokumenten zugänglich. Hauke Ritz und Ulrike Guérot haben sich in ihrem Buch „Endspiel Europa" damit beschäftigt und eine erschreckend beeindruckende Auflistung der Einzelmaßnahmen erstellt, jeweils mit Quellenangaben belegt.[639] Ich zitiere daraus:

„Studiert man die westlichen Kriegsvorbereitungen im Detail, so wird deutlich, dass der Ukraine die Rolle zukam, stellvertretend für den Westen einen Krieg mit Russland zu beginnen, der dann militärisch und logistisch von NATO-Mitgliedstaaten unterstützt werden sollte, ohne die Allianz insgesamt direkt in den Krieg zu involvieren. Dieser Prozess sollte begleitet werden durch einen Wirtschaftskrieg (Sanktionen), Informationskriegsführung (antirussische Propaganda) und eine nukleare Einkreisung Russlands, die vor allem durch das Raketenschild in Rumänien und Polen sowie seegestützte Zerstörer sichergestellt werden sollte. All diese Maßnahmen entsprachen dem Streben der USA nach „Full Spectrum Dominance" und zielten darauf ab, die Russische Föderation auf mehreren Ebenen so weit zu schwächen, dass das Land sein Gleichgewicht verlieren und innere Konflikte zum Sturz der Regierung führen würden. Eine Beschreibung der Aktivitäten im letzten Jahr vor Kriegsbeginn dürfte ausreichen, die obige These zu erhärten:

Am 24. März 2021 verabschiedete die Ukraine eine Militärstrategie, die die Regierung dazu verpflichtet, alle notwendigen Maßnahmen – einschließlich militärischer – zu Wiedereingliederung der Krim sowie der Republiken Donezk und Lugansk zu ergreifen. Ebenfalls im März 2021 erklärte das britische Verteidigungsministerium, seine Aktivitäten im Schwarzen Meer verstärken zu wollen. Noch im gleichen Monat begann die Militärübung „Defender Europe 21" an der 28.000 Soldaten aus 26 Ländern in unmittelbarer Nachbarschaft der Ukraine teilnahmen.

Im April 2021 veröffentlichten die türkische und ukrainische Regierung eine gemeinsame Stellungnahme, in der die Türkei Schritte zur

Wiederherstellung der territorialen Integrität der Ukraine unterstützte.

Im Mai und Juni 2021 kam es zu mehreren gemeinsamen Manövern zwischen der Ukraine und westlichen Ländern: Steadfast Defender 2021 mit 9.000 Soldaten aus 20 NATO-Ländern. Im Juni 2021 einigten sich ukrainische und britische Regierungsvertreter auf das „Naval Capabilities Enhancement Programme", im Zuge dessen britische Kriegsschiffe an die Ukraine verkauft werden sollten. Ebenfalls im Juni 2021 fand im Rahmen des Manövers Defender Europe 21 die Übung „Noble Jump" statt, an der im ukrainischen Nachbarland Rumänien 13 Nationen und 4.000 Soldaten teilnahmen. Beim NATO-Gipfeltreffen in Brüssel erneuerten die NATO-Mitgliedsstaaten ihr 2008 in Bukarest gegebenes Bekenntnis zu einer zukünftigen Mitgliedschaft der Ukraine.

Vom 28. Juni bis 20. Juli 2021 fand die Militärübung „Sea Breeze" unter amerikanisch-ukrainischer Führung im Schwarzen Meer statt. An dieser Übung nahmen 32 Schiffe, 40 Flugzeuge und Hubschrauber sowie 5.000 Soldaten aus 24 Nationen teil. Vom 12. bis 19. Juli fand die Militärübung „Breeze 2021" statt, an der 30 Schiffe und 2.000 Soldaten teilnahmen. Am 7. Juli 2021 wies das Europäische Parlament in einem Beschluss darauf hin, dass die EU eine wichtige Rolle bei der Unterstützung der von der NATO verfolgten Politik ausüben könnte. Ebenfalls im Juli 2021 fand die Übung „Three Swords" mit 1.200 ukrainischen, polnischen, litauischen und amerikanischen Soldaten statt. Außerdem fand im gleichen Monat das ukrainisch-britische Manöver „Cossak Mace 2021" statt, an dem neben 900 ukrainischen auch 500 Soldaten verschiedener NATO-Länder teilnahmen.

Im August 2021 kündigte Großbritannien an, eine Ausbildungsinitiative für die ukrainische Marine zu organisieren. Am 23. August 2021 nahm der stellvertretende Generalsekretär der NATO an der Auftaktveranstaltung der Krim-Plattform teil. Auch im August 2021 überflog eine Formation britischer Kampfjets die ukrainische Hauptstadt Kiew anlässlich der Feierlichkeiten zum 30. Jahrestag der Loslösung von der Sowjetunion.

Im September 2021 fand wiederum das von der Ukraine und den USA organisierte Manöver „Rapid Trident 2021" mit 4.000 ukrainischen und 2.000 ausländischen Soldaten statt, das neben den USA, Kanada, sechs EU-Staaten sowie Georgien, Moldau, die Türkei, Jordanien und Pakistan mit einschloss. Auch im September 2021 fand die Militärübung „Joint Endeavour" mit insgesamt 8.000 Soldaten statt, davon 250 britische Fallschirmjäger, die im Direktflug aus Großbritannien in der Ukraine zum Einsatz kamen. Im September 2021 wurde eine gemeinsame Erklärung zur US-amerikanisch-ukrainischen strategischen Partnerschaft veröffentlicht.

Im Oktober 2021 besuchte der US-amerikanische Verteidigungsminister Lloyd Austin Kiew, um mit der Ukraine an der Umsetzung des Strategischen Verteidigungsabkommens zu arbeiten. Im Oktober 2021 fand zudem die britisch-ukrainische Übung „Warrior Watchers" statt, bei der die Verteidigung von Flugplätzen geübt wurde. Im Oktober 2021 berichteten Medien von einem internen Arbeitspapier des Europäischen Auswärtigen Dienstes (EAD), in dem erwogen wurde, ob nicht auch die EU eine eigenständige militärische Ausbildungsmission für die Ukraine einleiten könne.

Im November 2021 unterzeichneten Großbritannien und die Ukraine ein Abkommen, im Zuge dessen die Ukraine 1,7 Milliarden britische Pfund für die Entwicklung seiner Marine erhält. Am 10. November 2021 kam es zur Unterzeichnung der „US-amerikanisch-ukrainischen Charta der strategischen Partnerschaft". In dem Dokument heißt es, dass „die USA (...) nie die versuchte Annexion der Krim durch Russland akzeptieren (werden)."[640] Ebenfalls am 10. November berichteten amerikanische Medien über einen Aufmarsch der russischen Armee entlang der ukrainischen Grenze. Was nicht berichtet wurde, ist, dass es parallel dazu auch zu einem Aufmarsch ukrainischer Truppen entlang der Grenze zu den unabhängigen Republiken Donezk und Lugansk sowie an der Grenze zur Krim kam. Es entstand eine Übermacht ukrainischer Militäreinheiten an der Grenze zu den beiden Republiken. Russland interpretierte den ukrainischen Aufmarsch vor dem Hintergrund der bereits erwähnten Militärstrategie als Kriegsvorbereitung.

Am 8. Dezember 2021 wurde in einem gemeinsamen Communiqué zwischen Großbritannien und der Ukraine noch einmal der Status der Ukraine als eine „NATO Enhanced Opportunities Partner" unterstri-

chen. Am 14. Dezember verabschiedete das ukrainische Parlament das Gesetz „über die Zulassung bewaffneter Einheiten der Streitkräfte auf dem Territorium der Ukraine im Jahr 2022". Das Gesetz bezieht sich auf die für das Jahr 2022 geplanten Manöver „Rapid Trident 2022", „Cossak Mace 2022", „Light Avalance 2022", „Silver Sabre 2022", „Sea Breeze 2022", „Riverine 2022", „Maple Arch 2022" und „Viking 2022" und erlaubt die längere Präsenz ausländischer Truppen in der Ukraine.

Um den 27. Januar herum scheiterte der diplomatische Briefwechsel zwischen Moskau und den USA. Die USA lehnten die russischen Kernforderungen, wie den Verzicht auf die NATO-Osterweiterung, Rückbau der NATO-Präsenz gemäß NATO-Russland-Akte von 1997 sowie den Verzicht auf die Stationierung von Kurz- und Mittelstreckenraketen, ab.

Am 7. Februar 2022 erklärte der ukrainische Außenminister in einer Pressekonferenz mit der deutschen Außenministerin Baerbock, dass „es keinen direkten Dialog seiner Regierung mit den prorussischen Rebellen im Osten der Ukraine geben" werde. Damit wurde öffentlich zugegeben, das Minsker Abkommen nicht umsetzen zu wollen. (...) Am 14. Februar 2022 äußerte der US-Präsident Joe Biden, dass er mit einem Angriff Russlands auf die Ukraine am 16. Februar rechne. Tatsächlich begann am 16. Februar 2022 ein immer stärkerer Beschuss der Republiken Donezk und Lugansk durch die Ukraine. Am 18. Februar war der Beschuss gegenüber dem 14. Februar bereits um das 34-fache gestiegen. Für den Fall, dass die Ukraine selbst eine Offensive geplant hätte, wäre zu erwarten gewesen, dass diese ganz ähnlich begonnen hätte, nämlich mit massivem Artilleriebeschuss. In gewisser Weise könnte man deshalb ebenso den 16., 17. oder 18. Februar zum Tag des Kriegsbeginns erklären."

Soweit Hauke Ritz und Ulrike Guérot. Alle diese Einzelheiten vor dem Kriegsbeginn machen deutlich, dass sich sowohl die Ukraine als auch ihre westlichen Partner 2021 aktiv auf einen Krieg mit Russland vorbereitet haben. Dazu passt, dass die NATO- und US-Truppen im August 2021 überstürzt aus Afghanistan abgezogen wurden. Viele wunderten sich, warum das so schnell ging. War der eigentliche Grund, dass man sich auf einen anderen Konflikt konzentrieren wollte?

Biowaffen in der Ukraine

Das Pentagon schickte nicht nur Waffen und Geld und bildete ukrainische Soldaten aus, sondern finanzierte in der Ukraine auch 46 Biolabore. Das Pentagon ist das Verteidigungsministerium der USA und keine Gesundheitsbehörde oder karitative Hilfsorganisation. Wenn das Pentagon etwas macht, dann hat das eine militärische Zielsetzung; bei Biolaboren können das nur Biowaffen sein. Warum wird in der Ukraine mit Unterstützung des Pentagons an Biowaffen gearbeitet? Diese sind sicherlich nicht für die ukrainische Bevölkerung vorgesehen. Waffen werden in der Ukraine in der Regel nur gegen Russland oder die abtrünnigen Donbass-Republiken verwendet.

Pentagon-Biowaffen in der Ukraine, das hört sich abenteuerlich an. Stimmt das wirklich?

Unbestritten ist, dass das Pentagon 46 Biolabore in der Ukraine finanziell unterstützt hat, denn das hat es selbst in einer Pressemitteilung am 9. Juni 2022 eingestanden.[641] Dem ging voraus, dass die russische Regierung immer wieder die ukrainischen Biolabore thematisiert und dazu laufend weitere Erkenntnisse veröffentlicht hatte.[642] Diese Biolabore wurden von russischer Seite als existenzielle Bedrohung angesehen. Aber die USA verweigerten eine internationale Kontrolle dieser Labore.[643] Noch vor dem Kriegsbeginn im Februar 2022 waren auf der Webseite der US-Botschaft in Kiew Factsheets zu einzelnen Laboren veröffentlicht, die vom Pentagon finanziert wurden. Diese Factsheets wurden dann von der Homepage genommen, sind aber noch auffindbar.[644]

Während diese Biolabore in westlichen Mainstream-Medien einfach als russische Propaganda abgetan wurden, hörten andere Länder genauer zu. Insbesondere die chinesische Regierung forderte von den USA immer wieder eine Aufklärung des Sachverhaltes; das Pentagon betreibe weltweit über 200 Labore, auch im Umkreis Chinas. Offensichtlich wurde der weltweite Druck so groß, dass sich das Pentagon schließlich doch äußern musste. Es bestätigte die Finanzierung der Labore und schrieb, dass die Labore dazu da seien, biologische Waffen aus Sowjetbeständen zu vernichten. Besonders überzeugend ist das nicht, denn eine solche Arbeit dauert keine dreißig Jahre. Das Pentagon sprach auch davon, sich nur um die Gesundheitsvorsorge in der Ukraine gekümmert zu haben; allerdings ist das in keinem Land der Welt die Aufgabe eines ausländischen Verteidigungsministeriums und deshalb eine völlig absurde Ausrede.

Die stellvertretende US-Außenministerin Victoria Nuland hat die Existenz der US-Biowaffenprogramme in der Ukraine indirekt zugegeben. In einer Kongressanhörung am 8. März 2022[645] wurde sie gefragt, ob die Ukraine über biologische Waffen verfügt. Ihre ausweichende Antwort war: *„Die Ukraine verfügt über biologische Forschungseinrichtungen, von denen wir in der Tat befürchten, dass russische Truppen, russische Streitkräfte versuchen könnten, die Kontrolle darüber zu erlangen.“* Nuland stand bei der Anhörung unter Eid, sie konnte also nicht einfach sagen, dass die Ukraine nicht über Biowaffen verfügt, wenn das nicht der Wahrheit entspricht. Deshalb musste sie eine ausweichende Antwort finden und konnte nicht einfach „nein“ sagen. Zu beachten ist bei ihrer Antwort: Wenn die Programme des Pentagons in der Ukraine nur der Gesundheitsfürsorge gegolten haben, warum war Nuland dann besorgt, dass russische Streitkräfte „die Kontrolle darüber erlangen“ könnten? Es muss sich also doch Gefährliches in den Laboren befunden haben. Das bestätigte die WHO, die am 11. März 2022, also nur drei Tage später, der Ukraine *„nachdrücklich empfohlen“* hat, *„hochgefährliche Krankheitserreger zu vernichten, um eine mögliche Freisetzung zu verhindern.“*[646] – All diese Informationen stammen aus westlichen Quellen.

Thomas Röper hat sich mit den russischen Veröffentlichungen zu den Biolaboren beschäftigt. Er fasste am 14. Juni 2022 zusammen:[647]

> *Da Russland 2014 auf der Krim eines der amerikanischen Biolabore in die Hände gefallen ist, dürften die russischen Geheimdienste schon vor Beginn der Operation gewusst haben, woran die USA in der Ukraine forschen. Inzwischen hat das russische Verteidigungsministerium viele Dokumente darüber veröffentlicht, aus denen hervorgeht, dass die USA an möglichen Bioangriffen gegen Russland geforscht haben, indem zum Beispiel Zugvögel mit Krankheitserregern infiziert werden sollten, bevor sie aus der Ukraine nach Russland ziehen.*

Das russische Verteidigungsministerium hat im Laufe der russischen Operation immer wieder sichergestellte Dokumente veröffentlicht, die Details über die US-Biowaffenprogramme zeigen. Dabei handelt es sich unter anderem um amerikanische Dokumente. Das könnte man als russische Propaganda bezeichnen, aber die Echtheit der Dokumente wurde nicht bestritten. Stattdessen haben die USA das pauschal als „russische Propaganda" bezeichnet, ohne etwas zu widerlegen. Und in der UNO versuchen die USA Anhörungen zu dem Thema zu verhindern, anstatt den Russen mit Gegenbeweisen eine russische Fälschung nachzuweisen.

Ob und wann ein Biowaffenangriff auf Russland geplant war, ist nicht bekannt, aber das Pentagon hat in der Ukraine an der Möglichkeit eines solchen Angriffs geforscht. Es ist möglich, dass ein solcher Angriff ebenfalls demnächst geplant war, was ein weiterer Grund für das Eingreifen Russlands Ende Februar 2022 gewesen sein könnte.

Solche Befürchtungen eines Biowaffenangriffs auf Russland mögen unsicher belegte Spekulationen sein oder nicht. Tatsache ist, dass diese Befürchtungen durch das Manöver „Polaris 21", das vom 18. November bis 3. Dezember 2021 stattfand, gefüttert wurden. Es war das größte jemals durchgeführte Militärmanöver Frankreichs und diente der Vorbereitung intensiver Kriegsszenarien.[648] Dabei probte Frankreich zusammen mit anderen NATO-Staaten den Krieg gegen Russland. Damit wurde einerseits der Ukraine signalisiert, dass die NATO die Ukraine in einem Krieg gegen Russland unterstützen würde. Andererseits war es für Russland eine klare Androhung eines Krieges.

In der Manöver-Legende von „Polaris 21" wurde durchgespielt, dass Russland auf der Krim eine Biowaffe freisetzt als Angriff auf die Ukraine.[649] Das ist völlig unlogisch, denn warum sollte Russland die eigene Bevölkerung auf der Krim gefährden? In Moskau könnte diese Manöver-Legende jedoch die Befürchtung ausgelöst haben, dass die USA aus der Ukraine heraus einen Biowaffenangriff plant und dann Russland dessen beschuldigen wollte. Auf jeden Fall wirkte dieses Manöver für Russland bedrohlich.

Dezember 2021: Russland schlägt USA und NATO gegenseitige Sicherheitsgarantien vor

Am 13. Dezember 2021 hielten US-Präsident Biden und der russische Präsident Putin einen Video-Gipfel ab. In der Pressemitteilung des Kremls heißt es, dass Putin in dem Gespräch betonte, dass *„die NATO gefährliche Versuche unternehme, ukrainisches Territorium zu erschließen und die militärischen Kapazitäten in der Nähe unserer Grenzen auszubauen. Russland hat daher ein starkes Interesse daran, verlässliche, rechtsverbindliche Garantien zu erhalten, um die Osterweiterung der NATO und die Stationierung offensiver Waffensysteme in den Nachbarländern Russlands zu verhindern."*[650]

Russland unternahm noch einmal einen Versuch, die Bedrohungslage durch vertragliche Vereinbarungen zu entspannen. Wie ernst Russland die Lage inzwischen eingeschätzt hat, zeigt sich an Folgendem: Wohl zum ersten Mal in der Geschichte hat eine Regierung die Details von laufenden Verhandlungen veröffentlicht. Normalerweise findet so etwas hinter verschlossenen Türen statt. Russland handelte nun sehr schnell. Schon einen Tag nach dem Videogespräch veröffentlichte es seine Vorschläge für gegenseitige Sicherheitsgarantien.[651]

Diese enthielten folgende Kernforderungen:

- Die NATO-Einladung von 2008 an die Ukraine und Georgien wird zurückgenommen.
- Die NATO-Präsenz wird auf den Stand der NATO-Russland-Grundakte von 1997 zurückgeführt, das heißt ausländische NATO-Streitkräfte werden aus Osteuropa abgezogen.
- Es werden keine Kurz- und Mittelstreckenraketen an Orten stationiert, von denen aus sie das Territorium der anderen Seite angreifen können.
- US-Atomwaffen werden aus Europa abgezogen.
- Um Zwischenfälle auszuschließen, wird ein Korridor entlang der Grenzen von Russland und den NATO-Staaten eingerichtet, in dem keine Militärmanöver mehr durchgeführt werden dürfen. Auch Militär-Schiffe und -Flugzeuge sollen bestimmte Abstände zu den Grenzen einhalten.

– Es finden regelmäßige Militärgespräche statt.

Russland legte fertig formulierte Vertragsentwürfe vor. Alle Forderungen gehen von einer gleichwertigen gegenseitigen Beachtung der Sicherheitsinteressen aus. Sie klingen sehr vernünftig. Dass bestehende Verträge wie die NATO-Russland-Grundakte von 1997 eingehalten werden, sollte eigentlich selbstverständlich sein. Und wenn alle atombewaffneten Mittelstreckenraketen der NATO und Russlands aus Europa verschwinden, dann wäre das für die Bevölkerungen sehr beruhigend, denn dann können diese Raketen auch nicht abgeschossen werden und niemanden bedrohen. Provokative Militärmanöver in Grenzregionen braucht ebenfalls niemand. Da Russland keine Atomwaffen auf Kuba oder in Mexiko oder Kanada stationiert hat, müssen die USA das in Europa auch nicht tun. Und die Ukraine könnte mit einem neutralen Status genauso gut leben wie Österreich, Finnland oder die Schweiz, die seit Jahrzehnten neutrale Staaten sind.

Im Kapitel über das Minsker Abkommen haben wir gesehen, dass im November 2021, also drei Monate vor dem Kriegeinstritt Russlands im Februar 2022, die Außenminister von Frankreich und Deutschland deutlich gemacht hatten, dass sie an einer Umsetzung des Minsker Abkommens gar kein Interesse haben, worauf der russische Außenminister frustriert mit einer Veröffentlichung der Briefwechsel reagierte. Mit dieser Abkehr vom Minsker Abkommen stieg die Gefahr eines Krieges in der Ukraine sehr stark an. In Anbetracht dieser Bedrohungslage machte die russische Regierung den oben dargestellten Versuch, gegenseitige Sicherheitsgarantien zwischen NATO und Russland auszuhandeln.

Angesichts der im Jahr 2021 hochgeheizten Stimmung hätte man eigentlich erwarten können, dass sich der Westen über diese neue deeskalierende diplomatische Initiative Russlands freut und nun ernsthafte Verhandlungen stattfinden.

Kriegsvorbereitungen laufen weiter

Stattdessen wurde der Krieg insgeheim weiter vorbereitet. Schon seit November 2021, also drei Monate vor Ausbruch des Krieges, arbeiteten Washington und Brüssel an den sehr umfangreichen Russland-Sanktionen, wie wir im Kapitel zum Wirtschaftskrieg noch sehen werden. Das heißt in Wirklichkeit, dass sie die Verhandlungen nie ernsthaft führten und bereits von einem Krieg in der Ukraine ausgingen.

Der US-Botschafter in der Schweiz, Scott Miller, erzählte in einem Interview vom November 2022[652], dass die USA „Geheimdienstinformationen über die Invasion" gehabt und er diese Anfang Januar 2022 der Schweizer Regierung gezeigt hätte. Die Schweiz sollte sich an den Russland-Sanktionen beteiligen. Da zu diesem Zeitpunkt die Gespräche zwischen Russland und den USA zu den vorgeschlagenen Sicherheitsgarantien noch liefen, kann man diese Aussage von Miller als Bestätigung sehen, dass die USA schon längst beschlossen hatten, nicht ernsthaft zu verhandeln und sich der Folgen, nämlich der russischen Intervention in der Ukraine, in vollem Umfang bewusst waren.

Am 19. Januar 2022 wurde in den USA das „Lend-Lease-Gesetz für die Ukraine"[653] eingebracht. Mit diesem Gesetz wurden bürokratische Hürden für die Lieferung von US-Waffen aufgehoben und die Möglichkeit geschaffen, dass die Ukraine für Waffenlieferungen erst in späteren Jahrzehnten bezahlt.[654] Der Zeitpunkt, zu dem das Gesetz in den Kongress eingebracht wurde, zeigt ebenfalls, dass sich die USA offen auf einen Krieg vorbereitet haben. Deshalb war der Krieg nicht die Überraschung, als die er in den westlichen Mainstream-Medien dann ausgegeben wurde.

NATO und USA lehnen gegenseitige Sicherheitsgarantien ab

Hier eine detailliertere Darstellung der allerletzten Ereignisse vor Ausbruch des Ukrainekrieges: Ende Januar 2022 bekam die russische Regierung die ernüchternden Antworten von der NATO und den USA.[655] Die Kernanliegen des Vorschlages für gegenseitige Sicherheitsgarantien wurden abgelehnt. Damit waren die Verhandlungen gestorben. Die als „geheim" deklarierten Antworten wurden der spanischen Zeitung „El Pais" zugespielt, wurden von dieser veröffentlicht und sind auch auf Deutsch übersetzt.[656]

Am 17. Februar 2023 schickte Moskau ein erneutes Schreiben und betonte darin die Wichtigkeit von Verhandlungen:

> *Ohne die Bereitschaft der US-Seite, über feste, juristisch verpflichtende Garantien unserer Sicherheit seitens der USA und ihrer Verbündeten zu verhandeln, wird Russland reagieren müssen, insbesondere indem es militärtechnische Maßnahmen ergreifen könnte.*[657]

Das war eine klare letzte Mahnung: „Militärtechnische Maßnahmen ergreifen könnte." Spätestens in diesem Moment war allen verantwortlichen NATO-Politikern unmissverständlich gesagt worden, dass eine Ablehnung von Verhandlungen mit Russland zu einem Krieg in der Ukraine führen wird. Der Krieg und all das Elend hätten verhindert werden können, wenn die USA und die NATO ihre provozierende und blockierende Haltung nun endlich abgelegt hätten. Dieses Schreiben vom 17. Februar 2023 war Russlands letzte Initiative, um den Frieden zu bewahren. Der Westen wusste genau, dass er mit der Summe seiner Maßnahmen Russland keine Wahl lassen würde, als in der Ukraine militärisch aktiv zu werden.

Der Autor Günther Moewes bringt es auf den Punkt:

> *USA und NATO haben alle Forderungen, Verbalnoten und Vertragsentwürfe Putins gezielt ignoriert oder abgelehnt. Es ist ausgeschlossen, dass sie nicht wussten, in welche Situation sie Putin damit brachten. Sie haben so den Krieg gezielt unausweichlich gemacht. Es sollte deshalb in die UNO-Charta der Satz aufgenommen werden: Jede Nation, Regierung oder Militärorganisation, die vor einem Krieg Verhandlungen ablehnt, gilt künftig als Aggressor.*[658]

Das wäre die richtige Schlussfolgerung entsprechend des Ausspruches von Machiavelli: *„Nicht wer zuerst die Waffen ergreift, ist der Anstifter des Unheils, sondern wer dazu nötigt."*

Nepal Quan Yin, Bodhisattva des Mitgefühls, Buon Me Thuot, Vietnam[659]

Ukrainische Regierung wollte den großen Krieg

Die ukrainische Regierung wünschte sich seit mindestens 2019 den Krieg mit Russland und hat diesen entsprechend provoziert. Das ist in der westlichen Öffentlichkeit kaum bekannt, denn in den Mainstream-Medien wurde das Gegenteil erzählt: Die Ukrainer seien Opfer der brutalen Russen. Diese Marketing-Botschaft war notwendig, um die immensen Waffen- und Geldlieferungen an die Ukraine von über 150 Milliarden Euro bis Februar 2023 gesellschaftlich durchzusetzen. Das ist unvorstellbar viel Geld und entspricht in etwa allen staatlichen und kommunalen Ausgaben Dänemarks in einem Jahr.[660]

Wenn aber der Konflikt so erzählt worden wäre, nämlich dass in der Ukraine fanatische und auf Krawall gebürstete Nationalisten an der Macht sind, die solange provozierten, bis Russland in den Krieg eingetreten ist, dann hätte niemand verstanden, warum man diese Nationalisten auch noch unter großen eigenen Opfern unterstützen sollte. Man hätte dann begriffen, dass vor allem die einfachen Menschen in der Ukraine Opfer einer Regierung sind, die bis zum blutigen Ende eskalierte.

In diesem Kapitel schildere ich die Eskalationsschritte der Ukraine. Diese sind alle mit Dokumenten und Quellen belegt, die nicht als russische Propaganda verdächtigt werden können.

2019: Selenskyj-Berater wünschte den großen Krieg mit Russland

Oleksij Arestowytsch ist ein wichtiger Berater des ukrainischen Präsidenten Selenskyj. Er war zuständig für „strategische Kommunikation im Bereich der nationalen Sicherheit und Verteidigung". Als Präsidenten-Berater veröffentlichte Arestowytsch tägliche Video-Briefings über die aktuelle Situation, wodurch er in der Öffentlichkeit sehr bekannt wurde.

Oleksij Arestowytsch, Berater des ukrainischen Präsidenten Selenskyj[662]

2019 erläuterte er in einem Interview mit dem ukrainischen Sender „Apostrof TV", dass die Ukraine nicht die Kraft für eine Neutralität habe und sich deshalb einer stärkeren Macht anschließen müsse. Die NATO sei sich aber unklar, ob sie die Ukraine haben wolle. Deshalb sei ein großer Krieg mit Russland nötig, damit die Ukraine in die NATO aufgenommen würde. Dieser große Krieg sei die beste Lösung. Hier zentrale Ausschnitte aus diesem bemerkenswerten Interview vom März 2019:[661]

> *Arestowytsch: Es besteht eine 99,9-prozentige Wahrscheinlichkeit, dass unser Preis für den Beitritt zur NATO ein großer Krieg mit Russland ist. Und wenn wir der NATO nicht beitreten, wird Russland uns innerhalb von 10-12 Jahren übernehmen. Jetzt müssen wir uns entscheiden.*
>
> *Frage: Und was ist in einem solchen Fall besser?*
>
> *Arestowytsch: Natürlich ein großer Krieg mit Russland und der Übergang zur NATO nach dem Sieg über Russland.*
>
> *Frage: Und wann?*

Arestowytsch: Der kritischste Zeitraum ist 2020-2022. (...) Aber in diesem Konflikt werden wir vom Westen sehr aktiv unterstützt werden – mit Waffen, Ausrüstung, Hilfe, neuen Sanktionen gegen Russland und sehr wahrscheinlich mit der Einführung eines NATO-Kontingents, einer Flugverbotszone, usw. Wir werden diesen Konflikt also nicht verlieren, und das ist schon einmal gut so.

Oleksij Arestowytsch hält also einen großen Krieg mit Russland für die beste Lösung. Er will ihn, damit die Ukraine in die NATO aufgenommen wird. Dabei geht er davon aus, dass die Ukraine so viel Unterstützung von der NATO erhalten wird, dass sie den Krieg nicht verlieren wird, obwohl Russland um ein Vielfaches größer ist. Er erwartet in dem großen Krieg auch NATO-Soldaten im Kampf gegen Russland und einen massiven Einsatz von NATO-Flugzeugen, um eine Flugverbotszone durchzusetzen.

Überraschend ist seine quasi hellseherisch genaue zeitliche Voraussage des großen Krieges, der zwischen 2020 und 2022 beginnen soll. Woher „wusste" er das? Und warum soll es überhaupt zu einem großen Krieg kommen?

Auf diese Frage gibt Arestowytsch im Interview die Antwort, dass der Donbass-Krieg das Einstiegstor sei. Die ukrainische Regierung werde diesen nicht beenden, sondern solange eskalieren, bis Russland nicht mehr nur zusehen kann und militärisch eingreift. Arestowytsch wörtlich:

Wir werden nicht über irgendwelche Bedingungen für die Beendigung des Krieges [im Donbass] sprechen. Im Gegenteil, das wird Russland höchstwahrscheinlich zu einer größeren Militäroperation gegen die Ukraine veranlassen. Denn sie werden uns infrastrukturell wegpusten und alles hier in Trümmer legen müssen.

Das „Sympathische" an Arestowytsch ist, dass er Klartext redet. Damit wird verständlich, warum die Ukraine das Minsk-2 Abkommen nicht umsetzte und keinen Frieden in der Ostukraine ermöglichte. Damit wird auch verständlich, warum die ukrainischen Truppen im Donbass täglich in die Städte und Dörfer der Volksrepubliken feuerten. Und damit ist auch erklärbar, warum Arestowytsch wusste, dass es bis 2022 einen großen Krieg geben wird – weil die ukrainische Regierung diesen selbst provozierte und damit die Zeitplanung in ihrer Hand hatte. Dass die Ukraine damit in Trümmer gelegt wird, sieht er als eine Art von unvermeidlichem Kollateralschaden für den NATO-Beitritt, den man hinnehmen muss.

Der Schweizer Nachrichtenoffizier Jacques Baud ordnet die Aussagen von Arestowytsch wie folgt ein: [663]

> *Da man davon ausging, dass Russlands Wirtschaft mit der Italiens vergleichbar sei, nahm man an, dass es ebenso verwundbar sein würde. Der Westen – und die Ukrainer – dachten daher, dass wirtschaftliche Sanktionen und die politische Isolierung Russlands schnell zu seinem Zusammenbruch führen würden, ohne dass es zu einer militärischen Niederlage käme. Das geht aus dem Interview von Oleksij Arestowytsch, dem Berater und Sprecher von Selenskyj, im März 2019 hervor. Es erklärt auch, warum Selenskyj Anfang 2022 nicht Alarm schlug, wie er in seinem Interview mit der Washington Post sagt. Ich denke, er wusste, dass Russland auf die von der Ukraine vorbereitete Offensive im Donbass reagieren würde (weshalb der Großteil seiner Truppen in diesem Gebiet stationiert war) und dachte, dass Sanktionen schnell zu Russlands Zusammenbruch und Niederlage führen würden. Das hatte auch Bruno Le Maire[664], der französische Wirtschaftsminister, „vorausgesagt“. Offensichtlich haben die Westler Entscheidungen getroffen, ohne ihren Gegner zu kennen.*
>
> *Wie Arestowytsch sagte, war die Idee, dass die Niederlage Russlands die Eintrittskarte für die Ukraine in die NATO sein würde. Die Ukrainer wurden also dazu gedrängt, eine Offensive im Donbass vorzubereiten, um Russland zu einer Reaktion zu zwingen, und mit Leichtigkeit eine Niederlage Russlands durch verheerende Sanktionen zu erreichen. Das ist zynisch und zeigt, wie sehr der Westen*

– angeführt von den Amerikanern – die Ukraine für seine eigenen Ziele missbraucht hat. (...)

In Wirklichkeit haben die Sanktionen nicht wie erwartet gewirkt, und die Ukraine wurde in Kämpfe hineingezogen, die sie zwar provoziert hatte, auf deren lange Dauer sie aber nicht vorbereitet war.

Es ist harter Tobak, dass die Ukraine den Krieg mit Russland selbst vorbereitet, gewollt und herbeigeführt hat. Werden diese prophetischen Aussagen von Arestowytsch durch die ukrainische Politik und die weiteren Geschehnisse bestätigt?

Ukrainischer Sicherheitsrats-Chef Danilow: Seit 2019 Vorbereitung auf den Krieg mit Russland

2019 traf die ukrainische Regierung die Entscheidung für den Krieg mit Russland, sagte Alexej Danilow, der mächtige Chef des ukrainischen Sicherheitsrates. Es ist überraschend, wie offen in Kiew die Dinge ausgesprochen werden. Man kann sich darauf verlassen, dass die westlichen Mainstream-Medien es nicht berichten werden. Danilow beschrieb in einem Interview, dass die ukrainische Regierung nach dem Treffen im Normandie-Format Anfang Dezember 2019 beschlossen hatte, das Minsker Abkommen nun offen abzulehnen und in die heiße Phase des Krieges gegen Russland einzutreten.[665] Das Interview fand Ende August 2022, also nach einem halben Jahr Ukraine-Krieg, mit dem ukrainischen Fernsehsender NTA statt. Danilow wörtlich:

Wir haben uns auf den Krieg vorbereitet, sehr mächtig vorbereitet. Und die Tatsache, dass wir heute bereits 180 Tage Krieg hinter uns haben und uns auf unserem Territorium befinden, dass wir es nicht aufgegeben haben, zeigt nochmal, dass wir uns auf den Krieg vorbereitet haben. Und zwar begannen unsere Vorbereitungen für den Krieg nach dem 8. und 9. Dezember 2019. (...) Als unser Präsident Selenskyj in Paris den Bedingungen, die Russland, Frankreich und Deutschland uns am 8. und 9. Dezember 2019 angeboten haben, nicht zustimmte, sagte er, um es gelinde auszudrücken: „Nein, Freunde, es wird kein Minsk-3 geben, wir werden für unser Land kämpfen." Wir haben am nächsten Tag begonnen zu verstehen, dass ein großer Krieg mit Russland bevorstand.

Der Frieden wäre so einfach gewesen ...

Es muss immer wieder wiederholt werden: Der Frieden wäre so einfach gewesen!

Kiew hätte nur dem Donbass und vielleicht weiteren Regionen der Südostukraine föderale Eigenständigkeit zugestehen müssen, so wie es das Minsker Abkommen vorsah. Was ist schlimm daran, wenn die Leute im Donbass russisch reden und schreiben? Lasst sie reden und leben, wie sie wollen! Die Donbass-Regionen wären in der Ukraine geblieben, auch die Wirtschaftskraft dieser Industrieregionen wäre für die Ukraine erhalten geblieben.

Föderalismus ist eigentlich das Normalste auf der Welt. Italien fährt gut damit, die Südtiroler deutsch reden zu lassen.

Russland hätte man auch leicht zufrieden stellen können mit einem Vertrag, der versichert, dass die Ukraine nicht in die NATO eintritt, sondern neutral bleibt. Mehr wollte Russland nicht. Was ist denn besser? Frieden und Souveränität und nicht in der NATO sein, oder Krieg, Zerstörung und Hass und in der NATO sein wollen?

Dann sind da noch die wirtschaftlichen Beziehungen: Was um Himmels willen ist so schlimm daran, mit Russland und der GUS genauso Handel zu treiben wie mit der EU? Je mehr Kunden, Märkte und Geschäftspartner, desto besser, würde jeder normale Kaufmann sagen.

Es wäre so einfach gewesen!

Doch Nationalismus und Fanatismus trieben die Ukraine in den Krieg.

Am 20. Januar 2021 fand die Amtseinführung von Joe Biden als neuer US-Präsident statt. Danach nahm die Geschwindigkeit der Reise zum Krieg deutlich zu. Wie die ukrainische kritische Presse und Opposition im Frühjahr 2021 ausgeschaltet wurden, habe ich schon geschildert.

Neue Militärdoktrin kündigte den Krieg mit Russland an

2015 setzte der nach dem Maidan-Putsch gewählte Präsident Poroschenko eine ukrainische Militärdoktrin in Kraft, in der erstens Russland als der Hauptfeind der Ukraine definiert[666] und zweitens eine Angleichung der ukrainischen Streitkräfte an NATO-Standards bis 2020 angekündigt[667] wurde.

Präsident Selenskyj ging einen deutlichen Schritt weiter. Am 24. März 2021 setzte er die „Strategie zur Deokkupation und Reintegration der Krim", die der Ukrainische Sicherheitsrat beschlossen hatte, als Dekret in Kraft.[668] In der Pressemitteilung steht dazu zusammenfassend: *„Dieses Dokument definiert eine Reihe von Maßnahmen diplomatischer, militärischer, wirtschaftlicher, informativer, humanitärer und anderer Art, die darauf abzielen, die territoriale Integrität und die staatliche Souveränität der Ukraine innerhalb international anerkannter Grenzen durch Deokkupation und Reintegration der Krim wiederherzustellen."*

Es ging also ausdrücklich auch um „Maßnahmen militärischer Art", mit denen Kiew die Krim zurückbekommen wollte. Mit diesem offiziellen Strategiepapier kündigte die ukrainische Regierung also einen militärischen Angriff auf die Krim und damit einen Krieg mit Russland an. Die Krim war ja seit 2014 völkerrechtskonform aus eigenem Willen wieder ein Teil Russlands, unabhängig davon, dass die ukrainische Regierung und die NATO das anders sehen.

Einen Tag später, am 25. März 2021 setzte Präsident Selenskyj eine neue Militärdoktrin der Ukraine in Kraft, die ebenfalls vom Ukrainischen Sicherheitsrat beschlossen worden war.[669] Das Dokument sieht die weitere Integration der Ukraine in die Sicherheitsarchitektur der NATO vor und wiederholt die Forderung, die Krim auch mit militärischen Mitteln zurückzuerobern.

Wie wurde diese neue Militärdoktrin in Russland aufgenommen? Präsident Putin äußerte sich dazu in seiner Rede vom 21. Februar 2022.[670]

> *Im März 2021 hat die Ukraine eine neue Militärstrategie verabschiedet. Dieses Dokument ist fast ausschließlich der Konfrontation mit Russland gewidmet und zielt dar-*

auf ab, ausländische Staaten in einen Konflikt mit unserem Land zu ziehen. Die Strategie sieht vor, auf der Krim und im Donbass eine Art terroristischen Untergrund aufzubauen. Sie umreißt auch die Konturen des zu erwartenden Krieges, der nach Ansicht der heutigen Strategen in Kiew – ich zitiere ab hier – „mit Hilfe der internationalen Gemeinschaft zu für die Ukraine günstigen Bedingungen" enden soll. Und auch, wie sich Kiew heute ausdrückt, und ich zitiere auch hier, hören Sie bitte genauer hin, „mit der militärischen Unterstützung der internationalen Gemeinschaft in einer geopolitischen Konfrontation mit der Russischen Föderation." Im Grunde genommen ist das nichts anderes als die Vorbereitung einer militärischen Aktion gegen unser Land – gegen Russland.

Die neue Militärdoktrin wurde also in Russland ernst genommen und tatsächlich als Kriegsankündigung verstanden. Man rechnete dort mit einem Kriegsausbruch unter Beteiligung der „internationalen Gemeinschaft in einer geopolitischen Konfrontation mit Russland".

Mit diesen beiden Dokumenten wurden die zitierten Aussagen von Arestowytsch und Danilow offiziell bestätigt: Die Ukraine plante einen Krieg mit Russland und bereitete diesen konkret vor. Damit hatte die Ukraine die Aggressor-Rolle. Sie war nicht Opfer. Die Realität ist also genau umgekehrt wie das, was uns in den Mainstream-Medien und von den NATO-Regierungen erzählt wird. Das ist sehr leicht zu erkennen: Man muss nur die offiziellen Kiewer Regierungsdokumente ansehen.

2021: Eskalation im Donbass

Den Worten folgten schnell entsprechende Taten. Schon im April 2021 spitzte sich die Stimmung stark zu. Die ukrainische Armee bekam mehr und mehr Waffen aus den USA und verlegte weitere Truppen in die Ostukraine. Auch Russland verlegte Truppen zur ukrainischen Grenze. Der Krieg wurde propagandistisch vorbereitet. Fast jeden Tag meldete das Pentagon, an allem sei nur Russland schuld. Auch auf russischer Seite wurde der Ton schärfer. Am 8. April 2021 sagte der stellvertretende Leiter der russischen Präsidialverwaltung Dmitri Kozak im russischen Fernsehen: *„Wenn sich in der Ukraine ein Massaker wie in*

Srebrenica wiederholt, wird Russland seine im Donbass lebenden Bürger schützen.“[671] Es schien, dass im April und Mai 2021 die Ukraine kurz vor einem Krieg mit Russland stand, dann aber vermutlich von den USA zurückgepfiffen wurde. Diese war zu dieser Zeit mit dem Abzug aus Afghanistan beschäftigt. Mitte Juni fand ein Gipfeltreffen der Präsidenten Putin und Biden statt. Die realen Vorgänge waren sehr undurchsichtig, aber der Stressbarometer der Medienberichte sprach in dieser Zeit eine klare Sprache.

Ukrainische Armee konzentrierte sich im Donbass

Es ist wichtig zu verstehen, dass sich die ukrainische Armee 2021 an der Waffenstillstandslinie im Donbass zusammenballte, und dass die Donbass-Volksrepubliken deshalb einen Angriff erwarteten. Es gibt Berichte, dass bis zu 120.000 Mann, was etwa der Hälfte der ukrainischen Armee entsprach, dort konzentriert waren. Genau können wir es nicht wissen, dazu bräuchte man einen Zugang zur Satellitenaufklärung der Geheimdienste oder zu den Planungsdaten der ukrainischen Armee. Im Westen wurde über diesen massiven ukrainischen Truppenaufmarsch nicht berichtet, sondern nur über russische Truppenbewegungen in der Nähe der ukrainischen Grenze.

Dass die ukrainische Armee an der Grenze der Volksrepublik Donezk wirklich sehr stark war, konnte man aber am weiteren Verlauf des Ukraine-Krieges unzweifelhaft erkennen. Die Stadt Donezk wurde bis Sommer 2023 fast täglich von ukrainischer Artillerie beschossen. Getroffen wurden viele Wohn- und Zivilgebäude, und fast täglich wurden Verletzte und Tote gemeldet. Die ukrainische Armee war in der Region Donezk tief eingegraben in Bunkern und Tunnels, die im Laufe der acht Jahre Donbass-Krieg errichtet worden waren. Diese Befestigungen waren für die russische Armee in 1,5 Jahren nicht einnehmbar. Dagegen konnte die russische Armee 2022 im Norden und Süden leicht vorrücken, da sich dort viel weniger ukrainische Soldaten befanden. Es bestand also in jedem Fall eine dichte Konzentration der ukrainischen Armee in der Region Donezk. Natürlich wurde das von den Volksrepubliken als Bedrohung wahrgenommen. Wenn es wirklich 120.000 ukrainische Soldaten waren, dann wären diesen den etwa 40.000 Milizsoldaten der Volksrepubliken überlegen gewesen.

Anfang 2022: Letzte Schritte auf dem Weg zum Krieg

Ab Anfang 2022 schlug das Medien-Stressbarometer wieder deutlich aus und stieg immer höher. Den konkreten Vorlauf des Beginns des Ukraine-Krieges kann man in Medienberichten verfolgen.

Am 12. Januar 2022 flog CIA-Direktor Burns nach Kiew, um Präsident Selenskyj zu sprechen. Bei solchen Spezial-Treffen geht es normalerweise um Größeres.[672]

Am 13. Januar 2022 telefonierte US-Präsident Biden mit Selenskyj.[673] Biden versicherte dabei, dass die USA "umgehend und mit Bestimmtheit" auf "jegliche weitere russische Aggression" reagieren würden. Was genau in diesen Gesprächen besprochen wurde, stand natürlich nicht in den Artikeln. Man fragt sich: Ging es etwa darum, einen Angriff im Donbass zu beginnen, der Russland zu einer Gegenreaktion zwingen würde? Vielleicht ist das eine Spekulation, aber jedenfalls gab es sofort nach diesen Treffen sichtbare Auswirkungen, die alle auf ein solches Vorhaben hindeuteten.

Am 14. Januar 2022 schloss die US-Botschaft in Kiew ihre Türen, die Botschaftsmitarbeiter wurden nach Lemberg in die Westukraine evakuiert. In die Gegenrichtung flossen unvermindert Waffenlieferungen aus NATO-Staaten, wie ein „CNBC"-Artikel berichtete.[674] Am selben Tag kündigte der britische Rückversicherungsriese Lloyds an, vorübergehend alle Versicherungen für Konfliktrisiken über dem ukrainischen Luftraum einzustellen.[675] Die Zahl der Charterflüge in Privatjets stieg sprunghaft an, die Reichen der Ukraine verließen reihenweise das Land.[676] Auch bei den Kiewer Abgeordneten gab es eine Absetzbewegung ins Ausland.[677] Am 14. Januar 2022 berichtete die „Washington Post" in einem langen Artikel über das „Tiger-Team",[678] das im November 2021 offiziell ins Leben gerufen worden war. Es vereinte Vertreter des US-Militärs, der US-Geheimdienste und vieler US-Ministerien und bereitete Reaktionen auf einen erwarteten Kriegseintritt Russlands vor. In dem Artikel heißt es: *„Zu den größten Sorgen des Tiger-Teams zählt der Versuch Russlands, das falsche Narrativ zu verbreiten, dass es die Ukraine sei, die mit Unterstützung des Westens eine Offensive in der Ostukraine vorbereite, und dass Russland das Opfer sei."* Ganz im Gegensatz zu dieser propagandistischen Tatsachenverdrehung des

Westens, der damit zeigt, dass Krieg für ihn beschlossen war, sah der Kreml am 14. Februar noch diplomatische Lösungsmöglichkeiten; so titelte der „Guardian“: *„Wladimir Putin sieht den Dialog über die Ukraine-Krise noch als möglich an.“*[679] Gleichzeitig sagte ein hochrangiger russischer Diplomat dem „Guardian“, dass Russland das Recht habe, einen „Gegenangriff“ gegen die Ukraine durchzuführen, wenn es den Eindruck habe, dass Kiew die Bevölkerung der Ostukraine bedrohe.[680] Zu dieser Zeit hatten etwa 700.000 Bewohner der Volksrepubliken einen russischen Pass und waren damit russische Staatsbürger.[681] Die OSZE-Sonderbeobachtermission berichtete in ihrem Tagesreport für den 14. Februar: *„Unter Verletzung der Rückzugslinien beobachtete die Mission 22 Panzer in einem von der ukrainischen Regierung kontrollierten Gebiet.“* Das war eine ungewöhnlich große Anzahl T-72-Panzer, 70 km nordwestlich von Luhansk.

Am 15. Februar 2022 berichtete „Reuters“, dass eine Woche zuvor Friedensgespräche zwischen der Ukraine, Russland, Frankreich und Deutschland stattgefunden hätten, jedoch ohne einen Durchbruch endeten. *„Nach den Gesprächen erklärte die Ukraine, sie werde dem Druck Moskaus, direkt mit den Separatisten zu verhandeln, nicht nachgeben, während Russland Kiew vorwarf, absurde Vorschläge zu unterbreiten.“*[682]

Das war die Fortsetzung des Desasters mit dem Minsker-Abkommen. In Februar 2022 hatte das aber eine andere Bedeutung. Denn seit Frühjahr 2021 wurde vor allem von den USA ständig ein Einmarsch von Russland in die Ukraine vorhergesagt. Die Gefahr, dass die Diplomatie nun tatsächlich zu einem Ende kommt und etwas Schlimmes passieren könnte, war greifbar nahe. Doch die Regierung Selenskyj blieb ungerührt. Sie weigerte sich weiterhin – trotz unmittelbarer Kriegsgefahr – mit den gewählten Vertretern der Volksrepubliken zu sprechen. Das bedeutet, Kiew wollte den Krieg und hat deshalb auch diese letzte Möglichkeit einer Deeskalation stur zurückgewiesen.

Dem russischen Parlament, der Duma, ging inzwischen die Geduld aus. Dieses beschloss am 15. Februar 2022 eine Aufforderung an Präsident Putin, die beiden Donbass-Republiken als unabhängige Staaten anzuerkennen. Den Zeitpunkt solle Putin bestimmen. Diese Anerkennung hatte seit 2014 nicht stattgefunden, weil Russland das Minsker-Abkommen nicht torpedieren wollte, das ja eine Zukunft der Volksrepubliken als autonome Regionen innerhalb der Ukraine vorsah.

Am 15. Februar 2022 fand auch ein Telefonat zwischen Russlands Außenminister Sergej Lawrow und US-Außenminister Antony Blinken statt. Darüber berichtet „CGTN“: *„Lawrow betonte insbesondere die Unzulässigkeit aggressiver Rhetorik, die von Washington und seinen engsten Verbündeten geschürt wird, und forderte einen pragmatischen Dialog über das gesamte Spektrum der von Russland aufgeworfenen Fragen mit Schwerpunkt auf dem Prinzip der unteilbaren Sicherheit.“* Das war natürlich eine hoffnungslose Forderung von Lawrow, denn dieser Dialog hatte schon in den letzten Jahren nie stattgefunden ... Aber man erkennt daran die trotzdem noch intensiven Bemühungen Russlands um eine diplomatische Lösung.

Am 16. Februar 2022 nahmen die Waffenstillstandsverletzungen und die Granatenschüsse an der Kontaktlinie im Donbass rapide zu. Die OSZE zählte 591 Vorfälle, das Vierfache der Vortage (Bericht 37/17.2.22).

Am 17. Februar 2022, einem Donnerstag, hielt der UN-Sicherheitsrat eine Sitzung zur Lage in der Ukraine ab. US-Außenminister Antony Blinken „enthüllte“ in seiner Rede, wie Russland den Krieg in der Ukraine führen werde. Die „Chicago Tribune“ schrieb: *„Er teilte den Diplomaten mit, dass ein plötzliches, scheinbar gewalttätiges Ereignis, das von Russland zur Rechtfertigung der Invasion inszeniert würde, den Ausschlag geben würde. (...) «Wir kennen den Vorwand nicht genau» – ein «sogenannter terroristischer Bombenanschlag» innerhalb Russlands, ein inszenierter Drohnenangriff, «ein vorgetäuschter, sogar ein echter Angriff ... mit chemischen Waffen», sagte er.“*[683] Am selben Tag nahmen die Waffenstillstandsverletzungen im Donbass weiter zu.

„Reuters“ zitierte am 18. Februar 2022 Russlands Außenminister Sergej Lawrow: *“Wir sind sehr besorgt über die Berichte der letzten Tage – gestern [17. Februar 2022] und vorgestern [16. Februar 2022] kam es zu einem starken Anstieg des Beschusses mit Waffen, die nach den Minsker Vereinbarungen verboten sind.”*[684] Die Volksrepubliken begannen nun mit der Evakuierung der Bevölkerung mit Bussen.[685]

Am 19. Februar 2022 flogen im Donbass noch mehr Granaten und die Evakuierungen wurden fortgesetzt. „Reuters" berichtete: *„Von Russland unterstützte Separatistenführer in der Ostukraine erklärten einen Tag nach der Anordnung der Evakuierung von Frauen und Kindern nach Russland eine umfassende militärische Mobilisierung und verwiesen auf die Gefahr eines bevorstehenden Angriffs der ukrainischen Streitkräfte. Kiew bestritt die Anschuldigung rundweg und Washington sagte, die Anschuldigung sei Teil von Russlands Plan, einen Vorwand für eine Invasion in der Ukraine zu schaffen."*[686]

An diesem Tag war der ukrainische Präsident Selenskyj in München und trieb in der schon sehr angespannten Situation die Eskalationsspirale nochmals um eine entscheidende Stufe höher.

Ukraine droht mit atomarer Bewaffnung

Am 19. Februar 2022 drohte Selenskyj auf der Münchner Sicherheitskonferenz mit einer atomaren Bewaffnung der Ukraine.[687] Konkret kündigte Selenskyj an, dass die Ukraine aus dem Budapester Memorandum aussteigen könnte. In diesem haben sich 1994 die ehemaligen Sowjetstaaten Weißrussland, Kasachstan und Ukraine verpflichtet, ihre Atomwaffen an Russland abzugeben, auch in Zukunft darauf zu verzichten, und haben im Gegenzug dazu von Russland, den USA und Großbritannien Sicherheitsgarantien erhalten. Diese Zusage, auf Atomwaffen zu verzichten, stellte Selenskyj nun in Frage.

Da die Ukraine viele Atomkraftwerke hat, das Material für Atombomben vorhanden ist und auch das technische Knowhow zur Verfügung steht, ist es sehr realistisch, dass die Ukraine nach einem Ausstieg aus dem Budapester Memorandum schnell zu Atomwaffen kommen kann. Nachdem die Ukraine in ihrer Militärdoktrin einen Krieg mit Russland angekündigt hatte, war die Aussicht auf eine ukrainische Atombewaffnung für Russland eine inakzeptable Bedrohung der eigenen Sicherheit. Das wurde in Russland auch so besprochen.

Damit man das versteht: Großmächte fühlen sich vor allem sicher durch ihre Atombewaffnung und wollen hier möglichst keine Bedrohungen oder Konkurrenten sehen. Zum Beispiel drehten die USA völlig durch bei der Frage, ob der Iran oder Nord-Korea Atomwaffen besit-

zen. Beide Länder sind sehr weit von den USA entfernt. Es geht hier um die Frage, ob „Schurkenstaaten" – wie es die USA sagen – Atomwaffen haben dürfen. Für Russland sieht eine Atombewaffnung der Ukraine ähnlich aus, nur ist die Ukraine lediglich wenige Raketenminuten von den russischen Großstädten entfernt.

Der Kiewer Regierung war es selbstverständlich klar, dass die Ankündigung einer Atombewaffnung als große Bedrohung in Russland angesehen und entsprechende Reaktionen hervorrufen wird. Die Lage war schon maximal angespannt, aber Kiew hatte sich entschieden, noch eins draufzusetzen – und einen Krieg endgültig zu provozieren.

Hier liegt die Verantwortung klar bei der Ukraine: Wer Frieden will, schlägt nicht auf die Stellen des Gegners, die diesem am meisten weh tun. Das macht man nur, wenn man Krawall sucht. Diese Ankündigung Selenskyjs einer Atombewaffnung war regelrecht selbstmörderisch.

Mich erinnert das an meine Jugendzeit als Zigarettenverkäufer im Bierzelt. Dort gab es immer wieder betrunkene Männergruppen, die sich gegenseitig anpöbelten und provozierten. Das baute sich meist über längere Zeit auf, bis schließlich eine Seite genau die Worte und Gesten fand, die bei den anderen zur Explosion führten. Dann flogen die Fäuste und die Biertische.

Damit spürbar wird, wie die ukrainische Atombewaffnung aus russischer Sicht empfunden wurde, einige Ausschnitte aus einem Beitrag des russischen Fernsehens vom 27. Februar 2022, wenige Tage nach dem Kriegseintritt Russlands:[688]

> *Im Dezember unterbreitete Moskau den USA und der NATO Vorschläge für rechtsverbindliche Sicherheitsgarantien.[689] Zu den wichtigsten Punkten gehörte die Weigerung, die Ukraine und Georgien in die NATO aufzunehmen, keine Angriffswaffen in der Nähe der russischen Grenzen zu stationieren und die militärische Infrastruktur der NATO wieder auf den Stand von 1997 zu bringen, als die NATO-Russland-Grundakte unterzeichnet wurde. Doch alle diese Vorschläge wurden vom Westen rundweg abgelehnt, während er die NATO-Bestrebungen der Ukraine unterstützte.*

Die ukrainischen Flugplätze befinden sich in unmittelbarer Nähe der russischen Grenze. Wie Putin sagte, können die dort stationierten taktischen NATO-Flugzeuge, einschließlich derer Präzisionswaffen, unser Gebiet bis zu einer Tiefe der Linie Wolgograd-Kasan-Samara-Astrachan treffen. Und die landgestützten ballistischen Raketen, die das Pentagon bereits entwickelt hat, seit die USA aus dem INF-Vertrag ausgestiegen sind, könnten den gesamten europäischen Teil Russlands abdecken und sogar Gebiete jenseits des Urals erreichen.

„Die Flugzeit nach Moskau würde für Tomahawk-Marschflugkörper weniger als 35 Minuten betragen, für ballistische Raketen aus dem Raum Charkow 7 bis 8 Minuten und für Hyperschallraketen 4 bis 5 Minuten. Das nennt man das Messer an der Kehle haben", sagte der russische Präsident.

Und das sind genau die Pläne, die der Westen nach Ansicht Moskaus schmiedet, indem er anti-russische Kräfte fördert.

„Die führenden NATO-Länder unterstützen extreme Nationalisten und Neonazis in der Ukraine, um ihre eigenen Ziele zu erreichen. Der gesamte Verlauf der Ereignisse und die Analyse der eingehenden Informationen zeigen, dass ein Zusammenstoß zwischen Russland und diesen Kräften unvermeidlich ist. Es ist nur eine Frage der Zeit: Sie bereiten sich vor, sie warten auf einen günstigen Moment. Jetzt wollen sie auch Atomwaffen. Das werden wir nicht zulassen", versicherte Wladimir Putin.

Selbst wenn jemand diese Sichtweise für übertrieben hält, zum Beispiel da die NATO friedliebend sei und Russland deshalb keine Gefahr drohe, so sollte man doch wahrnehmen, dass dies in Russland anders gesehen wird. Die zitierten Aussagen sind die offizielle russische Sichtweise, die das Handeln der russischen Regierung bestimmten. Unsere bisherigen Recherchen und die daraus gewonnenen Erkenntnisse zeigen uns, dass Russlands Haltung sehr gute Gründe hat.

So begann der Ukraine-Krieg: OSZE zählt Waffenstillstandsverletzungen

Vom 16. Februar 2022 bis zum Kriegseintritt Russlands am 24. Februar fand im Donbass eine starke militärische Eskalation statt. Durch die Tagesberichte der OSZE[690] haben wir dafür eine neutrale Zahlengrundlage. Mit Überwachungskameras und Beobachtungsteams zählte die OSZE die Waffenstillstandsverletzungen. Ab dem 16. Februar nahmen sie stark zu, wie die folgende Abbildung zeigt. Allein am 19. Februar wurden bis 19.30 etwa 2.400 Granaten und sonstige Schüsse gezählt, die im blauen Balken abgebildet sind. Daneben findet man zum Vergleich die orangenen Balken mit den sehr viel geringeren Durchschnitten an Waffenstillstandsverletzungen der letzten 7 Tage, 30 Tage sowie des ganzen Jahres 2021.

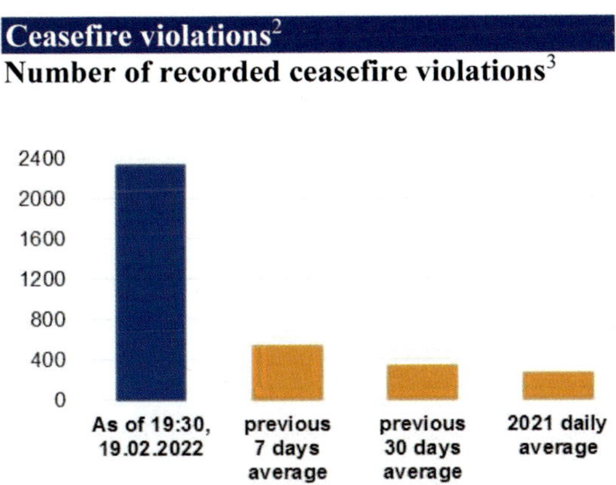

Steigerung der Waffenstillstandsverletzungen aus dem OSZE Daily Report 40/2022 vom 21. Februar 2022[691]

Die OSZE erstellte auch Karten mit den Orten der Einschläge. Als Beispiel ist hier die Abbildung für den 21. Februar 2022, dem Tag der Anerkennung der Volksrepubliken durch Russland. An einem Ort kann es mehrere Explosionen und Einschläge geben, in der Karte sind deshalb die Punkte farblich abgestuft zwischen gelb (wenig) und rot (viel). Auf der folgenden Karte sieht man mit einem Blick, dass es deutlich mehr Explosionen in den Volksrepubliken gab (unterhalb der roten Kontaktlinie) als in den von der Ukraine kontrollierten Gebieten (oberhalb der roten Linie). Da man davon ausgehen muss, dass eine Konfliktpartei nicht auf sich selbst, sondern auf den Gegner schießt, heißt das, dass die ukrainische Armee deutlich häufiger in die Volksrepubliken schoss als umgekehrt.

Die OSZE unterscheidet bei der Datenerfassung zwischen „explosions, projectiles in flight, muzzle flashes, illumination flares, bursts and

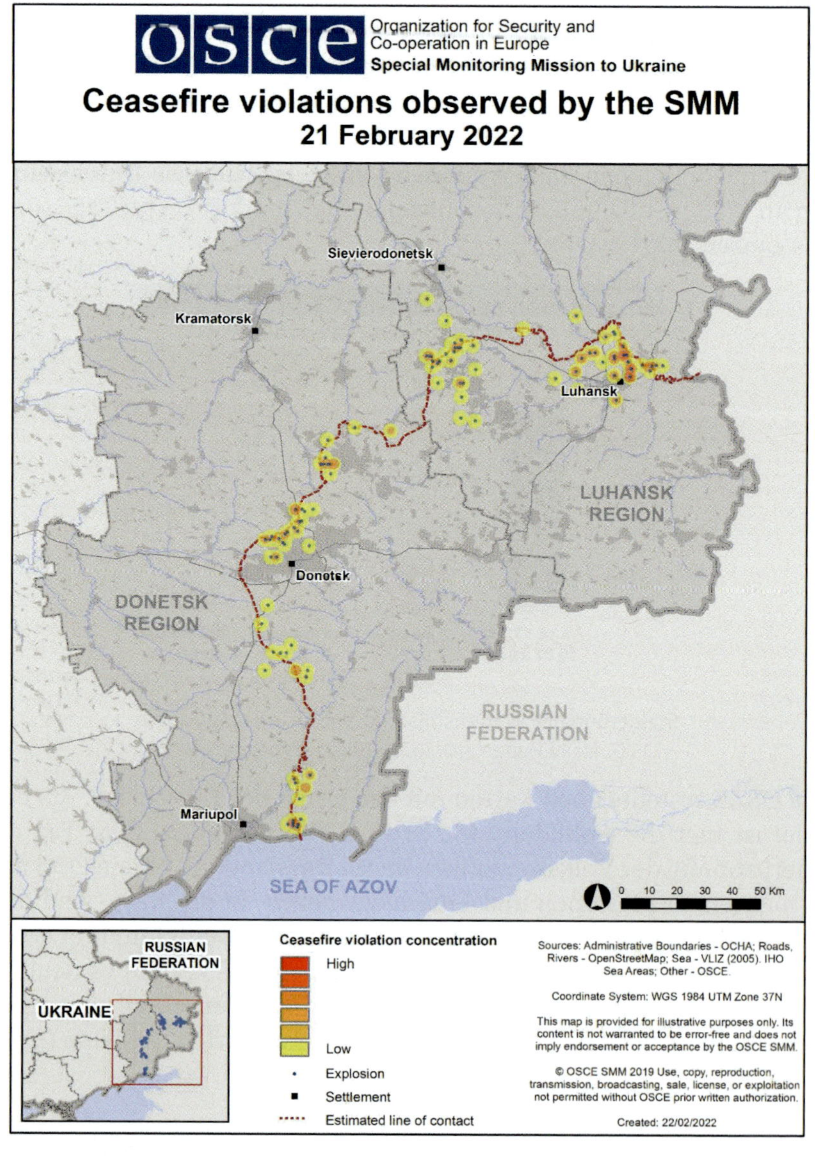

shots". Zu Deutsch: Explosionen, Geschosse im Flug, Mündungsfeuer, Leuchtgeschosse, Feuerstöße und Schüsse. In der Karte sind Explosionen eingezeichnet, die mit Punkten markiert sind. Bei Explosionen handelt es sich um Einschläge, also eintreffende Granaten. Mündungsfeuer wurden extra erfasst, aber nicht auf der Karte eingezeichnet.

Um die Eskalation genauer vor Augen zu bekommen, habe ich die Tagesberichte untersucht und folgende Tabelle erstellt. Darin ist die Anzahl der Waffenstillstandsverletzungen erfasst und man sieht die starke Steigerung bis zur letzten OSZE-Datenerfassung mit dem Bericht vom 23.2.23. Dann habe ich mir jede Karte angesehen und die Punkte gezählt und aufgeteilt danach, ob sie im Gebiet der Volksrepubliken, dem Regierungsgebiet der Ukraine oder unklar auf der Grenze liegen.

Auswertung der OSZE-Tagesberichte über Waffenstillstandsverletzungen im Donbass

Report-Nr./ Datum	Waffen- stillstands- verletzungen	Orte mit Explosionen		
		Regierungs- gebiet d.Ukr.	Volks- republiken	auf Grenze
35/15.2.22	174	3	7	0
36/16.2.22	153	7	4	0
37/17.2.22	591	12	16	1
38/18.2.22	870	19	21	2
39/19.2.22	1.566	30	60	4
40/20.-21.2.22	3.231	40	108	7
41/22.2.22	1.927	22	73	7
42/23.2.22	1.710	38	61	9
Gesamt	**10.222**	**171**	**350**	**29**

Aus dieser Zusammenstellung ergibt sich ein deutliches Bild: In den Volksrepubliken gab es 350 Orte mit Explosionen, in den ukrainischen Regierungsgebieten nur 171 Orte. Das heißt, die ukrainische Armee hat in diesem Zeitraum auf doppelt so viele Orte in den Volksrepubliken geschossen wie umgekehrt die Donbass-Milizen ins ukrainische Regierungsgebiet. Insoweit war die ukrainische Armee erheblich angriffiger. Das sieht nach einem tatsächlichen Angriff der Ukraine auf die Donbass-Volksrepubliken ab dem 17. Februar 2022 aus.

Kann man über die Kartenanalyse hinaus aus den Einzeldaten der OSZE noch genauer ersehen, wie die Eskalationsdynamik war? Ich habe es versucht. Die Daten geben es aber von sich aus nicht her. In den Tagesberichten gibt es Tabellen mit den einzeln aufgezeichneten Fällen. Ich fand aber folgende Probleme: 1. Die Datenerfassung ist insgesamt unvollständig. 2. Die OSZE zählt sehr viele Geschosse in der Luft und gibt Himmelsrichtungen an, aber man müsste jeden Fall erst manuell einordnen, ob ein Geschoss in die Volksrepubliken oder aus diesen flog. 3. Man müsste für eine Auswertung alle Daten digital erfassen. 4. Man bräuchte eine passende Software dazu. Für professionelle Datenanalysten wäre es ein lohnendes Projekt.

Zusammenfassung:

Die Ukraine wollte einen großen Krieg mit Russland und erhoffte sich dadurch die Aufnahme in die NATO. So sagte es 2019 der bekannte Präsidentenberater Oleksiy Arestovych. Alexej Danilow, der mächtige Chef des Kiewer Sicherheitsrates, führte aus, dass die Regierung Selenskyj im Dezember 2019 beschlossen hatte, die Friedensmöglichkeit des Minsker Abkommens offen abzulehnen und sich stattdessen „mächtig auf den Krieg vorbereite". Das sind die Aussagen hochrangigster ukrainischer Regierungsvertreter.

Nach der Amtseinsetzung von US-Präsident Biden Anfang 2021 beschleunigte sich alles. Zunächst wurden die kritischen Medien und die Opposition in der Ukraine ausgeschaltet. Im März 2021 beschloss der Kiewer Sicherheitsrat eine Strategie zur Eroberung der Krim, die auch militärisch erfolgen soll. In der neuen Militärdoktrin der Ukraine wurde ebenfalls ein Krieg mit Russland offen angekündigt.

Den Worten folgten Taten: Die ukrainische Armee konzentrierte sich 2021 an der Grenze zu den Volksrepubliken. In den westlichen Mainstream-Medien wurde aber nur über die „spiegelbildlichen" Konzentrationen der russischen Armee im ukrainischen Grenzgebiet berichtet. Gleichzeitig wurde im ganzen Jahr 2021 die Kriegspropaganda in den

Der Schwebende Engel, von Ernst Barlach, Köln [692]
„Für mich hat während des Krieges die Zeit stillgestanden. Sie war in nichts anderes Irdisches einfügbar. Sie schwebte. Von diesem Gefühl wollte ich in dieser im Leeren schwebenden Schicksalsgestalt etwas wiedergeben." – Ernst Barlach

Medien bis zur Überhitzung hochgefeuert, mit aktivster Beteiligung der US-Regierung. Trotz der unmittelbaren Kriegsgefahr weigerte sich die Kiewer Regierung noch Anfang Februar 2022 mit den Vertretern der Volksrepubliken zu sprechen. Ab dem 16. Februar 2022 nahmen die Waffenstillstandsverletzungen im Donbass rapide zu. Die Volksrepubliken begannen mit einer Evakuierung der Bevölkerung. Die OSZE-Berichte zeigen, dass die ukrainische Armee doppelt so viele Orte in den Volksrepubliken mit Granaten beschoss, wie umgekehrt die Donbass-Milizen in den ukrainischen Regierungsgebieten. Am 19. Februar 2022 drohte Selenski auf der Münchner Sicherheitskonferenz mit einer atomaren Bewaffnung der Ukraine, was in Russland die Alarmsirenen anwarf. Die ukrainische Regierung ergriff also jede Möglichkeit, den „großen Krieg mit Russland" zu provozieren. Selbst nach der Anerkennung der Volksrepubliken durch Russland und dem Beistandsabkommen am 21. Februar 2022 hörte die ukrainische Armee nicht mit dem Beschuss der Volksrepubliken auf, obwohl dies – entsprechend des Beistandsabkommens – zu einem Kriegseintritt Russlands führen musste.

Kriegseintritt Russlands am 24. Februar 2022

Am Morgen des 24. Februar begannen russische Truppen in die Ostukraine einzumarschieren. Aus dem furchtbaren Donbass-Krieg wurde der noch schrecklichere Ukraine-Krieg.

Es gab in den westlichen Medien sehr viel Aufregung. Die Medien taten ganz überrascht und verschwiegen, dass in der Ukraine schon seit 2014 Krieg herrschte. Manchmal rutschte die Wahrheit aber doch heraus. So sagte der NATO-Generalsekretär Stoltenberg im Februar 2023:[693]

„... weil der Krieg nicht im Februar letzten Jahres begonnen hat. Er begann im Jahr 2014 (im Original auf Englisch: ... because the war didn't start in February last year. It started in 2014).“

Diese Aussage war ein seltenes Versehen. Als Regel galt die millionenfach in den westlichen Medien wiederholte Sprachregelung „unprovozierter völkerrechtswidriger Angriffskrieg“. Das sollte als unumstößliche Tatsache ins öffentliche Bewusstsein eingebrannt werden, um das Feindbild zu festigen, Russland sei ein gesetzeswidriger Verbrecher.

So wurde das Völkerrecht für Kriegspropaganda missbraucht. Tatsächlich kann der Kriegseintritt Russlands stringent völkerrechtskonform begründet werden. Doch darüber gab es überhaupt keine Diskussion. Anstatt einer juristischen Klärung wurde das Wort „völkerrechtswidrig“ zu einem Schlagstock degradiert im Krieg gegen Russland.

Da diese Feststellung, dass der Kriegseintritt Russlands nicht völkerrechtswidrig war, für die meisten eine ungeheuerliche Neuigkeit darstellt, möchte ich an dieser Stelle die Zusammenhänge, aus denen sich das ergibt, kurz zusammenfassen, bevor ich es ausführlich erläutere.

Das Völkerrecht sieht vor, dass die Bevölkerung eines Landesteiles sich durch Mehrheitsbeschluss zu einem selbstständigen Staat erklären kann, sofern es die Voraussetzung erfüllt, über eine eigenstaatliche Organisationsstruktur zu verfügen. Einer Anerkennung dieser Selbstständigkeit durch andere Staaten bedarf es für die völkerrechtliche

Gültigkeit dieses Schrittes nicht. Das war bei den Donbass-Republiken wie auch auf der Krim der Fall. Die Donbass-Republiken sind nach dem Völkerrecht selbstständige Staaten. (Ausführlich dazu ab Seite 233.) Die militärischen Angriffe der Ukraine mit Artillerie- und Raketenbeschuss auf zivile und militärische Ziele in den Gebieten dieser Staaten sind ein völkerrechtswidriger Angriffskrieg der Ukraine auf die Donbass-Volksrepubliken. Solange Russland die Republiken nicht als solche anerkannte, konnte es ihnen nicht völkerrechtskonform militärisch zu Hilfe kommen. Aber mit der Anerkennung war Russland berechtigt, einem von einem Aggressor völkerrechtswidrig angegriffenen Staat auf dessen Aufforderung hin militärisch beizustehen. Es kommt hinzu, dass ein Großteil der Bevölkerung der Republiken bereits die russische Staatsbürgerschaft hatte. Insofern war der Angriff auf die Republiken ein Angriff auf russische Staatsbürger.

Im westlichen Narrativ kommt all das nicht vor, weil die Willensbekundung der Menschen auf der Krim wie in den Donbass-Republiken negiert wird. Das Feindbild Russland macht es möglich, alles als erzwungenen Gewaltakt Russlands darzustellen. Dass dem nicht so war, habe ich ausführlich beschrieben und belegt. So ergibt sich aus den Fakten und der Analyse, dass die Ukraine einen völkerrechtswidrigen Angriffskrieg durchgeführt hat, und dass Russland dem Völkerrecht entsprechend den Donbass-Republiken bei ihrer legitimen Selbstverteidigung zu Hilfe gekommen ist. Russland ist nicht der völkerrechtswidrige Aggressor, sondern das ist die Ukraine. Die massive Steigerung des Beschusses der Volksrepubliken durch ukrainisches Militär ab dem 17. Februar 2022, auf die diese mit einer deutlich schwächeren Gegenwehr antworteten, hatte den Zweck, Russland zum Kriegseintritt zu zwingen.

Ich betone ausdrücklich, dass diese völkerrechtliche Betrachtung keine Rechtfertigung des Krieges bedeutet. Denn auch wenn ein Krieg rechtlich zulässig ist, ist er immer schrecklich und erzeugt unendliches Leid. Ich halte es jedoch für wichtig, die Frage der rechtlichen Beurteilung und die Frage der moralischen Sinnhaftigkeit getrennt zu betrachten.

Im Folgenden will ich ausführlicher schildern, warum der Kriegseintritt Russlands nicht völkerrechtswidrig war.

Kriegsbeteiligung nach dem Völkerrecht

Die UNO-Charta als Basis des Völkerrechts nennt drei Gründe, die eine Kriegsbeteiligung rechtfertigen:

1. Wenn ein Staat angegriffen wurde, darf er sich nach Artikel 51 verteidigen. Maßnahmen der Selbstverteidigung „sind dem Sicherheitsrat sofort anzuzeigen".
2. Der angegriffene Staat kann auch andere Staaten um Unterstützung bitten. Nach Art. 51 kann das Selbstverteidigungsrecht auch „kollektiv" ausgeübt werden.
3. Der Sicherheitsrat kann nach Artikel 42 ein Mandat für einen Militäreinsatz zur „Wahrung oder Wiederherstellung des Weltfriedens und der internationalen Sicherheit" beschließen. Das hat dann Vorrang vor dem Selbstverteidigungsrecht nach Art. 51.

Für den Ukraine-Krieg bedeutet das: Die Ukraine hat die beiden Donbass-Volksrepubliken angegriffen. Diese verteidigten sich entsprechend Punkt 1. Sie baten Russland entsprechend Punkt 2 um militärische Hilfe. Der UNO-Sicherheitsrat hat entsprechend Punkt 3 keinen Beschluss getroffen. Sehen wir uns die Vorgänge noch genauer an.

21. Februar 2022: Anerkennung der Volksrepubliken und Beistandsabkommen

Für die Einwohner der Donbass-Volksrepubliken war der 21. Februar 2022 ein großer Tag, der bis in die Nacht gefeiert wurde. Der russische Präsident Putin hatte die Donbass-Republiken anerkannt und ein Beistandsabkommen mit ihnen geschlossen. Acht Jahre hatten die Volksrepubliken darauf gewartet. Die Hoffnung auf Frieden wuchs.

Damit man diesen Vorgang einordnen kann, führen wir uns den Hintergrund vor Augen. Seit dem 17. Februar 2022 nahm der Artillerie-Beschuss durch die ukrainische Armee stark zu, wie wir gesehen haben. Am Mittag des 18. Februar erklärte Denis Puschilin, der Regierungschef der Donezker Volksrepublik, dass die Bevölkerung der Region Donezk in die benachbarte russische Region Rostow evakuiert wird. Denis Puschilin schrieb in einer Erklärung: *„Der ukrainische Präsident Wladimir Selenskyj wird in Kürze dem Militär den Befehl geben, in* *die Offensive zu gehen und einen Plan zum Einmarsch in das Gebiet der Volksrepubliken Donezk und Lugansk umsetzen.*"[694] Die Evakuierung der Bevölkerung der Volksrepublik Donezk begann sofort am Nachmittag. Ein Bericht beschreibt die Stimmung: *„Erste Busse für die Evakuierung fahren bereits in den Donbass-Städten und Dörfern vor! Unterdessen ist lautes Sirenengeheul des Katastrophen- und Zivilschutzes zu hören. Auch vor den Banken bilden sich Menschenschlangen. Es heißt, der ukrainische Großangriff gegen den Donbass stehe unmittelbar bevor.*"[695] Auch die Lugansker Volksrepublik forderte die Bewohner auf, nach Russland zu fliehen.[696]

Wie konkret die Kiewer Regierung einen Einmarsch in den Donbass vorbereitet hatte, ist nicht sicher belegt, auch wenn es die grundsätzliche Absicht von Kiew war, wie wir im letzten Kapitel gesehen haben. Zweifellos fand ein Artillerieangriff der Ukraine auf die Volksrepubliken statt.[697]

Warum wurden die Volksrepubliken nach den Unabhängigkeitsreferenden 2014 acht Jahre lang von Russland nicht anerkannt? Hätte Russland ein Interesse daran gehabt, den Donbass zu integrieren, hätte es das 2014 relativ problemlos genauso tun können, wie es mit der Krim geschehen ist. Westliche Sanktionen hatte es sowieso gegeben, und durch eine Vereinigung mit dem Donbass wären sie kaum härter geworden. Russland wollte aber eine Lösung innerhalb der Ukraine und forcierte gegen die Widerstände in den Volksrepubliken das Minsk-Abkommen. Solange Russland dieses Ziel verfolgte, erkannte es die Unabhängigkeit der Volksrepubliken nicht an, um die Möglichkeit aufrecht zu erhalten, dass die unabhängigen Volksrepubliken autonome Teile der Ukraine werden.

In der Duma, dem russischen Parlament, wurde über die Anerkennung der Donbass-Republiken heftig gestritten. Darüber berichtet der Journalist Thomas Röper am 21. Februar 2022:[698]

> *Die Kommunistische Partei Russlands (die keine Kommunisten mehr sind, sondern eher das, was früher die SPD in Deutschland war) fordert als einzige Partei schon seit Beginn des Konfliktes 2014, die Donbass-Republiken diplomatisch anzuerkennen. Ihr Argument ist, dass das der einzige Weg sei, wie man die Menschen dort vor dem Kie-*

wer Beschuss schützen kann, denn Kiew würde es kaum wagen, die Gebiete zu beschießen, wenn Russland sie offiziell als Staaten anerkennt und unter seinen Schutz stellt. Eine Mehrheit gab es in der Duma dafür nie, denn die Bedenken, den Konflikt dadurch zu verschärfen, waren bei den anderen Parteien größer. (...) In den Monaten vor Februar 2022 ist die Stimmung aufgrund des aggressiven Verhaltens von Kiew, vor allem aber wegen der geradezu zügellosen Waffenlieferungen des Westens an die Ukraine, umgeschlagen. Inzwischen wird in Russland befürchtet, dass Kiew einen Angriff auf den Donbass beginnen und versuchen könnte, den Konflikt gewaltsam zu lösen. Die Tatsache, dass ein Kiewer Angriff Straßenkämpfe in dicht besiedelten Gebieten und massiven Artilleriebeschuss bedeuten würde, hat die Stimmung in letzter Zeit umschlagen lassen. Immer öfter ertönte der Ruf nach Anerkennung der Donbass-Republiken auch außerhalb der Kommunistischen Partei.

Dazu kam: Da die Reisepässe der Volksrepubliken, außer von Russland, von keinen anderen Staaten anerkannt wurden und sich Kiew weigerte, Dokumente in den Volksrepubliken auszustellen, bekamen die Donbass-Bewohner seit 2019 die Möglichkeit, russische Pässe zu beantragen, womit sie auch die russische Staatsbürgerschaft erhielten. So lebten Anfang 2022 in den Volksrepubliken über 700.000 russische Staatsbürger, für die sich Russland natürlich verantwortlich fühlte.

Der Sinneswandel in der Duma kam also zustande, weil Kiew immer offener sagte, dass es den Donbass-Krieg mit Gewalt lösen und das Minsker Abkommen nicht umsetzen will. So ging die Minsker Hoffnung auf Frieden verloren und die russische Duma forderte am 15. Februar 2022 die Anerkennung der Donbass-Republiken, überlies die endgültige Entscheidung darüber aber dem Präsidenten.

Kiew reagierte auf diese Entscheidung der Duma am 17. Februar 2022 provokativ mit einem stark erhöhten Artilleriebeschuss auf die Volksrepubliken.

Präsident Putin hielt dann am 21. Februar 2022 eine Grundsatzrede über die Geschichte der Sowjetunion und über die Fehler von Lenin und Stalin, die Republiken künstlich und totalitär zusammenzufügen, was zu den gegenwärtigen Problemen geführt habe. Putin sprach auch über die Missachtung russischer Interessen durch die NATO.[699] Dann verwies er auf den Horror von acht Jahren Donbass-Krieg. *„Jetzt vergeht praktisch kein Tag mehr, an dem nicht Städte und Dörfer im Donbass beschossen werden."* Der Einsatz für das Minsker Friedensabkommen und die „Wahrung der territorialen Integrität der Ukraine" seien umsonst gewesen, da die Kiewer-Regierung nur eine „militärische Lösung" der Donbass-Frage anstrebe. Am Ende der Rede sagte Putin, dass er „die Unabhängigkeit und Souveränität der Volksrepublik Donezk und der Volksrepublik Lugansk unverzüglich anerkennt". Wichtig ist die folgende Warnung an die Kiewer Regierung:

> *Und von denen, die in Kiew die Macht übernommen haben und halten, fordern wir die sofortige Einstellung der Feindseligkeiten. Andernfalls wird die Verantwortung für die mögliche Fortsetzung des Blutvergießens ausschließlich auf dem Gewissen des Regimes lasten, das das Gebiet der Ukraine regiert.*

Das Dekret zur Anerkennung der beiden Donbass-Republiken sah dann auch die Entsendung von russischen Truppen in den Donbass zur „Sicherung des Friedens" vor.[700]

Russland erkannte die beiden Donbass-Republiken also am 21. Februar 2022 an. Sie wurden nicht erst dadurch unabhängig, aber die Anerkennung hatte wichtige Konsequenzen. In den Republiken lebten inzwischen über 700'000 Menschen mit russischem Pass. Jetzt konnten die Republiken Russland um Hilfe bitten gegen die militärische Aggression der Ukraine. Jetzt war es legal, wenn russisches Militär zu Hilfe kommt. Jetzt war der völkerrechtswidrige Angriff der Ukraine auf die Donbass-Republiken faktisch ein Angriff auf Russland selbst.

Thomas Röper kommentierte die Anerkennung und das Beistandsabkommen am selben Tag so:

> *Zunächst einmal dürfte das dafür sorgen, dass in der Ostukraine endlich Frieden einkehrt, wenn Kiew keinen heißen Krieg mit Russland möchte. Schließlich ist der Beschuss von Wohngebieten nicht anerkannter Republi-*

ken etwas anderes, als die russische Armee zu beschießen. Daher wird die russische Anerkennung im Donbass auch auf den Straßen gefeiert.“ – Diese Hoffnung auf Frieden war leider vergebens.

Trotz Beistandsabkommen mit Russland: Ukrainische Armee führt Angriffskrieg im Donbass fort

Präsident Putin hatte in seiner Rede am 21. Februar 2022 eine klare Warnung an die Kiewer Regierung ausgesprochen, diese zur „sofortigen Einstellung der Feindseligkeiten“ aufgefordert, und russische Truppen wurden zur Friedenssicherung in den Donbass geschickt. Damit hatte sich die Situation im Vergleich zu den acht Jahren Donbass-Krieg davor deutlich verändert. Durch die Anerkennung der Republiken und das Beistandsabkommen war klar, dass ein weiterer Beschuss der Volksrepubliken zu militärischen Konsequenzen durch Russland führen musste.

Kiew hat den Beschuss auf die Volksrepubliken nach dem 21. Februar aber nicht beendet, sondern noch einmal demonstrativ erhöht. Es ist also festzuhalten, dass Kiew den Angriffskrieg fortführte und sogar den Krieg mit Russland aktiv suchte. Hätte die Kiewer-Regierung den Krieg mit Russland vermeiden wollen, dann hätte sie sofort den Befehl zum Einstellen aller Kampfhandlungen gegeben: Das hat sie aber nicht. Wenn von der ukrainischen Seite keine Granaten mehr gekommen wären, hätte man sehen können, ob auch die Donbass-Milizen ihren Beschuss einstellen. In jedem Fall hätte es keinen aktuellen Grund mehr für den Einmarsch russischer Soldaten gegeben. Stattdessen lieferte die Kiewer Regierung durch die fortgeführte Aggression den Grund für das völkerrechtskonforme Einschreiten der russischen Armee.

Russische Militäroperation ist nach Art. 51 UNO-Charta völkerrechtskonform

Nachdem Russland am 21. Februar 2022 die beiden Donbass-Republiken anerkannte, baten deren Regierungschefs am 23. Februar in einem Brief den russischen Präsidenten Putin um militärische Hilfe bei

der Abwehr ukrainischer Angriffe.[701] Am 24. Februar 2022 verkündete Putin in einer Rede den Beginn der russischen Militäroperation in der Ukraine.[702] In seiner Rede bezog sich Putin auf Art. 51 der UNO-Charta, der das Recht auf Selbstverteidigung regelt:

> *In diesem Zusammenhang habe ich, gemäß Teil 7 Artikel 51 der Charta der Vereinten Nationen, mit Genehmigung des russischen Föderationsrates, und in Übereinstimmung mit den von der Bundesversammlung am 22. Februar dieses Jahres ratifizierten Verträgen über Freundschaft und gegenseitigen Beistand mit der Volksrepublik Donezk und der Volksrepublik Lugansk, beschlossen, eine Militäroperation durchzuführen.*

Der Einsatz der russischen Armee wurde also mit Artikel 51 UNO-Charta begründet, der militärische Hilfe für ein angegriffenes Land vorsieht.

Wurden die Volksrepubliken angegriffen? Ja. Der Angriffskrieg der Ukraine gegen den Donbass begann mit der Entscheidung des Kiewer Sicherheitsrates am 13. April 2014. Er kostete bis 2021 über 14.000 Menschen das Leben. Ab dem 17. Februar 2022 nahm der Granatenbeschuss der Donbass-Republiken stark zu. Am 21. Februar erkannte Russland die Volksrepubliken an, schloss mit ihnen ein Beistandsabkommen und Putin forderte die ukrainische Regierung in Kiew zur sofortigen Einstellung des Beschusses auf. Kiew ignorierte das und tat das Gegenteil: Tausende weitere Granaten hagelten auf die Menschen im Donbass nieder. Am 23. Februar baten die Donbass-Republiken Russland schriftlich um Hilfe. – Damit waren die Voraussetzungen für einen militärischen Beistand nach Artikel 51 UNO-Charta gegeben.

Dazu kommt, dass Russland aufgrund des Minsk-2-Abkommens, das durch den Beschluss des UNO-Sicherheitsrates höchste völkerrechtliche Anerkennung erhielt, als Garantiemacht eine besondere Schutzverantwortung für die Unversehrtheit der Bevölkerung in den Donbass-Republiken hatte.

Diese völkerrechtliche Begründung wurde im Westen nicht diskutiert und gegenüber der Öffentlichkeit unterschlagen. Für die Dämonisierung Russlands brauchte es den millionenfach wiederholten Slogan vom „brutalen unprovozierten völkerrechtswidrigen Angriffskrieg“, um in den Emotionen der breiten Bevölkerung festzuschreiben, dass sich Russland an keine Gesetze halte, gefährlich und böse sei.

Zusammenfassung:

Nach der russischen Anerkennung der Volksrepubliken Donezk und Lugansk und dem Beistandspakt am 21. Februar 2022, nach dem fortdauernden und schließlich massiv gesteigerten Beschuss der beiden Volksrepubliken durch die ukrainische Armee, und nach dem Hilferuf der Volksrepubliken am 23. Februar 2022 an Russland, war Russland verpflichtet, in den Krieg einzutreten. Die diplomatischen Wege waren zu einem Ende gekommen. Der „militärische Sondereinsatz“ wurde von Putin zu Recht mit Art. 51 der UNO-Charta als völkerrechtskonform legitimiert. Die Ausweitung des Donbass-Krieges in den Ukraine-Krieg ist eine sehr schlimme Entwicklung. Eine realistische Alternative wurde aber bisher von niemandem vorgebracht. Dazu wäre eine Achtung der Autonomieinteressen der Donbass-Volksrepubliken durch die Ukraine und eine Achtung der Sicherheitsinteressen Russlands durch die NATO nötig gewesen. Dazu waren die NATO und die Ukraine aber nicht bereit.

Am 21. Februar 2022 schlossen Russland und die beiden Donbass-Volksrepubliken einen Beistandspakt. Dass ein weiterer Artilleriebeschuss des Donbass zu einem Eingreifen Russlands führen würde, war für die Ukraine ab diesem Moment glasklar. Die ukrainische Regierung beendete aber diese kriegerischen Handlungen nicht, sondern intensivierte sie stattdessen. Somit ist bewiesen, dass der Ukraine-Krieg und der Einmarsch russischer Truppen, der am 24. Februar 2022 begann, von der ukrainischen Regierung aktiv herbeigeführt wurde.

Diskussion des Kriegseintritts

Gegen die Anwendung von Art. 51 UNO-Charta wurde vorgebracht: Auch wenn aus Donezk und Lugansk Bitten gekommen sind, den Volksrepubliken zu helfen, sei das nicht relevant. Es kann keine einzelne Region eines Staates einen anderen Staat zur Intervention auffordern.

Es wird also bestritten, dass die Donbass-Volksrepubliken eigenständige Staaten waren. Es wird behauptet, dass deren Unabhängigkeitserklärungen keine Bedeutung hätten. Dieses Thema ist in dem Kapitel „Entsprach die Abspaltung der Krim dem Völkerrecht?“ (Seite 233) ausführlich juristisch behandelt worden, gegebenenfalls können Sie dieses Kapitel noch einmal lesen. Wir sahen gemäß den Leitlinien des Internationalen Gerichtshofs in Den Haag, dass die Unabhängigkeitserklärung der Krim ein souveräner Akt war, der keiner Anerkennung von anderen Staaten bedurfte. Dasselbe gilt auch für die Unabhängigkeit der Donbass-Republiken. Auf diese Argumente gehen aber diejenigen, die die Souveränität der Donbass-Republiken bestreiten, bewusst nicht ein und verschweigen stattdessen zur Vernebelung die Leitlinien des Internationalen Gerichtshofes. Das hat Prof. Stephan Sander-Faes an mehreren Beispielen dargelegt.[703]

Auch wenn jemand die Souveränität der Volksrepubliken nicht anerkennt, was ja möglich ist, dann spielt das völkerrechtlich überhaupt keine Rolle, da sich diese in einem Akt der Selbstbestimmung am 7. April 2014 einseitig als unabhängig und souverän erklärt haben, egal was andere dazu denken.

Weitere Argumente gegen die Anwendbarkeit von Art. 51 der UNO-Charta

Die Donbass-Republiken waren keine UNO-Mitglieder: Ein Argument gegen die Selbstverteidigung nach Art. 51 UNO-Charta ist, dass die Donbass-Republiken keine Mitglieder der UNO waren, so dass die UNO-Charta für diese nicht gelte. Dieses Argument greift aber nicht, denn: Die UNO-Charta regelt auch das Verhältnis zu Nicht-Mit-

gliedern. In Art. 2 Absatz 6 steht geschrieben: *„Die Organisation trägt dafür Sorge, dass Staaten, die nicht Mitglieder der Vereinten Nationen sind, insoweit nach diesen Grundsätzen handeln, als dies zur Wahrung des Weltfriedens und der internationalen Sicherheit erforderlich ist.“* Damit ist ausgedrückt, dass die Regeln der UNO-Charta auch für Nicht-Mitglieder gelten, sodass sich die Donbass-Republiken auch auf die UNO-Charta beziehen können.

Ein Angriff der russischen Armee auf Gebiete außerhalb des Donbass ist keine Selbstverteidigung: Es wird vorgebracht, dass die russische Armee sich nicht auf die Verteidigung des Donbass beschränkte, sondern andere ukrainische Gebiete besetzte und sogar bis in die Umgebung von Kiew vorgedrungen ist. Das ist aber eine militärische Erwägung, keine völkerrechtliche. In der UNO-Charta Art. 51 ist nicht geregelt, wie die Selbstverteidigung konkret auszusehen hat. Im Donbass war etwa die Hälfte der ukrainischen Armee stationiert und durch jahrelang errichtete Bunkeranlagen eingegraben. Im weiteren Kriegsverlauf konnte man sehen, dass es der russischen Armee sehr lange nicht gelang, die ukrainische Armee in dieser Region zurückzudrängen. Die furchtbare Schlacht um Bachmut dauerte ein ganzes Jahr. Aus diesem Grund scheint es militärisch sinnvoll gewesen zu sein, die ukrainische Armee an verletzlicheren Stellen zu treffen und so zu schwächen, um weitere Angriffe auf die beiden Donbass-Republiken zu verhindern. Aber wie schon gesagt, das ist eine militärische Diskussion, es ist keine völkerrechtliche Frage.

Eskalations-Falle? Gegen die Selbstverteidigung nach Art. 51 UNO-Charta wurde auch vorgebracht: Durch die OSZE-Berichte sei nicht klar nachgewiesen, dass die Zunahme der Kampfhandlungen ab dem 17. Februar 2022 im Donbass von der ukrainischen Armee ausgingen; es sähe mehr nach einer Eskalation beider Konfliktparteien aus. Da Russland in die Ukraine einmarschieren wollte, könnte es auch sein, dass der Granatenhagel von den Milizen der Volksrepubliken gesteigert wurde, um Gegenreaktionen der ukrainischen Armee zu provozieren, um dann eine Begründung für den russischen Einmarsch vorbringen zu können – also eine Falle. So die Argumentation. Gegen diese Argumentation spricht klar, dass die ukrainische Armee nach der Beistandserklärung Russlands am 21. Februar 2022 den Beschuss nicht beendet hat. Wenn die Ukraine tatsächlich durch die Donbass-Milizen in eine Falle gelockt worden wäre, dann hätte die ukrainische Armee spätestens an diesem Tag die Falle erkennen müssen. Sie hätte dann ihren Beschuss eingestellt, um nicht von Russland angegriffen zu werden.

Krieg ist immer ein Verbrechen

Nach dem Ersten- und noch mehr nach dem Zweiten Weltkrieg hat sich diese Einsicht durchgesetzt. Darum verbietet die Charta der Vereinten Nationen, die für alle verbindliches Völkerrecht ist, Krieg generell. Ein Staat, der ein anderes Land militärisch angreift, begeht ein Verbrechen. Die Vereinten Nationen sind berechtigt, gegen dieses Verbrechen vorzugehen. Das so überfallene Land ist berechtigt, sich militärisch zu wehren und andere Nationen zu Hilfe zu rufen. Das ist die Rechtslage.

Damit ist aber Krieg nicht im Einzelfall moralisch gerechtfertigt. Das ist er nie. Als die russischen Truppen die Grenzen der Ukraine überschritten, war das Entsetzen groß. Krieg, hieß es, dürfe es heutzutage nicht mehr geben, Krieg sei keine Option, unter keinen Umständen. Aber schon kurz danach wurden flammende Reden für den Krieg gehalten, den die Ukraine gegen Russland führt. Krieg also war doch eine Option. Die Emotionen und schließlich eine gewisse Lüsternheit schwemmten alle Besinnung hinweg. Krieg ist archaisch. Dass es um Frieden, nicht um Krieg gehen muss, geriet im Taumel der Besessenheit in Vergessenheit. Wer laut Völkerrecht Aggressor, wer Selbstverteidiger ist, spielt keine Rolle für die Tatsache, dass Krieg immer Verbrechen ist, dass Krieg moralisch niemals zu rechtfertigen ist.

Am Ende des Ukrainekrieges werden hunderttausende Soldaten beider Seiten und zehntausende Zivilisten gestorben und Millionen Menschen traumatisiert und geschädigt sein. Einige Zahlen mögen das deutlich machen. Die zuständige Behörde der Volksrepublik Donezk meldete am 13. März 2023, dass seit der Kriegseskalation am 17. Februar 2022 in der Volksrepublik insgesamt 4.457 Zivilisten, darunter 272 Kinder, ums Leben gekommen sind. 94 Zivilisten wurden durch verbotene Antipersonenminen verletzt, die von der ukrainischen Armee verschossen wurden. Es gab Kriegsschäden an 10.068 Wohngebäuden, 2.484 zivilen Infrastruktureinrichtungen und 1.268 Fahrzeugen.[704]

„Militärischer Sondereinsatz" oder Krieg?

Aus russischer Sicht ist der Militäreinsatz in der Ukraine kein Krieg, sondern ein „militärischer Sondereinsatz". Die russische Regierung betonte, dass sie alles unternehme, um die ukrainische Zivilbevölkerung, die ein Brudervolk sei, zu schonen. Zu Beginn des Ukraine-Krieges im Februar 2022 betonte die russische Regierung, es gehe nicht um eine Besetzung der Ukraine, sondern um eine Entnazifizierung, Entmilitarisierung und eine Unabhängigkeit der Donbass-Volksrepubliken in ihren ursprünglichen Grenzen. Entsprechend gering war dann auch zu Beginn des Ukraine-Krieges die Anzahl russischer Truppen. Die Militärtheorie verlangt vom Angreifer mindestens eine 3 zu 1 Überlegenheit der Kräfte. Für eine Eroberung und Besetzung der großflächigen Ukraine und Sicherung der Grenzen wären sicherlich eine Million Soldaten nötig gewesen. Von russischer Seite waren aber nicht mehr als etwa 170.000 Soldaten im Einsatz, weniger als auf der ukrainischen Seite. Genaue Zahlen gibt es nicht. Juristisch hatte der Status „militärischer Sondereinsatz" für Russland eine Bedeutung, denn dadurch können, soweit ich herausfinden konnte, keine Wehrpflichtigen eingesetzt werden, sondern nur Berufssoldaten, Freiwillige und Reservisten. Angesichts des Umfanges militärischer Auseinandersetzungen und des dadurch erzeugten Leids spreche ich in diesem Buch nur von Krieg.

Welche anderen Möglichkeiten als einen Kriegseintritt hätte Russland gehabt?

Nicht Russland, sondern die Ukraine hat völkerrechtswidrig einen aggressiven Angriffskrieg auf die Donbass-Republiken gestartet. Russland ist völkerrechtskonform den Angegriffenen auf deren legitimen Bitte zu Hilfe gekommen. Dieser Kriegseintritt Russlands war aber eine schreckliche Eskalationsstufe. Hätte das vermieden werden können? Hätte es andere Lösungswege im Februar 2022 gegeben?

Gab es diplomatischen Spielraum? Russland hatte Verhandlungslösungen gemäß des Minsk-Abkommens seit 2015, also sieben Jahre lang, erfolglos angestrebt. Auch Russlands Vorschläge für Sicherheitsvereinbarungen mit der NATO und den USA vom Dezember 2021 liefen ins Leere. Was hätte noch mehr getan werden können? Ich habe lange darüber nachgedacht, mir fiel nichts ein. Für Verhandlungen braucht es immer alle Beteiligten. Aber den USA ging es um ihre Weltmacht und um eine Schwächung oder gar Zerstückelung Russlands, die NATO-Staaten trotteten hinterher, und die ukrainische Regierung behielt fanatisch und stur ihren nationalistischen Kurs bei. Wir haben gesehen, dass an einer diplomatischen Lösung keiner dieser Beteiligten interessiert war. Zum Minsker Abkommen sagten inzwischen alle dafür Verantwortlichen aus der NATO und der Ukraine, dass sie es gar nie umsetzen wollten. Die russische Regierung hatte das Abkommen trotzdem sieben Jahre lang geduldig angestrebt. Das hatte aber nur dazu geführt, dass die Ukraine sieben Jahre Zeit erhalten hat, ihre Armee zu vergrößern und hochzurüsten. Wir werden noch sehen, dass auch die Friedensverhandlungen, die im März 2022 begannen und erfolgversprechend aussahen, von westlicher Seite untergraben wurden. Es lag nicht an der russischen Seite, diese hatte verhandelt und eine Friedenslösung war schon in Sicht.

Hätte der Einmarsch der russischen Armee auf das Gebiet der Donbass-Volksrepubliken beschränkt werden können?
Gemäß des Beistandspaktes hätte die russische Armee in den Volksrepubliken nur Verteidigungsaufgaben übernehmen und nicht in ukrainisch besetzte Gebiete einmarschieren können. Bei Artillerie-Beschuss der ukrainischen Armee hätte die russische Armee versuchen können, durch Gegenfeuer die Kanonen auszuschalten. Aber wohin hätte sich das weiterentwickelt? Wie in den acht Jahren zuvor wäre der Konflikt einfach im Donbass stehengeblieben. Das hätte aber überhaupt keine Aussicht auf dauerhaften Frieden und wirtschaftliche Entwicklung im Donbass geschaffen. Und die Probleme des NATO-Beitritts und der Atombewaffnung der Ukraine wären dadurch – aus russischer Sicht – auch nicht gelöst worden.

Hätte der Krieg weniger intensiv geführt werden können?
Russland hat das von Anfang an versucht. Es war die erklärte russische Strategie, die Zivilbevölkerung in der Ukraine möglichst zu schonen. Natürlich behauptet die westliche Kriegspropaganda das Gegenteil. Jedoch ist es eine leicht nachprüfbare Tatsache, dass das Strom-, Telekommunikations- und Verkehrsnetz der Ukraine und auch die Was-

serversorgung jenseits der Frontgebiete von Februar 2022 bis Herbst 2022 durch russische Raketen und Drohnen nicht beschädigt wurden. Erst nach dem ukrainischen Anschlag auf die Krimbrücke, die zum Gebiet der Krim gehört, also nicht ukrainisches Staatsgebiet ist, begann Russland als Reaktion darauf auch Infrastruktur im Landesinneren der Ukraine zu zerstören. – An dieser Stelle ist es erhellend, einen kurzen vergleichenden Blick auf die Strategien in den von den USA und der NATO angezettelten Kriegen zu werfen: Zum Beispiel im Irak oder in Serbien wurden in den ersten Kriegstagen das Stromnetz, die Wasserversorgung und die Brücken der Länder zerstört. Das stürzte natürlich vor allem die Zivilbevölkerung in Tod, Leid und Elend, jedoch wurde das von NATO und USA rücksichtslos zu unvermeidlichen Kollateralschäden des Krieges erklärt. – Im Juli 2023 wurde die Krimbrücke durch ukrainische Wasserdrohnen ein zweites Mal beschädigt. Russland lenkte daraufhin Raketen auf Fabrikgebäude in Odessa, wo diese Drohnen gebaut worden seien. Innerrussische Kritiker an der russischen Kriegsführung sagten, dass diese viel zu defensiv sei, Russland hätte der Ukraine von vorne herein gar keine Stützpunkte in Odessa lassen dürfen, die den Drohnenangriff ermöglichten.[705] Die russische Regierung musste sich solche Vorwürfe, zu defensiv und zu langsam den Krieg zu führen, oft anhören.

Hätte Russland einfach nichts machen können? Das hätte dazu geführt, dass bis zu zehn Millionen russisch verwurzelter Ukrainer nach Russland fliehen, um der Internierung und Unterdrückung durch die ukrainischen Nationalisten zu entkommen. In der russischen Gesellschaft hätte ein Fallenlassen der Ostukraine zu großem Unverständnis geführt. Es wäre als Verrat an den russischen Brüdern und Schwestern erlebt worden. Das russische Selbstbewusstsein hätte einen folgenschweren Bruch erlitten. Machen wir uns folgendes klar: Wenn die ukrainische Regierung keinen Widerstand befürchten müsste, würde sie die Krim erobern. Daraufhin hätten die USA einen Militärhafen im Schwarzen Meer eröffnet und es wäre zu befürchten gewesen, dass Russland diesen wichtigen Meereszugang verliert. In der Ukraine würde der Hass auf die Russen weiter gepflegt werden und die ukrainischen Nationalisten wie auch die USA mit ihren NATO-Ländern würden an ihrem Ziel weiterarbeiten, Russland zu zerstören, einzukreisen, zu schwächen, eine gefügige Regierung zu installieren, Russland in kleinere Staaten aufzuteilen und zu beherrschen. Die Ukraine würde offizielles NATO-Mitglied werden und eine Atombewaffnung der Ukraine wäre die Folge. In jedem Fall würden an der russischen Grenze Atomraketen der USA stationiert werden. Man kann verstehen, dass Nichts-machen für Russland keine Option war.

Am besten wäre natürlich ein gewaltfreier politischer Weg mit den Mitteln von Mahatma Gandhi gewesen. Dieser Weg ist langfristig am stabilsten und erfolgversprechend, da bin ich mir grundsätzlich sicher. Doch das sind Luftblasen, denn es fehlt der russische Mahatma Gandhi und es fehlt der gesellschaftliche Untergrund. Wladimir Putin ist kein Mahatma Gandhi und er wird sich nicht in einen solchen verwandeln. In der russischen Politik ist Putin schon eine gemäßigte Taube. Viele andere Stimmen tönen viel militärischer und unangenehm aufstachelnd, wie zum Beispiel Dmitri Medwedew, der von 2008 bis 2012 russischer Präsident war und seit 2020 als stellvertretender Vorsitzender des russischen Sicherheitsrates eine zentrale Rolle innehat. Ein Gandhi-Weg ist nicht aus dem Nichts möglich, sondern braucht eine lange Vorbereitung und ein großes Umfeld.

Auch wenn ich mir eine bessere Lösung als die Kriegseskalation wünsche, komme ich nicht weiter mit der Frage: Was hätten Russland und die beiden Volksrepubliken wirklich konkret anderes tun können, solange die Ukraine und die NATO nicht auch zu einer Deeskalation und zu offenen Verhandlungen bereit sind? Ich habe auch in der öffentlichen Diskussion hier noch nie etwas Überzeugendes gehört. An dieser Stelle bleibe ich ratlos und bin froh, eine unbeteiligte und neutrale Position in dem Konflikt einnehmen zu können.

Am Wichtigsten ist, dass der Krieg möglichst schnell endet und eine Verhandlungslösung gefunden wird, die für alle Beteiligten tragbar ist. Eine Verhandlungslösung besteht immer aus Kompromissen. Doch genau das verweigerten die NATO und die ukrainische Regierung fortwährend. Stattdessen arbeiteten sie an einer Kriegsverlängerung. Damit werden wir uns in Teil 3 dieses Buches beschäftigen.

Teil 3

Kriegsverlängerung

Notre Dame de la Belle Verriere, Kathedrale von Chartres[706]

Finanzierung, Waffenlieferungen und militärische Hilfe

Die NATO finanziert die Armee der Ukraine vollständig

Der Ukrainische Haushaltsentwurf für 2023 sieht Einnahmen von 31,4 Milliarden Euro und Ausgaben von 63,2 Milliarden vor. Der größte Ausgabenposten ist das Militär mit 28 Milliarden Euro.[707] 45 Prozent aller Staatsausgaben in 2023 sind also für die Armee vorgesehen.[708] Gleichzeitig wird nur die Hälfte des Budgets durch Steuern finanziert, für die andere Hälfte braucht es Kredite. Das bedeutet: Aus eigener Kraft kann die Ukraine nur die normalen Staatsausgaben bezahlen, die Armee wird vollständig auf Pump finanziert.

Kredite wird die Ukraine nur von westlichen Staaten oder dem IWF bekommen, da diese die Schulden notfalls abschreiben können. Der normale Kapitalmarkt dürfte verschlossen sein, denn für Pensionsfonds, Versicherungen und normale Anleger ist die Ukraine, die sich im Krieg befindet, viel zu unsicher. Höchstens sehr spekulative Anleger und Hedge-Fonds trauen sich an ukrainische Staatsanleihen heran. Die finanzielle Lage der Ukraine ist düster. Die Staatsverschuldung in Relation zum Bruttosozialprodukt stieg von 49 Prozent in 2021 auf 100 Prozent in 2023.[709] Die Staatsschulden haben sich in zwei Jahren verdoppelt.

Zusätzlich zum Staatshaushalt kommen die direkten westlichen Waffenlieferungen und Zahlungen für humanitäre Hilfen hinzu. Das „Kiel Institute for the World Economy“ erfasst im „Ukraine Support Tracker“ die Unterstützungszusagen für die Ukraine. Vom 24. Februar 2022 bis zum 24. Februar 2023 sagten die USA 71,3 Milliarden Euro zu, davon 43 Milliarden militärische Hilfe. Die EU-Staaten und EU-Institutionen steuerten 61,7 Milliarden Euro bei, davon 22,6 Milliarden militärische Hilfe. Von anderen Staaten kamen 23 Milliarden. Das Kiel Institute erfasst Zusagen, nicht die tatsächlichen Lieferungen. Zusammen han-

delt es sich um 156 Milliarden Euro, was dem Fünffachen der Ukrainischen Steuereinnahmen eines Jahres entspricht – dieses Verhältnis muss man erst einmal verdauen.

Eines muss man der Regierung Selenskyj lassen, die ständig um mehr und noch mehr Geld und noch mehr Waffen bettelte: Sie war damit sehr erfolgreich. Viele Staaten brauchen Geld und versuchen, etwas zu bekommen, aber es dürfte einmalig sein, dass ein Land das Fünffache der eigenen Staatseinnahmen aus internationalen Geldgebern herausgeschlagen hat.

Diese Zahlen reichen zu der Schlussfolgerung aus, dass die Ukraine als Staat bankrott ist und nur noch am Tropf der NATO-Staaten hängt. Die Ukraine selbst könnte sich gar keine Soldaten leisten. Die ukrainische Armee und alle Waffen werden vollständig von der NATO finanziert – das heißt, auch von unseren Steuerzahlungen.

Ohne die westlichen Milliarden wäre der Krieg sofort vorbei! Mangels Armee würde die Ukraine einen Friedensvertrag mit Russland und den Volksrepubliken der Ostukraine abschließen und dabei natürlich Konzessionen machen müssen.

Ukraine bietet Krieg zu Dumpingpreisen an

Warum geben die NATO-Staaten so viel Geld aus? Warum haben sie so ein großes Interesse an der Finanzierung des Ukraine-Krieges? Die offizielle Erzählung ist, dass wir moralisch verpflichtet seien, den armen Ukrainern in ihrem Freiheitskampf gegen die bösen Russen zu helfen. Manchmal wird aber auch Klartext gesprochen.

Jack Kean ist US-General a.D., Vorsitzender des einflussreichen „Institute for the Study of War"[710] und leitender strategischer Analyst des Fernsehsenders „Fox News".[711] Er machte dort in einem Interview am 12. Oktober 2022 ein ehrliches Geständnis:

> *Die Investition der Vereinigten Staaten in die Ukraine ist es wert. Die 66 Milliarden US-Dollar in 2022 sind nur 1,1 Prozent unseres Staatshaushaltes. (...) Was wir also für*

66 Milliarden Dollar bekommen, ist, dass die Ukraine kämpft, dass sie die russische Armee auf dem Schlachtfeld buchstäblich vernichtet.

Nach General Kean führen die ukrainischen Soldaten also einen preiswerten Krieg gegen Russland. Für nur 66 Milliarden Dollar kämpfen sie gegen die große russische Armee. „Die Investition der Vereinigten Staaten in die Ukraine ist es wert." So billig bekommt man das sonst nirgends. Es ist ein Krieg zu Dumpingpreisen. Dass auch ukrainische Soldaten dabei sterben und das Land zerstört wird, ist in solchen Erwägungen nicht der Rede wert.

Diese Denkweise ist unter führenden US-Politikern verbreitet. Der republikanische US-Senator Mitt Romney aus Utah war für die Republikanische Partei der Kandidat bei der Präsidentschaftswahl 2012, verlor aber gegen Barack Obama. Im August 2023 sagte er bei einem Besuch eines Rüstungsunternehmens:[712]

Und nebenbei bemerkt, einen Betrag, der etwa fünf Prozent unseres Militärbudgets entspricht ... zu nehmen, um den Ukrainern zu helfen, ist so ziemlich die beste nationale Verteidigungsausgabe, die wir je gemacht haben. Wir verlieren keine Menschenleben in der Ukraine. Und die Ukrainer kämpfen heldenhaft gegen Russland, das 1.500 Atomwaffen auf uns gerichtet hat. Wir schwächen und vernichten also das russische Militär für einen sehr geringen Betrag.

Die ukrainische Seite ist sich ebenfalls bewusst, dass sie dem Westen ein sehr preiswertes Angebot macht. So sagte der Botschafter der Ukraine in London, Vadym Prystaiko, in einem Interview in der „newsweek" am 7.1.2023:[713]

Der Westen hat jetzt eine einzigartige Chance. Es gibt nicht viele Nationen auf der Welt, die es sich erlauben würden, so viele Menschenleben, Territorien und Jahrzehnte der Entwicklung zu opfern, um einen Erzfeind zu besiegen.

Ohne NATO hätte die ukrainische Armee keine Waffen

Die Waffenlieferungen an die Ukraine wurden in den Medien breitgetreten. Gefühlt täglich hörten wir den Wunsch nach mehr Waffen. Eine namhafte eigene Waffenproduktion gibt es in der Ukraine nicht mehr.

Man kann das Kriegsgeschehen so zusammenfassen:

– 1. Phase: Ab Februar 2022 kämpfte die ukrainische Armee mit ihren eigenen Waffenbeständen. Bis Sommer 2022 waren diese in großem Umfange aufgebraucht oder zerstört. Ohne die NATO hätte an dieser Stelle der Krieg geendet.

– 2. Phase: Im Jahr 2022 suchten die NATO-Staaten alle Waffen sowjetischer Bauart in ihren Beständen zusammen und schickten diese in die Ukraine. So ging der Krieg weiter.

– 3. Phase: Bis Anfang 2023 war auch diese Ausrüstung stark dezimiert. In einer nächsten Lieferwelle wurden nun die Waffen aus westlicher Produktion in die Ukraine geschickt. So ging der Krieg weiter.

Diese drei Phasen konnte jede und jeder mitvollziehen, da über die Waffenlieferungen laufend in den Medien berichtet wurde. Diese Waffenlieferungen geben ein wahrheitsgetreues Bild des Kriegsverlaufes. Dagegen weiß man bei den täglichen Frontberichten nicht, was wirklich los war.

NATO unterstützt militärisch

Unbestritten ist, da auch von westlicher Seite bestätigt, dass die NATO militärische Daten an die ukrainische Armee schickte, die durch NATO-Satelliten und Aufklärungsflugzeuge und -drohnen gesammelt wurden.[714] Viele Einsätze der ukrainischen Armee wurden dadurch erst ermöglicht.

Eine enge Begleitung der ukrainischen Armeeführung durch westliche Offiziere ist sicher. Wie viele davon in der Ukraine selbst arbeiten, ist unbekannt. Sicher ist aber, dass tausende westliche Soldaten bei der ukrainischen Armee unter Vertrag stehen; da es sich hier um ehemalige Soldaten handelt und um Soldaten, die zu diesem Zweck aus der Armee entlassen wurden, kann das nicht als direkte personelle NATO-Unterstützung gezählt werden.

Bestätigt ist, dass über 60.000 ukrainische Soldaten im Westen ausgebildet wurden.

Die NATO kümmert sich um alles, was man für einen Krieg braucht und ist deshalb aktiver Kriegsteilnehmer. Nur das Sterben an der Front überlässt man den ukrainischen Soldaten und den vielen Freiwilligen aus anderen Ländern.

Öffentlich wird eine Kriegsbeteiligung von den NATO-Politikern geleugnet. Dass das eine Irreführung ist, kann man leicht erkennen, wenn man sich ein Beispiel vor Augen führt: Jemand gibt einen Mord in Auftrag, sucht einen Killer, rüstet ihn mit Waffen aus und bezahlt ihn gut. Jedes Gericht wird bei ausreichenden Beweisen auch den Auftraggeber des Mordes verurteilen und nicht nur den Killer, der den Auftrag ausführte.

Der Wissenschaftliche Dienst des Deutschen Bundestages hat im Juni 2023 eine juristische Ausarbeitung zur Frage „Wann wird ein Staat zur Konfliktpartei“ erstellt.[715] Entsprechend der Kriterien des Wissenschaftlichen Dienstes sind Deutschland und die NATO-Staaten wegen der massiven Waffenlieferungen, der militärischen Ausbildungsprogramme zur Verbesserung der Schlagkraft der ukrainischen Armee und den kontinuierlichen nachrichtendienstlichen Informationen für die Kriegsführung Kiews schon längst Kriegsparteien.

Zusammenfassung:

Ohne die Finanzierung, die Waffenlieferungen und die militärische Hilfe durch die NATO wäre der Krieg nach wenigen Monaten zu Ende gewesen.

Friedensgott Lono, Hawai, Statue von 1790[716]

Völkerrechtswidriger Wirtschaftskrieg durch Sanktionen

UN-Menschenrechtsrat verurteilt Sanktionspolitik der NATO-Staaten

Am 3. April 2023 forderte der UN-Menschenrechtsrat[717] die Abschaffung aller einseitigen Sanktionen. In den westlichen Mainstream-Medien wurde darüber nicht berichtet, es passte nicht zum Bild, das verbreitet werden soll.[718] Dieser wichtige Beschluss ist eine frontale Verurteilung der Sanktionspolitik der NATO-Staaten.

Die Resolution hat den Titel: *„Die negativen Auswirkungen einseitiger Zwangsmaßnahmen auf die Wahrung der Menschenrechte“*[719] Der UN-Menschenrechtsrat spricht darin Klartext. Er fordert alle Staaten auf, *„keine einseitigen Zwangsmaßnahmen mehr zu ergreifen, beizubehalten, durchzuführen oder einzuhalten”*, da diese *„gegen die Charta der Vereinten Nationen und die Normen und Grundsätze für friedliche Beziehungen zwischen den Staaten verstoßen”*. Der UN-Menschenrechtsrat macht damit unmissverständlich deutlich, dass die Sanktionen der NATO-Staaten völkerrechtswidrig sind.

Hier sollten wir innehalten: Der UN-Menschenrechtsrat stellt fest, dass alle Sanktionen der USA und der EU gegen Russland, Iran, Syrien und unzählige weitere Staaten völkerrechtswidrig sind. Sie sind also illegal.

In der Resolution heißt es, man sei *„alarmiert über die unverhältnismäßigen und unterschiedslosen menschlichen Kosten einseitiger Sanktionen und ihre negativen Auswirkungen auf die Zivilbevölkerung, insbesondere auf Frauen und Kinder, in den Zielstaaten“*, sowie *„zutiefst beunruhigt über die negativen Auswirkungen einseitiger Zwangsmaßnahmen auf das Recht auf Leben, das Recht eines jeden auf das für ihn erreichbare Höchstmaß an körperlicher und geistiger Gesundheit und medizinischer Versorgung, das Recht auf Freiheit von Hunger und das Recht auf einen angemessenen Lebensstandard, auf Nahrung, Bildung, Arbeit und Wohnung sowie das Recht auf Entwicklung und das Recht auf eine saubere, gesunde und nachhaltige Umwelt.“* Die

Sanktionen führen zu *„schwerwiegenden Verletzungen der Menschenrechte der betroffenen Bevölkerungsgruppen"* mit *„besonderen Folgen für (...) ältere Menschen und Menschen mit Behinderungen"*.

Die Resolution wurde von Aserbaidschan im Namen der Bewegung der Blockfreien Staaten, die 120 Staaten vertritt,[720] eingereicht. Der UNO-Menschenrechtsrat besteht aus 47 Mitgliedern. Die Abstimmung über die Resolution fiel eindeutig aus: 33 Staaten stimmten dafür, 13 dagegen und ein Staat, Mexiko, hat sich enthalten. Die 13 Staaten, die gegen die Resolution stimmten, waren alle NATO-Mitglieder oder NATO-Anwärter: Belgien, Deutschland, Finnland, Frankreich, Georgien, Litauen, Luxemburg, Montenegro, Rumänien, Tschechien, Ukraine, Großbritannien und die USA.

Die Sanktionen sind also eine reine NATO-Waffe. Nur NATO-Länder greifen andere Länder mit Sanktionen an. Diese werden vom Rest der Welt als völkerrechtswidrig und inhuman abgelehnt. Wir sehen: Die NATO steht gegen den Rest der Welt.

Folgende Staaten stimmten für die Abschaffung einseitiger Sanktionen: Algerien, Argentinien, Bangladesch, Benin, Bolivien, Chile, China, Costa Rica, Elfenbeinküste, Eritrea, Gabun, Gambia, Honduras, Indien, Kamerun, Katar, Kasachstan, Kirgisistan, Kuba, Malawi, Malaysia, Malediven, Marokko, Nepal, Pakistan, Paraguay, Senegal, Somalia, Südafrika, Sudan, Usbekistan, Vereinigte Arabische Emirate und Vietnam. (Russland war im April 2023 nicht Mitglied des UN-Menschenrechtsrates.)

Diese Resolution des UN-Menschenrechtsrates ist, wie alle UN-Resolutionen, eine politische Empfehlung und als solche völkerrechtlich nicht bindend. Nur Beschlüsse des UN-Sicherheitsrates sind völkerrechtlich bindend.[721] Der UN-Sicherheitsrat setzt sich aus fünf ständigen und fünf wechselnden Staaten zusammen. Die fünf ständigen Mitglieder (Frankreich, Russland, USA, China und Großbritannien) haben bei der Verabschiedung von Resolutionen ein Vetorecht und werden daher auch als Vetomächte bezeichnet. Mit seinem Veto kann ein ständiges Mitglied einen Beschluss des UN-Sicherheitsrates verhindern. Aus diesem Grund gibt es auch keinen Beschluss des UN-Sicherheitsrates gegen die Sanktionen der NATO-Staaten, da USA, Frankreich und Großbritannien hier ein Vetorecht haben.

Sanktionen sind Krieg

Den wirtschaftskriegerischen Ansatz von Sanktionen erklärte US-Präsident Joe Biden ganz offen in einer Rede Ende März 2023 in Polen:[722]

> *Diese Wirtschaftssanktionen sind eine neue Art wirtschaftlicher Staatskunst, die Schaden anrichten kann, die es mit militärischer Macht aufnehmen kann.*

In mittelalterlichen Kriegen wurden Burgen und Städte belagert, von der Versorgung abgeschnitten und ausgehungert. Ernten wurden vernichtet oder das Wasser vergiftet. Die heutigen Sanktionen sind eine moderne Form dieser Art der Kriegsführung.

Der Autor Valentin Wember führt dazu aus:[723]

> *In der breiten Öffentlichkeit gelten Sanktionen, die von den US-Regierungen initiiert und dann durchgezogen werden, als „nicht so schlimm". „Sanktionen sind ja kein Krieg." Diese Sichtweise ist nicht nur hoch problematisch, sie ist falsch. Sanktionen sind Krieg. Sie verursachen hunderttausendfachen Tod. Sanktionen sind deshalb nicht harmlose Maßnahmen, die den Krieg vermeiden. Das Gegenteil ist richtig. Sanktionen sind bereits der Krieg, und es bedarf erst einer Medien-Maschine, um das zu verschleiern. Sanktionen sind nichts als eine andere Waffengattung, und sobald diese eingesetzt wird, hat der Krieg begonnen. Das allerdings wird verdrängt. Im Unterschied zu den Verwüstungen, die durch Artillerie-Beschuss und Bombardierungen entstehen, werden die Bilder der Tausenden von Toten, die Opfer von Wirtschaftssanktionen sind, kaum je gezeigt. In Venezuela führten die US-Sanktionen zu 40.000 Toten. Für die Macher der Sanktionen sind 40.000 ausgelöschte Leben völlig unbedeutend. Aber in Wahrheit handelt es sich um abertausende Tragödien von zerstörten Familien. Sanktionen sind de facto Kollektivstrafen und als solche ein Verstoß gegen die Menschenrechte. Sanktionen sind brutaler Wirtschaftsterrorismus, der im Vergleich zu den Terroranschlägen in New York,*

London, Madrid, Paris und Berlin ein Vielfaches an Toten verursacht, die zu beklagen sind.

Die USA hat keinerlei Hemmungen, auch hunderttausende Kinder durch Sanktionen zu töten, wie das Beispiel Irak gezeigt hat. Zwischen 1991 bis 2003 wurde der Irak sanktioniert. Vor allem das Abschneiden von medizinischer Versorgung kostete nach Schätzungen zwischen 1,5 bis 2 Millionen irakischen Zivilisten in vermeintlichen Friedenszeiten das Leben. Die damalige US-Außenministerin Madeleine Albright sagte in einem TV-Interview:[724]

Frage: Wir hörten, dass bis heute (Anm. bis 1996) eine halbe Million Kinder im Irak starben. Das sind mehr als nach dem Nuklearangriff in Hiroshima. Ist es diesen Preis wert?

Madeleine Albright: Ich denke, das ist eine sehr schwierige Wahl. Aber: Es ist den Preis wert.

Bei dieser Aussage bleibt einem der Atem stehen ...

Wirtschaftskriege der NATO

Die USA setzt zunehmend Sanktionen ein. Einem Bericht des US-Finanzministeriums zufolge wurden Ende 2021 insgesamt 9.421 Institutionen und Einzelpersonen zahlreicher Staaten von der US-Regierung mit Sanktionen belegt, was einem Anstieg von 933 Prozent seit dem Jahr 2000 entspricht.[725] Darin sind die Unmengen an Russlandsanktionen seit 2022 noch nicht enthalten.

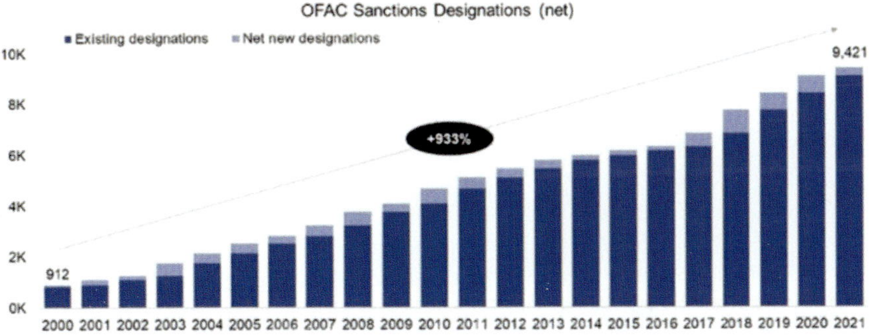

Anzahl der Sanktionen der USA nach Jahren[726]

Die Sanktionen der USA wirken deshalb stark, weil der US-Dollar die Rolle einer Weltwährung innehat. Die „Nachdenkseiten“ erklären, was das konkret bedeutet:[727]

> *So ist es zum Beispiel für sanktionierte Länder wie Syrien oder auch Kuba fast unmöglich, Medikamente auf dem internationalen Markt zu erwerben. Zum einen, weil durch die finanzielle Sanktionierung etwa der Zentralbanken diese Medizin-Produkte gar nicht erworben werden können, selbst wenn diese offiziell gar nicht sanktioniert sind (Syrien), oder weil zum Beispiel Kuba laut (völkerrechtswidriger) US-Sanktionsverordnung keinerlei Waren erwerben darf, die einen mindestens zehnprozentigen Anteil an US-Patenten haben. Es gibt aber derzeit fast kein einziges medizinisches Produkt, welches nicht zumindest diesen Anteil an US-Patenten hat. Die USA dominieren dieses Feld fast komplett.*

Laut des US-Historikers Nicholas Mulder leidet derzeit ein Drittel der gesamten Weltbevölkerung unter US-Sanktionen.[728] Diese Karte (Stand 2022) zeigt in verschiedenen Farben alle Länder, die derzeit in unterschiedlicher Intensität von den USA (grün) sanktioniert werden:

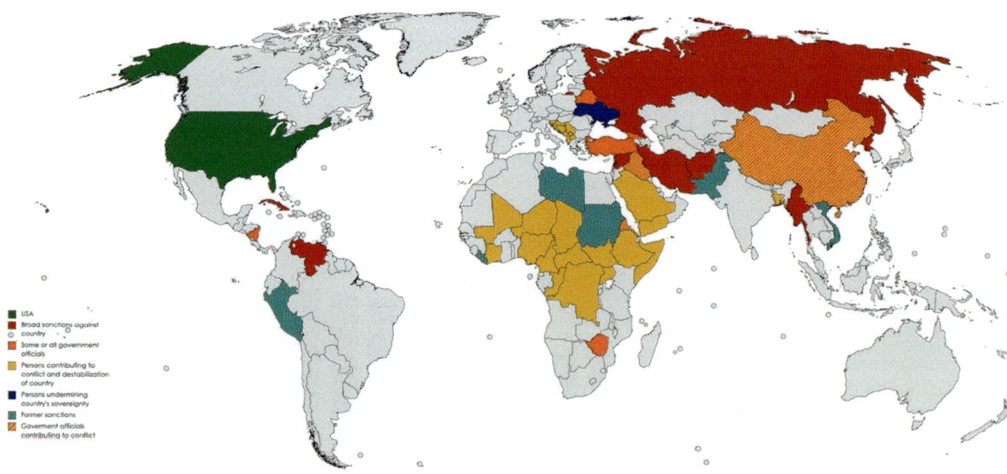

Russland-Sanktionen

Sofort nach dem Beginn des russischen Militäreinsatzes in der Ukraine am 24. Februar 2022 verhängten die USA und die EU Sanktionen in bislang ungeahntem Ausmaße. Ein Sanktionspaket jagte das nächste. Seit Februar 2022 wurden weltweit 25.930 Sanktionen gegen russische Institutionen, Unternehmen oder Personen verhängt, wie eine Auswertung der OpenSanctions-Datenbank[729] durch „Correctiv" zeigt.[730]

Das erklärte Ziel der Sanktionen war, die russische Wirtschaft zu schwächen, um damit die wirtschaftlichen Kosten des Krieges für Russland untragbar zu machen.[731] Dazu wurde das Land weitgehend vom internationalen Finanzsystem abgeschnitten und etwa 300 Milliarden Dollar Devisenreserven der Russischen Zentralbank bei den Zentralbanken der EU und der USA eingefroren.[732] Dieses Geld soll für den Wiederaufbau der Ukraine verwendet werden, forderten viele Politiker der EU und der Ukraine, darunter auch die EU Ratsvorsitzende Ursula von der Leyen. Zusätzlich wurde das Vermögen vieler russischer Geschäftsleute und Unternehmen beschlagnahmt.

Das Einfrieren der Devisenreserven ist die weitreichendste und härteste Sanktionsart, die selten ausgesprochen wird. Sie wurde bisher gegen den Iran, Nord-Korea und Syrien angewandt.[733]

Was sind Devisenreserven? Das sind die Guthaben der Russischen Zentralbank auf Konten von Zentralbanken anderer Staaten. Eine Verwendung dieses Geldes gegen den Willens Russlands wird dort zurecht als Raub erlebt.

Wozu werden Devisenreserven gebraucht? Wenn zum Beispiel eine Überweisung von einem Eurokonto aus einem EU-Land auf ein Rubelkonto in Russland gemacht wird, dann läuft das normalerweise über die Zentralbanken. Deshalb haben die Zentralbanken gegenseitig Fremdwährungskonten zur laufenden Verrechnung untereinander. Wenn ein deutsches Unternehmen an einen russischen Geschäftspartner einen Betrag überweist, dann landet der Betrag – vermittelt durch die Geschäftsbank des Unternehmens – bei der Deutschen Bundesbank und bleibt dort als Euro-Guthaben stehen. Daraufhin veranlasst die Deutsche Bundesbank eine dem aktuellen Wechselkurs entsprechende

Überweisung von ihrem Rubelkonto bei der Russischen Zentralbank an die Geschäftsbank des russischen Geschäftspartners. Damit die Deutsche Bundesbank diese Rubel-Überweisung machen kann, benötigt sie also Devisenreserven in Rubel auf ihrem russischen Zentralbankkonto. So wird der internationale Zahlungsverkehr abgewickelt.

Durch das Einfrieren der Devisenreserven wurden die Fremdwährungskonten der russischen Zentralbank blockiert und damit der normale Zahlungsverkehr zwischen Russland und der EU und den USA verhindert. Dadurch ist ein Warenhandel nicht mehr möglich, die Rechnungen im internationalen Warenverkehr können nicht mehr bezahlt werden. Ein russisches Traktorenwerk kann keine Bauteile mehr aus Deutschland bestellen und umgekehrt, denn es gibt keine Möglichkeit mehr, die Rechnungen zu begleichen. Es bleibt nur ein Umweg über Staaten, die sich nicht an den Sanktionen beteiligen, wie Indien oder China. Der deutsche Hersteller exportiert dann nach China, und der chinesische Geschäftspartner exportiert weiter nach Russland. Oder: Indische Händler kaufen von Russland Öl und verkaufen es weiter nach Europa; natürlich mit einem satten Aufschlag. Auch deshalb stiegen die Energiepreise in Europa 2022 so gewaltig.

Obwohl die russische Zentralbank ausgeschaltet wurde, können internationale russische Geschäftsbanken den Zahlungsverkehr bis zu einem gewissen Ausmaß übernehmen, soweit diese nicht auch sanktioniert und vom SWIFT-Zahlungssystem ausgeschlossen wurden. Russische Gaslieferungen an EU-Staaten können zum Beispiel bei der Gazprombank bezahlt werden. So etwas geht aber nur in einem begrenzten Umfang, weil eine Geschäftsbank eben keine Zentralbank ist.

Wenn ein Land mehr Waren ausführt als einführt nennt man das: Handelsbilanzüberschuss. Also ein Überschuss ausgeführter, ins Ausland verkaufter Güter, gegenüber den aus dem Ausland eingeführten, eingekauften Gütern. Handelsbilanzüberschüsse sammeln sich auf den verschiedenen Devisenkonten der Zentralbank eines Landes. Diese Devisenkonten werden bei den ausländischen Zentralbanken geführt.

Die hohen Devisenreserven der Russischen Zentralbank von weltweit über 600 Milliarden Dollar und in der EU und den USA von etwa 300 Milliarden Dollar sind der finanzielle Ausdruck des russischen

Handelsüberschusses. Wenn Russland etwas verkauft, erhöhen sich Fremdwährungsguthaben auf den Konten der Russischen Zentralbank. Wenn Russland etwas aus dem Ausland einkauft, werden diese wieder niedriger. Russland hat mehr an andere Länder geliefert, als es von diesen eingekauft hat. Die Devisenreserven sind volkswirtschaftlich gesehen eine offene Rechnung. Die EU und die USA müssen Russland noch eine Gegenleistung geben für gelieferte Energie und Rohstoffe in Höhe von 300 Milliarden. Wenn die Devisenreserven beschlagnahmt werden, heißt das: „Schön, dass ihr uns die letzten Jahre beliefert habt, wir werden aber als Volkswirtschaft nichts dafür bezahlen, auch wenn das vereinbart war." Im normalen Sprachgebrauch würde man dazu „räuberischer Betrug" sagen. Im allgemeinen Verständnis ist so etwas ein Verbrechen und wird von einem Gericht bestraft.

An diesem Raub beteiligt sich fast die gesamte politische Klasse der NATO-Staaten. Sie sind also Kriminelle. Es gibt aber keine Justiz, die sich um diese Staatskriminalität kümmert.

Der Schweizer Nachrichtenoffizier Jacques Baud beschreibt die Einschätzungen der NATO-Politiker bei der Verhängung der Russland-Sanktionen:[734]

> *Da man davon ausging, dass Russlands Wirtschaft mit der Italiens vergleichbar sei, nahm man an, dass es ebenso verwundbar sein würde. Der Westen – und die Ukrainer – dachten daher, dass wirtschaftliche Sanktionen und die politische Isolierung Russlands schnell zu seinem Zusammenbruch führen würden, ohne dass es zu einer militärischen Niederlage käme. (…) Die Staats- und Regierungschefs, erregt von den (phantasievollen) Berichten über russische Verluste und in dem Glauben, den Weg für einen Regimewechsel zu ebnen, fügten Sanktionen über Sanktionen hinzu und lehnten jede Möglichkeit der Verhandlung ab. Wie der französische Wirtschaftsminister Bruno Le Maire sagte, bestand das Ziel darin, den Zusammenbruch der russischen Wirtschaft zu provozieren und das russische Volk[735] leiden zu lassen. Das ist eine Form des Staatsterrorismus: Man will die Bevölkerung leiden lassen, um sie zum Aufstand gegen ihre Führer (hier Putin) zu bewegen. Ich habe mir das nicht ausge-*

dacht. Dieser Mechanismus wird von Richard Nephew, dem Leiter der Sanktionsabteilung im Außenministerium unter Obama und derzeit Koordinator für globale Korruptionsbekämpfung, in seinem Buch „Die Kunst der Sanktionen"[736] *ausführlich beschrieben. Ironischerweise ist das genau die gleiche Logik, die der Islamische Staat zur Erklärung seiner Anschläge in Frankreich 2015-2016 anführte.*[737]

Sanktionen zum Ukraine-Krieg wurden schon Monate vorher vorbereitet

Als der Militäreinsatz Russlands am 24. Februar 2022 begann, taten alle Politiker in der Öffentlichkeit ganz überrascht und schockiert. Das diente dazu, in der Bevölkerung die nötige Emotionalität zu erzeugen, damit diese die weitgehenden Folgen der Sanktionen akzeptiert. In Wirklichkeit war es aber keine Überraschung für die USA und die EU, denn sie hatten schon seit Monaten alles vorbereitet.

Bundeskanzler Olaf Scholz sagte am 23. März 2022 im Bundestag: *„Gemeinsam mit unseren internationalen Partnern haben wir Sanktionen verhängt, die ihresgleichen suchen. Über Monate hinweg haben wir sie bis ins kleinste Detail vorbereitet, damit sie die Richtigen treffen, damit sie wirken. Weltweit haben wir für Unterstützung geworben."*[738] – Monate vor dem März 2022 heißt klar: Spätherbst 2021.

Das bestätigte EU-Ministerratspräsidentin Ursula von der Leyen auf der Münchner Sicherheitskonferenz im Februar 2023: Die EU- und US-Sanktionen gegen Russland wurden nach ihren Worten schon im Dezember 2021 ausgearbeitet. Dies geschah zu einem Zeitpunkt, als Lawrow und Putin die Ukraine und den Westen zu Verhandlungen zur Lösung des Konflikts aufforderten und konkrete Vorschläge für Sicherheitsvereinbarungen machten.[739] Die EU und die USA gingen auf diese Vorschläge nicht ein, und es fanden keine Verhandlungen statt. Stattdessen wurden schon die Kanonen des Wirtschaftskrieges geladen, damit diese schussbereit waren für den Zeitpunkt, wenn Russland in die Falle tappt und sein Militär einsetzt. – Für Ursula von der Leyen war es natürlich eine vorausschauende Vorbereitung für den nicht gewollten Fall, wie sie in dem Interview sagte.

Der Bumerangeffekt von Sanktionen

Ein beliebtes Thema des Informationskrieges war die Wirkung der Russland-Sanktionen. Russland würde sehr leiden, sagte die NATO. Dagegen war die russische Sicht: Nur Europa würde leiden, Russland mache es wenig aus und die russische Wirtschaft würde durch die Sanktionsanforderungen nur stabiler.

Der russische Rubel wurde stärker als zuvor. Das kann jeder auf einem Wechselkurs-Chart selbst sehen. Auch waren die Sanktionen im täglichen Leben der Menschen in Russland nicht stark spürbar; manche geschlossene Restaurants und Geschäfte von westlichen Inhabern öffneten bald wieder mit neuen Namen und einer russischer Betreiberfirma. Einzelne Unternehmen traf es aber schwer, weil sie über Nacht ihre Märkte verloren hatten und das nicht ausgleichen konnten.

Es gab einen enormen Bumerangeffekt auf Europa, der für alle spürbar war. Infolge der Sanktionen stieg der Erdgaspreis im August 2022 auf das 18fache des historischen Durchschnitts. Bis März 2023 sank der Preis wieder auf das 2,5 fache. Im Winter 2022/23 gab es keine größeren Stromausfälle oder Unruhen. Das war die gute Nachricht.

Die schlechte Nachricht ist, dass die Katastrophe nicht dank der klugen Entscheidungen unserer Politiker ausgeblieben ist, sondern weil der Winter 2022/23 einer der wärmsten seit Beginn der Aufzeichnungen war. Das reduzierte die Nachfrage nach Erdgas drastisch; wären die Temperaturen normal gewesen, hätte es brenzlig werden können.[740]

Doch es gibt noch mehr schlechte Nachrichten. Das Licht am Leuchten und das Gas am Brennen zu halten, war nicht billig. Bis September 2022 hatten die europäischen Länder 768 Milliarden Euro für Energiesubventionen ausgegeben, Deutschland allein 265 Milliarden.[741] Die OECD-Länder (von denen Europa den Löwenanteil ausmacht) gaben im Jahr 2022 etwa 18 Prozent des Bruttoinlandsprodukts für Energie aus, gegenüber nur 10 Prozent im Jahr zuvor.[742]

Diese Zahlen machen deutlich, wie stark die Volkswirtschaften der EU durch die Sanktionen belastet wurden. Die Energiepreise sind ein treibender Faktor der hohen Geldentwertung von etwa 10 Prozent in der EU in 2022. Das heißt, aufgrund der Russland-Sanktionen verloren alle EU-Bürger allein 2022 zehn Prozent ihres Einkommens und ihrer Ersparnisse. Der Hauptgeschäftsführer des Deutschen Industrie- und Handelskammertags (DIHK) bemerkte dazu im Sommer 2022: *„Wir werden einfach alle ärmer. Für Deutschland male ich ihnen ein Bild: Ich würde mich nicht wundern, wenn wir am Ende 20 bis 30 Prozent ärmer sind.“*[743]

Für die EU-Regierungen ist das aber kein Grund, die Sanktionen aufzuheben. Der Wirtschaftskrieg ist für sie wichtiger; wo gehobelt wird, da fallen Späne. Sicherlich würde Madeleine Albright auch hier sagen: „Es ist den Preis wert.“

Wirkungslosigkeit der Russland-Sanktionen

Die Weltbank machte im August 2023 deutlich, wie inkompetent die EU-Regierungen und deren Parlamente sind. Die Russland Sanktionen hatten, im Gegensatz zu den laufenden Versprechungen der Politiker, auf Russland keine volkswirtschaftlichen Wirkungen. Stattdessen überholte Russland Deutschland und wurde größte Volkswirtschaft Europas. Nach den Berechnungen der Weltbank betrug 2023 das Bruttoinlandsprodukt Russlands 5,33 Billionen US-Dollar, womit das Land auf dem fünften Platz weltweit lag. Deutschland lag mit einem BIP von 5,31 Billionen Dollar nur noch an sechster Stelle.[744] Russland hatte offensichtlich kein Problem, den weggefallenen Handel mit Europa durch eine Neuausrichtung auf Indien, China und andere Staaten zu ersetzen.

Drastisch ist das Ergebnis des „Global Wealth Report 2023“ der Schweizer UBS-Bank. Die Zahlen sprechen für sich. Trotz des Ukraine-Krieges und der Russlandsanktionen stieg 2022 in Russland das Gesamtvermögen um 600 Milliarden US-Dollar. Auch die Zahl der russischen Millionäre stieg im Jahr 2022 um etwa 56.000 auf 408.000. Die Russen wurden reicher. Im Gegensatz dazu sank 2022 in Nordamerika und Europa das Gesamtvermögen um 10.900 Milliarden US-Dollar. Außerdem gab es bis Ende 2022 eine Million weniger amerikanische Millionäre, obwohl in den USA immer noch über 50 Prozent der sehr vermögenden Privatpersonen weltweit leben, berichtete die Bank.[745] Wenn schon Vermögende in Europa und den USA so viel Geld verloren, wie viel schlimmer ist es bei ärmeren Menschen, die schon vorher kaum über die Runden kamen?

Die Russland-Sanktionen waren ein doppelter „Schuss ins Knie“. Eigentlich müssten die Verantwortlichen für die Sanktionsbeschlüsse wegen Inkompetenz und Schädigung der Bevölkerungen und der Volkswirtschaften zurücktreten. – Das werden sie aber nicht tun, denn sie können sich darauf verlassen, dass in den westlichen Staaten das Regierungshandeln nicht wirksam kontrolliert wird.

Eine unerwartete Wirkung der Russlandsanktionen ist, dass sie den US-Dollar und den Euro in ihrer Bedeutung für den Welthandel schwächen. Nachdem die Sanktionen Russland vom US-Dollar und vom Euro abgeschnitten hatten, konnte es weitgehend zu anderen Währungen wechseln. Hier die relevanten Zahlen: Im zweiten Quartal 2023 wurden 40 Prozent aller russischen Exporte in Rubel abgerechnet, verglichen mit 14 Prozent im zweiten Quartal 2021. Der Rubel wurde also international stärker verwendet. Die Währungen unfreundlicher Länder, die Russland mit Sanktionen belegt hatten, machten nur noch 34 Prozent der russischen Exporte aus gegenüber 85 Prozent im Jahr 2021. Russland konnte also die Verwendung von US-Dollar und Euro in kurzer Zeit stark reduzieren. Dagegen nahmen die Währungen neutraler Länder (wie chinesischer Yuan und indische Rupie) für Exporte auf 27 Prozent zu, gegenüber 1 Prozent im Jahr 2021. Diese Zahlen deuten auf den langfristigen Trend zur Entdollarisierung hin, zum Ende der Dollar-Vorherrschaft im globalen Finanztransfer und Finanzwesen.[746]

Warum sind Sanktionen völkerrechtswidrig?

Fast jede Sanktion verletzt bestehende Verträge und Gesetze sowie Menschen- und Bürgerrechte. Gibt es eine Rechtsgrundlage für solch weitreichende Eingriffe?

Die Basis des geltenden Völkerrechts ist die UNO-Charta,[747] dem am 26. Juni 1945 kurz nach Ende des Zweiten Weltkrieges unterzeichneten Gründungsvertrag der Vereinten Nationen. Laut UNO-Charta sind Sanktionen nur dann erlaubt, wenn sie vom UNO-Sicherheitsrat beschlossen werden. Alle anderen verhängten Sanktionen sind ein Verstoß gegen das Völkerrecht. Das kann man in der UNO-Charta nachlesen. Was steht dort?

Laut UNO-Charta ist jeder Versuch, sich in die inneren Angelegenheiten eines anderen Staates einzumischen, verboten. Das wird in den Artikeln 1 und 2 der UNO-Charta deutlich gesagt. Das Einmischungsverbot wird in Artikel 2 Absatz 7 noch einmal extra betont. Der Satz ist etwas kompliziert geschrieben, deshalb erst einmal in Kurzform: „Aus der UNO-Charta kann eine Einmischung in Angelegenheiten eines Staates nicht abgeleitet werden."

> *UNO-Charta Art. 1 Abs. 7: Aus dieser Charta kann eine Befugnis der Vereinten Nationen zum Eingreifen in Angelegenheiten, die ihrem Wesen nach zur inneren Zuständigkeit eines Staates gehören, oder eine Verpflichtung der Mitglieder, solche Angelegenheiten einer Regelung auf Grund dieser Charta zu unterwerfen, nicht abgeleitet werden; die Anwendung von Zwangsmaßnahmen nach Kapitel VII wird durch diesen Grundsatz nicht berührt.*

Das heißt, weder einzelne Staaten, noch Gruppen von Staaten, noch die UNO selbst dürfen sich in die inneren Angelegenheiten eines anderen Staates einmischen. Es gibt laut UNO-Charta keine Situation, aus der eine Einmischung abgeleitet werden könnte. Eine einzige Ausnahme von dieser Grundregel in der UNO-Charta ist in Kapitel VII der UNO-Charta benannt. Was steht dort?

Kapitel VII beginnt mit Artikel 39, der lautet:

> *Der Sicherheitsrat stellt fest, ob eine Bedrohung oder ein Bruch des Friedens oder eine Angriffshandlung vorliegt; er gibt Empfehlungen ab oder beschließt, welche Maßnahmen auf Grund der Artikel 41 und 42 zu treffen sind, um den Weltfrieden und die internationale Sicherheit zu wahren oder wiederherzustellen.*

Bevor es also zur Verhängung von Sanktionen oder sogar zu einem vom UNO-Sicherheitsrat erlaubten Militäreinsatz kommt, muss der UNO-Sicherheitsrat erst einmal eine „Bedrohung oder einen Bruch des Friedens" feststellen. Die Hürde für die Verhängung von Sanktionen wurde im Völkerrecht also hoch gehängt. Wenn der UNO-Sicherheitsrat Sanktionen verhängen möchte, greift Artikel 41, der lautet:

Der Sicherheitsrat kann beschließen, welche Maßnahmen – unter Ausschluss von Waffengewalt – zu ergreifen sind, um seinen Beschlüssen Wirksamkeit zu verleihen; er kann die Mitglieder der Vereinten Nationen auffordern, diese Maßnahmen durchzuführen. Sie können die vollständige oder teilweise Unterbrechung der Wirtschaftsbeziehungen, des Eisenbahn-, See- und Luftverkehrs, der Post-, Telegraphen- und Funkverbindungen sowie sonstiger Verkehrsmöglichkeiten und den Abbruch der diplomatischen Beziehungen einschließen.

Der UNO-Sicherheitsrat hatte in den letzten Jahrzehnten mehrere Sanktionen verhängt, die vom Völkerrecht gedeckt waren. Einige bekannte sind:[748]

- Irak 1990: Wirtschaftsembargo (wurde letztlich 2003 aufgehoben)
- Jugoslawien 1998: Waffenembargo von 1998 bis 2001[749]
- Nordkorea 2006: Wirtschaftliche Sanktionen als Reaktion auf Kernwaffentests[750]
- Libyen 2011: Flugverbotszone über Libyen und „alle notwendigen Maßnahmen zum Schutze der Bevölkerung"; jegliche Besatzung libyschen Territoriums in irgendeiner Form durch eine ausländische Macht wurde jedoch ausgeschlossen.[751]
- Mali 2018: Reiseverbote und Einfrieren von Vermögenswerten bestimmter Personen.[752]
- Haiti 2022: Reiseverbote, Einfrieren von Vermögenswerten sowie ein gezieltes Waffenembargo gegen Personen und Entitäten, die den Frieden und Sicherheit in Haiti bedrohen.[753]
- Es gab im Laufe der Jahrzehnte auch Sanktionen gegen Sudan, Zentralafrika und noch einige andere Staaten.

Das sind schon fast alle Sanktionen, die vom Völkerrecht gedeckt waren. Alle anderen von den NATO-Staaten verhängten Sanktionen gegen Russland, Weißrussland, Venezuela, Syrien, Kuba und so weiter und so fort sind völkerrechtswidrig. Sie sind eine illegale Einmischung in die Angelegenheiten eines anderen Staates. Staatskriminalität.

Inzwischen hat sich eine Art Sanktions-Industrie entwickelt. Die Datenbank „opensanctions.org“ sammelt alle Sanktionen weltweit und hatte mit Stand Juni 2023 über 368.412 sanktionierte Entitäten erfasst. In der Datenbank findet man 569.301 Personen, 195.960 Unternehmen, 52.467 Organisationen und 32.975 Juristische Personen.[754] Fast alle dieser Sanktionen sind völkerrechtswidrig.

Doch wer kümmert sich um diese Rechtsbrüche? Immerhin hat der UNO-Menschenrechtsrat nun damit begonnen. Die von ihm mit großer Mehrheit beschlossene Resolution gegen die Sanktionspolitik der NATO-Staaten ist eigentlich nichts Besonderes. Der UNO-Menschenrechtsrat forderte „nur“, dass die NATO-Staaten das Völkerrecht einhalten. Das wollen die NATO-Staaten aber nicht. Deshalb haben sie im UNO-Menschenrechtsrat geschlossen gegen die Resolution gestimmt.

Erschreckend ist die Selbstverständlichkeit, mit der heute Sanktionen in den NATO-Staaten beschlossen werden. Die Parlamente stimmen mit großer Mehrheit zu, der Verstoß gegen das Völkerrecht wird einfach ausgeblendet. Auch in den Medien und der Öffentlichkeit wird die Rechtswidrigkeit nicht diskutiert. Wir haben es hier mit einem bestürzenden gesellschaftlichen Verfall des Rechtsbewusstseins zu tun. „Legal, illegal, scheißegal!“ Recht ist, was unseren Interessen dient. Wer die Macht hat, setzt sich durch. Die NATO-Staaten verwenden schlichtweg Mafia-Methoden.

Rechtsverdrehung

Auch wenn es so eindeutig ist, manche Juristen schaffen es trotzdem, den Sanktionen einen geschönten juristischen Anstrich zu geben, so dass Politiker sie ruhigen Gewissens beschließen können. Als Beispiel nehme ich den Aufsatz „Wirtschaftssanktionen gegen Russland und ihre rechtlichen Grenzen“ von Prof. Dr. Matthias Valta vom 28. Februar 2022.[755] In dem Aufsatz stellt der Autor die Frage: „Warum handelt die Europäische Union und nicht der UN-Sicherheitsrat oder Deutschland?“ Seine Antwort: Da Russland im UN-Sicherheitsrat ein Vetorecht hat, wird der UN-Sicherheitsrat keine Sanktionen gegen Russland beschließen, deshalb muss das die EU tun. – Aha, weil auf dem rechtlichen Weg das gewünschte Ergebnis nicht erreicht werden kann, umgehen wir den rechtsstaatlichen Weg, um das gewünschte

Ergebnis durchzusetzen. Um die Absurdität dieser Logik deutlich zu machen, stelle man sich vor: Weil in der Bundestagswahl mit allen Wahlberechtigten Deutschlands nicht das gewollte Ergebnis herauskommt, lassen wir den nächsten Bundestag nur von den Bayern (oder Hamburgern) wählen.

Die EU hat aufgrund des Völkerrechts keine Ermächtigung, Sanktionen zu beschließen. Dies ist laut UNO-Charta ausdrücklich nur dem UN-Sicherheitsrat vorbehalten. Darauf geht Prof. Valta sicherheitshalber gar nicht ein.

Es gibt Artikel 2 Absatz 7 der UNO-Charta, der eine Einmischung durch Staaten oder Staatengruppen in innere Angelegenheiten eines Staates in jedem Fall verbietet. Eine Befugnis zu solch einer Einmischung „kann aus der UNO-Charta nicht abgeleitet werden" heißt es dort mit Bestimmtheit. Prof. Valta beschreibt richtig, dass die Russlandsanktionen eine Einmischung in die inneren Angelegenheiten Russlands sind. Doch dann dreht er die Sache so hin, dass es einen Ausweg gibt: Russland habe so schwer „gegen das Gewaltverbot und die territoriale Souveränität der Ukraine" verstoßen, dass in der Abwägung das Einmischungsverbot doch nicht gilt. Diese Argumentation widerspricht hundertprozentig der wörtlichen Formulierung von Artikel 2 Absatz 7. Deshalb geht der Autor vorsorglich auf diesen Widerspruch erst gar nicht ein.

Für mich ist das ein typischer Fall von Rechtsverdrehung. Das Ziel ist klar: Russland muss bestraft werden; deshalb rühren wir solange in juristisch klingenden Worten, bis das Gewünschte herauskommt.

Zusammenfassung:

Die Sanktionen der NATO-Staaten sind ein Wirtschaftskrieg. Und sie sind völkerrechtswidrig, da sie der UNO-Charta widersprechen. Aus diesen Gründen forderte der UNO-Menschenrechtsrat die NATO-Staaten auf, alle Sanktionen zu beenden. Die Russland-Sanktionen schaden durch den Bumerang-Effekt Europa mehr als Russland. Da die Sanktionen eine Kriegswaffe sind, endet der Krieg erst, wenn alle Sanktionen aufgehoben sind. Erst dann sind unsere Staaten keine Kriegsteilnehmer mehr.

Informationskrieg

Mit dem Kriegseintritt Russlands am 24. Februar 2022 begann in den NATO-Staaten eine Propaganda unvorstellbaren Ausmaßes. Eine ganze Armada an Mitarbeitern von Geheimdiensten, staatlichen Pressestellen, Lobbyorganisationen und Redaktionen waren Tag und Nacht mit der Steuerung der öffentlichen Wahrnehmung und Diskussion beschäftigt. Der ehemalige Schweizer Nachrichtenoffizier Jacques Baud beschrieb in einem Interview im Sept. 2022 einige Auswirkungen:[758]

> *Durch das Verschweigen vieler Aspekte dieses Konflikts haben uns die westlichen Medien ein karikaturhaftes und künstliches Bild der Situation vermittelt, was zu einer Polarisierung der Gemüter geführt hat. Dadurch wurde eine weit verbreitete Mentalität geschaffen, die jeden Verhandlungsversuch praktisch unmöglich macht.*
>
> *Die einseitige und voreingenommene Darstellung durch die Mainstream-Medien soll uns nicht bei der Lösung des Problems helfen, sondern den Hass auf Russland fördern. So zielt der Ausschluss von behinderten Sportlern, russischen Katzen[759] und sogar russischen Bäumen[760] von Wettbewerben, die Entlassung von Dirigenten, die Tabuisierung russischer Schriftsteller wie Dostojewski[761] oder sogar die Umbenennung von Gemälden[762] darauf ab, die russische Bevölkerung aus der Gesellschaft auszuschließen. In Frankreich wurden sogar Bankkonten von Personen gesperrt, nur weil sie russisch klingende Namen[763] hatten. Die sozialen Netzwerke Facebook und Twitter haben die Offenlegung ukrainischer Verbrechen unter dem Vorwand der „Hassrede" systematisch blockiert, erlauben[764] aber den Aufruf zur Gewalt gegen Russen.*

Widar im Museum Glauberg, (der dort als Keltenfürst bezeichnet wird).[756] In der nordischen Mythologie ist Widar, Sohn des Gottes Odin, der schweigsame Ase mit den großen, hörenden Ohren. Er besiegt den Fenriswolf, der die Welt mit Lügen überzieht. Das macht Widar aber nicht alleine. Widar sammelte „alle Zeiten hindurch" Lederreste von Schuhen der Menschen und bildete daraus einen besonderen Lederschuh. Mit diesem tritt er dem Fenriswolf in den Rachen. Dann reißt er ihm das Maul entzwei und überwindet ihn so.[757]

Keine dieser Maßnahmen hatte irgendeine Auswirkung auf den Konflikt, außer Hass und Gewalt gegen die Russen in unseren Ländern zu schüren. Die Manipulation ist so schlimm, dass wir die Ukrainer lieber sterben sehen würden, als eine diplomatische Lösung zu suchen.

Zwei Arten der Kriegsführung

Gemäß Jacques Baud kann man im Ukraine-Krieg zwei Arten der Kriegsführung unterscheiden. Auf ukrainischer Seite wird der Krieg stärker im „politischen und informationellen Raum geführt", auf russischer Seite dagegen mehr „im physischen und operativen Raum". „Die beiden Seiten kämpfen nicht in denselben Räumen."

Baud hat solche Situationen 2003 in seinem Buch „La guerre asymétrique ou la défaite du vainqueur" (Asymmetrischer Krieg oder die Niederlage des Siegers) beschrieben. Er legt darin die Grenzen eines Informationskrieges dar: „Das Problem ist, dass am Ende die Realität des Geländes überwiegt."

Spiegelbild-Technik

Die westlichen Mainstream-Medien haben eine virtuelle Realität konstruiert, die Russland die schlechte Rolle zuwies, so Baud. *„Wer den Verlauf der Krise aufmerksam verfolgte, konnte fast sagen, dass sie Russland als «Spiegelbild» der Situation in der Ukraine darstellen."* Vieles, was für die Ukraine schlecht lief, wurde auf Russland projiziert.

Die Spiegelbild-Technik – das 180-Grad-Prinzip – ist ein Schlüssel zum Verständnis vieler Medienberichte. Wurde das von russischen Soldaten bewachte AKW Saporoschje, das für die Stromversorgung der von Russland kontrollierten Gebiete benötigt wird, mit Granaten beschossen, dann sagte Kiew, die russischen Soldaten hätten auf sich selbst geschossen. Kommen Meldungen ans Tageslicht, dass die Todeszahl ukrainischer Soldaten schon über 100.000 liegt, dann wird diese Verlustzahl von Kiew für die russische Armee behauptet. Zerstört die ukrainische Armee in aussichtslosen Straßenkämpfen nach dem Prinzip der verbrannten Erde ganze Städte (zum Beispiel Mariupol oder Bachmut), anstatt sich zurückzuziehen oder zu ergeben, dann waren die Russen Schuld daran, dass viele Häuser zerstört wurden - die dann von den Russen wieder aufgebaut wurden; in Mariupol wurden bis Sommer 2023 ganze Stadtviertel von russischen Bautrupps wieder errichtet. Wurde ein Gefängnis mit ukrainischen Kriegsgefangenen durch Raketen zerstört, mit sehr vielen Toten, dann sagte Kiew, Russland hätte sein eigenes Gefängnis mit Raketen in Schutt und Asche gelegt. Wurde der Kachowka-Staudamm gesprengt – was das ukrainische Militär Monate vorher ankündigte – was überwiegend zu Überschwemmungen in von Russland kontrollierten Gebieten und Zerstörungen von russischen Verteidigungsanlagen führte, waren es laut Kiew natürlich die Russen, die etwas so Schlimmes tun. Bewiesen wurden diese Vorwürfe nie. – Man könnte hier seitenweise aufzählen. Ständig wurde die Spiegelbild-Technik angewendet.

Damit das möglichst nicht auffiel, verbreiteten die westlichen Mainstream-Medien fast immer nur die Kiewer- und NATO-Sichtweise, auch wenn diese unlogisch war. Die russische Sichtweise wurde in den West-Medien nicht dargestellt. So konnten die Medien-Konsumenten das Spannungsfeld zwischen beiden Schilderungen nicht erleben und sich kein eigenes Urteil bilden.

„Audiatur et altera pars“, zu Deutsch „man höre auch die andere Seite“, war der Grundsatz der alten Römer, bevor sie ein Urteil fällten. Darauf müssen wir wieder zurückkommen. Um zu verhindern, dass sich die Menschen im Westen direkt über andere Sichtweisen informieren, wurden die russischen Medienportale Russia Today und Sputnik in den NATO-Staaten verboten. Die Meinungsfreiheit als ein zentrales Grundrecht und Fundament der Demokratie spielt für die NATO-Regierungen, die „westliche Werte“ vertreten, keine Rolle, nach dem Motto: „Gesetze müssen wir nur einhalten, wenn sie uns nützen.“

Natürlich gibt es auch russische Propaganda[765], aber als mündiger Mensch kann man sich selbst orientieren, da braucht es keine staatlich finanzierte Zensur-Industrie und kein betreutes Denken. So etwas gehört in totalitäre Staatsformen.

Mainstream-Medien als Waffe des Informationskrieges

Es gab einmal Zeiten, da lernten Journalisten, dass in einem Bericht über ein Geschehnis, das sie nicht selbst in Originalquellen recherchieren konnten, die Sichtweisen der verschiedenen Beteiligten geschildert werden sollen. Das galt jetzt nicht mehr, es sollte nur noch die ukrainische Sicht geben; im Krieg werden eben die zehn Prinzipien der Kriegspropaganda angewendet.

Mit den zehn Prinzipien der Kriegspropaganda – die am Anfang des Buches vorgestellt wurden – hat man tatsächlich ein gutes Mittel in der Hand, um die Spreu vom Weizen zu trennen. Man muss sich immer nur die Frage stellen, ob ein Medienbeitrag diese Kriegspropaganda-Prinzipien bedient oder nicht. Wenn eines oder mehrere der Prinzipien bedient werden und ansonsten keine wirklich handfesten unabhängigen Quellen genannt werden, dann ist es Kriegspropaganda.

Der Journalist Helmut Scheben, der sein Leben lang als Reporter für das Schweizer Fernsehen und die Deutsche Tagesschau gearbeitet hatte, beschrieb in einem Artikel, wie er „den Glauben an die etablierten Medien" verlor:[766]

> *Ich hätte mir noch vor ein paar Jahren nicht vorstellen können, dass mein morgendlicher Gang zum Briefkasten, um die Zeitungen zu holen, begleitet sei von einem leisen Kontrapunkt aus Widerwillen und Langeweile. Ich habe gern zum Morgenkaffee Papier in der Hand, statt auf einen Bildschirm zu schauen. Die Lektüre nimmt indessen von Jahr zu Jahr weniger Zeit in Anspruch. Das liegt zum einen daran, dass viele Themen mich nicht mehr interessieren, zum Beispiel die ewige Seifenoper britischer Royals, die täglich obligatorischen LGBTQ-Probleme, die Me-Too-Befindlichkeit von Groupies bei Rockkonzerten oder parlamentarische Untersuchungen, die herausfinden sollen, warum im Finanzkasino Banken an die Wand fahren.*
>
> *Die wirklichen Probleme der meisten Menschen, der Krieg in der Ukraine, der eskalierende Konflikt zwischen USA und China, also Vorgänge, die das Leben von Millionen Steuerzah-*

lenden derzeit verändern und künftige Generationen belasten werden (Aufrüstung, Inflation, Energiepolitik, Sanktionspolitik, Asylwesen etc.) werden aber in unseren führenden Medien mit einem derart reduzierten Blickwinkel dargestellt, dass es mich fassungslos macht. Die Realitätsverweigerung erfolgt mit einer an Tollwut grenzenden Selbstverständlichkeit.

Von 100 Artikeln gibt es keine 5 aus der Sicht der anderen Kriegspartei

Ich habe mir die Mühe gemacht, als Beispiel den Zürcher Tagesanzeiger, den ich abonniert habe, auf Einseitigkeit zu prüfen. Vom Angriff Russlands im Februar 2022 bis zum Jahresende 2022 habe ich rund einhundert Artikel angeschaut, die direkt vom Ukraine Krieg handeln. Beim hundertsten Bericht war ich erschöpft von immer dem Gleichen. Fast alle schildern das Leid und das Heldentum der Westukraine in dem russischen Angriffskrieg und – in schrillen Farben – die Verbrechen Russlands.

Kenner von Waffensystemen und Geostrategie repetieren unaufhörlich, warum Russland besiegt werden muss, und die Investigativen kennen nichts anderes mehr, als die Jagd nach irgendeinem Russen oder einer Russin, denen man noch das Vermögen enteignen könnte.

In hundert Artikeln habe ich keine fünf gefunden, die berichteten, was auf der anderen Seite der Front passiert. Das Leid der pro-russischen Ukrainer unter den Raketenangriffen und dem Artilleriefeuer der Ukrainer ist keiner Erwähnung wert. Die Menschen selbst scheinen dort für unsere großen Medien nicht zu existieren. Berichtet wird ausschließlich mit der Optik der NATO, also mit der Optik einer Rüstungs-Lobby, die weltweit als Brecheisen der Ordnungsmacht USA funktioniert.

Die Einseitigkeit der Berichte entspringt der Einseitigkeit der Quellen. Neben dem unausweichlichen britischen Geheimdienst (ob 007 mitarbeitet, bleibt bisher im Dunkel) sind die täglichen Quellen unserer „Benachrichtigung“: Präsident Selenskyj und seine Entourage in Kiew sowie seine Freunde in

Brüssel, London, Washington und die zugehörigen Experten und NATO-Denkfabriken. Die Russen erscheinen hauptsächlich als Verbrecher, die ihre Verbrechen leugnen.

Inhalte der NATO-Propaganda

In den täglichen Propaganda-Meldungen kann man sich leicht verlieren und den Wald vor Bäumen nicht mehr sehen. Die allermeisten Meldungen zum Ukraine-Krieg sind für ein Verständnis der Vorgänge unwichtig. Deshalb gehe ich in diesem Buch auf die vielen Detailgeschichten kaum ein. Streifen muss ich sie aber doch, weil sie herumgeistern. Was waren die Hauptinhalte der NATO-Propaganda?

– Erstens durfte es die Vorgeschichte des Ukraine-Krieges nicht geben. Der Kriegsausbruch wurde von den Mainstream-Medien ihren gutgläubigen Lesern und Zuschauern als "unprovozierte russische Invasion" verkauft – entsprechend dem 2ten Prinzip der Kriegspropaganda: „Der Gegner ist allein für den Krieg verantwortlich." In diesem Buch wurden die vielschichtigen Kriegsvorbereitungen durch die NATO und die Ukraine ausführlich dargestellt. Von „unprovoziert" kann keine Rede sein. Es ist vielmehr verwunderlich, dass Russland nicht schon viel früher stärker reagiert hat.

– Zweitens wollten die Mainstream-Medien ihrem Publikum weismachen, Russland benütze Energie, Getreide und andere Rohstoffe als "Waffe" – entsprechend dem 6ten Prinzip der Kriegspropaganda: „Der Feind benutzt unerlaubte Waffen." Dazu schrieb das Forschungsprojekt „Swiss Policy Research":[767]

> *Tatsächlich war es gerade umgekehrt:*[768] *Während Russland weiter exportieren und verdienen möchte, blockieren westliche Sanktionen russische Gas-Pipelines, Öl-Tanker, sowie den Export von Getreide*[769] *und Düngemitteln. Das ukrainische Getreide-Abkommen [das Schifffahrt im Schwarzen Meer erlaubte] wurde für den Bombenanschlag auf die Krimbrücke genutzt*[770] *und die russische Nord-Stream-Pipeline wurde im September gesprengt.*[771] *Die höheren Energiepreise haben somit die USA und die EU zu verantworten, nicht Russland.*

– Ein dritter großer Schwerpunkt der NATO-Propaganda war, dass die russischen Truppen viele Kriegsverbrechen begangen hätten – entsprechend dem 5ten Prinzip der Kriegspropaganda: „Der Feind begeht gezielt Grausamkeiten; wenn uns das passiert, geschieht dies unbeabsichtigt und nur im Einzelfall." Geschichten über Kriegsverbrechen sind zur Emotionalisierung besonders geeignet. Dazu fasste „Swiss Policy Research" im Februar 2023 zusammen:[772]

> *In Wirklichkeit wurde bisher der Großteil der Kriegsverbrechen und der absichtlichen Angriffe auf Zivilisten von ukrainischen Truppen und Milizen verübt,[773] während Russland zivile Opfer bisher zu vermeiden versucht. Zur Verschleierung dieser Tatsache werden drei bekannte Techniken angewandt: erstens werden ukrainische Aktionen als russische Aktionen dargestellt; zweitens werden ukrainische Aktionen ignoriert oder heruntergespielt; drittens werden russische Aktionen erfunden, verfälscht oder übertrieben.*
>
> *Zu den bekanntesten Beispielen zählen bisher die angeblich russische Bombardierung des Theaters in Mariupol (Sprengung durch Azow-Truppen[774]); die angeblich russische Bombardierung einer Geburtsklinik in Mariupol (Augenzeugen widersprachen[775], Täterschaft unklar); das angebliche "Butscha-Massaker" (Tote durch ukrainisches Artilleriefeuer[776] und Exekution[777] von "Kollaborateuren", plus russische Exekution[778] von ca. zwölf Partisanen und Spionen, sowie Schüsse[779] auf Zivilisten, die sich Militärkolonnen näherten); die angeblich russischen Bombardierungen des Bahnhofs von Kramatorsk, des Gefangenenlagers bei Elenovka und des Atomkraftwerks bei Zaporozhie (alles ukrainische[780] Bombardierungen); die angeblich russische Bombardierung von "Einkaufszentren" und "Schulen" (ukrainische Stützpunkte[781] und Waffenlager[782]); die angeblich russischen Raketen, die in Polen sowie in Wohnblocks in Kiew und Dnipro einschlugen (ukrainische Luftabwehr-Raketen[783]); sowie erfundene[784] Geschichten zu angeblichen russischen "Massenvergewaltigungen" und "Folterkammern" – während auf ukrainischer Seite bereits dutzende Massenexekutionen[785] und Folterungen[786] von Kriegs-*

gefangenen dokumentiert sind. Diese, sowie die tägliche Bombardierung[787] der Stadt Donezk durch ukrainische Truppen, sind in Medien indes kaum ein Thema.

Sicherlich hat es von russischer Seite ebenfalls Kriegsverbrechen gegeben. In einem Krieg wird oft das Schlechteste im Menschen nach oben gebracht. Die Frage dabei ist, ob es sich um Einzelfälle handelt oder um ein systematisches Vorgehen. Ein systematisch begangenes russisches Kriegsverbrechen in der Ukraine ist die Zerstörung der Energie-Infrastruktur durch Drohnen und Raketen. Diese begann im Oktober 2022 als Antwort auf das ukrainische Kriegsverbrechen, die Krim-Brücke zu bombadieren. Die russische Armee versuchte, direkte zivile Opfer zu vermeiden, die Stromausfälle lösten aber eine humanitäre Krise aus.

– Viertens bejubelte die NATO-Propaganda die Mähr – entsprechend dem 7ten Prinzip der Kriegspropaganda –, dass die russischen Soldaten in Scharen sterben, während die ukrainische Armee kaum Verluste hat. Alle offiziellen Meldungen von beiden Seiten zu den Todeszahlen sind aussagelos, da es vermutlich Propagandaerzählungen sind. Für eine realistischere Einschätzung hilft folgende Überlegung: Es ist bekannt, dass Russland meistens eine Artillerie-Überlegenheit von 10 zu 1 hatte,[788] das heißt, die russische Armee verschoss zehnmal so viele Granaten wie die ukrainische Armee. Der Artilleriebeschuss ist die größte Sterbeursache in modernen Kriegen, deshalb muss es auf ukrainischer Seite mehr Opfer gegeben haben.

– Fünftens baute die Propaganda die Stimmung auf, dass die Ukraine Russland besiegen kann und wird und deshalb alles zu ihrer Unterstützung getan werden müsse. Es ist eines der größten Rätsel, wie man so einen Unsinn glauben kann. Für eine realistische Einschätzung reichen einige wenige Zahlen: In der Ukraine wohnten 2022 ca. 30 Millionen Menschen, in Russland ca. 150 Millionen, also fünfmal so viel. Die Ukraine hatte 2021 ein Bruttoinlandsprodukt von ca. 200 Milliarden USD, Russland von 1.779 Milliarden USD, also neunmal so viel.[789] Die Ukraine hatte Anfang 2022 etwa 250.000 aktive Soldaten[790], Russland 1.014.000[791], also viermal so viel. Russland war nach den USA der weltweit zweitgrößte Exporteur von Waffen[792], die Ukraine hatte eine so kleine Rüstungsindustrie, dass ich keine Zahlen dazu finden konnte. Aufgrund der fehlenden Waffenproduktion ist die Ukraine fast vollständig von ausländischen Waffenlieferungen abhängig. Trotz massivster Hilfe aus dem Westen fehlen die Soldaten und die wirtschaftliche Leistungsfähigkeit, um einen Krieg gegen Russland durchstehen zu können. Russland hat Atombomben und will diese laut Militärdoktrin bei einer existenziellen Bedrohung des Staates auch einsetzen. Die Ukraine hat keine Atombomben. Diese Fakten reichen für eine realistische militärische Einschätzung. – Es war selbstmörderischer blinder Fanatismus, dass die Kiewer Regierung die ukrainische Bevölkerung in einen Krieg gegen Russland getrieben hat. Jeder logisch denkende Mensch hätte gesagt, es hat keinen Sinn, es ist ein aussichtsloser Krieg, wir hören sofort damit auf, jede Verhandlungslösung wird besser sein, als von dem überlegenden Giganten zermalmt zu werden.

Warum wurde trotzdem in den Mainstream-Medien ein „absehbarer" Sieg der Ukraine gegenüber Russland herbeigeschrieben? Damit sollten den Bevölkerungen der NATO-Staaten die gewaltigen Waffen- und Geldlieferungen als aussichtsreich für einen Sieg der überraschend kampfstarken Ukrainer dargestellt werden, und damit sollte Akzeptanz für die finanziellen Verluste der Menschen im Westen durch die Russlandsanktionen erzeugt werden. Und diese Sieges-Stimmung musste auch für die Ukrainer aufgebaut werden, um sie zu motivieren, an die Front zu gehen, obwohl sie dort sterben. Das alles würde wie ein Kartenhaus zusammenbrechen, wenn man die Realität aussprechen würde, dass die Ukraine keine Chance gegen den Giganten Russland hat und deshalb jede Waffe, jedes Geld und jedes Menschenleben vergeudet ist.

An dieser Stelle entsteht natürlich die Frage, wie es kommen konnte, dass die NATO einen so großen Einfluss auf die Massenmedien erlangt hat? Das kann hier nicht aufgearbeitet werden und wäre Stoff für ein eigenes Buch. Bei „Swiss Policy Research" findet man dazu viel.[793]

Wendepunkt Butscha

Butscha ist ein Vorort von Kiew mit 37.000 Einwohnern. Nachdem sich die russische Armee am 31. März 2022 aus Butscha zurückgezogen hatte, wurden dort Leichen gefunden, die offen auf der Straße lagen oder nur halb mit Erde überdeckt in Massengräbern lagen. Die ukrainische Regierung beschuldigte Russland, ein Massaker an Zivilisten begangen zu haben. Die russische Regierung sprach von einer „false flag"-Inszenierung der Ukraine. Was in Butscha tatsächlich geschehen ist, kann an dieser Stelle nicht geklärt werden; ich will die Kriegspropaganda-Wirkungen ansehen.

Am 29. März 2022 kamen in Istanbul die Verhandlungs-Delegationen von Russland und der Ukraine zusammen. Eine Friedenslösung war in Sicht. Zwei Tage später, am 31. März, zogen sich die russischen Truppen aus Butscha zurück, woraufhin die ukrainischen Truppen in Butscha einzogen. Zwei Tage nach dem Rückzug der russischen Truppen und dem Einzug der ukrainischen Truppen, am 2. April, wurden die ersten Leichen entdeckt und sehr wirkungsvolle Fotos von ihnen veröffentlicht. Am 9. April besuchte der britische Premier Boris Johnson überraschend Präsident Selenskyj in Kiew. Daraufhin brach die ukrainische Regierung die Friedensverhandlungen ab. Am 26. April 2022 fand die Rammstein-Konferenz statt, auf der die westlichen Verbündeten übereinkamen, Kiew massive und systematische militärische Hilfe zukommen zu lassen.

Butscha war tagelang das Hauptthema in den Medien. Reihenweise fuhren westlicher Politiker nach Butscha, um die Bedeutung der Gräueltaten zu unterstreichen und sich vor Leichensäcken fotografieren zu lassen, obwohl die Sachlage völlig ungeklärt war. Aber Emotion siegt. Mit Butscha wurde die „Bestialität der Russen" so tief in die Gemüter hineingehauen, dass der Abbruch der Friedensverhandlungen keine Frage mehr war. Mit jemand, der so ein Verbrechen begeht, während wir doch gerade über Frieden und Vereinbarungen reden, darf nicht verhandelt werden, darf auch kein Frieden geschlossen werden. Der muss besiegt werden wie eine Verbrecherbande, und auch so verurteilt und bestraft werden. Butscha hat die Friedensverhandlungen torpediert. Die Stimmung kippte. Russland war kein möglicher Verhandlungspartner mehr, sondern nur noch Verbrecher.

Beim Butscha-Massaker sieht man dasselbe Muster wie beim Maidan-Massaker am 20. Februar 2014, bei dem Scharfschützen Polizisten und Demonstranten erschossen. Beide Male wurde mit einem emotionalisierenden Gewaltexzess die Selbstbestimmung der Ukraine verhindert: 2014 eine demokratische Wahl, an der auch die Bewohner der Krim und des Donbass beteiligt gewesen wären; 2022 der Wille der ukrainischen Regierung, zu einem Frieden zu kommen.

Das Butscha-Massaker war also ein Wendepunkt und verunmöglichte eine Verhandlungslösung. Ob es eine „false flag“ Aktion war, müsste durch eine unabhängige Untersuchungskommission geklärt werden. Zu Bedenken ist dabei: Inszenierte emotionalisierende Gewaltexzesse sind die typischen Propagandaaktionen, um einen Krieg oder Gewaltherrschaft zu rechtfertigen.

Beispiele: Am 31. August 1939 überfiel ein deutsches SS-Kommando den Sender Gleiwitz nahe der polnischen Grenze auf Deutschem Reichsgebiet. Das wurde polnischen Soldaten in die Schuhe geschoben. Am folgenden Tag begann der Zweite Weltkrieg mit dem deutschen Überfall auf Polen.

Am Tag nach dem Reichstagsbrand am 27. Februar 1933, für den in der deutschen Propaganda sofort ein niederländischer Kommunist als alleiniger Brandstifter feststand, wurden die Grundrechte der Weimarer Verfassung aufgehoben. Die systematische Verfolgung der politischen Gegner der NSDAP durch Polizei und SA begann.

Die USA benutzten die Anschläge auf die Hochhäuser in Manhattan am 11. September 2001 als Grund für den weltweiten und unbegrenzten Kampf gegen den Terrorismus. Dann starteten sie die Kriege gegen Afghanistan (2001) und Irak (2003).

Der erste Irakkrieg im Jahr 1990 wurde durch die „Brutkastenlüge“ propagandistisch eingeleitet. Eine New Yorker PR-Firma hatte sich diese Geschichte ausgedacht und die jugendliche Tochter des Kuwaitischen Botschafters in den USA ausgewählt, sie mit unwiderstehlicher emotionaler Wirkung vor dem US-Kongress zu erzählen: Irakische Soldaten hätten in einem kuwaitischen Krankenhaus Babys aus Brutkästen gerissen und auf den kalten Boden geworfen, wo sie hilflos starben.

Kriegspropaganda arbeitet immer nach denselben Prinzipien.

Persönliche Berichte

Die Mainstream-Medien arbeiten oft mit Reportagen über Menschen aus der Ukraine, bebildert mit perfekten Fotos. Es kommen dabei natürlich nur ausgewählte Menschen zu Wort; das geltende Narrativ soll durch diese persönlichen Eindrücke nochmal besonders lebensecht intensiviert und bestätigt werden. – Ich schildere stattdessen im Folgenden persönliche Berichte aus meinem eigenen Erfahrungsschatz.

*

Ein Bekannter lernte seit einigen Jahren Russisch, einmal in der Woche per Zoom mit einem Lehrer, der in der Ukraine, nicht weit vom Kriegsgeschehen entfernt, wohnt. Dieser junge Mann verlässt seit Monaten das Haus nicht mehr und lässt sich im Ort und auf der Straße nicht mehr blicken. Die Mutter kauft für ihn ein. So will er einer Einberufung in die ukrainische Armee entgehen. Es stimmt also, dass nicht alle Ukrainer kriegsbegeistert sind.

*

Ein begabter ukrainischer Musiker, ein sehr idealistischer Mann, den ich 2022 traf, war vom Krieg in seiner Heimat sehr betroffen und emotional ganz auf der westukrainischen Seite. Er war sich sehr sicher, dass die Ukraine den Krieg gewinnen wird. Ich wandte ein, dass das sehr unwahrscheinlich sei, da Russland fünfmal mehr Soldaten hat als die Ukraine und eine große Rüstungsindustrie, die weltweit Waffen exportiert, während die Ukraine selbst so gut wie keine Waffen herstellt; es sei doch besser, einen Frieden zu verhandeln. Davon wollte er aber nichts wissen. Die ukrainischen Soldaten seien tapferer als die russischen und das russische Militär sowieso nichts wert. Es gab in seinem Denken und Fühlen keinen Raum dafür, dass die Ukraine militärisch verlieren könnte und dass der Krieg sinnlos ist und ebenso sinnlos Menschen sterben. Auf die Frage, warum den Ostukrainern durch das Sprachengesetz verboten wird, Russisch im öffentlichen Raum zu verwenden, leugnete er, dass es das Sprachengesetz überhaupt gibt. Da ich natürlich keines ausgedruckt bei mir hatte und auch kein Computer mit Internetanschluss bereitstand, blieb dieses Thema unaufgeklärt

stehen. Die Frage, was denn so schlimm daran wäre, den Donbass und die Krim „fahren zu lassen", da deren Bewohner sowieso von der Ukraine genug haben, traute ich mich nicht mehr zu stellen.

*

Eine Bekannte studiert in Sankt Petersburg. Im Studentenwohnheim ist sie eine der wenigen Studenten aus einem westlichen Land. Ansonsten wohnen dort vor allem Araber und Asiaten. Ich fragte: Warum sind so viele von ihnen da? Die Antwort: Reiche Familien aus diesen Erdteilen schicken ihre Jugendlichen zum Studium nach Russland, dem viel Entwicklungspotenzial zugesprochen wird. Es werden gute Berufsaussichten erwartet, wenn die asiatischen und arabischen Jugendlichen die russische Sprache sprechen können und mit russischen Gepflogenheiten vertraut sind.

*

Eine Freundin hat alte Eltern in Russland, um die sie sich immer wieder kümmern muss. Durch das Flugverbot nach Russland wurden die Reisen kompliziert. Im Herbst 2022 fuhr sie mit dem Bus nach Lettland, um von dort nach Russland einzureisen. Der Bus war übervoll mit ukrainischen Flüchtlingen, die auch nach Russland wollten. Ich wunderte mich: Warum machen diese einen so großen Umweg von mehreren tausend Kilometern? Die Antwort: Diese Ukrainer hatten Angst, direkt nach Russland zu fliehen, da sie befürchteten, auf dem Weg erschossen zu werden, wenn ihre Russlandneigung sichtbar würde. Deshalb flohen sie erst einmal nach Polen und dann weiter ins Baltikum. Vielleicht waren diese Ängste übertrieben, es waren aber die realen Gefühle dieser Ukrainer. Da die ukrainischen Flüchtlinge von den russischen Grenzbeamten langwierig kontrolliert wurden, die versuchten, eventuelle Geheimdienstagenten für Anschläge in Russland herauszufischen, stand der Bus 1,5 Tage an der Grenze. Für die Freundin war die Warterei eine zermürbende Qual, sie wollte nie wieder mit dem Bus nach Russland fahren.

*

Eine Bekannte telefoniert gelegentlich mit ihren russischen und ukrainischen Familienangehörigen. Sie berichtete mir, dass bei einigen die Wut gegenüber Deutschland nach den Panzerlieferungen in die Ukraine zugenommen hat. Ein russischer Bekannter von ihr meinte, dass man Bomben über Deutschland abwerfen solle, wenn Deutschland im Krieg mit Russland sei. Die emotionale Eskalation nimmt mit der Länge des Krieges zu und macht Sorgen.

*

Ein Bekannter besucht einmal im Jahr Moskau als Vortragsredner. Er schilderte seinen Eindruck, dass die Menschen im Frühsommer 2022 sehr bedrückt, fast depressiv waren. Das war für ihn an den leicht gebückten Körperhaltungen der Menschen auf der Straße erlebbar, und auch in den Gesprächen, die er führte. Die Verurteilung und Dämonisierung aller Russen wegen des Ukraine-Krieges und der Abbruch aller Beziehungen durch die EU-Staaten verunsicherten und schmerzten, denn viele Russen fühlen sich mit Europa verbunden. Im Frühsommer 2023 kam er mit anderen Eindrücken aus Moskau zurück. Er erlebte die Menschen wieder aufgerichteter und selbstbewusster. Es muss in diesem Jahr ein großer emotionaler Verdauungsschritt und eine innere Neupositionierung stattgefunden haben.

*

In diese Sammlung persönlicher Berichte möchte ich noch ein Videogespräch aufnehmen mit Britt, einer deutschen Ärztin, die 15 Jahre in der Schweiz lebte, aber 2022 nach Russland auswanderte.[794] Eine interessante Stelle im Video ist ab Minute 38:

> *Frage: Was besonders gefällt Ihnen am neuen Wohnort in Russland?*
>
> *Britt: Die Leute. Das menschliche Miteinander, das gibt es nirgendwo. Das habe ich in der DDR nicht gesehen, das habe ich in Bayern nicht so gesehen und in der Schweiz auch nicht. Natürlich hat man überall Freunde gefunden, aber das Herzliche und das Lebenlassen, nicht immer deine Meinung zu jedem Senf dazugeben zu müssen, den anderen machen zu lassen und Interesse zu zeigen ...*
>
> *Frage: Also Freiheit dem anderen geben, ohne sich nicht für ihn zu interessieren, ohne Ignoranz?*

Britt: Genau. Was mich am meisten verbittert, ist die Tatsache, dass man in Deutschland so viel über Toleranz spricht und absolut keine Toleranz zeigt. Diese Toleranz hat man hier in Russland. Das müssen die Leute wissen. Diese Toleranz hat man sogar Ukrainern gegenüber. Die ganzen eineinhalb Jahre habe ich niemanden hier hasserfüllt oder irgendwie böse auf ukrainische Mitmenschen reden hören. Die Leute haben auch viele Bekannte und Familie in der Ukraine. Ich habe die eineinhalb Jahre niemals ein schlechtes Wort über die Ukrainer gehört. Das kann man in Deutschland zu wenig sehen, das muss man erleben.

Ich bringe dieses Zitat, weil es für mich ein Zeugnis dafür ist, dass in Russland trotz Krieg tatsächlich keine Feindschaft unter den Menschen erzeugt wurde. Das unterscheidet die russische von der westlichen Kriegspropaganda. Während wir im Westen die Russen als Volk insgesamt dämonisieren, machen das die Russen mit den Ukrainern trotz Krieg nicht. Das entspricht auch dem Ton in den russischen Medien und der russischen Regierung, soweit ich diesen erfassen konnte. Dieser richtet sich immer nur gegen die ukrainischen Nationalisten und die Hegemonie der US-Regierung, aber nicht gegen die Bevölkerung in der Ukraine, die eher als Opfer beschrieben werden, und genauso wenig gegen die Bevölkerung der USA oder der NATO-Staaten.

*

Das wird auch von einer Bekannten bestätigt. Elisabeth Herzog aus Deutschland besuchte im Spätsommer 2022 für mehrere Wochen Sibirien. Ihre Reiseeindrücke und Begegnungen hat sie in der Reportage „Sehnsucht nach Frieden“ für die Zeitschrift „Die Drei“ festgehalten.[795] Darin schildert sie viele Begegnungen:

Mir kommt eine entfernte Bekannte entgegen, sie fällt mir um den Hals und ruft mehrmals ungläubig: „Dass du trotzdem gekommen bist!“ Später in einer Pause eines Konzertes kommt eine junge, fremde Frau auf mich zu und fragt, woher ich komme. Als sie mein Herkunftsland erfahren hat, sagt sie mit einer so großen Dankbar-

keit, die mich sprachlos macht: „Danke, dass Sie trotzdem gekommen sind!" Mir fährt es tief ins Herz, wie es den Menschen hier ergeht, wie sie sich abgeschnitten fühlen von der Welt, zu der sie gehören und mit der sie zusammen eine Zukunft aufbauen wollen. (...)

Das ganze Ausmaß der Konfrontation wird mir dadurch bewusst, dass mir fast jeder sagt, er sei entweder in der Ukraine geboren oder habe dort Angehörige, es gebe sehr viele Mischehen. Es ist wirklich ein Bruderkrieg! Eine Lehrerin erzählt mir: „Es ist schrecklich schmerzhaft, darüber zu sprechen. Ich bin aus der Ukraine. Russen und Ukrainer sind ein Volk. Man hätte miteinander sprechen müssen. Warum Krieg anfangen? Wir untereinander reden nicht so viel darüber, weil wir gar nicht wissen, was dort wirklich passiert und weil es weh tut. Genau vor 100 Jahren war der Bürgerkrieg [Russische Bürgerkrieg 1918-22], wir haben das alles schon durchlitten."

Elisabeth Herzog fasst die Eindrücke ihrer Reise zusammen:

Ich habe niemanden getroffen, der oder die etwas Schlechtes über die Ukrainer und die Deutschen gesagt hat. Eher großes Befremden gegenüber Europa und vor allem gegenüber Deutschland, wie es möglich ist, dass sie alle plötzlich so gehasst werden. (...) Eines aber wurde dennoch klar, egal welche Meinung oder Einstellung die Menschen im Einzelnen haben: Alle sehnen sich so schnell wie möglich nach Frieden.

*

Direkte Erfahrungen und Kontakte von Mensch zu Mensch sind ein gutes Medikament gegen den Informationskrieg.

Blanker Hass in der Ukraine

Was diese persönlichen Eindrücke zeigen, dass es in Russland wenig Hass gegenüber der ukrainischen Bevölkerung gibt, konnte ich auch in der Beobachtung russischer Medien feststellen. Selbst kriegstreibende

Scharfmacher wie der ehemalige russische Präsident Dmitri Medwedew, der an der Kiewer Regierung kein gutes Haar lässt, schreiben nicht gegen die ukrainische Bevölkerung.[796]

In der Ukraine tönt es im öffentlichen Raum anders. Dort gibt es blanken Hass gegen das russische Volk. So berichtete der „Spiegel" am 24. Juli 2023:[797]

> *Der Bürgermeister von Odessa, Hennadij Trukhanov, hat sich in einer Videobotschaft auf Russisch direkt an die Angreifer gewandt – und seinem Hass Ausdruck verliehen. „Ich wünschte, Sie wüssten, wie sehr Odessa Sie hasst – nicht nur hasst, sondern auch verachtet", sagte Trukhanov in einem Video auf Telegram. „Im Laufe dieses Krieges hat man euch mit verschiedenen Namen beschimpft: Ruskisten, Orks, Bastarde, Ungeziefer, aber das waren noch freundliche Namen. Ihr seid einfach Kreaturen ohne Familie, Geschichte, Moral, Werte und Zukunft."*

Der Hintergrund dieser Hass-Tirade des Bürgermeisters von Odessa war Folgender: Die ukrainische Armee bombardierte im Juli 2023 mit Drohnen die Krim-Brücke, die einzige Landverkehrsverbindung zur Krim. Die Brücke wurde beschädigt, ein Ehepaar starb und deren jugendliche Tochter wurde schwer verwundet. Die Krim-Brücke ist für Russland eine rote Linie. Nach dem ersten erfolgreichen Anschlag auf diese Brücke im Oktober 2022 begann die russische Armee, die Elektrizitäts-Infrastruktur der Ukraine zu bombardieren. Diese war im ersten Halbjahr des Ukraine-Krieges verschont geblieben, um die ukrainische Bevölkerung möglichst zu schonen. Es war also klar, dass ein erneuter Anschlag auf die Krimbrücke zu weiteren „Vergeltungsaktionen" der russischen Armee führen würde. Auf eine Eskalation mit einer Gegeneskalation zu reagieren, mag destruktiv sein, aber so funktioniert die Kriegslogik. Die russische Armee begann dann, die Hafenanlagen von Odessa zu bombardieren. Natürlich wusste der Bürgermeister von Odessa das alles. Er sprach in seinem öffentlichen Statement aber kein Beileid für das von der ukrainischen Armee auf der Krimbrücke getötete Ehepaar aus, oder beschwerte sich bei der Kiewer Regierung, warum diese den Anschlag befohlen hatte, der mit sicherer Voraussicht zur Bombardierung von Odessa führte. Der Bürgermeister von Odessa ließ stattdessen eine Hass-Tirade gegen die Russen los.

Hass ist die destruktivste und bedrohlichste aller Emotionen, von denen Menschen erfüllt sein können. Die Russen wurden hier von dem Bürgermeister völlig entmenschlicht: „Orks, Bastarde, Ungeziefer".

Die Donbass-Volksrepubliken wurden seit 2014 bombardiert, russische Städte in der Grenzregion werden seit 2022 laufend von der ukrainischen Armee mit Raketen und Granaten beschossen, es gab aber gegen die ukrainische Bevölkerung keine solche Hass-Ausrufe von betroffenen Bürgermeistern. Der Journalist Thomas Röper erklärt diesen Unterschied so:[798]

> *Warum wird in der Ukraine der Hass gegen „die Russen" und alles Russische kultiviert, während im Donbass und in Russland nicht „die Ukrainer", sondern deren „Regime" verhasst ist?*
>
> *Der Grund dafür ist, dass die russischen Medien immer streng zwischen der Bevölkerung und der Regierung trennen, während die westlichen Medien immer den Hass gegen Menschen („die Russen") kultivieren, die (angeblich) Gräueltaten begehen.*
>
> *Selbst im Zweiten Weltkrieg wurde in den sowjetischen Medien zwischen den Nazis und den Deutschen getrennt. Selbst damals wurde kein Hass gegen „die Deutschen" verbreitet, sondern gegen die deutsche Nazi-Regierung und gegen die Täter, also konkrete Kriegsverbrecher. Aber nie gegen die Deutschen insgesamt.*
>
> *Das ist auch heute so. In Russland werden das Kiewer Regime und die westlichen Regierungen kritisiert, aber nie die Menschen, die in einem Land leben. Etwaige Verbrechen werden nicht einem ganzen Volk angehängt, sondern den konkreten Tätern oder deren Vorgesetzten in der entsprechenden Regierung.*

Friedensengel in Berlin-Tempelhof von Martin Schauss[799]

Repression in der Ukraine wie in einer totalitären Diktatur

In dem Kapitel „Einschränkung der Meinungsfreiheit und politische Verfolgung" habe ich beschrieben, wie in der Ukraine seit dem Maidan-Putsch 2014 und verstärkt vor dem Beginn des Ukraine-Krieges 2021 diktatorische Zustände etabliert wurden. Seit Februar 2022 nahmen die Aufhebung der Meinungsfreiheit und die politische Verfolgung noch weiter stark zu. Die Opposition wurde ganz verboten. Die Ukraine wurde zu einem totalitären System. Das ist für die Kriegsverlängerung wichtig, denn Kritik am Krieg schwächt den Kriegswillen im Land.

Im Folgenden trage ich zusammen, was ich bei der Suche nach einem realistischen Bild zur Lage der Menschenrechte und der Meinungsfreiheit in der Ukraine gefunden habe.

März 2022: Kiewer Regierung verbietet alle Oppositionsparteien und schaltet alle Medien gleich

Am 18. März 2022 verbot der „Nationale Sicherheitsrat der Ukraine" elf Oppositionsparteien, darunter die „Oppositionsplattform für das Leben".[800] Die Parteivermögen wurden beschlagnahmt. Es wurden auch alle Medien dem Staat untergeordnet und gleichgeschaltet.[801] Damit wurde die Ukraine ganz offiziell zu einem totalitären Staat: Opposition verboten, Medien gleichgeschaltet. Wer das nicht glaubt, kann die in den Fußnoten verlinkten Dekrete selbst nachlesen, was mit einem Online-Übersetzungsprogramm leicht möglich ist.

Zur gleichen Zeit bläuten die Mainstream-Medien der westlichen Bevölkerung ein, dass die Ukraine die „westlichen Werte" und unsere „Freiheit" verteidigen würde. Die Redaktionen dieser Medien kannten natürlich das Oppositionsverbot und die Mediengleichschaltung in der Ukraine. Aber wir sehen bei ihnen keinerlei Skrupel, eine gespenstische Parallelwelt aufzubauen, die mit der Wirklichkeit nichts zu tun hat.

Nach dem Verbot der Oppositionsparteien stellte sich für Präsident Selenskyj die Frage, was man mit deren Abgeordneten machen kann,

die ja immer noch im Parlament saßen, da sie nun mal gewählt worden waren. Selenskyj kam auf die Idee, die Rada könne ein Gesetz beschließen, das diesen Abgeordneten ihre Mandate entzieht und brachte einen entsprechenden Gesetzentwurf ein.[802]

Die Medienzensur wurde durch ein neues Mediengesetz noch weiter verschärft, das die Kiewer Rada am 13. Dezember 2022 beschloss.[803] Das Gesetz erweitert die Befugnisse des „Nationalen Fernseh- und Rundfunkrats". Die Mitglieder dieses Rates werden zur Hälfte vom Präsidenten ernannt, die andere Hälfte vom Parlament, in dem die Präsidentenpartei die Mehrheit hat. Die Regierungs-Clique hat also alles in der Hand.

Diese Behörde hat nun das Recht, den Redaktionen sämtlicher Medien verbindliche Anweisungen zu geben, Geldstrafen zu verhängen und Internetmedien und Printmedien zu verbieten. Sie kann von Providern zu verlangen, Internetseiten ohne Gerichtsbeschluss zu sperren. Sie kann YouTube und Facebook anweisen, jegliches Material zu entfernen, und Google befehlen, Informationen aus seinen Suchergebnissen zu nehmen. Durch das neue Mediengesetz wurde der Fernseh- und Rundfunkrat zu einer mächtigen Zensurbehörde ausgebaut.

So wird die ukrainische Bevölkerung einheitlich manipuliert. Die Folgen beschreibt der schweizer Offizier Jacques Baud in einem Interview am 3. Oktober 2023: *„Die Ukrainer sind nicht richtig über den Krieg informiert. Sie haben den Eindruck, ihr Land sei am Gewinnen. Viele Berichte in der ukrainischen Presse zeigen, dass die ukrainischen Soldaten von den Medien getäuscht wurden: Ihnen wird gesagt, dass die Russen geschwächt seien, keine Munition mehr hätten und schlecht kommandiert würden. Wenn sie jedoch an der Front sind, sehen sie, dass genau das Gegenteil der Fall ist. (...) Das Bild, das die Ukrainer haben, entspricht nicht der Realität."*[804]

Gesetz gegen Kollaboration und Verfolgungen

Ein weiteres wichtiges Gesetz ist das am 9. März 2022 von der Kiewer Rada beschlossene „Gesetz zur Aufwiegelung" (Nr. 7116). Als Höchststrafe für Kollaboration mit den Russen und Aufruhr wurde für Personen eine lebenslange Haftstrafe mit Beschlagnahmung des Eigentums festgelegt. Mit dem Vorwurf der Kollaboration fand eine Jagd auf Beamte statt, die „nicht mit der Regierungslinie übereinstimmten". Präsident Selenskyj sagte im Juli 2022, dass über 700 Verfahren gegen Beamte eingeleitet worden seien.[805]

Die US-Journalistin Katya Sedgwick recherchierte, wie einzelne Dissidenten von der ukrainischen Justiz und dem ukrainischen Mob hart angegangen wurden.[806] Zu den Beschuldigten im Sinne des Gesetzes gehörten Bürgermeister[807], Gemeinderäte[808] und Beamte der Städte[809], die sich nach dem Rückzug der ukrainischen Streitkräfte der russischen Armee ergaben und mit dieser kooperierten. Das Gesetz gilt auch für Personen, die Informationen über Truppenbewegungen weitergeben. Und es sieht sogar Strafen für Ukrainer vor, die sich einfach nur positiv über Russland äußern.

„Seit der Verabschiedung des Gesetzes habe ich Nachrichten über zufällig ausgewählte Bürger, die unter die letztgenannte Kategorie fallen, gesammelt," schreibt Katya Sedgwick. Hier einige ihrer Funde:

> *In einem Eintrag auf dem Telegram-Kanal KharkivLife ist beispielsweise die Rede davon, dass die Polizei einen „Übeltäter" enttarnt hat. Bei dem Übeltäter handelt es sich um eine vierzigjährige Frau, die in einem privaten Gespräch, das von einer Person, der sie offenbar vertraute, aufgezeichnet wurde, sagte: „Ich warte auf Russland, ja. Wissen Sie warum? Weil ich für Russland bin und weil ich eine Person mit russischer Seele bin." Gegen sie wird nun wegen Kollaboration ermittelt. (...)*
>
> *In einem anderen Video, das auf KharkivLife gepostet wurde, entschuldigte sich eine verängstigte vierunddreißigjährige Bewohnerin der Gegend öffentlich dafür, dass sie „aktiv ihren Hass auf die Verteidiger der Ukraine zum Ausdruck gebracht hat". Ihr Verbrechen wurde bei der routinemäßigen „Überwachung sozialer Medien" entdeckt, vermutlich von den Sicherheitsdiensten. Nach „einem Gespräch" mit der Polizei beschloss sie, um Vergebung zu bitten. (...)*
>
> *Im April 2022 sagte Vitaly Kim, der sympathisch wirkende Gouverneur des Gebiets Nikolaev, in einem Interview mit*

dem ukrainischen Kanal 24: „Heute wurde ein russischer Blogger in seinem Auto [in Nikolaev] erschossen. Das bedeutet, dass es immer noch russische Verräter in der Ukraine gibt, und alle Verräter werden hingerichtet werden. Ich habe keine Angst vor dieser Welt: Es wird so sein. Und wir werden auch nicht in der Lage sein, die Menschen davon abzuhalten, Verräter zu erschießen."

Er fügte hinzu, dass die Ukraine über die beste Cybersicherheit der Welt verfüge und dass sie in der Lage sein werde, jeden zu verfolgen und „niemand wird der Justiz entkommen können".

Der getötete Blogger wurde beschuldigt, die russischen Streitkräfte über ukrainische Truppenbewegungen informiert zu haben. Wenn das tatsächlich sein Verbrechen war, würde ihn natürlich kein Staat weiter operieren lassen. Aber in der Ukraine, wo man von Gesetzes wegen für Volksverhetzung vor Gericht gestellt werden kann, wurde er von Sicherheitsdiensten ohne Verfahren auf offener Strasse ermordet, und ein hoher Regierungsbeamter rief zur Lynchjustiz auf.

Die Lynchmorde finden offenbar mit Billigung verifizierter und offizieller Telegramkanäle statt. Ich habe keine Leichen gesehen, aber jede Menge Demütigungen von angeblichen Kollaborateuren und Russland-Sympathisanten – Menschen, die knien und mit Plastikfolie an Pfosten gefesselt sind, Anzeichen von kürzlichen Schlägen und teilweise nackte Körper, die zur Schau gestellt werden.

Ich habe keine Schätzung über die Häufigkeit der Angriffe des Mobs auf die angeblichen Verräter gefunden. Die ukrainische Regierung ermittelt derzeit gegen Tausende von angeblichen Kollaborateuren.

Das Kollaborationsgesetz sieht eine Bestrafung für „Gedankenverbrechen" vor – Worte, Sätze, die nicht in der Öffentlichkeit, sondern in privaten Gesprächen, einem privaten Messenger oder einer SMS-Nachricht geäußert wurden. Es handelt sich um den totalen Eingriff in die Privatsphäre der Bürger bis in ihre Gedanken und Gefühle hinein.

Der emigrierte Regierungskritiker Maxim Goldarb stellt in einem Artikel[810] fest, dass es im März 2023 380 Urteile im „Register der Gerichtsentscheidungen“ gab, wegen privater Telefongespräche, einfacher Gespräche auf der Straße oder Likes im Internet unter Beiträgen.

So wurde im Juni 2022 in Dnipro ein Einwohner von Mariupol zu fünf Jahren Gefängnis mit einer Probezeit von zwei Jahren verurteilt, der im März 2022 behauptet hatte, der Beschuss der Zivilbevölkerung und der zivilen Infrastruktur in Mariupol sei von Soldaten der Streitkräfte der Ukraine (APU) durchgeführt worden.

Ein weiteres Urteil, das auf den Ergebnissen eines Telefongesprächs vom März 2023 beruht, wurde gegen einen Einwohner von Odessa verhängt, der wegen „unpatriotischer und staatsfeindlicher“ Gespräche über ein Mobiltelefon zu zwei Jahren auf Bewährung verurteilt wurde.

Verurteilt wurden auch diejenigen, die solche Veröffentlichungen nicht verbreitet, sondern nur „geliked“ [Zustimmung in sozialen Netzwerken geäußert] haben. (...)

So wurde im Mai 2022 in Uman eine Rentnerin zu zwei Jahren Gefängnis mit einem Jahr Bewährungszeit verurteilt, weil sie „aufgrund der Ablehnung der derzeitigen ukrainischen Behörden ... im Internet-Netzwerk Odnoklassniki die sogenannten „Likes“ (Markierungen „gefällt mir“) zu einer Reihe von Veröffentlichungen gesetzt hat, die die bewaffnete Aggression der Russischen Föderation gegen die Ukraine rechtfertigen“.

Vollständige Internetüberwachung

Mit der Anordnung Nr. 67/850 vom 30. Januar 2023 des „Nationalen Zentrums für die operative und technische Verwaltung von Telekommunikationsnetzen (NKRZI)“ müssen Provider in der Ukraine ein Programm installieren, mit dem zentral Websites gesperrt und die Besucher identifiziert werden können. Das könnte zum Vorbild für andere totalitäre Staaten werden. Das „Overton-Magazin“ erläutert:

Die Sperrung von Internetseiten, auch von unerwünschten Medienseiten, hat die ukrainische Regierung schon lange praktiziert. Nun soll dies noch einfacher werden und schneller geschehen. Wenn die Provider das Programm installiert haben, wird automatisch alle 15 Minuten eine Liste von Internetadressen für die Sperrung von der in der Anordnung angegebenen Ressource auf den Server des Providers heruntergeladen.

Damit werden aber nicht nur unerwünschte Internetinhalte für die Internetnutzer unzugänglich gemacht. Jeder Internetnutzer, der auf die verbotenen Seiten zugreift, wird mit seinen Daten erfasst und den Behörden übermittelt. Natürlich geht es angeblich nur um „russische Propaganda", die gesperrt werden soll, was unterstellt, dass die Menschen zu dumm sind, um eine eigene Urteilskraft zu haben. Deswegen dürfen sie nur der richtigen Propaganda ausgesetzt werden.[811]

Durch dieses neue Überwachungsprogramm entstehen flächendeckende Möglichkeiten zur Verfolgung von „Kollaborateuren".

Oppositionellen drohen Gefängnis oder Tod

Seit Februar 2022 hat die Repression stark zugenommen. Es gibt nun tausende verhaftete oder verschwundene Oppositionelle, manche wurden getötet. Hier einige Beispiele:[812]

Am 7. März 2022 verschwanden sechs Aktivisten der Oppositionsorganisation „Patrioten für das Leben" in Sewerodonezk spurlos, und im Mai 2022 stellte einer der Anführer der Gruppe „Asow", Maxim Zhorin, ein Foto ihrer Leichen ins Internet und erklärte, sie seien „hingerichtet" worden, und ihre Ermordung stehe im Zusammenhang mit ihrer Position und sei von paramilitärischen Strukturen ausgeführt worden. (...)

Im März 2022 wurde in Kiew wegen des Verdachts auf Hochverrat gemäß Art. 111 des Strafgesetzbuches die Rechtsanwältin, Menschenrechtsaktivistin und für ihre antifaschistische Haltung bekannte Olena Berezhnaya festgenommen und in Untersuchungshaft genommen, da sie im Dezember 2021 vor dem UN-Sicherheitsrat über die Gesetzlosigkeit in der Ukraine gesprochen hatte. (...)

Im März 2022 verschwand der Historiker Alexander Karevin, der für seine aktive Bürgerschaft bekannt ist, spurlos, nachdem Beamte des SBU sein Haus besucht hatten. Karevin hatte das Vorgehen der ukrainischen Behörden im Bereich der Geisteswissenschaften, der Sprachenpolitik und der Politik des historischen Gedächtnisses wiederholt scharf kritisiert.

In der ukrainischen Stadt Dnipro (früher Dnepropetrovsk) gab es eine besonders aktive linke Szene, gegen die der ukrainische Geheimdienst ab Anfang März 2022 brutal vorgegangen ist. Dutzende Aktivisten wurden verhaftet und sind seitdem spurlos verschwunden.[813]

Todeslisten im Internet

Die Webseite Myrotvorets gibt es seit 2014.[814] Die von einer NGO betriebe Seite wird von der ukrainischen Regierung, namentlich dem Innenministerium und dem Geheimdienst SBU[815], unterstützt. Auf ihr befinden sich tausende Menschen aus vielen Ländern, die von der NGO als Gegner der Ukraine erklärt wurden. Mit Stand September 2022 waren 314 Journalisten auf der Liste, teilweise mit Adressen. Es handelt sich um eine Einladung, diesen Menschen etwas anzutun. Der Journalist Thomas Röper, selbst auch auf der Liste, schreibt:

Noch schockierender ist die Tatsache, dass auf der Liste auch etwa 300 Minderjährige geführt werden. Darunter ist zum Beispiel das 14-jährige Mädchen Faina Savenkova aus Lugansk, deren „Verbrechen“ darin besteht, offene Briefe an Politiker und Aktivisten, auch an die UNO, weltweit zu schreiben, in denen sie ein Ende des Terrorbeschusses ihrer Heimatstadt Lugansk fordert, den die ukrainische Armee seit 2014 durchführt und in der Faina aufgewachsen ist. (...) Viele der Menschen, die dort gelistet wurden, sind kurz darauf ermordet worden. (...) Auch die in Moskau ermordete Journalistin Darja Dugina wurde erst kurz vor ihrer Ermordung auf die Liste gesetzt. Nach dem Tod von auf der Liste veröffentlichten Menschen wird ihr Foto in roten Buchstaben mit dem Wort „liquidiert“ überschrieben. Es ist daher keine Übertreibung, die Seite Myrotvorets als „ukrainische Todesliste“ zu bezeich nen.[816]

Die 29-jährige Journalistin Darja Dugina wurde am 20. August 2022 durch eine Autobombe in Moskau von ukrainischen Agenten getötet.[817]

Um die Suche nach „Kollaborateuren, Propagandisten und Terroristen" zu erleichtern, wurde eine weitere Webseite gestartet: https://evocation.info

Auf dieser befanden sich im Juni 2023 67 „Propagandisten" und 1766 „Kollaborateure", von denen einige mit einem roten Kreuz ausgestrichen waren. Auf der Webseite heißt es:

> *Wir wissen alles über die Täter: ihre Namen, ihre Vorgeschichte, wo sie leben und mit wem sie verheiratet sind. Wir sind davon überzeugt, dass wir durch das aufmerksam machen auf diese Personen dazu beitragen werden, sie zu finden und zu bestrafen.*

Die Verdächtigen sind übersichtlich nach ukrainischen Regionen sortiert und bei den meisten ist deren Wohnadresse, Telefonnummer und Passnummer eingetragen. Soweit die Gesuchten in ukrainisch kontrollierten Gebieten leben, dürfte es für sie sehr gefährlich sein. Auf der Webseite wird deutlich zur Selbstjustiz aufgerufen: *„Jeder Verräter und Kollaborateur muss bestraft werden. Zunächst strafrechtlich, und dann – je nachdem."*

Erodierende Rechtsstaatlichkeit: Gerichte geraten unter Regierungskontrolle

Maxim Goldarb ist aktuell Vorsitzender der „Union der linken Kräfte" und war vor dem Maidan-Putsch leitender Rechnungsprüfer und Kontrolleur der Finanzen des ukrainischen Verteidigungsministeriums. Die Union der linken Kräfte ist eine 2007 gegründete ukrainische Oppositionspartei, die sich am Demokratischen Sozialismus orientiert und unter anderem zum Ziel hat, die ausufernde Privatisierung strategischer Staatsunternehmen sowie den Verkauf landwirtschaftlicher Flächen an ausländische Großkonzerne zu stoppen sowie die Ukraine geopolitisch neutral auszurichten. Zudem setzte sie sich für Russisch als zweite Amtssprache und eine Stärkung des ländlichen Raums ein. Diese Ziele reichten dafür aus, dass die Partei zusammen mit weiteren linken Parteien 2022 verboten und ihr Vermögen enteignet wurde. Ihre Mitglieder arbeiten seitdem aus dem Untergrund oder aus dem Exil heraus. Einige ihrer Führungspersönlichkeiten wurden entführt und gelten seitdem als spurlos verschwunden, wie beispielsweise der Parteigründer Wassilij Wolga.[818]

Maxim Goldarb, ukrainischer Oppositionspolitiker und Vorsitzender der „Union der linken Kräfte"[819]

Maxim Goldarb leidet sehr am gegenwärtigen Zustand seines Heimatlandes und beschreibt in einem Aufsatz in den „Nachdenkseiten" den Niedergang der Rechtsstaatlichkeit.[820] Daraus einige Zitate:

> *Jedes Regime, das versucht, diktatorisch zu werden, bemüht sich zuallererst, die Unabhängigkeit der Justiz zu zerstören. So leider auch in meiner Heimat, der Ukraine.*
> *(...)*
> *In den letzten zehn Jahren wurde das ukrainische Justizsystem vier grundlegenden Reformen und unzähligen Änderungen unterzogen, und die Richter wurden endlosen Beglaubigungen und Neubeurteilungen, Entlassungen, Rotationen und sogar Verfolgungen unterzogen.*
>
> *Doch die Versuche der Behörden, die Reste der richterlichen Unabhängigkeit zu zerstören und die Justiz vollständig zu unterwerfen, haben während der Präsidentschaft von Wolodymyr Selenskyj ihren Höhepunkt erreicht. Bereits im Jahr 2021 versuchte der ukrainische Präsident die Kontrolle über das Verfassungsgericht der Ukraine zu übernehmen, das die Verfassungsmäßigkeit von Entscheidungen des Präsidenten und des Parlaments prüft. Im Jahr 2020 erklärte das Verfassungsgericht die vom Präsidenten initiierte und anschließend von der Werchowna Rada verabschiedete Justizreform teilweise für verfassungswidrig und erklärte auch mehrere Artikel des Gesetzes „Zur Verhinderung von Korruption" für verfassungswidrig. All dies führte bei Selenskyj zu großer Unzufriedenheit und zu Drohungen aus seinem Amt gegen die Richter des Verfassungsgerichts.*
>
> *Der Präsident ist nicht befugt, die Richter des Verfassungsgerichts zu entlassen, sie sind unabhängig, und Entscheidungen über die vorzeitige Beendigung der Befugnisse von Richtern werden nur in einigen wenigen, in der Verfassung ausdrücklich festgelegten Fällen vom Verfassungsgericht selbst getroffen. Um jedoch Richter, die nicht unter seiner Kontrolle stehen, aus dem Gericht zu entfernen, erließ der Präsident im März 2021 ein Dekret,*

mit dem er versuchte, den Leiter des Verfassungsgerichts, Alexander Tupitsky, und Richter Alexander Kasminin zu entlassen. Gleichzeitig verstieß der Präsident in grober Art gegen das Gesetz und überschritt in krimineller Weise seine Befugnisse. Zu diesem Zweck erließ Selenskyj ein Dekret, mit dem er die Präsidialdekrete aus dem Jahr 2013 aufhob, durch die diese Richter im Einklang mit der Verfassung zu Richtern des Verfassungsgerichts ernannt worden waren. Die Rechtswidrigkeit dieser Maßnahmen des Präsidenten war so offensichtlich und eklatant, dass der Oberste Gerichtshof den Klagen von Tupitsky und Kasminin stattgab, die entsprechenden Dekrete des Präsidenten als rechtswidrig anerkannte und aufhob.

Als Vergeltung dafür wurde Tupitsky, der Vorsitzende des Verfassungsgerichts, am 27. Mai 2022 auf Antrag der Staatsanwälte der Generalstaatsanwaltschaft auf die internationale Fahndungsliste gesetzt mit dem Vorwurf (!) der illegalen Ausreise aus der Ukraine im März 2022, obwohl dieser Straftatbestand in dieser Form gar nicht existiert. (...)

Unabhängigkeit der Gerichte ausgehebelt

Die Arbeit des Verfassungsgerichts wurde im Jahr 2022 faktisch blockiert. (...) Noch härter gingen die Behörden an die Lösung des „Problems" des Kiewer Bezirksverwaltungsgerichts (OASK) heran, dessen Richter nicht zu Dienern des Präsidentenamtes werden wollten. Das OASK war das Gericht, das die Rechtmäßigkeit der Handlungen der höchsten Staatsbeamten, einschließlich des Präsidenten, prüfte.

So hob das Bezirksverwaltungsgericht einmal die Entscheidung über die Erhöhung der Stromtarife auf und erklärte die Erhöhung des Gaspreises für die Bevölkerung für rechtswidrig. Es hob die Entscheidung über die Umbenennung des Moskowskij-Prospekts und der General-Watutin-Allee in Kiew zu Ehren der Führer der ukraini-

schen Nationalisten, die mit den Nazis kollaboriert hatten, auf – die Stepan-Bandera-Allee bzw. die Roman-Schuchewytsch-Allee –, erkannte die Symbole der SS-Division „Galizien" als nationalsozialistisch an und traf viele andere Entscheidungen, die den Behörden missfielen.

Das unliebsame Gericht wurde einfach aufgelöst und die Richter wurden entlassen. Am 13. Dezember 2022 beschloss das Kiewer Parlament den vom Präsidialamt ausgearbeiteten Gesetzentwurf Nr. 5369 über die Auflösung des Kiewer Bezirksverwaltungsgerichts.

Maxim Goldarb schildert weiter, dass der Zugang der Bürger zur Justiz durch einen Mangel an Tausenden von Richtern erschwert wird. Neue Richter werden nicht ernannt, weil die dafür zuständigen Gremien nicht arbeiten. Der Hohe Justizrat (HJC) wurde zwei Tage vor Kriegsbeginn lahmgelegt, da zehn Mitglieder am 22. Februar 2022 mit sofortiger Wirkung zurückgetreten waren. Selenskyj hatte einen „Ethikrat" gegründet, der zur Hälfte aus ausländischen Staatsbürgern bestand, der feststellen sollte, ob ein Kandidat für ein Amt im Hohen Justizrat die Kriterien der Berufsethik und Integrität erfüllt. Deshalb traten die Mitglieder des Hohen Justizrates aus Protest zurück, denn ein solches Gremium ist in der Verfassung der Ukraine nicht vorgesehen und eröffnet Manipulation und Willkür Tor und Tür. Offensichtlich wollte Selenskyj mit dem Ethikrat Einfluss auf die Auswahl der Mitglieder des Hohen Justizrates ausüben.

Selbstjustiz und Pranger wie im dunkelsten Mittelalter

Gleichzeitig zur erodierenden Rechtsstaatlichkeit breitete sich in der Ukraine eine Selbstjustiz aus, die an das dunkelste Mittelalter erinnert. Im Netz gibt es unzählige Videos davon, wie Menschen in ukrainischen Städten mit Klebeband an Laternen, Bäume oder Straßenschilder gefesselt und von der Menge gedemütigt, geschlagen und sogar ausgepeitscht werden.[821]

Thomas Röper hat sich viele Videos angesehen und versteht auch die in diesen Aufnahmen gesprochenen Worte: *„Offiziell handelt es sich dabei um Plünderer, aber auch das rechtfertigt weder Selbstjustiz* *noch das demonstrative Wegschauen der Polizei, das auf manchen der Videos und Bilder zu sehen ist. Allerdings wird bei vielen Videos klar, dass es sich nicht um Plünderer handelt, sondern um Menschen, die als «pro-russisch» bezeichnet werden, wie man auf vielen Videos hören kann.“*[822] Hier einige Bilder:

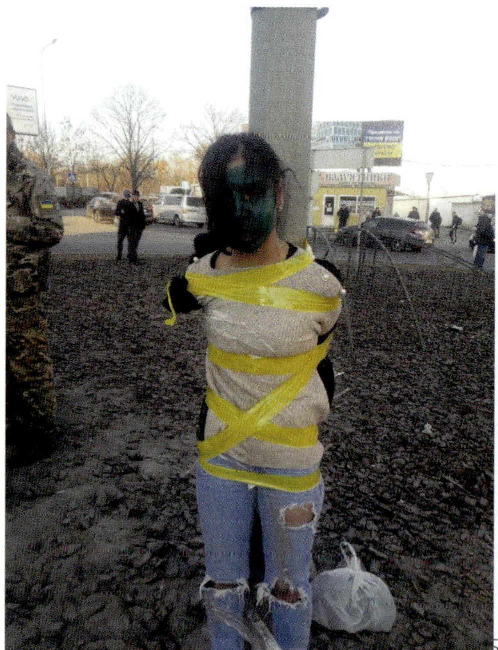

Religionsverbote

Die „Ukrainisch-Orthodoxe Kirche (UOK)“ hieß bis 2022 „Ukrainisch-orthodoxe Kirche Moskauer Patriarchats“. In der Folge des Ukraine-Krieges erklärte die UOK am 27. Mai 2022 ihre „völlige Selbstständigkeit und Unabhängigkeit“ vom Moskauer Patriarchat. Diese Abgrenzung schützte sie aber nicht vor Verfolgungen durch den ukrainischen Staat und die Nationalisten. Die UOK ist eine der größten Kirchen in der Ukraine; es handelt sich um rund 12.000 Kirchengemeinden und 219 Klöster.

Es begann mit Razzien des ukrainischen Inlandsgeheimdiensts in 350 Kirchengebäuden. Im Dezember 2022 entschied Präsident Selenskyj, dass die Regierung einen Gesetzentwurf über die „Unmöglichkeit der Tätigkeit religiöser Organisationen in der Ukraine“ vorlegt, „die mit Einflusszentren in der Russischen Föderation verbunden sind.“ Es können also Pfarreien und Klöster oder vielleicht sogar die ganze Kirche verboten werden. Poroschenkos Partei „Europäische Solidarität“ und mehrere westukrainische Kommunalparlamente forderten, der UOK das weltberühmte Kiewer Höhlenkloster wegzunehmen und sie ganz zu verbieten.[823] Einige ihrer Geistlichen wurden bereits wegen Kollaboration vor Gericht gestellt und verurteilt, gegen rund 50 weitere wird ermittelt.[824] 13 Oberhäuptern (Primaten) der UOK wurde durch Präsidenten-Dekret die ukrainische Staatsbürgerschaft und damit die Aufenthaltsmöglichkeit in der Ukraine entzogen. Im März 2023 sagte der bekannte Berater des ukrainischen Präsidialamts Mykhailo Podolyak in einem Fernsehinterview auf dem ukrainischen „24 Kanal“, die „Ukrainisch-Orthodoxe Kirche“ müsse, wie alles „Prorussische“, „physisch gesäubert“ werden.[825] Nationalistengruppen griffen das sofort auf und begannen, Gläubige und Priester zu bedrängen und Gotteshäuser zu stürmen.[826]

Der ukrainische Oppositionspolitiker Maxim Goldarb bringt die angestrebte Zerstörung dieser Kirche in einen Zusammenhang:[827]

> *Nachdem der Präsident die politische Opposition durch das Verbot aller linken und anderen Oppositionsparteien faktisch liquidiert hat, nachdem die Meinungsfreiheit zerstört wurde und alle verbliebenen Medien in der Ukraine*

unter strenge Kontrolle geraten sind, greift er die einzige große Struktur an, die in der Ukraine noch übriggeblieben ist und die sich den Behörden noch nicht untergeordnet hat – die ukrainisch-orthodoxe Kirche. Wenn dieser Plan gelingt, kann man in der Ukraine nicht nur von der Errichtung eines autoritären, sondern eines totalitären Regimes sprechen, das mit terroristischen Methoden ausnahmslos alle Lebensbereiche im Lande kontrolliert.

35. Menschenrechtsbericht des UNHCR

Das bisher gezeichnete Bild ist drastisch. Was sagt die UNO dazu? Der 35. Bericht des UNO-Hochkommissars für Menschenrechte (UNHCR) befasste sich mit der Periode 1. August 2022 bis 31. Januar 2023, also mit der Zeit des Ukraine-Krieges.[828]

In dem Bericht werden zunächst Menschenrechtsverletzungen in den von Russland kontrollierten Gebieten aufgelistet. Genauso ausführlich wird dann auf Menschenrechtsverletzungen in den von der Ukraine kontrollierten Gebieten eingegangen. Das UNHCR kritisierte das neue Mediengesetz, die Diskriminierung von Sprachen und die Verletzung der Religionsfreiheit durch die Bedrängung der UOK.[829] Das UNHCR schrieb zum Verhalten der ukrainischen Armee in Gebieten, die sie zurückerobert hat:

> *Das UNHCR bestätigte weiterhin Berichte über Dutzende von Morden an Zivilisten, die wegen ihrer angeblichen Kollaboration mit der Russischen Föderation in den von ihr besetzten oder von den russischen Streitkräften kontrollierten Gebieten seit dem 24. Februar 2022 als sogenannte „Verräter“ gegen die Ukraine angesehen werden. Zwar sind die Täter nach wie vor unbekannt, doch hat das UNHCR Bedenken, dass einige dieser Tötungen von Agenten der ukrainischen Regierung oder mit deren Duldung begangen worden sein könnten.*

Der UNHCR-Bericht bestätigt also die in diesem Kapitel zusammengetragenen Sachverhalte. Man muss sich klar machen, welches politische Klima dadurch erzeugt wird. Darüber sprechen zwei prominente emigrierte Bürgerrechtler.

Ukrainische Menschenrechtlerin Larissa Schessler: „Alle haben Angst“

Larissa Schessler ist Vorsitzende der „Union der politischen Flüchtlinge und politischen Gefangenen“ in der Ukraine und von Beruf Ingenieurin. Im Interview, das Ulrich Heyden im November 2022 in Moskau mit ihr führte, berichtet Schessler, was seit 2014 aus den oppositionellen Bewegungen in der Ukraine geworden ist. Im Folgenden einige Ausschnitte daraus.[830]

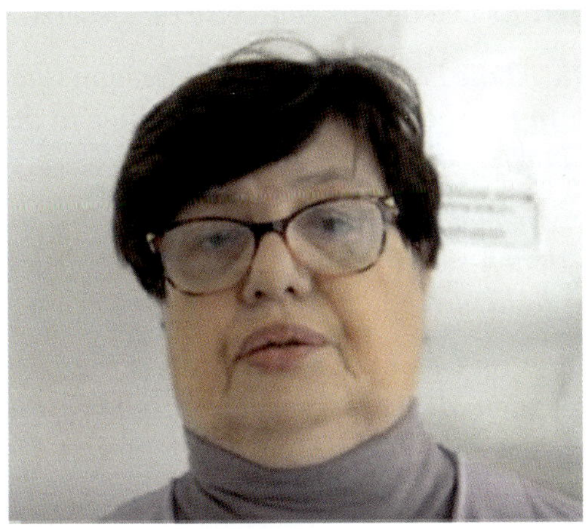

Larissa Schessler[831]

Frage: Man hört nichts mehr von der Opposition in der Ukraine. Was ist aus ihr geworden?

Schessler: Die Opposition in der Ukraine ist heute physisch und politisch vernichtet. Alle Organisationen und Oppositionellen und alle Medien, die oppositionelle Meinungen verbreiteten, wurden zum Schweigen gebracht. (...) In der Ukraine gibt es heute kein freies Wort. Es gibt keine Freiheit für politische Organisationen. Es wurde eine totale Diktatur errichtet.

Frage: Was war der Grund, dass Sie nach Russland übergesiedelt sind? Welchen Status haben Sie heute in Russland?

Schessler: Ich habe die Ukraine im Mai 2014 verlassen. Ich war Koordinator des Anti-Maidan in der Stadt Nikolajew. Gegen mich wurde ein Strafverfahren eröffnet. Wir forderten den föderalen Status der südöstlichen Regionen der Ukraine. Aber niemand von uns wollte damals den Südosten von der Ukraine abspalten.

Sehr viele Genossen sind ins Gefängnis gekommen. Ich konnte dem entgehen, indem ich die Ukraine verlassen habe. Aber das Strafverfahren in der Ukraine gegen mich läuft weiter. Es wurde nur zeitweise ausgesetzt.

Frage: Wie ist die Lage in den Gegenden von Cherson und Charkow, in welche die ukrainische Armee in den letzten Monaten vorgerückt ist?

Schessler: In den Gebietsteilen von Cherson und Charkow, aus denen sich die russische Armee zurückgezogen hat, herrscht heute totaler Terror.

Heute gibt es im Gebiet Cherson eine sehr starke Repression. Es wurden Menschen verhaftet und beschuldigt, sie hätten die russischen Streitkräfte unterstützt. Doch diese Verhafteten haben nur humanitäre Hilfe verteilt, als der Nordteil von Cherson von der russischen Armee kontrolliert wurde. Lehrer werden verfolgt, die Listen für die Teilnahme am Referendum vorbereitet haben. Man verhaftet sie und dann verschwinden sie und von vielen wissen wir nicht, wo sie sind.

Es gibt keine Rechtsanwälte und keine Möglichkeiten, diese verschwundenen Menschen zu suchen. Die Menschen befinden sich heute in großer Gefahr.

Leider haben viele Menschen in den Orten Snigerowki und Cherson nicht geahnt, welche Gefahr besteht, wenn die ukrainischen Truppen in die Orte zurückkehren.

Viele Bürger kamen nicht direkt mit politischer Repression in Berührung. Wenn so etwas weit entfernt pas-

sierte, konnten sie sich nicht vorstellen, mit welcher Brutalität gegen Andersdenkende vorgegangen wird.

Die Menschen sind einfach ihrer normalen Tätigkeit nachgegangen. Eine Beamtin in einem Stadtbezirk hat nicht verstanden, dass, wenn sie sich nicht weigert, Mitbürgern dabei zu helfen, humanitäre Hilfe und Renten zu beantragen, sie sich nach Meinung von Kiew eines Verbrechens schuldig macht.

Die Menschen blieben auf dem Territorium, welches die russische Armee eingenommen hat, und sie dachten, sie machen nichts Schlechtes. Sie haben niemanden an die russischen Sicherheitsorgane verraten. Sie haben niemanden angezeigt und ins Gefängnis gebracht. Aber heute werden diese Beamten verhaftet und ihnen droht eine lange Haftstrafe.

Frage: Gibt es für Menschen in der Ukraine, die es gewohnt sind, russische Nachrichten oder Kultur-Programme zu gucken, Kanäle im Internet, über die sie sich informieren können?

Schessler: In der Ukraine kann jeder Mensch auf der Straße angehalten werden. Man kann ihn auffordern, dass er sein Telefon zeigt und die Telegram-Kanäle, die er abonniert hat. Und wer einen bekannten russischen Kanal wie colonelcassad oder Juri Podoljaka abonniert hat, kann verhaftet und verhört werden. Wenn meine Freunde in der Ukraine aus dem Haus gehen, dann löschen sie alle ihre Telegram-Kanäle. Viele YouTube-Kanäle und Websites sind in der Ukraine blockiert. Man kann sie nur über VPN sehen.

Larissa Schessler schildert in dem Interview viele Einzelschicksale von politisch Verfolgten, die in der Ukraine im Gefängnis sitzen oder ins Ausland geflohen sind. Und sie erzählt von politischen Morden: *„Es waren viele politische Morde. Aber das Entscheidende war, dass diese Morde Angst verbreiteten."*

Kiewer Rechtsanwalt Walentin Rybin: „Ich fürchtete um mein Leben“

Walentin Rybin war einer der bekanntesten Rechtsanwälte der Ukraine. Er hatte in den letzten acht Jahren vor Gericht ausschließlich Menschen verteidigt, die aus politischen Gründen angeklagt wurden. Zu seinen Mandanten gehörten der Oppositionspolitiker Viktor Medwedtschuk, der in Spanien lebende ukrainische Video-Blogger Anatoli Schari sowie einfache Bürger, denen man vorwarf, Separatisten zu sein oder Russland zu unterstützen. Weil ukrainische Nationalisten Walentin Rybin mit Gewalt drohten, verließ er im März 2022 die Ukraine und lebt nun in Sewastopol auf der Krim. Rybin beschreibt im Dezember 2022 in einem Interview mit dem Journalisten Ulrich Heyden, warum er die Ukraine verlassen musste:[832]

> *In der Ukraine war mein Leben bedroht. Ende Februar 2022 wurden in Kiew unkontrolliert Waffen ausgegeben. Die Leute begannen, sich zu bewaffnen, und sie schossen ohne nachzudenken auf jeden, der ihrer Meinung nach verdächtig aussah. Außerdem begann der ukrainische Geheimdienst SBU alle zu verhaften und hinter Gitter zu stecken, die für gute Beziehungen zu Russland eintraten. Viele Journalisten, Fernsehmoderatoren und Schriftsteller kamen ins Gefängnis. Ich verstand, dass jeden Moment der SBU – oder noch schlimmer – bewaffnete Nationalisten zu mir kommen können.*
>
> *Radikale Nationalisten drohten mir mit Gewalt. 2017 wurde ich vor einem Gericht in der Stadt Tschernomorsk angegriffen. Da wurde mir Gas ins Gesicht gesprüht. Die Polizei schaute zu und schritt nicht ein. 2018 wurde mein Auto auf einem Parkplatz angezündet.*

Zur Lage der Opposition in der Ukraine zeichnet Walentin Rybin ein düsteres Bild:

> *Eine Opposition in der Ukraine gab es praktisch nicht. Es gab nur eine „Opposition auf dem Papier“. Das begann bereits im Februar 2014. Damals wurde mit der Opposi-*

Rechtsanwalt Walentin Rybin[833]

tion kurzer Prozess gemacht: Oppositionelle warf man bei lebendigem Leibe in Müllcontainer, sie wurden ermordet, sie wurden strafrechtlich verfolgt ...

Angesichts dieser Entwicklungen verhielten sich Oligarchen wie Viktor Medwedtschuk, Rabinowitsch und Bojko und andere Mitglieder der „Opposition auf dem Papier" ruhig. So hofften sie, ihr Geld und ihr Business zu behalten.

Leider gibt es in der Ukraine keine politische Opposition. Es gibt nur feige Räuber und Banditen, die das Volk ausplündern.

Die Oppositionellen, das waren einfache Journalisten, Schriftsteller, Fernsehmoderatoren, einfache Bürger, die ihre Meinung gesagt haben, welche sich von Selenskyjs offizieller Position unterschied. All diese Leute wurden schon Ende Februar 2022 vom SBU und anderen Sicherheitskräften verfolgt. Viele landeten im Gefängnis, einige gelten als vermisst. Der Staat schert sich nicht um die Verletzung der Menschenrechte.

Im Gefängnis landete Jan Taksjur, ein russisch-orthodoxer Journalist, Schriftsteller und Satiriker. Auch die Akti-

vistin und Menschenrechtlerin Jelena Bereschnaja landete im Gefängnis. Im Gefängnis befinden sich außerdem die Brüder Aleksandr und Michail Kononowitsch, ukrainische Kommunisten, die von der Macht wegen ihrer politischen Position verfolgt werden. (...) Ich kann mit Sicherheit sagen, dass in der Ukraine einige tausend Menschen aus politischen Gründen im Gefängnis sitzen.

Auf die Frage *„Warum hören wir aus der Ukraine keine kritischen Stimmen mehr?"* gibt Rybin die knappe Antwort: *„Weil das lebensgefährlich ist."*

Säuberungen

Die nicht für russische Propaganda verdächtige britische Zeitung „Daily Mail" berichtete am 5. Oktober 2022 über Massaker an „Kollaborateuren", nachdem die ukrainische Armee Teile der Region Charkow unter ihre Kontrolle gebracht hatte. Es geht hier um Zivilisten, nicht um Soldaten. Der Artikel hatte den Titel:

> *«Wir machen Jagd auf sie und erschießen sie wie Schweine»: Wie die Ukrainer brutale Rache an den Kollaborateuren nehmen, die ihre Nachbarn – und ihr Land – an die Russen verraten haben.*[834]

In diesem Artikel konnte man lesen:

> *Kiew hat bereits Ermittlungen gegen 1.309 mutmaßliche Verräter eingeleitet und 450 Strafverfahren gegen Kollaborateure eingeleitet, die des Verrats am eigenen Land und an den Nachbarn beschuldigt werden. Andere werden von Widerstandskämpfern aufgespürt und abgeschlachtet. In einer Liste, die dieser Zeitung von einer Kiewer Regierungsquelle zugespielt wurde, sind 29 solcher Vergeltungsmorde aufgeführt, und 13 weitere Attentatsversuche, bei denen einige der Opfer verwundet wurden. „Es ist eine Jagd auf Kollaborateure ausgerufen worden und ihr Leben ist nicht durch das Gesetz geschützt", sagte Anton Geraschtschenko, ein Berater des Innenministeriums. „Unsere Geheimdienste eliminieren sie und erschießen sie wie Schweine."*

Im November 2022 zog sich die russische Armee von der westlichen Seite des Dnjepr-Flusses zurück, so dass die ukrainische Armee diesen Teil der Region Cherson besetzte. Der von der russischen Armee angegebene Grund war, dass die Soldaten nach der Zerstörung der Antoniwkabrücke über den Fluss nicht mehr ausreichend versorgt werden konnten und die Ukraine mit der Sprengung des Kachowka-Staudamms gedroht hat, womit die russischen Einheiten in eine Falle geraten wären. (Der Staudamm wurde Anfang Juni 2023 tatsächlich gesprengt, so dass es zu großen Überschwemmungen kam.)

Nach der ukrainischen Besetzung wurde die Bevölkerung nach „Kollaborateuren" durchsucht, wie die ukrainische Regierung mitteilte. Es gab in russischen Medien Berichte von Folter und Ermordungen.[835] Wir haben gesehen, dass der UNHCR-Menschenrechtsbericht dies bestätigte.

Um als „Kollaborateur" eingestuft zu werden, reichte es aus, als Lehrer weiterhin seiner Arbeit nachgegangen zu sein oder als Beamter weiterhin ins Büro gegangen zu sein.[836]

Zwei mutmaßliche Kollaborateure in Cherson am 13. November 2022, Foto von AP.

Die Presseagentur „AP“ veröffentlichte Fotos, die zeigen, wie Menschen, die verdächtigt wurden, mit den Russen „kollaboriert“ zu haben, öffentlich an Pfähle gefesselt zur Schau gestellt wurden. Das ist eine tief entwürdigende Form des mittelalterlichen Prangers. Diese AP-Fotos sind keine russische Propaganda, es wurde von einer führenden westlichen Presseagentur zusammen mit einem Jubel-Artikel für die Ukraine veröffentlicht.[837] Das Bild sagt viel aus.

Es gibt viele weitere Fotos, die belegen, dass die ukrainische Armee und der Geheimdienst im Gebiet Cherson umfassende Säuberungsaktionen gegen die Zivilbevölkerung durchgeführt haben. Der Zustand der Menschen auf den Bildern sagt mehr aus als Worte.

Bilder der Unterdrückung der Zivilbevölkerung in Cherson durch ukrainische Militärs im November 2022[838]

Fazit: NATO und EU unterstützen ein totalitäres Regime

Das in diesem Kapitel Zusammengetragene steht in krassem Gegensatz zur westlichen Propaganda-Erzählung, dass die Ukraine unsere „westlichen Werte" verteidigen würde. Ich zitiere hier noch einmal Ursula von der Leyen, Präsidentin der Europäischen Kommission, vom Februar 2023: *„Die Ukraine ist zum Mittelpunkt unseres Kontinents geworden. Zum Ort, an dem unsere Werte hochgehalten werden, wo unsere Freiheit verteidigt wird und wo die Zukunft Europas geschrieben wird."*[839]

Nehmen wir einmal an, sie habe Recht. Dann wäre das eine düstere Prophezeiung, was uns allen bevorsteht. Dann wäre der Totalitarismus Europas Zukunft. Dann wären Nazimethoden unsere Werte. Doch so soll es ja nicht verstanden werden. Als spiegelbildliches Trugbild, gegenbildlich zur Realität, soll es den Bevölkerungen der NATO-Länder diesen Krieg als ihren eigenen und für sie geführten vorgaukeln und absolute Unterstützung aus den Menschen herauspressen.

Schon 2021 hatte sich die Ukraine in eine „autoritäre Diktatur" verwandelt. Die in diesem Kapitel zusammengetragenen Sachverhalte zeigen, dass es ab Februar 2022 einen Schritt weiterging, in Richtung „totalitärer Diktatur". In autoritären Diktaturen wird ein gewisses, allerdings stark eingeschränktes Maß an gesellschaftlicher Pluralität zugelassen, und es herrscht keine einheitliche Ideologie vor. Solange man die Machthaber politisch nicht bedroht, wird man in Ruhe gelassen. Dagegen existiert in totalitären Diktaturen eine Ideologie, die alle Bereiche der Gesellschaft dominiert, die jede Form von Pluralismus beseitigt und das Volk „total" und „vollständig" unterwirft. Für den Totalitarismus in der Ukraine ist eine kleine Gruppe von Machthabern verantwortlich.

Die EU und die NATO unterstützen die Ukraine. Wer die Regierungspolitik des Westens gutheißt, ist mitverantwortlich für das, was in der Ukraine geschieht. Es gilt genau hinzusehen, was wir unterstützen. Die finanzielle und militärische Unterstützung der Ukraine ist die Förderung eines nationalistischen totalitären Systems. Dieser Totalitarismus hilft, den Krieg in der Ukraine zu verlängern.

Keine Friedensverhandlungen, Kampf bis zum blutigen Ende!

Am 23. Februar 2022 baten die beiden Donbass-Republiken den russischen Präsidenten Putin um militärische Hilfe bei der Abwehr ukrainischer Angriffe. Damit begann der Eintritt Russlands in den Ukraine-Krieg und die furchtbare weitere militärische Eskalation des Konfliktes.

Schon im März 2022 begannen dann Verhandlungen zwischen der Ukraine und Russland über eine Friedenslösung. Doch die führenden NATO-Staaten bedrängten im April 2022 die ukrainische Regierung, die Friedensverhandlungen mit Russland abzubrechen, obwohl diese anscheinend vor einem Abschluss standen und den Krieg beendet hätten. Laut Presseberichten hätte der Friedensabschluss beinhaltet, dass die Ukraine nicht der NATO beitritt, sondern neutral bleibt, die Größe ihrer Armee begrenzt wird, und dass die Ukraine die Grenzen der Donbass-Republiken und der Krim akzeptiert. Konkrete Details wurden nicht bekannt.

Der Abbruch dieser Verhandlungen im April 2022 ist ein Schlüsselereignis zum Verständnis des weiteren Verlaufs des Ukraine-Krieges.

Ein frühzeitiger Frieden hätte hunderttausenden Ukrainern und Russen das Leben gerettet und weite Teile der Ukraine vor der Zerstörung bewahrt. Massenhaft bitterstes menschliches Leid und millionenfache schwerwiegende Traumatisierungen wären ungeschehen geblieben. Die ukrainische Regierung wollte – zumindest nach außen – diesen Frieden. Doch ein Frieden war nicht im Sinne der Regierungen der USA, Englands, Frankreichs und Deutschlands. Auf Betreiben der NATO-Staaten wurden die Friedensverhandlungen abgebrochen. Der Krieg sollte bis zum blutigen Ende weitergeführt werden.

Das ist eine solche Ungeheuerlichkeit, dass man es kaum glauben kann. Leider wird es durch mehrere glaubwürdige Aussagen bestätigt.

Ganesha, 8tes Jahrhundert aus Java[840]

Bericht des Verhandlungsführers Naftali Bennett

Der damalige israelische Ministerpräsident Naftali Bennett flog Anfang März 2022 nach Moskau zu einem Gespräch mit Präsident Putin. Naftali Bennett konnte als Mediator auftreten, da er zu allen Beteiligten des Ukraine-Krieges gute Kontakte aufgebaut hatte. Das „ZDF" berichtete am 6. März 2022:

> *Aus Regierungskreisen in Jerusalem hieß es, das Gespräch habe drei Stunden lang gedauert. Bennett habe sich mit den USA, Deutschland und Frankreich abgestimmt und sei „in ständiger Kommunikation mit der Ukraine". (...) Im Ukraine-Konflikt ist Israel als Vermittler im Gespräch. Medienberichten zufolge soll der ukrainische Präsident Wolodymyr Selenskyj Bennett vor einer Woche gebeten haben, in Israel Verhandlungen zwischen Russland und der Ukraine auszurichten.*[841]

Die Verhandlungen kamen tatsächlich in Gang, und es gab im März Treffen von Delegationen Russlands und der Ukraine in Weißrussland und in der Türkei. Das letzte Verhandlungsgespräch fand am 29. März 2022 in Istanbul statt.

Im September 2022 schrieb 9Fiona Hill, Russland-Spezialistin im Nationalen Sicherheitsrat unter der Trump-Regierung, in der US-Fachzeitschrift „Foreign Affairs": *„Nach Angaben mehrerer ehemaliger hochrangiger US-Beamter schienen sich russische und ukrainische Unterhändler im April 2022 vorläufig auf die Umrisse einer ausgehandelten Zwischenlösung geeinigt zu haben."*[842]

Dann aber brachen die Verhandlungen ab. Am 3. Mai 2022 verkündete Aleksej Danilow, Sekretär des Nationalen Sicherheits- und Verteidigungsrats der Ukraine, dass es kein Friedensabkommen mit Russland geben wird. Für ihn gibt es nur einen möglichen Ausgang des Konflikts: Russland muss kapitulieren.[843]

Was ist passiert?

Darüber sprach Naftali Bennett, der seit Sommer 2022 nicht mehr israelischer Premierminister war, erstmalig am 04. Februar 2023 in einem

Interview mit dem israelischen Fernsehsender „Channel 12". Das fast fünfstündige Gespräch wurde auf seinem YouTube-Kanal veröffentlicht. Das Video ist auf Hebräisch, hat aber englische Untertitel und kann so verstanden werden.[844]

Die Schilderungen von Naftali Bennett sind sehr glaubwürdig, da er als unabhängiger Moderator die Verhandlungen begleitet hatte und alle Vorgänge hautnah miterlebte. Außerdem ist Israel traditionell mit den USA eng verbunden, eine antiamerikanische Propaganda ist deshalb sehr unwahrscheinlich.

Bennett schilderte ausführlich, wie er die Gespräche vorbereitet hat und welche Strategie er verfolgte, um eine Verhandlungslösung zu ermöglichen. In dem Interview kann man sein ernstes Ringen für einen friedlichen Interessenausgleich erleben.

Bennett sagte, dass Putin „zwei große Zugeständnisse" machte. Putin versprach, Selenskyj nicht „auszuschalten" und „verzichtete auf die Entwaffnung der Ukraine". Am selben Tag machte Selenskyj auch „ein großes Zugeständnis" und „verzichtete auf den Beitritt zur NATO". Bennett bezeichnete dies als „große Schritte auf beiden Seiten" und hatte den Eindruck, dass „beide Seiten sehr an einem Waffenstillstand interessiert sind".

Seiner Erinnerung nach waren die Positionen der westlichen Staats- und Regierungschefs über das weitere Vorgehen geteilt. *„Man kann sie in diejenigen einteilen, die die Linie vertreten: «Wir müssen Putin zurückschlagen» ... und in diejenigen, die sagen: «Hört auf, im Krieg sind wir alle Verlierer». Boris Johnson sprach sich für radikalere Maßnahmen aus, während Macron und Scholz, sagen wir, pragmatischer waren. Biden hingegen unterstützte beide Ansätze"*, erinnerte sich Bennett.

Er habe selbst zu diesem Zeitpunkt eine neutrale Position eingenommen. *„Diese Frage lag nicht in unserem nationalen Interesse. ... Wenn es mir um Israel geht, kämpfe ich bis zum Ende. Aber hier kann ich nichts sagen. Ich bin nur Ausführender und Vermittler."*

Kommen wir nun zum interessantesten Teil des Interviews. Naftali Bennett fuhr fort: *„Für mich entscheidet Amerika in dieser Frage, ich handle nicht aus eigenem Antrieb. Alle meine Handlungen waren bis ins kleinste Detail mit den USA, Deutschland und Frankreich abgestimmt."*

Bennett bejahte die Frage, ob der Abbruch der Verhandlungen vom Westen initiiert worden sei: *„Im Großen und Ganzen, ja. Sie [der Westen] brachen die Verhandlungen ab, und damals dachte ich, sie hätten Unrecht."* (im Video ab 3.00 Std.)

„Ich bin sicher, dass wir gute Chancen auf Erfolg hatten. ... Aber ich bezweifle [heute], dass [eine Verhandlungslösung] richtig gewesen wäre. Damals schien mir ein Waffenstillstand das Richtige zu sein, aber jetzt bin ich mir da nicht mehr so sicher", sagte Bennett. Er teilte außerdem mit, dass während der Verhandlungen mehrere Entwürfe für Abkommen zwischen Russland und der Ukraine ausgearbeitet worden seien. *„Ja, wir hatten 17 bis 18 Entwürfe. Wir haben keine undichten Stellen zugelassen, kein Entwurf ist an die Öffentlichkeit gelangt."*

Nach Ansicht Bennetts hat der Westen schließlich beschlossen, „eine entschiedenere Haltung einzunehmen", und er befürworte diese Entscheidung. *„Sagen wir so: Meiner Meinung nach hat der Westen zu Recht die Entscheidung getroffen, dass es notwendig ist, Putin weiterhin zu zerschlagen, anstatt zu verhandeln"*, so Bennett.

Keine Berichterstattung in den Mainstream-Medien

Dieses ausführliche Interview mit Naftali Bennett ist den Mainstream-Medien bekannt. In der Recherche habe ich dazu sehr viele Zeitungsartikel gefunden. Doch niemals wurde über den Abbruch der Verhandlungen, verursacht durch die NATO-Staaten, berichtet. Alle Medien veröffentlichten stattdessen eine interessante Episode aus dem Gespräch.

> *Bennett: Ich habe verstanden, dass Selenskyj bedroht war. Er war in einem geheimen Bunker.*
>
> *Ich fragte Putin: „Werden Sie Selenskyj töten?" Er antwortete: „Ich werde Selenskyj nicht töten". Dann habe ich gefragt: „Ich gehe davon aus, dass Sie mir Ihr Wort geben, dass Sie Selenskyj nicht töten werden". Er sagte wieder: „Wir werden Selenskyj nicht umbringen."*
>
> *Nachdem er mich im Auto vom Kreml zum Flughafen gebracht hatte, nahm ich Kontakt zu Selenskyj auf. Ich rief Selenskyj an und sagte: „Ich komme von einem Treffen mit Putin, er wird dich nicht töten." Er fragte: „Sind Sie sicher?" Ich antwortete: „Zu 100 Prozent, er wird es nicht tun."*
>
> *Zwei Stunden später ging Selenskyj in sein Büro und filmte sich dort mit seinem Handy mit den Worten: „Ich habe keine Angst!"*

Dass diese Episode breit veröffentlicht wurde, ist bemerkenswert. Denn sie vermittelt, dass man sich auf das Wort von Präsident Putin verlassen kann. Sogar Selenskyj verließ sich auf das Wort von Putin, sodass er aus dem geheimen Bunker kam und die Zusage Putins sofort in einen nächsten Werbeauftritt ummünzte, in dem er sich als angstfrei profilierte.

Das passt zunächst nicht in die Kriegspropaganda, die Putin dämonisiert. Letztlich ist es aber doch Propaganda. Denn mit dieser „amüsanten" Episode wird die eigentlich politisch bedeutsame Nachricht überdeckt, nämlich der Abbruch der Friedensverhandlungen auf Drängen der NATO. So funktioniert die Propagandatechnik der Verschleierung. Es wird Unwesentliches berichtet, um das Wesentliche zu verdecken. Und alle Mitbürgerinnen und Mitbürger, die sich nicht selbst auf die Wahrheitssuche machen und die Mainstream-Medien hinterfragen, bleiben eingesponnen im Propaganda-Spinnennetz und halten sich dabei für die Guten, obwohl sie in Wahrheit Regierungen unterstützen, die aktiv den Frieden verhindern und Hunderttausende in den Tod treiben.

Ich habe dann doch noch eine Veröffentlichung zum Verhandlungsabbruch entdeckt, in einer türkischen Zeitung. Diese zitiert Mykhailo Podolyak, einen engen Berater des ukrainischen Präsidenten und Mitglied der ukrainischen Verhandlungsdelegation: „Die Behauptungen dieses ehemaligen Beamten über die «Vermittlung», dass Putin «Garantien, nicht zu töten» gegeben habe und dass «der Westen vielversprechende Verhandlungen abgebrochen habe», sind Fiktion“, erklärte Mykhailo Podolyak auf Twitter.[845]

Fiktion? – Einige Monate zuvor hatte Mykhailo Podolyak selbst die starke Einwirkung von Boris Johnson auf den Verhandlungsabbruch geschildert.

Überraschungsbesuch von Boris Johnson in Kiew

Bevor Boris Johnson Kiew besuchte, geschah Folgendes:

Am 29. März 2022 fand das letzte Friedensverhandlungsgespräch zwischen der Ukraine und Russland in Istanbul statt.

Am selben Tag verkündete der stellvertretende russische Verteidigungsminister, Alexander Fomin, dass Russland sein Militär als Zeichen des guten Willens und zur Unterstützung der Friedensverhandlungen aus den Regionen Kiew und Chernigov zurückziehen werde.[846]

Ganz anders tönte es aus London: Am 30. März 2022 berichtete die „New York Times“, dass der britische Premierminister Boris Johnson seine Minister informierte, dass er der Ukraine „mehr tödliche Waffen“ liefern möchte.[847]

Anfang April 2022 wurden dann in Butscha, einem Vorort von Kiew, viele Leichname gefunden. Sofort wurde Russland für dieses Kriegsverbrechen verantwortlich gemacht. Tagelang waren die Medien weltweit voll damit. Die russische Regierung wies die Verantwortung von sich, es sei eine Inszenierung des ukrainischen und vermutlich auch englischen Geheimdienstes. Es gibt tatsächlich viele Ungereimtheiten. Was in Butscha wirklich passiert ist, ist unklar.[848]

Butscha hat dazu geführt, dass die öffentliche Stimmung im Westen noch stärker gegen Russland drehte, was die Friedensverhandlungen zunichte machte. Dazu äußerte sich der russische Außenminister Sergej Lawrow am 5. April 2022: Die Provokation in Butscha hätte stattgefunden, als die Ukraine zum ersten Mal mögliche Friedensvorschläge, auch für die Krim, zu Papier brachte. *„Der Westen versuchte durch das Schüren von Hysterie um Butscha, die Verhandlungen zwischen Russland und der Ukraine zum Scheitern zu bringen, als sich in Istanbul Fortschritte abzeichneten"*.[849] – Der zeitliche Zusammenhang von Butscha und dem Abbruch der Friedensverhandlungen ist bemerkenswert.

Was auch immer in Butscha geschehen ist, es hat Selenskyj zunächst nicht davon abgehalten, weiter mit Russland zu verhandeln, wie „BBC" am 4. April 2022 berichtete:[850]

> *Der ukrainische Präsident Wolodymyr Selenskyj hat erklärt, dass die Friedensgespräche mit Russland fortgesetzt werden, obwohl er Moskau Kriegsverbrechen und Völkermord vorwirft.*
>
> *Selenskyj sprach in Butscha, in der Nähe der Hauptstadt Kiew, wo nach dem Abzug der russischen Truppen Leichen von Zivilisten auf den Straßen gefunden wurden. (...)*
>
> *Auf die Frage der BBC, ob es noch möglich sei, mit Russland über Frieden zu sprechen, sagte Selenskyj: „Ja, denn die Ukraine muss Frieden haben. Wir befinden uns im Europa des 21. Jahrhunderts. Wir werden unsere Bemühungen diplomatisch und militärisch fortsetzen."*

Wenige Tage später vertrat Selenskyj das genaue Gegenteil. Warum?

Am 9. April 2022 stattete der englische Präsident Boris Johnson der ukrainischen Hauptstadt einen „Überraschungsbesuch" ab und traf dort mit Präsident Selenskyj zusammen.[851] Bei diesem Treffen sicherte Johnson der Ukraine seine „unerschütterliche Unterstützung" zu und versprach weitere „hochentwickelte Waffen" im Wert von 130 Millionen Dollar und 500 Millionen Dollar Wirtschaftshilfe.[852]

Nach Angaben der „Ukrainska Pravda" (einer prowestlichen Zeitung in der Ukraine) war die Zusage von Unterstützung jedoch nicht der einzige Grund für Johnsons Besuch. Es sei auch um den Abbruch der Friedensverhandlungen gegangen.[853]

Der schon oben zitierte Mykhailo Podolyak sagte „Ukrainska Pravda", dass es zwei Hinderungsgründe für die Friedensverhandlungen gab. Erstens die Kriegsverbrechen in Butscha. *„Das zweite «Hindernis» für Vereinbarungen mit den Russen ist am 9. April in Kiew eingetroffen."* „Ukrainska Pravda" schildert weiter:

> *Kaum hatten sich die ukrainischen Unterhändler und Abramovich [vermittelnder Oligarch] und Medinsky [russischer Unterhändler] nach den Ergebnissen von Istanbul auf die Struktur eines möglichen künftigen Abkommens in groben Zügen geeinigt, erschien der britische Premierminister Boris Johnson fast ohne Vorwarnung in Kiew.*
>
> *„Johnson brachte zwei einfache Botschaften mit nach Kiew. Die erste ist, dass Putin ein Kriegsverbrecher ist; er sollte unter Druck gesetzt werden und nicht mit ihm verhandelt werden. Und zweitens, auch wenn die Ukraine bereit ist, mit Putin Vereinbarungen über Garantien zu unterzeichnen, dass sie [d.h. England und NATO] es nicht sind. Wir können [ein Abkommen] mit ihnen [der Ukraine] unterzeichnen, aber nicht mit ihm. Er wird sowieso alle über den Tisch ziehen", fasste einer der engen Mitarbeiter von Selenskyj das Wesentliche des Besuchs von Johnson zusammen.*
>
> *Hinter diesem Besuch und den Worten Johnsons verbirgt sich weit mehr als nur die Abneigung, sich auf Abkommen mit Russland einzulassen.*
>
> *Johnson vertrat den Standpunkt, dass der kollektive Westen, der noch im Februar vorgeschlagen hatte, Selens-*

kyj solle sich ergeben und fliehen, nun das Gefühl hat, dass Putin nicht wirklich so mächtig ist, wie man es sich zuvor vorgestellt hatte. Es gebe eine Chance, ihn „hart zu bedrängen". Und der Westen will sie nutzen.

Die Schilderung von „Ukrainska Pravda" macht Folgendes deutlich: Erstens den außerordentlichen Druck von Boris Johnson auf die Ukraine, die Friedensverhandlungen abzubrechen, zweitens das verführende Zuckerbrot von vielen Waffen und Millionen. Und drittens sagte Johnson ganz offen, um was es im Ukraine-Krieg ging, nämlich „Putin hart zu bedrängen", das heißt Russland zu schwächen. Es ging Johnson nicht um das Wohl der Menschen in der Ukraine, sondern sie werden nur als Mittel geopolitischer Interessen missbraucht.

Weitere Stimmen zum Abbruch der Friedensverhandlungen

Die russische Regierung schilderte die Ereignisse genauso. Die russische Nachrichtenagentur „TASS" schrieb: *„Der russische Außenminister Sergej Lawrow sprach bereits im April 2022 von Versuchen, die gut voranschreitenden Istanbuler Gespräche zu stören. Im Oktober betonte der russische Außenminister, dass die Verhandlungen «auf direkten Befehl der USA und Londons» unterbrochen wurden, die «das Selenskyj-Regime vollständig kontrollieren».*"[854]

Wenn der ehemalige israelische Premierminister, ukrainische Medien und die russische Regierung dasselbe schildern, dann ist der Vorgang mehrfach und von unterschiedlichsten Interessenseiten bezeugt.

Die Intervention Boris Johnson's gegen die Friedensverhandlungen im April 2022 ist also belegt. Auf welche Weise die amerikanische, französische und deutsche Regierung konkret Einfluss nahmen, ist nicht bekannt. Jedoch, wie schon zitiert, fasste der ehemalige israelische Premierminister Bennett die Situation so zusammen: *„Für mich entscheidet Amerika in dieser Frage, ich handle nicht aus eigenem Antrieb. Alle meine Handlungen waren bis ins kleinste Detail mit den USA, Deutschland und Frankreich abgestimmt."*

In den Verlautbarungen westlicher Politiker und Medien wurde das den Bürgerinnen und Bürgern natürlich so nicht gesagt. Die politische Sprachregelung war, dass die Ukraine selbst entscheide, ob der Krieg weitergehen soll oder nicht. Trotzdem wurde die ablehnende Haltung der NATO gegenüber den Friedensverhandlungen in den Medien deutlich sichtbar. So berichtete die „Washington Post" Anfang April 2022, dass die NATO die Fortsetzung des Krieges „bevorzugen" würde.[855]

Ausführlicher wurde dieser Abbruch der Friedensverhandlungen in einem Aufsatz auf den „Nachdenkseiten" am 14. Dezember 2022 analysiert. Der Titel: *„Der Rückzug von Kiew, Butscha und Boris Johnson: Woran die ersten Friedensverhandlungen zwischen der Ukraine und Russland scheiterten"*[856]

Weitere Details des Vertragsentwurfes werden bekannt

Im Juni 2023 war eine afrikanische Delegation in Moskau, um die Möglichkeiten einer Friedenslösung auszuloten. In dem Gespräch mit Präsident Putin zeigte dieser den Ende März 2022 in Istanbul ausgehandelten Vertragsentwurf. Journalisten machten Fotos davon. Der Entwurf sei von den ukrainischen Mitgliedern der Verhandlungsgruppe unterschrieben worden. Er sah unter anderem eine ewige Neutralität der Ukraine vor, sowie Sicherheitsgarantien für die Ukraine durch mehrere Staaten. Uneinigkeit bestand noch in der zukünftigen Größe der ukrainischen Armee.[857]

Es gab viele Möglichkeiten für Friedensverhandlungen

Bedeutsam sind die Äußerungen des deutschen Generals Harald Kujat. Er war von 2000 bis 2002 der 13. Generalinspekteur der Bundeswehr, also ranghöchster Offizier, und von 2002 bis 2005 Vorsitzender des NATO-Militärausschusses, der obersten militärischen Instanz der NATO. Aufgrund dieser höchsten militärischen Position ist er gut vernetzt und informiert.

In einem Interview am 18. Januar 2023 bestätigte General Kujat, dass im April 2022 die Friedensverhandlungen nach einer Intervention von Boris Johnson abgebrochen wurden. General Kujat:[859]

General Harald Kujat[858]

Je länger der Krieg dauert, desto schwieriger wird es, einen Verhandlungsfrieden zu erzielen. Die russische Annexion von vier ukrainischen Gebieten am 30. September 2022 ist ein Beispiel für eine Entwicklung, die nur schwer rückgängig gemacht werden kann. Deshalb fand ich es so bedauerlich, dass die Verhandlungen, die im März in Istanbul geführt wurden, nach großen Fortschritten und einem durchaus positiven Ergebnis für die Ukraine abgebrochen wurden.

Frage: Warum kam der Vertrag nicht zustande, der Zehntausenden das Leben gerettet und den Ukrainern die Zerstörung ihres Landes erspart hätte?

General Kujat: Nach zuverlässigen Informationen hat der damalige britische Premierminister Boris Johnson am 9. April in Kiew interveniert und eine Unterzeichnung verhindert. Seine Begründung war, der Westen sei für ein Kriegsende nicht bereit.

Harald Kujat hatte versucht, diesen Vorgang über deutsche Medien bekannt zu machen: *„Ich habe jedoch erfahren müssen, dass deutsche Medien selbst dann nicht bereit sind, das Thema aufzugreifen, wenn sie Zugang zu den Quellen haben.“*

In einem weiteren Interview am 15. März 2023[860] schildert General Kujat, dass es viele weitere Möglichkeiten für Friedensverhandlungen gegeben hätte, die aber nicht ergriffen wurden. Auf die Frage, ob der Krieg hätte verhindert werden können, antwortet er:

> *Ich weiß nicht, ob man den Krieg hätte verhindern können. Ich weiß aber, dass nicht alles getan wurde, um ihn zu verhindern. Das ist für mich eindeutig. Es gab Politiker, die den Krieg wollten, Politiker, die den Krieg nicht verhindern wollten und Politiker, die den Krieg nicht verhindern konnten.*
>
> *Und ich gehe noch einen Schritt weiter: Es hat auch während des Krieges Situationen gegeben, in denen man ein Kriegsende hätte verhandeln können, weil auf beiden Seiten die Voraussetzungen, nicht unbedingt der Wille, aber die Voraussetzungen dafür bestanden.*
>
> *Bei den Verhandlungen im März 2022 in Istanbul stand eine Vereinbarung über ein Kriegsende vor dem Abschluss. (...) Vor der Teilmobilmachung Russlands im September 2022 bot sich eine weitere Gelegenheit. Da hatte Selenskyj aber bereits sich und seiner Regierung per Dekret Verhandlungen verboten. Als die Kampfhandlungen bei Einbruch des Winters in einen statischen Stellungskrieg übergingen, wäre es in den Monaten Dezember und Januar aufgrund des Patts ebenfalls möglich gewesen, die Verhandlungen fortzusetzen.*
>
> *Im Dezember hat Putin noch einmal Verhandlungen angeboten. Er sagte, er sei bereit mit jedem, der an diesem Krieg beteiligt ist, zu verhandeln, um den Krieg zu einem Ende zu führen. Dagegen liest man in unseren Medien immer wieder, man könne Putin nur durch militärische Stärke verhandlungsbereit machen, verbunden mit dem unbedachten Vorschlag, deshalb sollten auch Kampfflugzeuge an die Ukraine geliefert werden.*

Ukrainischer Sicherheitsrat verbietet Verhandlungen

Im Oktober 2022 beendete der Nationale Sicherheits- und Verteidigungsrat der Ukraine alle Hoffnungen auf einen Frieden. Dieses oberste Regierungsgremium beschloss, dass der Ukraine Verhandlungen mit Wladimir Putin verboten sind. Selenskyj erließ entsprechend ein „Dekret gegen Verhandlungen mit Russlands Staatschef".[861]

Entsprechend versandeten dann auch die Initiativen für Friedensverhandlungen von China im Februar 2023[862] und von afrikanischen Staaten im Juni 2023.[863] Beide Initiativen nahmen einen neutralen Standpunkt ein und waren ergebnisoffen. Während die russische Regierung jeweils positiv darauf reagierte, lehnten die NATO-Regierungen und die Ukraine sie jedes Mal ab.

Maximalforderungen verhindern Friedensverhandlungen

Friedensverhandlungen wurden von den NATO-Staaten meist nicht offen abgelehnt, sondern quasi durch die Blume auf dem Umweg über unerfüllbare Maximalforderungen. Will man bei Konflikten eine Lösung finden, darf man aber nie auf Maximalforderungen bestehen. Es braucht immer Zugeständnisse. Auf Maximalforderungen zu beharren heißt, dass man nicht verhandeln will, sondern auf einen Sieg hofft und deshalb den Krieg fortführen will.

Oftmals war von westlichen Politikern und Medien zu hören, Putin solle den Krieg einfach aufhören, damit das Sterben in der Ukraine endet. Nie jedoch wurde die Forderung erhoben, Selenskyj solle einfach mit dem Krieg aufhören und die Soldaten nach Hause schicken, damit das Entsetzen ein Ende nimmt. Stattdessen hieß es, die Ukraine dürfe keine territorialen Zugeständnisse machen. Das war die Sprachregelung, die von westlichen Politikern bei jeder Gelegenheit wiederholt wurde. Die Ukraine wurde damit immer wieder auf das Kriegsziel hingewiesen, die Donbass-Volksrepubliken und die Krim zu erobern.

Aber die Bewohner der Krim und des Donbass wollen mit der Ukraine, die sie über Jahre mit Granaten beschossen hatte und ihre russische Sprache verdrängen will, nichts mehr zu tun haben. Sie fühlen sich als Russen und wollen endlich von den Westukrainern in Ruhe gelassen werden. Sie wollen in Frieden leben. Acht Jahre lang hatte sich die russische Regierung dafür eingesetzt, dass die Donbass-Regionen auf Basis des Minsker Abkommens innerhalb der Ukraine verbleiben – völlig vergeblich. Am 27. September 2022 stimmten die Bevölkerungen der Regionen Donezk, Lugansk, Saporoschje und Cherson mit großen Mehrheiten in Referenden für einen Beitritt zu Russland.[864] Seitdem gehören diese Regionen zum Staatsgebiet der russischen Föderation. Es ist für die Einheimischen und für die russische Regierung undenkbar, dass diese Regionen wieder zur Ukraine zurückgehen. Wenn aber genau darauf die NATO-Regierungen immer wieder beharren, so ist das eine absolut unrealistische Forderung, mit der nur erreicht werden soll, dass es keinen Spielraum für Friedensverhandlungen gibt. Und so wird der Krieg bis zum völligen Ausbluten der Ukraine weitergeführt.

Diese Linie hat auch der US-Verteidigungsminister Lloyd Austin vorgegeben. Er sagte am 25. April 2022, der USA gehe es darum, Russland zu schwächen: *„Wir wollen, dass Russland so weit geschwächt wird, dass es die Dinge, die es beim Einmarsch in die Ukraine getan hat, nicht mehr tun kann. (...) Wir wollen, dass die internationale Gemeinschaft geeinter ist, insbesondere die NATO."*[865] Damit sind die Kriegsziele definiert. Frieden oder Verhandlungen tauchen darin nirgends auf.

NATO-Beitrittsversprechen an die Ukraine verhindern Verhandlungslösung

Am 28. Februar 2023 verkündete NATO-Generalsekretär Stoltenberg in Helsinki: *„Die NATO-Verbündeten haben sich darauf geeinigt, dass die Ukraine Mitglied des Bündnisses werden wird."* Das sei die Perspektive nach dem Ende des Ukraine-Krieges.[866] Warum geben die NATO-Staaten der Ukraine eine solche Zusicherung?

Diese Frage stellte der Journalist Clayton Morris am 2. März 2023 an Douglas McGregor. Der pensionierte Colonel der United States Army ist Politikwissenschaftler und Militärtheoretiker. Er antwortete:

> *MacGregor: Das eigentliche Ziel besteht darin, jegliche Verhandlungen zu verhindern. Wenn man den Standpunkt vertritt, dass es für die Ukraine keine Alternative zur NATO-Mitgliedschaft gibt, sagt man den Russen damit, dass ihr Wunsch nach*

einem bündnisfreien neutralen Staat in der Ukraine nicht mehr zur Diskussion steht. Das bedeutet, dass die Russen diesen Krieg bis zum Ende ausfechten müssen. Es wird keine Verhandlungslösung geben, und das ist es, was Washington und London wollen. Ich glaube nicht, dass alle anderen in Europa diese Ansicht teilen, aber das ist eindeutig die Haltung in Washington und London.

Clayton Morris: Die Ukraine einfach von der Landkarte zu tilgen ist also die Alternative? Das ist es, was Washington und London wollen?

MacGregor: Nun, ich glaube nicht, dass sie das unbedingt wollen. Ich weiß, dass die Russen das nicht wollen. Aber sie lassen den Russen einfach keine Wahl. Wenn man ihnen sagt, dass die Ukraine am Ende dieses Krieges – was auch immer das bedeutet und wann auch immer das geschieht – Mitglied der NATO sein wird, dann wird alles wieder zu einer existenziellen Bedrohung für Russland. Die Russen wissen, wenn sie in irgendeiner Weise nachgeben (...), dann haben sie das Problem, das sie im Januar und Februar 2022 hatten, nämlich diese riesige antirussische Streitmacht, eine gut ausgebildete, gut ausgerüstete Armee, die bereit ist, Russland anzugreifen. Warum also sollten sie das tun?

Das ist also der Plan, um jede Hoffnung auf eine Verhandlungslösung zu zerstören. Das ist alles.[868]

Colonel Douglas McGregor[867]

Wer zahlt, schafft an

Es ist wichtig zu berücksichtigen, dass die ukrainische Regierung schon vor Kriegsbeginn von den NATO-Staaten finanziell abhängig war. Nach Kriegsbeginn finanzierten die NATO-Staaten etwa die Hälfte des Staatshaushaltes der Ukraine. Bei einem Stopp der Milliarden hätte der ukrainische Staat keine Gehälter mehr bezahlen können, den letzten Rest an Kreditwürdigkeit verloren und sich für Bankrott erklären müssen. In einer solchen Situation ist man vollständig beeinflussbar.

Deshalb waren ein Drängen und Verlocken für einen Abbruch von Friedensverhandlungen seitens der NATO sehr wirkungsvoll. Ein schriftlicher "Befehl" war gar nicht nötig. Das Drängen und Verlocken hätten aber auch für einen Friedensvertrag eingesetzt werden können. Man stelle sich vor: Die NATO hätte der ukrainischen Regierung gesagt, die Milliarden gibt es nur noch bei einem Friedensvertrag. Dann hätten wir sicherlich eine Friedenslösung bekommen. Doch das wollten die NATO-Staaten nicht. Die NATO wollte den Krieg.

Was bedeutet eine Verhinderung von Friedensverhandlungen auf Druck der NATO?

Ich will ausbuchstabieren was das heißt:

- Das bedeutet, dass die Ukraine kein wirklich souveräner Staat war und ist, sondern Ausführender der NATO – sonst hätten die NATO-Staaten keinen so fundamentalen Einfluss auf die Friedensverhandlungen nehmen können.
- Das außerordentliche Engagement der NATO heißt weiter: Der Ukraine-Krieg findet nicht zwischen Russland und der Ukraine statt, sondern zwischen Russland und der NATO auf dem Gebiet der Ukraine. Die Ukrainer sind die Bauernopfer eines Stellvertreterkrieges, der von der NATO finanziert und militärisch ermöglicht wurde. Umgekehrt bedeutet das, dass ohne die fortgesetzte Finanzierung und Bewaffnung durch die NATO und die EU der Krieg schnell vorbei gewesen wäre bzw. nicht einmal begonnen hätte.

- Die Sprachregelung der Regierungen, dass die NATO-Staaten keine Kriegsteilnehmer seien und nur der Ukraine bei der Selbstverteidigung helfen würden, ist eine Propagandalüge. Weil die Bevölkerung der NATO-Staaten keinen Krieg will, wurde die Kriegsbeteiligung in orwellscher Manier einfach verschleiert.
- Den führenden NATO-Regierungen ist das Leben der Menschen in der Ukraine gleichgültig: Diese können sterben, verletzt oder traumatisiert werden und ihre Städte können zerstört werden – der Krieg muss weitergehen, um Russland zu schwächen. Das ist die Menschenverachtung im Stil der derzeitigen Geopolitik, vor allem der USA und der NATO.
- Den NATO-Regierungen sind auch die Kriegsfolgen in ihren eigenen Ländern egal: Verarmung der Bürgerinnen und Bürger durch Inflation, Erosion der Wirtschaft durch hohe Energiepreise und Sanktionen, Beeinträchtigung der weltweiten Nahrungsmittelversorgung, weitere Millionen Flüchtlinge aus der Ukraine und Afrika. Das alles ist nicht so wichtig – oder als Destabilisierung sogar gewollt? – der Krieg gegen Russland ist wichtiger.
- Die westlichen Mainstream-Medien verschweigen den NATO-Einfluss auf den Abbruch der Friedensverhandlungen. Das ist kein Versehen, sondern eine bewusste Manipulation der Bevölkerung.
- Die führenden NATO-Regierungen sowie die Parteien, die sie unterstützen, sind durch die Verhinderung einer Friedenslösung für den Tod von hunderttausenden Ukrainern und Russen und die Traumatisierung von Millionen direkt verantwortlich. In meinen Augen haben wir es – angesichts der hunderttausenden in Kauf genommenen Toten – mit einem „Völkermord" laut UN-Völkermordkonvention zu tun.[869]
- Diese Schuld muss aufgearbeitet werden, sonst bleibt sie als eiternde Wunde zwischen den Völkern wirksam. Nur durch eine echte gesellschaftliche Aufarbeitung können zukünftige Kriege verhindert werden, sonst werden die Kriegstreiber erfolgreich weitermachen.
- Dazu brauchen wir eine kraftvolle Friedensbewegung in der Gesellschaft, um diese Aufarbeitung durchzutragen.

Volksabstimmungen: Ostukrainer schließen sich Russland an

Vom 23. bis 27. September 2022, nach sieben Monaten Ukraine-Krieg, gab es Referenden in den beiden Donbass-Volksrepubliken und in den beiden südostukrainischen Regionen Cherson und Saporoschje. Die dortigen Bevölkerungen stimmten mit sehr großen Mehrheiten für einen Anschluß an Russland.

Die Volksabstimmungen fanden an den ersten vier Tagen über mobile Urnen statt, bei denen Wahlhelfer den Wahlberechtigten anboten, zu Hause oder bei der Arbeit abzustimmen. Dieses Prozedere wurde gewählt, um große Menschenansammlungen zu vermeiden, da erwartet wurde, dass die ukrainische Armee versuchen würde, die Wahllokale zu beschießen. Lediglich am letzten Tag wurden die Wahllokale unter maximalen Sicherheitsvorkehrungen geöffnet. Für die Bewohner der vier Regionen, die wegen des Krieges nach Russland geflohen waren, gab es in den Flüchtlingsunterkünften und in fast allen russischen Regionen Wahllokale, so dass auch sie abstimmen konnten.[871]

Die Referenden wurden von etwa 150 ausländischen Wahlbeobachtern aus vielen Ländern kontrolliert. Diese schilderten übereinstimmend eine ordnungsgemäße Durchführung. Über Unregelmässigkeiten habe ich nichts gefunden.[872] Ich war sehr froh über diesen Einsatz der ausländischen Wahlbeobachter, denn nur so konnte es orginäre Berichte von vor Ort über diese Referenden in Kriegszeiten geben.

Die westlichen Mainstream-Medien zerrissen, wie zu erwarten, die Referenden, bezeichneten sie als „Scheinreferenden“ und behaupteten alles mögliche, zum Beispiel, dass die Ostukrainer von russischen Soldaten zur Stimmabgabe gezwungen worden wären. Das war von journalistischen Schreibtischbewohnern frei erfunden. Deren Redaktionen hatten nämlich gar keine Korrespondenten vor Ort und somit auch keine eigenen Informationen, sondern nur die Kiewer Propaganda.

Nachweislich gab es keinen Druck auf die Stimmberechtigten. Der Journalist Ulrich Heyden war Wahlbeobachter in Donezk. Er berichtet:

Bewaffnete Sicherheitsleute habe ich bei dem fünftägigen Wahlgang nur ein einziges Mal gesehen, als nämlich ein bekannter russischer Duma-Abgeordneter ein Wahllokal besuchte und einen Leibwächter dabei hatte. Wer die Menschen zwingt, für die Vereinigung mit Russland zu stimmen, sind nicht russische Sicherheitsleute mit vorgehaltener Kalaschnikow, sondern ukrainische Granaten und aus der Luft abgeworfene international geächtete Minen, an denen fast täglich Menschen sterben.“[873]

Die Referenden fanden nur in den Teilen der vier Regionen statt, die von der russischen Armee kontrolliert wurden. Die Führung in Kiew hat Ukrainern, die an den Abstimmungen teilnehmen, Anklagen wegen Hochverrats angedroht. Wer teilgenommen habe, müsse mit bis zu fünf Jahren Haft rechnen, so Präsidentenberater Mykhailo Podolyak.[874]

Die ausländischen Wahlbeobachter setzten viel aufs Spiel: Stefan Schaller war Geschäftsführer der nordhessischen Energiewerke Waldeck-Frankenberg. Schon drei Tage nach den Referenden wurde er gefeuert.[875] Der NDR-Journalist Patrik Baab verlor seinen Lehrauftrag an der Christian-Albrechts-Universität in Kiel.[876] Sein Hotel in Donezk, in dem Wahlbeobachter untergebracht waren, wurde von der ukrainischen Armee mit Granaten beschossen. Nur durch glückliche Umstände passierte ihm nichts.[877] Auch die Beobachtergruppe von Thomas Röper geriet ins Visier der ukrainischen Artillerie und musste sich durch eine rasante Flucht retten.[878]

Man stelle sich das vor: Anstatt dass Deutschland offizielle Wahlbeobachter in die Ostukraine schickt, um zu kontrollieren, ob die Referenden ordnungsgemäß durchgeführt werden, werden die wenigen, die auf eigene Kosten zur Wahlbeobachtung dorthin reisen und dabei ihr Leben riskieren, bestraft und verlieren ihre berufliche Existenz!

Die Abstimmungsergebnisse waren eindeutig

In der Volksrepublik Lugansk lautete die Abstimmungsfrage:[879] *„Sind Sie für den Anschluss der Volksrepublik Lugansk an die Russische Föderation mit den Rechten eines Subjekts der Russischen Föderation?“* Die entsprechende Frage gab es in der Volksrepublik Donezk.

Ergebnis in der Volksrepublik Lugansk: Ja 99,0%, Nein 1,0%
Stimmbeteiligung: 94,15%, gültige Stimmen: 1.652.857

Ergebnis in der Volksrepublik Donezk: Ja 99,77%, Nein 0,23%
Stimmbeteiligung: 97,51%, gültige Stimmen: 2.120.738

In den Regionen Cherson und Saporoschje, die südlich der Donbass-Republiken liegen, lautete die Abstimmungsfrage: *„Sind Sie für den Austritt der Region Cherson (bzw. Saporoschje) aus der Ukraine, die Unabhängigkeit der Region Cherson (bzw. Saporoschje) und den Anschluss an die Russische Föderation mit den Rechten eines Subjekts der Russischen Föderation?“*

Ergebnis in der Region Cherson: Ja: 87,84%, Nein: 12,16%
Stimmbeteiligung: 76,86%, gültige Stimmen: 565.883

Ergebnis in der Region Saporoschje: Ja: 93,11%, Nein: 6,89%
Stimmbeteiligung: 85,40%, gültige Stimmen: 541.093

Angriffskrieg der Ukraine gegen Russland

Mit diesen Referenden wurden diese vier Regionen völkerrechtskonform ein Teil Russlands. Seither findet der Ukraine-Krieg vor allem auf russischem Gebiet statt. Machen wir uns klar: Die Ukraine führt seither einen völkerrechtswidrigen Angriffskrieg gegen Russland.

Das wird von der ukrainischen Regierung und den NATO-Regierungen geleugnet. Dazu mißachten diese einfach das überwältigend eindeutige Votum der Ostukrainer. Die Menschen sind unwichtig. Die Kiewer Regierung stört sich auch nicht daran, dass über 90 Prozent der Ostukrainer nichts mehr mit ihnen zu tun haben wollen. Nach der militärischen Eroberung will die ukrainische Regierung diese Menschen entrechten, bestrafen und vertreiben, wie wir im „12 Punkte De-Okkupationsplan“ schon gesehen haben. Der NATO-Westen unterstützt das.

Die westlichen Parteienoligarchen finden es störend und wollen deshalb nicht akzeptieren, dass in einer Demokratie das Volk der Souverän ist. Eine Entscheidung des Volkes ist jedoch immer zu achten, auch wenn einem das Ergebnis nicht passt. Das gehört zum kleinen Einmaleins der Demokratie.

Eskalation bis zur Gefahr eines Atomkriegs

Paul Craig Roberts war stellvertretender Finanzminister der Regierung Ronald Reagan. Er ist ein Konservativer der alten Schule und Kritiker der imperialistischen Außenpolitik der USA. In einem Beitrag vom 21. Februar 2023 – nach der Rede von Präsident Putin an die Nation – warnt er vor einem drohenden Atomkrieg. Seine spürbare Verzweiflung über die regierenden Politiker der USA ist ernst zu nehmen; er war selbst einmal Regierungsmitglied.[880]

Eine Nano-Sekunde vor Mitternacht

Das Hauptaugenmerk des inkompetenten Biden-Regimes liegt (...) auf der Verschärfung der Spannungen mit Russland, die bereits gefährlicher sind als während der Kuba-Krise. Die verrückte Kriegstreiberin Victoria Nuland, die Biden dummerweise zur Unterstaatssekretärin ernannt und vom Senat bestätigen hat lassen, verkündete, dass Washington russische Einrichtungen auf der Krim als „legitime Ziele" betrachtet und die US-Regierung ukrainische Angriffe auf russisches Gebiet unterstützt.

Gestern kündigte Putin an, dass Russland seine Teilnahme am letzten verbliebenen Atomwaffenabkommen aussetzen wird, da Washington auf der Einhaltung des Abkommens durch Russland besteht, obwohl es sich selbst nicht daran hält.

Der Moskauer US-Botschafter wurde von der russischen Regierung vorgeladen, um Rechenschaft über die Beteiligung Washingtons am Ukraine-Konflikt mit Russland abzulegen. Dem US-Botschafter wurde gesagt, dass das Geld, die Waffen, die militärischen Zielinformationen und das Unterstützungspersonal die Unwahrheit der Behauptung Washingtons beweisen, nicht an dem Konflikt beteiligt zu sein. Dem Botschafter wurde gesagt, dass sich die

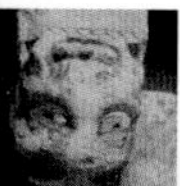

Paul Craig Roberts

USA aktiv im Krieg mit Russland befinden und sich aktiv an feindlichen Handlungen gegen Russland beteiligt, und dass dies Konsequenzen haben wird.

Putin hat russische Atomraketen in Gefechtsbereitschaft versetzt.

Fragen Sie sich, was für eine völlig dumme und unverantwortliche Regierung in Washington uns in eine solche Situation bringt. Fragen Sie sich, welche Art von Schwachköpfen an der Spitze der NATO-Länder stehen, die das Überleben ihrer eigenen Länder aufs Spiel setzen, um Washington zu gefallen. (...)

Und wo ist Amerikas Präsident, während Russland seine Atomraketen in Gefechtsbereitschaft versetzt? Telefoniert er gerade mit Putin, um die gefährliche Situation zu beruhigen? Nein. Der Idiot ist in der Ukraine und in Polen und gießt Benzin ins Feuer.

Ich habe immer wieder davor gewarnt, dass das Engagement des Westens in der Ukraine zu einem Atomkrieg führt. (...) Die US-Politiker sind russenfeindliche Leute, (...) die eine gefährliche Situation emotional angehen und unfähig sind, vernünftig und verantwortungsbewusst zu handeln.

Die Russen haben dies alles gesehen. Sie sehen, dass es in der westlichen Führung keine Intelligenz gibt, sondern nur die Absicht, Russland zu brechen. Putin war in all dem geduldig – zu geduldig, wie ich behauptet habe – und hat nach einem Funken Intelligenz im Westen gesucht. Da er keinen findet, scheint er die Hoffnung aufzugeben. Wenn er die Hoffnung aufgibt, ist der Krieg im Anmarsch.

Das unbeteiligte, unwissende und uninformierte amerikanische Volk hat keine Ahnung von der gegenwärtigen Gefahr. Ihr Verständnis ist auf ihre Indoktrination beschränkt: Russland schlecht, Ukraine gut.

Damit man diese Sorge von Paul Craig Roberts verstehen kann, sind einige weitere Informationen notwendig.

Russische Militärdoktrin zum Einsatz von Atomwaffen

Westliche Mainstream-Medien und Politiker machen den Menschen laufend Angst, Russland würde mit einem willkürlichen Einsatz von Atomwaffen drohen. Das ist aber die Unwahrheit. Es ist Propaganda, um antirussische Stimmung zu erzeugen. Richtig ist: Russland hat eine klare Doktrin für den möglichen Einsatz von Atomwaffen. Demnach kann Russland unter vier Bedingungen Atomwaffen einsetzen:[881]

1. Wenn ein Feind Atom- oder andere Arten von Massenvernichtungswaffen gegen Russland und seine Verbündeten einsetzt,
2. wenn glaubwürdige Informationen über den Start ballistischer Raketen zum Angriff auf Russland und seine Verbündeten vorliegen,
3. wenn ein Feind Einrichtungen angreift, die für Vergeltungsmaßnahmen durch die Nuklearstreitkräfte erforderlich sind, oder
4. im Falle einer Aggression gegen Russland mit konventionellen Waffen, die die Existenz des russischen Staates selbst bedroht.

Wenn russische Regierungsvertreter über einen möglichen Einsatz von Atomwaffen sprechen, dann verweisen sie dabei immer auf konkrete Szenarien, bei denen eine oder mehrere dieser Voraussetzungen erfüllt sind. Jedoch wird das von den westlichen Medien in den Berichten über „russische Atom-Drohungen" verschwiegen.

Russland stellt damit deutlich höhere Anforderungen an einen Einsatz von Atomwaffen als die USA. In der Nationalen Verteidigungsstrategie der USA heißt es, sie zögen „den Einsatz nuklearer Waffen unter extremen Bedingungen" in Betracht, falls „ihre vitalen Interessen" oder die ihrer „Verbündeten und Partner" bedroht seien. Während für die USA also nur „vitale Interessen" bedroht sein müssen, ist es bei Russland „die Existenz des russischen Staates."[882]

Zur russischen Nukleardoktrin gehört auch, dass bei einem Angriff auf Russland nicht nur die Entscheidungszentren in den Ländern angegriffen werden, aus denen die Raketen abgefeuert wurden, sondern auch die Entscheidungszentren der Länder, aus denen die Waffen stammen – was die USA betrifft.

Putins Rede an die Nation: NATO bedroht Russland

Am 21. Februar 2023 hielt Präsident Putin eine zweistündige „Rede an die Nation" vor der Föderalen Versammlung.[883] Auf diese Rede bezog sich Paul Craig Roberts. Putin ließ anklingen, dass er das vierte Kriterium der Atomwaffen-Doktrin – die Bedrohung der Existenz Russlands – nicht nur als mögliches zukünftiges Szenario, sondern als schon eingetreten sieht.

In der Rede schilderte Putin die Gründe für den Ukraine-Konflikt und die Not der Einwohner im Donbass, die über Jahre beschossen wurden. Und er zählte verschiedene Arten auf, wie die westlichen Staaten Russland bedrohen. Daraus einige Punkte:

- Die NATO wurde bis an die Grenzen Russlands erweitert.
- Die USA hat sich aus den grundlegenden Abrüstungsabkommen zurückgezogen, darunter auch aus dem Vertrag über Kurz- und Mittelstreckenraketen.
- Raketenabwehrstellungen wurden in Europa und Asien errichtet.

- NATO-Militärkontingente wurden stationiert, auch an den Grenzen Russlands.
- Der Westen unterstützte den Putsch von 2014 und machte die Ukraine zu einem „Anti-Russland“.
- Das „Anti-Russland“-Projekt will in unmittelbarer Nähe der Grenzen Russlands Brutstätten der Instabilität und der Konflikte schaffen.
- Die ukrainischen Nationalisten haben Russophobie und extrem aggressiven Nationalismus zur ideologischen Grundlage. Den Westen stört das nicht, solange sie gegen Russland kämpfen.
- Das Minsker-Abkommen war ein Bluff der westlichen Regierungen, um Zeit zu gewinnen, die Ukraine militärisch aufzurüsten.
- Die USA und die NATO haben Armeestützpunkte und geheime Biolabore in der Ukraine in der Nähe der Grenzen Russlands aufgebaut.
- Im Rahmen von Manövern in der Ukraine haben sie sich mit dem Schauplatz künftiger Militäroperationen vertraut gemacht.
- Die Regierung in Kiew wurde auf einen großen Krieg vorbereitet.
- Die Vorschläge Russlands für Sicherheitsgarantien wurden von der NATO und den USA im Dezember 2021 abgelehnt.
- Der Westen führte immer aggressivere mediale Angriffe gegen Russland durch.
- Der Westen benutzt die Ukraine sowohl als Rammbock gegen Russland als auch als Testgelände für Waffen.

Dazu kommt, was in der Rede nicht extra genannt wurde: Der Wirtschaftskrieg gegen Russland mit etwa 11.000 Sanktionen und die Sprengung der Nord Stream Pipelines. Regelmäßig gab es Angriffe der Ukraine auf Ziele in Russland, wofür die NATO die notwendigen Satellitendaten und Waffen lieferte. Sogar russische Atombomber wurden auf einem russischen Militär-Flughafen durch Drohnen angegriffen und beschädigt.[884] Putin zieht in seiner Rede ein Fazit:

> *Die westlichen Eliten machen keinen Hehl aus ihrem Ziel: Russland eine – wie sie sagen, das ist ein Zitat – „strategische Niederlage“ zuzufügen. Was bedeutet das? Was bedeu-*

tet es für uns? Es bedeutet, uns ein für alle Mal zu vernichten, das heißt, sie wollen einen lokalen Konflikt in eine Phase der globalen Konfrontation verwandeln. So verstehen wir das und wir werden entsprechend reagieren, denn in diesem Fall geht es bereits um die Existenz unseres Landes.

Selbst wenn man den von Putin dargelegten Absichten hinter den aufgezählten Fakten nicht zustimmen mag, ist es wichtig zu erkennen, dass die russische Regierung es so sieht. Putins Wortwahl ist bedeutsam angesichts der russischen Nukleardoktrin, die besagt, dass Russland Atomwaffen einsetzen könnte, wenn „die Existenz des Staates selbst bedroht ist". Putin sieht offensichtlich dieses Kriterium inzwischen erfüllt. Erfahrungsgemäß formuliert Putin präzise.

Diese Erklärung wurde von zwei damit zusammenhängenden Handlungen begleitet. Erstens wurde am Tag vor dieser Rede in Russland eine „Sarmat II ICBM" getestet.[885] Das ist eine Interkontinentalrakete, die bis zu 18.000 km weit fliegt, damit fast jeden Ort auf der Erde erreichen und zehn oder mehr Nuklearbomben transportieren kann. Wenn Paul Craig Roberts von „Gefechtsbereitschaft" sprach, so ging es um diesen Test der Sarmat-Rakete.

Zweitens kündigte Putin in seiner Rede an, dass Russland unverzüglich den START-Vertrag aussetzen werde, der die Anzahl und Reichweite seiner Atomraketen begrenzt und zur Kontrolle gegenseitige Inspektionen vorsieht. Putin begründete diesen Schritt wie folgt:

Wir wissen, dass der Westen direkt an den Versuchen des Kiewer Regimes beteiligt war, unsere strategischen Luftwaffenstützpunkte anzugreifen. Die zu diesem Zweck eingesetzten Drohnen wurden mit Hilfe von NATO-Spezialisten ausgerüstet und modernisiert. Und jetzt wollen sie unsere Verteidigungsanlagen auch noch inspizieren? Unter den aktuellen Bedingungen der heutigen Konfrontation klingt das einfach nur wie irgendein Schwachsinn.

Gleichzeitig – und darauf weise ich besonders hin – erlauben sie uns nicht, im Rahmen dieses Vertrages vollwertige Inspektionen durchzuführen. Unsere wiederholten Ersuche, bestimmte Einrichtungen zu inspizieren, bleiben unbeant-

wortet oder werden aus formalen Gründen abgelehnt, und wir sind nicht in der Lage, auf der anderen Seite irgendetwas zu kontrollieren.[886]

Tatsächlich verweigerten die USA russischen Kontrolleuren Einreisevisen, weshalb Russland dasselbe mit US-Kontrolleuren machte.[887]

Diese Äußerungen und Ereignisse machen deutlich, dass die Welt Anfang 2023 an die Schwelle zum Atomkrieg gekommen ist. Russland warnt den Westen. Doch der Westen ignoriert die Warnungen und gibt weiter Gas.

Eine deutliche Warnung sprach auch Dmitri Medwedew, stellvertretender Chef des russischen Sicherheitsrates, aus. Dieser kommentierte die Aussetzung der Teilnahme am START-Vertrag als „längst überfällige Entscheidung". *„Eine Entscheidung, die ausgelöst wurde durch den Krieg, den die USA und andere NATO-Staaten unserem Land erklärt haben."* Bisher hätte das amerikanische Establishment gedacht, sie könnten Kiew riesige Mengen an Waffen liefern und daran arbeiten, Russland zu besiegen, es einschränken und vernichten, ohne dass sich das auf ihre „strategische Sicherheit" auswirkt. Das sei ein „schwerer Fehler" aus dem „Gefühl der Überlegenheit und der Straflosigkeit" der Amerikaner, so Medwedew. *„Schließlich ist es für alle vernünftigen Kräfte offensichtlich, dass wir am Rande eines Weltkonflikts stehen, wenn die USA Russland besiegen wollen. Wenn die USA Russland besiegen wollen, haben wir das Recht, uns mit allen Waffen zu verteidigen, auch mit Atomwaffen."*[888]

Natürlich sind Atomwaffen nicht die einzige Möglichkeit, mit einer „existenziellen Bedrohung" umzugehen. Ein Atomschlag ist immer nur ein allerletztes Mittel. Aber die beiden wichtigsten Vertreter der russischen Regierung haben deutliche Aussagen gemacht und eine rote Linie gezogen. Niemand kann jetzt oder später sagen, es hätte keine Warnung gegeben oder die Gründe wären nicht nachvollziehbar.

Wird die NATO hören oder selbstmörderisch weiter eskalieren? Die neunte Stufe der Konflikteskalation sieht vor: „Gemeinsam in den Abgrund."

Gibt es stattdessen genügend Menschen, die sich für eine Deeskalation einsetzen?

Gipfelblick

Hat man den Gipfel erreicht, so wird man mit einem Überblick belohnt. Die Einzelheiten auf dem Weg sieht man nicht mehr, aber alles zusammen.

Eskalation anstatt Deeskalation

Wir haben in diesem Buch gesehen, dass es in den letzten Jahrzehnten sehr viele Möglichkeiten gegeben hätte zu deeskalieren. Damit wären die Weichen für Frieden gestellt worden. Doch die NATO, die USA und die EU entschieden sich für das Gegenteil und verschärften die Probleme. Russland strebte immer wieder diplomatische Lösungen an. Es war vergeblich. Die USA, die NATO und die Ukraine suchten den Krieg.

- Anstatt eine gemeinsame Wirtschaftszone mit Russland zu schaffen, wurde die Ukraine durch das EU-Assoziierungsabkommen zerrissen.
- Anstatt die gegenseitigen Sicherheitsinteressen zu achten, erweiterte sich die NATO immer weiter nach Osten. Man versprach 2008 der Ukraine und Georgien eine NATO-Mitgliedschaft, obwohl genau das die bekannte rote Linie Russlands war.
- Anstatt sich aus der ukrainischen Innenpolitik herauszuhalten, mischten sich USA, NATO und EU fortlaufend ein und förderten rechtsradikale Gruppierungen.
- Anstatt sich vom gewalttätigen, verfassungswidrigen Maidan-Putsch 2014 zu distanzieren, stachelten die USA ihn an, und die nationalistische Regierung wurde von den NATO-Staaten sofort anerkannt, finanziert und gefördert.
- Anstatt den demokratischen Willen der Bevölkerung auf der Krim im Referendum 2014 anzuerkennen, begann der Westen sofort den Sanktionskrieg gegen Russland.

Diese Liste könnte lange fortgesetzt werden. In diesem Buch habe ich vieles detailliert ausgeführt. Nur noch das Wichtigste:

- Von 2015 bis 2022 hätten die NATO, USA und EU die ukrainische Regierung zur Einhaltung des Minsker Abkommens drängen können. Das hätte große Wirkung gehabt, denn die ukrainische Regierung war vom Westen abhängig. Mit dem Minsker Abkommen hätte der Donbass-Krieg beendet werden können und die Donbass-Volksrepubliken wären autonome Regionen innerhalb der Ukraine geworden, was jahrelang von Putin unterstützt wurde. Stattdessen unterstützten NATO und USA die Versuche Kiews, den Donbass und die Krim gewaltsam zu erobern.
- Ende 2021 hätten NATO und USA auf die russischen Entwürfe für Sicherheitsvereinbarungen eingehen und ernsthaft verhandeln können.
- Im April 2022, nach dem Beginn des Ukraine-Krieges, hätten NATO, USA und England den Friedensprozess in Istanbul und Weißrussland unterstützen können. Stattdessen sabotierten sie die Verhandlungen.
- Durch den Informationskrieg, den Wirtschaftskrieg, die Kriegsfinanzierung, die Waffenlieferungen und die militärischen Leistungen wurden USA, EU-Länder, NATO und sogar Nichtmitgliedstaaten dieser Organisationen selbst Kriegsteilnehmer am Ukraine-Krieg.

An jeder Weggabelung hat die außenpolitische Elite der USA und der NATO den Weg der Konfrontation und des Konflikts gewählt, anstatt den Weg des Kompromisses und des Friedens. So haben sie Russland in den Krieg gedrängt und die Ukraine in den Krieg gelockt.

Völkerrechtswidriger Angriffskrieg der Ukraine

Die ukrainische Regierung begann 2014 den Donbass-Krieg. Wir haben in diesem Buch gesehen: Das war ein völkerrechtswidriger Angriffskrieg der Ukraine auf die Donbass-Volksrepubliken. In diesem Krieg starben über 14.000 Menschen, darunter sehr viele Zivilisten.

Kiew hat den Konflikt immer weiter genährt. Für 30 Prozent der Ukrainer ist Russisch die Muttersprache. Früher war Russisch in vielen ukrainischen Regionen zweite Amtssprache. Dennoch forcierten die regierenden Nationalisten eine Politik der ethnischen Säuberung. Das Ziel ist die „Ukrainisierung“ und die Verdrängung alles Russischen. Das

2019 beschlossene Sprachengesetz regelt für jedes Lebensgebiet bis ins Detail die Verdrängung der russischen Sprache. Man stelle sich vor, die Deutsch-Schweizer würden den französischsprechenden Welsch-Schweizern vorschreiben, dass im öffentlichen Raum und in Betrieben nur noch Deutsch gesprochen werden darf, Französisch nur noch privat oder wenn ein Kunde das verlangt. Die Schweiz würde als Staat sofort am „Rösti-Graben" auseinanderbrechen, an der Linie zwischen deutsch und französisch sprechenden Kantonen. Ein Vielvölkerstaat kann niemals mit der rassistischen Idee „ein Volk, eine Sprache, ein Staat" zusammengehalten werden. Wir erkennen, wie die machthabenden ukrainischen Nationalisten den Gesellschaftsvertrag, den Staatszusammenhalt und die territoriale Integrität der erst seit 1991 unabhängigen Ukraine zerstört haben.

Die ukrainische Regierung hatte 2015 im Minsker-Abkommen zugesagt, den Donbass-Republiken den Status von „Autonomen Regionen in der Ukrainischen Verfassung" zu geben – ähnlich wie zum Beispiel Südtirol und Sardinien in Italien oder Grönland in Dänemark autonome Regionen mit großer kultureller und politischer Eigenständigkeit sind. Es hätte so leicht sein können, den Konflikt zu lösen. Jedoch hat die ukrainische Regierung keinen einzigen der im Minsker-Abkommen definierten Schritte zu diesem Ziel der autonomen Regionen umgesetzt. Stattdessen verhinderte sie gewollt diese Friedenschance und setzte den Donbass-Krieg fort. Gleichzeitig verbot und verfolgte die ukrainische Regierung jegliche Opposition in Politik, Medien, Internet, Kirche, Kultur und im ganz normalen täglichen Leben. Das sind die anerkannten Merkmale einer totalitären Diktatur. Der „große Krieg mit Russland" wurde seit 2019 von den nationalistischen Machthabern in Kiew regelrecht herbeigesehnt.

Die Situation war verfahren. Von Seiten der USA, NATO, EU und Ukraine war nicht die geringste Bereitschaft für eine friedliche Lösung zu erkennen. Sie hatten alles blockiert. Sie hatten das Minsker Abkommen vorsätzlich missachtet. Sie hatten Verhandlungen über die von Russland vorgeschlagenen Sicherheitsvereinbarungen abgelehnt. So hatten sie jede Diplomatie erstickt.

Stattdessen steigerte die Ukraine den Angriffskrieg auf die Donbass-Republiken. Ab dem 17. Februar 2022 griff die ukrainische Armee die

Volksrepubliken mit einem vielfach verstärkten Granatenhagel an. Am 21. Februar 2022 anerkannte Russland die Donbass-Volksrepubliken und es wurde ein militärisches Beistandsabkommen abgeschlossen. Trotzdem steigerte die ukrainische Armee den Beschuss immer weiter. Die Selenskyj-Regierung und die USA, NATO und EU wussten genau, diese Steigerung würde Russland – entsprechend des Beistandsabkommens – zu einem militärischen Einschreiten zwingen. Damit ist bewiesen, dass die Ukraine den Krieg mit Russland bewusst herbeigeführt hat.

Die Donbass-Republiken baten am 23. Februar 2022 Russland um Hilfe gegen diesen Angriff. Am 24. Februar begann der Militäreinsatz der russischen Armee. So eskalierte der seit 2014 stattfindende Donbass-Krieg zum furchtbaren Ukraine-Krieg. Wir haben gesehen: Russlands Eingreifen war nach Art. 51 UNO-Charta völkerrechtskonform. Es war eine Hilfe bei der Verteidigung der Donbass-Republiken gegen den völkerrechtswidrigen Angriff der Ukraine.

Weitere Entdeckungen

In diesem Buch konnten wir viele weitere überraschende Entdeckungen machen. Zum Beispiel:

- Das 180-Grad-Prinzip der Kriegspropaganda gilt fast durchgehend. Die Wahrheit ist genau spiegelverkehrt zur propagierten Lüge.
- Die Krim wollte schon seit der ukrainischen Staatsgründung unabhängig von der Ukraine sein. Diese beherrschte die Krim jedoch gesetzeswidrig und gegen den Willen der Bevölkerung.
- Die Volksabstimmungen auf der Krim und im Donbass wurden nicht von Russland erzwungen, sondern wurden von den Bevölkerungen getragen. Es waren Sezessionen. Das sind völkerrechtlich legale und gültige Abspaltungen, auch ohne die Anerkennung durch andere Staaten. Russland hat die Krim und den Donbass nicht annektiert.
- Die Maidan-Anführer, die dann nach dem Putsch 2014 leitende Funktionen im Staat erhielten, haben eindeutig nazi-ideologische Hintergründe, sind Nazis, und gehen auch so brutal vor. Die ukrainischen Nationalisten prägten seither die Politik der Ukraine. USA, NATO und EU unterstützen diesen Rassismus und Nationalismus.

- Die Wirtschaftssanktionen des NATO-Westens gegen Russland sind völkerrechtswidrig. Nicht Russland, sondern die NATO handelt völkerrechtswidrig.
- Das heutige Russland ist seit 1991 nicht mehr die kommunistische Sowjetunion. USA und NATO halten am alten Feindbild fest, weil sie Russland als souveränen Staat eliminieren wollen.
- Das heutige Russland ist nicht imperialistisch. In den Köpfen westlicher Zeitgenossen spukt jedoch ohne Hintergrundwissen herum, dass Russland in Tschetschenien und Georgien brutale Kriege gegen die Menschen dort geführt habe, dass es also aggressiv seinen Machtbereich ausdehnen und andere unter seine Kontrolle bringen wolle. Das wurde in diesem Buch ins rechte Licht gerückt: In Georgien ging es darum, die Angriffe Georgiens auf die Republiken Abchasien und Südossetien abzuwehren. Tschetschenien hingegen war Teil von Russland. Hier ging es also nicht um imperiale Ausweitung, sondern um den Kampf gegen islamische Fundamentalisten, die äußerst brutal gegen ihre russischen Landsleute vorgegangen waren.
- Ein Hauptmittel der Kriegspropaganda ist die jahrzehntelange Diabolisierung Putins. Durch diese andauernde Propagandaberieselung wurde die Bevölkerung gezielt auf Krieg vorbereitet. Die Diabolisierung Putins ist der Nährboden, auf dem alles aufbaut, was Russland an Bösem zugeschoben wird. Ist der Präsident ein böser Mensch, ein Mörder, Machtmonster und Diktator, dann ist alles Böse, was man sagen kann, ganz bestimmt richtig, so absurd es auch ist, denn „Putin ist ja das Böse selbst". So funktioniert diese zentrale Propagandatechnik. Die Erfahrung zeigt: Wenn die USA den Präsidenten eines Landes zu dämonisieren beginnen, kann man davon ausgehen, dass sie das Land überfallen oder die Regierung stürzen wollen.

Diese Einsichten zeigen, wo die Handlungsrichtung für Frieden liegt. Die bedeutendste Wirkung würde haben, wenn die europäischen Staaten als Kriegsteilnehmer aussteigen und eine neutrale Position einnehmen würden. Dadurch würden sie das Eskalationskarussell sofort stoppen, das Töten und Sterben beenden und Raum für Friedenslösungen schaffen.

Teil 4 – Nachwort

Erzengel von Paul Klee, 1938[889]

Wer bis hierher gelesen hat, hat eine Reise mitgemacht

Es war eine lange Reise. Wir haben viel Neues wahrgenommen. In manchen Abgrund haben wir tief hineingeblickt. Unser Verständnis der weltweiten Geopolitik und des damit zusammenhängenden Ukrainekrieges ist gewachsen.

In der Recherche betrat ich oftmals Neuland und musste Fragen gründlich durchforschen. Dadurch wurde das Buch länger als ursprünglich geplant, und es entstanden über 800 Fußnoten.

Ich habe immer solange recherchiert, bis ich das Erlebnis hatte, auf einem Wahrheitsboden angekommen zu sein. Wie war es wirklich? Was bedeutet es? Ist die Schlussfolgerung gerechtfertigt? Halten die Quellen? Wird ein Gedanke von seinem inhaltlichen Umfeld getragen, oder steht er unvermittelt alleine da?

Jeden geschriebenen Satz konfrontierte ich mit einem Bündel an Fragen: Ist er verständlich? Habe ich ihn mit meinem Ich und meinem Bewusstsein ergriffen? Ist er flüssig und lebendig?

Emotional war es herausfordernd, dieses Buch zu schreiben. Dass die USA und die NATO verlogen sind, war vielleicht schon manchen Leserinnen und Lesern klar. Die Details und das Ausmaß der Unmenschlichkeit wirklich zu betrachten und sich dem innerlich erlebend zu stellen, ist schmerzhaft und erschreckend. – Machen wir uns an dieser Stelle auch bewusst, dass wir, die nicht vor Ort sind, in Wahrheit nichts von der grauenvollen Realität des Krieges wissen. Auch wenn wir uns nach der Lektüre dieses Buches für ausreichend Informierte halten dürfen: ganz viel Demut angesichts des furchtbaren Leids vor allem der ukrainischen und russischen Soldaten, die im Zentrum des Grauens stehen, ist geboten. – Auch den Zustand der gegenwärtigen Ukraine mit dem dort herrschenden fanatischen Nationalismus unverhüllt anzublicken, ist markerschütternd. Ich habe beim Schreiben immer versucht, die Wärme, die Liebe und das Verständnis zu behalten, trotz des Nachbohrens und der Nüchternheit. Ich hoffe deshalb, dass die Inhalte für die Leserinnen und Leser ertragbar sind.

Für mich war das Schreiben eine Befreiung aus dem Spinnennetz der Kriegspropaganda. Dieses war tiefer in mich eingedrungen als es mir

klar gewesen war. Es wirkt subtil und generationenübergreifend. Nun kann ich freier atmen und erlebe mehr Ruhe. Es stimmt: „Die Wahrheit wird euch frei machen." Ich hoffe, dass Sie, liebe Leserinnen und Leser, ähnliches erleben können.

Das Buch hat vielleicht die Augen geöffnet für den im Faschismus wurzelnden Nationalismus und die Kriegstreiberei in der Ukraine, das Ausmaß an Propaganda, Lügen und Hass in den NATO-Staaten und der EU und die menschenverachtende Geopolitik der USA.

Was können wir tun?

Aber der Kriegszug rollt. Die Kriegstreiber geben überall den Ton an. Kein Wunder fühlt man sich ohnmächtig.

Diese Ohnmacht ist Realität, man kann sie nicht übergehen. Es bleibt nur, die Ohnmacht zu achten und sich zugleich auf das zu konzentrieren, was man selbst tun kann. Hier kann helfen, was Martin Luther gesagt haben soll: *„Wenn ich wüsste, dass morgen die Welt unterginge, würde ich heute noch ein Apfelbäumchen pflanzen."*

Das System, das diesen Krieg hervorbrachte, basiert auf Macht. Nahe bei der Macht sind Gefühle wie Angst und Hass. Es ist die Aufgabe jedes einzelnen Menschen, aus diesen Gefühlen herauszukommen. Wie gelingt mir dies? Schon wenn ich mich meinen Gefühlen ehrlich stelle, hilft mir das, sie zu verändern. Wenn ich mir sage, ich will Gefühle wie Mitleid, Liebe und Freiheit in mir ehrlich fördern, so werde ich sie auch in mir finden. Ein wichtiges Brückengefühl vom Hass zur Liebe ist die Ohnmacht. Dies tönt vielleicht ein wenig seltsam, aber die Ohnmacht hilft wirklich, aus den Verstrickungen der Macht, und seien diese auch nur in Gedanken, herauszukommen. Doch nur die bewusste Ohnmacht führt in die Freiheit, die unbewusste Ohnmacht lässt uns in der Verzweiflung und im Hass stecken bleiben. Wenn ich mich ehrlich der Ohnmacht hingebe, öffnet sich für mich plötzlich ein Türchen in einen Raum, in dem das Licht scheint, und wo ich unerwartet Lösungen erkennen kann. Auch meine Würde finde ich dort wieder. Dies sind eigene Erfahrungen und keine Theorie. Jeder kann dies ausprobieren.

Das ist ein Schlüssel: Die kollektive Willensbildung entsteht aus einem Zusammenfließen der Gedanken und Gefühle aller. Deshalb greift die

Kriegspropaganda gezielt auf das Denken und Fühlen der Menschen zu. Hier haben wir die mächtigsten Handlungsmöglichkeiten.

Wer innerlichen Frieden und Liebe lebendig werden läßt und aus der Kriegstreiberei und den Feindbildern aussteigt, verändert das kollektive Feld ein Stück weit. Mit jedem klaren Gedanken schwächen wir das Propaganda-Ungetüm, das sich wie eine dunkle Wolke über unserer Gesellschaft ausgebreitet und viele Köpfe und Herzen ergriffen hat.

Neutralität

Die Neutralität ist entscheidend. Wir dürfen uns nicht in Konflikte hineinziehen lassen. Staatliche Neutralität heißt, dass ein Staat an keinem Krieg, weder Militärkrieg, Wirtschaftskrieg noch Informationskrieg teilnimmt. Stattdessen versucht er, den Kontakt zu allen Seiten zu halten und Raum für Verhandlungen zu schaffen.

Die Schweiz und Österreich verstehen heute aber unter Neutralität nur eine militärische Neutralität, das heißt ein Verbot von Waffenlieferungen und militärischer Hilfe. Ansonsten sind sie in die NATO-Politik eingebunden. Damit haben sie ihren historisch erworbenen Status, neutrale Vermittler in der Weltpolitik zu sein, verspielt.

Echte Neutralität schließt auch Informations- und Sanktionskriege aus. Genau darüber wird die schweizer Bevölkerung durch die Neutralitäts-Initiative[890] voraussichtlich abstimmen können. Ein positiver Ausblick.

Es besteht keine Gefahr eines Angriffs Russlands auf europäische Staaten

Ein wichtigstes Argument für die Kriegsbeteiligung der EU-Staaten am Ukraine-Krieg war: Wenn Russland die Ukraine überrollt hat, dann werden die Russen Polen und Deutschland angreifen. Um dem vorzubeugen, müssten in einer Art Selbstverteidigung Waffen und Milliarden in die Ukraine geschickt werden. Die Ukrainer würden auch für unsere Sicherheit kämpfen.

In dem Kapitel „Ist Russland imperialistisch?“ haben wir gesehen, dass Russland keine imperialistischen Ambitionen hat und deshalb auch keine Gefahr besteht, dass es andere Staaten angreift. Abgesehen von der fehlenden politischen Absicht Russlands, Europa anzugreifen, zeigt auch die Gegenüberstellung der militärischen Kräfte Russlands und der NATO, dass dies praktisch gar nicht möglich wäre.

Diese Einsichten sind für eine staatliche Neutralität wichtig. Wenn die EU-Staaten nicht bedroht sind, fällt es deutlich leichter, eine neutrale Position einzunehmen und die Waffenlieferungen einzustellen.

In der „Außenpolitischen Doktrin Russlands" beschreibt die russische Regierung das gewünschte Verhältnis zur EU. In den Punkten 59 bis 61 steht dort, dass sich Russland von der „aggressiven Politik der Mehrheit der Staaten Europas gegenüber Russland" bedroht sieht. Deshalb will Russland Bedingungen schaffen, dass diese Staaten irgendwann „auf einen antirussischen Kurs" und „die Einmischung in die inneren Angelegenheiten Russlands" verzichten. Stattdessen hofft Russland auf einen „Übergang zu einer langfristigen Politik der guten Nachbarschaftsbeziehungen und Zusammenarbeit mit Russland." [891]

Austritt aus der NATO – Unabhängigkeit von den USA

Wir haben gesehen: Die NATO ist eine Kriegstreiber-Organisation. Deshalb ist ein Austritt aus der NATO unabdingbar. Auch die EU ist inzwischen eine Kriegstreiber-Organisation. Sie unterstützt nationalistische, rassistische Politik. Dadurch hat sie ihren Gründungsimpuls verraten. Die EU-Politiker jubeln dem Faschismus zu. In einer solchen Organisation sind wir nicht gut aufgehoben. Deutschland sollte seine Mitgliedschaft nutzen, um die Kriegstreiberei zu blockieren oder aus der EU austreten. Stattdessen könnte Deutschland dann eine Zusammenarbeit mit neutralen und friedlichen Staaten anstreben.

Die US-Regierung (nicht die US-Bürger) ist mit ihrer hegemonialen Geopolitik die größte Gefahr für den Weltfrieden. Lösen wir uns von den USA! Verbieten wir die US-Militärbasen in Deutschland und ganz Europa! Es steht dringend an, dass die europäischen Staaten wieder eine eigene Außenpolitik machen und die Interessen ihrer eigenen Bevölkerung vertreten, anstatt den USA hinterherzudienen. Unfassbares Beispiel: die deutsche Bundesregierung nickte schweigend die offene Ankündigung von US-Präsident Biden ab, die Nord Stream 2

Pipelines zu zerstören. Ein Verrat an der deutschen Bevölkerung und Wirtschaft, die nun am teuren und umweltzerstörenden US-Frackinggas leiden.

So wichtig ein NATO-Austritt und Unabhängigkeit von den USA sind, problemlos wird das eher nicht gehen. Die USA benötigen die Unterstützung der EU für ihre Welthegemonie. Sie wird nicht nur alles tun, um NATO-Austritte zu verhindern, sie sorgt auch gnadenlos dafür, dass andere Beeinträchtigungen ihrer Macht unterbleiben. Bereits beim Bau von Nord-Stream 2 sanktionierte die USA beteiligte europäische Unternehmen und deutsche Politiker. Das war Wirtschaftskrieg gegen die eigenen Verbündeten. „Fuck the EU." Der größte US-Auslandsgeheimdienst NSA hört alles ab, selbst Bundeskanzlerin Angela Merkel wurde abgehört. Freundschaft mit der US-Regierung? Gibt es nicht.

Für eine echte Unabhängigkeit von den USA und einen NATO-Austritt müssen die europäischen Staaten zunächst sanktionsresistent werden.

Wenn die USA solche Sanktionen über Deutschland verhängen würde, wie über Russland, dann wäre Deutschland – ohne Rohstoffe, ohne autarke Lebensmittelversorgung und eingebunden in das US-Dollar-Geldsystem – vermutlich innerhalb weniger Wochen am Boden. Es hat höchste Priorität, Finanz- und Wirtschaftsstrukturen zu schaffen, die möglichen Sanktions-Erpressungen der USA standhalten.

Als Zwischenschritt ist denkbar, die militärische Zusammenarbeit mit der NATO einzufrieren, ohne ganz aus der NATO auszutreten. Frankreich wäre ein Vorbild: 1966 wurde dem damaligen französischen Präsidenten Charles de Gaulle die Dominanz der USA in der NATO zu viel. Er fror die Beteiligung Frankreichs in den NATO-Strukturen ein.[892] Erst 2009 wurde Frankreich wieder NATO-Vollmitglied.

Mainstream-Medien und Kriegstreiber-Parteien meiden

Ein großes Problem sind die Mainstream-Medien, die eindeutig der Kriegspropaganda und -hetze und der Bevölkerungsmanipulation dienen. Die grosse Mehrzahl der Menschen in den NATO-Staaten lebt deshalb in einer Propagandablase und kann gar nicht rechtschaffen urteilen. Dass ihre Urteile auf Propaganda basieren, haben die allermeisten noch nicht verstanden. Sie halten sich für skeptisch und wahrheitssuchend. Als Ausgangspunkt für ihre Einschätzungen und Haltungen haben sie aber ein Feindbild und einseitige, meist manipulierte Informationen.

Eine Reinigung und Neuausrichtung der Mainstream-Medien von innen ist nicht absehbar. Am besten meiden wir ihre krankmachende Informationsverschmutzung und unterstützen sie nicht mehr mit Geld und Aufmerksamkeit. Alternative Möglichkeiten stehen im Anhang.

Ein weiteres großes Problem sind unsere Politiker. Was soll man mit Politikern anfangen,

- die jahrelang systematisch den Ukraine-Krieg vorbereitet haben,
- die durch die Finanzierung der Ukraine und die Waffenlieferungen für den Tod von hunderttausenden Menschen verantwortlich sind,
- die schamlos und geschichtsvergessen eine rassistische Regierung in der Ukraine unterstützen, die sich offen auf den Nationalsozialismus bezieht,

- deren Rechtsbewusstsein darin besteht, dass Vereinbarungen nur dann gelten, wenn sie den eigenen Interessen dienen,
- die ohne Scham völkerrechtswidrige Sanktionen beschließen,
- die skrupellos die eigene Bevölkerung belügen und manipulieren,
- deren Demokratieverständnis darin besteht, Andersdenkende zu diffamieren, die Meinungsfreiheit einzuschränken und autoritäre Strukturen einzuführen?

Das Blut hunderttausender und die Traumatisierung von Millionen Menschen kleben an den Fingern dieser Politiker. Hätte zum Beispiel Deutschland keine Waffen geliefert, keine Kriegsmilliarden in die Ukraine geschickt, keine ukrainischen Soldaten ausgebildet, keine Geheimdienstinformationen zur Verfügung gestellt, keine EU-Kriegsfinanzierung genehmigt, sondern durch ein Veto blockiert und den USA verboten, Waffen in die Ukraine über deutsches Gebiet zu transportieren, dann wäre der Ukraine-Krieg vermutlich nach wenigen Wochen zu Ende gewesen. Die Ukraine hätte dann die Agressionen gegen den Donbass und die Krim einstellen und in einem Friedensvertrag Russland einen neutralen Status ohne NATO-Beitritt zusichern müssen. Russland hatte weder vor, sein Machtgebiet auszudehnen, noch, sich die Ukraine einzuverleiben. Doch die politische Klasse Deutschlands wollte nicht Frieden sondern Krieg und wollte damit auch dieses Leid.

Erklärbar ist das nur mit einer psychopathischen, narzisstischen Verfassung vieler Politiker und mit kranken Gesellschaftsstrukturen, die Menschen an die Macht bringen, die ihren moralischen Kompass verloren haben. Diese reden oftmals besonders viel von „Werten“. Dass dies nur dazu dient, den Mangel derselben zu verbergen, ist leicht zu erkennen. Der moralische Verfall der politischen Klasse ist schwer auszuhalten. Es ist eine große Chance, die eigene Gelassenheit zu üben.

Dieser moralische Verfall ging einher mit der Schaffung zunehmend repressiver Verhältnisse. Echte Demokratie gibt es in der EU kaum noch, sondern wir leben in einem „Zeitalter der Zensur und des technokratischen Totalitarismus“, wie es der belgische Psychologe Prof. Mattias Desmet formulierte.[893] Wir müssen damit rechnen, dass die Kriegstreiber scharf auf Kritik reagieren – so wie Goethe es ausdrückte:

„Durch Heftigkeit ersetzt der Irrende, was ihm an Wahrheit und an Kräften fehlt.“ Die Mittel reichen von Verbannung aus der öffentlichen Debatte, Rufzerstörung, Beobachtung durch den Verfassungsschutz, Kündigung von Bankkonten, Vernichtung der beruflichen Existenz und Strafverfahren bis zur Inhaftierung – entsprechend dem zehnten Prinzip der Kriegspropaganda: „Wer unsere Propaganda in Zweifel zieht, arbeitet für den Feind und ist damit ein Verräter.“

Wann wird der Tag kommen, an dem die verantwortlichen Politiker um Verzeihung und Vergebung bitten für ihre Kriegstreiberei und die Unterstützung der nationalistisch-rassistischen Regierung der Ukraine und das unermessliche Leid, das sie geschaffen haben? Das wäre als Voraussetzung einer Versöhnung mehr als angebracht. Vermutlich wird das aber erst am Jüngsten Tag geschehen, wenn alles für alle offenbar sein wird.

Stellen wir uns einmal vor, jeder Befürworter von Waffenlieferungen in die Ukraine würde sofort mit Sühnegebeten beginnen. Selbst mit 500 pro Tag benötigt er etwa 30 Jahre, um für über 5 Millionen schwerst Kriegsgeschädigte und Tote nur ein einziges Gebet zu sprechen.

Bei sich selbst kann jeder sogleich anfangen, etwas für den Frieden zu tun: an der eigenen Friedensfähigkeit arbeiten, nicht der Faszination des Krieges oder der eigenen Gleichgültigkeit erliegen, sondern den Frieden willentlich in den Mittelpunkt stellen, die Kriegstreiber durchschauen, ihnen Geld, Aufmerksamkeit und Unterstützung entziehen, sachlich-ehrlich werden und die Menschenwürde aller achten.

Von Mensch zu Mensch können wir sofort mit der Neutralität beginnen, dort wo wir gerade sind. Neutralität bedeutet, dem anderen nicht als Partei zu begegnen, sondern als die Individualität, die ich bin, mit immer wieder offenem Interesse für den anderen und mit Respekt vor dem Anderssein.

Die Neugeburt unserer Demokratie steht als Zukunftsaufgabe vor uns.

Auch die Verbindung zur russischen Bevölkerung muss wieder aufblühen und gepflegt werden. Eine Versöhnung mit Russland ist für die Zukunft dringend notwendig. Russland wird auch nach dem Krieg unser Nachbar sein.

Friedensengel in Hove, England[895]

Anhang: Medientipps

Wie kann man sich unabhängig von den Mainstream-Medien informieren und verhindern, in das Spinnennetz der Propaganda eingesponnen zu werden? Dank des Internets ist das heute möglich. Hier einige Tipps:

Analyse der Kriegspropaganda

Das Swiss Policy Research (SPR) ist ein Forschungs- und Informationsprojekt zu geopolitischer Propaganda in internationalen Medien. Eine Orientierung über die Methoden der Kriegspropaganda liefert diese Seite: https://swprs.org/ukraine-krieg-medientipps/

Alternative Informationsquellen zum Ukraine-Krieg hat SPR hier zusammengestellt: https://swprs.org/how-to-follow-the-ukraine-war/

Online-Zeitschriften

Mir selbst sind Online-Zeitschriften am liebsten, die von unabhängigen Journalisten betrieben werden und versuchen, die Vorgänge zu analysieren und gründlich zu arbeiten. Die Qualität dieser Artikel ist besser als bei den Mainstream-Medien, da dort die Quellen verlinkt und überprüfbar sind, was bei den Mainstream-Medien meist nicht der Fall ist. Hier eine Auswahl zur Anregung:

www.nachdenkseiten.de
www.zeitgeschehen-im-fokus.ch
www.tkp.at
www.globalbridge.ch
www.manova.news
www.overton-magazin.de
www.anti-spiegel.ru
www.multipolar-magazin.de
www.transition-news.org
www.seniora.org

Lohnend fand ich zum Ukraine-Krieg auch folgende Seiten:

www.weltwoche.ch
www.fassadenkratzer.wordpress.com
www.schweizer-standpunkt.ch
www.voicefromrussia.ch
www.anderweltonline.com
www.telepolis.de
www.hintergrund.de
www.ulrich-heyden.de
www.broeckers.com

Radios:

www.kontrafunk.radio www.radiomuenchen.net

In Englisch:

www.consortiumnews.com www.unz.com

Beispiele für aktuelle Informationen zum Ukraine-Krieg auf Telegramm:

https://t.me/DruschbaFM https://t.me/s/neuesausrussland

https://t.me/s/Ubersicht_Ukraine_Kanal

Alternative Militärische Einschätzungen

Es gibt eine Reihe ehemaliger Geheimdienstmitarbeiter und Militärs, die an der westlichen Jubelpropaganda leiden und stattdessen nüchterne Einschätzungen zum Kriegsverlauf herausarbeiteten. Zum Beispiel: www.moonofalabama.org www.sonar21.com

Russische Informationen

Da man beide Seiten in einem Konflikt kennen sollte, ist es in jedem Falle gut, neben den westlichen Mainstream-Medien auch die russische Position wahrzunehmen. Das wollen die EU-Regierungen verhindern, weshalb die beiden großen russischen Nachrichtenportale zensiert werden. Meinungsfreiheit und eigenständiges Denken sind in der EU leider nicht mehr erwünscht.

Russia Today (RT) findet man hier: https://gegenzensur.rtde.live

oder auf Englisch: www.rt.com

Bei RT kann man einen Newsletter bestellen, da immer wieder Internetadressen gesperrt werden.

SNA News (Sputnik) ist hier: https://snanews.de

Bei RT und SNA muss man die russische Propaganda berücksichtigen, aber man findet auch viele Fakten.

Quellenangaben

Sämtliche Links in den Quellenangaben waren bei Redaktionsschluss online zugänglich. Wenn Links von Seitenbetreibern gelöscht, verändert oder hinter eine Paywall versteckt wurden, liegt dies nicht im Verantwortungsbereich des Autors. Manche verlorene Links können mithilfe der Wayback Maschine im Internet Archive aufgefunden werden: https://archive.org/web

1 https://www.friedenspreis-des-deutschen-buchhandels.de/alle-preistraeger-seit-1950/1950-1959/karl-jaspers
2 Bildrechte: Roger Bamber / Alamy Stock Photo
3 Bildrechte: fiverlocker via Wikimedia Commons
4 Bildrechte: Picture Partners / Alamy Stock Photo
5 https://tkp.at/2023/01/26/baerbock-mit-informeller-kriegserklaerung-kaempfen-krieg-gegen-russland/
6 https://tkp.at/2023/04/08/ex-frankreich-praesident-hollande-eu-im-krieg-mit-russland/?utm_source=mailpoet&utm_medium=email&utm_campaign=daily-notification
7 https://de.wikipedia.org/wiki/Tote_des_Zweiten_Weltkrieges#Sowjetunion (abgerufen am 12.7.2023)
8 https://anthrowiki.at/Erweiterter_Kunstbegriff
9 BFH-Urteil vom 23.9.1999 (XI R 63/98) BStBl. 2000 II S. 200
10 Bildrechte: Album / Alamy Stock Photo
11 https://dieprojektmanager.com/konflikteskalation-nach-friedrich-glasl/
12 Anne Morelli: Die Prinzipien der Kriegspropaganda, 2004, (französisch: Principes élémentaires de propagande de guerre. Brüssel 2001. Übersetzt von Marianne Schönbach).
Eine längere Zusammenfassung ist unter: https://de.wikipedia.org/wiki/Die_Prinzipien_der_Kriegspropaganda (abgerufen am 12.6.2023)
13 Zum Beispiel: https://www.bpb.de/themen/europa/ukraine-analysen/nr-265/
14 https://overton-magazin.de/top-story/usa-schicken-international-geaechtete-streumunition-in-die-ukraine-der-wertegemeinschaft-ist-es-recht/
15 Bildrechte: Adam Eastland / Alamy Stock Photo
16 https://en.wikipedia.org/wiki/Ukraine#History (abgerufen am 15.6.2023)
17 Bildrechte: DiscoverWithDima via Wikimedia Commons
18 https://de.wikipedia.org/wiki/Ukrainische_Sprache#Geschichte (abgerufen am 15.6.2023)
19 https://de.wikipedia.org/wiki/Mychajlo_Hruschewskyj (abgerufen am 15.6.2023)
20 https://de.wikipedia.org/wiki/Sowjetrepublik_Donez-Kriwoi_Rog (abgerufen am 15.6.2023)
Hiroaki Kuromiya: Freedom and Terror in the Donbas: A Ukrainian-Russian Borderland, 1870s-1990s, Cambridge University Press, 2003, S. 98, 99
21 Matthias Bröckers, Paul Schreyer: Wir sind die Guten, 2019, S. 36
https://de.wikipedia.org/wiki/Symon_Petljura (abgerufen am 15.6.2023)
22 https://de.wikipedia.org/wiki/Ukrainische_Sozialistische_Sowjetrepublik (abger. 15.6.2023)
23 https://de.wikipedia.org/wiki/Westukrainische_Volksrepublik (abgerufen am 15.6.2023)
24 https://de.wikipedia.org/wiki/Machnowschtschina (abgerufen am 15.6.2023)
25 Bildrechte: U. S. Signal Corps, Public domain via Wikimedia Commons
26 Thomas Röper: Die Ukraine Krise, 2022, S. 25
27 https://de.wikipedia.org/wiki/Sowjetunion (abgerufen am 17.8.2023)
28 https://soviethistory.msu.edu/1991-2/march-referendum/
29 https://www.azerbaycan24.com/en/why-didn-t-russia-and-ukraine-sort-out-their-border-issues-when-the-soviet-union-collapsed-in-1991/

Übersetzung: https://rtde.live/meinung/159587-wie-sowjetische-fuehrung-problem-haette-loesen-koennen/

30 https://www.spiegel.de/geschichte/augustputsch-1991-in-der-sowjetunion-die-zitterpartie-in-moskau-a-e2479985-ed3e-4890-a8bc-ab68d8079d42

31 https://www.lpb-bw.de/ukraine-geschichte#c82506

32 Vladislav M. Zubok: Collapse: The Fall of the Soviet Union, 2021

33 https://de.wikipedia.org/wiki/Leonid_Krawtschuk (abgerufen am 16.6.2023)

34 https://www.azerbaycan24.com/en/why-didn-t-russia-and-ukraine-sort-out-their-border-issues-when-the-soviet-union-collapsed-in-1991/

35 Bildrechte: Public domain via Wikimedia Commons

36 https://de.babbel.com/de/magazine/unterschiede-russisch-ukrainisch

37 https://de.wikipedia.org/wiki/Surschyk (abgerufen 14.3.23)

38 https://web.archive.org/web/20221001082248/ukrainianweek.com/Society/47497

39 Ebd.

40 First All -Ukrainian population census 2001: historical, methodological, social, economic and ethnic aspects. http://2001.ukrcensus.gov.ua/d/mono_eng.pdf

41 http://2001.ukrcensus.gov.ua/eng/results/general/nationality/

42 Vasyl` Babych via Wikimedia Commons

43 https://de.wikipedia.org/wiki/Liste_der_L%C3%A4nder_nach_Bruttonationaleinkommen_pro_Kopf#cite_note-2 (abgerufen am 1. Mai 2023)

44 https://www.infosperber.ch/politik/europa/100-franken-pro-kopf-18-millionen-ukrainer-leben-in-armut/

45 https://www.tagesschau.de/ausland/ukraine-1327.html

46 https://www.anti-spiegel.ru/2018/unbemerkt-von-der-deutschen-presse-verarmt-die-ukraine-obwohl-die-eu-milliarden-nach-kiew-uberweist/
https://www.anti-spiegel.ru/2019/ukraine-seit-dem-maidan-verarmt-aber-die-regierung-kummert-sich-lieber-um-andere-themen/

47 https://www.vesti.ru/article/1497511

48 https://foreignpolicy.com/2022/04/28/ukraine-war-russia-resources-energy-oil-gas-commo-dities-agriculture/
https://www.cbc.ca/news/politics/natural-resources-ukraine-war-1.6467039

49 http://2001.ukrcensus.gov.ua/eng/

50 https://ain.capital/2020/01/27/electronic-census-in-ukraine/

51 https://www.anti-spiegel.ru/2023/russland-hat-mehr-ukrainische-fluechtlinge-aufgenom-men-als-jedes-andere-land/

52 https://data.unhcr.org/en/situations/ukraine

53 Bildrechte: Public domain via Wikimedia Commons

54 https://www.transparency.de/cpi

55 https://www.spiegel.de/panorama/korruption-in-der-ukraine-die-kampfansage-a-1096878.html

56 https://www.europarl.europa.eu/news/de/headlines/world/20220127STO22047/wie-die-eu-die-ukraine-unterstutzt

57 https://www.eca.europa.eu/de/Pages/DocItem.aspx?did=59383

58 https://orf.at/stories/3229706/

59 https://www.ukrinform.de/rubric-polytics/3155480-parlament-beschliet-staatshaushalt-2021.html

60 https://www.statistik-berlin-brandenburg.de/090-2022

61 https://globalbridge.ch/das-vertrauen-in-selenskyj-schwindet-auch-in-der-ukraine-selbst/

62 Siehe zum Beispiel: https://www.anti-spiegel.ru/2020/sensationelle-enthuellungen-insider-erzaehlt-im-interview-ueber-korruption-von-biden-und-soros-in-der-ukraine/

63 https://www.dreigliederung.de/essays/2022-03-johannes-mosmann-annalena-und-die-wil-den-tiere

64 https://de.wikipedia.org/wiki/Diener_des_Volkes_(Fernsehserie) (abgerufen 1.3.2023)

65 https://de.wikipedia.org/wiki/Ihor_Kolomojskyj (abgerufen 1.3.2023)
Siehe auch: https://www.bpb.de/themen/europa/ukraine/299569/kommentar-der-gewachs-ene-einfluss-von-ihor-kolomojskyj/

66 https://www.manager-magazin.de/finanzen/privatbank-wie-das-groesste-geldhaus-der-ukraine-dem-krieg-trotzt-a-9f97fb52-1656-44d2-abc7-20a4db76d159

67 https://www.spiegel.de/ausland/usa-verhaengen-sanktionen-gegen-ukrainischen-oligarchen-igor-kolomoiski-a-58dfdfe5-96ae-4d9d-ab38-75265f0e338c
68 https://www.sueddeutsche.de/politik/kolomoisky-praesidentschaftswahl-in-der-ukraine-selensky-1.4418172?reduced=true
siehe auch: https://www.tagesspiegel.de/gesellschaft/medien/ukraine-konflikt-im-zdf-haken-kreuz-und-ss-rune-protest-von-zuschauern/10685462.html
Und: https://www.spiegel.de/ausland/asow-regiment-wagner-soeldner-radikale-die-neonazis-die-um-die-ukraine-kaempfen-a-662b9c42-d874-4a49-844d-b80c4f96e474
69 https://www.nytimes.com/2019/11/13/world/europe/ukraine-ihor-kolomoisky-russia.html
70 https://www.laender-analysen.de/ukraine-analysen/256/offshore-geschaefte-selenskyj-und-kolomojskyj-in-den-pandora-papers/
71 https://www.nytimes.com/2019/11/13/world/europe/ukraine-ihor-kolomoisky-russia.html
72 https://www.law360.com/articles/1470420/ukraine-s-privatbank-gets-chancery-filing-delay-due-to-war
73 https://uacrisis.org/de/54793-top-5-ukrainian-oligarchs
74 Bildrechte: uacrisis.org
75 https://www.eca.europa.eu/de/Pages/DocItem.aspx?did=59383
76 https://www.sipri.org/publications/2021/sipri-fact-sheets/trends-world-military-expenditure-2020
77 https://en.wikipedia.org/wiki/Armed_Forces_of_Ukraine (abgerufen am 24.7.2023)
78 https://data.worldbank.org/indicator/NY.GDP.MKTP.CD?locations=UA
79 Bildrechte: Public Domain via Wikimedia Commons
80 https://zakon.rada.gov.ua/cgi-bin/laws/main.cgi?nreg=254%EA%2F96%2D%E2%F0#Text
Übersetzungen: https://www.verfassungen.net/ua/verf96-i.htm
81 https://www.baks.bund.de/de/arbeitspapiere/2016/patriotismus-heute-definition-eines-zu-unrecht-diskreditierten-begriffs
82 https://de.wikipedia.org/wiki/Organisation_Ukrainischer_Nationalisten (abgerufen am 11.3. 2023)
83 https://de.wikipedia.org/wiki/Jewhen_Konowalez (abgerufen am 11.3. 2023)
84 https://de.wikipedia.org/wiki/Dmytro_Donzow (abgerufen am 11.3. 2023)
85 https://www.wsws.org/de/articles/2022/12/26/ucra-d26.html
86 https://lisa.gerda-henkel-stiftung.de/stepan_bandera_und_die_gespaltene_erinnerung_an_die_gewalt_in_der_ukraine?nav_id=10282&language=en
Dr. Grzegorz Rossoliński-Liebe: The Life and Afterlife of a Ukrainian Nationalist: Fascism, Genocide, and Cult
87 https://www.telepolis.de/features/Das-Tragische-am-Bandera-Kult-ist-dass-Ukrainer-oft-nicht-wissen-wen-sie-eigentlich-verehren-6670655.html?seite=all
88 https://www.anti-spiegel.ru/2022/keine-nazis-die-glaubenssaetze-des-asow-bataillons/
https://de.wikipedia.org/wiki/Organisation_Ukrainischer_Nationalisten#Dekalog_der_OUN (abgerufen am 11.3. 2023), dabei wurden folgende Originalquellen verwendet:
Kai Struve: Deutsche Herrschaft, ukrainischer Nationalismus, antijüdische Gewalt. Der Sommer 1941 in der Westukraine. De Gruyter, Berlin 2015, S. 76
Lypovetskyi: The Organization of Ukrainian Nationalists (Banderites). 2010, S. 90
89 https://www.weisse-rose-stiftung.de/widerstandsgruppe-weisse-rose/flugblaetter/v-flugblatt-der-weissen-rose/
90 https://ank.gov.pl/wolyn/ideologia.htm
91 https://www.telepolis.de/features/Die-Ukraine-auf-dem-Weg-in-die-Barbarei-3369489.html
92 https://www.anti-spiegel.ru/2022/tag-1-meiner-dritten-reise-in-den-donbass-mariupol/
93 https://de.euronews.com/2022/05/18/ukraine-bangt-um-asovstal-kampfer-naziverbrecher-gehoren-vor-gericht
94 https://de.wikipedia.org/wiki/Organisation_Ukrainischer_Nationalisten#Dekalog_der_OUN (abgerufen am 11.3. 2023)
95 https://www.spiegel.de/politik/das-blutbad-von-lemberg-ein-erlebnisbericht-von-moritz-gruenbart-a-3a257fae-0002-0001-0000-000043063489
https://www.welt.de/geschichte/zweiter-weltkrieg/article232224801/Lemberg-1941-Doppelter-Exzess-von-Geheimdienst-NKWD-und-Judenhass.html
96 https://de.wikipedia.org/wiki/Geschichte_der_Juden_in_Lemberg (abgerufen am 12.3.2023)

97 https://de.wikipedia.org/wiki/Ghetto_Lemberg (abgerufen am 12.3.2023)

98 https://www.uni-augsburg.de/de/fakultaet/philhist/professuren/kunst-und-kulturgeschichte/europaische-ethnologie-volkskunde/exkursionen/ukraine-lemberg-czernowitz/der-holocaust-der-ukraine/

99 Bildrechte: Pictorial Press Ltd / Alamy Stock Foto

100 https://de.wikipedia.org/wiki/Jaroslaw_Stezko (abgerufen am 12.3.2023)

101 https://de.wikipedia.org/wiki/Stepan_Bandera#Zweiter_Weltkrieg (abgerufen am 12.3.2023)

102 https://de.wikipedia.org/wiki/Bataillon_Nachtigall (abgerufen am 12.3.2023)

103 https://www.bpb.de/shop/zeitschriften/apuz/257664/verflochtene-geschichten/?p=all

104 https://www.deutschlandfunk.de/asow-regiment-stepan-bandera-ukraine-100.html

105 https://de.wikipedia.org/wiki/Massaker_in_Wolhynien_und_Ostgalizien (abgerufen am 12.3.2023)

106 https://visegradpost.com/de/2023/01/08/gedenkfeiern-fuer-stepan-bandera-in-der-ukraine-kommen-in-polen-schlecht-an/

107 Bildrechte: Władysława Siemaszków, Ludobójstwo, page 1294, from Henryk Słowiński collection, Public domain, via Wikimedia Commons

108 https://de.wikipedia.org/wiki/Massaker_in_Wolhynien_und_Ostgalizien#Nachwirkungen, (abgerufen am 13.3.23)

109 https://de.wikipedia.org/wiki/14._Waffen-Grenadier-Division_der_SS_(galizische_Nr._1) (abgerufen am 13.3.23)

110 https://de.wikipedia.org/wiki/Andrij_Melnyk_(Offizier) (abgerufen am 13.3.23)

111 https://daserste.ndr.de/panorama/archiv/2014/Hitlers-Helfer-wie-Nationalisten-die-Ukraine-weiter-spalten-,ukraine451.html

112 https://www.nzz.ch/feuilleton/giftgruesse-aus-moskau-muenchens-exilszene-im-kalter-krieg-ld.1707703

113 https://www.bpb.de/shop/zeitschriften/apuz/257664/verflochtene-geschichten/?p=all

114 https://historynewsnetwork.org/article/122778

115 https://de.wikipedia.org/wiki/Ukrainische_Aufst%C3%A4ndische_Armee (abgerufen am 13.3.23)

116 Mathias Bröckers, Paul Schreyer: Wir sind die Guten, 2016, S. 73ff.

117 Richard Breitman, Norman J. W. Goda, National Archives: Hitler's Shadow, Nazi War Criminals, U.S. Intelligence, and the Cold War, 2010

118 Mathias Bröckers, Paul Schreyer: Wir sind die Guten, 2016, S. 73ff.

119 https://visegradpost.com/de/2023/01/08/gedenkfeiern-fuer-stepan-bandera-in-der-ukraine-kommen-in-polen-schlecht-an/

120 https://de.wikipedia.org/wiki/Stepan_Bandera (abgerufen am 13.3.23)

121 Stamp of Ukraine Stepan Bandera 100 years, Public domain, via Wikimedia Commons

122 Bildrechte: Russian wikipedia, Public domain via Wikimedia Commons

123 https://de.wikipedia.org/wiki/Roman_Schuchewytsch#Ethnische_S%C3%A4uberungen_und_Pogrome_w%C3%A4hrend_des_Zweiten_Weltkriegs (abgerufen am 13.3.23)

124 https://visegradpost.com/de/2023/01/08/gedenkfeiern-fuer-stepan-bandera-in-der-ukraine-kommen-in-polen-schlecht-an/

125 https://www.nachdenkseiten.de/?p=94946

126 https://archive.ph/TKwen

127 Thomas Röper, Die Ukraine Krise, 2022, S. 55f.

128 Bildrechte: SRL / Alamy Stock Photo

129 Bildrechte: ВО Свобода via Wikimedia Commons

130 https://visegradpost.com/de/2023/01/08/gedenkfeiern-fuer-stepan-bandera-in-der-ukraine-kommen-in-polen-schlecht-an/

131 https://overton-magazin.de/top-story/die-richtlinien-von-stepan-bandera-sind-dem-oberbefehlshaber-wohlbekannt/

132 https://www.eurointegration.com.ua/experts/2021/11/16/7130282/

133 https://lisa.gerda-henkel-stiftung.de/stepan_bandera_und_die_gespaltene_erinnerung_an_die_gewalt_in_der_ukraine?nav_id=10282&language=en

134 https://www.telepolis.de/features/Das-Tragische-am-Bandera-Kult-ist-dass-Ukrainer-oft-nicht-wissen-wen-sie-eigentlich-verehren-6670655.html?seite=all

135 Ebd.
136 https://de.wikipedia.org/wiki/Ruhm_der_Ukraine (abgerufen am 13.3.23)
137 https://www.spiegel.de/politik/ausland/ukraine-fuehrt-umstrittene-grussformel-fuer-armee-und-polizei-ein-a-1231501.html
138 https://de.wikipedia.org/wiki/Euronews#Kooperation_mit_der_EU (abgerufen am 12.6.23)
139 https://de.euronews.com/2018/11/13/ukrainische-ferienlager-schiesst-auf-alle-separatisten
140 https://www.anti-spiegel.ru/2018/ukraine-russische-untermenschen-toten-sommerlager-fur-kinder-mit-kalaschnikow/
141 https://www.un.org/depts/german/gv-67/band1/ar67154.pdf
142 https://overton-magazin.de/hintergrund/politik/westblock-auch-deutschland-stimmt-gegen-die-un-resolution-bekaempfung-der-verherrlichung-des-nationalsozialismus/
https://www.anti-spiegel.ru/2020/deutschland-und-der-westen-verweigern-uno-resolution-gegen-nationalsozialismus-die-unterstuetzung/
https://www.anti-spiegel.ru/2021/alle-jahre-wieder-deutschland-verweigert-uno-resolution-gegen-nationalsozialismus-die-unterstuetzung/
143 https://www.spiegel.de/politik/ausland/ukraine-fuehrt-umstrittene-grussformel-fuer-armee-und-polizei-ein-a-1231501.html
144 Bildrechte: Guntram Prochaska via Wikimedia Commons
145 https://de.wikipedia.org/wiki/Holodomor (abgerufen am 15.3.23)
146 https://ulrich-heyden.de/article/ukrainische-menschenrechtlerin-larissa-schessler-alle-haben-angst
147 Bildrechte: Deborah Howe / Alamy Stock Photo
148 https://www.katholisch.de/artikel/26935-vor-150-jahren-als-in-rom-die-weltliche-macht-der-paepste-endete
149 https://de.wikipedia.org/wiki/Bretton-Woods-System (abgerufen am 26.6.2023)
150 https://www.monbiot.com/2008/11/18/clearing-up-this-mess/
http://hansard.millbanksystems.com/lords/1943/may/18/international-clearing-union
151 https://de.statista.com/statistik/daten/studie/15635/umfrage/handelsbilanz-der-usa/
152 https://www.rothschildandco.com/en/newsroom/insights/2022/11/wm_die_staerke_des_us_dollars_und_was_ihn_treibt/
153 https://de.wikipedia.org/wiki/Liste_von_Milit%C3%A4rbasen_der_Vereinigten_Staaten_im_Ausland (abgerufen am 26.6.2023)
154 https://www.dw.com/de/sipri-ausgaben-f%C3%BCrs-milit%C3%A4r-steigen-weltweit-rasant/a-65395277
155 Valentin Wember: Ein welthistorischer Kampf, Polyperspektivische Anmerkungen zu einem langen Krieg, 2022, Stratos-Verlag, S. 40 ff.
156 Stephen Kinzer: Overthrow. America´s Century of Regime change from Hawai to Iraq, 2006
157 https://de.wikipedia.org/wiki/Beteiligung_der_Vereinigten_Staaten_an_Regierungswechseln_im_Ausland (abgerufen am 26.6.2023)
158 Daniele Ganser: Imperium USA, 2023
Daniele Ganser: Illegale Kriege, 2023
159 https://norberthaering.de/news/usa-syrien/
160 https://watson.brown.edu/costsofwar/files/cow/imce/papers/2023/Indirect%20Deaths.pdf
161 https://overton-magazin.de/top-story/der-amerikanische-krieg-gegen-den-terror-kostete-mindestens-45-millionen-menschen-das-leben/
162 https://watson.brown.edu/costsofwar/files/cow/imce/papers/2020/Displacement_Vine%20et%20al_Costs%20of%20War%202020%2009%2008.pdf
163 https://popularresistance.org/us-has-killed-more-than-20-million-in-37-nations-since-wwii/
164 https://www.globalresearch.ca/us-has-killed-more-than-20-million-people-in-37-victim-nations-since-world-war-ii/5492051
https://tkp.at/2023/04/24/usa-verantwortlich-fuer-mehr-als-20-millionen-tote-in-37-laendern-seit-ende-des-zweiten-weltkriegs/?utm_source=mailpoet&utm_medium=email&utm_campaign=daily-notification
165 https://www.fmprc.gov.cn/mfa_eng/wjbxw/202302/t20230220_11027664.html
166 https://www.christoph-pfluger.ch/2023/02/23/die-bombe-aus-china/#more-1861
167 https://www.fmprc.gov.cn/mfa_eng/xwfw_665399/s2510_665401/202302/t20230223_11030365.html

168 https://www.foreignaffairs.com/articles/asia/1997-09-01/geostrategy-eurasia
169 Zbigniew Brzeziński: Die einzige Weltmacht: Amerikas Strategie der Vorherrschaft. 2004
https://fassadenkratzer.wordpress.com/2014/03/28/europa-geostrategischer-bruckenkopf-der-einzigen-weltmacht/
https://www.tagesspiegel.de/politik/ohne-die-ukraine-ist-russland-keine-gross-macht-5419849.html
170 Zbig: The Man Who Cracked the Kremlin Paperback, 2013
171 https://www.rand.org/content/dam/rand/pubs/research_reports/RR3000/RR3063/RAND_RR3063.pdf
172 https://de.wikipedia.org/wiki/RAND_Corporation (abgerufen am 26.6.2023)
173 https://de.wikipedia.org/wiki/Daniel_Ellsberg (abgerufen am 26.6.2023)
174 https://www.anti-spiegel.ru/2019/russland-hat-keine-aggressiven-absichten-us-strategie-papier-erklaert-die-wahren-gruende-der-us-politik/
175 https://www.anti-spiegel.ru/?s=Welche+Ma%C3%9Fnahmen+die+USA+gegen+Russ-land+planen%3A
176 https://www.anti-spiegel.ru/2020/welche-massnahmen-die-usa-gegen-russland-planen-teil-2-ukraine/
177 https://www.anti-spiegel.ru/2021/studie-der-rand-corporation-hat-2019-geschrieben-was-2021-realitaet-geworden-ist/
178 https://foreignpolicy.com/2023/02/11/russia-studies-war-ukraine-decolonize-imperialism-western-academics-soviet-empire-eurasia-eastern-europe-university/
179 https://www.youtube.com/watch?v=-iGtFXs9gvo
https://www.csce.gov/international-impact/events/decolonizing-russia
https://mronline.org/2022/06/27/u-s-govt-body-plots-to-break-up-russia-in-name-of-deco-lonization/
https://www.anti-spiegel.ru/2022/wollen-die-usa-russland-als-staat-zerschlagen/
https://www.theatlantic.com/ideas/archive/2022/05/russia-putin-colonization-ukraine-chechnya/639428/
180 https://www.freenationsrf.org/
181 https://www.freenationsrf.org/news-posts/forum-svobodnyh-narodov-v-bryussele-solidar-nost-s-ukrainoy-dialog-s-es-i-nachalo-referendumov
182 https://www.hudson.org/events/new-architecture-northern-eurasia-sixth-free-nations-post-russia-forum
183 https://voicefromrussia.ch/die-geplante-zerstuckelung-russlands/
184 https://www.berliner-zeitung.de/wirtschaft-verantwortung/die-ukraine-ist-die-neueste-kata-strophe-amerikanischer-neocons-li.242093
185 https://www.president.gov.ua/en/news/prezident-obgovoriv-z-generalnim-direktorom-bla-ckrock-koordi-80105
186 https://www.cargill.com/2021/cargill-becomes-majority-shareholder-of-its-joint-venture
187 https://landmatrix.org/
188 https://www.zlv.lu/db/1/1485434483022/0
https://www.anti-spiegel.ru/2021/seit-1-juli-wurden-in-der-ukraine-fast-2-000-kaufver-traege-fuer-schwarzerde-flaechen-abgeschlossen/
189 https://www.bayer.com/de/ukraine
190 https://www.bloomberg.com/news/articles/2023-04-20/ukraine-pitches-high-returns-in-wartime-fire-sale-of-state-firms#xj4y7vzkg
191 https://diebasis-partei.de/2023/01/entsteht-in-der-ukraine-die-staatsform-eines-onmifeuda-len-oder-ultrapekuniaeren-staates/
192 https://vimentis.ch/der-ukraine-krieg-und-die-interessenslage-der-usa/
https://www.youtube.com/watch?app=desktop&v=QeLu_yyz3tc
193 Renate Riemeck: Mitteleuropa - Bilanz eines Jahrhunderts, 1997, S. 174 ff.
194 https://www.spiegel.de/geschichte/die-nato-in-den-sechzigerjahren-angst-vor-den-deut-schen-a-1246455.html
195 Terry M. Boardman: Western Hostility to Russia: The Hidden Background to War in Ukraine, 2023
196 Bildrechte: panoramio Richard Mayer via Wikimedia Commons

197 Valentin Wember: Ein welthistorischer Kampf, Polyperspektivische Anmerkungen zu einem langen Krieg, 2022, Stratos-Verlag
198 https://de.wikipedia.org/wiki/Reise_Lenins_im_plombierten_Wagen (aufgerufen 19.8.2023)
199 https://globalbridge.ch/endlich-der-ex-botschafter-darf-ein-paar-wahre-worte-sagen/
200 Ebd.
201 https://kai-ehlers.de/2022/05/wladimir-putins-rolle-im-russischen-machtgefuege-eine-notwendige-skizze/
202 https://de.wikipedia.org/wiki/Aprilaufstand (aufgerufen 19.8.2023)
203 https://de.wikipedia.org/wiki/Russisch-Osmanischer_Krieg_(1877%E2%80%931878)
204 https://www.bpb.de/kurz-knapp/lexika/das-junge-politik-lexikon/320510/imperialismus/
205 Bildrechte: Statista-Recherche, https://de.statista.com/infografik/26897/grenzen-des-heutigen-russlands-und-des-russischen-reichs-von-1914/
206 https://de.wikipedia.org/wiki/Liste_von_Milit%C3%A4roperationen_Russlands_und_der_Sowjetunion (abgerufen am 19.8.2023)
207 https://de.wikipedia.org/wiki/S%C3%BCdossetien#Georgisch-s%C3%BCdossetischer_Krieg
208 https://de.wikipedia.org/wiki/Georgisch-Abchasischer_Krieg (abgerufen am 19.8.2023)
209 https://de.wikipedia.org/wiki/Kaukasuskrieg_2008 (abgerufen am 19.8.2023)
210 https://de.wikipedia.org/wiki/Kaukasuskrieg_2008#%C3%9Cberlegungen_eines_amerikanischen_Eingreifens (abgerufen am 19.8.2023)
211 https://de.wikipedia.org/wiki/Transnistrien-Konflikt (abgerufen am 19.8.2023)
https://de.wikipedia.org/wiki/Transnistrien (abgerufen am 19.8.2023)
212 https://de.wikipedia.org/wiki/Tadschikischer_B%C3%BCrgerkrieg
213 https://www.anti-spiegel.ru/2023/putin-vermittelt-frieden-zwischen-armenien-und-aserbeidschan/
214 https://de.wikipedia.org/wiki/Autonome_Sozialistische_Sowjetrepublik (abgerufen am 21.8.2023)
215 https://de.wikipedia.org/wiki/Islam_in_Russland#Demographie_und_Geographie (abgerufen am 21.8.2023)
216 https://de.wikipedia.org/wiki/Sprachen_Russlands (abgerufen am 21.8.2023)
217 https://de.wikipedia.org/wiki/Tschetschenien (abgerufen am 21.8.2023)
218 https://www.friedenskooperative.de/friedensforum/artikel/die-strategische-bedeutung-von-militaerbasen
219 https://mid.ru/en/foreign_policy/fundamental_documents/1860586/?lang=de
220 https://www.anti-spiegel.ru/2023/der-russische-aussenminister-lawrow-ueber-die-perspektiven-der-beziehungen-zum-westen/
221 https://www.whitehouse.gov/briefing-room/statements-releases/2022/10/12/fact-sheet-the-biden-harris-administrations-national-security-strategy/
https://www.whitehouse.gov/wp-content/uploads/2022/10/Biden-Harris-Administrations-National-Security-Strategy-10.2022.pdf
222 Bildrechte: Andrew Butko via Wikimedia Commons
223 https://www.bpb.de/themen/europa/ukraine-analysen/137814/chronik-des-assoziierungsabkommens-zwischen-der-eu-und-der-ukraine/
224 Thomas Röper: Die Ukraine Krise, 2022, Seite 43 ff.
225 https://www.mk.ru/politics/article/2013/11/22/949453-rossiyskiy-buldozer-i-ukrainskaya-lodka.html
226 https://www.bild.de/politik/ausland/helmut-schmidt/bild-interview-altkanzler-europa-ukraine-krise-35992408.bild.html
227 Bildrechte: Kremlin.ru via Wikimedia Commons
228 https://www.bild.de/politik/inland/helmut-schmidt/bild-interview-altkanzler-europa-ukraine-krise-36003626.bild.html
229 Bildrechte: Piotr Drabik from Poland via Wikimedia Commons
230 https://www.spiegel.de/politik/deutschland/ukraine-krise-helmut-schmidt-von-ex-eu-kommissar-verheugen-kritisiert-a-970150.html
231 Bildrechte: Gge - Eigenes Werk via Wikimedia Commons
232 https://www.focus.de/politik/ausland/genschers-krude-putin-thesen-in-europa-gibt-es-keine-stabilitaet-ohne-russland_id_4142180.html

233 https://www.zeit.de/video/2014-03/3322012589001/ukraine-die-eu-haette-kein-entweder-oder-formulieren-duerfen
234 https://www.infosperber.ch/politik/welt/ohne-hilfe-der-usa-haette-es-keinen-staatsstreich-gegeben/
235 https://de.wikipedia.org/wiki/Referendum_in_den_Niederlanden_%C3%BCber_das_Assoziierungsabkommen_zwischen_der_Europ%C3%A4ischen_Union_und_der_Ukraine (abgerufen am 23.9.2023)
236 https://www.sudd.ch/event.php?lang=de&id=nl012016
237 https://de.wikipedia.org/wiki/Referendum_in_den_Niederlanden_%C3%BCber_das_Gesetz_%C3%BCber_die_Nachrichten-_und_Sicherheitsdienste#Gesamtergebnis (abgerufen am 23.9.2023)
https://www.sudd.ch/event.php?lang=de&id=nl012018
238 https://nl.wikipedia.org/wiki/Referendum_over_de_Wet_op_de_inlichtingen-_en_veiligheidsdiensten_2017#Resultaat (abgerufen am 23.9.2023)
239 https://www.uni-muenster.de/NiederlandeNet/aktuelles/archiv/2018/0710AbschaffungReferendum.html
https://www.mehr-demokratie.de/presse/einzelansicht-pms/niederlaendisches-parlament-will-direkte-demokratie-abschaffen?sword_list[0]=Niederlande&no_cache=1
https://www.nd-aktuell.de/artikel/1073585.referendum-in-den-niederlanden-kaum-eingefuehrt-schon-wieder-abgeschafft.html
240 Bildrechte: Public domain via Wikimedia Commons
241 https://www.rubikon.news/artikel/die-andere-seite-der-wahrheit
242 Ex CIA Offizier Ray McGovern. Das sind die wahren Schuldigen am Ukraine Krieg. YouTube, 21. September 2014, https://www.youtube.com/watch?v=juw4E4O_XeI
243 John Mearsheimer: Warum der Westen an der Ukraine-Krise schuld ist. Foreign Affairs, 1. September 2014.
244 John McCain tells Ukraine protesters: „We are here to support your just cause." The Guardian, 15. Dezember 2013, https://www.theguardian.com/world/2013/dec/15/john-mccain-ukraine-protests-support-just-cause
245 Stefan Korinth: „An unseren Händen klebt kein Blut." NachDenkSeiten, 22. Oktober 2015; https://www.nachdenkseiten.de/?p=28031#foot_0
246 Ebd.
247 ARD Monitor: Die NATO als Kriegstreiber in der Ukraine, 14. März 2014, https://www.youtube.com/watch?v=qpw5qIZ7QeM.
248 Ron Paul: Reckless Congress ‚declares war' on Russia. Ron Paul Institute for Peace and Prosperity. 4. Dezember 2014.
249 Gerhard Lechner: Offene Fragen zu Ereignissen auf dem Maidan. Ina Kirsch über die vielen Fehler, die zu der schweren Ukrainekrise führten. Wiener Zeitung, 20. Februar 2015 https://austria-forum.org/af/Wissenssammlungen/Essays/Politik/Maidan
250 Victoria Nulands Ausrutscher. US-Diplomatin entschuldigt sich für „Fuck the EU". Spiegel Online, 7. Februar 2014, https://www.spiegel.de/politik/ausland/us-diplomatin-victoria-nuland-entschuldigt-sich-fuer-fuck-the-eu-a-952016.html
251 Thomas Röper, Die Ukraine Krise, 2022
252 Ebd. S. 48
253 Ebd. S. 54 f.
254 https://de.wikipedia.org/wiki/Andrij_Parubij (abgerufen am 23.9.2023)
255 Thomas Röper, Die Ukraine Krise, 2022, S. 60
256 Sasha Maksymenko via Wikimedia Commons
257 Mathias Bröckers, Paul Schreyer: Wir sind immer die Guten, 2019, S. 81 f.
Thomas Röper, Die Ukraine Krise, 2022, S. 69
258 https://www.lpb-bw.de/ukraine-politik
259 Thomas Röper: Die Ukraine Krise, 2022, S. 71 ff.
260 Bildrechte: Mykola Vasylechko via Wikimedia Commons
261 Bildrechte: Mykola Vasylechko via Wikimedia Commons
262 https://www.tagesspiegel.de/politik/scharfschutzen-schiessen-auf-demonstranten-protestierer-nehmen-gefangene-3546478.html

263 Mathias Bröckers, Paul Schreyer: Wir sind immer die Guten, 2019, S. 83
264 Ebd. S. 84 f.
265 https://www.ardmediathek.de/video/monitor/todesschuesse-in-kiew-wer-ist-fuer-das-blutbad-vom-maidan-verantwortlich/das-erste/Y3JpZDovL3dkci5kZS9C-ZWlocmFnLTc2ZGM1N2MoLTIoOTAtMTFlNS1hOWE3LTUyMjFhZjBjMmJiNQ https://youtu.be/Zm8duuDhvys
266 https://www.telepolis.de/features/Maidanmorde-Drei-Beteiligte-gestehen-3893551.html?seite=all
267 https://www.telepolis.de/features/ARD-im-Tiefschlaf-Das-seltsame-Desinteresse-an-einer-Aufklaerung-der-Maidan-Morde-3996302.html
268 Thomas Röper: Die Ukraine Krise, 2022, S. 82 ff.
269 Ebd. S. 83 f.
270 Ebd. S. 90 ff.
271 Mathias Bröckers, Paul Schreyer: Wir sind immer die Guten, 2019, S. 90 f.
272 Ebd. S. 91
273 Thomas Röper: Die Ukraine Krise, 2022, S. 93
274 Ebd. S. 94
275 https://www.spiegel.de/politik/ausland/ukraine-maidan-demonstranten-fordern-janukowitsch-ruecktritt-a-955007.html
276 Thomas Röper: Die Ukraine Krise, 2022, S. 96 f.
277 https://www.faz.net/aktuell/politik/ausland/ukraine-konflikt-viktor-janukowitschs-letzte-tage-13388710.html?printPagedArticle=true
278 Thomas Röper: Die Ukraine Krise, 2022, S. 96 ff.
279 Mathias Bröckers, Paul Schreyer: Wir sind immer die Guten, 2019, S. 88
280 Thomas Röper: Die Ukraine Krise, 2022, S. 100 f.
281 https://www.verfassungen.net/ua/verf96-i.htm
282 Thomas Röper: Die Ukraine Krise, 2022, S. 106
283 Verfassungsrechtliche Fragen der Amtsenthebung des Präsidenten der Ukraine. Ergänzung zur Ausarbeitung WD 3 – 3000 – 068/14, Wissenschaftlicher Dienst des Deutschen Bundestags, 5. Januar 2015
284 Thomas Röper: Die Ukraine Krise, 2022, S. 103
285 Ebd. S. 210 ff.
286 https://www.pon.harvard.edu/daily/batna/the-good-cop-bad-cop-negotiation-strategy/
287 https://www.faz.net/aktuell/politik/ausland/ukraine-konflikt-viktor-janukowitschs-letzte-tage-13388710.html?printPagedArticle=true
288 Bildrechte: Jasper Neupane / Alamy Stock Photo
289 Ulrich Heyden: Der längste Krieg in Europa seit 1945, 2022, S. 36
290 https://globalbridge.ch/wann-endlich-nimmt-auch-bern-die-geschichte-der-ukraine-in-den-jahren-2013-und-2014-zur-kenntnis/
291 Bildrechte: Almo59 via Wikimedia Commons
292 Bildrechte: Vyacheslav Argenberg via Wikimedia Commons
293 Gwendolyn Sasse: The Crimea Question. Identity, Transition, and Conflict. Harvard Univ. Press, Cambridge, Mass. 2007, S. 100 f.
294 Ebd. S. 111 f.
295 http://sevkrimrus.narod.ru/ZAKON/o1954.htm
296 https://t.me/rian_de/37774 und https://t.me/rian_de/37393
297 https://www.sudd.ch/event.php?lang=de&id=ua031991
298 http://sevkrimrus.narod.ru/ZAKON/1991.htm
299 https://en.wikipedia.org/wiki/1991_Crimean_sovereignty_referendum#cite_note-1991_referendum-8 (abgerufen am 23. Mai 2023)
https://zeitschrift-osteuropa.de/hefte/2014/5-6/das-voelkerrecht-der-gebietsreferenden
Natalya Belitser (20. Februar 2000): The Constitutional Process in the Autonomous Republic of Crimea in the Context of Interethnic Relations and Conflict Settlement. International Committee for Crimea. (abgerufen am 11.12.2022)
Russians in the Former Soviet Republics by Pål Kolstø, Indiana University Press, 1995
300 https://www.sudd.ch/event.php?lang=de&id=ua011991

https://www.sudd.ch/event.php?lang=de&id=su011991
301 https://en.wikipedia.org/wiki/1991_Ukrainian_sovereignty_referendum (abgerufen am 23. Mai 2023)
302 https://de.wikipedia.org/wiki/Krim#Zwischenkriegszeit,_autonome_ASSR (abgerufen am 23. Mai 2023)
Der große Ploetz, 33. Aufl. 2002, S. 1534
303 Politische Lage auf der Krim. Debatte um den Nato-Beitritt der Ukraine. In: Ukraine-Analysen 12/06, S. 2 (abgerufen am 6. März 2014).
304 http://sevkrimrus.narod.ru/ZAKON/1991u.htm
305 https://zeitschrift-osteuropa.de/hefte/2014/5-6/das-voelkerrecht-der-gebietsreferenden/
https://www.jstor.org/stable/24229925
https://docs.cntd.ru/document/902002993
306 http://sevkrimrus.narod.ru/ZAKON/1992ref.htm
307 https://de.wikipedia.org/wiki/Krim#Zwischenkriegszeit,_autonome_ASSR (abgerufen am 23. Mai 2023)
308 https://www.nytimes.com/1992/05/06/world/crimea-parliament-votes-to-back-independence-from-ukraine.html
309 http://sevkrimrus.narod.ru/ZAKON/1992otme.htm
310 https://lb.ua/news/2020/07/16/461879_krim_maie_buti_ukrainskim_ale_bez.html
311 Andreas Kappeler: Kleine Geschichte der Ukraine. 4., überarbeitete und aktualisierte Auflage. C. H. Beck, München 2014, ISBN 978-3-406-67019-0, S. 268
312 https://de.wikipedia.org/wiki/Autonome_Republik_Krim (abgerufen am 23. Mai 2023)
313 https://www.sudd.ch/event.php?lang=de&id=ua011994
https://www.sudd.ch/event.php?lang=de&id=ua031994
https://www.sudd.ch/event.php?lang=de&id=ua021994
314 https://en.wikipedia.org/wiki/1994_Crimean_referendum (abgerufen am 23. Mai 2023)
315 https://de.wikipedia.org/wiki/Krim#Zwischenkriegszeit,_autonome_ASSR (abgerufen am 23. Mai 2023)
Gwendolyn Sasse: Die Krim - regionale Autonomie in der Ukraine, https://nbn-resolving.org/urn:nbn:de:0168-ssoar-43615
316 https://www.nytimes.com/1995/03/19/world/ukraine-moves-to-oust-leader-of-separatists.html
https://lb.ua/news/2020/07/16/461879_krim_maie_buti_ukrainskim_ale_bez.html
317 http://sevkrimrus.narod.ru/texstes/prezident.htm
https://en.wikipedia.org/wiki/Yuriy_Meshkov (abgerufen am 23. Mai 2023)
318 https://taz.de/Krim-droht-mit-Unabhaengigkeit/!1515941/
https://www.schweizer-standpunkt.ch/news-detailansicht-de-international/die-politik-der-usa-war-es-immer-zu-verhindern-dass-deutschland-und-russland-enger-zusammenarbeiten.html
319 https://lb.ua/news/2020/07/16/461879_krim_maie_buti_ukrainskim_ale_bez.html
320 https://de.wikipedia.org/wiki/Autonome_Republik_Krim (abgerufen am 23. Mai 2023)
321 https://en.wikipedia.org/wiki/2010_Crimean_parliamentary_election (abgerufen am 23. Mai 2023)
322 Thomas Röper: Die Ukraine-Krise, 2022, S. 112 f.
323 Ebd. S. 145 f.
324 https://www.sudd.ch/event.php?lang=de&id=ua012014
https://en.wikipedia.org/wiki/2014_Crimean_status_referendum
325 Thomas Röper: Die Ukraine-Krise, 2022, S. 146 f.
326 Ebd. S. 144
327 Reinhard Merkel, Kühle Ironie der Geschichte, Frankfurter Allgemeine v. 8.4.2014.
328 https://www.forbes.com/sites/kenrapoza/2015/03/20/one-year-after-russia-annexed-crimea-locals-prefer-moscow-to-kiev/?sh=107b00d0510d
329 https://www.anti-spiegel.ru/2023/teil-11-nach-dem-referendum/
https://www.pewresearch.org/global/2014/05/08/chapter-2-ukraine-russian-influence-unwelcome/
330 https://voicefromrussia.ch/voice-from-russia-hat-einen-neuen-autor/

331 https://voicefromrussia.ch/us-strategie-auf-der-krim-ein-blick-10-jahre-zuruck/
332 https://de.globalvoices.org/2014/04/28/die-usa-machen-es-dem-kreml-mit-seiner-propaganda-leicht-mal-wieder/
333 https://www.infosperber.ch/politik/welt/neue-us-militaerbasis-in-der-ukraine-nahe-der-krim/
334 Bildrechte: Berihert via Wikimedia Commons
335 Bildrechte: Aleksander Kaasik via Wikimedia Commons
336 https://www.merkur.de/politik/ukraine-dreht-russland-annektierter-krim-angeblich-wasser-zr-3509502.html
337 https://tass.com/russia/790555
338 https://de.wikipedia.org/wiki/Nord-Krim-Kanal (abgerufen am 23. Mai 2023)
339 https://www.telepolis.de/features/Russland-nimmt-Unterwasserkabel-zur-Krim-in-Betrieb-3377013.html
340 https://newsv2.orf.at/stories/2310912/2310913/
https://www.faz.net/aktuell/politik/ausland/kein-strom-auf-der-krim-russischer-abgeordneter-spricht-von-terrorakt-13925588.html
341 https://www.swissinfo.ch/ger/putin-weiht-vierten-und-letzten-teil-der-krim-stromleitung-ein/42149150
342 https://de.euronews.com/2014/12/28/verkehrschaos-auf-der-krim-kiew-stellt-verbindungen-ein
https://www.youtube.com/watch?v=ACVDbshVWQg
https://www.sueddeutsche.de/politik/energiestreit-und-territorialkonflikt-russland-liefert-kohle-und-strom-an-die-ukraine-1.2283578
343 https://de.wikipedia.org/wiki/Krim-Br%C3%BCcke (abgerufen am 23. Mai 2023)
344 https://pressefreiheit.rtde.live/international/170554-chef-ukrainischen-geheimdienstes-kuendigt-physische/
345 https://test.rtde.life/international/170262-chef-ukrainischen-militaergeheimdienstes-raeumt-morde-an-russen-ein/
https://www.anti-spiegel.ru/2023/ukrainischer-geheimdienst-gibt-terroranschlaege-auf-journalisten-zu/
346 https://transition-news.org/ukrainischer-geheimdienst-chef-bestatigt-kiew-steht-hinter-den-morden-an
347 https://www.dw.com/de/ukraine-tauscht-verteidigungsminister-aus/a-64618103
348 https://en.wikipedia.org/wiki/Main_Directorate_of_Intelligence_(Ukraine) (abgerufen am 23. Mai 2023)
349 https://www.kyivpost.com/post/7760
350 Bildrechte: Defence_Intelligence_of_Ukraine, Public domain via Wikimedia Commons
351 https://de.wikipedia.org/wiki/Trysub (abgerufen am 25. Mai 2023)
352 https://gur.gov.ua/en/content/video.html
https://www.youtube.com/embed/Hlv0VnJRIZc?modestbranding=1&autoplay=1&enablejsapi=1&wmode=opaque
353 Bildrechte: vector-images.com, Public domain via Wikimedia Commons
354 https://pressefreiheit.rtde.live/international/170554-chef-ukrainischen-geheimdienstes-kuendigt-physische/
355 https://www.welt.de/politik/ausland/article244615996/Kiew-veroeffentlicht-12-Punkte-Plan-fuer-Befreiung-der-Krim.html
https://rtde.live/europa/167246-alles-russische-ausloeschen-ukraine-stellt-massnahmen-auf-der-krim-vor/
https://www.anti-spiegel.ru/2023/kiew-plant-umerziehungslager-und-ein-totales-verbot-von-allem-russischen/
https://apnews.com/article/russia-ukraine-war-crimea-9da550b396f42cc267a4808bf99d5e6d
https://odessa-journal.com/oleksiy-danilov-12-steps-of-deoccupation-of-crimea/
https://www.radiosvoboda.org/a/viyna-krym-podolyak-prohnoz/32349163.html
356 https://de.wikipedia.org/wiki/Nationaler_Sicherheits-_und_Verteidigungsrat_der_Ukraine (abgerufen am 23. Mai 2023)
357 Bildrechte: President.gov.ua via Wikimedia Commons

358 https://de.wikipedia.org/wiki/Mychajlo_Podoljak (abgerufen am 23. Mai 2023)
359 Thomas Röper: Die Ukraine-Krise, 2022, S. 157
360 https://www.kyivpost.com/post/7557
361 Bildrechte: Panther Media GmbH / Alamy Stock Photo
362 Siehe z.B. Charta der Vereinten Nationen, Art. 1, https://unric.org/de/charta/ und die KSZE-Schlussakte am 1. August 1975, https://www.osce.org/de/mc/39503
363 Ebd.
364 https://www.verfassungen.net/ua/verf96-i.htm
365 https://globalbridge.ch/die-abspaltung-des-donbass-von-der-ukraine-war-kein-verstoss-gegen-das-voelkerrecht/
366 Thomas Röper: Die Ukraine-Krise, 2022, S. 152
367 https://de.wikipedia.org/wiki/Selbstbestimmungsrecht_der_V%C3%B6lker (abgerufen am 20.6.2023)
368 https://www.icj-cij.org/case/141
https://www.bundestag.de/resource/blob/191664/b14ce4e8a3e1f73a92fe9d9b5aa99d30/kosovo-data.pdf
369 https://www.icj-cij.org/case/141/written-proceedings
370 Eingabe Russlands an den IGH im Kosovo-Fall, Paragr. 88: https://www.icj-cij.org/public/files/case-related/141/15628.pdf
371 https://de.wikipedia.org/wiki/Camp_Bondsteel (abgerufen am 20.6.2023)
https://voicefromrussia.ch/selbstbestimmung-der-volker-der-westen-biegt-das-recht-nach-gutdunken/
372 Vgl. Hans-Jürgen Schlochauer, Herbert Krüger, Hermann Mosler und Ulrich Scheuner, Wörterbuch des Völkerrechts, Bd. 1, 2. Aufl., Berlin 1960, S. 68 ff.
373 https://de.wikipedia.org/wiki/Sezession mit weiteren Nachweisen (abgerufen am 20.6.2023)
374 https://www.faz.net/aktuell/feuilleton/debatten/die-krim-und-das-voelkerrecht-kuehle-ironie-der-geschichte-12884464.html
375 https://www.infosperber.ch/freiheit-recht/buergerrechte/russland-hat-die-krim-nicht-annektiert/
https://www.infosperber.ch/politik/welt/eine-folgenschwere-frage-zur-krim-war-es-eine-annexion/
376 Thomas Röper: Die Ukraine-Krise, 2022, S. 154
377 Ebd. S. 187
378 Ebd. S. 154
379 https://de.wikipedia.org/wiki/Kroatien (abgerufen am 20.6.2023)
380 https://www.bpb.de/kurz-knapp/hintergrund-aktuell/339883/vor-30-jahren-unabhaengigkeit-nordmazedoniens/
381 https://de.wikipedia.org/wiki/Bosnien_und_Herzegowina (abgerufen am 20.6.2023)
382 https://de.wikipedia.org/wiki/Unabh%C3%A4ngigkeitsreferendum_in_Montenegro_2006 (abgerufen am 20.6.2023)
383 https://de.wikipedia.org/wiki/Eritrea#Im_20._Jahrhundert (abgerufen am 20.6.2023)
384 https://www.sudd.ch/event.php?lang=de&id=iq012017
https://en.wikipedia.org/wiki/2017_Kurdistan_Region_independence_referendum (abgerufen am 20.6.2023)
385 https://www.sudd.ch/event.php?lang=de&id=es012017
386 Thomas Röper: Die Ukraine-Krise, 2022, S. 185
387 https://en.wikisource.org/wiki/Ukraine._Memorandum_on_Security_Assurances
388 Thomas Röper: Die Ukraine-Krise, 2022, S. 154
389 Vladislav Belov: Einkreisung durch den Westen? Russische Wahrnehmung westlicher Sicherheitspolitik. In: Heinz-Gerhard Justenhoven (Hrsg.): Kampf um die Ukraine. Ringen um Selbstbestimmung und geopolitische Interessen. Nomos, Baden-Baden, S. 80
390 https://ua.interfax.com.ua/news/interview/700678.html
391 http://web.archive.org/web/20140419030507/http://minsk.usembassy.gov/budapest_memorandum.html
392 Bildrechte: Michael Burrell / Alamy Stock Photo

393 https://www.focus.de/politik/ausland/krim-krise-im-news-ticker-russland-laesst-8500-soldaten-fuer-manoever-aufmarschieren_id_3685637.html
394 https://de.wikipedia.org/wiki/Sturmabteilung (abgerufen am 27.5.2023)
395 https://www.reuters.com/graphics/RUSSIA-UKRAINE/dwpkrkwkgvm/
396 https://web.archive.org/web/20141001235450/http://www.tagesschau.de/ausland/ukraine-731.html
397 https://www.amnesty.de/2014/9/10/amnesty-international-spricht-erstmals-von-einem-internationalen-bewaffneten-konflikt-der-
398 https://de.wikipedia.org/wiki/Regiment_Asow (abgerufen am 27.5.2023)
399 https://www.atlanticcouncil.org/blogs/ukrainealert/the-azov-regiment-has-not-depoliticized/
400 https://www.atlanticcouncil.org/blogs/ukrainealert/ukraine-s-got-a-real-problem-with-far-right-violence-and-no-rt-didn-t-write-this-headline/
401 https://www.nbcnews.com/think/opinion/ukraine-has-nazi-problem-vladimir-putin-s-denazification-claim-war-ncna1290946
402 https://thehill.com/opinion/international/359609-the-reality-of-neo-nazis-in-the-ukraine-is-far-from-kremlin-propaganda/)/
403 https://www.thenation.com/article/world/azov-battalion-neo-nazi/
404 Bildrechte: MrPenguin20, Public domain via Wikimedia Commons
405 https://de.wikipedia.org/wiki/Schwarze_Sonne (abgerufen am 27.5.2023)
406 https://globalbridge.ch/massenmord-aus-gewohnheit-siehe-dazu-auch-den-redaktionellen-nachsatz/
407 https://de.wikipedia.org/wiki/Wolfsangel (abgerufen am 27.5.23)
408 Bildrechte: Germany Images David Crossland / Alamy Stock Photo
409 Bildrechte: Carl Ridderstråle via Wikimedia Commons
410 Bildrechte: Heltsumani via Wikimedia Commons
411 Einige Interviews mit Jacques Baud:
https://overton-magazin.de/?s=+Jacques+Baud
https://zeitgeschehen-im-fokus.ch/de/suche-resultate.html?keywords=BAUD&x=0&y=0
https://anthroblog.anthroweb.info/2022/analyse-der-militaerischen-lage/
https://anthroblog.anthroweb.info/2022/das-erste-opfer-des-krieges/
412 https://anthroblog.anthroweb.info/2022/das-erste-opfer-des-krieges/
413 https://web.archive.org/web/20220510193958/https://www.justice.gov/eoir/page/file/1008261/download
414 https://observer.com/2017/06/ukraine-war-soldiers-suicide/
https://web.archive.org/web/20220807214854/https://vesti.ua/strana/309880-nazvany-neboevye-poteri-vsu-na-donbasse
415 https://www.refworld.org/docid/593a581b4.html
416 https://anthroblog.anthroweb.info/2022/analyse-der-militaerischen-lage/
https://eu.usatoday.com/story/news/world/2022/03/05/russia-invasion-ukraine-attention-extremist-regiment-nazi/9368016002/
417 Thomas Röper: Die Ukraine-Krise, 2022, S. 203
418 Ebd. S. 205
419 https://www.spiegel.de/politik/ausland/ukraine-krise-schlaegerei-im-parlament-in-kiew-a-963256.html
420 Thomas Röper: Die Ukraine-Krise, 2022, S. 210
421 Ebd. S. 213
422 Ebd. S. 216
423 Ebd. S. 220
424 https://zeitgeschehen-im-fokus.ch/de/newspaper-ausgabe/nr-6-vom-5-april-2022.html#article_1332
425 Ulrich Heyden: Der längste Krieg in Europa seit 1945, 2022, S. 123
426 https://web.archive.org/web/20141007073148/http://bigstory.ap.org/article/un-officials-meet-ukraine-government
427 Ulrich Heyden: Der längste Krieg in Europa seit 1945, 2022, S. 142 ff
428 https://www.sudd.ch/event.php?id=ua032014&lang=de
https://www.sudd.ch/event.php?lang=de&id=ua042014

429 Bildnachweis: Cosimo Attanasio/Alamy Live-Nachrichten
430 Bildnachweis: Cosimo Attanasio/Alamy Live-Nachrichten
431 https://en.m.wikipedia.org/wiki/2014_Donbas_status_referendums (abgerufen am 27.5.23)
432 https://kiis.com.ua/?lang=eng&cat=news&id=258
433 https://www.theguardian.com/world/2014/apr/22/ukraine-families-divided-donetsk-russia
434 https://web.archive.org/web/20140511233038/https://www.faz.net/aktuell/politik/ausland/separatisten-verkuenden-grosse-mehrheit-fuer-abspaltung-von-ukraine-12934681.html
435 Bildnachweis: Vyacheslav Lopatin / Alamy Stock Foto
436 Ulrich Heyden: Der längste Krieg in Europa seit 1945, 2022, S. 288 ff
437 https://www.anti-spiegel.ru/2021/wie-ukrainische-regierung-sagt-sich-offen-von-ihren-mitbuergern-im-donbass-losgelassen/
438 https://www.bpb.de/themen/medien-journalismus/krieg-in-den-medien/500446/staat/
439 https://www.sueddeutsche.de/politik/merkel-ukraine-poroschenko-1.4407750
440 Ulrich Heyden: Der längste Krieg in Europa seit 1945, 2022, S. 103
441 Ebd. S. 121
442 Ebd. S. 161 ff
443 Ebd. S. 241
444 https://www.kommersant.ru/doc/4141297
445 Ulrich Heyden: Der längste Krieg in Europa seit 1945, 2022, S. 163 f.
446 Präsident Selensky, Ukas Nr. 121/2021, Ukrainische Militärdoktrin, 25.3.2.1, https://www.president.gov.ua/documents/1212021-37661
447 Ulrich Heyden: Der längste Krieg in Europa seit 1945, 2022, S. 164
Alesija Bazman, 29. März 2021, https://www.youtube.com/watch?v=9BjhZ6YHseo,
448 https://ukraine.un.org/en/168060-conflict-related-civilian-casualties-ukraine
449 Ulrich Heyden: Der längste Krieg in Europa seit 1945, 2022, S. 165
450 Bildnachweis: Cosimo Attanasio/Alamy Live-Nachrichte
451 Bildnachweis: Andrew Butko via Wikimedia Commons
452 https://www.osce.org/special-monitoring-mission-to-ukraine/469734
453 https://www.osce.org/special-monitoring-mission-to-ukraine-closed
454 https://www.osce.org/special-monitoring-mission-to-ukraine/511327
455 Graphik entnommen aus: https://www.osce.org/special-monitoring-mission-to-ukraine/511327
456 https://en.sledcom.ru/
457 https://en.sledcom.ru/press/tragedy
458 https://geneva.mid.ru/en_US/web/geneva_en/donbasstragedy
459 https://украинские-преступления.org/#p=1
460 https://mid.ru/ru/foreign_policy/humanitarian_cooperation/1448658/?lang=en
https://web.archive.org/web/20220326101231/https://russische-botschaft.ru/wp-content/uploads/2020/07/Russian-MFA-Report-on-the-Human-Rights-Situation-in-Ukraine.pdf
461 https://t.me/neuesausrussland/11923
462 Bildrechte: HAI NGUYEN / Alamy Stock Photo
463 Ulrich Heyden: Der längste Krieg in Europa seit 1945, 2022
464 Bildrechte: Thaiways / Alamy Stock Photo
465 https://globalbridge.ch/ukraine-ein-krieg-mit-ansage/
466 Ulrich Heyden: Der längste Krieg in Europa seit 1945, 2022, S. 93 ff.
467 https://www.faz.net/aktuell/politik/ausland/die-verhandlungen-von-minsk-ein-russisches-spiel-13428669.html?printPagedArticle=true#pageIndex_0
468 https://www.badische-zeitung.de/ausland-1/waffenruhe-ohne-illusionen--100414843.html
469 http://www.osce.org/ru/cio/140221?download=true (russisches Original)
https://ria.ru/20150212/1047311428.html (russisches Original)
https://www.un.org/depts/german/sr/sr_14-15/sr2202.pdf (deutsche UN-Übersetzung)
https://www.securitycouncilreport.org/un-documents/document/sres2202.php (englisch UN-Übersetzung)
470 https://www.bpb.de/themen/europa/ukraine-analysen/191801/dokumentation-gesetz-ueber-sonderstatus-einzelner-bezirke-von-donezk-und-luhansk/

471 https://www.bundestag.de/resource/blob/880828/23b6372347d72f843cb197002f229887/WD-2-081-21-pdf-data.pdf
472 Ulrich Heyden: Der längste Krieg in Europa seit 1945, 2022, S. 211 f.
473 https://www.bpb.de/themen/europa/ukraine-analysen/nr-261/346854/analyse-die-umsetzung-der-minsker-vereinbarungen-was-ist-moeglich/
474 https://www.kas.de/de/web/ukraine/laenderberichte/detail/-/content/ein-jahr-nach-minsk-was-ist-aus-der-chance-fuer-den-frieden-geworden-1
475 https://www.swp-berlin.org/10.18449/2019S03/#hd-d25970e1411
476 https://www.osce.org/special-monitoring-mission-to-ukraine-closed
477 https://www.swp-berlin.org/10.18449/2019S03/#hd-d25970e1411
478 https://www.swp-berlin.org/10.18449/2019S03/#hd-d25970e1065
479 https://www.kas.de/de/web/ukraine/laenderberichte/detail/-/content/ein-jahr-nach-minsk-was-ist-aus-der-chance-fuer-den-frieden-geworden-1
480 https://www.osce.org/observer-mission-at-russian-checkpoints-gukovo-and-donetsk-discontinued
481 Foto: https://osce.usmission.gov/response-to-ukraine-reports-by-osces-chief-monitor-and-chairmanships-special-rep/
482 https://www.anti-spiegel.ru/2018/russland-muss-das-abkommen-von-minsk-erfullen-eine-analyse-des-abkommens/
483 https://yandex.ru/video/preview/13277929547094209932
Übersetzung: https://www.anti-spiegel.ru/2022/merkel-minsker-abkommen-2014-war-der-versuch-der-ukraine-zeit-zu-geben/
484 https://www.zeit.de/2022/51/angela-merkel-russland-fluechtlingskrise-bundeskanzler/komplettansicht
https://www.zeit.de/2022/53/angela-merkel-russland-krieg-wladimir-putin
485 https://news.yahoo.com/merkel-says-must-done-implement-minsk-peace-deal-172724439.html
486 https://kyivindependent.com/hollande-there-will-only-be-a-way-out-of-the-conflict-when-russia-fails-on-the-ground/
487 https://www.anti-spiegel.ru/2023/boris-johnson-das-minsker-abkommen-war-eine-diplomatische-imitation/
488 https://www.francetvinfo.fr/monde/europe/manifestations-en-ukraine/on-s-en-fout-des-propositions-des-separatistes-quand-emmanuel-macron-telephonait-a-vladimir-poutine-pour-eviter-la-guerre-en-ukraine_5220382.html
489 https://www.spiegel.de/ausland/wolodymyr-selenskyj-im-interview-putin-ist-ein-drache-der-fressen-muss-a-458b7fe2-e15a-49a9-a38e-4bfba834f27b
490 https://www.washingtonpost.com/world/2023/02/22/volodymyr-zelensky-president-war-ukraine/
491 https://www.rferl.org/a/what-is-the-steinmeier-formula-and-did-Selenskyy-just-capitulate-to-moscow-/30195593.html
492 https://en.interfax.com.ua/news/general/191709.html
493 https://www.faz.net/aktuell/politik/nationalistenfuehrer-jarosch-wird-berater-des-generalstabs-13524216.html
494 Bildrechte: Right Sektor's Flickr Photostream by Volodymyr Tverdokhlib via Wikimedia Commons
495 https://www.facebook.com/dyastrub/posts/pfbid0nzzm53TQbt1UGJUXpwMS-n92R8sh42vUygdbSgTBScB7TCtQrt6u5196aNa3q6fnvl
496 https://overton-magazin.de/krass-konkret/dmitri-jarosch-oder-die-ukrainischen-freunde-des-westens/
497 https://www.amnesty.org/en/latest/news/2022/08/ukraine-ukrainian-fighting-tactics-endanger-civilians/
498 https://overton-magazin.de/krass-konkret/dmitri-jarosch-oder-die-ukrainischen-freunde-des-westens/#comments
499 https://www.facebook.com/dyastrub/posts/4919794521430726
500 https://incident.obozrevatel.com/crime/dmitrij-yarosh-esli-Selenskyj-predast-ukrainu-poteryaet-ne-dolzhnost-a-zhizn.htm

501 https://www.wsws.org/de/articles/2022/06/06/ykgh-j06.html
502 https://www.nachdenkseiten.de/?p=94683
503 https://www.anti-spiegel.ru/2022/mit-dem-ruecken-zur-wand-warum-russland-im-februar-in-der-ukraine-interveniert-hat/
504 https://kurzelinks.de/pjh1
505 https://t.me/c/1849892941/4042,
506 https://apnews.com/article/russia-ukraine-russia-france-germany-europe-d9a2ed365b58d-35274bf0c3c18427e81
507 Bildrechte: J.-H. Janßen via Wikimedia
508 https://www.anti-spiegel.ru/2023/teil-11-nach-dem-referendum/
509 https://rtde.live/international/141543-russisch-in-postsowjetischen-ukraine-30-jahre-diskriminierung-meistgesprochenen-sprache/
510 https://www.anti-spiegel.ru/2022/bis-zu-300-dollar-strafe-fuer-benutzung-von-russisch-in-der-oeffentlichkeit/
511 https://www.anti-spiegel.ru/2021/ukraine-was-bedeutet-das-neue-sprachengesetz-das-nun-ist-in-kraft-getreten-ist/
512 https://www.venice.coe.int/webforms/documents/default.aspx?pdffile=CDL-AD(2019)032-e#page=11
513 https://zakon.rada.gov.ua/laws/show/en/2704-19
514 https://www.anti-spiegel.ru/2023/skandal-in-ukrainischen-medien-cafe-besitzer-spricht-schlecht-ukrainisch/
515 https://t.me/deutschrussischefreundschaft/25307
516 https://de.wikipedia.org/wiki/Rassengesetze (abgerufen am 12.6.2023)
517 http://w1.c1.rada.gov.ua/pls/zweb2/webproc4_1?pf3511=71931
518 https://www.anti-spiegel.ru/2021/neues-gesetz-teilt-ukrainer-nach-voelkischen-kriterien-in-menschen-erster-und-zweiter-klasse-ein/
https://www.anti-spiegel.ru/2021/das-sprachengesetz-und-die-zwangsweise-ukrainisierung/
519 https://de.wikipedia.org/wiki/Karpatenukraine#Bev%C3%B6lkerung (abgerufen am 12.6.2023)
520 https://www.sueddeutsche.de/politik/ungarn-ukraine-minderheit-1.5228517
521 https://dailynewshungary.com/de/szijjarto-ukraine-will-ethnische-Minderheiten-beseitigen/
https://www.budapester.hu/ausland/minderheiten-vorschlag-der-ukraine-empoerend/
https://rtde.live/international/131481-liveticker-ukraine-krieg
522 https://www.sudd.ch/list.php?lang=de&area=ukraine&topic=&first=NaN&last=NaN&sense=desc
523 https://rtde.live/international/131481-liveticker-ukraine-krieg/?utm_source=Newsletter&utm_medium=Email&utm_campaign=Email
524 https://de.wikipedia.org/wiki/Sprachen_Russlands (abgerufen am 11.6.2023)
525 https://de.wikipedia.org/wiki/Nichtb%C3%BCrger_(Lettland) (abgerufen am 18.6.2023)
526 https://web.archive.org/web/20171116161019/http:/www.russkije.lv/files/images/text/PDF_Files/Legal-and-social-situation.pdf
527 https://overton-magazin.de/krass-konkret/das-vorbild-jugoslawien-von-der-krajina-zu-donezk-und-lugansk/
528 https://www.jungewelt.de/artikel/447483.staaten-zerschlagen-wei%C3%9Fe-flecken.html
529 https://www.mopo.de/news/politik-wirtschaft/ukraine-in-die-eu-welche-nuesse-noch-zu-knacken-sind/
530 Bildrechte: Chris English via Wikimedia Commons
531 Mattias Desmet: Die Psychologie des Totalitarismus, 2023
532 https://www.spiegel.de/politik/ausland/ukraine-nationalist-miroschnitschenko-ist-putins-liebster-feind-a-959878.html
533 https://www.faz.net/aktuell/politik/ausland/swoboda-abgeordnete-angriff-auf-fernsehchef-in-der-ukraine-12854526.html
https://taz.de/Faschistische-Attacke-in-der-Ukraine/!5046073/
https://www.wsj.com/articles/nationalisten-fallen-ukrainischer-regierung-zur-last-1395344501
https://www.sueddeutsche.de/politik/ukraine-der-westen-entdeckt-swobodas-haessliches-gesicht-1.1918734

https://www.n-tv.de/politik/Kiew-Swoboda-Abgeordnete-zwingen-TV-Chef-zum-Ruecktritt-article12497111.html
534 https://newsv2.orf.at/stories/2223080/2222867/
535 https://newsv2.orf.at/stories/2222773/
536 https://www.diepresse.com/1582383/regierung-setzt-den-chef-des-staatsfernsehens-ab
537 https://www.anti-spiegel.ru/2019/pressekonferenz-nach-russland-uebergelaufener-ukrainischer-geheimdienst-offizier-ueber-verbrechen-in-der-ukraine/
538 https://www.anti-spiegel.ru/2023/wie-ukrainische-nazis-am-2-mai-2014-ueber-40-menschen-ermordet-haben/
539 https://www.nachdenkseiten.de/?p=97237
540 Bildrechte: Lsimon via Wikimedia Commons
541 Bildrechte: KEN VOSAR / Alamy Stock Photo
542 Bildrechte: SOPA Images Limited/Alamy Live News
543 Bildrechte: SOPA Images Limited/Alamy Live News
544 Bildrechte: Sipa USA/Alamy Live News
545 https://ulrich-heyden.de/article/dokumentarfilm-lauffeuer
546 Ulrich Heyden: Der längste Krieg in Europa seit 1945, 2022, S. 32.
547 https://www.anti-spiegel.ru/2019/im-westen-totgeschwiegen-politische-morde-in-der-ukraine-nach-dem-maidan-13-beispiele/?doing_wp_cron=1686522842.8576838970184326171875
548 https://www.economist.com/europe/2023/09/05/inside-ukraines-assassination-programme
549 https://de.wikipedia.org/wiki/Mirotworez (abgerufen am 15.6.2023)
550 https://www.dw.com/de/journalisten-kritisieren-reporter-datenleak/a-19250329
https://www.nzz.ch/medienkrieg-in-der-ukraine-journalisten-auf-der-schwarzen-liste-ld.82454?reduced=true
551 https://www.nd-aktuell.de/artikel/1013218.myrotworez-wieder-auf-journalistenjagd.html
552 https://zn.ua/UKRAINE/v-oon-nastaivayut-na-zakrytii-sayta-mirotvorec-332863_.html
553 https://zn.ua/UKRAINE/razumkov-otvetil-na-prizyv-oon-zakryt-sayt-mirotvorec-332952_.html
554 https://www.ohchr.org/Documents/Countries/UA/31stReportUkraine-en.pdf
555 https://www.anti-spiegel.ru/2021/31-unhcr-menschenrechtsbericht-zur-ukraine-scharfe-kritik-an-kiew-kaum-kritik-an-situation-auf-der-krim/
556 https://www.vesti.ru/article/1357619
https://www.anti-spiegel.ru/2019/pressefreiheit-in-der-ukraine-tv-sender-in-kiew-wurde-aus-granatwerfer-beschossen/
https://www.anti-spiegel.ru/2019/kein-wort-in-deutschen-medien-neue-einschraenkung-der-pressefreiheit-in-der-ukraine/
557 https://en.wikipedia.org/wiki/112_Ukraine (abgerufen am 16.6.2023)
https://en.wikipedia.org/wiki/NewsOne_(Ukrainian_TV_channel) (abgerufen am 16.6.2023)
https://www.anti-spiegel.ru/2021/pressefreiheit-in-der-ukraine-selensky-entzieht-zwei-kritischen-tv-sendern-die-sendelizenz/
https://www.anti-spiegel.ru/2019/kein-wort-in-deutschen-medien-neue-einschraenkung-der-pressefreiheit-in-der-ukraine/
558 https://en.wikipedia.org/wiki/Opposition_Platform_%E2%80%94_For_Life (abger. 16.6.23)
559 https://tass.ru/mezhdunarodnaya-panorama/10616161
560 https://www.bpb.de/kurz-knapp/lexika/lexikon-in-einfacher-sprache/249843/diktatur/
561 https://en.wikipedia.org/wiki/112_Ukraine (abgerufen am 16.6.2023)
562 https://twitter.com/ZelenskyyUa/status/1356884223777464320?s=20
563 https://de.euronews.com/2023/01/09/folgen-krieg-oligarchen-ukraine
564 https://smotrim.ru/article/2526328
https://tass.ru/mezhdunarodnaya-panorama/10753411
565 https://www.pravda.com.ua/rus/articles/2019/07/21/7221526/
566 https://www.anti-spiegel.ru/2021/diktatur-in-der-ukraine-polizei-und-geheimdienst-schikanieren-fuehrende-oppositionspartei/

567 https://www.anti-spiegel.ru/2021/ukrainischer-geheimdienst-durchsucht-wohnung-und-buero-des-oppositionsfuehrers-im-parlament/
568 https://www.anti-spiegel.ru/2021/keine-beweise-vorgelegt-aber-der-ukrainische-oppositions-fuehrer-wurde-unter-hausarrest-gestellt/
569 https://tass.ru/mezhdunarodnaya-panorama/11744083
570 https://de.wikipedia.org/wiki/Wiktor_Medwedtschuk (abgerufen am 16.6.2023)
571 https://www.anti-spiegel.ru/2021/diktatur-in-der-ukraine-weitere-426-internetseiten-gesperrt-haftbefehl-gegen-regierungskritiker/
572 https://www.anti-spiegel.ru/2021/die-eskalation-um-den-donbass-seit-anfang-april/
573 https://tass.ru/mezhdunarodnaya-panorama/10549715
574 https://www.anti-spiegel.ru/2021/wie-die-ukraine-in-kuerzester-zeit-zur-diktatur-absurdis-tan-geworden-ist/
575 https://www.anti-spiegel.ru/2020/politisches-erdbeben-in-kiew-telefonmitschnitte-von-joe-biden-und-poroschenko-zeigen-sumpf-aus-korruption/
https://www.anti-spiegel.ru/2020/abgehoerte-telefonate-von-joe-biden-der-chronologie-des-vielleicht-groessten-korruptionsskandals-der-geschichte/
576 Bildrechte: Li Fujun 1973 via Wikimedia Commons
577 https://www.deutschlandfunk.de/die-gruendung-der-nato-100.html
578 https://en.wikipedia.org/wiki/List_of_United_States_military_bases (abger. am 16.6.2023)
579 https://globalbridge.ch/darum-fordert-russland-den-stop-der-nato-osterweiterung/
580 Bildrechte: Bundesbildstelle / Presse und Informationsamt der Bundesregierung.
581 https://nsarchive.gwu.edu/briefing-book/russia-programs/2017-12-12/nato-expansion-what-gorbachev-heard-western-leaders-early
582 Ebd., eigene Übersetzung
583 https://nsarchive.gwu.edu/briefing-book/russia-programs/2018-03-16/nato-expansion-what-yeltsin-heard
584 https://www.nato.int/cps/en/natolive/topics_50349.htm
585 https://nsarchive.gwu.edu/briefing-book/russia-programs/2021-11-24/nato-expansion-buda-pest-blow-1994
586 https://globalbridge.ch/wir-haben-die-gefahren-der-nato-erweiterung-immer-gekannt/
Mary Elise Sarotte: 1989, The Struggle to Create Post-Cold War Europe, Princeton University Press
587 https://www.infosperber.ch/politik/welt/1997-2007-2017-20-jahre-fehlpolitik-der-usa/
Die Rede von Putin 2007: https://www.infosperber.ch/politik/welt/zehn-jahre-putin-rede-2007/
588 https://www.infosperber.ch/politik/welt/nato-sie-provoziert-und-provoziert-und-provoziert/
589 https://www.infosperber.ch/politik/europa/englisch-wird-in-der-ukrainischen-armee-obliga-torisch/
590 https://www.lpb-bw.de/ukraine-eu-nato
591 https://globalbridge.ch/die-mitverantwortung-der-usa-und-der-nato-vor-der-osterweiterung-der-nato-wurde-oeffentlich-gewarnt/
https://globalbridge.ch/wir-haben-die-gefahren-der-nato-erweiterung-immer-gekannt/
592 https://globalbridge.ch/wp-content/uploads/2022/04/Why-the-Ukraine-Crisis-Is.pdf
593 https://www.newyorker.com/news/q-and-a/why-john-mearsheimer-blames-the-us-for-the-crisis-in-ukraine
594 So zum Beispiel im Infobrief des Wissenschaftlichen Dienstes des Deutschen Bundestages „Zum Recht auf freie Bündniswahl“ vom 21. Februar 2022, WD 2 - 3010 - 006/22, https://www.bundestag.de/resource/blob/882052/4d2de0aa483eb4ab4642b1163a202b60/freie-Buendniswahl-Ukraine-data.pdf
595 https://www.osce.org/files/f/documents/6/e/39503.pdf
596 https://www.bpb.de/themen/deutsche-einheit/zwei-plus-vier-vertrag/44112/praeambel/
597 https://www.bundestag.de/resource/blob/189558/21543d1184c1f627412a3426e86a97cd/charta-data.pdf
598 https://www.nato.int/cps/en/natohq/official_texts_25468.htm?selectedLocale=de
599 https://www.osce.org/files/f/documents/b/f/125809.pdf
600 https://www.osce.org/de/mc/74988

601 https://www.pressenza.com/de/2023/03/was-wir-dank-wikileaks-wissen-vorgeschichte-des-Ukraine-Krieges/
https://www.actvism.org/latest/wikileaks-ukraine-krieg-vorgeschichte/
Zu gleichen Ergebnissen kommt die Studie: Russland und die Osterweiterung der NATO, https://www.research-collection.ethz.ch/handle/20.500.11850/143150
602 https://wikileaks.org/plusd/cables/09MOSCOW2412_a.html
603 https://wikileaks.org/plusd/cables/08MOSCOW806_a.html
604 Bildrechte: Geoff McKay via Wikimedia
605 https://globalbridge.ch/auch-die-usa-schreiben-die-geschichte-um/
606 https://bigserge.substack.com/p/the-eagle-has-landed-america-meets?publication_id=1068853&post_id=134881906&isFreemail=true&utm_source=substack&utm_medium=email
607 https://www.justice.gov/nsd-fara/frequently-asked-questions#4
608 https://www.justice.gov/nsd-fara/frequently-asked-questions#6
609 https://efile.fara.gov/ords/fara/f?p=1381:1:7824651750213:::::
610 https://www.justice.gov/nsd-fara/page/file/1312086/download
611 https://www.anti-spiegel.ru/2019/messen-mit-zweierlei-mass-wie-der-spiegel-seine-leser-ueber-russische-agenten-in-die-irre-fuehrt/
https://www.anti-spiegel.ru/2021/navalny-wurde-von-journalisten-und-aktivisten-im-gefaengnis-besucht/
612 https://www.anti-spiegel.ru/2023/wie-die-russische-wahleinmischung-erfunden-wurde/
613 https://www.anti-spiegel.ru/2020/londoner-gericht-zerlegt-die-verschwoerungstheorie-der-russischen-wahleinmischung-in-die-us-wahlen-2016/
614 https://www.spiegel.de/politik/ausland/ngo-in-russland-putin-brandmarkt-buergerrechtler-als-agenten-a-842259.html
615 https://de.wikipedia.org/wiki/Gesetz_%C3%BCber_%E2%80%9Eausl%C3%A4ndische_Agenten%E2%80%9C_in_Russland#Geschichte (abgerufen am 16.6.2023)
616 https://www.spiegel.de/ausland/memorial-moskau-loest-russlands-bekannteste-menschenrechtsorganisation-auf-a-7b8ee540-8aac-43b9-b6e0-e2bab4ebe7fb
617 https://www.theguardian.com/world/2017/nov/15/russia-to-register-international-media-as-foreign-agents
618 https://novayagazeta.ru/articles/2020/12/28/166800-minyust-vpervye-vklyuchil-fiz-lits-v-reestr-inoagentov-sredi-nih-lev-ponomarev
619 https://meduza.io/en/news/2022/12/01/russian-justice-ministry-publishes-unified-foreign-agent-roster
620 https://tkp.at/2023/03/09/maidan-stimmung-in-georgien-sturm-auf-parlament-gescheitert/?utm_source=mailpoet&utm_medium=email&utm_campaign=daily-notification
621 https://www.politico.eu/article/eu-ursula-von-der-leyen-ngo-qatargate-foreign-agents-law-disturbs-ngos/
622 Bildrechte: Tanya Dedyukhina via Wikimedia Commons
623 https://www.anti-spiegel.ru/2023/am-beispiel-der-ukraine-wie-geopolitik-funktioniert/
624 https://www.anti-spiegel.ru/2019/russland-hat-keine-aggressiven-absichten-us-strategiepapier-erklaert-die-wahren-gruende-der-us-politik/
625 https://www.youtube.com/watch?v=hSPZlC02B0E
626 https://www.anti-spiegel.ru/2022/wie-der-westen-nazis-verteidigt/
627 https://www.anti-spiegel.ru/2023/auf-kommando-des-cia-chefs-wie-der-ukraine-krieg-am-15-april-2014-begann/
628 https://www.anti-spiegel.ru/2020/sie-gehen-ueber-leichen-us-strategiepapier-zeigt-detailliert-was-die-usa-gegen-russland-planen/
629 https://www.anti-spiegel.ru/2021/studie-der-rand-corporation-hat-2019-geschrieben-was-2021-realitaet-geworden-ist/
630 https://www.anti-spiegel.ru/2020/welche-massnahmen-die-usa-gegen-russland-planen-teil-2-ukraine/
631 https://www.anti-spiegel.ru/2022/russische-propaganda-oder-wahrheit-hat-selensky-mit-der-atomaren-aufruestung-der-ukraine-gedroht/
632 Bildrechte: Harvinder Chandigarh via Wikimedia
633 https://weltwoche.ch/wp-content/uploads/wewo2022_43_UKRA-1.pdf

634 https://www.mdr.de/geschichte/eure-geschichte/nachwendegeschichte/ddr-abzug-russische-armee-schulprojekt-eure-geschichte-100.html
635 Valentin Wember: Ein welthistorischer Kampf, 2022, Stratos-Verlag, S. 140
636 http://www.ag-friedensforschung.de/themen/Sicherheitskonferenz/2007-putin-dt.html
637 https://weltwoche.ch/wp-content/uploads/wewo2022_43_UKRA-1.pdf, S. 13
638 Ebd. S. 14
639 Ulrike Guérot, Hauke Ritz: Endspiel Europa, 2022, S. 132 ff.
640 https://www.state.gov/u-s-ukraine-charter-on-strategic-partnership/
641 https://www.defense.gov/News/Releases/Release/Article/3057517/fact-sheet-on-wmd-threat-reduction-efforts-with-ukraine-russia-and-other-former/
642 https://www.anti-spiegel.ru/2022/pentagon-raeumt-finanzierung-von-46-biolaboren-in-der-ukraine-ein/
643 https://www.anti-spiegel.ru/2021/die-usa-verweigern-internationale-kontrolle-ihrer-biowaffenlabore/
644 https://www.anti-spiegel.ru/2022/nein-die-us-biolabore-in-der-ukraine-sind-keine-russische-propaganda/
645 https://www.realclearpolitics.com/video/2022/03/08/undersecretary_of_state_victoria_nuland_us_working_to_keep_russian_forces_out_of_ukraines_biological_research_facilities.html
646 https://www.reuters.com/world/europe/exclusive-who-says-it-advised-ukraine-destroy-pathogens-health-labs-prevent-2022-03-11/
647 https://www.anti-spiegel.ru/2022/die-gruende-warum-russland-in-der-ukraine-interveniert hat/?doing_wp_cron=1688082942.5404829978942871093750
648 https://de.wikipedia.org/wiki/Polaris_(Milit%C3%A4rman%C3%B6ver) (abgerufen am 27.7.2023)
649 https://www.anti-spiegel.ru/2022/mit-dem-ruecken-zur-wand-warum-russland-im-februar-in-der-ukraine-interveniert-hat/
650 https://www.anti-spiegel.ru/2021/was-ist-bei-dem-video-gipfel-der-praesidenten-putin-und-biden-herausgekommen/
651 Vorschlag für die NATO: https://mid.ru/ru/foreign_policy/rso/nato/1790803/,
Vorschlag für die USA: https://mid.ru/ru/foreign_policy/rso/nato/1790818/
Deutsche Übersetzungen: https://www.anti-spiegel.ru/2021/russland-veroeffentlicht-vertrags-texte-fuer-abkommen-ueber-sicherheitsgarantien-mit-den-usa-und-der-nato/
Erläuterung der Vorschläge: https://www.anti-spiegel.ru/2021/was-russland-den-usa-und-der-nato-als-gegenseitige-sicherheitsgarantien-vorschlaegt/
652 https://www.rts.ch/info/suisse/13570600-lambassadeur-scott-miller-a-quoi-peuvent-servir-les-munitions-suisses.html
653 https://www.congress.gov/bill/117th-congress/senate-bill/3522/summary/00
654 https://www.mdr.de/nachrichten/welt/politik/leih-und-pacht-gesetz-usa-waffen-ukraine100.html
655 https://www.anti-spiegel.ru/2022/mit-welchem-recht-will-russland-bestimmen-wer-in-die-nato-eintreten-darf/
656 Artikel über die Antworten der USA und der NATO: https://english.elpais.com/usa/2022-02-02/us-offers-disarmament-measures-to-russia-in-exchange-for-a-deescalation-of-military-threat-in-ukraine.html
Download: https://elpais.com/infografias/2022/02/respuesta_otan/respuesta_otan_eeuu.pdf
Deutsche Übersetzung: https://www.anti-spiegel.ru/2022/die-antworten-von-usa-und-nato-auf-russlands-vorschlaege-wurden-geleakt-teil-1-nato/?doing_wp_cron=1690452275.4204919338226318359375
https://www.anti-spiegel.ru/2022/die-antworten-von-usa-und-nato-auf-russlands-vorschlaege-wurden-geleakt-teil-2-usa/?doing_wp_cron=1690451076.444050073623657226562
657 https://www.hintergrund.de/politik/unsere-neuen-buecher-der-ukrainekonflikt/#sdfootnote26sym, darin Zitat von: Henken, Lühr (2022): Warum geht Russland das große Risiko eines Ukraine-Krieges ein? In: Gehrcke/Reymann (Hrsg.), S. 114
658 https://globalbridge.ch/krieg-und-wahrheit-der-westen-haette-den-ukraine-krieg-vermeiden-koennen/

659 Bildrechte: robertharding / Alamy Stock Photo
660 https://de.wikipedia.org/wiki/Liste_der_L%C3%A4nder_nach_Staatshaushalt (abgerufen am 15.7.2023)
661 https://apostrophe.ua/article/politics/2019-03-18/polnotsennaya-voyna-s-rossiey-nachnet-sya-cherez-paru-let---aleksey-arestovich/24496
https://www.youtube.com/watch?v=1xNHmHpERH8&t=183s
662 Bildrechte: President.gov.ua via Wikimedia Commons
663 https://anthroblog.anthroweb.info/2022/das-erste-opfer-des-krieges/
664 https://www.francetvinfo.fr/monde/europe/manifestations-en-ukraine/guerre-en-ukraine-nous-allons-provoquer-l-effondrement-de-l-economie-russe-affirme-bruno-le-maire_4987341.html
665 https://www.anti-spiegel.ru/2022/kiew-hat-2019-beschlossen-minsk-ii-nicht-umzusetzen-und-krieg-mit-russland-vorbereitet/
https://tass.ru/mezhdunarodnaya-panorama/15572271
666 https://interfax.com.ua/news/political/292422.html
667 Ebd.
668 https://www.president.gov.ua/news/prezident-zatverdiv-strategiyu-deokupaciyi-ta-reintegra-ciyi-67321
669 https://www.president.gov.ua/documents/1212021-37661
670 https://www.anti-spiegel.ru/2022/praesident-putins-komplette-rede-an-die-nation-im-wort-laut/
671 https://www.anti-spiegel.ru/2021/im-kriegsfall-verteidigt-russland-seine-buerger-im-don-bass/
672 https://news.cgtn.com/news/2022-01-18/CIA-director-secretly-visited-Ukraine-media-16VuS-WGDU64/index.html
673 https://www.whitehouse.gov/briefing-room/statements-releases/2022/02/13/readout-of-pre-sident-bidens-call-with-president-zelenskyy-of-ukraine-3/
674 https://www.cnbc.com/2022/02/14/ukraine-asks-for-meeting-with-russia-as-us-warns-inva-sion-imminent.html
675 https://kyivindependent.com/ukrainska-pravda-mass-cancellation-of-ukraine-flights-from-feb-14/
676 https://intellinews.com/ukraine-s-oligarchs-fleeing-the-country-234856/
677 https://kyivindependent.com/more-than-two-dozen-lawmakers-out-of-a-total-424-mps-who-are-due-to-attend-parliamentary-sessions-starting-this-week-are-not-currently-in-ukraine/
678 https://www.washingtonpost.com/national-security/2022/02/14/white-house-prepares-rus-sian-invasion/
679 https://www.theguardian.com/world/2022/feb/14/vladimir-putin-suggests-dialogue-is-still-possible-on-ukraine-crisis
680 https://www.theguardian.com/world/2022/feb/14/russian-envoy-warns-of-right-to-counte-rattack-in-eastern-ukraine
681 https://news.yahoo.com/russias-parliament-asks-putin-recognise-104038637.html?fr=sycsrp_catchall
682 https://news.yahoo.com/russias-parliament-asks-putin-recognise-104038637.html?fr=sycsrp_catchall
683 https://www.chicagotribune.com/nation-world/ct-aud-nw-biden-russia-ukraine-20220217-qkocgtpi7zh7pfm6hsauodqkk4-story.html
684 https://www.usnews.com/news/world/articles/2022-02-18/russia-says-sharp-increase-in-shelling-in-donbass-is-alarming
685 https://www.france24.com/en/europe/20220218-live-blinken-lavrov-to-meet-late-next-week-over-ukraine-crisis
686 https://www.reuters.com/world/europe/shelling-breaks-out-east-ukraine-west-moscow-dispute-troop-moves-2022-02-17/
687 https://www.moonofalabama.org/2023/02/the-buildup-to-war-in-ukraine-saturday-february-19-2022.html
https://www.anti-spiegel.ru/2022/russische-propaganda-oder-wahrheit-hat-selensky-mit-der-atomaren-aufruestung-der-ukraine-gedroht/

688 https://www.anti-spiegel.ru/2022/das-russische-fernsehen-erklaert-die-gruende-fuer-die-russische-militaeroperation-in-der-ukraine/
689 https://www.anti-spiegel.ru/2022/russlands-antwort-auf-die-reaktion-der-usa-zu-gegenseitigen-sicherheitsgarantien/
690 https://www.osce.org/special-monitoring-mission-to-ukraine-closed
691 https://www.osce.org/files/2022-02-20-21%20Daily%20Report_ENG.pdf?itok=82567
692 Bildrechte: 1971markus@wikipedia.de via Wikimedia Commons
693 https://www.berliner-zeitung.de/politik-gesellschaft/es-begann-2014-wie-die-nato-den-krieg-russlands-in-der-ukraine-sieht-li.317773
694 https://www.anti-spiegel.ru/2022/donezker-volksrepublik-verkuendet-evakuierung-der-bevoelkerung-nach-russland/
695 https://www.anti-spiegel.ru/2022/bilder-von-der-evakuierung-in-donezk/
696 https://www.anti-spiegel.ru/2022/auch-lugansker-volksrepublik-fordert-die-bewohner-auf-nach-russland-zu-fliehen/
697 https://www.anti-spiegel.ru/2022/donezk-beweise-fuer-angriffsplaene-der-ukraine-auf-basis-von-nato-daten-gefunden/
https://www.anti-spiegel.ru/2022/mehr-details-zu-dem-von-donezker-truppen-sichergestellten-nato-notebook/
698 https://www.anti-spiegel.ru/2022/erkennt-russland-die-donbass-republiken-als-unabhaengige-staaten-an/
699 https://www.anti-spiegel.ru/2022/praesident-putins-komplette-rede-an-die-nation-im-wortlaut/
700 https://www.anti-spiegel.ru/2022/das-ende-des-krieges-russland-schickt-friedenstruppen-in-den-donbass/
701 https://www.anti-spiegel.ru/2022/die-donbass-republiken-bitten-putin-um-militaerische-hilfe/
702 https://www.anti-spiegel.ru/2022/putins-komplette-rede-an-das-russische-volk-zum-beginn-der-militaeroperation/
703 https://tkp.at/2023/02/08/putin-der-ukraine-krieg-und-das-voelkerrecht/
704 https://t.me/DNR_SCKK/14170
705 https://www.paulcraigroberts.org/2023/07/18/does-putin-understand-that-russia-is-at-war/
706 Bildrechte: funkyfood London - Paul Williams / Alamy Stock Photo
707 https://www.kmu.gov.ua/en/news/uriad-skhvalyv-proekt-derzhavnoho-biudzhetu-ukrainy-na-2023-rik
708 https://www.kmu.gov.ua/en/news/denys-shmyhal-biudzhet-2023-ho-roku-tse-biudzhet-dlia-peremohy
709 https://de.statista.com/statistik/daten/studie/314581/umfrage/staatsverschuldung-der-ukraine-in-relation-zum-bruttoinlandsprodukt-bip/
710 https://www.understandingwar.org/press-media/staff-bios/general-jack-keane
711 https://www.foxbusiness.com/politics/gen-jack-keane-us-investment-ukraine-denied-putin-ambitions-kept-americas-future-secure
712 https://freede.tech/international/179059-us-senator-bejubelt-verletzung-russlands/
713 https://www.newsweek.com/putins-war-plan-reaching-critical-momentukraine-ambassador-1771840
714 https://www.anti-spiegel.ru/2022/cia-chef-bestaetigt-dass-die-usa-die-ukraine-mit-geheimdienstinformationen-versorgen/
715 https://www.nachdenkseiten.de/?p=100789
https://www.bundestag.de/resource/blob/957632/44633615ad0618f5cd38c35ad0a30fe4/WD-2-023-23-pdf-data.pdf
716 Bildrechte: Sailko via Wikimedia Commons
717 https://www.ohchr.org/en/hrbodies/hrc/home
718 Nur einige freie Medien berichteten über die Resolution: https://www.nachdenkseiten.de/?p=96301
https://www.anti-spiegel.ru/2023/uno-menschenrechtsrat-fordert-abschaffung-einseitiger-sanktionen/
719 https://media.un.org/en/asset/k1x/k1x9rl0nie

https://daccess-ods.un.org/access.nsf/Get?OpenAgent&DS=A/HRC/RES/52/13&Lang=E
720 https://de.wikipedia.org/wiki/Bewegung_der_Blockfreien_Staaten (abgerufen am 19.6.2023)
721 https://de.wikipedia.org/wiki/UN-Resolution (abgerufen am 19.6.2023)
722 https://www.ft.com/content/5b397d6b-bde4-4a8c-b9a4-080485d6c64a
723 Valentin Wember: Ein welthistorischer Kampf, 2022
724 https://www.youtube.com/watch?v=X2cNCHtiurg&t=27s
725 https://www.gibsondunn.com/2021-year-end-sanctions-and-export-controls-update/
726 U.S. Dep't of Treasury, The Treasury 2021 Sanctions Review (Oct. 18, 2021)
727 https://www.nachdenkseiten.de/?p=96301
728 https://news.cornell.edu/stories/2022/01/economic-sanctions-evolved-tool-modern-war
729 https://www.opensanctions.org/
730 https://correctiv.org/top-stories/2022/02/28/sanktionstracker-aktuelle-sanktionen-gegen-russland%E2%80%8B/
731 https://www.tagesschau.de/wirtschaft/weltwirtschaft/sanktionen-russland-krieg-ukraine-101.html
732 https://www.nzz.ch/wirtschaft/im-westen-will-man-russische-notenbankreserven-konfiszieren-um-den-wiederaufbau-der-ukraine-zu-finanzieren-doch-wo-sind-diese-gelder-ueberhaupt-ld.1729786?reduced=true
733 https://www.swissinfo.ch/ger/wirtschaft/ukraine-schweiz-neutralitaet_die-finanzsanktionen-gegen-russland--einfach-erklaert/47388208
734 https://anthroblog.anthroweb.info/2022/das-erste-opfer-des-krieges/
735 https://www.youtube.com/watch?v=Ntzacqlm-Ac
https://www.francetvinfo.fr/monde/europe/manifestations-en-ukraine/guerre-en-ukraine-nous-allons-provoquer-l-effondrement-de-l-economie-russe-affirme-bruno-le-maire_4987341.html
736 Richard Nephew: The Art of Sanctions: A View from the Field (Center on Global Energy Policy), 2017
737 https://anthroblog.anthroweb.info/2022/das-erste-opfer-des-krieges/
738 https://www.bundesregierung.de/breg-de/service/bulletin/rede-von-bundeskanzler-olaf-scholz-2019954
739 https://t.me/Übersicht_Ukraine_Kanal/24368
740 https://dailysceptic.org/2023/03/06/putting-europes-energy-crisis-into-perspective/
https://unherd.com/thepost/the-european-energy-crisis-isnt-over/
741 https://www.bruegel.org/dataset/national-policies-shield-consumers-rising-energy-prices
742 https://www.bloomberg.com/opinion/articles/2022-11-23/russia-defies-sanctions-with-oil-output-hike-latmj6a1#xj4y7vzkg
743 https://www.nachdenkseiten.de/?p=86125
744 https://data.worldbank.org/indicator/NY.GDP.MKTP.PP.CD?most_recent_value_desc=true
745 https://www.ubs.com/global/en/media/display-page-ndp/en-20230815-global-wealth-report-2023.html
https://www.businessinsider.com/war-in-ukraine-russia-richer-millionaires-billionaires-uhnw-wealth-ubs-2023-8?r=US&IR=T
746 https://simplicius76.substack.com/p/ukraine-commits-last-remaining-elite
747 https://unric.org/de/charta/#kapitel1
748 https://de.wikipedia.org/wiki/Liste_der_Resolutionen_des_UN-Sicherheitsrates (abgerufen am 19.6.2023)
749 https://de.wikipedia.org/wiki/Resolution_1160_des_UN-Sicherheitsrates (abgerufen am 19.6.2023)
750 https://www.nzz.ch/international/nordkorea-krise-amerika-will-im-sicherheitsrat-oel-embargo-gegen-nordkorea-durchsetzen-ld.1314867?reduced=true
https://de.wikipedia.org/wiki/Resolution_1718_des_UN-Sicherheitsrates (abgerufen am 19.6.2023)
751 https://de.wikipedia.org/wiki/Resolution_1973_des_UN-Sicherheitsrates (abgerufen am 19.6.2023)
752 https://www.un.org/depts/german/de/sr-mali.html
753 https://www.swp-berlin.org/publikation/neue-un-sanktionen-zu-haiti-worauf-es-jetzt-ankommt

754 https://www.opensanctions.org/datasets/default/
755 https://verfassungsblog.de/wirtschaftssanktionen-gegen-russland-und-ihre-rechtlichen-grenzen/
756 Bildrechte: E-W via Wikimedia Commons
757 https://de.wikipedia.org/wiki/Vidar (abgerufen am 28.8.23)
758 https://anthroblog.anthroweb.info/2022/das-erste-opfer-des-krieges/
759 https://www.nbcnews.com/news/us-news/international-cat-federation-bans-russian-felines-competitions-rcna18595
760 https://web.archive.org/web/20220909144212/https://www.nytimes.com/2022/03/24/world/europe/european-tree-of-the-year-russia.html
761 https://www.lefigaro.fr/culture/guerre-en-ukraine-milan-censure-l-etude-de-dostoievski-et-a-florence-on-veut-deboulonner-sa-statue-20220309
762 https://www.lejournaldesarts.fr/actualites/la-national-gallery-renomme-les-danseuses-russes-dedgar-degas-en-danseuses-ukrainiennes
763 https://www.lefigaro.fr/international/comptes-bancaires-bloques-insultes-vandalisme-le-quotidien-des-russes-de-france-20220422
764 https://www.washingtonpost.com/technology/2022/03/25/social-media-ukraine-rules-war-policy/
765 https://swprs.org/russische-propaganda/
766 https://globalbridge.ch/so-verlor-ich-den-glauben-an-die-etablierten-medien/
767 https://swprs.org/kriegspropaganda-in-schweizer-medien/
768 https://swprs.org/is-russia-limiting-gas-flows-to-europe/
769 https://www.infosperber.ch/politik/putins-eiskalte-gnadenlose-erpressung-war-kriegs-rhetorik/
770 https://swprs.org/ukraine-war-new-developments/#crimea-bridge-explosion
771 https://www.mintpressnews.com/evidence-united-states-role-nord-stream-pipeline-blasts/282149/
772 https://swprs.org/kriegspropaganda-in-schweizer-medien/
773 https://swprs.org/the-ukraine-war-in-2023/#war-crimes-and-war-propaganda
774 https://thegrayzone.com/2022/03/18/bombing-mariupol-theater-ukrainian-azov-nato-intervention/
775 https://thegrayzone.com/2022/04/03/testimony-mariupol-hospital-ukrainian-deceptions-media-malpractice/
776 https://libyancivilwar.blogspot.com/2022/04/the-bucha-massacres-mortar-alley.html
777 https://covertactionmagazine.com/2022/04/06/was-alleged-russian-army-massacre-of-civilians-at-bucha-actually-a-false-flag-event-staged-by-ukrainian-nazis/
778 https://www.youtube.com/watch?v=IrGZ66uKclo
779 Ebd.
780 https://southfront.org/last-point-in-kievs-lies-about-bloody-attack-on-civilians-with-tochka-u-missile/
781 https://southfront.org/in-video-cruel-russians-destroy-schools-kindergartens-in-ukraine/
782 https://southfront.org/in-video-russian-strike-eliminates-large-ammunition-depot-in-kyiv/
783 https://waronfakes.com/vsu/fake-russian-forces-attack-a-multi-story-building-in-dnipro-with-an-x-22-missile-while-the-ukrainian-army-lacks-air-defence-capabilities-to-shoot-down-such-missiles/
784 https://caitlinjohnstone.com/2022/10/16/theyre-recycling-the-viagra-rape-atrocity-propaganda-they-used-on-libya/
785 https://theindicter.com/ukraine-forces-executions-of-30-russian-pow-most-of-them-n-24-murdered-with-point-blank-headshots/
786 https://thegrayzone.com/2022/04/17/traitor-zelensky-assassination-kidnapping-arrest-political-opposition/
787 https://southfront.org/ukrainian-military-subjected-donetsk-to-most-powerful-shelling-since-2014/
788 https://english.elpais.com/international/2023-03-01/ukraine-outgunned-10-to-1-in-massive-artillery-battle-with-russia.html
789 https://de.wikipedia.org/wiki/Liste_der_L%C3%A4nder_nach_Bruttoinlandsprodukt (abgerufen am 25.7.2023)

790 https://de.wikipedia.org/wiki/Ukrainische_Streitkr%C3%A4fte (abgerufen am 25.7.2023)
791 https://de.wikipedia.org/wiki/Streitkr%C3%A4fte_Russlands (abgerufen am 25.7.2023)
792 https://de.wikipedia.org/wiki/Waffenexport (abgerufen am 25.7.2023)
793 https://swprs.org/der-propaganda-multiplikator/
794 https://www.youtube.com/watch?v=uAtOO02Cltg
795 https://diedrei.org/lesen/sehnsucht-nach-frieden
796 https://t.me/medvedev_telegram
797 https://www.spiegel.de/ausland/ukraine-russland-news-heute-ukraine-attackiert-munitionslager-auf-der-krim-a-590aac0c-f5d7-4222-8451-6f9379c079ae
798 https://www.anti-spiegel.ru/2023/die-folgen-der-westlichen-hass-propaganda/?doing_wp_cron=1691012850.4146580696105957031250
799 Bildrechte: Axel Mauruszat via Wikimedia Commons
800 https://www.president.gov.ua/documents/1532022-41765
801 https://www.president.gov.ua/documents/1522022-41761
802 https://tass.ru/mezhdunarodnaya-panorama/16741769
https://www.anti-spiegel.ru/2023/der-jahresbeginn-in-kiew-nazi-verehrung-und-neue-antidemokratische-gesetze/
803 https://www.anti-spiegel.ru/2023/neues-mediengesetz-verordnet-gleichschaltung-der-ukrainischen-medien/
804 https://zeitgeschehen-im-fokus.ch/de/newspaper-ausgabe/nr-14-vom-3-oktober-2023.html#article_1567
805 https://www.euronews.com/2022/07/19/uk-ukraine-crisis
806 https://www.theamericanconservative.com/ukraine-bans-political-opposition/
807 https://www.newsweek.com/ukraine-mayor-charged-treason-accepting-russian-aid-1700223
808 https://www.pravda.com.ua/eng/news/2022/04/21/7341098/index.amp
809 https://www.theguardian.com/world/2022/jun/04/ukraine-collaborators-treason-russia-war
810 https://www.nachdenkseiten.de/?p=97237
811 https://overton-magazin.de/top-story/ukraine-verstaerkt-internetueberwachung-und-zensur/#comments
https://ukranews.com/en/news/918198-ukraine-begins-to-collect-data-of-users-who-tried-to-visit-banned-sites
812 https://www.nachdenkseiten.de/?p=97237
813 https://maysuryan.livejournal.com/1655547.html
814 https://myrotvorets.center/
815 https://www.thedailybeast.com/ukraine-tries-to-terrify-journalists-who-cover-the-war
816 https://www.anti-spiegel.ru/2022/viele-journalisten-und-ueber-300-minderjaehrige-auf-todesliste-der-ukrainischen-regierung/
817 https://www.anti-spiegel.ru/2022/junge-russische-journalistin-ermordet-steckt-die-ukraine-dahinter/
818 https://www.nachdenkseiten.de/?gastautor=maxim-goldarb
819 https://sls.org.ua
820 https://www.nachdenkseiten.de/?p=98972
821 https://observers.france24.com/en/europe/20220404-ukraine-poles-public-humiliation-punishment-looting
822 https://www.anti-spiegel.ru/2022/ukraine-journalisten-werden-erschossen-oder-verschwinden-opposition-wurde-verboten/?doing_wp_cron=1668430577.7235100269317626953125
823 https://www.domradio.de/artikel/selenskyj-droht-mit-verbot-von-orthodoxer-kirche
824 https://www.kirche-und-leben.de/artikel/ukraine-will-moskautreue-kirchengemeinden-per-gesetz-verbieten
https://globalbridge.ch/erzwungener-glaubenswechsel-in-der-ukraine/
https://www.anti-spiegel.ru/2023/die-unterdrueckung-der-religionsfreiheit-in-der-ukraine/
825 https://www.youtube.com/watch?t=551&v=otf4Ha3JP70&feature=youtu.be
826 https://sonar21.com/the-anti-god-subtext-to-the-war-in-ukraine/
827 https://www.nachdenkseiten.de/?p=96200
828 https://www.ohchr.org/sites/default/files/documents/countries/ukraine/2023/23-03-24-Ukraine-35th-periodic-report-ENG.pdf

829 https://www.anti-spiegel.ru/2023/unhcr-bestaetigt-schwere-verstoesse-gegen-die-menschenrechte-in-der-ukraine/
830 https://www.nachdenkseiten.de/?p=91091
831 Bildrechte: Ulrich Heyden
832 https://www.nachdenkseiten.de/?p=91832
833 Foto: privat
834 https://www.dailymail.co.uk/news/article-11284819/How-Ukrainian-intelligence-chiefs-tracking-collaborators-worked-Russians.html
835 https://www.anti-spiegel.ru/2022/der-spiegel-und-seine-rolle-bei-kriegsverbrechen-in-cherson/
836 https://www.anti-spiegel.ru/2022/kiew-ueber-zivilisten-wir-jagen-und-erschiessen-sie-wie-schweine/
837 https://apnews.com/article/russia-ukraine-europe-moscow-7791dce3b77ca767277b-7fb5d8128acb
838 https://t.me/neuesausrussland/11607
839 https://www.mopo.de/news/politik-wirtschaft/ukraine-in-die-eu-welche-nuesse-noch-zu-knacken-sind/
840 Bildrechte: Kolkata Kritzolina via Wikimedia Commons
841 https://www.zdf.de/nachrichten/politik/bennett-putin-gespraeche-russland-ukraine-krieg-100.html
842 https://archive.ph/sLowf oder https://www.foreignaffairs.com/russian-federation/world-putin-wants-fiona-hill-angela-stent
843 https://t.me/neuesausrussland/4896
844 https://www.youtube.com/watch?v=qK9tLDeWBzs
845 https://www.aa.com.tr/fr/politique/ukraine-les-d%C3%A9clarations-de-naftali-bennett-concernant-la-m%C3%A9diation-ne-sont-que-pure-fiction/2806882
846 https://tass.com/defense/1429019
847 https://www.thetimes.co.uk/article/boris-johnson-wants-to-send-deadlier-weapons-to-help-ukraine-fcqxzckrn
848 https://www.anti-spiegel.ru/2022/die-luege-von-butscha-faellt-zusammen-aber-die-medien-spielen-das-spiel-weiter/
https://www.anti-spiegel.ru/2022/weitere-videos-beweisen-beim-abzug-der-russischen-armee-gab-es-keine-leichen-in-butscha/
849 https://t.me/neuesausrussland/3595
850 https://www.bbc.com/news/world-europe-60987350
851 https://www.theguardian.com/politics/2022/apr/09/boris-johnson-meets-volodymyr-Selenskyy-in-unannounced-visit-to-kyiv https://www.aljazeera.com/news/2022/4/9/british-pm-boris-johnson-makes-surprise-visit-to-zelenskyy
852 https://www.gov.uk/government/news/prime-minister-pledges-uks-unwavering-support-to-ukraine-on-visit-to-kyiv-9-april-2022
853 https://www.pravda.com.ua/eng/news/2022/05/5/7344206/
854 https://www.anti-spiegel.ru/2023/bennett-der-westen-hat-die-verhandlungen-zwischen-moskau-und-kiew-abgebrochen/
855 https://www.washingtonpost.com/national-security/2022/04/05/ukraine-nato-russia-limits-peace/
856 https://www.nachdenkseiten.de/?p=91561
857 https://www.anti-spiegel.ru/2023/putin-zeigt-bisher-geheimes-dokument-ueber-die-verhandlungen-im-maerz-2022/
858 Bildrechte: Fraktion DIE LINKE im Bundestag via Wikimedia Commons
859 https://zeitgeschehen-im-fokus.ch/de/newspaper-ausgabe/nr-1-vom-18-januar-2023.html#article_1460
860 https://www.alexander-wallasch.de/gesellschaft/general-harald-kujat-zum-Ukraine-Krieg-und-zum-zustand-der-bundeswehr
861 https://www.tagesspiegel.de/politik/per-dekret-von-selenskyj-ukraine-verbietet-gesprache-mit-putin-8711455.html
862 https://www.infosperber.ch/medien/medienkritik/der-chinesische-friedensplan-fuer-die-ukraine-im-wortlaut/

863 https://www.anti-spiegel.ru/2023/die-reaktionen-auf-afrikas-friedensplan-zeigen-die-arroganz-des-westens/
864 https://www.sudd.ch/list.php?lang=de&area=ukraine&topic=&first=NaN&last=NaN&sense=desc
865 https://www.youtube.com/watch?v=M_pCZeOY94E&t=78s
866 https://www.zdf.de/nachrichten/politik/stoltenberg-ukraine-nato-mitglied-krieg-russland-100.html
867 Bildrechte: BMG-2048 via Wikimedia Commons
868 https://seniora.org/politik-wirtschaft/colonel-macgregor-die-ukraine-wurde-zerstoert-und-es-ist-nichts-mehr-uebrig-redacted-mit-clayton-morris
869 https://www.voelkermordkonvention.de/
870 Bildrechte: Heribert Pohl via Wikimedia Commons
871 https://www.anti-spiegel.ru/2022/die-details-ueber-die-anstehenden-referenden/?doing_wp_cron=1696886314.0615489482879638671875
872 Zum Beispiel: https://www.anti-spiegel.ru/2022/erster-bericht-ueber-die-beobachtung-des-referendums/?doing_wp_cron=1696887580.6713778972625732421875
https://www.anti-spiegel.ru/2022/kurzbericht-ueber-das-referendum-und-ein-paar-tage-sendepause/?doing_wp_cron=1696887603.1716330051422119140625
https://www.anti-spiegel.ru/2022/kurzer-zwischenstand-zur-sendepause/
https://ulrich-heyden.de/article/wir-haben-lange-gewartet-junge-welt
873 https://ulrich-heyden.de/article/fotos-vom-referendum-uber-die-vereinigung-mit-russland
874 https://www.sueddeutsche.de/politik/ukraine-scheinreferendum-donezk-luhansk-1.5664751
875 https://www.hna.de/lokales/frankenberg/nach-wahlbeobachter-eklat-stefan-schaller-endgueltig-als-ewf-chef-abberufen-91823430.html
876 https://stauf.org/stellungnahme-zur-situation-des-gekundigten-dozenten-patrik-baab/
877 https://overton-magazin.de/dialog/wenn-sie-das-einmal-gesehen-haben-sind-sie-von-solch-duemmlicher-propaganda-presse-geheilt/
878 https://www.anti-spiegel.ru/2022/mordanschlag-auf-meine-beobachtergruppe-vereitelt/
879 https://www.sudd.ch/list.php?lang=de&area=ukraine&topic=&first=NaN&last=NaN&sense=desc
880 https://www.paulcraigroberts.org/2023/02/21/breaking-news-a-nano-second-to-midnight/
881 Erlass des Präsidenten der Russischen Föderation „Über die Grundlagen der staatlichen Politik der Russischen Föderation auf dem Gebiet der nuklearen Abschreckung"
https://www.bits.de/public/gast/2020-Juni-dgksp-dp-NuklearpolitikRUS.pdf
https://www.anti-spiegel.ru/2023/unter-welchen-umstaenden-westliche-waffenlieferungen-zum-atomkrieg-fuehren-koennen/
882 https://www.anti-spiegel.ru/2022/wer-droht-mit-dem-einsatz-von-atomwaffen/
883 https://www.anti-spiegel.ru/2023/putin-im-o-ton-ueber-die-politik-des-westens-und-die-gruende-fuer-den-ukraine-konflikt/
884 https://www.tagesschau.de/ausland/ukraine-russland-angriff-militaerstuetzpunkt-101.html
885 https://www.aerotime.aero/articles/russia-conducted-failed-icbm-test-around-the-time-biden-visited-kyiv-reports
886 https://www.anti-spiegel.ru/2023/putin-im-o-ton-ueber-atomwaffen-und-die-aussetzung-von-new-start/
887 https://www.anti-spiegel.ru/2022/wie-die-usa-die-atomare-ruestungskontrolle-sabotieren/
888 https://t.me/stimme_aus_russland/11301
889 Bildrechte: Public domain via Wikimedia Commons
890 https://neutralitaet-ja.ch/
891 https://mid.ru/en/foreign_policy/fundamental_documents/1860586/?lang=de
892 https://de.wikipedia.org/wiki/NATO (abgerufen am 12.7.2023)
https://www.wissenschaft.de/zeitpunkte/frankreich-verlaesst-die-nato/
893 https://tkp.at/2023/07/11/leben-im-zeitalter-der-zensur-und-des-technokratischen-totalitarismus/
894 Bildrechte: Richard Mayer via Wikimedia Common
895 Bildrechte: Les Chatfield via Wikimedia Common

Zum Autor:

Thomas Mayer

Meditationslehrer, Autor, Bürgerrechtler

Als Mitbegründer von „Mehr Demokratie e.V." in 1988 war ich 20 Jahre mit dem bundesweiten Aufbau der Bewegung für Direkte Demokratie beschäftigt. Von 1993 bis 1995 war ich Beauftragter des erfolgreichen Volksbegehrens „Mehr Demokratie in Bayern", mit dem der Bürgerentscheid in den bayerischen Gemeinden und Städten eingeführt wurde.

Ab 1997 arbeitete ich an der Konzeption und Vorbereitung von Regiogeldern und wirkte beim Start des „Chiemgauers" mit. Von 2013 bis 2018 war ich Kampagnenleiter der Schweizer „Vollgeld-Initiative".

Seit 2005 leite ich zusammen mit meiner Partnerin Agnes Hardorp Kurse und Ausbildungen in Anthroposophischer Meditation. Es liegt uns am Herzen, lebensnahe Zugänge zur geistigen Welt zu ermöglichen.

Buchveröffentlichungen:
- Triumph der Bürger! Mehr Demokratie in Bayern, 1997
- Kunstwerk Volksabstimmung, 2004
- Erlebnis Erdwandlung, 2008
- Rettet die Elementarwesen, 2008
- Zusammenarbeit mit Elementarwesen, Gespräche mit Praktikern, 2010
- Zusammenarbeit mit Elementarwesen 2, Neue Interviews mit Forschern und Praktikern, 2012
- Vollgeld, Das Geldsystem der Zukunft, 2014
- Wie Banken Geld aus Nichts erzeugen, 2018
- Spirituelle Notwehr in der Coronakrise - 28 Meditationen, 2021
- Corona-Impfungen aus spiritueller Sicht, 2021
- Ratgeber Impfdruck und Impfpflicht, 2022

Webseiten: www.thomasmayer.org
www.anthroposophische-meditation.de